경영학자와 함께 열매 맺고 꽃이 피네

이 강 식 지음

경영학자, 교수·명예교수(전), 경영학박사

환국®
桓國
FOUNDED 1998 ⓒ1998 이강식

민족의 정론지 조선일보에 항상 감사드립니다.

21세기, 지성의 목소리 교수신문에 항상 감사드립니다.

훌륭한 두 신문이 민족과 지성과 항상 함께 하며
나의 학문의 도정에서 신실한 벗이 되어준 것에
다시 한번 감사드리며 앞으로도 영원한 발전을 바랍니다.

경고   경고

이 저술의 창의적이고 독창적이고 독자적인 새로운 학설의 어떠한 부분도 표절, 우라까이, 베끼기, 무단전재, 무출처인용, 비양심행위 등등을 하면 끝까지 추적하여 언제든지 모든 학술학문 책임, 연구윤리 진실성 책임, 신의성실도의 책임, 민형사 책임을 무관용으로 지게 할 것임을 엄중히 경고하며, 특히 표절, 우라까이, 베끼기, 무단전재, 무출처인용, 비양심행위 등등을 하는 자를 감싸고, 옹호, 비호, 침묵, 조치회피, 묵살, 은폐, 사주, 2차 가해하는 자 등등은 역시 같이 책임 지게 할 것임을 엄중히 경고한다. 그리고 2차, 3차 등의 표절, 표절을 인용한 것도 마찬가지로 엄중 경고한다. 그리고 내 학설에 명백히 영향을 받고도 이를 밝히지 않고 다른 견해를 말하는 것도 표절이며 엄중히 경고한다. 표절꾼은 지적 도둑이기도 하지만 무엇보다 학문 질서를 교란하는 사문난적이다.

경고   경고

고지   고지

이 저서를 저술함에 있어 일반적인 논문신청과 의뢰, 통상적인 학술 학문연구조사토론독서대화 등등 외에 누구로부터도 부당한 목적의 의도적·무의도적 권유, 유인, 획책, 강요 등등을 받지 않았음과 더불어 합당하게 지급되는 원고료, 발표료, 연구비, 협찬금, 후원금, 기부금 등등 외에 어떠한 명목으로든지 대가로 직접적·간접적 별도의 금품을 특히 비공식적으로 수수하지 않았음을 일러두며 다만 차후 변동이 있으면 가능한 방법으로 명백히 고지한다.

고지   고지

경영학자와 함께 열매 맺고 꽃이 피네 　서 문

　　내가 회고록을 쓰고자 의향을 가진 것은 오래 되었다. 1979년에 미국의 경영철학자인 피터 드럭커(1909~2005) 교수의 『방관자의 모험』을 보았을 때였다. 많은 내용이 흥미있었지만 드럭커 교수가 대기업체에 컨설팅하면서 새로운 이론을 만들어 가는 부분이 아주 재미있었고 삶의 지혜와 학문에도 많은 교훈을 얻었다. 그러나 직접 쓰고자 하는 마음을 먹은 것은 미국의 물리학자이며 노벨물리학상 수상자인 리처드 파인만(1918~88) 교수의 『파인만씨! 농담도 정말 잘하시네요!』를 1987년에 읽었을 때였다. 당시 이 책을 내가 경북대 공대에서 시간강사를 할 때 1학년 대학생들에게 소개하기도 하였다. 내용도 일부 알려줬는데 공대1학년생의 영민한 수재 학생들이 눈을 반짝반짝 하며 귀 기울여 듣던 것이 지금도 눈에 선하다. 파인만 교수가 새로운 이론을 만들어 나가면서 물리학계의 물리학자, 그리고 다른 분야의 교수들과도 자유롭게 교류하는 학문적 분위기가 매우 인상 깊었다. 그후 이를 계기로 다른 회고록에도 많은 관심을 가졌다. 이번에 『나의 회고록』을 쓰면서 이 두 책의 신역본을 어렵게 구해서 다시 읽었다. 참으로 오랜 세월이 지나 현금 읽는 이 두 책이 더욱 의미심장하였다. 물론 감동은 처음 읽은 그때가 더욱 강했다.

　　그리고 또 이 『나의 회고록』을 쓰는 데에는 찰리 채플린(1889~

1977)의 『모던 타임즈』(1936)를 비롯한 그의 영화도 많은 도움이 되었고 또 에프라임 키숀(1924~2005)의 『모세야, 석유가 안나오느냐?』(1977), 『맙쇼사 우리 가족』(1980) 등의 책이 매우 유익하였다.

인류의 혜지가 담긴 이 저서들을 남긴 분들께 항상 감사를 드리며 학은에 조금이라도 보은이 되기만을 바란다.

따라서 이 회고록에는 우리나라 고유의 해학과 골계와 유태인의 유머정신이 모두 담겨있다. 원래의 제목처럼 동과 서가 만났는가? 해학과 골계와 유머는 모두 어렵고 힘든 인생의 시기에 불굴의 정신으로 이를 헤쳐나가게 하는 큰 빛을 보여주고 있다. 내가 경영학을 전공한 것과 해학과 골계와 유머를 체득한 것이 인생에서 모두 가장 큰 행운이었다.

이 모두 학문과 인생에 큰 도움이 되었고 언젠가 나도 이런 훌륭한 회고록을 쓰리라 고 마음을 먹고 많은 자료와 사진도 계속 모았으나 연구실도 옮기고 이사도 하고 갑자기 퇴직하여 여의치는 않았다. 그러나 최대한 노력하여 내용은 최대한 담아 우선 I권을 상재하기로 한다.

인생은 대본도 없고 리딩도 없고 리허설도 없고 감독도 없고 연장도 없고 오직 의사결정을 해야하는 자신만이 주인공이며 1인1생이다.

- 이강식 교수 경영학정신 -

회고록에 사례연구(Case Study)를 넣어서 전문학술서로 저술한 것은 순수한 나의 아이디어이다. 경영학자, 경영학교수·명예교수, 경영학박사, 시인으로서 기존의 회고록을 오마쥬하면서 내가 경영학적 창의로 덧보태는 것이 분명히 있어야할 것이기 때문이다. 사례연구는 경영학수업시간에 아주 자주 활용하였기 때문에 18개의 사례연구의 창안은 내게도 뜻깊다.

　이 사례연구법은 내가 흥미를 가지고 스스로 연구조사해서 박사과정 수업에서 발표도 하였고 교수가 된 후 이미 평소 수업시간에 늘 활용하였지만 그러던 중 특히 서울에 있는 대학에서 학회를 열어 하버드 대학교수들을 직접 초청하여 사례연구법 세미나를 할 때 불원천리하고 가서 직접 본 것이 많은 도움이 되었다. 그러니까 사례연구로 한 수업에 참여를 한 것이 아니고 사례연구기법에 대한 세미나에서 직접 하버드대교수가 진행한 사례연구 수행을 참관한 것이 좋았고 도움이 되었고 뜻깊었다. 그리고 하버드대교수들의 훌륭한 전문성에 감탄을 하였다. 이후 이 하버드식 방법을 벤치마킹하여 내 강의에서 활용하여 많은 성과를 거두었는데 나는 학생들에게 "내 이 사례기법은 그냥 내가 연구해서 하는 것만이 아니고 내 돈 주고 서울에서 하는 세미나에 가서 하버드대학교수의 수행을 직접 참관하고 하는 것이야!" 라고 은근 자랑도 하였고 학생도 많은 흥미를 가지고 동의를 하였다. 그 외에도 많은 훌륭한 수업기법을 연구조사하고 자료도 많이 모아 터득했지만 다 활용하지는 못한 것이 못내 아쉽다.

　이 사례연구법은 학생과의 토론 속에서 생각지도 않은 자기발견적 문제와 정답을 스스로 찾아 해결하는 아주 흥미진진한 기법이다. 그리고 영화와 비디오를 보고도 사례연구를 자주 하였다.

　따라서 이 저서는 나의 9번째 단독학술전문저서로서 『나의 회고록』이면서 동시에 사례연구로 저술하였다. 나는 전문성과 일반성, 보편성과 특수성, 이론과 실천을 구현하기 위해 이러한 형식을 창안하였는데 나는 매우 흥미진진하게 생각하지만 다른 이에게도 유익하기만을 바란다.

『경영학자와 함께 열매 맺고 꽃이 피네』의 원제는 『경영학자와 함께 동쪽에서 열매 맺고 서쪽에서 꽃이 피네』인데 제목이 길게 보여서 축약하였다. 그러니 실제 제목은 『경영학자와 함께 동쪽에서 열매 맺고 서쪽에서 꽃이 피네』인데 이 제목은 불교의 世界一花(세계1화) 사상에서 영향을 받았다. 이 우주세계는 『화엄경』의 중중무진의 법계연기 속에서 하나의 꽃이며 경영은 4법계인 사법계 이법계 이사무애법계 사사무애법계에서 하나의 열매이다. 이 세계는 한 꽃이며 경영은 한 열매이다. 世界一花, 經營一果(세계1화, 경영1과)! 世界經營一花果(세계경영1화과)!

특히 나는 자유, 민주, 평등, 박애, 사랑, 복지, 부유 등등의 현대적 가치가 원래 한국에서 발원하여 동양으로 전파되었고 지금은 서구에서 꽃피운 것을 기념하면서 이제 다시 한국에서 열매 맺고 동양과 서구에서 발전하여 동서화합과 학문의 꽃을 피우기를 바라는 열렬한 염원에서 이렇게 제목으로 삼았다.

그러므로 東果西花(동과서화)는 내가 만든말인데 이의 깊은 뜻이 세계를 장엄하게 하기를 바란다. 열매 맺기 위해 꽃을 피운다. 산출이 입력에 선행한다.

뿐만 아니라 특히 경영학이 고대에서부터 한국에서 발전되었으나 현대에서는 서구에서 자본주의와 함께 꽃이 피었는데 이제 다시 한국에서 열매 맺기를 바라는 소중한 서원을 담아 제목을 이렇게 이름 지었다. 물론 동양에서도 자본주의가 더욱 발전하기를 바라는 것이다.

나의 이상국가사상이 바로 생업연금자본주의이다. 생업을 갖고 열심히 노력하고 퇴직후에는 연금을 받아 우리 국민뿐만이 아니고 모든 인류가 안온한 삶을 살기를 길이 바라는 것이다. 자유, 민주,

평등, 박애, 사랑, 복지 등등도 좋지만 무엇보다 부유하게 살기를 바란다.

그리고 대학 강의교재처럼 18강으로 구성하였다. 그래서 이 회고록은 대학강의교재처럼 생각하면 될 것이다. 퇴직하여 강의는 일단락 되었지만 그러나 나는 여전히 교수이다. 교수로서의 나의 삶은 무엇 보다 학문과 함께이고 대학생과 함께여서 좋았다. 논문과 저술이 오직 나의 꿈이고 행복이었고 대학생을 지도하는 것이 큰 보람이었다. 그리고 이제는 회고해야할 중차대한 미션이 남아있다.

그리고 보통 회고록이라 하면 덕담과 좋은 일만 회고하는 경향이 있으나 그것도 의의는 있으나 내까지 어렵게어렵게 『나의 회고록 My Momoir』을 쓰면서 그럴 수는 없고 현장의 리얼에서 휴머니즘을 찾아 문제의 심층분석과 해법을 찾고자한다. 응당 그래야 재미와 교훈과 사례를 남기고 동시에 인간에 대한 사랑을 담아 인류애를 구현할 것이 아닌가?

그래서 경영학자와 교수, 시인으로서, 32년간 정통교수로서 인간에 대한 연민의 정을 담아 리얼 휴머니즘REAL HUMANISM을 새로이 개 척하였다. 이 부분은 내가 큰 기대를 하지만 큰 혜량을 바란다. 여기 서 인지부조화Cognitive Dissonance를 느끼지 말기를 바라나니 학자는 원래 배운 것을 쓰는 것이 아니고, 오직 자신이 연구한 것을 쓰기 때문이다. 항상 혜량을 바란다.

경영학자와 함께 경영과 세계와 미래의
더 나은 진화와 창조를 위하여!
더 나은 변화와 혁명을 위하여!
더 나은 보수와 진보를 위하여!

그리고 원고에서 맞춤법과 띄워쓰기, 외래어 표기를 가능한 발음에 가까이 하여 구어체를 살리고자 하였고 또 당시 분위기를 살리기 위해 내 당대의 현장용어를 채택한 부분이 많은데 이해를 바란다. 그리고 비격식표현도 사용하였는데 이해를 바란다. 내가 여기서 살려서 보존하지 않으면 영영 사라질 것 같기 때문이다. 『나의 회고록 - 사례연구』는 이래서 있는 것 아니겠는가? 특히 사이시옷 ㅅ 은 꼭 필요한 것 외에는 당연히 제외하였다. 한글의 아름다움을 높이고 문자의 경제성과 전자화에 크게 능률을 기하고 했기 때문이다.

이런 부분도 항상 현장에서 실험정신이 필요하다. 시대변화에 따라 맞춤법, 띄워쓰기, 외래어표기, 현장용어, 비격식표현도 계속적인 변화와 모색이 필요하다. 역시 혜량을 바란다.

그리고 사례연구에 시를 10편 첨가하여 감동경영을 실천하고자 했다. 시낭송으로도 좋은데 시낭송 역시 내가 1996년부터 22년간 매학기 매과목 경영학 수업 종강시간에 종강시를 낭송하여 실천하였고 시를 더한 것은 이를 기념하기 위한 것도 있다.

또 원고 마지막의 날짜는 처음 원고를 쓴 날을 기념하기 위한 것인데 쓰는 과정에서 최신 내용을 엎뎄한 부분이 있으니 이해바란다.

그리고 민족의 정론지 조선일보와 21세기 지성의 목소리 교수신문에 늘 감사하는 마음을 담았다. 특히 내가 나를 경영학자라고 호칭하는 것은 자칭이 아니고 조선일보가 오래전인 1988년에 기사를 쓰면서 나에게 붙여준 타칭이다. 나는 이를 기꺼이 수락하여 곧바로 사용하였고 이 칭호를 지금도 제일 앞에 쓰고 있다. 조선일보는 고1 때부터 50년 독자인데 42년간을 유료독자였고 지금은 연구년을 가면서 휴지하였으나 여건이 되는대로 유료독자로 곧다시 복귀할 예정인데 50년 독자로서 많은 도움이 되었다.

교수신문은 92년 창간 때부터 현재까지 31년 창간유료독자로서 학술에서 많은 도움이 되었다. 쾌활무비한 학문의 도정에서 이 두 신문과 앞으로도 계속 같이 할 것이다.

그런데 이 두 신문에 사무적이든 개인적이든 직간접 내가 아는 사람은 전혀 없다. 그리고 다른 언론도 많은 도움이 되었다.

『회고록』은 불연속Discreteness적으로 계속 될 것이다. 투비컨티뉴드!

成己 自由 開物 平等!

자기를 완성하여 자유롭게 하고, 만물을 개발하여 평등하게 한다!

- 연개소문(7C) -

이맥, 『태백일사』「고구려국본기」: 『환단고기』(108면뒤)

2022년 壬寅歲 2월 10일 월

桓國之人(환국지인)   환국인   이 강 식

Contents

▌회고록 제1강, 사례연구Case Study ▌

아! 대학유머!

이강식(명예교수 전)

내가 평생 거의 60년을 TV를 보았나? 그러나 사실 지금까지는 거의 건성건성으로 보았지만, 요즘은 사실 전세계에서 송출하는 TV를 끼고, 하루종일 살다시피하고 있으니, 그러다 보니 둔하기로 소문나고 사람 잘 못 알아보기로 전국을 넘어, 이제 세계적으로 유명해지려는 찰라에 있는 나도 조금씩 TV에 나온 사람들의 인상이 다행히 겨우겨우 보이기 시작하였다. 유명연예인의 얼굴을 보면 대개 술을 좋아하는지, 돈을 좋아하는지, 여자를 좋아하는지, 성형을 좋아 하는지, 방송을 틈타 야욕을 피우는지, 안 그런 척하고 사람 좋은 척하지만 시기질투욕심이 뚝뚝 묻어나는지, 아니면 별 생각이 없고 큰 욕심이 없이 그저 방송이 좋아서 세상 모르고 나오는 것인지, 아무리 진한 연예인분장을 해도 조금씩 보이는 것 같기도 하다. 물론 욕심이 없는 사람은 없을 것이다. 그리고 마약을 하는 연예인도 조금씩 보이는 것이다. "어, 이상하다." 싶으면 나중에 마약에 연루된 기사가 날 때가 많은 것이다. 물론 다 안다는 것은 아니고, 여전히 모르는 연예인이 더 많은 것도 사실이지만, 조금씩 보이는 것도 사실은 사실이다.

TV에 자주 나오는 정치인도 마찬가지이다. 내가 모르는 사람도 많지만, 조금씩이나마 보이는 것도 사실이다. 외국정치인도 마찬가지다. 어떤 외국정치인도 요새 보니 건강이 매우 안좋은 것 같았다. 저 정도면 모든 것을 내려놓고 요양을 하러 가는 것이 더 나을 것 같지만, 그게 어디 쉽게 되겠는가? 오히려 '권력빨'로 오직 하루만이라도 더 버티려고 애쓰는 정치인이 어디 한둘이겠는가? 대개 외국정치인이 대중 앞에 안 나타나고 은둔하고 있는 기간이나 회수가 잦으면 무슨 이유를 달아도 결국은 아픈 것이다. 그러나 인생이란, 권력이란 안 할 수도 없고 그런 것이다.

난들 그렇지 않았는가? '생애의 논문'을 쓴다고 교수직도 내려놓고, 하루하루 버티다가 수많은 난관 끝에 논문은 즐겁게 써서 매우 기뻐했는데, 정작 나는 쓰러져서 오래동안 비몽사몽 하지 않았던가?

그런데 내가 지금까지 본 정치인의 인상은 미국정치인의 인상이 가장 좋았고, 그 다음에 우리나라 정치인의 인상이 좋았다. 우리나라에 국운은 무궁무진하다고 보며 번영도 이제부터 본격적이라는 생각이 든다.

살아오면서 지금까지 파출소를 딱 한두번 간 적은 있지만, 모두 내 문제는 아니었다. 그런데 이제 퇴직하고, 역시 내가 만든 문제는 아니지만, 내가 당면한 문제로 파출소로, 지금은 치안센터가 되어있는데, 직접 상담하러 가게 되었다.

이제 나도 생활자가 되었다. 행색도 남루하고 안색도 안 좋은 티가 역연한데다가 힘겹게 걸어 들어가 인사를 하고 상담을 하니, 조용한 파출소에서 혼자 근무하고 있던 나이든 경찰관이 기꺼이 상담해주었다.

그러더니 한참 상담중에 곧 산전수전을 다 겪은 것으로 보이는 경찰관이 주의깊게 물었다. "어디 목사세요?" 나는 조금 놀랐지만 "아닙니다, 아닙니다, 목사는 아닙니다." 라고 마스크 너머로 겨우 답변을 하고, 상담을 계속 하였다. 그러더니 이번에도 경찰관이 궁금한 듯 또 물었다. "교회에서 퇴직하고 나오면서 좀 많이 땡겼나요?" 그래서 나는 이제는 나오는 웃음을 마스크 뒤로 꾹 참으면서 "아닙니다, 아닙니다, 그런 것은 아니고요." 라면서, 나로서는 심각한 상담을 계속 하였다. 주의깊게 들어주던 경찰관이 또 물었다. "나이가 몇 이세요?" 그래서 나는 몇 세라고 있는 그대로 말해주었다. 그러자 그 경찰관은 "내보다 나이가 더 많은데, 상당히 더 어리게 보이시네요." 라고 말하였다. 그래서 나는 놀래서 "어, 어..." 하면서 말을 한참 더듬다가 겨우 대답하였다. "내가 요새 몇 년 건강이 그래서 그렇지, 그 전에는 동안이라는 소리를 많이 들었지요."

유머에는 역시 유머로 대응하는 것이 나은 것도 같았지만, '경찰유머'가 훨씬 더 복잡하여 좀처럼 따라 잡기 어려웠다. 32년 연마한 '교수유머' 정도는 '쨉'도 안되는 것 같았다. '경찰유머다이'가 알 수도 없게 더 높고 종잡을 수가 없는 것 같았다. 결국 내 혼자 우습기도 하고, 3연타를 맞으니 머리가 어질어질한 것 같기도 해서, 상담을 가급적 빨리 마무리하고 비틀비틀 걸어 문을 나오면서 돌아서서 정중히 인사를 하였다.

경찰유머 중에서 내가 생각하는 당연 최고는 이것이다. 전라도 진도에서 경찰서장을 하는 간부가 꿈에 그리던 경찰청 발령을 받아 서울 본청과장으로 부임을 하게 되었다. 첫날 잔뜩 부푼 마음으로 하늘같은 경찰청장에게 신고를 하였는데 신임과장이 진도에서 왔다는 것을 안 경찰청장이 말했다.

"진도에서 왔다고 했지? 진도개 한 마리 구해 줄 수 없겠나?"

그러자 하도 개 때문에 시달린 신임과장이 인상을 찌푸리고 말했다.

"청장님, 개소리 그만 하십시오."

그래서 근엄한 경찰청이 확 뒤집어졌다. 그럼, 이 정도는 돼야 경찰유머지.

사람들은 물을 것이다. "이 교수님 얼굴에는 뭐가 보이길 원하세요?"

나는 뭐 생각해 본다. "술? 담배? 돈? 여자? 논문? 저술? 강의? 권력? 수명욕심? 아니면 세상 모르는 천진난만함? 경건함? 아니면 성스러움? 아니면 우애? 건강? 사람들이 얼굴에서 보이는 것은 나도 다 보이겠지."

"그 중에 뭐가 제일 보이고 싶으세요?"

"글쎄 뭐... 여자?"

"에이- 이 교수님 돈 있으세요?"

"없는 것 같은데..."

"돈도 없는데 무슨 여자가 보이길 바라세요?"

"그러면 뭐, 돈 많은 여자가 보이기를 바라나? 근데 돈 있는 여자가 내게? 왜?..."

세상은 참 그렇다. '목사세요?' '땡기는 세상,' '퇴임할 때 좀 많이 땡기는 세상,' 경찰유머가 이렇게 빛이 나고, 햇수로 32년 교수생활을 하면서 현상을 분석하고 분석하다가, 그러니까 분석만 했다는 것인지, 퇴직한 나도 그 '형용할 수 없는' 경찰유머의 고도의 복잡성에 놀라니, '개그맨우먼'이 직장을 버리고, 트롯으로 전직하거나, 대형방송국 아름다운 여아나운서, 전국을 확 휘어잡는다는 유능한 PD, 벙어리도 말 하게 만든다는 대형신문사기자도 그렇게 부러워한다는 유튭으로 거의 몽땅, 다 뛰어가는 것 아니겠나? 친절한 경찰관 파이팅!

근데 나는 유머도 직업에 따라 매우 다른 것을 본다. 그럴 것이다. 수천년 내려오며 각자의 나라와 직업에서 연마해온 유머가 같을 수 있겠는가? 얼마 전에 평화방송에서 미사중계하는 것을 뜻깊게 보았는데 거기서 나온 추기경, 교구장신부 등의 유머는 햇수로 32년 교수를 하며 대학유머를 갈고 닦아온 나로서도 측량하기가 매우 어려웠다. 그저 아! 추기경, 교구장, 주교, 신부, 신자들은 저런 카톨릭유머를 하고 사는구나! 라고 생각하는 정도였다.

그래서 종교인으로 보면 개신교 목사가 표정이 가장 밝고 파이팅이 넘치고 성취의욕에 확확 불타는 것을 볼 수 있다. 불교 조계종 스님이 은은하고 온화한 미소를 띠고 있다. 그리고 카톨릭 신부의 표정이 심각하게 보여질 때가 많다. 역시 각국의 종교문화적 전통을 반영하고 있다고 보는데 내 생각에는 개신교 목사는 미국형이고 조계종 스님은 한국형이고 카톨릭 신부는 유럽형으로 보여진다. 그리고 신자들도 스님, 목사, 신부, 수녀의 인상을 빼닮는다. 물론 그 역도 마찬가지이다. 물론 전체적으로는 그렇다는 것이고 물론 개인차는 당연 있겠고 다 훌륭한 종교지.

그러면 동양국의 사람들의 표정은 어떠한가요? 라고 물어온다면 역시 나는 답변할 수 있지. 먼저 일본사람은 재바르고 친절하고 표정이 밝은데 항상 표정이 국화와 칼이지. 중국사람은 오랜 세월이

켜켜이 쌓인 표정인데 항상 무표정하고 포커 페이스지. 남북이 다르지. 한국사람의 표정이 가장 마음에 드는데 좋으면 좋은 대로 싫으면 싫은 대로 감정에 디게 솔직하지, 참 인간적인 표정이야!

그리고 필리핀사람은 힘든 자연환경 속에서도 굉장히 활기차고 유머스럽고 자부심이 강하고 예술성이 뛰어나지.

동양국인이 물론 개인차는 있는데 다 훌륭한 사람들이고 나머지 나라사람은 차차 알아가기로 할까요?

미국에서는 정치인의 유머가 자주 회자가 된다. 수많은 유머가 있지만 나는 로널드 레이건(Ronald Wilson Reagan 1911~2004) 미대통령의 유머가 가장 의미심장하다고 본다. 레이건 미대통령의 유머를 내 나름 自小(자소)유머라고 이름 붙였는데 자기를 낮추면서 남에게 웃음을 선사하는 유머라는 뜻이다. 실제로는 自嘲(자조)유머라고 부르는 것이 조금 정확할 수도 있지만, 꼭 그런 것만도 아니며, 나는 自大(자대)유머와 짝을 맞추기 위해 이렇게 자소유머로 이름붙였다. 아마 전 세계적으로 자소유머의 1인자는 레이건 미대통령일 것이다. 이와 반대는 내가 自大(자대)유머라고 이름 붙였는데 자기를 과대과장하여 남에게 웃음을 선사하는 유머이다.

레이건 미대통령의 자소유머는 대표적으로 이 분이 피격을 당했을 때 수술실로 향하면서 그 생사가 달린 급박한 와중에서도 영부인인 낸시 레이건(1921~2016) 여사를 보고 "여보, 내가 몸을 숙이는 것을 깜박 잊었어." 라고 한 것과 수술실에서 그를 수술하기 위해 엄청 긴장하며 빙 둘러싸고 있는 의사들에게 "여기 민주당원은 없겠지.” 라고 한 것이 대표적이다. 그러니까 앞의 유머는 영화배우출신인 레이건 미대통령이 영화 속에서는 요리조리 총알을 몽땅 피하며 한 방도 안 맞고 피날레까지 살아남아 해피엔딩이 되었다는 것을 상기시켜주는 것이고, 뒤의 유머는 의사들의 엄청난 긴장을 풀어주는 동시에 자신이 공화당원의 대표라는 것을 새삼 상기시키며 수술 잘하라는 암묵적인 뜻을 애둘러 말한 것으로 보이는 뛰어난 유머이다. 그 급박한 생사의 기로에서도 이렇게 유머를 할 수 있다는 것은 정말 천품이라는 존경의 생각이 든다.

이처럼 레이건 미대통령의 자소유머는 단순히 자신을 낮춰 남을 웃긴다는 것이 아니고 매우 정확하고 그 순간 날카롭게 상대의 허를 찌르면서 문제해결의 웃음을 주는 것이다. 다시 강조하면 나는 그 위급한 순간에 이렇게 시의적절한 정치유머를 생각하고 그걸 실제 말로 표현한다는 것에 매우 경탄하는 것이다. 이 정도면 미대통령의 유머로서 손색이 없지.

그런데 내가 들은 이 분의 최고 자소유머는 이것이다. 영화배우출신인 레이건이 세계최강국인 미대통령이 되자, 누군가가 인터뷰에서 다음과 같은 취지로 물었다. “무명영화배우출신으로서 최강국 미국대통령이 된다고 언제쯤 생각했습니까?” 그러자 레이건 미대통령은 답변했다. “내가 초기배우시절에 어떤 감독이 ‘레이건씨, 언젠가 미국 대통령이 되겠군요.’ 라고 말했죠. 그래서 내가 ‘감독님은 내 연기가 형편없다고 생각하시는군요.’ 라고 답변했을 때죠.” 라고 해서 많은 듣는 사람이 감탄을 했다. 이 정도면 정치유머로서 세계급이라고 본다.

이처럼 사람들은 유머를 “농담 따먹기 하나?” 라며 한가할 때 하는 유치한 것이라고 생각하지만 그러나 그게 아니고 유머는 캄캄하고 급박한 순간에 밤하늘에 떠오르는 태양처럼 환하게 빛을 내서 길을 제시해 주는 것이다.

고종(1852~1919) 황제의 유머도 대단하였다. 안중근(1879~1910) 장군께서 1911년 이등박문(1841~1909)을 합이빈역두에서 사살하였을 때 고종 황제께서는 말씀하시기를, "그 사람 이름이 왜 하필 이등박문이야? 일등박문이었으면 안 죽었텐데." 라고 하였다. 이 말이 당시 주한외교가에서 상당한 화제가 되었다.

나는 물론 자소유머와 자대유머를 모두 자유자재로 구사한다고 생각하고 있고 햇수로 32년 교수를 하며 대학유머를 갈고 닦아서 대학유머의 1인자가 되었다고 보지만 그러나 앞으로가 더 기대되는 것이다. 사람들은 궁금할 것이다. 글쎄 그 유머가 모지?

내가 얼마 전까지 교수를 할 때는 졸론(졸업논문)이 있어서 졸업기의 바쁜 대학생에게 상당한 과부하과제였다. 그런데 한 졸예자(졸업예정자) 여대생이 충분히 졸론을 낼 수 있는 역량이 되는데 기한이 임박하도록 제출을 안해서 나의 속을 태우고 있었다. 숩(수업)도 종강이 다 되가고 나도 바쁜 중 몇 번을 전화를 했는데 잘 안 되었고 한 번은 저녁이 되어 간신히 통화가 됐는데 나지막한 목소리로 "교수님, 제가 있다 전화 드릴께요." 하고 전화를 받자말자 곧바로 탁 끊어버리는 것이었다. 늦게까지 기다려도 전화는 당연히 안 오고 다시 내가 전화를 하여 드뎌 다시 어렵게 통화를 하였다.

"여보세요, 여보세요."

"아! 교수님, 아까는 학원에서 숩 중에 있어서 전화를 못 받았어요."

"그래, 수고가 많아, 근데 졸론 내야지, 벌써 기한이 낼모레 다 되가는데."

"아, 예, 예."

"빨리 내야지, 배짱이가?"

"아닙니다. 아닙니다!"

그래서 내가 21세기 벽두에 희대의 명언을 말했다.

"베짱이 아니면 개미가?"

그러자 여대생이 정신없이 빵하고 터졌다.

"호호호호호호호호호호호호호호호호호호호호호호호호호 교수님, 웃겼어요."

아니, 나의 고급명대학유머를 걍 "교수님, 웃겼어요." 로 한마디로만 끝내다니 애석하기도 했지만 졸업의 기로에 서있는 이 심각한 야밤에 여대생이 이렇게 크게 웃어준 것만 해도 어디야?

한번은 4학년 여대생이 졸업학기에 내 과목을 수강하였는데 리폿을 내게 되었다. 나는 그때 하드 카피와 소픝 카피를 받아 종이본 하드 카피는 보관을 하고 디지털 파일 소픝 카피는 읽어보고 홈피나 넷 카페에 올리곤 하였다. 그런데 한 여대생이 하드 카피는 냈는데 소픝 카피는 내지 않고 있었다. 종이본은 이미 출력해서 숩시간에 제출했으므로 파일을 이멜로 보내는게 신세대가 뭐 그리 어려울 것이 있겠는가? 그래서 몇 번을 휴대폰으로 전화했는데 안받았다. 당연히 회신도 없었다. 벌써 방학이 되어가는데 업무를 마감해야했다.

하루는 아침에 전화를 했는데 마침 어렵게 통화가 되었다. 그런데 그 여대생이 "조금 있다가 다시 전화를 하겠습니다." 라고 하며 전화를 탁 끊었는데 좀 있어도 당연히 전화가 안왔다. 그래서 내가 다시 전화를 했다.

"여보세요."

"아, 교수님, 아까는 가족과 아침식사를 하고 있어서 전화를 받을 수 없었어요."

그래서 내가 세상에서 다시 누구에게서도 들어 볼 수 없는 불후의 명언을 그녀에게 말했다.

"인형이 밥을 먹네."

그러나 인형공쥬는 눈도 깜박 안했다. 미동도 안하고 아무 감동도 표하지 않았다. 역시 대단한 인형공쥬라고 속으로 감탄을 하며 이윽고 용건을 말하고 엄중한 분위기 속에서 "곧 보내주겠어요." 라는 우호적 답변을 듣고 통화를 마쳤다. 그러나 파일은 오지 않았다. 얼음공쥬는 유도 아니었다. 인형공쥬에게 그런 것을 보내라고 시키다니 아무리 교슈라도 결코 해서는 안 될 무엄한 일을 했으니 완전 생까고 졸업해 버렸다. 내가 전설의 교슈를 하면서 만난 최대의 여학생공쥬 중의 한 분이셨는데 나에게 형용할 수 없는 황공함만 남기고 간단하게 날라버렸다.

대학에서 당시 학내문제로 학생데모가 자주 있었는데 그러면 당연히 자취방에서 삼삼오오 모여서 여러 가지 열띤 토론을 나누었다. 한번은 저녁이 이슥해지자 방주인인 여대생이 일어나서 말했다.

"끼리주까?"

그러자 처음에는 무슨 말인지 못 알아듣고 남녀학생들이 서로 잠시 얼굴을 쳐다보다가 곧바로 배를 잡고 뒤집어지도록 웃었다. "끼리주까?" 그러니까 "라면 끓여줄까?" 라는 말이었다.

"오빠, 라면 먹고가!" 아! 얼마나 듣고 싶은 소린가? 당연 묵고 가야지. 오빠가 여동생집에서 끼리주는 라면 묵고 가는데 안 될 일이 세상에 뭐가 있겠나?

"Would you eat a nambi of Ramen with me tonight, Obba?"

"Yes, Yes, Absolutely Obba will!"

그리고 귀한 라면을 먹었으면 응당 오빠가 답례를 해야지.

"오빠도 라면 잘 끼리는데 묵고 갈래? 끼리주까?"

아, 단연 그거지, 묵고 가야지. 여동생이 당연 묵고 가야지.

"언제 한번 오빠집에 오면 라면 끼리주께, 이번 토욜 오때?"

그렇지, 오빠가 이번 토욜 당연 라면 끼리주야지, 누가 끼리주겠나?

근데 나의 고급유머에도 못 웃고 오히려 요상한 성질내는 사람도 많으니까 세상이 이런 것 아니겠나?

대학에 있으면 소요사태가 많다. 한번은 학내문제로 소요가 일어나서 장기간 해결이 안되고 있었다. 그래서 다급한 총장이 조교수 이상 교수회의를 소집해서 중지를 모으고자 하였다. 그러니 소집된 사람들이 다 나름 경력이 있는 교수들이고 평소에는 말 빼면 별로 할 일도 없는 것처럼 보이는, 말빨만 이상하게 센 사람들이었지만, 지금은 그 무거운 분위기 속에 총장 앞에서 연신 고개를 조아리고 이리저리 눈치보며 입도 못 떼고 있었다.

그런데 내가 총장실에 간만에 긴급히 소집돼가서 가만히 앉아있

다가 건너편 남쪽 벽을 보니 "兵者 國之大事 死生之地 存亡之道 不可
不察也. 병자 국지대사 사생지지 존망지도 불가불찰야."(「제1장 시계
편」) 라는 유명한 『손자병법』이 붓글씨로 쓰여져, 상당한 고급액자로
까지 만들어져 부착되어 있었다. 나는 처음 보는 액자인데 누가 쓴
것인가? 라고 가만히 보니 대학의 교주가 대만 갔을 때 대만인이 쓴
것을 기증받아 액자로 만든 것 같았다. 물론 글귀야 더 말할 나위없
이 좋은 글귀이지만 조금 이상해서 그래서 내가 입을 떼서 말했다.

"아, 보통 대학총장실에는 '大學之道 在明明德 在親民 在止於至善. 대
학지도 재명명덕 재친민 재지어지선.' 이라는 『대학』 글귀를 써붙이는
데 저 귀절은 총장실에 붙이기는 좀 이상하니 바꾸는게 좋겠군요."

그러자 어떤 교수가 대번에 인상쓰며 눈에 쌍심지를 확 켜고 쌍지
팡이를 짚고 나서서 고추가리 팍 뿌리며 총장 앞에서 내한테 죽자살
자 달려들었다.

"아니, 지금 이럴 때 무슨 그런 소리를 하고 그러십니까?"

그래서 나는 '참 이상한 교수도 다 있다.' 싶었지만 내색은 안하고
참고 있었는데 그러나 그걸 호기로 이곳저곳에서 말꼬가 터져서 여러
가지 설왕설래 대책이 나오고 관계교수대책회의는 무사히 마쳤다.

그러나 그게 다가 아니고 총장실 문을 나서면서 나는 그 교수를
일부러 따라가 불러서 말했다.

"아니, 안 교수, 그건 내가 무거운 분위기를 풀려 보려고 그렇게
말했는데 왜 그러세요?"

그랬더니 그 교수는 말도 없이 성질내며 팩 돌아서서 가버렸다.
이렇게 유머 자체를 모르고 상황도 모르는 인간을 만나면 골치 아프
다. 왜 그랬을까? 다 이유가 있겠지. 그러니 그런 인간은 안 만나기

만을 빌어야지. 그래도 반전에는 완전 성공하였으니 그나마 위안을 삼아야지. 내게는 이런 총대를 맨 고육지책이 자주 있었지만 성공만 이 위안이지, 그 외는 다 잊어야지.

그러면 그 교수는? 결국 이런저런 이유로 소리소문없이 중간에 대학을 나갔다. 그러니까 무슨 계기로 대학에서 내 보낸 것이라고 추정하지. 말귀를 척 알아듣고 "아, 그렇죠! 이 교수님이 말씀하신 『대학』 글귀도 아주 좋지만, '일체유심조' 라는 불경말씀도 좋고, '주께서는 무소불능하시오며 무슨 경영이든지 못 이루실 것이 없는 줄 압니다.' 라는 『성경』말씀도 참 좋습니다." 라고 교수로서 전문가적 소양을 보이며 반주를 맞춰주고 베이스를 넣어줬으면 좋았을 것이지만 절대 그렇게는 못하지. 1고수2명창이라고 어떤 때는 베이스 넣어주는게 명창에게 아주 더 주요한 예술이지만 그게 그리 쉽겠나?

그 한참 후에 총장이 바뀌고 가보니 그 액자는 벌써 떼어지고 없었다, 당연하지. 육사교장실에 붙어있으면 아주 좋을 구절이지, 벌써 붙어있겠지. 글귀도 다 TPS(Time, Place, Situation)가 있는 것이야. 그걸 떼어낼 수 있는, 다음인지, 다다음인지, 누군가의 총장이 그래도 안목과 권력이 있는 총장이지. 그러면 내가 말한 『대학』 귀절이 총장실에 붙어있느냐? 하면 그건 또 전혀 아니었다. 그렇지, 절대 그렇게는 못하지, 그랬으면 버얼써 1류대학이 되었지.

그러니 주요한 것은 사람들은 자기가 들리는 대로 듣는 것도 아니고 듣고 싶은 대로 듣고, 말하고 싶은 대로 말한다는 것이다. 그것도 입에 침도 안 바르고 거꾸로 말하는데 이거 아주 골치 아파!

한번은 어떤 노여성이 내게 말하기를, 누가 나를 엄청 공개적으로 욕했다는 것이다. 그래서 나는 그 분이 그럴 리가 있느냐? 며 반신반의하면서 상당히 노력해서 남모르게 알아본 결과, 그 누구라는 사람이 나를 욕한게 아니고 오히려 엄청 칭찬하는 뉘앙스로 말한 것이었다. 그렇지, 그럼 그렇지. 근데 이게 무슨 일인가? 그 나이든 여성도 좋은 사람인데, 이 무슨 일인가? 이해하기 어려웠다. 그런데 그 결과는? 오래 가만 두고 있으니 그래도 박사학위도 있는 그 노파가 결국 내게서 자연히 스스로 떨어져 나갔다.

오래 생각해보니 결국 그 커리어 그랜드우먼은 자기따나 머리를 써서 남을 빙자하여 자기가 내게 말하고 싶은 말을 한 것이다.

"저 사람이 니를 엄청 욕했어, 그게 사실인데, 사실이든 아니든, 사실 아니라도 그만이고, 사실은 내가 니한테 하고 싶은 말이 꼭 바로 그 말이야. 나? 나는 좋은 여자이고 좋은 척하는 여자이기도 하지. 이래저래 말해도 확인 안 되겠찌. 돼도 그만이고."

글쎄, 노력하면 안 되는 일이 어디 있나? 요새는 해외에서도 다 확인할 수가 있다.

그러니 생각해 보면 내게 성질낸 그 교수는 거꾸로인데, "이때다." 싶어 결국은 나를 빙자하여 쓰리 쿠션으로 남을 엄청 욕하고자 한 것이다. 누구를?

한번은 학과장할 때 대학생 학술대회를 개최했는데 외부 큰대학 학장을 지낸 유명교수를 초청하여 특강을 했다. 학과의 많은 학생이 모두 참석하여 특강이 한창 즐겁고 재미있게 진행되고 있었다. 과연 유명대학 학장교수답게 인터넷과 퐈포를 잘 활용하여 아주 흥미있는 특강을 하였고 남녀대학생들도 모두 좋아라하였다. 대학에서 이 정도 성공한 특강도 드물지. 그런데 사전에 내가 여성총장에게 축사를 부탁했는데, 처음에는 다른 행사에 바빠서 참석을 못 했지만, 특강 도중 바쁜 가운데에도 사무처장을 수행하고 활개치며 앞문으로 참석하여 자리를 빛내주었다. 아마 다른 행사장에서 급히 곧바로 온 것 같았다.

그런데 여성총장이 강연도중에 착석하여 역시 흥미있게 경청을 하고 있었지만, 그러나 나는 넋놓고 걍 있을 일이 아니고 한시라도 빨리 바쁜 여성총장이 축사하고 가도록 해드려야 하는데 한창 진행중인 유명인사의 특강을 어떻게 할 수가 없었다. 양해를 구하고 특강을 잠시 끊고 축사를 진행한다? 안되지, 그건 결코 안되지. 잘못하면 외부유명인사의 특강을 방해하는 큰 실례가 되는 일이었다. 그러나 특강이 끝날 때까지 기다린다는 것은 당연히 더 안되었다. 어쩔 것인가? 이 돌발상황을 어쩔 것인가?

근데 설상가상, 그 순간 이번에는 뜻밖에 갑자기 큰 강당의 인터넷이 다운되어 꺼져버렸다. 이러한 기술적인 문제는 항용 있다면 있는 돌발상황이었다. 그러나 이번은 경우가 달라 특강하는 유명학장 교수도 당황했고 참석학생도 모두 어리둥절해 했지만 무엇보다 여성총장이 외부인사 앞에서 더욱 당황해 하는 것 같았다. 내 바로 옆자리에 앉아있는 여성총장이 예민해져서 말했다.

"아니, 하필 내가 왔을 때 이런 일이 생기다니."

과연 여성총장이 보는 관점은 또 남달랐다. 근데 이게 잘못하면 강당 인터넷담당자가 크게 경을 칠 수도 있는 일이었다. 그보다 당장 그 옆에 여성총장을 수행하고 있는 사무처장도 그 자리에서 당황해 했고, 바로 그 현장에서 무사하기는 어려웠다. 크거나 작거나 어떤 형태로든 불똥이 반드시 튈 것인데 과연 불똥이 어디로 어떻게 튈 것인가? 나는 순간 일어나 말했다.

"아, 우리 인터넬이 총장님께서 축사할 기회를 주는 것 같습니다."

그러자 여성총장, 특강교수, 참석학생, 무엇보다 사무처장이 좋아서 웃음을 감추지 못했고, 참석자 전원이 웃고 분위기는 오히려 완전 즐겁게 반전되었다. 그리고 총장이 강단 위로 올라가는 동안 계속 나는 총장을 소개하며 멘트를 하였다.

"그러면 막간을 이용해서 총장님의 축사가 있겠습니다."

그러자 여성총장과 특강교수와 학생참석자도 다 다시 웃고 총장도 더 유쾌하게 연단에 서서 축사하며 내내 우호적인 웃음을 지었다. 간만에 크게 웃어보는 일이었을 것이다. 이 반전은 대성공이었다. 근데 여성총장이 축사를 하고 나가자마자 인터넬이 돌아왔다. 물론 이런 성공이 늘 있는 것만은 아니고 무엇보다 '지능형 인터넬'을 만나야 되는 일이다. 그리고 내가 1타3피를 쳤지.

어느 직업에나 전설이 있는 것이다. 항공업계의 고아한 미모와 영어구사를 자랑하는 스튀디스가 150대 1의 치열한 경쟁을 뚫고 입사를 하고 또 장기간 교육을 받고 현장에 투입이 된다. 그렇게 현장에 첫날 갓 투입된 여성승무원이 음료서비스를 하고 있는데, 뭐 이 자체는 별로 어려울 것도 없는데, 먼저 한 승객에게 물었다.

"커피 오얼 티?"

그러자 그 승객이 말하였다.

"커피."

그러자 첫날 투입된 그 여승무원이 바로 그 옆자리의 승객에게 친절하게 미소를 띠며 다시 물었다.

"Are you coffee? 아 유 커피? 당신은 커피입니까?"

전설은 찬란하다. 이 전설을 듣고 나도 이에 못지않은 전설을 반드시 남기고자 하였다. 암, 내가 반드시 남겨야지.

한번은 학교에서 대학생을 인솔하고 유럽문화탐방을 하였다. 네델란드 상공에서 비행기를 타고 가는데 저쪽에서 북유럽의 키 크고 풍채가 山(산)만한 미모의 스튜디스가 머리는 금발이고 눈은 말할 수 없이 깊고 푸르고 얼굴빛은 백옥같이 희고 입술은 너무나 빨간데, 천천히 카트를 끌며 다가와 내게 친절히 물었다.

"커피 오얼 티?"

나는 드뎌 전설을 남길 때가 왔다고 직감하고 한국에서부터 준비해온 전설을 평소와 다름 없는 즐거운 목소리로 말했다.

"I'm coffee. 아임 커피. 나는 커피입니다."

나는 드뎌 전설을 남긴 것인가? 그렇다! 나는 마침내 찬란한 전설을 북유럽의 상공에 유감없이 남겼다. 그러나 서비스교육을 너무 잘받은 풍채가 산만한 북유럽의 금발의 미모의 스튜디스는 말할 수 없이 우아한 서비스를 마치고 표정 하나 변하지 않고 무표정하게 지나가 버렸다. 그런데 그보다 바로 내 옆에 앉아있던 남대생이 놀라서 눈을 똥그랗게 치뜨고 나를 쓸쩍 쳐다보며 차마 말은 못하고 궁금하게 생각하는 듯하였다.

'도대체 이게 무슨 영어인가? 어느 틈에 네델란드영어가 왔나? 유럽의 스튜디스는 알아듣는 듯한데 나는 왜 이상하지.'

나는 찬란한 전설을 북유럽의 네델란드의 상공에 길이 남긴 것인가? 그렇지 충분히 남겼지.

"아 유 커피?"

"아임 커피."

그리고 나는 고급정치유머도 능숙하게 구사하였다. 오래전이지만 한번은 쉽시간에 말했다.

"여배우가 말이야, 심야에 무면허로 음주운전을 하다가 사고를 내고 게다가 뺑소니를 쳤지, 그러다가 자수를 했어, 그런데 그보다 더 장한 것은 자기 옆에 앉아있었던 남자동석자를 절대 발설하지 않고 끝까지 비밀을 지켰다는 것이야! 자기 남자는 자기가 끝까지 지킨다! 이거 남자도 따라 하기 어려운 일이야! 우리나라 여성이 원화 때부터 대단한 것이야! 이 무슨 때 아닌 원화정신이야!"

그러면 남녀대학생들은 재밌게 웃는데 웃으면서도 우째 좀 썰렁하다고 느끼는 듯하였다. 썰렁한가? 내가 썰렁한가? 아니면 대학생들이 썰렁한가? 이 시대가 썰렁한가? 내가 우리나라 썰렁유머의 창시자인가? 그렇지, 내가 우리나라 썰렁유머의 창시자인데 나는 결코 썰렁유머라고 하지 않고 고급지적유머라고 하는 것이다. 지적유머! 지성유머! 그렇지, 지성유머는 알고보면 일반사람들에게는 좀 썰렁하게 느껴지는 것이야! 근데 이게 왜 고급정치지성유머지?

지성유머를 좀더 말해줄까? 한번은 어떤 인문학교수가 진지하고 심각하고 항변하는 표정으로 내게 말했다. 그러니까 경영학교수인 내가 꼭 들으라고 하는 소리였다.

"인문학의 성과를 지금 당장 내놓으라고 하면 안되죠. 인문학의 성과는 장기적으로 기다려줘야죠."

그래서 내가 가만히 듣고 있다가 문득 말했다.

"그러면 장기적 과거의 성과는 지금 어디에 있습니까?"

한번은 국어국문학과 교수가 무슨 일인지 희희낙락해 있다가 며칠후 갑자기 풀이 죽어서 시쭈구리해 있으면서 심각하게 말했다.

"공무원 행정위원회에 위원위촉을 받아서 갔는데 첫날 보는 사람마다 '국문학과 교수가 여기 왜 왔느냐?' 고 이상하게 생각하고 말하는데 참 곤란하군요."

그렇다! 도대체 국문학교수가 공뭔 행정위원회에는 왜 갔을까? 갈만하니 갔지, 근데 가자말자 나올 판이 되었나? 그래서 내가 그 국문학과교수를 잠시 물끄러미 쳐다보다가 문득 말했다.

"조선시대이전에는 공무원이 다 시를 썼죠."

그러자 그 교수는 금방 무슨 말인지 알아듣고 말없이 깊이 기뻐하고 벌써부터 다음 회 행정위원회에 가서 무슨 말을 할 지 머리 굴리고 있는 것이 명약관화하게 다 보였다. 순발력이 매우 뛰어난 명민한 교수였다. 그렇다, 벌써 다 잊고 있지만 고조선3한3국통일신라고려조선에서는 공무원이 시를 다 썼지.

이게 다 고급지성유머라는 것이다. 이게 썰렁해? 모가 썰렁해? 재미있고 교훈이 넘치고 고급이기만 하구만! 썰렁하다는 것은 니가 썰렁해서 그런 것이야! 이 고급지성유머의 핵심은 이것이다. **"모든 존재는 존재가치를 스스로 증명해야 한다."** 모든 존재하는 것은 다 존재이유가 있는데 그 존재이유는 스스로 입증해야한다. 그렇지 않으면 바로 골로 가는게 세상이지. 국어국문학과의 힘! 스스로 입증해야한다. 충분히 할 수 있지.

그런데 한가지 더 심화학습을 하면 공무원이 한시를 썼는게 아니고 한시를 써야 공무원이 되는 것이지. 왜 그 어려운 한시를 써야 해? 그러니까 공무원이 왜 직무와 별로 관련이 없어보이는 그런 어려운 한시를 써? 도덕성과 감성때문이야?

내가 볼 때는 그것도 있고 진짜 주요한 진실과 현실을 말해줄까? 불편한 진실! 그게 아니고 유쾌한 진실! 공무원에게 한시를 쓰게 하는 진짜 이유는 머리 나쁜 자가 공무원이 되는 것을 막기 위해서이지. 썰렁해? 모가 썰렁해? 감동만 있고 교훈만 있구만!

그러면 한글시는 쉬운가? 그건 아니지 한글시도 어렵지. 그러니까 어려움의 방향이 다르지. 그러니까 한글시와 한시가 다 시라고 하니 다 같은 시라고 생각하는데 그게 아니고 전혀 다른 시지.

우리나라 사람이 그렇게 영어공부를 하고 영어 잘 한다는 사람이 차고 넘친다고 하지만 영시를 쓰는 사람이 어디 있나? 나는 이즉지 못 보았는데 누구 없소? 근데 한글시와 영시의 차이보다 한글시와 한시의 차이가 더 크지. 그러니까 이를 이해하고 양자의 장점을 취해 더 좋은 시를 창작해야지. 그래야 좋은 현대시가 되는 것이지. 시는 그 존재증명을 스스로 해야한다!

글면 우리나라사람이 쓴 미시를 볼 수 없을까? 그 역시 어려울 건 없고 간단하게 미대사관에서 후원하여 가칭 한미문화재단 같은 곳에서 상금 걸고 미시백일장, 미시경연대회를 열면 되지. 글구 내가 정부공인 컨설턴트인데 이건 솔루션이 아주 간단하지, 미시낭송회도 하구, 미시낭송 그게 또 대단하지. 물론 이왕에 한국시낭송도 같이 하지. 이왕이면 크게 놀아야지. 근데 뜻은 좋은데 항상 실천상에서 문제가 좀 생길 수도 있다.

나는 영어가 아니고 이제부턴 미어라고 불러야한다고 본다! 나는 제창한다, 미어라고 부르기를! 그리고 당연히 미시백일장, 미시경연대회, 미시낭송회! 라고 하면 좋잖아!

그러면 익숙해진 사람들이 물을 것이다. 영어가 섭섭해하지 않을까요? 그런 점도 있긴 있지만 말이 현실을 반영해야지, 배운 것은 다 미어인데 영어라고 하면 헷갈리지. 그러니 **영어를 배우면 그건 영어라고 하면 되고 미어를 배우면 미어라고 하지, 미어를 자꾸 영어라고 하면 아주 곤란하지. 그건 영어고 이건 미어지.** 글구 영어는 그만큼 했으니 이제 언어권력을 넘겨줄 때도 됐지. 그러면 미어로 미어를 어떻게 표기 하나요? 어메리칸 잉글리쉬? "어메리쉬?" 근데 내가 만든말이지만 '**아메리쉬Amerish**' 가 아주 좋구만! 그러나 그건, 내 마음만 갖고는 안되고 더 토론해야지.

한번은 대선 캠펜이 한창인 때, 어떤 도시를 갔는데 생전 처음 보는 중년남성과 우연히 대화할 기회가 있었다. 내가 당연하다는 듯이 말했다.

"아저씨는 OOO후보를 찍겠군요."

그러자 그 사람이 말했다.

"아닙니다, 아닙니다. 그게 아니고 상대방 후보를 비방하지 않고 심성이 곧고 바르며 도덕적이고 윤리적인 후보를 찍을 겁니다."

그래서 내가 말했다.

"그러면 아저씨는 찍을 후보가 없겠군요."

그러자 그 사람이 다소 곤혹스러워 하며 다시 말했다.

"그게 아니고, 아직 시간이 있으니 선거일까지 정책을 하나하나

꼼꼼히 잘 비교해 보고 서민을 위해 누가 더 좋은 정책을 제시했는
지, 잘 보고 결정할 겁니다."

그래서 내가 다시 말했다.

"그러면 아저씨는 찍을 후보가 없겠군요."

그러자 그 사람도 계면쩍게 헤-하게 웃고 나도 웃었다. 이 정도면
생활고급정치유머가 아닌가?

이것만이 아니고 나는 종교유머도 능숙하게 구사하였다. 한 번은
레폴을 출제했는데 학생들이 어렵다고 술렁술렁하는 것같았다. 그
래서 내가 학생을 둘러보며 정중하게 말하였다.

"이의있습니까? 이의가 있는 사람은 지금 말을 하고 지금 이의를
말하지 않는 사람은 영원히 입을 다물어 주세요."

그러자 남녀대학생들은 대부분 키득키득 웃고 넘어갔다. 이 와중
에도 영문을 모르고 '이게 왜 우습지? 왜 웃고 구래, 썰렁하기만 한
데, 교수말이라고 장단 맞춰 다 웃어 주면 ㄹㅇ 안돼!' 라고 하며 궁
금해 하는 극소수 학생도 있었다. 그런데 잘 생각해봐, 교수가 말하
라고 한다고 해서 교수 앞에서 진짜 이의를 말하는 대학생이 잘 있
겠나? 이렇게 재미만 있고 교훈만 가득하고 감동이 물 밀 듯이 몰려
오는데 모가 썰렁해? 근데 이게 왜 고급종교지성유머지?

한번은 감자탕 집에서 종강파티를 하였다. 학생의 아버지가 하는
아주 맛집이었다. 근데 학과의 많은 여대생이 많이 참석하였고 즐건
담소를 나누었는데 그날따라 대부분 나와 같은 테블이나 옆테블에
앉았다. 그래서 내가 둘러보며 말했다.

"내가 죽으면 내 몸에서 뭐가 나오지?"

여대생들은 흥미진진하게 나를 쳐다보았다. 그래서 내가 메뉴를 보며 말했다.

"라면사리, 감자사리, 고구마사리, 우동사리, 국수사리,,,,"

그러자 벌써 한 여대생이 빵하고 터져 웃음을 주체하지 못하였다.

물론 이는 고급종교지성유머니까 혜량을 바라는 것이다 유머란 위대한 것이다. 인류와 종교의 한계를 뛰어넘어 진정한 인류애를 느끼게 하여 태고적 하나가 되게 하는 것이지. 근데 이게 고급종교지성유머라는 것은 다 이해하겠지.

어느해 연말년시가 되었다. 거리에는 캐롤송이 울려퍼지고 군복을 입은 구세군이 빨간 성금쇠통을 설치하고 금속 쇠종을 땡그랑땡그랑 울리면서 추운 겨울거리에서 언제봐도 인류애가 넘치는 정겹고 훈훈한 모금을 하고 있었다. 나는 매년 늘 하듯이 조금 기부를 하였다. 그러자 구세군 남자사관이 그 해따라 감사의 뜻으로 명함만한 작은 1년달력을 나눠주었다. 나는 반갑게 받으면서 정중히 말했다.

"공휴일 많은 걸로 주세요."

그러자 남자사관은 어, 어 하고 말을 잇지 못했다. 나의 격조 높고 품위있는 유머를 금방 이해하기는 어려워 보였다. 그렇다, 직장인은 울긋불긋 붉은 단풍이 가득히 물들어 있는 달력이 젤 좋으니 그 보다 더 좋은 달력이 어디 있을까? 암마, 달력이든 증시든 단풍이 최고지.

경주에 살면 외국인을 자주 보게 되는데 한번은 경주역에서 일본

인 부자를 보게 되었다. 아버지는 중년남자였고 아들은 고교생이었
는데 서울 가는 새마을 기차표를 끊으려고 하였다. 역무원은 일등
석, 이등석을 여러번 말하며 자리를 정할 것을 권유하였다. 그런데
일본인 부자가 이를 전혀 못 알아들었다. 나는 이걸 왜 못알아 듣지,
이상하게 생각하고 뒤에서 지켜보다 도와주려고 아들 고교생에게
말했다.

"퍼스트 클래스?"

그런데 아들 고교생이 전혀 못 알아 들었다. 나는 이상하다, 나의
뛰어난 미어를, 이걸 왜 못알아 듣지 하면서 어떻게 할까? 생각하고
있었다. 그런데 역무원이 이를 금방 눈치채고 말했다. 아마 퍼스트
클래스에서 눈치챈 듯하였다.

"퍼스트 클래스? 세칸도 클래스?"

그러자 눈치빠른 일본인 고교생이 바로 알아채리고 말했다.

"아, 화스토 구라스!"

그래서 무사히 표를 끊고 일본인 부자는 새마을기차를 타고 이국
의 여행을 즐겁게 하며 갔다. 난 돌아오면서 여러 의문에 잠겼다.

"세칸도 클래스는 뭐지?" 역무원의 순발력이 대단하였다.

글구 "퍼스트 클래스가 어떻게 화스토 구라스가 되지?"

"화스토 구라스로 발음하면서 어떻게 일본이 세계적인 경제대국
이 되었지?" 나는 우리도 더 노력하면 경제대국이 되는 것이 금방
가능하다고 그때 이미 알았다. 그리고 그때 한국사람 두 사람과 일
본사람 두 사람이 모이면 죽이 너무 척척 잘 맞는다 는 것을 잘 알
게 되었다. 환상의 짝짝꿍?

한 해는 전국대학이 로 스쿨의 열풍에 휘말렸다. 어떤 지사대(지방사립대학)는 인력을 구하고 건물을 짓는데 5백억을 쓰고도 지정이 안되었다는 소문도 자자하였다. 내가 있는 대학은 그저 강건너 불보듯이 하고 조용하였다. 그때 나는 교수들에게 말했다.

"왜 하필 로 스쿨을 하지? 이왕 할 판이면 하이 스쿨을 해야지."

그렇다! 이왕 할 판이면 하이스쿨을 해야지 왜 자꾸 로스쿨을 하려구하구 돈 쓰구 그래? 긍까 하이스쿨은 다 하지 않았나? 근데 왜 이제 도로 내려가서 로스쿨을 하려구하구 그래?

그러면 내가 들은 진정한 대학 썰렁유머의 끝판왕을 보여줄까?

한번은 1학년1학기 입학식 마치고 오리엔테이션도 마치고 개강직후 복도에서 1학년 남대생을 만났다. 그 1학년 남대생이 내게 물었다.

"교수님, 경제 학원론 교재가 두 권입니까?"

그래서 나는 어리둥절하였다. '경제학 원론'은 있어도 '경제 학원론'은 대학교수를 하는 나로서도 난생처음 듣는 소리였다.

그러나 이게 다가 아니었다. 얼마후 경영학원론 슘을 하고 강의실 문을 나가는데 1학년 남대생이 내게 물었다.

"교수님, 다음 경영 학원론 슘은 언제 합니까?"

나는 다시 웃을 수 밖에 없었지만, 그렇다, 1학년 신입생에게 학원이 얼마나 인 박혀 있으면 모든 슘이 다 학원론 슘으로 보이겠는가? 그러니 이 정도 썰렁유머면 썰렁유머가 3월초 꽃샘추위에 이미 북극을 갔지.

나는 1학년1학기 신입생의 경영학원론 슘에서 MS사의 빌 게이츠

(1955~ Bill Gates, William Henry Gates Ⅲ) 회장의 경영사상과 경영철학과 경영실천을 오래 강의하곤 했다. 시대를 뛰어 넘어 앞서 가는 내 강의를 일부 소개하면 다음과 같다.

"빌 게이츠 회장이 왜 윈도우Windows를 만들었죠? 그것은 게이츠 회장의 성이 게이츠이기 때문이죠. 새 시대의 모든 문들을 활짝 연 회장이죠. 컴 모니터를 창문으로 이미지 메이킹한 것이 매우 천재적이죠. 끝없이 열고 닫는 대문과 창문의 연속! 그게 컴이고 인터넷이고 인생이죠!

그리고 게이츠 회장이 경영을 '팔아서 이익을 남기는 것'이라고 아주 잘 요약을 하였죠. 그리고 기부도 엄청 많이 하죠.

게이츠 회장은 멜린다(1964~ Melinda French) 여사와 혼인을 했는데, (지금은 이혼을 했지만,) 멜린다 여사는 MS사의 부장인 수재 여직원이었는데 회장과 혼인하여 CC가 되었죠. 회장이 결혼하자는데 안 할 여직원이 있나요? 없죠! 첫날밤을 보내고 그 다음날 비행기를 탔는데 게이츠 회장이 자신있게 물었죠.

"어제밤 어땠어?"

멜린다 여사는 나지막히 말했죠.

"마 이 크 로 쇼 프 트."

그렇죠, 이왕 MS로 할 판이면 매크로 스트롱Macro Strong이라고 할 걸 그랬나요? 여러분이 한 번 회사이름으로 써도 좋죠!"

그러면 이제 1학년학생들이 흥미를 갖고 숍에 집중을 하는데 나는 학생들이 아주 귀에 번쩍 띄는 강의를 한다.

"내가 빌 게이츠 회장을 아주 잘 알아요."

그러면 학생들이 눈을 번쩍 뜨며 혹시나 하며 의아해 하며 주시하는데 나는 말한다.

"나는 빌 게이츠 회장을 엄청 잘 알죠, 그런데 빌 게이츠 회장이 나를 잘 아는지, 모르는 지, 그거는 내가 잘 모르죠!"

그렇지, 알 수도 있지만 모를 수도 있지, 그런데 뭐 어느 쪽이든 달라질 것은 없어! 없어?

나는 애플사의 스티브 잡스(1955~2011 Steve Jobs) 회장의 경영사상과 경영철학과 경영실천에 대해서도 양의 동서를 뛰어넘는 뛰어난 강의를 하였는데, 물론 그건 내 생각이지만 In my thiniking, 나의 다른 생각이지만 In my different thiniking, 특히 스티브 잡스 회장의 지병에 대해서도 남다른 혜안을 보였는데 그는 격무로 일찍 별세하여 매우 아쉬움이 남는다. 스티브 잡스 회장이 별세하였을 때 애플 이사회에서는 다음과 같은 애도문을 발표하였다.

Steve Jobs
1955-2011

Apple has lost a visionary and creative genius, and the world has lost an amazing human being.

Those of us who have been fortune enough to know and work with Steve have lost a dear friend and an inspiring mentor. Steve leaves behind a company that only he could have built, and his spirit will forever be the foundation of Apple.

if you would like to share your thoughts, memories, and condolences, please rememberingsteve@apple.com

나는 잡스 회장의 별세를 학생들과 함께 깊이 애도하면서 이 애도문을 번역해보라고 하였다. 역시 학생의 번역도 다 훌륭하였지만 내가 학생들에게 보여준 첫문장과 끝문장의 모범해석은 다음과 같다.

"사과는 한 비젼적이고 창조적 천재를 잃었습니다. .,,,
그리고 그의 정신은 사과의 토대가 되어 영원할 것입니다."

나는 계속해서 명강을 이어 나갔다.
"잡스 회장이 왜 아이폰을 만들었지, 그것은 아이들에게 많은 잡들을 만들어주기 위해서였지. 잡도 아니고 잡들을 만들어주었지. 미국 사람은 잡하면 꼭 하난 줄 안단 말이야, 이렇게 잡스라고 해야 복수의 많은 잡이 되는 것이야! 직업들을 창조한 회장이 잡스 회장이지.
잡스 회장이 진짜 천재라는 것은 무엇으로 알 수 있지? 그것은 앱App을 만든 것으로 보면 알 수 있지. 내가 니 앱이다. 내가 니 M이다. 이 이름이 애플하고 유사하도록 만든 것이라는 것을 잘 알 수 있지, 그리고 아이폰도 아이폰이지만 그 속에 앱이라는 애플리케이션을 깔도록 비즈니스 모델BM을 만든 것이 경영 역사상 가장 천재 중의 한 사람이라고 할 수 있지.
그리고 경영에 젠의 미니멀리즘과 인도명상철학, 인문학을 도입한 것이 매우 특이하지, 그런데 천재는 일찍 죽는다고 일찍 별세한 것이 매우 아쉽고 인류로서 큰 손실이고 나도 깊이 애도하지.

근데 나는 일찍 죽지는 않을 것 같애, 웬지 그럴 것 같은데 나는 그나마 다행인가?"

근데 내가 당시 볼 때는 애플 이사회의 애도문도 스티브 잡스 회장의 일생만큼이나 묘한데가 있었다. 일단 문장이 이례적이라고 할 만큼 매우 짧막하고 또 미어와 문장도 왕 평범해서 내 같은 사람도 조금만 집중하면 다 알 수 있었고 더욱이 항용 쓰는 애도의 말이 없었다. 즉, '스티브 잡스 회장님께 사과 이사회는 인류의 크나 큰 진보를 이룬데 대해 인류와 함께 충심으로 감사Thank you를 드립니다.' 라고 애도문 바로 첫머리에 쓰고 시작하는 것이 상례인데 이 말도 없고 또 아이폰에 대해 일언반구도 없고 '오직 그만이 만들 수 있어 왔던 하나의 회사(a company)'만 언급하였다. 또 스티브 잡스 회장의, '그의 정신이' 사과의 '영원한 토대Foundation'이 '될 것'을 마지막으로 강조하였는데 상당히 애매하였고 전부다 사과의 입장에서 서술되었다 는 인상비평이 든다.

무엇보다 가장 이상한 것은 추도대상자의 이름이 '스티브Steve' 로 딱 두 번 나온다. 물론 사과가 스티브 하면 스티브 잡스 회장이겠지만 스티브 잡스 회장이 맞나? 하는 생각이 든다. 친근하게 이렇게 썼다고도 하겠지만 사과 안에서도 스티브가 어디 한 두명이야? 그래서 평소 말하고 글은 전혀 다른데가 있으니 문어체가 나오는 것이다.

그러니 이게 예우가 맞나? 누구를 위한 추도문이 맞나? 하는 생각도 든다. 그것도 '스티브가 회사를 뒤로 하고 떠나는 것Steve leaves behind a company' 를 강조할 때 명시적으로 딱 나오는데, 그러니까 이 애도문의 야마가 '스티브는 회사를 <u>뒤로 하고</u> 떠나고 있다.' 인가?

보통은 '그의 육체는 갔지만 그의 정신은 영원히 우리와 함께 여기에 지금 있다.' 고 하지 않나? 'Be here now with us!' 그리고는 he, his 로 나오는데 이게 과연 스티브 잡스 회장 애도문 형식으로 맞나? 하는 생각도 들지만 그러나 그들 천재, 수재들이 하는 일을 내가 어떻게 알 수가 있나? 그리고 굳이, 'lost' 단어를 3번 썼다. 그러면 'best'는? 'BOB'는? 'thank'는? 'love'는? 그 외는?

나는 그저 미어 한 문장 읽기도 힘에 부치지만 아무튼 우연히 이렇게 된 것인지, 아니면 대단한 수재급 Pro 비싼 전문가가 몇 명이나 동원되어 상당히 절제하여 정교하게 설계한 문장인가? 하는 인상비평이 든다. 의도적으로 계산된 문장인가? 아니면 단지 우연인가? 뭘 의도하나? 哀而不悲(애이불비)인가? 매우 애도하는 뜻은 충분히 담고 있지만 딱히 애도한다는 문장은 없는 이 애도문은 어떤 Pro가 작성했을까? 슬픔을 가슴에 묻고 일에만 전념하자는 스티브 회장의 유지인가? 사과는 다 원대한 전략이 있지. "🍎 iphone 13 Pro 이게 바로 프로."

근데 내가 한 가지 더 가지는 의문은 보통 앞에 제목이나 수신자가 들어가고 마지막에 사과이사회라는 명의, 서명, 날짜가 있어야 하는데 전혀 없다는 것이다. 달랑 본문만 있는데 이렇게 되면 누가 언제 무엇을 썼는지 세월이 지나면 상당히 애매해지는데, 사인간의 편지나 문자도 이렇게 하지는 않는데 무슨 형식인지, 무슨 영문인지 이해하기 어렵지만 그 어려운 걸 내가 꼭 이해해야 하나?

행간에 뭘 담으려고 하였나? 행간에 뭘 읽으라는 것인가? 당연히 사과소비자로서 내가 관심 가지는데 뭐 시비할 사람은 없겠지.

나는 항상 살다보면 가아끔 합리적 의심을 할 때가 있다. 남의 말을 너무 잘 믿지만, 나는 그것을 나의 좋은 덕성이라고 항상 생각하지만, 믿는 만큼 가끔 경영학적 의심을 하게 되는데, 이게 또 내 생각으로는 나의 장점 중의 하나이다. 걍 밑도끝도 없이 상습적 무작정 무근거 의심을 하는게 아니라 학문적 체계를 가지고 사고해 보면 당연히 의문을 품게 되는 것이다. 이게 다른 사람하고는 전혀 남 다르지, 왜 그런 사소한 일에 의문을 가져? 라고 의문을 품는 사람이 많지만, 그러니까 직업이지, 별 수 있나?

과연 스티브 잡스 회장의 애도문도 그의 경영사상처럼 최대의 능률을 달성하고자 한 실천에서 나온 것인지, 아니면 스티브 잡스 회장의 평소 젠경영사상 대로 미니멀리즘을 추구한 것인지는 이제 알 때가 올 것이다. 잡스 회장이 만든 유작 아이폰4S도 대단하지, 그 기기를 보면 꼭 잡스 회장을 보는 것 같다.

나의 추도시는 더 간단하다.

"한 입 베어 문 흰 사과와 함께 스티브 잡스 회장은 영원하리, 2011년 10월 5일 수욜, 사과꽃처럼 가다."

여기서 한입 베어 깨문 것은 '지식의 습득Acquisition of Knowledge' 를 의미하기 때문에 내가 특히 강조하였다.

게이츠 회장과 잡스회장의 큰 공통점이 있는데 내가 볼 때는 2분 다 성이 Gates & Jobs! 로서 복수형이다. 위대한 삶은 복수형이다! 그러면 나도 미어 성을 복수형으로해서 '이강식' 교수를 KS Lees! 더 나아가서 KS Riz! 라고 하면 되나? 이렇게 위인들을 벤치마킹할 수 있으면 좋겠지.

근데 스티브 잡스 회장이 살아 생전 저술된 전기는 굉장히 두껍다. 그의 인생이 전기처럼 그렇게 두꺼웠나? 인생이 지루하면 전기는 항용 두꺼운 법이지. 인생이 극적이면 전기는 의외로 간단하지. 김부식 (1075~1151) 선생 등의 『3국사』「열전」(1145)을 봐! 얼마나 간단해? 1생이 몇 자 되지도 않지? 그러나 그럴수록 굉장히 극적이지.

그러나 내가 지금 쓰는 회고록Momoir은 다르지, 회고록은 자신의 극적인 부분을 스스로 찾아 정리해서 연구하고 조사하면서 통찰력과 주관성을 가져야 쓸 수 있는데 이 새로운 관점을 스스로 찾아야 하는게, 이게 어렵지. 전기Biography도 다른데 작가가 다 쓸려면 한이 없고 가장 특징적인 것을 취해야 하는데 이게 어렵고 그래서 굉장히 길어지는 수가 있고 객관성이 있기는 한데 특히 살아있는 당사자의 뜻과 어긋날 때는 아주 곤란하지. 자서전Autobiography는 자기가 스스로 쓰면서 무엇보다 주관적인데 자신의 인생을 연대기적으로 쓰면서 자신의 내면을 성찰해야 하는데 자신을 성찰할 것이 없는 인간은 쓸 수가 없고 자료를 구비하는게 어렵지. 왜 자서전을 안 쓰느냐 고? 자기자신을 성찰할게 없으니 못 쓰지. 안 쓰는게 아니라 못 쓰지. 그리고 자서전 쓸려고 자신의 1생 자료를 모아두는 사람이 어디 잘 있나? 우선 1가가 잠잘 데도 만만찮은데.

어느날 6순, 7순, 8순이 됐을 때 남이 하는 잔치를 가보면 남들은 뭔가 책을 써서 황금빛 보자기에 소중히 싸서 헌정한다고 하는데 아주 있어 보이고 자기도 한번 해보고 싶은 마음은 굴뚝같지만 집에 와서 샅샅이 뒤져봐야 나오는 것은 빛바랜 각종 청구서, 연체고지서 말고는 아무 것도 없는데 쓰기는 뭘 써?

자료를 이렇게 안 모아놓다니 당최 니들은 이해를 할 수 없어! 도대체 기록정신이 없어! 하고 장탄식을 하는데 가만 들어보면 지 자료를 남들이 안 모아놨다고 성화를 부리는 것이다. 그래서 보통 고스트 롸터를 고용해 순 기억력으로 구술하는 수가 많은데 기억도 그렇고 구술도 그렇고 유령작가도 그렇지. 유령작가가 성찰하기는 뭘 성찰해? 그럴 바에는 전기를 써야지. 물론 돈도 들지만 돈도 그렇지. 근데 써놔도 사람들이 안 읽는다 고? 그건 당신이 걱정할게 없어.

그러나 그 모든 것을 감안하고도 쓰는 것이 그래도 도움이 된다. 다만 자서전, 회고록, 생전 전기, 사후 전기의 특징을 알고 쓰면 좋지. 특히 이런 글을 쓰면 의식적이든 무의식적이든 좋은게 좋다고 주례사 식으로 사설을 늘어 놓는데 나는 하나마나식으로 그럴 수는 없고 이 『회고록』에서 나는 리얼 휴머니즘Real Humanism을 창조하여 기록하였다. 나는 이를 뜻깊게 생각한다. 그래서 미리미리 자신의 일생을 메모해 두고 자서전을 쓸 것을 생각하면서 살아가면 1생 살아가는데도 아주 좋다고 본다.

이처럼 나를 포함하여 누구든 일단 화두를 꺼내면 진실은 다 드러나는 것이다. 나는 다시 한번 이 기회에 인류에게 많은 잡들을 창출한 스티브 잡스 회장의 명복을 빈다. 그리고 당일 2011년 10월 5일 사과이사회의 성명서도 있는데 이는 좀금 더 긴데 읽어보면 도움이 될 것이다. 근데 여기에도 감사Thank you, 사랑Love, 최고의Best 라는 말이 안 나온다.

그러면 빌 게이츠 회장도 미리미리 준비해 두는게 맞지 않을까? 하는 생각도 나는 든다. 근데 사람들은 벌써 말할 것이다. "이 교수, 당신 걱정이나 GO!"

나는 말한다. "내 애도문을 써줄 사람이 있나? 있으면 감사Thank you지!" 그러면 정 없으면 "자기 애도문"을 미리 써놓고 가야지. 자기 부고나 묘지명을 미리 써놓듯이! 뭐든지 미리미리 해놓으면 '준비된 사람'으로 항용 좋은 것이지.

한번은 교수식당에서 다른 교수 한명과 밥을 먹고 있었다. 근데 어떤 교수가 나가다가 굳이 다가와서 내게 말했다.

"밥 많이 드십시오. 요새 밥 많이 드시라는 것은 욕입니다."

그래서 나는 남 밥 잘 먹는데 와서 이 무슨 행팬지, 무슨 쇼린지 헷갈렸다. 그가 나이는 내보다 한 두 살 많은 것 같지만 교수로는 3년 후배로서 상당히 내 후배인데 완전 생까고 달려들었다. 대접 받고 싶으면 먼저 남을 대접하라! 성인의 황금률 몰라?

그 1~2일후 나는 식사를 하고 식당문을 나서는데 그와 다른 교수 한명이 밥 먹으러 들어오고 있었다. 그래서 나가면서 문득 내가 말했다.

"밥 많이 먹으세요. 이건 욕이 아닙니다."

당연 욕이 아니고 덕담이지, 결단코 독담이 아니지.

보통 연말이면 "메리 크리스마스! 해피 뉴이어!" 라고 즐겁고 행복한 인사를 건넨다. 나는 "메리에게 무슨 특별한 일이 생겼나?" 라고도 인사한다!

나는 크리스마스가 지나고 다음해 연초 정월 한달여까지도 이 인사를 하는데 그러면 예민한 사람은 "크리스마스는 벌써 지나갔어요!" 라고 득달같이 일깨워준다. 그러면 나는 말한다.

"메리 크리스마스 윌 비 커밍 쑤운 앱쓸룰리 오얼 메이비!"

그렇다, 3월에서 5월말까지도 꽃샘추위가 한창인데 다 크리스마스가 다가오기 때문에 추운 것 아니겠는가? 봄이 원래 "춘래불사춘"이라고 하지만 내가 보면 "不似春來春旣來. 불사춘래춘기래." 가 아니겠는가? **봄 같지 않은 봄이 와 있을 때 봄은 이미 와 있는 것이다."**

원래 봄이 더 추운 법이야! 겨울 보다 더 추운 봄샘추위를 조심해야지. 노인이 봄에 잘 돌아가시는데 저체온증이 봄에 오는 계절병이야! 당연히 "겨울이 오면 또한 봄이 멀지 않으리." 이지만 그러나 내가 볼 때 "봄이 오면 또한 한 해가 다 간 것 아니겠는가?" "봄이 오면 한 해가 기어이 다 간 것 아니겠는가?" "차라리 겨울이 우리를 따뜻하게 했다. - T. S. 엘리얼"

나는 대학 경영학과에서 30여년을 노관론(노사관계론)을 강의하였다. 강의 자체는 물론 30여년동안에 휴지기간이 조금 있었지만, 일관되게 경영학과와 관광경영학과에서 노관론을 강의하였다. 심지어는 계절학기에 개설하여 강의하기도 했다. 나도 열정을 갖고 있었을 뿐 아니라, 학생들이 대단히 좋아하였는데 울 대학전체에서 노관론이나 이 관련과목은 내 과목뿐이었고 당연히 강의하는 교수도 내뿐이었다. 더욱이 경영학교수로서 노관론을 강의하는 교수는 전국적으로도 없었고, 내가 알기로는 당시 1사람 더 있었다가 퇴직했을 뿐이었다. 나는 이를 항상 자랑스럽게 생각하는데 하루는 숨시간에 말했다.

"소대 위에 뭐가 있죠? 중대가 있죠. 중대 위에 뭐가 있죠? 대대가 있죠. 대대 위에 뭐가 있죠? 연대가 있죠. 연대 위에 뭐가 있죠? 사단이 있죠. 사단 위에 뭐가 있죠? 군단이 있죠. 군단 위에 뭐가 있죠? 화물연대가 있죠. 그래서 화물연대가 중요한거예요."

물론 이는 고급노관론지성유머이니 다 양해를 바란다. 나는 노관론과 인사관리, 군사교련이 반드시 자유지성과목으로 편성되어야 한다고 본다. 특히 군사교련은 학발기(학교발전기획안)로 정식 제출도 했는데 채택이 안되었다. 아쉬운 일이다. 내가 대학총장이 되면 꼭 개설하고픈 과목이다. 무슨 말이냐? 하면 그 정도 빽이라야 개설할 수 있다는 말씀이다.

내 유머를 굳이 분류하면 스탠딩 개그이고 하이 개그에 속한다. 하루는 학생들에게 말했다.

"내 유머는 하이 개그지만 나는 로 개그도 잘하지."

그러자 학생들이 애매한 표정이었다. 이거 웃어야 될지, 말아야될지, 애매한 표정이었다. 옷말! 왜냐면 하이 개그의 반대말은 로 개그가 아니고 슬랩 스틱(Slapstick S-S) 코미디이며 다르게 말하면 몸개그이기 때문이다.

몸개그의 대가는 챨리 채플린(1889~1977) 인데 물론 그도 단순 몸개그만은 아니다. 인생의 깊은 페이소스와 에스프리가 깊이 묻어 나오는 무성영화시대의 말없는 하이개그 그자체이다. 그러니까 걍 몸개그가 아니고 온몸으로 말한 하이개그다. 그러니 사람들은 채플린의 유머는 정신없이 웃다 보면 어느 틈에 끝에는 더 이상 웃을 수 없는 썰렁함을 느낀다고 하지. 바로 내 유머가 그렇지, 내가 몸개그를 안해서 그렇지 몸개그는 그렇다 치고 하이개그로서는 챨리를 능가할 수도 있지. 지금 하이개그가 휙 지나 갔구만.

따라서 나의 격조 높은 하이유머를 사람들이 다 쉽게 이해하는 것은 아니다. 한번은 절에서 하는 도예전시회에서 5만원하는 진사 붉은 1인용 차그릇을 2점이나 사고 즐거워하며 땅바닥에 있는 포장재 노란 보로바꾸를 보니 '천목'이라고 검은 매직으로 쓴 글씨가 있었다. 그래서 내가 얼른 "천목 있나요?" 라고 물으니 도예가가 "있어요." 라면서 천목 푸르스럼한 1인용 다기를 꺼내 보여주었다. 나는 4만원하는 천목 푸른 1인용 차그릇을 1점 포함해서 도합3점을 사고 예쁜 작품을 샀다고 즐거워했는데 예쁘면서도 남성도예가가 만든 무겁고 둔중한 기 세 보이는 다기였다. 나는 도예가에게 문득 말했다.

"이거 루불박물관에 소장되겠죠."

그러자 내 유머가 너무 격조가 높아 남성도예가는 잘 못 알아듣고 말했다.

"군대와 대학에서 사갔죠."

그래서 내가 다시 말했다.

"이 정도면 루불 박물관에서 소장할 것 아니예요."

그래도 진지한 도예가는 답변했다.

"에이-, 루불박물관에 소장되기는 어렵죠."

그래서 내가 다시 말했다.

"루불박물관에 소장된다고 꿈을 크게 가져야죠."

그제서야 사람들이 웃었다. 그렇다! 꿈은 항상 크게 가져야지. 꿈은 이루어지는데, 왜냐면 꿈 꾸는데 돈 안들고 세금 안 나와! 연말정산 없어! 그러니 이루어지지, 안 이루어지겠어! 물론 풍을 치면 안되지만 허풍과 이상은 손바닥의 양면이고 구루마의 두 동태지.

한번은 울산중구시내에서 하는 도예전시회에서 10만원하는 차그릇을 어느 틈에 5점이나 사고, 1만원 하는 찻잔을 5점이나 샀는데, 나는 항상 충동구매가 아니라고 강변하는데, 보고는 안 살 수가 없는 아름답고 좋은 차기였다. 즐거운 마음에 여성도예가에게 말했다.

"이거 소장하고 있으면 돈이 오르겠죠."

그러자 여성도예가가 이상하게 생각하고 얼굴표정이 떨떠름하게 말이 없었다. '아니, 예술가에게 돈을 말하다니! 오늘 왜 이러지, 일진에 문제가 있나? 손 들어왔나!' 그래서 나는 다시 말했다.

"이거 소장하고 있으면 돈이 오르겠죠."

그러자 여성도예가가 이상하게 생각하며 떨떠름하게 봉사정신으로 말했다.

"예,,,뭐,,, 갖고 있으면,,, 값이 오르겠죠."

그래서 내가 할 수 없이 퍼뜩 말했다.

"농담이예요! 농담!"

그제서야 사람들이 다 웃었다. 이렇게 농담이라고 말해야 그제서야 웃는 사람이 있는데 그건 청자가 못 알아 듣는다기 보다 성격이 진지하고, 또 화자인 내 유머가 너무 하이하기 때문이다. 그런데 이거 진담이예요! 진담!

차사발이 수백년 내려 가기만 가면 국보나 문화재가 되니 값으로 따질 수는 없지, 물론 역사문화자료적 가치와 예술성과 희귀성이 있어야 한다. 따라서 내 말은 그저 농담이 아니고 진담의 희망을 강하게 담고 있는 것이리라. 지금 55만원도 적은 돈이 결코 아니지만 곧 55억의 다완이 되리라는 꿈을 항상 크게 가져야지. 곧? 곧이 언제야? 5백년? 1천년? 천년의 꿈? 천년학이야? 도자기의 푸른 학이 날라오르면 그때 이루어져? 청학동으로!

더욱이 어느 도예가가 만들었느냐? 도 주요하지만 누가 소장했느냐? 에 따라서 돈이 더 오르지 않겠느냐? 는 것이다. 더군다나 이 다기를 첫 구매한 문화예술적으로 탁월한 안목있는 소장자가 누군냐? 가 아주 주요하지.

그런데 차그릇이 조금 작은 듯하였다. 한 30% 정도는 작아 보였다. 왜 그렇지 하고 생각하고 있는데 여성도예가가 차그릇을 소중히 두 손으로 감싸쥐고 가슴 가까이로 가져가며 스스로도 환한 표정으로 친절히 설명을 하였다.

"좋은 차그릇은요,,, 이렇게 두 손으로 잡았을 때 두 손에 쏘옥 들어오는 게 좋은 차그릇이예요."

그래서 나는 왜 다완이 작은 지를 알게 되었다. 그리고 다시 보니 여성도예가의 부드럽고 소담스러운 작품이었다. 그래서 내가 끌렸나? 원래 모든 세상의 이치중의 하나가 음양이기 때문에 강함과 부드러움이 다기에도 있을 수 있는데 지금까지는 너무 기가 강한 다기만 보아 와서 그런지 나도 거기에만 너무 익숙해 왔다. 이번에 생각해보니 그거는 모든 도예가가 다 남자였기 때문이라는 놀라운 사실을 알게 되었다.

그러나 나는 경영학자이니까 수요자를 생각하지 않을 수 없다. 그러고 보니 차그릇의 수요자, 사용자User도 대부분 모두 남자였다. 그래서 전부 크고 남성성인 기가 강한 다기를 썼고 그 기셈을 찬탄하였다. 이를 꼭히 남성용이라기 보다 남성성이 강한 다기라고나 할까?

물론 수요자에 여성도 많이 있지만 대부분 강한 다기를 사용하고 당연한 것으로 생각했다. 그러나 이번에 보니 나는 여성성이 빛나는 부드러운 다기도 있다는 것을 발견하였다. 앞으로 여성성 다기도 더 잘 만들 필요가 있다.

그러면 내가 제창한대로 강한 다기와 부드러운 다기, 남성성 다기와 여성성 다기로 다기사와 다기이론을 정립할 수 있다. 앞으로 공급자인 여성도예가와 수요자인 여성의 인구가 더 늘어나고 미의식이 활발히 깨어나면 내 이론대로 개발될 것이다. 그럴려면 먼저 차 맛을 알아야지.

글구 내가 차완을 사는 이유는 또 다른데도 있는데 차후 기회가 있으면 상론하겠다.

나는 책을 저술하였는데 한 번은 아주 내가 상당한 분량의 타자를 직접 독수리타법으로 한글자한글자 한땀한땀 다 쳐서 출간하였다. 나는 은근히 자부심을 가지고 1권을 잘 아는 여성편집자에게 서울로 우편으로 송부를 하였다. 얼마후 그 커리어 우먼을 서울에서 만났다. 그런데 별 말이 없길래 다소 기대도 하면서 내가 먼저 쓸쩍 물었다.

"책이 어떻던가요?"

그러자 여성편집전문가는 눈을 반짝이며 흥미진진하게 화답했다.

"그 책을 머리 맡에 두고 매일 밤 읽고 있어요."

나는 흐뭇하게 생각을 하면서도 뭔가 조금 이상했다.

"그 책이 머리맡에 두고 매일 밤 읽기에는 조금 어렵지 않나요?"

역시 저자가 자신의 책의 성격을 매우 정확히 파악하고 있었다. 그러자 말이 떨어지기가 무섭게 냉큼 그 여성편집자가 말했다.

"머리맡에 두고 읽으면 잠이 금방 오거든요."

그렇다, 정신의학과에 섭외해서 내 책을 불면증 치료제로 써야겠다. "잠이 금방 오는 책! 전문가가 직접 실험하여 인증한 책!" "전문가 1상 임상실험도 성공적으로 끝난 '웰 슬리핑'의 특효책을 한국의 이 교수께서 저술하셨다!" 전세계적으로 1천만권은 너끈히 팔려야 할텐데, 현실적으로는 우리나라에서 1천권이라도 나갔으면 하겠지. 근데 말이지, 그게 말이지, 이렇게 재위치화 리포지셔닝Repositioning

까지 하는데 전세계적으로 다들 웰 슬리핑하는지 내 책은 거의 팔리지 않았다. 현금 인류는 다 웰 슬리핑하고 있는가? 그러면 그나마 인류의 웰 슬리핑 복지를 위해서는 다행이다.

제군! 잘 자고 싶은가? 그러면 오늘 집에 들어갈 때 내 책을 1권 사 가게, 반드시 효과가 있을걸세. 괜히 애꿎은 양만 이리저리 힘들게 철조망 울타리 뛰어 넘게 하지 말고 내 책이 젤 좋아. 그러나 환불이나 반품은 당연 안되네. 꿈도 꾸지마! 근데 뭘, 사도 사야 환불이나 반품을 하지.

하루는 연구실 문앞에 서서 복도를 지나가던 여대생과 우연히 만나 유쾌한 담소를 나누었다. 그런데 여대생이 뭐라뭐라하는데 나는 그 재바른 내용에 감탄했다. 그래서 말했다.

"너는 참 촉이 좋으네."

또 한참을 대화를 나누는데 나는 더 감탄했다. 그래서 나는 똑같이 말하기 보다는 조금 다르게 말하고자 다음과 같이 말했다.

"너는 참 감이 좋으네."

그렇게 말하고 보니 뭔가 좀 이상했다. 거꾸로 해도 이상했다. 그래서 은근쓸쩍 서둘러 담소를 마치고 연구실 안으로 들어왔다. 여학생이 눈치를 못 챘을까? 재바르니까 말 자체는 눈치 챘을 수도 있으나 교수님말씀이니 걍 재밌게 생각했을 것이다.

한번은 학기도 끝나가고 종강파티를 하였다. 식당에 가보니 학생도 아무도 안 오고 내가 맨 첨 왔다. 여주인이 이상하게 생각하고 물었다.

"어디서 오셨어요?"

그래서 내가 어디서 왔는지 잠시 생각하고 말했다.

"높은 데서 왔어요."

내 연구실 건물이 산에 있고 또 그중에서도 4층에 있으니 높은 데서 온 것이다. 대학주소에도 "산42-1번지"라고 엄연히 나오는데 나는 주소 쓸 때 이 지번을 한사코 늘 빼고 적었다. 내가 늘 낮은데에 임하고자 하는 나의 교수철학 때문에 그랬던 '같기도' 했다. 그러자 여주인이 이상하게 생각하고 나를 밀쳐 내리려고 하면서 말했다.

"예약이 안 돼있으니 나가세요!"

"에이- 무씬 소리 우리 학생이 예약을 안 했을 리가!"

이렇게 학생을 신뢰하는 교수가 있겠는가? 버티고 있으니 마침내 학생이 모이고 즐겁게 쫑파티를 하고 나왔다.

대개 우리나라에서는 낯선 사람이나 처음 보는 사람을 보면 꼭 "어디서 왔어요?" "집이 어디세요?" "부모님 뭐하시노?" 라고 묻는다. 미국영화를 보면 꼭 미어로 "Who are you? 당신은 누구입니까?" 라고 묻거나 반드시 "What are you doing here and now? 너 여기서 지금 뭐 하고 있노?" 라고 묻는다.

우리는 고배경문화라서 그렇고 미국은 저배경문화라서 그렇다. 전경-배경Figure-Ground 원리로 보면 우리는 배경을 보고 판단하고 미국은 전경을 보고 판단한다. 문화차이다.

그런데 내한테 배운 여대생유머도 청출어람이라 만만치 않다. 나는 매일 통근버스를 타고 내 아파트 바로 앞에서 출근하는데 하루는 시내 은행에 가서 출금을 하고 시내버스를 타고 출근하고자 하였다.

그래서 출금후 은행 바로 앞 버스탑에서 기다리고 있는데, 등교할 생각에 그저 즐겁기만 한 학과여대생이 나를 보자말자 아름다운 미소를 띠며 살랑살랑 다가와 흥미진진하고 살갑게 물었다.

"교수님, **외박**하셨어요?"

그래서 나는 밝은 햇살의 아침에 기분좋게 한참을 웃었다. 그러고 보니 꼭 외박한 것 같은 기분까지 들었다. 아! 외박! 그렇지! 출근기준으로는 당연 외박이지. 외박과 내박사이에서 즐거운 하루가 시작되었다.

겨울방학이 가까워 오자 한번은 귀엽고 화사하고 활발한 여대생이 귀향인사차 왔다.

"교수님, 월동준비 다 하셨어요?"

"으응, 연구실에 부탄가스난로는 작년에 이미 내 돈으로 구입해놨고 창틀을 막을 비닐도 구해놨고 준비는 다 해 놨어."

그런데 여학생은 샐샐 웃으며 또 말했다.

"교수님, 여우목도리는 구하셨어요?"

"으응, 뭐 여우목도리까지는 아니라도 가지고 있는게 따뜻하고 좋은게 많아."

인사를 마치고 내년에 보기를 기약하며 여대생은 나갔는데 나가면서도 샐샐 웃으며 재밌다는 표정을 지었다. 나는 처음에는 '저렇게 재밌어 하는구만! 역시 내 얘기가 교훈도 있고 재미도 있기 때문이지.' 라고 생각하며 뿌듯해 했다. 근데 왜 갑자기 나의 월동준비와 여우목도리를 챙겼을까? 알고 보니 역시 겨울에 옆구리 시릴 때는 월동준비를 잘하고 목이 시릴 때는 여우목도리가 최고지! 자, 다들 월동준비했나요? 여우목도리 챙겼나요?

　그런데 남대생도 만만치는 않다. 한번은 한 30명 듣는 슘에 분명히 내 슘을 듣는 대학생이 아닌데도 같은 학과 남대생이 와서 듣고 있었다. 그런데 오자마자 그러니까 슘 시작하자마자 고개를 뒤로 젖치고 허허야고 자고 있었다. 나는 이상했지만 관대하기가 전국적으로 소문이 난 교수라서 걍 두었다. 이거 교육부총리께서 알아주셔야 할텐데. 다른 수강생도 이상하지만 모른 척하고 있는데 속으로는 사태가 어떻게 발전할지 조마조마하면서도 흥미진진하게 가만 보고만 있는 것 같았다.

　며칠 후 복도에서 그 학생을 만났다. 그러자 그 학생이 가까이 다가와 아주 감탄을 하며 말했다.

　"교수님!"

　"왜?"

　"교수님 수업이 명강이라고 해서 저번 시간에 들어보았는데 참으로 명강이던데요."

　"……"

　그렇다, 나는 그 남대생이 내 강의가 명강이라는 탁견에 곧 동의하였다. 그렇다, 나야말로 명강중의 명강이지. 남대생이 자청해서 내 슘에 청강 들어와 슘시간에 올 잤는데 꿈에서까지 명강으로 들리는 진짜 명강을 하는 교수가 나다! 그날도 나는 언제나 하듯이 오늘 지구가 멸망해도 내 강의를 성실히 열강한다는 신성하고 숭고하고 투철한 직업정신으로 오직 내 강의에만 열중하였다. 이거이거 교육부총리께서 알아주셔야 할텐데. 이처럼 직업은 프로정신으로 하는 것이다. 그래서 **프로**페서는 아름답다.

그러나 이제 강의는 일단락되었다! 아, 이제 방학이지! 첫눈을 항상 기대하며 설레이는 감동은 항상 간직하면서 이제 자청해서 『회고록』 쓸 일만 남았다.

내가 어느 정도 관대한 교수인가? 1학년1학기 경영학원론 숨이 모두 무사히 마쳐지고 무더운 여름날 학기말고사를 치는 날이었다. 학생은 많고 강의실은 복잡하여 강의실 안에서 학생들이 다니는 통로가 없다시피할 때가 많다. 이때 나는 안전제일을 위해 반드시 전후좌우 통로를 내고 시험을 시작했는데 특히 학생의 맨뒤쪽과 벽 사이에 통로를 내고 시작하였다. 그런데 한 남대생이 책걸상을 뒷벽에 딱 붙이고 앉아있는데 게다가 하필 T자형 통로의 정중앙에 앉아 3방향 통행로를 완전 막고 있었다. 그래서 내가 말했다.

"거기 통로에 앉아있는 학생! 책걸상을 비우고 이 앞 빈자리에 나와서 시험치지."

그러나 그 1학년 학생은 인상을 쓰며 꼼짝도 안했다. 그래서 나는 다시 말했다.

"거기 학생! 통로를 내야하니 책걸상을 치우고 앞으로 나오지."

그러자 그 학생이 교실안이 다들리도록 큰소리로 말했다.

"아이-**씨**!"

순간 학생들이 아연 긴장을 하였다. 오늘 무사히 시험을 칠 수는 있으려나? 이거 한따까리 찐하게 하는 것 아냐? 최소50분짜리 아냐? 재시험 치는 것 아냐? 그러나 나는 눈도 깜박 안하고 기다렸다는 듯이 즉각 말했다.

"아이-**씨** 뒤에는 아이-**디**가 있고, 아이-씨 앞에는 아이-**비**가 있어요."

이 정도면 어때? 내 숩을 학생들이 듣는 보람을 느끼겠지. 시험은 즐겁게 끝나고 무사히 기다리던 여름방학에 들어갔다.

그런데 당최 몬 소린냐고? 그러니 앞으로 시사상식연예 등에 관심을 더 가져야 되고 안되면 특별 족집게 과외라도 받아야 다문 그래도 내 『회고록 - 사례연구』을 볼 수가 있을 것이다. 적어도 올드하다는 소린 안듣겠찌.

그러나 진지맨우먼을 위해 이번 한번만 노고를 다해 설명해주면 아이씨-는 아주 쌍욕인데 이를 <u>욕으로</u> 안받고 순발력있게 라임까지 넣어서 재밌게 **미어로,** IC로 받았다는 것이다. 그것도 학생들이 좋아하는 아이비Ivy까지 넣어서, 그리고 요즘 필수인 아뒤ID까지 넣어서.

그리고 그 1학년 남대생이 무슨 악의로 그렇게 한 것은 아니고 시험에 마음이 급해서 자기도 모르게 그렇게 한 것이므로 관대하게 넘어가면 되는 것이다. 이런 발군의 뛰어난 순발력이 계속 되었다면 나도 지금쯤 아주더 괜찮았을 것이지만 행운이 이 정도만해도 대단하니 매우 만족해야지. 물론 평소에 유머감각을 연마해 두어야지. 이 정도면 내가 대학유머의 창시자지 않나? 그러나 내가 무량없이 관대한 것만은 아니고, 그래서는 학생지도를 할 수가 없고, 킬 라인에 걸리면 나도 어쩔 수 없을 때가 극소수 있다.

학생은 언제봐도 신박하다. 나는 금욜 야간숩에서도 가장 마지막 시간대인 3, 4, 5시간 숩을 매학기 거의 도맡아 놓고 하였다. 1학년 2학기초에 밤 숩전 한 남대생이 와서 말했다.

"교수님, 외할머니 제사가 있어서 지금 곧 가봐야합니다."

"응, 그래, 출석으로 처리해줄테니 가서 제사 잘 모시고 와."
근데 학기말이 되었는데 이 남대생이 또 와서 말했다.
"교수님, 외할머니 제사가 있어서 지금 곧 가봐야합니다."
"응, 그래, 출석으로 처리해줄테니 가서 제사 잘 모시고 와."
근데 진실은 저 너머에??? 나는 언제봐도 관대하다.

내가 여기서 말한 것은 다 실화다! 나는 실화가 아니면 말을 안하
는 교수야! 그리고 다 내가 직접 창안하여 응구첩대 순간순간적으로
실행한 실화유머야! 근데 직접 실행이기는 하나 인용한 유머로서 실
화유머는 아니지만 내가 숨시간에 했는 유머 중에 가장 호응이 열렬
히 좋았던 유머는 다음과 같다.

"예수 그리스도께서 골고다 언덕에서 십자가에 못 박혔어. 그런데
예수 그리스도를 십자가에 못 박은 로마병사가 집에 와서 곰곰이 생
각해보니 너무나 큰 죄를 지은 것 같았어. 그래서 밤에 다시 골고다
언덕을 올라갔어. 골고다언덕에 비는 추적추적 내리는데 캄캄한 어
둠 속에 주위는 너무나 조용했어. 그래서 로마병사는 사다리를 타고
올라가 남몰래 먼저 왼손의 못을 뺐어. 그리고 돌아가 다시 오른손의
못을 뺐어! 그러자 갑자기 번개가 쫙 쳤어! 그때 예수 그리스도께서
눈을 번쩍 뜨고 로마병사를 딱 쳐다보며 말했어!!! 뭐라고 말했을까?"
그러자 남녀대학생이 긴장을 하고 나를 주목하고 있었다. 그때 나
는 두 팔을 십자가로 벌리고 두 손을 앞뒤로 흔들며 몸을 앞으로 쓰
러질 듯이 하면서 말했다.
"어, 어, 어!"

그러자 만장한 남녀대학생이 모두 박수를 치며 웃고 호응하며 환호작약하며 난리도 아니었다. 한 남대생은 벌떡 일어나 뒤를 돌아서서 박수를 치며 호응을 열렬히 유도하기까지 하였다. 내가 32년동안 했는 대학유머 중에서 가장 호응이 좋았던 유머인데 다만 이는 내 창안이 아니고 인용을 한 것이다. 그러나 대학교수인 내가 하니까 효과가 가장 높았다는 것을 강조하는 것이다. 그리고 이는 실화가 아니라고 말 안해도 다 알겠지.

나는 이걸 그저 웃는 것으로 하는 것이 아니고 유머수업의 일환으로 한다는 것을 슾에서 늘 강조한다. 진지한 것도 교육이지만 창의성교육의 첫머리가 유머감성의 양성이다. 왜 웃는가? 그것은 일상적인 것에는 사람들이 안 웃고 반드시 일탈이 되었을 때 웃기 때문이다. 근데 이게 창의성과 거의 속성이 같은 것이다. 상식적인 것은 창의가 아니다. 창의력은 일상이 아니고 일상에서 벗어나 기발한 착상을 할 때 일어나는 것이다. 나는 말한다.

"인간만이 웃고 인간만이 창의성이 있다. 따라서 웃는 사람만이 창의성이 있다. 창의성이 있으려면 웃어라!"

따라서 아침에 일어서지 않는 사람에게는 돈도 빌려주지 말라는 속언과 은행가의 격조 높은 금언이 있고, 그래서 朝興銀行(조흥은행)과 我必立(아필립)도 있었다지만, '나는 하루종일 웃지 않는 사람과는 결코 같이 일하지 말라.' 라고 적극 권고한다. 不笑人 不與人(불소인 불여인)! 실제 나는 그런 사람과 일한 적도 많았지만 대부분 다 끝에는 안 좋았다. 주위를 한 번 둘러보라. 어떤지? 그것보다 당신은 어떤지?

그러면 유머감각이 없는 사람은 창의성을 발휘를 못하는가? 물론 창의성이 유머 하나로 결정되는 것은 아니므로 안심해도 될 것이다.

그래서 권위주의적인 사람은 유머감각을 갖기가 어렵다. 따라서 미국인과 특히 미국정치인이 유머가 풍부하고 따라서 인상이 밝은 것이다. 그래서 자유민주주의를 실천하는 소양이 풍부한 것이다. 그래서 미국인의 현대창의성과 혁신이 아주 뛰어난 것이다. 지금 새로운 제품은 다 미국에서 나오지.

그리고 우리나라 정치인도 괜찮지. 나는 항상 소망하는 것이 있는데 우리나라 대통령후보도 선거TV토론할 때 유머를 쓰며 웃으며 여유있게 했으면 좋겠다는 것이다. 물론 국회의원, 시장 등의 정치인도 마찬가지다. 사회자도 그렇지, 순간순간 재치있게 유머를 써가며 분위기를 이끌어 가면 좋겠지. 물론 잘 해야지 잘못하면 안 하니만 못할 것이다. 특히 순간순간 순발력있게 창의적으로 재밌게 응구첩대해야지 써준 원고를 읽으며, 또 외운 유머를 별로 기분도 안내키며 이해도 못하고 뜻도 모르고 굳은 표정으로 하면 아주 곤란하겠지. 그러나 우리나라 정치인도 학습능력이 매우 뛰어나니까 앞으로 아주 잘 할 것으로 믿는다. 또 지금 무슨 그런 농담을 하십니까? 라고 발끈하는 후보자가 나오면 아주 곤란하겠지. 표 떨어지는 소리가 물레방아에 물 떨어지는 것처럼 들리지. 그러니 어려운 정치도, 선거도 웃으며 즐겁게 합시당! 인상 쓰지 말고!

근데 내가 이 말을 하는데 또 인상 쓰고 나오면 안되지. 뭐, 웃으며 하자고? 니가 해봐! 웃음이 나오나! 아, 그럼 내가 할까요? 여기 도장 찍으세요, 모든 직책과 정치자금을 다 양도한다고! 아니, 그게 아니고, 이 교수 왜 그래? 농담이야! 농담! 아니, 농담 하라매? 이 교수가 하라해서 했는데 뭐가 문제야! 으이!

　이 훌륭한 3단논법의 그 반대도 마찬가지이다. 따라서 유머도 문화든 전통이든 소양이 있어야 하고 꾸준한 교육과 훈련이 필요하고 실전이 주요한 것이다. 평소 관심을 갖고 꾸준히 공부하듯이 연마를 해야지, 그저 남의 일로 생각하고 있다가 갑자기 하려면 유머있는 사람이 되기 어렵고, 남이 써준 것만 읽다가는 오히려 역효과가 날 수 있다. 유머는 선천성도 있지만 후천성도 더 주요하다. 매순간 순발력이 매우 필요하지.

　따라서 유머경영이 경영에도 꼭 필요하다. 그럴려면 내가 먼저 유머수업, 유머경영수업을 잘 해야지. 아무리 복잡한 현실문제라도 한 번의 웃음으로 단박 문제해결의 실마리를 찾을 수 있다. 그러니 웃는 것만이 아니고 웃는 그 자체가 난제를 해결하는 최선의 솔루션이다. 웃음이 최고의 솔루션이야! 웃음자체가 최선의 솔루션이야! 가성비가 젤 높지.

　그러나 주의사항이 있다. 세상일에 주의사항이 없는 일이 어디 있나? Caution! Caution! 나의 웃음의 주의사항은 간단한데 첫째 애드립치지 말고, 토 달지말고 둘째 분석하지 말고, 김 빠지게 하지 말고 셋째 남이 웃길 때 잘 웃어주라는 것이다. 숨시간에 역할연기하는데 꼭 애드립 치는 인생이 있다. 연극에 집중 안하고 껀수만 찾으려고 산만하고 토 다는 것이다. 그리고 웃기면 웃지는 않고 꼭 분석하고 김 빼는 인간이 있다. 나의 전통적인 건배사는 다음과 같다.

　"개나발을 위하여!"

　"조통을 위하여!"

그러면 좌중이 다 웃는데, 꼭 안 웃고 심각한 사람이 있는데 머리를 굴려 분석하고 있는 것이 충분히 엿보인다.

'저게 언제적 건배사지?'

'저거 어디서 나온 건배사지?'

'저거저거 5공때 군대에서 나온 건배사 아냐?'

'저런 건배사를 왜 하지? 의도가 뭐야? 의도가!'

'저의가 뭐야? 저의가! 저의를 알 때까지는 결코 웃을 수는 없어!'

'니가 하는 그런 유치한 말에 내가 놀아나서 웃을 수는 없지, 나도 가오가 있지.'

"그거 뭐 다 5공 때 군대에서 나온 소리 아녜요?" 분석이 다 끝나면 쏜살같이 꼭 이런 초치는 작자가 있는데 이러면 판 깨자는거지. 웃자고 말하는데 죽자고 달려들어? 유머를 하면 다 웃는데 꼭 이상하게 얼굴 시뻘겋게 해서 니죽고내죽자고 달려드는 사람이 가끔 있다. 예능을 다큐로 받아드리면 피곤하지. 그런 사람이 인생에서 잘 되겠나? 불쌍하지.

인간만이 웃을 수 있다. 그러니 인간이 되려면 웃어야지. 그러니 신이 인간에게 준 최고의 특혜 중의 하나는 웃음이다. 웃는 인간! 웃음인간! 안 웃으면 인간이 아니지. 못 웃으면 인간이 못 되지. 그러니 인간되기 어려운데 인간될려면 항상 웃어야지. 동식물은 웃을 수 없다. 쑥과 마늘을 더 먹어야지. 쑥과 마늘도 때에 따라서는 비싸! 인간 되기도 어려워! 물론 동식물도 기분이 좋고 슬픈 경우는 많을 것이다. 그러나 인간처럼 웃지는 못한다. 따라서 인간의 특권을 누릴려면 웃어야지.

나는 유머철학을 분명히 정립하고 있다. 그중 하나는 다음과 같다. 유머감각이 있어야 한다니 자꾸 남을 웃기는 것이 유머라고 생각하는데 나는 그게 아니고 남이 웃길 때 잘 웃는 것이 진짜 유머정신이라고 늘 강조한다. 남이 웃기는데 안 웃을려고 안간 힘을 쓰는 사람이 있는데, '더욱이 니가 하는 그런 유치한 농담에 내가 놀아날 수는 없지.' 라고 생각하며 아가리 위하라고 하는 사람도 많은데, 그런 사람은 과연 지가 인간답게 살고 있는지, 자신과 인생에 대해 더 깊은 성찰이 별도로 필요하다. 별도로? 그렇다!

한 번은 한 남대생이 고민이 많다고 상담을 요청했다. 나의 고도의 전문적이고 학문적이고 과학적이고도 실제적인 신중한 상황최적합 처방의 첫마디는 항상 다음과 같다.

"코메디영화나 개콘, 코빅, 웃찾사 등 TV개그프로를 꼭 챙겨서 봐!"

그러니까 코메디영화가 오면 반드시 돈들여서 영화관을 찾아가서 깔깔거리며 박장대소하며 웃으면서 보고 개그프로는 시간표를 벽에 적어두고 본방사수하라는 얘기다. 그러자 그 남대생이 첫마디에 말했다.

"에이- 유치해서 그런걸 어떻게 봅니까?"

나는 다소 어리둥절해서 말했다. 나의 깊은 뜻을 이렇게 모르다니! 나의 충정을 이렇게 모른단 말이야, 이렇게 세상사가 심각하단 말이야, 그러니 아프지.

"웃는게 원래 유치한 것이야! 인간이 유치한 쪽으로 보면 유치찬란 그 자체지. 인생이 유치하다고 보면 한없이 유치한 거야! 진지하고 성스럽다고 보면 한없이 성스럽지."

청춘이니까 아프다고? 청춘이 아플 새가 어딨어? 아프다면 안 웃

어서 아픈거야! 입 벌리고, 옥수수 보이며 얼굴을 파안하며 박장대
소하며 웃는게 원래 유치하게 보이는 것이고, 유치해야 안 아픈 것
이야! 웃는게 바보처럼 보여? 바보는 즐겁다.

나는 대학생이 상담을 해오면 잘 들어보고 "다, 마음병이야!" 라고
첫마디에 첫처방을 내린다. 머리가 아프고 배가 아프고 다리가 아프
고 마음이 아프다고 해도 나는 늘 "다, 마음병!"이라고 처방을 내린
다. 그리고 나의 약방문은 "웃는 것"이다. 그러면 자꾸 웃으면 병원
과 약국은 뭐하나? 물론 웃는 것만으로 인간사가 다 끝나는 것은 아
니니 의사와 약사가 먼저 웃어야지.

그러니까 개그프로가 자꾸 줄어드는 것이 어떤 방송국문제인지,
사회현상인지, 인간문제인지, 개그맨우먼문제인지, 성찰이 매우 더
필요하다. 내 보고 해달라고? 글쎄, 뭐. 근본적으로, 웃는 인간! 웃지
않는 인간! 성찰이 필요하다.

그렇다! 나의 웃음철학은 웃음철학 그 자체다. 고민이 많고 어렵
고 힘들 때 유머가 필요하다 는 것이다. "아니, 지금 무슨 그런 농담
을 하구 그래요! 지금이 웃을 때입니까!" 그렇다! 분명 나는 말한다.
"그렇소, 바로 지금 당신이 웃을 때요."

나의 유머철학은 분명하다. 내가 벌써 오래 전에 1990년 시간강
사 시절에 1학기 1학년1학기 경영학원론 숲을 한 학기 웃고 즐거운
가운데 재밌게 잘 끝냈다. 그런데 종강시간에 강의소감을 말하라니
한 남대생이 손을 번쩍 들고 말했다.

"교수님, 한 학기동안 숲 내용은 하나도 생각 안 나고 웃은 것 밖
에 생각나지 않습니다."

그렇다! 교수가 우주삼라만상에 대해 질문하고 또 동시에 항상 그게 대해서 답변하는 사람이 아닌가? 그래서 내가 오른손을 들어 한번은 앞 허공을 가르키고 다시 손을 돌이켜서 한번은 나의 가슴을 가르키는 손짓을 하며 또박또박 답변했다.

"웃음을 따라 저-기 저-기 밖으로 나가지 말고, 웃음을 따라 안-으로 안-으로 들어가라!"

사례토의

1. 오늘하루 크게 웃은 일이 있나? 전혀 없다고? 왜 없나? 최근에 어떤 일로 가장 슬펐나? 생각나지 않는다고? 왜 생각이 나지 않나?

2. 이 사례를 읽고 웃었나? 어디에서 웃었나? 안 웃었으면 왜 안 웃었나?

3. 남을 잘 웃기는 편인가? 아니면 남이 웃길 때 정신없이 잘 웃는 편인가? 어느 쪽인가? 어느 쪽이 되고 싶나? 의식적으로 웃으려고 노력하나? 아니면 웃는 것을 유치하다고 생각하나?

4. 영화, 연극, TV, 드라마 등등을 볼 때, 희극을 주로 보나? 비극을 주로 보나? 개그프로를 의식적으로 자주 보나? 유치하다고 안 보나? 웃는다는 것이 원래 유치하다는 것을 인정하나?

5. 自小(자소)유머와 自大(자대)유머를 이해하나? 귀하는 어느 쪽인가? 둘다인가? 어느쪽을 좋아하나? 이 사례에서 두 유머를 찾아보자. 自小(자소)유머가 유머의 최고봉이라는 것을 인정하나? 썰렁유머가 유머의 진정한 최강자라는 것을 이해하나? 썰렁유머가 지성유머라는 것을 인정하나?

6. 유머경영, 유머수업을 이해하나? 유머의 속성이 창의성이라는 것을 이해하나? 웃는다는 것이 유일신이 유일하게 인간에게만 준 많은 유쾌한 선물 중의 하나라는 것을 인정하나? 유일신이 어렵게 살아가야할 인간에게만 유일하게 준 선물 중의 하나가 웃음이라는 것을 알고 항상 감사하나? 판도라의 상자에서 마지막으로 나온 것이 희망인데 그 다음에 나온 것이 유머라는 이강식 교수의 유머를 이해하나? 지옥에 갈 때 가더라도 꼭 챙겨 가야할 필

수상비품중의 하나가 이 유머라는 이강식 교수의 유머를 들으면 필수감동이 오지?

웃는 인간! 유머가 개인과 세상을 바꾸는 핵심요인이라는 것을 인정하나? 웃음을 따라 밖으로 나가지 말고 안으로 들어가라는 말을 이해하나? 이 사례를 분석하라. 이 사례가 도움이 되었나? 안 되었으면 왜 안 되었나? 뭘 더 바라나? 웃기를 바라나?

내1강-**아!대학유머!**(20201227).

==

▌회고록 제2강, 사례연구Case Study ▌

아! 영생!

이강식(명예교수 전)

내가 한창 젊을 때, 시간강사를 할 때, 꽃같이 싱싱한 인생의 아름다운 시간의 하루하루를 즐겁게 보내고 있을 때, 5월의 대학교정을 천천히 걸어가며 신록이 우거진 계절의 여왕 5월을 만끽하고 있었다. 참으로 찬란하고 아름다운 5월의 교정이었다. 세상에서 제일 아름다운 곳이 대학 아니겠나?

그런데 저쪽 일청담 옆의 등나무 보라빛 꽃넝쿨 아래 뭔가 그림컷을 세워두고 외부인들이 서성이고 있었다. 가까이 가보니 당시 영생을 믿는 집단에서 나온 홍보원들이었다. 그래서 나는 영생을 믿는 사람들이 대학에까지 들어와 전파하는구나! 라고 생각하면서 그들의 주장이 뭔가를 보기 위해 가까이 다가가 그림컷을 읽어보고자 하였다. 양복을 쪽 빼입고 넥타이를 잘 매고 대학강사 티가 나는 가방을 든 양복재이인 나를 보자말자 그 멤버 중의 팀장격인 한 사람이 재빨리 다가와 홍보를 하고자 하였다. 그런데 그 사람이 다가와 뭐라고뭐라고 말하기 전에 내가 먼저 궁금해서 물었다.

"왜 영생을 하려고 합니까?"

그러자 그 사람은 훈련이 아주 잘 돼있고 경험이 많은 것 같았지

만, "어, 어." 하면서 전혀 대답을 하지 못했다. 그렇다, 왜 영생을
하려고 하느냐? 왔으면 가야지, 안가면 후손은 어떻게 해? 회사승진
은 어떻고?

그러자 그 사람은 말을 돌려 당시 그 대학 법대에 영생을 믿는 교
수가 있었는데 그 교수를 만나보라는 것이었다. 그러나 내가 그럴
시간도 없고 흥미도 없는지라 그 정도하고 내 길을 갔다.

첫째로 영생은 어떻게 가능하기는 한가? 不死(불사 Immortality)
가 가능하다는 교리가 있는가? 불사가 가능하다는 교리가 설사 있어
도 가만 보면 전제조건이 항상 붙어있다.

永生(영생)! Eternal Life! 불사? 누구나 꿈꾸는 것일까? 글쎄, 원
래 우리나라를 포함한 동양에서는 영생이라는 개념은 그래도 가지
고 있지만 전혀 믿지 않는다. 부처(-624~-544)의 생로병사이론이
아주 강하기도 하지만 진시황(영정, -259~-210)의 불사약의 허황
함에 워낙 데여서 그렇다.

진시황은 불사약을 널리 구했는데 불사약이라고 먹은 것이 소문
에는 수은으로 제조된 약이었다고 한다. 그러므로 수은중독으로 붕
어했다고 볼 수 있는데 그때 보령이 한창 젊을 때인 만으로는 49세
이니 그 무소불위의 권력과 불사약을 구한 숱한 노력에 비하면 그저
허망한 나이이다. 우리나이로 50세였던 것이니 9수에 걸렸나? 중국
을 첫통일하고 첫황제, 시황으로서 신과 같은 막강한 권력을 잡았다
고 생각되니 이제 필요한 것은 오직 신처럼 죽지 않는 불사약뿐! 그
래서 국내외 널리 불사약을 구했는데 불사약이 아니라 필사약이 되
어버렸다. 진시황이 중국역사에서 전례가 없는 막강한 권력을 잡고

하도 불사약, 불사약하니 진시황하면 아주 오래 살았는 것처럼 생각
하기가 쉬운데 그게 아니고 만 49세에 붕어하였다. 상당히 황당하고
오히려 반대파에게 완전 조소꺼리가 되지 않았나?

나는 진시황이 수은중독도 있지만 오히려 정적들에 의해 시해되
었을 가능성이 굉장히 더 크다고 본다. '진시황이 안죽겠다구? 불
사? 영생? 그건 절대 안되지.' 정적의 입장에서는 클 나지. 그뿐만
아니라 진시황이 80세까지 장수해서 산다해도 정적들은 모두 죽었
다고 복창해야하니 그 반대파들이 절대 가만있을 사람은 아니고 그
래서 내 추측상 10중 8,9는 암살되었을 것이다. 그리고 불사약을 바
친다는 자들이 당연히 대부분 허황하기 짝이 없는 사기꾼이 많은지
라 그 속에 고의적이거나 미필적 고의의 살해약성분이 들어 있었을
가능성도 매우 크다. **누가 독살하였을까?**

그후 진시황을 절대 반대하는 유가들에 의해 불사약은 진시황의
대표적인 인간의 허황한 욕심으로 지탄을 받고 조소꺼리가 되고 불
사약은 유가와 동양에서는 완전 폐기되고 사장되었다. 그리고 유가
에서는 그렇게 강조하는 제사도 4대조까지만 지내는 것이다. 이점
에서는 유가가 유교적 합리성을 수립하려고 노력했다고 본다.

그러나 내 학설은 여기서 끝이 아니다. 중국을 첫통일한 그 영민
한 진시황이 진짜 불사할 수 있다고 생각하고 불사약을 굳이 소문을
내며 공개적으로 구했을까? 나는 그럴 가능성은 매우 적다고 본다.
정치인이 니보다 못하다고 생각하며 얍잡사 보는 그런 어리석은 생
각을 항상 버려야 한다.

그러면 정치적 의도는 무엇이었을까? 정치인은 항상 정치적 의도
를 갖는다. 그러니 그 의도를 헤아려 봐야 한다. 정치인은 방귀만 뀌

도 정치적 의도를 가진다. "각하! 시원하시겠습니다!"

내가 보기로는 중국통일은 되었고 이제 본격적으로 통치를 해야 하는데 이 점에서 진시황의 그 어떤 원대한 전략이 있었을 것으로 본다. 그 그랜드 디자인(Grand Design)은 무엇이었을까? 신정국가? 불사의? 불사의 신이 통치하는 신정국가? 이것 역시 그 당시나 지금이나 인간이 흔히 빠지기 쉬운 전형적인 인간의 약점의 오류인데 진시황도 그랬을까? 진시황도 그 유혹과 오류에 빠져 돌이킬 수 없는 전철을 답습한 것인가?

그러나 대정치인인 진시황은 그런 것도 다 알고 있고 사람들도 다 알고 있기 때문에 내가 볼 때 그것은 별로 대전략이라고 할 것까지도 없고 그 정도가 아니고 내가 볼 때는 불사나 신정국가가 안된다는 것은 이미 진시황이나 다른 사람이나 다 알고 있었을 것이다. 그러면 페인트 모션인가?

즉 그러면서도 진시황은 자신의 황릉은 이미 젊은 나이에 살아 생전에 엄청 크게 산같이 지었다는 것이다. 이 황릉은 驪山(여산)이라는 산이름으로 지금도 서안에 크게 남아있는데 불사와 황릉? 그게 말이 돼? 그러니 왜? 플랜B인가? 2율배반인가? 자가당착인가? 모순인가? 양동작전인가? 역시 뭐가 달라도 다른 젊은 나이에서부터 아주 노회한 정치인인가?

이 부분은 진시황이 갑자기 붕어하였기 때문에 그 의도가 뭔지 지금 당장 추량할 수 있는 부분도 있지만, 기선제압인가? 신비주의인가? 이는 계속해서 더 깊이 성찰하여야 하고 차후에 본격적으로 더 살펴보는 기회를 갖기로 하겠다. 그런데 이렇게 아무런 설명없이 운만 떼 놓고 걍 넘어가는 것은 나는 전혀 좋아하지 않기 때문에 지금 내가 추론하고 있는 것을 일단 먼저 논급하고 가기로 한다.

나는 이는 전형적으로 진시황의 동이국침략과 관련이 있다고 본다. 이제 중국은 통일하였으니 남은 것은 동이국침략인데 이를 불사약을 구한다는 구실로 몰래 침략준비를 하고, 기도비닉하며 동방순행을 하였다고 본다. 진시황은 당시 방선도, 도가의 방사, 도사의 영향을 강하게 받아서 동이국으로 방사, 도사를 파견하여 불사약을 구하고자 하였는데 서복(?~-219~?)이 대표적인 인물이지만 실제로는 동이국으로 스파이를 보내서 침략정보수집을 하는 것이 숨은 의도였다고 나는 본다. 진시황과 서복의 동남동녀 3천명이 다 거점확보를 위한 술책일 것이다.

결국 이 그레일 게임The Great Game 대전략도 다 실패하고 진시황도 동쪽해안인 회계산으로 순시가서 역시 동북해안쪽인 사구(하북성 형대시 평향현)에서 병으로 객사하였다. 황제가? 한창 젊은 49세에? 병으로? 그리고 하필 동쪽해안방면으로 장거리 순시를 하다가?

그러나 나는 특히 그의 죽음은 그가 주의 봉건제도를 폐지하고 군현제를 도입하여 지방영주들을 모두 적으로 돌린 것과 깊은 관련이 있다고 본다. 그래서 지방순시중에 죽은 것으로 본다. 調虎離山(조호리산)인가? 세상사도 다 그렇지만 특히 정치는 반드시 작용이 있으면 반작용이 있는 법이다. 역사는 역사를 증거할 뿐이고 역사도 학문도 끝이 없다.

그러나 죽은 것은 확실하다. 불사약을 구하던 진시황도 죽었다. 시황이 부러워? 부러우면 져? 그것보다 진시황의 의도는? 중국의 속셈은? 이게 주요하지. 그후의 전개가 주요하지, 지금도. 그러나 진시황은 억울하다고 생각할 것이다. 억울하다고 생각하면 인생이 전부

다 억울하지.

방선도, 도가, 도교도 원래 동이국에서 시작되었는데 중국에서는 제 근방에서 시작되었는데 바로 중국 동해안이다. 그래서 진시황이 동해안을 순행하면서 불사약을 구하다가 붕어하였는가? 불사가 필사가 되었남? 시황이 더 살았으면 업적은?

방선도, 도가, 도교에는 신선이라는 최고경지가 있어 수련을 통해 득도하면 장생구시한다고 하면서 수천년도 더 산다고 하지만 실제는 알기 어렵고 더욱이 불사라는 말은 결코 하지 않고 신도들에게도 별로 전파하지 않는다. 역시 진시황 때문일 것이다. 장생이야, 어느 정도를 장생으로 보는지는 각자 주관에 따라 다를 것이다.

한국과 동양에 영생의 개념을 다시 전파한 것은 서구의 기독교이다. 그러나 『성경구약』에 따르면 인간은 낙원에서 실낙원한 후 복락원 할 수 있다는 교리가 전혀 없고 따라서 인간은 영생은 전혀 할 수 없게 돼있다. 즉 복낙원할 수 있다는 교리가 전혀 없으므로 『성경구약』에 따르면 인간은 복락원할 수가 없고 따라서 영생도 전혀 안 되는 것이다. 그러나 메시아(The Messiah, The Anointed, Christus)가 강림하면 구원을 받는다는 것인데 그 구원은 이상적인 신국을 구현하여 자유를 찾는다는 것을 의미하고 몸의 영생은 없다. 따라서 그런 교리자체가 없는 것이다.

그런데 『성경신약』에 따르면 예수 그리스도(-4?~+30)에 의해 영생의 개념이 다시 살아나는데 이때도 일반인이 생각하는 것과는 매우 다르다. 개신기독교의 『사도신경』에서는 〈몸의 부활과 영생을 믿습니다.〉라고 되어있는데 이는 부활(the Resurrection)이 먼저고 부활이 돼야 영생이 된다는 뜻이고 여기의 부활과 영생은 결국 예수 그리스도의 부활과 재림(the Second Coming of Christ)이므로 재림이 있어야 이로 말미암아 몸의 영생이 된다는 것이다. 초림에서 재림을 약속하고 살아서 몸과 함께 고스란히 하늘나라로 간 것이다.

예수 그리스道는 그래서 무덤이 없다. 땅끝까지 전파하라! 즉 **예수 그리스도의 부활재림이 없으면 몸영생도 없다.** 이것이 『성경신약』에서 말하는 예수 그리스도의 부활재림과 영생에 대한 주요한 전제조건이다. 그러면 예수 그리스도의 부활재림이전에는 영생이 없느냐? 하면 몸의 불사의 영생은 물론 없고 다만 믿음 안에서 구원을 받아 살아서 그리스도 믿음 안에서 살거나 사후 천국에 가서 영생을 한다는 것이다. 따라서 예수부활재림이전에는 몸의 영생은 없다. 그렇지, 당연하지!

그런데 한걸음 더 나아가서 앞에서의 내 질문의 요체는 이것이다. **영생을 할 수 있다고 치자, 그렇다해도 왜 영생을 하고자 하지?** 그렇지 않은가? 왔으면 가야지. 진흙탕에 굴러도 이승이 좋다는 사람도 있는 모양인데 글쎄, 진흙탕은 왜 굴러?

그런데도 휴거(Rapture) 또는 영생을 주장하는 일부 극소수 기독교 관련종파가 주기적으로 유행을 타는데, 『성경』을 비틀어도 한참 비틀어서 온갖 비유를 다 들어 세뇌하고 가스 라이팅한 후 자기 말만 잘 들으면 오랜 고생 끝에 마침내 살아서 휴거와 영생을 시켜준다고 하며 종교거지Religion Poor, 신앙거지Faith Poor를 만드는데, 앞에서 본 것처럼 『성경구약』 자체에도 인간은 영생이 안되게 돼있고 예수에 의한 휴거도 마찬가지로 예수부활이 되야 휴거가 되는 것이다.

인간은 여호아신 몰래 뱀의 유혹으로 신들의 선악과를 먹고, 선악을 알 정도로 영리하지만, 신들에게 크게 두려움을 느낄 정도로 나약하다. 『성경구약』에서 신들도 이제 선악을 아는 영리한 인간의 존재를 인정하지만, 영생은 할 수 없다고 나온다. 에덴동산에서 아담과 하와의 인간이 살아도 영생을 했을까? 내가 볼 때는 결코 안되었을 것이다. 인간이 선악과를 먹고 에덴동산에서 왜 곧바로 쫓겨났는지, 잘 알아야한다. 『성경』의 가르침을 먼저 잘 생각해 봐야한다. 그러니까 『성경』을 잘 정독을 해봐야 한다.

요새는 세상이 얼마나 좋은가? 『성경』도 읽고 싶으면 어떤 『성경』도 다 읽을 수 있는 세상이 되었다. 요 정도 세상이 되기까지도 인류는 또 얼마나 피 터지는 투쟁을 해왔던가? 화형은 또 골천번을 당했나? 그러니까 남의 말만 듣지 말고 세뇌나 가스라이팅을 당하지말고 자신이 직접 읽어보고 판단을 해도 해야한다. 그런데 왜 안 읽어보고 남의 말만 듣고 이 중요한 인생사를 속단하지?

한번 더 강조하면 『성경』말씀이 훌륭한데 예수의 부활재림이전에 몸영생은 없다. 예수를 믿으면 살아 생전에 구원을 받고 죽은 뒤 천당에 가고 예수 부활재림후 몸영생한다. 그러므로 예수의 부활재림이전에 영생을 시켜준다는 그 어떤 주장도 『성경』과는 아무 관련이 없다. 영생이라는 말이 어느 틈에 솔깃하게 들리는가? 그러면 아, 내가 언제부터인가 정신적으로나 육체적으로 힘든 일이 있구나! 라고 생각하고 마음을 추스르고 휴식을 취하고 원기를 회복하는게 상책이다.

둘째로 그런데 영생의 문제는 다른데 있다. 영생을 주장하는 자들도 입을 절대 다물고 있는 함정이 있다. 이에 대해서도 역시 선각자들의 논파는 이미 나와있다.

죠나단 스위프트(Jonathan Swift 1667~1745, 영국성공회신부, 신학박사)의 『걸리버 여행기』(TRAVELS INTO SEVERAL Remote Nations OF THE WORLD. IN FOUR PARTS. *By LEMUEL GULLIVERR, firth a Surgeon, and then a Captain of Several S H I P S. LONDON:-, 레무엘 걸리버* 지음)(1726)는 이미 이를 비판하고 풍자하고 있다. 보통 『걸리버 여행기』(*Gulliver's Travels*)는 제1,2편을 많이 보나 제3편을 보면 흥미있게 영원히 죽지않고(Immortal) 영생을 사는 *스트럴드브룩스*(*Struldbrugs*)에 대한 얘기가 나온다. 공중에 떠있는 라퓨타 섬(the flying island of Laputa)의 하나인 루그나그(Luggnnagg)에는 불사의 *스트럴드브룩스*가 사는데 이들은 영생은 하나 아주 애석하게도 영원한 청춘(Eternal Youth)은 부여받지 못해 노년에 여러 병환(노환)의 고통을 겪고 이미 80세에 합법적으로 사망한 것으로 간주된다. 2백세가 되면 거의 혼미하여 영생을 후회까지하고 있다. 즉 영생을 한다하나 영원한 청춘을 부여받지 못하므로 영생의 불가함을 풍자한 것이다. 이 라퓨타 섬은 여러 버전으로 영화에서도 자주 등장한다.

그런데 이 정도가 아니고 T. S. 엘리엍(Thomas Stearns Eliot 1886~1965, 미국에서 1948년에 노벨상을 받고 그후 영국으로 귀화)의 『*황무지The Waste Land*』(1922)의 서두Epigraph는 이렇게 시작된다.

한번은 직접 내 두 눈으로 쿠매Cumae에서
유리병 속에 매달려 있는 무녀 시빌Sibyl을 보았지.

소년들이 그녀에게 물었네. "무녀여, 무엇을 원하는가?"
무녀는 언제나 대답했지. "난 죽는걸 원해."

With my own eyes I saw the Sibyl
suspended in a glass bottle
at Cumae, and when the boys
said the her: 'Sibyl, what
is the wattler?' she would
always respond: 'I yearn to die.'

여기서 시빌은 무녀를 뜻하는데 여기서 이 대화는 1C 때 로마의 페트로니우스Petronius(20~66)의 『사티리콘Satyricon』「48장」(65)에서 인용한 것이다. 그런데 페트로니우스는 이 이야기를 호메로스(-9C~-8C Homer)의 이야기에서 읽었고 호메로스가 그 무녀를 직접 두 눈으로 보았다고 했다. 호메로스는 -13C~-12C에 있었던 트로이 전쟁을 담은 『Iliad일리앗』과 『Odyssey오디세이』의 서사시를 남겼다.

그리고 이는 오비디우스(-43~+17/+18)의 『변신이야기』에서도 나온다. 그리스 쿠매(현 이태리 나폴리 근방)에서 아폴론 신이 시빌의 아름다움에 반하여 사랑하고 한가지 소원을 들어주겠다고 하자 시빌이 먼지 한 웅큼을 주먹에 쓸어쥐고 이 먼지의 개수만큼 영원한 삶을 살고 싶다고 하였다. 누구나 인간이면 바라는 소원 아니겠는가? 과연 아폴론 신은 무녀의 소원대로 먼지개수만큼의 삶을 주었다. 그런데 신은 신인지라 아폴론 신이 영원한 젊음도 같이 줄까?

라고 했지만 시빌은 깜박하고 이를 거절하고 영원한 젊음, 영원한 청춘을 같이 달라고 하지 않았다. 그 이유는 시빌은 젊은 애인이 있어서 아폴론 신과 영원히 사랑할 의사가 없어서였다. 시빌은 마침내 늙고 왜소해져서 주먹만큼이나 쪼그라들었지만 그래도 결코 죽지 않아 항아리 속에 들어가서 매달려 고통스런 삶을 겨우 지탱하고 종국에는 목소리만 남았다. 그때 꽃같은 청춘의 소년들이 항아리 밖에서 애를 달구며 물었다. "뭘 원해?" 무녀 시빌은 언제나 말했다. "죽는걸 원해." 어떤가? 영생하고 싶은가? 천년만년의 영생같은 삶을 만들어 냈는데 오직 죽는걸 원해? 이 영어번역원문을 찾아보면 다음과 같다.

When I was a boy, I used to read those stories in Homer. And then, there's the Sibyl: with my own eyes I saw her, at Cumae, hanging up in a jar; and whenever the boys would say to her 'Sibyl, Sibyl, what would you?' she would answer, 'I would die.'[1]

근데 이게 벌써 언제적 얘기야? 물론 나는 고1 때 T. S. 엘리엇의 『*황무지/The Waste Land*』(1922)를 보고 무슨 말인지 벌써 다 알았다. 그래서 나는 고1때부터 벌써 영생을 안 믿는다. 그래서 사람은 견문이 있어야 한다. 글구 이런 필수 인문학을 중고교에서 바로 가르쳐야지, 의무교육이라며 의무만 가르치나???

---

1) *Petronius Arbiter*, 『*The Satyricon, Complete*』, *Release Date: October 31, 2006 [EBook #5225] [Last updated: February 18, 2021].*

근데 1C 때 로마의 페트로니우스는 이 얘기를 호메로스의 이야기들에서 알았다고 했지만 내가 찾아보니 내가 본 현전 『*Iliad일리앗*』과 『*Odyssey오디세이*』에는 전혀 안나온다. 아마 판본이 바뀌어서 그런 것 같다. 이 얘기가 워낙 유명하니 원래의 원본에는 있었을 가능성이 아주 많다. 아니면 아예 다른 책이든지.

물론 영생과 함께 청춘을 빌었으면 좋았겠지만 그러나 잘 봐! 한 가지 소원만을 들어준다고 하였으니 청춘을 빌 여지는 아예 첨부터 없는 것이다. 청춘은 저절로 따라 올 줄 알았다고? 그렇지, 영생을 주면 영춘도 줘야지. 『베니스의 상인』같은 얘기지. 그러나 아폴론 신이 주겠다고 했는데도 시빌은 안 받았다, 영생을 받으면 그동안은 청춘은 당연히 따라 올 줄 알고 그랬나? 그리고 헤어지고는 아폴론 신이 안주는데 어떡하겠나? 그리고 또 한가지 더 빈다면 건강도 빌어야한다. **무병불로불사, 건강영춘영생**의 3가지를 한꺼번에 빌어야지. 요즘은 무병은 의료보험땜에 많이 완화가 되었나? 그러나 아픈 것 자체는 없어지지 않지. 돈은? 돈도 있어야지만 그러나 무녀야 또 벌어서 쓰면 되지. 『시빌의 예언서』가 천년제국 로마를 이끌어 온 것으로 유명하지. 그러니 인생사는 끝이 없는 것이다. 영생만 되면 소원이 없다고 다들 생각하지? 글쎄, 그게 아니라니까! 그러니 왔으면 가야한다니까! 그게 이제 이해가 돼?

4월은 최고 잔인한 달,

April is the cruellest month,

......

대지는 망각의 눈에 덮힌 채

차라리 겨울이 우리를 따뜻하게 했다.
Winter kept us warm, covering
Earth in forgetful snow.

엘리엇의 『황무지』의 이 첫시귀야말로 내가 고1에서부터 지금까지 가장 애송하는 유명한 시귀 중의 하나이다. 4월학생혁명과 함께 이 시귀는 나의 사상과 시심의 한 원점이 되었다. 내 사상과 시심의 한 화두가 되었나? 그후 5월이 오고 지금은 많이 잊혀지고 세인의 뇌리에서 잊혀져갔지만 명시로서 영원히 기억될 것이다.

그러면 이 부분을 조금 설명하자. 설명없이 혼자 다 감상하는 척하지 말고. 그런데 먼저 설명을 들으면 사람에 따라서는 그 어떤 민감한 영향을 받으므로 그러니 스폴하지 말고 그저 맛배기만 보자. 세계적으로도 대개 4월은 봄은 왔으나 아직 완연한 봄은 아니고 쌀쌀하고 꽃샘추위도 만만치않은 봄이 오는 마지막 문턱에 있다. 그러면 춘래불사춘인가? 이때 최고 잔인한가? 그러면 자, 생각해봐! 4월이 최고로 잔인한 달이면 다른 달은 어쩌라구? 그러니 그래 살면서 모색을 해야지, 평생 모색을 하면서 지 나름 답을 찾는게 인생 아냐? 답의 일부는 이미 내 글에서도 나와있지.

따라서 5월 1일이 되면 확연히 봄이 되는지라 그래서 세계노동절이 5월 1일로 메이 데이로 결정된 데에는 기후의 영향도 있다고 보기도 한다. 이 날을 우리는 근로자의 날로 기념하고 있고 미국은 9월 첫월욜을 레버 데이Labor day로 기념하고 있다.

자, 어때? 이래도 영생을 하고 싶어? 누군가가 영생을 해준다고 하면 그 사람이 안 늙는지를 잘 보고 늙는다 싶으면 절대 안 따라가는게 좋아. 그러니 영생을 시켜준다는 자도 영춘은 절대 약속 안하지. 그렇게 가스라이팅할 때도 아예 입 밖에도 안꺼내지, 얼마 안가서 바로 들통이 날테니까. 영생은 들통이 안나는데 영춘은 어떻게 쉽게 들통이 나나? 그렇게 고소원을 하는 안티에이징 화장품은? 그러나 영춘이 화장만 갖고 되는 것은 아니지. 생각해봐, 무한동력이 가능하겠어?

따라서 영생의 함정은 영춘이다. 영춘이 안되므로 영생은 헛거야!

셋째로 더 중요한 문제가 있다. 보통 영생을 한다고 하면 그 자체로도 대단하지만 거기에 하나 반드시 더 없는게 있다. 뭔가 더 정신없이 혹하게 하는 이득을 얻어야지. 그렇지, 뭔가 영생외에 바로 정신없이 혹하게 하는 잇속을 얻어야하는데. 도체 그게 뭔가?

종말이 오면 영생과 함께 144,000명을 선발하여 왕을 만들어준다는 것이다. 누구나 144,000명에 들어가 왕이 되기를 꿈꾸고 지금은 가족을 돌보지 못해 미안하지만 영생과 함께 영원히 왕이 되면 그때 가족을 왕족처럼 영원하게 대우하게 되고 그러면 모든 오해와 고생이 보상받는다고 생각하게 만드는 것이다. 그럴까? 과연 그럴까? 144,000명쯤이야 엄청 노력하면 그래도 될 것 같지.

그러면 먼저 144,000명의 왕이 대단한 것일까? 생각해 보자. 지금 유엔회원국이 200개국이 될 것이다. 그러면 이 200개의 회원국을 각기 720지역으로 분할하여야 1명의 왕이 다스리는 영토가 나올 것이다.

144,000÷200=720(국)

그러면 아무리 영토가 큰 1대국을 720지역으로 나누어도 자기가 다스릴 수 있는 지역은 콩알만 하지 않겠나? 아무리 세계에서 대국의 연방이라도 720주가 되는 나라가 어디 있나? 더욱이 소국은? 걍 모기 코구멍만하겠지. 그리고 땅도 땅 나름이지, 사막이나 산이나 강이나 호수, 북극, 남극이나 불모지, 황무지, 자갈밭이 걸리면 어떻게 해? 아! 황무지! 자, 그건 더 말할 것도 없고 한번 생각해보면 바로 알 수가 있지.

그래도 그게 선 듯 안 와 닿으면 다르게 인구로 보자. 지금 세계인구가 70억하지, 대단하지. 근데 그러면 144,000명중의 1왕이 되어도 다스릴 수 있는 인구가 몇 명되겠나? 나눠보면 48,611명 나오지.

7,000,000,000÷144,000=48,611(명)

자, 겨우 48,611명을 다스리게 되는데 부양해야할 어린이, 노인 50% 빼고 나면, 초고령사회니까, 24,305명 나오지. 그 중에서 다시 아픈 사람, 사회적 약자를 20%로 추정해서 4,861명 빼면 19,444명 나오지, 그 중에 남녀인구는 반반씩 잡으면 9,722명, 9,722명 나오지. 그러면 그 중에서 다시 일할 수 있는 노동인구는 남녀인구는 몇 명이나 돼? 그 사람을 다스려 세금이나 월급이 나오고 왕과 왕비의 해외순방비, 명품쇼핑비, 고액의 명품 옷값, 명품 브로치, 성형비, 해외어학연수비, 더나아가서 전국민의료보험료나 나오겠어?

144,000명이라는 숫자가 작아보여도 엄청 큰 대단한 수야! 돼봐야 들인 노력에 비해 실속이나 있겠어? 그러니 단순산수가 고등수학보다 훨 낫지! 미분·적분한다고 인생 미적거리지 말고 4칙연산 +−×÷ 만 잘 해도 대단하지.

그래도 영춘없이 영생을 하며 왕을 하고 싶어? 이게 잇속이 있는 장사야? 차라리 평생 열심히 노력해서 자기 고향에서 시장, 군수 당선돼서 하는게 가망성이 있고 더 낫지 않나? 시의원, 군의원을 한번을 해도 그래도 더 가망성이 있고 실속있지 않나?

그러면 영생을 하면서 영춘없이 144,000명 중의 1왕을 하는 것과 현생을 잘 사는 것, 어느 것이 나아보여? 결국 영생을 하기보다 현실이 아무리 어려워도 현실을 즐겁게 사는 것이 낫지.

영생을 구해? **현생이 영생이야!** 현생 밖에 영생이 없고 영생 밖에 현생이 없어! 만약 다음 생이 있다면 다음 생이 또 영생이야! 그때 가서 열심히 해야지, 빼이치라면 쳐야지, 별 수 있나? 지금 다 살지도 않고 어린 나이에 무슨 영생을 벌써 바라나? 영원토록 살고 싶나? 지금 잘 살고 있나? 지금 잘 살지 못하는데 무슨 영생이야! 영생이 현생이고 현생이 영생이야! 그러면 다음 생은? 그럼 다음 생에 가서 영생해!

그러면 어떻게 하면 현생을 즐겁게 살 수 있지? 그러니 모든 공간에, 모든 시간에, 모든 사람에, 모든 내가 하는 일에 감사하고 기도해야지. Everywhere, Everytime, Everyhumanbeing, Everywhat I do, I appreciate and pray! 그리고 열심히 사는 것이 영생을 준비하고 죽음을 준비하는 과정이라는 것을 이해해야지. 이해했어? **잘 산 사람은 죽음을 두려워하지 않는다.**

사례토의

1. 왜 사람들은 영생을 하고자 하는가?
2. 왜 살아서 몸의 영생은 안 되는가? 인간이 상정하는 어떤 영생이 있나? 영생의 종류는? 영생했다고 주장하는 역사적 사례는 있나? 영생이 만약 있다면 그 대가는? 무한동력이 가능한가?
3. 기독교는 천년왕국에서 영생을 하는가? 그러면 천년 뒤는? 부활과 영생은? 교리상 부활없이 영생할 수 있나?
4. 어떻게 해야 즐거운 삶과 아름다운 죽음을 맞이하나? 〈어떻게 잘 살아야 하느냐?〉 와 〈어떻게 잘 죽어야 하느냐?〉 가 같은 질문인가? 다른 질문인가? 〈웰빙〉과 〈웰다잉〉은 같은 말인가? 다른 말인가? 왜 일부 사람은 죽음을 생각하지 않고 준비를 애써 외면하나? 〈웰슬리핑〉은 왜 주요한가?
5. 어떻게 유언장을 써야 하나? 형식을 학습하고 실제 써보고 자문을 구해보자. 자신의 신문부고를 미리 쓴다면 어떻게 쓰나? 한번 써보자. 내가 제창한 자기애도문을 미리 써놓겠나?
6. 유언장에 재산분배를 어떻게 해야하는지 토론해 보자.
7. 죽은 뒤의 세계가 있다면 지금을 희생하겠나?
- 이 글을 다른 사람에게 읽어 보기를 완전 추천하겠나? -

내2강-**아!영생!**20210326금이굥식10:19:32

===

▌회고록 제3강, 사례연구Case Study ▌

아! 출세! 신이 주시는 재능!

이강식(경영학교수 전)

우리도 그렇고, 외국도 그렇고, 어렵게 살다가 과거에 급제하면, 관직으로 더 대성하기 위해 자기관리하면서 평생 청렴하게 사는 사람도 있고, 관직을 하면 하자마자 곧바로 호화방탕하게 살면서 부패로 부를 축적하며 자신과 일가만의 호의호식을 꾀하는 사람으로, 크게 두 부류의 사람으로 나눠진다. 한 집안에서도 갈라진다. 왜? 어떻게 보면 극과 극으로 갈라진다. 현대인, 지금도 마찬가지이지만 그러니까 조선과거급제자도 마찬가지라는 것이다.

당신은 어느 쪽인가? 글쎄 뭐, 청백리인가? '탁흑리'인가? 역사적으로 집안적으로 오로지 청백리라고? '탁흑리'는 내가 만든 말이고 원래는 탐관오리라고 하지만, 자리는 한정되어 있고 과거지망생은 많아지고, 경쟁은 날로 치열해지니 어떻게 치고 올라갈 것인가? 그러니 당연 패거리를 지어야한다는 것이다. 독야청정, 그것은 안될 말이다. 자, 당신이라면 어떻게 할 것인가? 너무 알면 재미없지, 근데 말이야, 그런데 과거나 고시에 합격하고 이런 걱정을 해도 해야지.

주위에 아주 명문고, 명문대학을 나오고 행시를 합격하여 보기 드물게 주위와 잘 화합하면서 관직생활을 무난히 마치고, 1천2백명정

도의 공기업사장을 하는 분을 알게 되었다. 그런데 그 분은 관계개
편이 있을 때마다 큰 관직의 하마평에 빠지지 않고 물망에 오르는
것이어서 주위 사람들의 많은 기대를 한몸에 받고 있었다.

그런 반면에 그 분을 아는 다른 사람중에는 그 분이 돈을 잘 안
쓴다고 상당히 불만이 있는 것 같았다. 그러나 겉으로는 직접 말은
못 하는 것 같고, 여러 가지로 자신들의 타당한 권한범위 내에서 딴
지를 거는 것 '같기도' 하였다. 그래도 그 사장은 별로 염두에 두지
않고, 단지 회사의 발전을 위해 노력하여 회사의 발전과 위상을 상
당히 높이고 있어, 종업원과 특히 보기 드물게 노조의 전폭적인 지
지까지 받고 있었다. 노조도 매우 합리적인 사람들인지라 잘 하면
그 이상 사장을 아주 존경하지, 무턱대고 억지를 쓰는 사람들은 전
혀 아닌 것이다.

그렇다! 무엇보다 특히 밑에 사람들에게 뒷돈을 만들라 시키지 않
고, 주위의 부탁도 합리적인 선에서 제어하고, 인품도 보기 드물게
원만하면서, 열심히 뛰어 업권을 날로 확대시키는 성과를 내고 있으
니, 직원과 노조는 갈수록 당연 대만족이고, 사기도 높아지고, 회사
는 날로 발전하는 것이 눈에 보이고, 사장의 위상이 관직에 있을 때
보다도 훨씬 더 높아졌다.

그러나 이에 비해 돈이 필요한 분들은, 그게 문제가 아니고, 그거
는 그거고, 여러 가지로 시도해보다가 안되니까, 은근히 눈치가 내
보고 말 좀 하라는 것이었다. 내가 만만한 것처럼 보이는 것도 있지
만, 얘기가 통한다고 보았을 것이다. 뭐, 부연설명하면 대충 전형적
인 이런 얘기일 것이다.

"이 교수가 사장에게 잘 보이고 있고, 사장도 이 교수를 잘 보고

있으니 말 좀 하세요. 이 교수 당신도 돈이 필요한 것으로 보이는데, 뭘 그렇게 순진한 척, 모르는 척하나요? 우리는 당신같은 사람이 깨끗하고 고상한 척하고 있는 것이 더 이상해! 가만 있다가 남이 돈을 만들어 놓으면 욕심부려서 그때가서 안면몰수하고 은근쓸쩍 한 다리 껴들려고 하지 말고 좀 나서 보세여! 잘 생각해 보세여, 당신도 좋지 않아? 뭐 우리만 좋자고 이러는 줄 알아? 가리늦게 한몫끼고 무임승차할려고 머리 굴리지 말고 공동의 관심사를 좀 나서서 해결할 줄도 알아야죠. 시간이 매양 있는 줄 알아요? 물 들어왔을 때 노저을 줄도 알아야지.”

그래서 내가 즉시 조심스럽지만 분명하게 대답하였다.

“사장은 우리나라 최고의 명문고, 명문대를 나온 KS마크인데, 우리 주위에서 저렇게 명문고, 명문대 나온 사람을 직접 보는 것도 매우 어렵죠. 그런데 저 분은 아직 관직생활을 더할 기회가 있다고 보고, 본인도 더 하고자 자기관리를 하는 것 같은데, ‘자기가 자기출세를 위해 자기관리를 하겠다.’ 는데 옆에서 뭐라고 말하기는 어렵죠.”

그러자 그 분들도 대단한 분들이라 무슨 말인지 금방 알아듣고, 다시는 내게 그런 눈치를 주지 않고, 힘들었겠지만 적응 잘하였고, 그 후에까지도 서로 잘 지냈다. 아마 겉으로는 어리버리하게 보이는 사람이 이런 속 깊은 말을 하니 감동까지 먹었을 것이다. 글쎄 그럴까?

사장의 좌우명은 “먼저 보고 먼저 쏘자.” 였다. 나도 상당히 좋은 말이라고 생각하는데 말하자면 선수를 치고 선제공격을 하자는 것이었다. 그렇지, “잘 들어간 선빵이 당수 3단 잡는다.” 는 것 아니겠나? 사장은 겉으로는 나를 잘 보고 있고 내게 친절하게 대했지만 속으로는 상당히 얕잡아 보고 있는 것 같았는데 나로서는 뭐 별 할 말이 없었고 그저 내 일이나 별 탈 없이 잘 챙겨서 하고 누나 안끼치 도록 조심할 뿐이었다. 근데 사장이 나를 잘 보고 있다고? 에이- 그 럴 리가!

사장 정도의 높은 학벌이고 고시에 합격이 되면 대번에 재승덕박 이라는 말이 나올 정도로 교만하거나 자기 생각과 전혀 달리 사람들 이 댓바람에 교만하다고 치부하는 일이 대부분인데 이에 비해 사장 은 매우 유하면서도 부드러우나 자기 목표는 분명하게 성취하는 현 실에서는 보기 드문 관료출신이었다. 이런 경우는 A형과 B형을 겸 비했다고도 봐야할 것이나 B형이 강한 경우라고 봐야할 것이다. 특 히 일본에서 근무도 한 보기드문 일본통이었다.

사실 명문고, 명문대를 다들 말하지만 우리나라에서 그런 학벌을 가진 사람을 내가 직접 본 것은 그때가 처음이었고, 마지막이었다. 그러니까 내가 지금까지도 직접 본 분은 딱 1사람뿐이었다. 그러니 나도 뭐, 글쎄 뭐...

그리고 더욱이 지금은 교육제도가 바뀌어서 그런 학벌자체가 생 기지 않으니 볼래야 볼 수도 없고, 당시에도 이미 현역에 있는 분을 만나기는 어려웠고 그 분은 그 학벌에서 막내에 가까워 다행히 겨우 볼 수 있었다.

그런데 이 문제는 정약용(1762~1836) 선생도 비슷하게 말하였는 데 그 취지는 이렇다. '청관'은 주위에 나눠 줄 것이 없어 사람들이 오히려 싫어하며 안 모이고, '탐관'은 주위에 나눠 줄 것이 많아서 사람들이 좋아하고 손뼉치며 구름처럼 모여든다. 그렇치! 사람이 모 여야 뭘 해도 할 것이 아니야! 가신을 만들든, 사조직을 만들든, 사 단을 만들든, 파벌을 만들든, 친구 I.II.를 만들든 나눠줄 뭐가 있어야 뭐가 모여도 모일 것이 아닌가?

그런데 청관이 청렴해서 출세하기 위해 아무 것도 안 만든다고? 글쎄 뭐 그러든지. 그런데 탐관이 돈을 모아가지고 혼자 독식하면 어떻게 해? 그거는 결코 안되지, 다 아는데 당장 여기저기서 밀고해서 잘리지. 사람들이 잘 모르는 것 같지만, 무씬 쇼리, 다 알고 있다구. 하늘이 알고 땅이 알고 니가 알고 내가 아는데 뭘 몰라? 四知(4 지) 몰라? 탐관이 돈을 모았는데 안 잘린다는 것은 동조자가 있고, 상납구조가 다 있고, 다 뒤를 봐주는 윗선이 있고 윗급이 있고 윗분이 있고 뒷배가 빵빵하게 있다는 얘기지.

그후에 그 분은 작은 우여곡절은 있었지만, 워낙 능력과 인품을 갖춘 분이라 비록 관직은 아니더라도, 언론사 사장의 높은 자리에 올라 주위의 찬탄을 받았고, 현역을 잘 마쳤다. 본인은 만족했을까? 만족했겠지.

또 내가 '아는 사람'은 지방의 국립대에 진학을 하였으나, 가정사정상 다시 지방사립야간대에 편입하여 9등급 행정서기보로 입사하여 학업을 마쳤고, 계속 노력하여 나중에 승진시험을 쳐서 5등급 사무관까지 오른 입지전적이고, 나름 똑똑하게 보여 지방관계에서도 촉망받는 인물이었다. 그러나 사실 당시는 관계가 크게 확장될 때였기 때문에 운도 상당히 받쳐주었다.

그런데 이 사람은 직장에서 사무처장과 야합하여 나를 크게 야마 씨치고 배신때리고, 나를 다른 부서로 전출시키고 외부에서 사무처장의 꼬봉을 전입시켜 부서에 심어놓고 그 사적인 공로로 자기는 중앙부처로 날라버렸다. 그러면서 심지어는 중인환시리에 내 앞에서 부서의 다른 사람들이 들으라는 듯이 "이렇게 사람을 돌려서 여기

직원을 다른 부서로 보내는 법이 어떴어?" 라며 자기는 아무 것도 모르는 일인 것처럼, 오히려 괜히 똥골을 내며 성질내는 척 연기까지하며 가증을 떨었고, 그러니까 똥뀐 놈이 오히려 성질낸다는 것이지, 그리고 남의 짱배기를 콱 밟고 이걸 발판으로 도움닫기하여 꿈에나 그리던 대망의 서울 중앙부처에 진출하였는데, 사무처장의 무슨 썩은 새끼줄을 잡았는지, 자신이 중앙관계에서 큰 출세할 것만을 기대하면서 희열에 찬 표정으로 바로 내 앞에서 아주 의기양양하게 구두소리를 탁탁 내고, 머리 검은 뒷통수를 보이며 떠나갔다. **"갓데 구루마동태 누가 돌렸나? 집에 와서 생각하니 내가 돌렸네."** 똥골은 물론 비격식표현이지만 이 경우에는 더 이상 잘 맞는 말이 없지, 一事一言(1사1언) 아니야? 그러고는 평생 다시 보지를 못하였다.

나는 아무 말이 없었다. '지가 지 출세하겠다며 내한테 대놓고 야마씨 빡세게 치고 날라버렸는데, 내가 뭐라고 하겠는가?' 뒷통수 치는 것을 현장용어로는 '야마씨'라고 하지. 그런데 두고 보자는 사람 치고 무서운 사람 없다고 하니, 그저 나는 내 할 일만 열심히 하고 있을 뿐이었다.

근데 그렇게 출세에 눈이 어두운 출세맹동주의자가 되어 그런 짓을 해? 친한 척할 때는 언제고 뻔뻔하기 짝이 없는 인간이었다. 집안이 빈곤하면서 천박한 자 중에서 그 고색창연한 야망의 출세를 위한답시고 이런 수단과 방법을 가리지 않고 인간 미만인 짓을 하는 자가 지위고하를 막론하고 자주 있었다. 결국 동업자로서 시간이 지나도 같은 공월드에서 만날 사람들인데 지는 뭐 안다로메다에나 날라간다는 듯이 그렇게 생까고 날라버렸을까?

그 인생도 그렇지만 사무처장도 이상한 인간이지, 지도 겨우 1년

이나 1년6개월 있으면 줄타기 해서 중앙의 '국물 있는 좋은 자리'로
인사이동이 돼서 가면 사실 끝인데 무슨 국물있다고 지방의 경리과
에 대놓고 지 꼬봉 하나 심는다고 그렇게까지 할 이유가 있나? 청탁
사회에서 무슨 의미가 있어도 있겠지만 엥가이 해야지 그렇게 회사
가 시끄럽도록 하여 막중한 인사권을 희화화하면 어떡한단 말인가?
그리고 결국 그가 그렇게 요란하게 심어놓은 직원도 사무처장이 떠
나자 아예 퇴직을 하였다. 그렇지, 끈 떨어지면 그 순간 끝장나는 인
간이 있는 것이다. 국물 있습니까? 근데 국물 갖고는 안되지, 건데
기가 있어야 하고, 건데기 갖고도 안되지 왕거이가 있어야하지. 왕
거이 있습니까?

　무슨 이윤지는 모르겠으나, 거창한 명분과 이유를 대면서, 인사권
을 개인 야욕에 私用(사용)하여 그 무슨 핵심부서라고 경리과에 야
매로 뜨내기 심복하나 심어놓으면 오며가며 전국적으루다가 인생이
뭐 활짝 피나? 그러나 다 그렇게 생각하고 사나? 착각이 인생의 거
의 다인 사람이 있지.

　공무를 위해 엄중히 행사해야할 인사권을 個人私物函(개인사물함)
에 굴러다니는 때국물 시커멓게 묻은 헌 수건가지처럼 의기양양하
게 희화적으로 쥐고 흔들던 사무처장이 그런 걸로 평생 발판으로 했
는지 얼마 안 있어 곧장 타부처로 갔는데 가자마자 흔처도 없이 역
시 사라져 버렸다. 지방의 경리과가 그렇게 안면몰수하고 인면수심
으로 달려들 노른자위야? 그들 흰자위만 해도 대단할텐데 사욕이 끝
이 없나?

　그러니 그렇게 뭐 대단한 일이나 하는 듯이 이상하게 삐까뻔쩍하
게 잘 나간다는 사람들이 사라질 때는 핫바지에 방귀 빠지듯이 고약

한 냄새나 남기고 사라지는 법이지. 동시에 그들이 경리과에 힘들여 심어놓은 인간도 당장 흔적도 없이 사라져 버린 정도가 아니라 아예 퇴직하고 말았다. 그 참 희한한 일이었다. 그런데 왜 그런 지랄들을 하지?

그러니까 능력이 있는 자는 별로 청탁할 필요를 못 느끼고 지 일이나 욜씨미 하고 있는데 능력없는 자가 미꾸라지 도랑물 흐리듯이 이리저리 청탁하고 돌아다니며 '국물 좋은 자리'를 차지하려고 안간힘을 다 쓰지만 지 능력이 없으면 그 자리를 못 배겨내고 결국 썩은 빽줄이 끊어지면 못 버티고 곧장 사표를 낸다. 그러나 그런 자들이 걍 가는 것은 아니고 문어발식으로 이리저리 빽줄을 대고 있다가 지 생각에는 다른 '국물 있는 자리' 라고 가는데 가도 결국은 그 꼴이라는 것이다. 그 버릇 어디 가나? 주요한 교훈이지만 늘 잊고 살지.

근데 이게 무슨 문젠가 하면 인사라는게 청탁이 없을 수는 없는데 한번 빽줄이 먹힌다 하면 충분히 능력을 발휘할 수 있는 사람도 '빽줄의 유혹'에 빠져 일은 안하고 이리저리 줄을 찾아 뛰는데, 안 뛸사람 누가 있나? 그러다 보면 더 센 줄이 나오면 그쪽으로 대번에 붙는다는 것이다. 지도 살아야지만 그래서 배신이라는 말이 늘 따라다니고 그러다가 무능해지고 패가망신하고 폐족이 된다.

인사가 끝나자말자 누가 무슨 빽을 동원했는지 사후 정보전이 더 치열하고, 끝났다고 다 끝난게 아니야! '나는 이걸 왜 몰랐지.' 장탄식을 하며 그저 그 세다는 줄을 잡으려고 정신없이 사내정치에 뛰어들면 회사가 잘 될 택이 있나? 그래, 이제 다시 시작이다! 끝이 없지.

물론 정치는 좋은 것이지. 근데 유능한 1사람을 무능한 연놈들이 똘똘 뭉쳐 쫓아내면 그게 뭐가 되겠나? 좀비회사가 되지. 좀비회사,

그거 금방이야! 근데 니가 청운의 꿈을 간직하며 어렵게 회사에 입사했는데 그게 좀비회사라면 어떻게 할래?

사이코패스를 보통 '양복 입은 독사' 라고 하는데 물론 남자만 있는게 아니고 여자도 많다. 또 남자는 옴므 파탈이라고 하고 여자는 팜므 파탈이라고도 하지. 이런 사이코패스를 멀쩡하게 아침저녁으로 만나서 바로 옆자리에서 같이 앉아 근무했다고 생각해봐! 그것도 아무 생각도 없이 근무 잘 하고 있었는데 어느날 갑자기 발령받아 온 윗급이 사패면 아찔하지, 딴따이 맞춰서 서로 근무 잘 하고 있는 듯 싶었는데 어느날 결정적인 순간에 쨘- 하고 사패로 나타나면 니 어떻게 할래? 어리둥절 하겠지. 그런데 그게 다가 아니고, 열흘 지랄 떤 연놈이 평생 지랄은 못 떨어? 한번 사이코패스는 영원한 사이코패스야!

근데 그것도 아니고 어렵게어렵게 입사한 회사에서 만약 사장부부가 사이코패스라면 니 어떻게 할래? 물론 사이코패스를 벗어나려면 벗어날 수도 있는데 뼈를 깎는 노력이 필요하지.

근데 젤 중요한게 뭐야? 복수라고? 리벤지? 그런가? 옆에서 복수를 부추키고 이간질하는 그런 또 하나의 그렇고 그런 사이코패스들에게 속지말고, 그건 아무 것도 아니고, 그러면 참고 용서하는 게 젤 복수라고? 그런 말도 안 되는 소리에도 속지말고, 첫째 니가 사이코패스같은 괴물이 안되는게 젤 주요하고, 둘째 젤 주요한 것은 니가 니 성과를 내는 것이 세상에서 젤 큰 복수지. 그러면 셋째는? 너와 그들을 위해 기도하는게 마지막 젤 큰 복수지.

보복심에 눈에 불이 켜지고 앙갚음을 하려고 절치부심을 하고 이리저리 다니면서 악다구니를 퍼부며 패거릴 모아 달려들려고 하지만 그것보다 나는 니 잘 되는게 젤 큰 복수라고 생각한다.[2] 물론 사패를 안 만나는게 젤 좋지만 그런 행운은 아마도 없을 것이야. 전생에 나라를 구했어도 어려울 것이야.

우선 결과는? 당시는 경제개발의 성과가 착착 나타나기 시작한 때라, 전체공직이 엄청 발전하고 확대기에 있었기에 그도 중앙부처의 국장급 관직까지는 아마 올라갔는 것 같았는데, 그것도 대단하지만, 그러나 그것으로 그만이고, 지금은 흔처도 없이 사라져버렸다. 어떻게 된 일인가? 소문도 전혀 없고, 알고 싶지도 않지만, 외국갔나? 홍콩 갔나? 정년이나 제대로 마쳤을까? 지방에 있었어도 촉망받으면서 국장급까지는 너끈하게 하고 정년을 잘 마치고 존경받는 삶을 살았을텐데, 그게 더 나았을까?

---

2) 아인슈타인(1879~1955), "약자는 복수하고 강자는 용서하며 현자는 무시한다. Weak people revenge. Strong people forgive. Intelligent people ignore." 그리고 아인슈타인 교수는 "이 시대의 중대한 문제들은 그것을 만든 사람과 비슷한 수준으로 생각해서는 풀리지 않는다. The signification problems of our time cannot be solved by the same level of thinking that created them." 라고 했는데 물론 매우 맞는 말씀이지만 그러나 내가 살아오면서 보면, 보통사람의 집단지성이 훨씬 끝내줄 때가 많다. 보통 천재의 생각을 보통사람은 잘 모르겠지만, 그러나 위대하다고 보고 위대함을 찾으려고 일거수일투족에서 무척 노력한다. 그리고 보통사람의 생각은 잘 모르겠다며 전혀 하찮게 보지만 그러나 표현을 잘 못해서 그렇지 휠 뛰어날 때가 많다. 둘 다 통역이 필요한 사람인데 다만 천재는 통역을 바로 붙여주고 대단히 경청하나 보통사람은 통역을 전혀 안 붙여주고 걍 무시하기 때문에 생기는 일이다. 보통사람이 말할 때, 말도 안돼! 라며 집게 손가락을 머리통에 대고 휘휘 돌리며 무시하기가 대부분이지만 그러나 그 말도 안되는 소리가 천재가 못/안 보는 맹점을 보고 있는 수가 많다. 100가지 '헛'소리 속에 5가지 진실만 있어도 대단한 승률이지. 그것은 보통사람이 천재가 못/안보고 세상을 단순하게 보기 때문이다. 사람이 이해관계없이 단순할 때 비로소 진실이 보이지. 그래서 바보가 말할 때 특히 경청을 해야 한다. 바보들의 집단지성인가?

공무원이 정년이 보장되어 철밥통이라지만, 그것은 하위직이 그렇고 상위직은 하루한시도 예측하기 어렵다. **밑에 있으면 흙먼지 묻고, 위에 있으면 황사바람 탄다.** 나이로 봐서는 아직 살아있을 수도 있는데, 전혀 소식이 없으니 이민갔나? 그 좋다는 홍콩갔나? 근데 그게 뭐 궁금하냐?

어떤 사람은 물을 지도 모른다. "그러면 그 직접 본 그 학벌보다 더 높은 학벌이 있나요?" "있지, 내가 직접 못 봐서 그렇지만..." "어떤 학벌입니까?" "글쎄 뭐, 나도 직접 보지는 못했지, 그러니 나도 뭐 별로 그렇게 뭐..."

우리나라 전통적인 최고 학벌은 경기중, 경기고, 서울대법대, 사법고시합격, 판사, 서울서 계속 근무, 그러니까 경판을 해야지, 향판을 해선 그렇지, 그리고 대법원판사, 서울 변호사, 유명 국사립대 법대 교수나 로스쿨대학원 교수를 하는 사람이 최고지. 다만 그런 사람을 내가 직접 보지는 못했고, 글쎄, 뭐 향토선비인 내가 볼 가능성 자체가 있겠나? 글구 이제는 학제가 완전 바뀌어 보고 싶어도 못보게 되었지. 있으면 뭐 존경의 념을 가지고 도시락이라도 싸가지고 구경이라도 하러 가나? 사생 뛰나? 글쎄, 있으면 사생이라도 뛰야지.

서울은 그렇고 대구경북에서는 경북중고등학교가 가장 명문학교로 전국적으로 알아줬지만 그러나 경북중고등학교 보다 더 명문학교가 경북여자중고등학교이다. 내 평생 경북중고등학교출신은 자주 봤지만 경북여자중고등학교생이나 그 출신자는 딱 세 번 보았다는 것이다. 그것도 재학생은 고교생 때 딱 한번 보고, 사회 나와서 경북여고출신자를 딱 두 번, 합해서 세 번 보았다는 것이다.

고교생때 대구시내 길을 가다가 경북여고생을 처음 보았는데 나는 한 눈에 척 보고 알았다는 것이다. 왜냐면 경북고녀생은 교복치마에 쌍칼을 차고 있었는데 나는 그걸 이미 들어 익히 잘 알고 있었기 때문이었다. 무슨 말인냐고? 교복치마 양 쪽에 세로로 흰 줄이 하나씩 있었는데 이게 쌍칼이며 완전 권위의 상징이었다.

그래서 지나가면서 한참 쳐다보았다는 것이다. 도대체 어떤 여학생이길래 경북고녀생 씩이나 하느냐? 는 호기심으로 이 쌍칼 찬 여고생의 모습을 한참 쳐다보며 지나갔는데 그러자 그 경북고녀생도 이상하게 생각하고 상당한 포스를 갖고 나를 한참 쳐다보았다. 보통 남고생 같았으면 그 위세에 얼굴을 쳐다볼 생각도 못하고 고개를 푹 숙이며 쭈굴쭈굴 한쪽으로 피해갔을 것이다. 그러나 나는 딱 한 번 보았지만 눈을 마주 쳐다보며 호기심을 갖고 지나갔다는 것이다. 근데 그게 뭐가 자랑이냐고? 근데 이게 사실 매우 흔치 않는 경험이라는 것이다. 재학중인 경북고녀생과 쌍칼치마교복을 본 것은 이것이 처음이자 마지막이었다. 그게 뭐 그리 자랑인냐고? 아마 못 본 사람이 거의 대부분일 것이야. 그런데 그 경북고녀생도 보통은 아니고 처음보는 낯선 남고생이 쳐다보는데도 전혀 쫄리지 않고 역시 호기심으로 같이 당당하게 마주 쳐다보았다. 그 당시는 남녀가 크게 내외하는 분위기였는데 그러기도 쉽지 않았다. 역시 지금 생각해도 포스가 짱이었지.

그러면 명문학교를 나와 출세를 하면 다 좋으냐고? 그러나 그것도 쉽게 말하기는 어렵다. 한번은 내가 서울시내에서 회식자리에 참석한 적이 있는데 그 자리에 참석한 사람들이 더 이상 말할 필요가 없이 서울에서 다 내노라 하는 才才多士(재재다사)한 사람들이었다.

그런데 한 사람이 이상하다는 듯이 말했다. 자기가 잘 '아는 사람'이 명문대 법대를 나와서, 그러니까 서울대 법대를 나와서, 사법고시를 합격하고 서울서 판사를 하다가 이제 서울 유명 사립대 로스쿨에서 교수를 하는데 큰 아파트에서 살고 건강하고 얼굴도 잘 생겼고 남부러울 것이 없는 사람인데 근데 한가지 아쉬운 것은 4십대 중반이 되도록 결혼을 안/못하고 있다는 것이었다. 말하는 그 사람은 자기 일처럼 걱정을 하며 도저히 이해를 못하겠다는 표정이었다. 그러자 주위사람들도 이상하다는 듯이 아주 궁금한 표정을 짓고 있었다. 그래서 이럴 때 재재다사를 두고 항용하듯이 이번에도 내가 마지막 해결사로 나서서 말했다.

"신이 인간에게 재능을 주시는데 한꺼번에 다주시지는 않죠. 뭔가 한가지는 빼놓고 주시는데 아마 그 분은 신이 다른 재능은 다 주셨는데 혼인운은 늦게 주시는 모양이죠."

나는 식사중 가볍게 이 말을 하였는데 그런데 이 말을 하자 말자 아주 뜻밖에 그 자리에 참석한 모든 사람이 얼음이 되어 순간적으로 아주 굳어버렸다. 술잔을 입에 댄 사람은 댄 대로, 젓가락으로 안주를 집은 사람은 집은 채로, 말을 하던 사람을 말을 멈추고, 천장을 쳐다 보던 사람은 쳐다 보는 대로, 하여튼 그 순간에 모두 얼음이 되어 즐거운 담소를 나누던 회식장이 차디찬 삭풍이 부는 북극이 되어 굳어버렸다. 얼음왕국 보다 더하면 더 했지 덜하지도 안했다.

그래서 나는 그 사람들이 "왜 이 교수는 자기 얘기를 하고 그래!"

라고 생각하는 줄로 알고 한동안 어리둥절했다. 그래서 나는 땡하고 외치는 것도 생각 못하고 한참이나 갸 있었다. 그러고 한참이나 시간이 흐르자 이윽고 각자 생각을 정리한 듯 해빙이 되어 다시 즐건 분위기로 돌아왔다. 얼음왕국의 중심에서 세상을 외치다!? 근데 내 일에 왜 자기들이 그렇게 놀래나!?

그래서 둔한 나는 이상하게 생각하고 다른 아는 사람들에게도 이 얘기를 해주었는데 들은 사람이 모두 듣자마자 하나같이 다 똑 같이 북극 얼음왕국이 되어 굳고 심각한 표정으로 한참이나 삭풍이 부는 한겨울이 되었다가 한참 후 풀어지는 일이 반복해서 생겼다. 왜 해빙-동결-해빙´을 반복하나?

그래서 둔한 나도 조금은 알게 되었다. 처음 내 생각과 달리 그 사람들이 "이 교수는 왜 내 얘기를 하고 그래!" 라고 생각한다는 것이라고 추정했다. 다 우리나라에서 나름 출세한 사람들인데 자기 결혼에 대해 무의식적인 관념만 갖고 있다가 내 말을 듣고 비로소 처음으로 자신의 내면과 진실로 대면해서 자신의 혼인에 대해 깊은 성찰에 잠기는 뜻깊은 기회를 갖게 되는 것 같았다. 내한테 감사해야지, 그럴까?

대면! 그렇다! '진실과의 컨프런테이션!CONFRONTATION WITH THE TRUTH!' '진실과의 랑데뷰!' '진실과의 해후' '진실과의 조우Encounter with the Truth.' 숨어있는 진실과는 언제든 반드시 다시 만나고야 마는 법이지!

그렇다! 겉으로는 늘 사랑한다며 세상없이 행복한 표정을 짓고 있지만 속으로는 대한민국에서 내 만큼 결혼 못한 사람이 어딨어! 라고 생각하며 치를 떠는 것 같았다. 물론 진실은 나도 알기는 어렵고,

묻기도 어렵고 전문가적 추론을 할 뿐이었다. 진실은 저 너머에???

"내가 부족한게 뭐 있어! 내가 노력 안한게 뭐 있어! 단지 밥재이가 쪼끔만 더 잘 해줬더라면 내가 대한민국에서 말도 못하게 엄청 더 출세했을텐데... 남들 모두처럼 마누라 덕보고, 처가 덕 보자는게 아니고 내조는 아예 바라지도 않는데 다만 조금만이라도 가만 있어주고 받쳐주었다면 나가, 나가 말이야! 얼마든지 출세했을텐데 말이야! 대한민국에서 내 만큼 결혼 못한 사람이 어딨어!"

한결같이 이렇게 생각하는 것 같았다. 그렇다! 마누라 덕 안보고, 장인장모 덕 안보고, 처가 덕 안보았을까만, 그런 사람 빼놓고 그렇다! 내가 본 '바깥양반들'은 하나같이 다 같았다! 그러니 그 자신의 어찌할 수 없는 박복한 혼인운에 치를 떨며 얼음처럼 굳어지는 것 같았다.

그러나 밥재이들은 전혀 달랐다. 인간 미만의 철없고 보잘 것 없는 더벅머리 머시마 종내기를 걷어먹여 그나마 인간 만들어서 이 만큼이라도 출세시킨 것이 다 자기들 덕분이었다. 쪼금도 얕자리 없었다! 이런 양극단의 진실들을 밥재이들이, 바깥양반들이 아는게 좋을까, 모르는게 좋을까? 그게 나는 항상 의문이었다.

얻는게 있으면 잃는게 있고 잃는게 있으면 얻는게 있다!

내가 2원주의로 만든말이지만 항상 이 말을 생각하며 정진해야지.

내가 아는 어떤 교수는 서울 국립명문대 경영학과를 나와서 석사만 마치고 입도선매되어 만 27살에 이미 지방국립대 경영학과에 교수가 되었고 곧이어 국비장학생으로 미국유학가서 박사학위를 따가지고 와서 30년을 목에 힘 주고 지국대(지방국립대)에서 교수생활을 하며 총장과 전국학회장선거에 출마도 하고, 둘 다 되지는 않았지만, 그만만해도 대단한 일로서 떵떵거릴만 하였다. 지금 같으면 꿈도 못 꿀 일이지만 그때는 그랬다!

그런데 이제 만30년이 되니 자기 삶이 공소해지고 어느듯 나이가 만 57세가 되었다. 남이 볼 때는 대한민국에서 더 말할 것이 없는 참으로 행운의 인생이었지만 그러나 학교에서 목돈을 주는 명예퇴직안내가 오자마자 저녁에 집에 가서 부인에게 목소리 낮추어 나지막히 최대한 진지하고 다정하게 말했다. "여보 나 이제 그만 명예퇴직하고 싶어." 그러자 부인은 명예퇴직의 '명'자 쇼리가 나오자마자 끔찍한 목소리로 "밥 안해준다. 꿈도 꾸지마!" 라고 하며 단칼에 싹둑 잘라서 그렇게 고대하던 명퇴의 꿈을 찍도 못 쓰고 접었다는 것이다. 바깥양반의 명퇴의 원대한 꿈에는 밥재이들의 밥파업위협이 무엇보다 약이었나? 꿈? 무슨 꿈? 밥의 꿈? 밥재이의 꿈?

내 생각은 그렇다. 이왕 나올 판이면 하루라도 일찍 다리에 힘이 있을 때 나와서 자기 하고 싶은 일을 하는게 좋다. 해외여행을 가도 다리에 힘 있고 숨 안 찰 때에 가야지, 그렇지 않으면 힘만 들고 돈만 쓰고 별 의미도 없다. 물론 현직에서 잘 나갈 때 퇴직준비를 착실하게 해둬야 하는데 잘 나갈 때는 천년만년 할 것처럼 하며 퇴직 이후는 아예 생각조차 없는 것이다. 회사인, 직장인, 월급재이들은 이게 항상 문제가 되지.

내가 현직에 있을 때 회의, 세미나 등을 마치고 이래저래 저녁회식을 하게 되는 일이 가끔 있었다. 그런데 회식을 마치고 집에 가야

하는데 내 나이쯤 되는 중년남자들이 집에 갈 생각을 안 하는 것이
었다. 한번도 걍 넘어가지 않고 기어이 한 사람이 깃대를 잡고 노래
방이야, 2차3차야를 가고 코가 삐뚤어지도록 처마시고 새벽까지 돌
아다니다가 다 뻗어서 눈치보며 집에 기들어가는 것이었다. 그래서
내가 하도 이상해서 당시 2부야간 경영학 숲에서 중년의 여성만학
도들에게 물었다.

"요새 집에 무슨 일이 있나요? 왜 내 나이쯤되는 남자들이 집에
들어갈 생각을 안 하죠?"

글쎄, 그동안 정성들여 키워온 여우같은 마눌과 토끼같은 새끼들
의 재롱을 한창 볼려고 할 나이인데 왜 뜻밖에 집에 안 기들어갈려
고 끝까지 아둥바둥해? 그럴려면 뭐 땜에 기를 쓰고 결혼해서 마눌
을 얻고 자식을 낳고 키우면서 그 난리를 쳤어?

중년의 여성만학도들은 헤-하고 웃고 말을 안하였다. 자기들도 남
편네가 회사일이나 사회생활, 회식땜에 평생 당연 그런 줄로만 알았
고 더욱이 왜 그런지 이유는 더 모르겠다는 눈치였다. 몰라? 아직도
몰라? 그런데 뭐 어째? 고의적으로 집에 안들어 올려고 악을 쓴다
고? 이거이거 천기누설인가! 그러면 밥 한번 안 해줘봐, 그러면 알
게 돼?

여자와 남자의 1체동심, 동상리몽은 인류이래 끝이 없지. 벌써 오
래 전의 일인데 한번은 길을 가는데 저 앞에서 미시족 2사람이 재잘
재잘 즐겁게 얘기하며 오고 있었다. 막 지나치는 순간 한 미시족이
즐겁게 하는 얘기를 듣고 깜짝 놀랐다.

"재산은 모두 남편 앞으로 다 돼있어! 그러나 반은 내꺼야!"

그래서 이건 무슨 소리인가 싶어 귀를 쫑긋하며 들었다. 어떻게

반은 자기 것인가? 근데 그 미시족은 아주 행복한 표정과 들뜬 목소리로 말했다.

"법적으로."

그래서 나는 역시 여성이 정신년령이 매우 높다는 것을 다시한번 알았고 잘난 척하는 남성도 알고 보면 여성의 손바닥에서 멋도 모르고 잘난 체하며 으시대고 편안히 놀고 있다는 것을 알게 되었다. 그러니 여성은 겉으로는 동정심유발 코스프레를 하면서도 속으로는 낄리리하고 웃음을 감추지 못하고 있다는 최후의 비밀을 알게 되었다.

나는 그 여성의 혜지에 감탄을 불금하였다. 지금은 반 조금 더 준다, 법적으로. 그 법을 통과시켜준 사람이 남자였다는 것인데 남성의원이 정치인인지라 남의 돈으로 속죄하나? 근데 이걸 남자가 알아야하나? 몰라야하나? 아는게 힘이야? 모르는게 약이야? 그래서 2대남이 열 받았나? 2대남도 이걸 알아야하나? 몰라도 되나? 그러면 2대녀도 좋으면 표정관리하며 가만 있어야지 왜 그래? 그게 아니고 쓰는 김에 더 쓰라는 것이지, 이익이 어디 한도가 있나? 뽕을 뽑는 김에 아주 뽑아야지, 아주 뽑아줘요.

근데 2대남의 생각도 세대에 따라 달라진다는 것을 알 수 있다. 내 세대는 할머니, 어머니가 주도하는 완전 종내기우선사회에서 아무 생각없이 잘 살았다. 마쵸는 전혀 아니더라도 남성우월사상은 뿌리깊이 인박혀 있지만 가부장적 시혜주의는 가지고 여성에게 관대하고자 하였다. 그러나 여성상위시대라는 말은 당최 이해하기조차 어려웠고 남의 세상 보듯이 하였다. 내가 그 아름다운 세대의 마지막 세대지. 아! 벌써 그리워지려고 하는 세대인가?

내 다음 세대는 슬슬 달라졌는데 겉으로는 여성을 이해한다면서 나도 알고 보면 페미라고 마음에도 없는 립서비스를 앞다퉈하기를 별로 꺼리지 않는 세대였지만 남자끼리만 모이면 마쵸본능을 앞다 퉈 시전하였다. 안 보이는 뒤에서는 자기는 결단코 페미가 아니라며 치를 떠는 세대였다. 그러나 어쩌랴, 이미 남성세대는 바람과 함께 사라져버렸고 어느틈에 온라인통장과 함께 여성상위시대가 와 버린 것을! 돈은 분명 남자가 뼈 빠지게 벌었는데 아침에 하늘같은 마눌 로부터 뼈 빠지게 용돈을 타서 하루하루 겨우 연명하는 세대였다.

그러나 지금 세대는? 지금 세대는 2대남과 2대녀가 집단으로 보 면 마치 불구대천 웬수처럼 보는 것같은데 그러나 개별 사랑은 더 깊어지고 있고 그 남자애가 여자애를 완죤 유치찬란하게 사랑하는 것을 보면 그 할머니, 어머니가 눈꼴 시려서 숨넘어 가겠지. 집단과 개인이 차이가 나도 왜 이렇게 차이나? 웬 일이야? 왜 이렇게 차이 나? 몬 일이야? 걍 차이나? 무슨 일 있었어?

시대는 달라졌다. 라떼는 가난한 여자애가 한 푼 두 푼 돈을 모아 남자가 고시 합격하도록 주린 배를 움켜쥐고 오매불망 헌신하다가 남자가 고시에 합격하면 곧바로 헌신짝되어 버림받는 일이 자주 있 었다. 아! 야망의 세월이여! 드라마에 단골소재가 되는 아주 전형적 인 남자의 전횡시대였지. 지금은? 어떤 멀쩡한 남자애가 애인 고시 합격하도록 자기 돈으로 방도 얻어주고 정성을 다해 헌신하였다. 드 디어 여자애가 꿈에 그리던 고시합격을 하자마자 제일 먼저 남자애 를 헌신짝처럼 탁 차버렸다. 그러자 남자애의 주위 친구들이 오히려 방값이라도 받아내라고 남자의 가오를 걸라며 옆에서 아주 성화를 부렸지만 남자애는 그저 두 말없이 추억을 삼키며 고이 보내줄 뿐이 었다. 상남자인가? 애틋한 순애보인가? 시대착오적인 순정남이야?

그게 아니고 시대를 초월하여 앞서 가나? 초식남이야? 남녀평등인가? 그게 아니고 드뎌 명실공히 여성상위시대인가? 남자 망신 다 시키는 찌질이인가? 막드 찍나? 남녀 주인공만 바꿔 입었나? 날로 먹나? 시대극이야? 젊은이가 벌써 도사처럼 인생을 달관하였나? 니가 나를 사랑 안하는데 난들 니를 사랑하겠냐? 발빠른 손절인가? 대속인가? 시대의 선진화를 이룬 두 청춘남녀의 앞날에 행복이 있을 것으로 본다!

그러나 어쩔 것인가? 마마보이로 키운 여성이 누군가? 이제 와잎보이로 만드는 여성이 누군가나? 머시마가 목에 힘주고 열심히 했지만 평생 탈탈 털리고 그 다음에 남은 것은? 꼰대보이? 이제 마마보이, 와잎보이, 꼰대보이, 3보이에서 남자의 일생은 결판나나?.

여자는? 여자의 일생은 전통적으로 3종지도이지, 어릴 때는 부모를 따르고, 커서는 남편을 따르고, 나이들어서는 자식을 따르는 것이지. 현대는? 현대는 이제 대단한 모색기이지. 어떤 경력경로가 나올지 모르지만, 통장을 따르는 것만은 확실하지. 통장지도인가? 드뎌 一通帳從之道(1통장종지도)인가? 남녀 모두 통장으로 대동단결! 천하통장지대본! 무슨 통장? 대포 보다 대포통장? 옛날엔 그저 왕대포였는데, 노란 월급봉투 안주머니에 꿰차고 왕대포 한 잔이면 세상이 돈짝만 했는데 아! 옛날이여, 가버린 남자의 전성시대여! 그러나 남자는 말합니다. 왜 남자의 전성시대가 갔다구 자꾸 그래요? 아직 안갔어요! 내가 두 눈 시퍼렇게 뜨고 이렇게 있는데 어딜 자꾸 갔다구 그래요? 글구 이 교수님도 남잔데 남자 편들어야지, 왜 자꾸 중립적인 척하구 맘에도 없는 쇼릴하구 그러세요?

글쎄 그건 그런데 나도 성원을 하앙상 보내지만 시대가 그러니 우선 나도 살구 봐야지. 제군! 힘내시오! 그래도 스틱1개와 부랄 2쪽, 3개나 하늘이 주신 천부의 보물을 더 갖고 있는데 힘내시오! 여자들이 다 부러워서 하는 소리니 그런 소리를 들으면 자부심을 더 가지시오!

드뎌 남자고 여자고 다 필요없어! "나는 야한 통장이 더 좋아!(나는야 한 통장이 더 좋아!)"로 천하통일했나? 나로서는 모든 이해관계자들이 다 잘 되기만을 바라지.

글구 우리나라는 여성이 결혼해도 완전 자기 성을 쓰게 해주니 과연 여성인권이 세계적으로도 대단히 높다. 그러나 권리는 항상 확보하고 나면 하찮게 여기고 더더더 큰 권리를 한도끝도 없이 요구하지, 머리짱배기에 올라 탈 때까지 요구하지. 권리는 만족이 없어! 권리는 한도가 없어! 그래서 권리는 행복이 없어!

그런데 지금은 아이도 엄마성을 따르게 할 수 있게 해준다. 나는 이것은 분명히 반대한다. 아직은 괜찮을 수도 있지만 2~3대만 지나가도 姓(성)정체성에 큰 혼란이 오는데 동성동본불혼이 동이국의 수천년 내려온 전통인데 이게 흔들리면 유전학적으로 큰 문제가 생긴다. 그러니 동이국의 수천년 내려온 전통인 동성동본불혼을 더 살펴봐야한다.

한번은 택시를 탔는데 한 눈에도 나이 많아 보이는 노기사가 나를 척보더니 먼저 자기 나이를 말하면서 자기 얘기를 하고자 하였다. 그래서 나는 최대한 경청을 하였다. 아! 경청! 듣고 보니 나이가 나보다 5살이나 많았는데 하소연의 주요골자는 나이가 들었지만 아직 택시기사를 하는데, 그거는 그래도 괜찮은데 집에 가기만 하면 마누라가 자꾸 톡톡 쏘며 달려드는데 아주 참기가 어렵다는 것이다. 잠깐 보아도 노기사가 젊을 때 제대로 한가락을 한 것 같았고, 지금도 6십대로 보일 정도로 정정하였다. 그러면서 혼자 사는 것도 요즘은 편의점들이 발달해서 괜찮다고까지 진지하게 말하였다.

이제 수천년 내려온 밥재이의 권력을 금성 25시 게오르규 마트와 이씨 마트24, 씨 유 어겐 마트가 대체하나? 편리한 편의점이 이제 어느 틈에 밥재이권력의 최대의 적이 되었나? 수천년 내려온 남편의 권력을 온라인통장이 하루아침에 순식간에 쫓아낸 것처럼? 편의점이 큰 일하나? 혁명이야? 혁명? 편의점혁명?

졸지에 달리는 가정상담실에서 직책도 없이 수당도 없이 본의 아니게 가정상담사가 되어 진지하게 나 많은 클라이언트에게 카운슬링을 하게 되었다. 이거이거 거꾸로 된 것 아냐? 그러나 자칫하다가는 황혼이혼까지 할 결심을 하게 할 것 같아 나는 속으로 조마조마 조심까지 하면서 상담을 하였는데 나의 전문적인 상담으로 많이 진정되는 것 같았다. 나의 전문적이고도 아주 핵심을 찌르는 적절하고 간명한 맞춤형 상담은 다음과 같았다.

"나이가 들면 부인에게 잘 해줘야죠. 부인이 나이 들어서 자꾸 달려드는 것은 본전생각 나서 그렇죠. 젊을 때는 남편만 믿고 남편 수발들며 평생을 남편에게 잘 해주면서 살았죠. 그런데 이제 나이가 들어서 남편을 보면 슬슬 본전생각이 나죠. 그래서 이제는 남편이 부인에게 잘 해줄 차례죠. 잘 해줘도 아주 잘 해줘야죠."

이렇게 몇마디 간명하면서도 핵심을 찌르는 전문적 상담을 잘 해주자 노기사도 무슨 말인지 퍼뜩 알아듣는 것 같았다. 그래야 밥이라도 얻어 먹죠! 3시1끼? 그럼 그 부인은 내게 고맙다고 할까? 아니면 왜 그런 소리를 해줬냐! 며 내 보고도 타박할까? 물론 여인에 따라 다 다르겠지.

본전생각, 이게 정신없이 격하게 나면 당장 황혼이혼각인데 그런다고 당장 황혼이혼하는 것은 아니고 퇴직금이나 아파트, 집이나 땅 판 돈, 하다 못해 로또라도 당첨되는 등 목돈이 들어오면 곧바로 황혼이혼이 성립되는 것이다. 그러니까 남편은 말년에 돈 들어 올 때 넘 좋아라만 하지말고 조심조심해야 한다. 로또 당첨돼도 먼저 마눌에게 숨기고 표정관리해야 한다, 자식은 아주 당연하고.

자식도 마찬가지지. 자식은 마눌이 남편보다, 시부모보다 훨 더 잘 해줬지만 그렇지만 품안에 있을 때 자식이지 크면 벌써 다 튀고 없지. 그러니 남아있는 남편만 들볶지. 그런데 요새는 자식도 같이 사는 경우가 많은데 그러면 마눌과 자식은 어느 틈에 편묵고 아부지에게 득달같이 달려들지. "아부지가 해준게 뭐 있어요?" "아부지처럼 살기 싫었어!" 이게 말이 돼? 그러나 말년에 밥이라도 한 숟가락 얻어 처먹으려면 속에 천불이 나도 젊을 때 지은 죄가 있으니 참고 또 참아야 한다.

실제 부산 노포동에서 어떤 회사셔틀버스기사는 이제는 도회지가 된 노포동에서 물려받은 밭땅이 상당히 있는데 부인이 자꾸 팔자고 한다고 해서, 내가 자세한 얘기는 해줄 수는 없고, 단지 팔지 말고 더 있어보라고 조언을 해줬다. 땅 잘 팔고 부자되어 돈 쓸 생각에 입이 헤- 벌어지는 찰나, 지는 거지되어 쫓겨난다? 그러니 돈이 있으면 있는 대로 없으면 없는 대로 지혜가 있어야 한다.

내가 양산시 원동에 있는 어떤 할머니와 대화를 나우었다.

"원동에서 태어났나요?"

"아니."

"원동에 시집왔나요?"

"아니."

"그러면 어떻게 왔나요."

"이사왔지."

"그러면 땅을 많이 가지고 있군요. 돈을 많이 벌었군요."

"안되지, 재산 있으면 클나. 자식들이 엄청 싸워서 안되지."

나는 원동 시골할머니의 혜안에 크게 놀랐다. 생전 처음 듣는 소리였다. 가정평화와 세계평화를 지킬려면 돈이 없어야 한다. 그러면 돈이 없어야 가정평화와 세계평화를 위할 수 있다? 웬 난데없는 무소유야? 무슨 무근거 순환논리야? 얘들아, 이 할머니가 돈이 없는 이유를 알겠지? 다 깊은 뜻이 있어서 그러니 그렇게들 알고 화평하게 살면서 이 할미를 크게 존경하도록! 쯤 있으면 노벨화평상이 올거야! 그러나 내가 뭐 그것 꼭 받으려고 이러는 건 아냐!

그러나 모든 어버이가 자식이 싸우는 것이 뻔히 보여도 무슨 돈이든지 생기면 챙겨서 자기 쓰기 보다 자식 줄려고 노심초사하는 것이 인지상정 아니겠는가? 이 할머니는 그런 내색은 전혀 없고 무덤덤하게 말했다. 그러니 돈이 있으면 있는 대로, 없으면 없는 대로 자신의 철학과 혜지가 분명히 있어야 한다. 나는 평생 수건이나 덮어쓰고 호미나 쥐고 밭땅이나 뒤지고 있다고 생각했던 촌할마이의 무심한 혜안에 너무 놀랬는데, 그렇게 다들 있는 돈, 없는 돈, 돈돈하며 무슨 돈이든 한 푼이라도 더 벌어 자기가 하거나 자식 줄려고 이리 뛰고 저리 뛰는데 촌할마이의 생각은 생각이라도 전혀 달았다. 사실 알고 보면 다 고전적인 얘기지. 내 보다 먼저 약 2천6백년전에 깡촌에서 촌사람 만나 디게 놀랜 사람은 사실 공자(-552~-479)지. 나는 드뎌 이 시대의 은일자를 만난 것인가? 그렇게 만나고 싶어했던 은일자를 그것도 여성은일자를 원동에서 만난 것인가? 헤어지면서 깊이 머리 숙여 절을 하고 돌아왔지만 아직도 얼떨떨하다. 꼭 공자가 얼떨떨 했던 심정이 이랬을 것이다.

내 보다 나이가 5살이나 더 많고 내 보다 산전수전택시전시가전 다 겪은 노택시기사에게 이 정도 상담을 해줄 정도면 이 참에 나도 가정상담사쯤을 따는게 좋을 것 같다는 생각도 들었다. 이 참에 쫑 놓고 돗자리 깔아?

그러나 문제는 다른 데 있었다. 너무 상담을 하는데 집중을 하느라, 노기사가 목적지를 착각해서 아주 지나쳐 버렸다는 것이다, 그래서 나는 피Fee, 상담료는커녕 회차해서 오느라고 택시비만 따블로 엄청 더 손해를 봤다. 물론 노기사가 깍아준다고 깍아줬지만 그래로 따블로 더 나갔다.

그날 그 노택시기사는 저녁에 집에 가서 잘 해 줬을까? 그런데 그게 갑자기 잘 될까? 그것도 오랜 기간의 상당한 훈련과 기술이 필요한 일인데. 덧붙여 추가로 더 상담해주면 보통 남편이 전형적으로 착각을 하는 것이 이것이다. 지금은 바빠서 못해 주는데, 잘 알면서 왜 그래? 나중에 퇴직하고 잘 해줄게, 그때까지 애들 잘 키우면서 시부모 공양 잘 하면서 기둘이고 있어! 알간!

그러나 그때는 오지 않고 퇴직금이 온라인통장에 들어오면 그 순간 바로 통장 꽉 잡고 황혼이혼이 먼저 어서옵쇼! 하고 두 팔 벌리고 문 밖에서 환영하고 있을 수 있다. 자기는 절대 안 그렇다고 자신하는 사람이 많은데 그런데 또 그게 그런 사람에게 먼저 찾아온다. 자기 자신도 못 믿는다는데 마누라와 자식은 믿나?

그러니까 어떤 재벌총수가 마누라와 자식만 빼고 다 바꿔야 한다는데 젤 주요한 것은 자신이 먼저 바뀌어야지. 물론 자신은 버얼써 다 바뀌어 있기 땜에 자신있게 그런 말을 하는 것이지. 근데 마누라와 자식은 왜 빼?

자식은 늘 소원을 한다. 울 아버지와 엄마가 쬐끔만 바뀌면 세상 부러울 것 없을텐데.

어머니는 늘 소원을 하고 기도를 한다. 울 남편과 자식이 엄친남편·엄친아들딸까지는 안 바라더라도 그저 쬐끔만 바뀌어준다면 소오원이 없겠습니다.

그러나 아버지 가장은 늘 소원을 한다. 마눌과 자식이 많이도 안 바라고 그저 쬐끔만 바뀌어준다면 효부자처가 되고 효자효녀가 될테고 그러면 나도 마음놓고 회사일을 잘하고 크게 출세할텐데... 아쉬울 것이다.

이 3각편대가 언제라야 쾌속운항을 할 것인가?

그러자 나의 명조언에 감명을 받았는지 노기사가 이제 자식에 대해서도 하소연하고 상담하고자 하였는데 역시 내가 간명하게 조언을 해주니 매우 감명 깊게 듣는 것 같았다. 나의 그 내용은 다음과 같다.

"옛날에는 자식도둑이라고 하였지만 지금은 자식사기라고 생각하고 살아야죠."

자식사기라? 자식도둑 정도가 아니라 이제 자식강도라고 봐야하나? 뭐가 자식인지? 태어나서 고3이 되도록 18년동안 그저 품에 안고 진자리 마른자리 갈아 뉘시며 아침저녁으로 차에 태워 학교와 학원과 집을 **뺑뺑이** 돌며 소황자처럼 모셨고 이제 서울에 있는 명문대에 입학을 하여 하숙집을 얻어주고 기쁜 마음으로 입학식에 참석하고 내려오면 더 이상 얼굴을 볼 수가 없다. 부모는 자기 자식이 명문대에 입학을 하였다고 흐뭇하게 생각하고 주위에도 자랑을 하고 노후대책이 선 것처럼 생각하지만 다 오해라는 것이다.

요새는 통신이 좋아 하루에도 12번도 더 영상통화나 문자를 하며 자식이 바로 옆에 품안에 있는 것처럼 생각하지만 그러나 자식은 방학 돼도 내려오지도 않고 한번씩 통화를 하면서 아주 반갑고 살갑게 애교를 다해 대화를 나누지만 마지막 대화는 항상 방중에 해외어학연수를 가야 하니 돈 보내라는 말 뿐이다. 얼굴 함 보자, 집에는 언제 내려오고? 아- 담에, 담에!

그래도 부모는 기분이 좋은 것이다. 우리 자식이 누굴 닮았는지, 미국어도 잘해. 큰 효자가 났어! 다들 잘 봐, 나 노났어!

드디어 졸업식에 올라가면 얼굴 한번 퍼뜩 보고 내려오는데 그뿐아니라 대기업에 입사를 하여 부모가 벌써 천하를 다 얻은 듯 엄청 기분이 좋고 주위에 밥도 사고 부러움도 한 몸에 다 받을 것이다. 그런데 당최 뭐 얼굴을 볼 수가 있어야지, 항상 바쁘다는 소리 뿐이지.

그러다가 자식얼굴 한번 보기는 보는데 머시마가 아가씨 손을 꼬옥잡고 내려와 "아부지, 결혼 시켜주이소." 하면 바로 그때 얼굴 한번 보는데 부모는 좋아서 서울로 올라가 있는 돈, 없는 돈 탈탈 다 털어서 결혼식 해주고 전세집 얻어주고 귀한 살림살이 다 갖춰주고 내려오면 다시 얼굴 볼 수가 있어야지. 이게 선진국가 Family야?

그런데 요새는 대기업이라도 38선, 45정, 56도는 뭐 새삼스러울 것도 없는지라 자식은 회사를 나와 사업을 한다고 자금을 보내달라고 하는 것이다. 아무리 부모라도 노년에 보내주기가 어려운데 그러면 이제는 평소 그렇게 오라해도 안오던 며느리가 손자 손을 꼭잡고 쓱 나타서서 "아버님, 우리 잘 되자고 하는게 아니고 아버님 손자를 위해서 하는 일이니 집안에 대를 잇도록 도와주세요. 어차피 상속해줄 것 아니예요? 좀더 일찍 준다고 생각하면 되잖아요." 하면 부모는 집도 팔고 아파트도 팔고 고향의 자갈논도 팔고 퇴직금과 꽁꽁 꼬불쳐놓은 비자금까지 몽땅 다 내주게 되는 수가 있다.

그런데 자식의 사업이 잘 되면 좋은데 그게 그렇지, 그런데 잘돼도 그렇지만, 안되면 부모는 탈탈 털리고 노숙하는 수가 있나? 그러면 자식이 평생웬수가 아니라 자식사기, 자식강도 당한 기분 안 들어? 그래도 안들겠지, 왜? 자식이니까?

노기사는 깊이 수긍하며 나의 상담에 큰 감동을 받는 것 같았다. 이런 일이 잘 없는데 나와의 상담도 산전수전 다 겪은 클라이언트가 역시 잘 이해한다는 것이다. 노기사를 상담해줘서 충분히 만족을 줄 정도면 내가 노벨상담상을 받아도 받아야 될 것이다. 내가 상담계에서도 마지막 보루인가?

물론 짧은 시간에 달리는 상담실에서 다 말해줄 수는 없고 나는 마음을 가다듬고 가야할 방향을 어드바이스해 주는 것이고 구체적인 해결책은 스스로 찾아야하는 것이다.

황혼이혼이 남의 일이 아니고 아주 조심해야 하는 일이다. 하루는 울주 석남사 대웅전에 가서 진지하게 참배를 하는데 얼굴이 아주 불

그레하고 머리숱이 적은 노인장이 얼마나 다급했던지 열을 내어 큰 소리로 연신 부처님께 절을 하며 "이혼 안 당하게 해주십시오. 이혼 안 당하게 해주십시오." 라며 정신없이 두 손을 모아 합장을 하고 손이 발이 되도록 빌면서 기도를 하는데 내가 다 무안해서 그 소리를 안 들을려고 좁은 법당 안에서 이리저리 피했다는 것이다. 그러면서도 슬며시 웃음이 나왔다. 그런다고 황혼이혼을 안 당하느냐? 물론 부처님께서 빌면 잘 해주시겠지만 대낮에 멀리 심산유곡 가지산 쌀바위 밑 깊숙히 있는 석남사 절에 와서 비는 것도 영험이 있고 좋지만 그것과 함께 저녁에 집에 가서 어부인에게 연신 큰 절을 하면서 큰 선물도 하고 간곡히 잘못을 빌고 평생의 용서를 구하는게 더 좋지 않겠느냐? 는 것이다.

내게 상담을 요청했으면 이야말로 솔루션은 간단한 일이었다. 마누라에게는 싸나이로서 결코 그렇게 할 수 없다고? 그게 아니고 벌써 다 해보았는데 안된다고? 씨알도 안 멕힌다고? 평생 골탕 멕여놓고 그저 한두번 해보고 안된다고 만다고?

그러면 나이들어 남편들이 가장 긴장하는게 뭘까? 뭐, 여자가 샤워하는 쇼리라고? 아직 정신 못 차렸군! 진짜 긴장하는 것은 나이든 여자가 동창회 갔다 왔을 때라는 것이다. 그게 자칫 잘못하면 상당히 긴 시간 회복하기 어렵다. "쟤는 학교 다닐 때 내보다 한참 급수가 밑이고 얼굴도 견적도 안나오고 내 꼬봉이나 하고 셔틀이나 했는데 남편 하나 잘 만나서 저렇게 다이야를 휘감고 다니다니, 도대체 당신은 평생 뭐 했어? 내가 잘 하라고 그렇게 말했는데도 말이야! 처자 때 내가 인기가 장난 아니었는데, 에휴, 엄마아빠 말 안 들어야 했었는데, 이게 아니었는데."

다이아는 영원하지. Diamonds Are Forever.
다야는 너야. Diamond Is You.
Blood Diamond! 아! 피의 금강석!

남편에 따라서는 회복하기 어려운 그 정도는 그저 기본빵이지. 그저 마음을 비우고 정한수 떠 놓고 비는 수 밖에 없지.

여자의 한을 너희가 아느냐? 젊을 때 니거 할 거 다해놓고 이제 와서는 안 해준게 뭐 있느냐 고? 평생 손가락에 물 한방울 안 묻히고 포시랍게 잘 살게 해줬는데 무슨 여자가 한이 있느냐! 고? 그래 놓고는 고무장갑 한짝 사 줬지. 그래 놓고는 이제 와서는 이렇게 영문을 모르겠다고 딴청부리지? 여자의 **본전생각**을 너희가 아느냐? 알려고 한다는 게 무슨 말인지 조차도 모르지? 근데 그 뭐 알려고 할 필요가 있나? 이제 뭐 다 알잖아! 다 그런거야!

아아, 이 아픈 가슴을 몰라줘서 생긴 더 아픈 가슴을 어떻게 할거야? 책임져! 책임 벌써 졌잖아? 언제적 얘기야? 뭐 여자의 한? 다 알면서 왜 그래? 2중아픈가슴? 겹아픈가슴? 2중내상? 겹내상? 누구는?

너희가 부처의 중중무진 깊은 고뇌를 아느냐? 부처가 왕이 될 태자 자리까지 버리고 개고생해 가면서 생명을 다걸고 깨쳐서 인간을 인간답게 살게 해줬는데, 이제 뭐, 고작 황혼이혼 안 당하게 해달라고 법당에 와서 절절이 빈다 고? 그게 말이 돼? 그게 지금 여기 와서 빈다고 될 일이야? 그러나 절실하게 비는 입장에서는 그게 깨침만큼이나 중요하지 않을까? 이해를 해 줘야지.

남자의 꿈도 이해는 해 줘야지. 남자는 초등학교 입학할 때는 모두가 대통령이 되겠다는 원대한 꿈을 꾸지. 그러나 입시를 치루고 군대 갔다오고 갖은 우여곡절을 다 거치고 대학졸업할 때는 이제 시작도 안했는데 겨우 어디 비정규직이라도 있으면 땡큐라고 하지. 남들처럼 부모찬스도 노리며 원망도 하겠지. 그러나 그때도 꿈은 있어서 언제가는 반드시 왕회장만큼은 아니라도 반드시 회장이 되어 배짱부리며 살겠다는 야무진 꿈을 빡씨게 꾸지. 그때 처자식 평생 호강시켜주겠다고 눈물 젖은 빵을 먹으며 굳은 맹세를 하지. 그리고 중간중간에 고생고생은 했지만 마침내 대망의 회장이 되었고 남부러울 것이 없이 살았다고 세도 부리며 기사 딸린 고급차 타고 떵떵거리고 평생 처자식 손가락에 물 한방울 안 묻히고 살게 해줬다 고 자부도 하고 싶은데 현실은 이제 말년에 심산유곡 절 법당에 벤츠 타고 와서 황혼이혼 안 당하게 해달라고 손가락 지문이 다 닳도록 소리 높여 빌고 또 빌지. 어릴 때는 대통령이 되겠다는 소박한 꿈을 빌었는데 나이 들어서는 황혼이혼만 안 당하면 그저 대성공이라고 거창한 꿈을 빌지. 대통령과 황혼이혼 사이에서 남자의 일생은 결판 나지. 그러나 대낮에 비구니 절 법당에 와서 그렇게 큰 소리로 빌 정도만 돼도 괜찮지, 암 괜찮지. 그것도 아무나 하는 건 아니야! 아아! 일생에 걸친 남자의 야무진 꿈! 무슨 꿈? 황혼이혼면피에의 꿈? 거위의 꿈? 문어의 꿈? 오리의 꿈? 오리가 밤에 날라 달이 되는 꿈? 그렇지 꿈은 항상 야무져야지.

나는 말한다. 그래도 이혼하는 사람은 괜찮아! 왜 이혼을 하느냐고? 그야 결혼을 했으니까 이혼을 하는 것 아냐? 애초에 결혼을 안했으면, 못했으면 이혼할 일이 어딨어?

 한 직장 같은 부서에, 같은 지역인, 그것도 같은 사립야간대학동문 선후배3사람이 순간적으로 우연히 모였다. 이 복잡한 세상에서 희귀한 일이라면 희귀한 일이고 그러면 당장 세상사람들은 생각하기를 3인방이 똘똘 뭉쳐 잘 나갈 줄 알았지?

 한 사람은 고교를 졸업하고 직장을 다니면서 야간대학을 다니면서 장미빛 미래를 꿈꾸며 즐겁게 생활하고 있었고 나중에 지사대교수가 되었으나 부처장, 처장, 부총장, 총장 등 남들은 그래도 근속에 따라 엔간이하면 다 한다 하는 삐까뻔쩍한 보직은 한번도 안/못하고 32년간 교수를 하면서 학술저서만 8권 발행하고 퇴직했는데 그 와중에도 이단을 공격하지말라, 해롭다 라는 성인의 말씀을 굳게 믿으며 그 무엇도 원망하지 않고 그 누구도 험담하지 않고 어떻게 보면 세상 모르고 살았다. 다른 교수들이 레전드 교수라고 하였다. 전설? 전설세미나? 그니까 전공학습설계세미나!

 한 사람은 지국대를 다니다가 가정형편으로 야간사립대학으로 편입하여 능력을 인정받고 주위의 기대를 받으며 나름 승진에 승진을 거듭하여 초고속으로 중간간부를 하였는데 중앙부서로 가기 위해 사무처장과 짜고 평소에 친한 척하던 자기 부하이며 야간대학후배를 매몰차게 배신하고 완전 쫓아내고 외부에서 사무처장이 데려온 직원을 집어넣는 인사를 자행하고 날라버렸는데 아무도 모른다고 생각했는지, 자기 과원들 앞에서 "이렇게 사람을 돌려서 여기 직원을 다른 부서로 보내는 법이 어딨어?" 라고 하며 전혀 모르는 척, 큰소리로 분개하는 척하며 똥골과 흉물까지 떨었지만 직장사람들은 버얼써 다 알고 그 인면수심에 치를 떨었다.

 어려운 환경출신으로 주위의 도움과 신망을 받고 잘 나가고 있다가 이제 출세하게 되는 터닝 포인트가 왔다고 생각하는지 평소에는 온갖 고상한 척을 다떨다가, 직장에서 근무시간에 때깔나게 폼잡고 찬탄을 받아가며 먹을 갈고 좋은 말 붓글씨까지 써가며 갖은 보여주기코스프레를 떨다가, 기회만 있으면 더러운 야망에 눈이 어두워 천박하고 야비하고 추잡한 인간말종본색을 드러내며 하루살이 출세맹동주의자 앞잡이가 되는 추악한 경우가 동서고금을 통하여 아주 자주 있다면 있는 일이니 그러려니 하고 두고 보는 수 밖에 없는데 그러니 어쩌랴? 그런 자가 더 잘 나가는데 어쩌랴?

그후 중앙부서국장까지 되었는데 그만만해도 대단한데 그러고는 이상하게 소리소문없이 관계나 지역에서 완전 사라져 버렸다. 이민갔나? 홍콩 갔나? 약은 고양이 밤눈 어둡다고 뒷통수전문가가 뒷통수 맞고 억울하다며 앙앙불락하고 있을까? 인생무상이라며 고고한 척, 달관한 척하고 있을까? 또 어디선가 사람 눈 속이고 있을까? 한번 사기에 맛 들이면 끊기도 어려울텐데. 에이- 이미 한번이 아니라고?

또 한 사람은 어려운 형편에 교육대학을 나와 초등교사를 하면서 사립야간대학에 편입하여 행정고시에 합격하여 중앙부서에서 남다른 성과를 내었고 마침내 승진하여 경리과장으로 부임하였는데 부임하자마자 부하직원들과 인사도 채하기도 전에, 상견례하고 악수하고 회식 한번하고 얼굴 한번 제대로 익히도 전에 당최 영문도 모르게 자기 소속부하이며 사립야간대학후배가 사무처장과 짬짜미해서 자기도 모르는 황당한 인사이동을 자행하고는 웃기지도 말라는 듯이 휙 날라가버리는 꼴을 보고 상당히 당황해 하였다.

말하자면 바로 자기 밑급과 윗급이 뒤에 숨어서 몰래 짜고 나름 중앙관직에서 날고 기며 승승장구하고 단지 승진후 잠시 지방에 순환근무차 부담없이 내려온 자신을 승진초장에 어김없이 발등치기로 패싱해 버린 것이다. 아니, 이런 촌놈이 어떻게 더 날뛰...

남에게 말하기도 부끄럽게 오지게 핫바지로 만들고 하찮은 웃음거리로 만들어 버린 것에 치를 떨지는 않았을까? 그것도 걍 간 것도 아니고 자기도 모르게 사무처장의 심복을 지 밑에 심어놓고 날라 버렸으니 관계에서 상상하기도 어려운 일이었다. 알고보면 야마씨를 제대로 당한 실제 당사자는 경리과장이 아니었을까? 금의환향했는데 오자마자 밑사람들과 화기애애하게 회식 한번 하기도 전에 체면 있는 대로 다 꾸기고 사무실을 어떻게 추슬러서 이끌고 가야하나?

그러나 떨떠름하게 인상구기고 있는 경리과장도 평생할 일은 아니고 적당히 소일하다가 중앙으로 뜨면 그만 아니냐? 고 생각하면 그만이지만 야망이 있는 자들에겐 결코 없었던 일처럼 웃고 넘어갈 일은 절대 아니었다. 야망있는 자가 인상 있는 대로 팍 쓰는 것! 안 만나보면 모르지. 야망의 세월, 안 보면 모르지. 그 뭐, 알 필요가 있어? 그러니까 모르는 사람은 걍 그냥 살어!

그러니 이게 정년퇴직까지, 그리고 그후까지도 평생 오래 생활해야할 같은 직장인이 이래도 과연 되는 일일까? 당연히 경리과장을 사무처장 보다 더 오래 봐야할 텐데 괜찮을까? 그래도 같은 대학선후배로서, 지역출신으로서, 관계에서 계속 봐야 하는데 괜찮을까? 진짜 한번 보고 말려는가? 그 영전 한번에 인생을 거나?

경리과장은 그후 계속 저력을 발휘하여 사무처장으로 승진하였고 승진을 거듭하여 나중에 차관까지 되고 퇴직하고도 지사대, 지국대 총장으로 2번이나 부임하는 놀라운 관운을 보였다. 사무처장에서 더 상위직으로 뜬다는 것은 하늘의 별따기 보다 더 어려운 일이고 보통은, 물론 마음은 꿀떡 같아 다들 엄청 노력들하지만, 아무리 날고 긴다 해도 사무처장을 마치면 마치면서 곧바로 거의 대부분은 정년대기하다가 퇴직하는 것이 어쩔 수 없는 일반적인 코스였다. 그리고 차관을 마치고 총장을 한번도 아니고 두 번이나 한다는 것도 대단한 일이었다. 그것도 금의환향하였으니 더 바랄 데 없는 영광이었지. 그 쪽에서는 완전 신화를 남겼지. 출세 뭐 할 것 없이 될려면 그 정도는 돼야지.

그런데 승진절벽은 자리가 거의 없으니 당연하지. 비탈, 급경사정도가 아니라 완전 절벽이지. 그러나 다 지는 뚫고 나간다고 생각하고 다방면으로 욜씨미 하는 것이 또 인지상정아니겠나? 그렇지, 그럴수록 안 하는 사람이 누가 있겠나? 그러니 그 정도면 아주 만족한 삶이지. 본인도 그렇게 생각하겠지.

같은 사립야간대학선후배출신, 같은 지역선후배출신, 같은 업종선후배 3명이 순간적으로 같은 사무실에 모였다가 1명의 대놓고 치는 뒷다마와 배신과 야마씨와 음모로 선후배 사이에 간다온다하는 인사 한번 제대로 할 기회도 없이 전광석화처럼 2명이 사라져 버리고, 2명은 뒤통수 빡씨게 당했고, 그리고 도저히 믿기 어려운 광경에 얼떨떨한 1명만 남았다. 출세란 무엇일까? 재능이란 무엇일까? 인생이란? 핫바지란?

그런데 지금 생각해 보면 원래 인사이동이 있어서 떠나면 그래도 상사인 경리과장에게 이임인사를 반드시 하고 가야 하는데 나는 그때는 뭐 이래저래 인사하러 다닐 기분도 전혀 아니어서 발령나자 후임자가 오래동안 안와서 잔무를 상당기간 정리해 주고는 급히 바뀐 부서로 가버렸는데 무엇보다 경리과장에게도 인사도 안하고 말없이 슬그머니 떠나버렸다. 지금보면 아마 이것도 경리과장을 상당히 열받게 했을 것라고 추정한다. '아니, 이것들이 왜 하나같이 이 모양이야. 그래도 야간대학 한참 후배라고 이 바닥에서 나름 내심 생각하는 바가 있었는데 우째 생까고 인사도 없이 날라버려! 도대체 날 어떻게 보는 거야! 나가 과장이야! 과장! 니거 과장! 재직시에도 보고 평생 같이 봐야 할 니거 과장이란 말이야!'

그러나 내가 인사를 하러 가봐야 서로 할 말도 없고 민망하기만 하지 않을까? 또 과장이 이 건에 관련돼 봐야 무얼 하겠는가? 문제가 있으면 있는 당사자 자기들끼리 해결해야지.

그러나 그러면 경리과장은 겉보기처럼 전혀 개입이 안되었을까? 그러니까 인사권과 절차를 아주 중시하는 관계에서 그게 과연 가능한 일인가? 최소한 사전협의, 묵시적 동의라도 있어야 하지 않을까? 전혀 모른 척하고 나도 당했다는 식으로 인상 쓰구 있지만 다 짬짜미 안 하고 그런 일이 있을 수 있겠는가? 아마 경리과장은 하급직원인사라고 늘상 있는 일로 생각하고 그저 태무심하고 있었던 것 같다. 그런데 아무리 하급직원인사라도 정작 까놓고 보니 보통 일이 아니었다. 돌아가는 판세를 정신 차리고 보니 완전 속았다고 느끼는 것 같았다. 그러나 나는 내 코가 석자인지라 씰데없는 일을 알고 싶지도 않고 알려고도 하지 않았다.

그리고 내가 회사를 떠나고 한참후 경리과장이 중앙부서로 다시 이동했다가 마침내 영광의 사무처장으로 승진발령받아 돌아왔는데 그때도 전일의 잠깐의 그러나 결코 잊을 수 없는 인연을 생각하면 응당 축하인사를 하러 갔어야 했는데 별로 생각도 안나고 해서 안갔다. 아마 무의식중에 전일의 기억을 서로가 떠올리게 하고 싶지 않앉기 때문일 것이다. 오자말자 채 얼굴을 익히기도 전에 지 밑의 직원이 불의의 인사이동을 당해서 날라갔지만 속으로는 어떨지 몰라도 겉으로는 입을 꾹 다물고 참고 있었는데 다시 만난다면 옛일을 떠올려 서로가 무안하지 않을까?

그래서 사이코 패스들이 틈만 나면 치는 뒷통수가 그렇게 무서운 것이다. 누구보다 친해야할 사람들을 아무 이유도 없이 서로 다 죄면시하게 만드는 것이다. 이게 내가 말하는 사이코 패스 신드롬이지, 20C부터 21C까지 계속 연구대상이지. 어쩌면 풀리기 어려운 인생과제지.

당시 서울의 중앙 공직자가 지방근무 하러 오면 '이제 고향인 지방에 정착하겠다.' 며 땅을 사서 집을 짓는 일이 자주 있었다. 그러면 부하직원과 건축업자, 출입업자들이 서로 발벗고 도와줘서 집을 싼 값에 아주 잘 짓는 것이다. 그러고는 집을 다 지으면 발령받아 도로 중앙으로 올라가고 어쩔 수 없다며 집은 판다. 그렇다, 지방근무가 매양 있는 것도 아니고 물 들어올 때 노 저어야지. 그러니 지방이다, 서울이다 할게 아니고 다 지 하기 나름이지, 인간도처유청산 아니가? 저녁저녁 아는 사람이 사주는 술이나 달게 먹고 발줴나 넓히고 세상 모르고 살 때가 아니지, 암 아니지. 그건 하수나 하는 무량없는 짓이지, 출세? 그거 아무나 하는거 아냐! 하는 사람이나 하는 것이지!

어떤 사람이 지방에서 직장생활하면서 앞이 캄캄하도록 고생고생하다가 고시에 합격해서 꿈에 그리던 중앙부처에 근무하게 되었다. 그러나 가 봐야 말갛고 아무 것도 없었다. 그래서 이 사람이 이를 악물고 독하게 했는데 그러자 밀고가 바리바리 들어가 그 당시 나는 새도 떨어뜨린다는 무소불위의 권력기관에 달려가 진짜 거꾸로 매달려 고추가루 물까지 마셨는데 그래도 버티고 버텨서 마침내 출세의 영광의 가도를 달리게 되었다. 그 정도 버텨야 전국적으로 출세를 하는 것이지, 출세, 그저 줄만 잡고 굽신굽신 윗줄만 따라가면 쉽게 되는 줄 아나? 그런 줄은 줄도 아니고 걍 보통 지천으로 깔려있는 썩은 새끼대이야! 글구 운도 아주 좋아야지.

한번은 중앙부처에서 총무과장으로 누군가가 내려왔다. 총무과가 원래 인사업무를 주관하는 부서인데 인사업무라는게 사실 별로 바쁜 일도 없고 일 만들 일도 없었다. 근데 이상하게 그 총무과장이 있는 동안에 엄청 많은 직원이 타 외부기관에서 전입을 해왔다. 보통은 중앙에서 총무과장이 내려오면 조용히 관리만 하다가 고대하던 중앙부서로 가는 것이 상례인데 이 과장은 별스럽게 타 기관에서 많은 직원을 전입시켜서 왜 그런지 많은 직원들이 궁금하게 생각했다. 그러나마나 얼마후 이 총무과장은 정말로 중앙부처의 총무과장으로 대영전을 해가서 실세 중의 실세임을 여실히 입증하였다. 그 정도면 차기 승진순위는 1위인 핵심중의 핵심요직인 것이다.

근데 가자마자 어쩌랴? 얼마 안되어 하루밤은 최고안보권력기관에서 보안감사가 와서 총무과장의 금고를 열었는데 아주 뜻밖에 양주가 나온 것이다. 그 감사가 엄중한 보안감사이니 당장 시범케스로 사표를 쓰고 꼽다시 옷벗게 되었다. 당시 양담배 보다 더 금기시되는 양주가 전체 직원의 공직기강을 철저히 확립해야할 중앙부처 총무과장의 바로 본인 금고에서 하필 왜 나왔을까? 왜? 왜? 화이? 이게 운인가? 아니면 부주의인가? 단순실수인가? 아니면 보안해태인가? 문자그대로 공직기강해이인가? 그저 타성에 젖었나? 아니면 오만인가? 오만 증후군이야? 아니면 설마가 사람 잡았는가? 설마가 사람 잡았겠지. 예를 들어 책상 밑에서만 나왔어도 어떻게 해보겠는데 양주가 술 중의 술인데 보안상 주요서류를 보관하는 본인 금고에서 바로 나왔으니 입이 열 개있어도 할 말이 없었다. 캐비넬에서만 나왔어도 어떻게 해보겠는데 하고 장탄식을 하지 않겠는가? 그러나 경험칙상 이런 사람은 그러고 나와도 눈도 깜박 안 한다.

사람들은 이런저런 고색창연한 목적을 얘기한다. 그러나 어떤 목적이든 간에 항상 생각해야할 말이 있다.

"목적이 수단을 정당화할 수는 없다."

『3국지』의 간웅 조조(155~220)가 말했다.
"천하가 나를 배신하기 전에 내가 먼저 천하를 배신하겠다."(나의 의역).
"寧教我負天下人, 休教天下人負我.
내가 천하사람을 배신할지언정, 천하사람이 나를 배신하지는 못하게 하겠다."
나는 말한다.

"천하가 나를 배신하더라도 나는 결코 천하를 배신하지 않겠다."

출세란 무엇이며 인생이란 무엇일까? 1979년 그해는 10.26사건으로 한 해가 다 갔다. 근데 그 바로 한달하고 달포남짓이나 지났을

까? 어느 집에서 첫 제사날이었는데 첫 제사는 기제사라하여 더 숙
연한 분위기로 여러 사람이 추모객으로 모였다.

그런데 그 엄숙한 장소에서 유독 한 추모객이 박정희(1917~79)
대통령을 심하게 욕하였다. 근데 나는 왜 그러는지 영문을 몰랐다.
왜 남의 제사집, 그것도 기제사에 와서 서거한지 얼마 되지도 않는
대통령을 그렇게 심하게 목소리 높여 비방을 한단 말인가? 낮술이라
도 심하게 처먹고 정신이라도 나갔다는게야? 그리고 도대체 자기가
박 대통령하고 무슨 은원관계가 있다고 그런단 말인가? 평소 살아있
을 때는 전혀 그런 反朴表態(반박표태)는 꿈에라도 안 내는 것 같았
는데 서거하자 말자 이 무슨 일이란 말인가? 또 왜 여기서 뜬금없이
이런단 말인가? 그 기제사집이 박 대통령하고 아무 관련도 없는 것
이 당연한 사실인데 다 알면서 왜 이런단 말인가? 아무리 생각해도
이해가 안 되었다. 그리고 불의의 서거를 한지 채 달포도 되지 않은
데 그 언사가 너무 지나친 것 같아서 나는 고인에 대한 예의도 아니
고 또 더 숙연해야할 기제사집에 대한 상당한 결례라서 말리고자 온
건하게 말을 했다.

"그래도 박 대통령이 잘 한 점도 있죠."

그러자 그 말이 떨어지기가 무섭게 그 사람은 인상을 있는대로 다
구기고 시커멓게 해서 내게 다짜고짜 달려들었다.

"돈 무웃나?"(돈 먹었나?)

아니, 첫마디에 무대뽀로 돈 무웃나? 라니 이 무슨 영문인가? 도
대체 무슨 돈을 어떻게 먹는단 말인가? 그것도 대통령의 돈을 내가
어떻게 먹는단 말인가? 진들 어떻게 먹는단 말인가? 못 먹는 돈을
찔러나 보나? 남의 기제사집에 와서 이게 무슨 행패란 말인가? 그저

생각하는 것은 그것밖에 없는 사람인 것 같았다. 그래서 데면데면 제사를 마쳤고 그후로도 별로 각별하게 지내지는 못 한 것 같다 는 것이 솔직한 나의 심정이다.

그러나 무정한 세월은 그러든지말든지 흘러흘러 무려 30여년도 더 넘는 세월이 훌쩍 흘렀다. 이번에는 그 사람의 아들이 박근혜 (1952~) 대통령을 핵심요직에서 모시면서 우리나라 최고의 권부에 서 일하게 되었다. 대단하지, 그러나 나는 대학교에 있으니 앞으로 그가 고향에서 정치적으로 대성하기만을 바라고 축하하는 마음은 가졌으나 내가 관심가질 일이 별반 없었고 그저 다 잘 되기만을 바랬다. 그리고 나도 평소처럼 별달리 연락하지도 않았고 그쪽에서 당연히 연락이 올 일도 없었다. 다 내 코가 석자 아니겠는가?

그런데 그 무렵 이번에는 어느 집 병원장례식장에서 그 아버지를 다시 만나게 되었는데 여러 수많은 사람이 모인 엄숙한 추모의 장소에서 나를 보자말자 갑자기 40~50분을 입에 개거품을 물고 미친 듯이 침을 허옇게 내뿜으며 달려들었다. 욕 하는 것보다 침 튀기는 게 위생상 더럽게 더 안 좋아서 나는 이리저리 피하고자 하였으나 코 앞에서 마주앉아 악다구니를 퍼붓고 있으니 피하기도 어려웠다. 왜 그러는지 나로서는 전혀 이해할 수 없었고 말을 마칠 때까지 가만히 듣고 있으면서 기다리자 하였는데 끝이 없었다. 나는 밤에 막차시간이 바빠 결국 나왔는데 그래도 붙들고 욕을 더 하고 싶어 안달을 하였다.

무슨 일인가? 고인의 영정 앞에서 정숙하게 지내야할 남의 상가집인 병원장례식장에서 그 자리에 있던 상주와 많은 조문객은 밤에 또 무슨 봉변인가? 그 사람이 내게 이유없는 싸움을 걸며 남의 상가집

분위기를 또 이상하게 만들어 놓았다. 그러나 말리는 사람은 전혀 없었고 고인을 추모하러 온 조문객이 꿩장히 많았는데 대부분의 사람에 따라서는 눈치를 보며 그쪽에 완전히 동조하는 것 같았다. 그렇지 뭐, 정의고 사실관계고 나발이고 간에 퍼뜩 다 눈치까고 권력따라 가는 것 아니겠나?

내가 나오자 나를 배웅한다며 따라나온 또 다른 사람이 역시 제찍하게 폼 잡으며 티껍게 말했다.

"이 교수도 집안일 좀 해야죠!"

그래서 내가 말했다.

"니는 집안일을 뭐 했나?"

그러자 정신이 번쩍 든 그가 말했다.

"미안합니다."

그런데 내 앞에서는 미안하다고 했지만 들어가서는 또 같이 머리를 맞대고 나를 욕할 것이다. 잘 보일려면 그래야 되겠지. 날 욕한다고 그렇게 광분했고, 속으로 내 이미지를 저하시켰다고 쾌재를 부르겠지만, 다른 의도가 있는지는 더 생각해봐야 하겠지만, 그게 또 자기 얼굴에 침 뱉는 일 아니겠는가?

그런데 속절없는 시간은 금방금방 또 흘러갔고 이번에는 박근혜 대통령이 재임중에 파면되었다(2017. 3. 10. 금). 그러자 그 집안도 당장 쥐 죽은듯이 조용해졌다. 진작 그럴 일이지.

인생이란 무엇이며 대를 이어 출세란 무엇일까? 출세가 무슨 한풀이인가? 권력이 뭐 저거 밑에 들어와서 기라고 있나? 그게 남의 집 기제사나 상례보다 그렇게 더 주요한가? 평소 인덕을 베풀면 저절로 도와줄텐데 꼭 야비하게 슬픔에 찬 상주와 조문객이 뭐 병풍이라고 빌려서 병풍치기하나? 병풍치기도 뭐 술이라도 한 잔 사고 해야지, 아무 개연성도 없이 뜬금없이 남의 장례집 떡과 술, 조문객 본 김에 꼽사리 끼어 병풍치기하려고 하나? 그런 얄삽하고 비열한 협박이 통한다고 생각하나? 저들은 그 정도하면 개발에 땀 나도록 쫙쫙 기나?

애비는 남의 기제사집에서 내 앞에서 박정희 대통령을 입에 거품이 나도록 욕을 했는데 내가 말리자 내게도 개달려들 듯이 달려들었다. 이제 그 아들은 박근혜 대통령 휘하에서 핵심요직을 맡았는데, 그럼 됐는데, 이번에는 그 애비가 남의 상가집에서 나를 만나자 말자 또 내게 입에 개거품을 물고 죽자살자 달려들었다. 이 시대가 낳은 언발도 보통 언발은 아니지만 어쩌겠는가?

부조리극도 이런 부조리극이 있겠나만 옛날에는 부조리극도 많이 했는데 요새는 그런 말 자체도 사라졌다. 하도 세상이 부조리하니까 돈주고 연극으로 볼 것도 없다는 것인지? 이오네스코(1909~94) 극작가가 봤으면 『코뿔소2』를 쓰겠는가? 그게 아니고 이렇게 말하겠지, 나도 그 정도는 감당이 안되니 제발 이 교수가 말 한 김에 걍 써!

그런데 나는 생각해 보니 아주 이상도 하였다. 나는 박정희 대통령 부녀를 무척 존경하는데 두 분과 관련하여 내가 왜 이런 고초를 무단히 겪나? 그것도 꼭 弔事(조사)에서 그러니 이 무슨 희한한 전생의 인연이라도 있단 말인가? 그게 아니고 이생에서 무슨 권력투쟁이라도 할려고 하나? 무개연성으로 왜 내게?

사과는 애시당초 당최 없지만 그러니 나는 인간에 대한 깊은 측은지심으로 바라볼 수 밖에 없지 않은가?

그러니까 명절이나 제사, 장례가 미풍양속이라지만 그게 아니고 집안에 따라서는 만나면 집안사람끼리 머리 박터지게 싸우는 날이다. 싸워도 걍 싸우는게 아니고 죽을 판, 살 판, 이판사판 두 판지기로 격렬하게 싸우는데 헤어질 때는 두 번 다시 안 볼 것처럼 휑하니 다 내빼고는 그 다음에 또 아무 일 없다는 듯이 점잖게 만나지만, 속으로는 벼루고 벼루고 있다가 가족이 있는데서 다시 만나면 또 동네 시끄럽도록 죽자살자 싸운다.

내가 볼 때는 여성의 명절증후군도 다 핑계고 실제는 집안싸움이 꼴 보기 싫어서 제사를 반대하는 것 같다. 싸우지만 않고 가화만사성으로 화목하면 손목터널증후군이 어디 있겠나? 손목에 무슨 터널이 있다고 공연히 터널에 핑계되고 난리야?

근데 재밌는 것은 이를 집안싸움이라고 치부하는지 부끄러워서 그런지 절대 그런 일이 있다는 것을 쉬쉬하고 다 숨긴다는 것이다. "야, 야! 집안망신이야! 아무데도 가서 말하지마!" 하도 싸우니 싸우는 지도 모르고 평상적인 일이라고 생각하고 의식도 못하고 넘어가나?

그러니 해결책도 없고 이상행동을 계속 반복하는 것이다. 그런데 사실 별로 싸울 일도 아니고 들어보면 손위사람인 자기를 무시하는 듯해서 기분 나쁘다는 것, 부모를 내가 왜 모시느냐? 부모봉양비를 왜 내가 더 내느냐? 부모재산을 내가 더 타야지, 니가 왜 타겠다고 하느냐? 는 등 실제로는 합의만 잘 되면 싸울 일도 아닌 것이다. 근데 그게 합의가 잘 될 수 있는 일이냐 고?

실제 내가 살아보면 "말 한마디로 천량빚을 갚는다." 는 일이 많다. 무슨 말이냐? 하면 돈 때문에 머리 박터지게 싸운다는 것도 알고 보면 감정싸움이라는 것이다. "돈 땜에 이러는 게 아니고 가족간에 경우가 이러는게 아냐?" 하면서 머리 박터지게 싸우는데, 실제는 돈땜이지만, 꼭 그런 것만은 아니고, 가족땜도 아니고, 경우땜도 아니고, 명분땜도 아니고, 돈을 핑계로 감정땜에 그렇다는 것이다. 돈을 핑계로 머리 박터지게 싸우는데 그러면 그것을 잠재울 말 한마디가 뭐냐?

대체로 진솔한 사과 한마디와 사리적인 설득이 10년 원수도 마음을 풀어놓는데 그 사과 한마디와 합리적인 설득이 그렇게 어렵다는 것이다. 그러면 돈은 누가 버나? 결국 돈은 변호인이 다 버는 것이 아닐까? 한다.

그러니 세상에 합의 안되는 일이 어딨냐? 기회비용을 생각하며 살아가는 성숙한 집안이 되야하지. 10만원 더 받으려고 1천만원 비용 쓰고 시간쓰면 뭐 되나? 감정쌈하느라 인생이 안 아까워?

그리고 문제가 있으면 그때그때 만나거나 전화라도 해서 얘기하지 꼭 명절이나 제사에 만난 김에 싸우려고 1년을 벼루나? 그렇게 쌓아놓으면 정신건강에도 안 좋고 꼬치꼬치 감정을 꼬이게 해서 문제해결을 더 어렵게 한다. "내가 언제부터 생각했어, 이번에, 만난 김에, 말 난김에 이건 꼭 짚고 넘어가야겠어." 만난 김에 말하는 것이 아니고 만나서 여러 사람 앞에서 싸워서 꼼짝없이 항복을 단단히 받으려고 온갖 궁리를 다 해서 온다. '내가 이번에 가면 이것을 얘기해서 단단히 바로 잡아야겠어! 그러니 내가 먼저 말하면 니들 다 내 말에 따라 모두 달려들어! 가족이 한 목소리를 내야지. 그러니 내가 신호를 보내면 일사분란하게 모두 달려들어 물어뜯어! 이게 다 내잘 될려고 하는게 아니고 다 니들 위해서 하는 일이야!' 다 계획이 있는 것이다.

그러나 싸움은 상대가 있는 것이니 상대도 만만찮다. '아니, 형님은 그게 언제적 일인데 아직도 그런 말씀을 하세요! 그건 그때 박터지게 싸우고 난 뒤 다 끝난 문제예요! 끝난 문제!' 다 계획이 있으면 대책이 있는 것이다. 근데 그게 그렇게 끝난 문제가 맞기는 맞나? 미션완결? Mission Complete? Clear? 알쏭달쏭허네?

그게 무슨 말인냐? 하면 싸워서 해결하는 것은 하나는 해결하는데 다른 데서 더 큰 문제를 불러 일으킬 수 있다는 것이다. 복수주의인데 그러나 그걸 또 아는지라 다시는 못 달려들도록 밟는 김에 아주 콱마 밟아야한다는 것이다. 그러나 그게 되나? 이쪽도 다 아는 문젠데. 그러니 집안싸움도 한번 붙으면 끝이 없는 것이다. 그러니 내처럼 피하는게 상책이라는 것이다. 똥이 더러워서 피한다는게 아니고 집안싸움이라는 것도 세월이 지나면 다 해결이 되는 것이다. 피하고 안 싸우면 저절로 해결되는 수가 많은 것이다. 감정싸움이라는 것이 속성이 그렇고 세월이 약이지. 그런데 피하지 않으면 곤란한데 싸움 잘 하는 사람은 화해한다고 만나서는 또 싸운다.

"명절집안싸움 신드롬"을 문제제기한 것도 내 생각에는 내가 처음인 것 같다. 문제제기인지, 경험담인지.

출세, 관직, 배신, 음모, 뒷통수, 뒷다마, 야마씨, 죄면시, 외면시, 안면몰수, 욕설, 명문고, 명문여고, 쌍칼교복치마, 결혼운, 혼인복, 밥재이복, 남편복, 황혼이혼, 황혼사기, 자식도둑, 자식사기, 자식강도, 가정상담사, 피Fee, 달리는 가사상담실, 병풍치기, 명절집안싸움 신드롬, 남자의 야무진 꿈, 대통령의 꿈, 황혼이혼 안 당하는 꿈, 기도, 신이 주신 재능, 자신이 행한 재능, 모두 다 짧다면 짧은 인생의 어찌 할 수 없는 긴 인생사이다.

아, 아! 끝없는 인생사여! 끝없는 인생사여!

아, 아! 어찌할 수 없는 인간이여! 어찌할 수 없는 인간이여! (나도 포함해서, 당연 나도 포함해야지.).

사례토의

1. 청백리와 탁흑리와 사조직은? 어떤 관계가 있나? 인사권은? 어떤
   카르텔과 커넥션에 줄을 서야하나? 현실 회사에서 독야청정이
   가능하냐? 떼서리가 필요하나?

2. 출세에서 처덕, 장인장모덕, 처가덕은 어떠한가? 마누라찬스인
   가? 장인장모찬스인가? 덕을 보나? 사양하나? 개룡남이냐? 퐁퐁
   맨이냐?

3. 어떻게 해야 출세하나? 능력이냐? 운이냐? 마누라 덕이냐? 관직
   은? 재능은 신이 주시는 것인가? 자신의 노력인가? 왜 한꺼번에
   는 안주시는건가? 당신의 경우는? 다 받았는가? 근데 그게 까지
   야? 만족해? 아직 배 고파? 그게 아니고 배 아파?

4. 사이코패스는 멀리 있는게 아니고 바로 니 옆에 있다, 바로 니
   위에 있다, 바로 니 밑에 또아리를 틀고 있다, 믿나? 사패를 만났
   을 때는 어떻게 대처해야하나? 니는? 니는 니가 사패가 아니라는
   것을 무엇으로 증명할 수 있나? 니가 어렵게어렵게 입사한 회사
   의 사장부부가 사패라면 어떻게 할 것인가?
   야마씨는? 인과응보를 믿나? 아니면 유유상종인가? 서로서로 야
   마씨치다가 한 세월 가나?
   이강식 교수의 복수미학은 무엇인가?
   그걸 믿나? 콱마, 밟아야 하나?

5. 명문고와 명문고, 명문학벌을 존경하나? 왜 존경을 하고 왜 안
   하나?

6. 혼인복이라는게 있나? 없는 사람의 특징은 뭔가? 당신의 경우는?

솔까말은 결코 하지말고 그저 자신의 내면으로 성찰하라!

7. 밥재이와 바깥양반은 동상리몽인가? 동상동몽이 가능하냐?

8. 황혼이혼의 조건은? 여자의 한을 이해하나? 남자의 야망을 이해하나? 여자의 한과 남자의 야망은 어떤 비례관계인가?

9. 명절집안싸움 신드롬은 어떻게 생각하나? 원원은 뭐고 대책과 해결책은 무엇인가?

10. 기도는 효과가 있나? 없다고 생각하면 왜 그런가? 재능은 신이 주시는 것인가? 지 노력인가?

11. 이 사례가 출세와 재능과 마눌복과 인생을 이해하는데 도움이 되었냐? 그러니까 이 사례를 평가하라! 별로 도움이 안 되었다면 왜 안되었나? 도움이 안되었다면 될 때까지 계속 읽어 볼 의향이 있나?

자신을 야마씨치고 중앙부서로 전출해간 자의 그 이상한 야마씨행위를 전혀 내색하지 않고 왜 완전 덮어주었나?

회고록3강-아!출세!신이주시는재능!20201228월이ㆁ식

==

▌회고록 제4강, 사례연구Case Study ▌

백일장칠드런

이강식(시인)

내가 초등학교(국민학교) 2학년 때 이미 원고지를 내 자발적 의사로 내 용돈에서 자비로 구매하여 작문시간 수업에 참여하였고 3학년때 경주에서 개최되는 신라문화제 백일장에 참여하여 고등학고 3학년 때까지 거의 매년 빠지지 않고 백일장에 참여하였으니 내야말로 내가 이름붙인 백일장칠드런3)이라고 할 만하다. 그럴까? 그러나 전적은? 전적은 고1때 시부 가작 한번 하고는 끝이었다. 아쉬운가? 글쎄, 인생은 알 수 없는 것이다. 그걸 새삼 느끼는 것이 백일장칠드런이다. 나는 고1때의 가작을 아직도 영예로 생각하고 있으며 문예소년, 문학청년의 길을 한번도 잊은 적이 없었다. 문소, 문청을 이어

---

3) 원래 제목을 백일장키즈로 상정할 수 있는데 뉴키즈언더블락이 있어 아무래도 어감이 그렇고, 또 유행이 어느 정도 되어서 누군가가 영향력으로 키운 사람이라는 다른 뜻이 있는 것 같고, 백일장아이들로 하자니 서태지와아이들이 있어서 그쪽에서 신경을 쓰게 할 것 같았고, 그렇다고 백일장차일드로 하자니 로스차일드가문이 있어서 곤란할 것 같았다. 그래서 백일장칠드런으로 했으니 혜량을 바란다. 원래 차일드Child에 특정한 사상·시대의 강한 영향을 받은 사람, 자식, 후손이라는 뜻이 있으니(en.dict.naver), 칠드런Children이 그 뜻의 복수형으로 쓰였다고 보면 될 것이다. 그러나 여기서의 뜻은 백일장을 중심으로 문예활동을 하는 유소년소녀청소년소녀를 말하는데 고등학생이하를 지칭하며 대학생, 문청 등 어른은 제외한다.

그후 한결같이, 하루같이 달려온 햇수로 32년간의 경영학교수의 길을 명예롭게 조기퇴직하면서 다행이 이제 여유를 갖고 소설이나 시도 계속 쓸 생각이었다. 그러나 시간여유는 있고 학술은 계속 이어가고 있으나 문학활동은 이상하게 생각만큼 되지를 않고 결국 자극이 필요해서 등단을 하게 되었다.

내가 등단을 하니 비로소 지나간 시간이 다시 생각이 났다. 가작으로 입선하던 바로 그해 1973년 고1남학생인 내가 본 가을하늘 천고마비의 높고도 맑은 그날, 코스모스 한들거리는 신작로를 걸어 내가 신라문화제 전국백일장이 열리는 행사장인 계림숲-향교-내물왕릉 쪽으로 부푼 꿈을 안고 걸어가니 고1동기인 한 학생이 슬금슬금 눈치를 보며 도로 걸어나오는 것이었다. 그래서 나는 왜 도로 나오느냐? 고 급히 물으니 그 학생이 우물쭈물하며 그냥 간다는 것이었다. 그래서 내가 적극 만류하였다. 그때 문예부 지도교사는 시인인 서영수(1937~20) 선생이었는데 왜 이 학생을 출전자명단에 넣었는지가 궁금하기는 내 역시 마찬가지였다. 그 학생은 평소 문예에 관심이 있는 것으로 전혀 보이지 않았고 문예부활동을 한 것도 별로 기억이 나지 않는 학생이었기 때문이었다. 무엇보다 평소 어떤 문학적 관심이나 작품활동, 독서, 교류, 대화도 전혀 없었기 때문이었다. 그러나 시인인 교사가 작성한 출전명단에 들어 있으니 남모르는 뭔가가 있겠거니 하고 생각할 뿐이었다. 아마 교내백일장에서 어떤 입상한 경력이 있어서 뽑힌 것 같았는데 그렇게 기억이 나지 않았다. 그래서 나는 서영수 선생이 너를 특별히 생각해서 명단에 넣었는데 그냥 가면 어떡하느냐? 갈 때 가드라도 참여는 하고 가야지 라고 매우 만류하여 데리고 가다시피하여 행사장으로 갔다. 명단에 들어있으면 교비에서 인출한 참가비도 벌써 교사가 다 냈는 것이다. 그런데 교사 허락도 없이 몰래 간다는 것은 당시 고1이었던 내 상식으로나 일반학생의 상식으로는 전혀 이해할 수 없는 일이었다. 그래서 나는 문학에 별 소질이나 관심이 없어서 그냥 가려고 하나보다 라고 생각했지만 그래도 적극 말렸다. 바로 그때 내가 만나서 끌다시피하여 데리고 가지 않았다면 나와 그의 인생은 또 어떻게 달라졌고 세상은 또 어떻게 달라졌을까?

그런데 그는 왜 갈려고 했을까? 지금 생각해 보면 보나마나 땡땡이치려고 했을 것이다. 혼자 치려고 했는지 또 다른 군달이 있었는지는 모르겠으나 그때 백일장은 수업이 있는 날 했기 때문에 백일장에 참석하면 수업을 빼주는 특전 아닌 특전이 있었는데 학생이 수업에 빠진다는 것은 당시로서는 최대의 특혜였다. 따라서 옆길로 새면 그날이야말로 최고로 재수 좋은 하루였다.

그런데 막상 백일장 내에 들어가서는 그 학생을 다시 보지 못하였다. 그런데 결과는? 놀랍게도 그 학생은 시를 써서 무려 국무총리상을 받았다. 나는 가작이었다. 그리고 더 놀라운 일은 경주에 있는 어떤 여자고등학교 2학년 학생이 산문을 써서 무려 대통령상을 받았다. 큰 상은 일반부, 대학부, 고등부, 중등부, 초등부 중에서 부를 가리지 않고 가장 잘 쓰는 작품에 주는데 일반부, 대학부 아닌 남녀고교생이 전국백일장에서 대통령상, 국무총리상을 다 휩쓸었다는 것은 굉장히 이례적인 일이고, 당장 경주시내 식자층뿐만 아니라 전국 문단이 떠들썩할 정도로 오래동안 화제를 모았다. 더욱이 대통령상이나 국무총리상을 받으면 대학에 따라서는 국어국문학과나 문예창

작학과 입학에 무시험합격이나 무시험합격과 다름없는 상당한 가산점 특전이 주어질 뿐만아니라 그것도 4년간 전면장학생으로 무시험합격도 가능하였다. 대학에 들어가기 무척 힘든 당시로서는 특전도 보통 특전이 아니었고 4년간 전면장학생도 시골학생으로서는 엄청난 혜택 중의 혜택이었다.

나로서는 기이하지만 내가 거의 강제로 데리고 간 동기학생이 국무총리상을 받았고 나는 가작을 받았으니 그저 다행으로만 생각하였다. 그러나 이 일은 지금까지 절대 입 밖에 내지 않았다. 무슨 비화라고 그걸 얘기하겠는가? 나는 절대 비밀 아닌 비밀로 하였고 당사자에게도, 교사에게도, 주변에도 절대 공치사 비슷한 소리도 하지 않고 비밀을 지켰다. 무엇보다 그 학생도 전혀 그런 기색을 내비치지 않았고 오히려 나를 보면 입조심하고 슬슬 피하는 것 같았다. 그리고 고2 여학생도 대통령상을 받고, 그리고 동기도 국무총리상을 받을 만큼 글은 다 잘 씌여져 있었기 때문에 이제 훌륭한 문인이 되어 문학이 발전하기만을 바랬다.

그리고 그때는 당선자 발표하고 난 뒤 저녁에 당시 성행한 문학의 밤이 시내 문화고강당에서 아주 성황리에 열렸는데, 박목월(1915~78) 시인이 그 자리에서 초등부 6학년 학생이 동시를 아주 잘 썼다고 입이 마르도록 극찬을 다하였다. 아마 초등부 동시1등을 하였는 것 같다. 그리고 과연 초등학생이 동시도 잘 썼다. 칭찬을 받을 만큼 전혀 어른 못지 않았다. 그리고 박목월 시인이 그 초등6학년생을 시켜 대중 앞에 나와서 동시낭송을 하게까지 하였다. 내노라하는 중앙지방문단인사와 언론에서 입추의 여지도 없이 **빽빽**이 모인 당시 크다란 문화고강당에서 초6학생이 동시낭송도 아주 잘 했다.

앞으로 한국시단을 이끌고 나갈 동량지재인 듯이 박목월 시인이 직접 마이크를 그 애 입 가까이 당겨주라고 급히 밑의 사람을 시켜 챙겨주기까지 하였다. 왜 어린이 동시에 박목월 시인이 필이 팍 꽂혔을까? 원점회귀인가? 뭐 다 이유가 있겠지. 인생이 원래 나이가 들고 어렵거나 좋은 일이 있을수록 수구초심이 아니겠나? 글구 뭐 자기가 잘하는 것에 흥미를 가지면 직업이 된다, 그게 이건가?

그해 가을 박목월 시인의 위세는 더욱 대단하였는데, 고1인 내가 우선 보기에도 수많은 중앙문단인사를 서울에서부터 몰고 다녔다. 그 전에는 와도 그저 조용히 왔다 가는 정도여서 왔다갔는지도 잘 기억에 없다. 그런데 그런 박목월 시인이 상찬하였으니 그 초6남학생은 장미빛 미래가 벌써부터 훤언하게 보이는 듯하였다.

그리고 박목월 시인의 추천으로 문단에 등단한 서영수 선생은 건천 태생이고 박목월은 건천 행정구역 안에 있는, 비록 모량 출생은 아니지만, 아주 어릴 때부터 모량에서 살다가 대구로, 서울로 갔으므로 모량이 언필칭 고향인 박목월의 고향에 있는 직계라면 직계였다. 서영수 선생이 상당히 목에 힘줄만도 하였지만 그러나 박목월 시인은 전혀 쳐다보지도 않았고 관심도 없는 것으로 보였고 무엇보다 둘러싸인 사람들을 뚫고 박목월 시인 근처에 얼씬도 못하고 가까이 서 있지도 못하고 멀리 안 보이는 곳에서 공손히 서서 숨도 못쉬고 있다가 하시라도 부른다면 누구보다 빨리 달려갈 듯이 눈치보며 표정관리를 하면서 항상 어디선가 긴장하며 대기하고 있는 것 같았다.

그러나 그 하찮은 캐릭터도 치열한 삶의 현장이고 그들에게는 결코 물러설 수 없는 사선(Deadline)이었다. 박목월 시인을 둘러싸고 서울에서 내려와 굳게 방어막을 치고 정색을 하고 있지만 끊임없이 박목월 시인의 눈치보고 있는 인사들도, 인싸? 핵인싸? 아마 중앙문단에서는 다 내노라 하는 사람들인 것 같았는데 그들부터가 서영수 선생을 그저 얼굴도 모르는 젊은 심부름꾼 정도로도 안 여기는 듯하였으니 정작 목에 힘을 팍팍 주고 있는 박목월 시인의 문단권력은 어떠했겠는가? 들리는 소문으로는 벌써 아주 높은 자리 어쩌고저쩌고 하였고 지역에서도 유달리 그해 박목월이 오자마자 당장 떠들썩하고 대단한 화제였다. 나중에 왜 그랬나 하고 생각해보니 1972년 10월 17일 화욜이 10월유신일이었고 1973년 바로 그해가 바로 10월유신 1차년도가 아니었던가? 권력은 권력있는 자가 더 무서워 한다지 않는가? 그것도 지방에서야 더 말할 것이 있겠는가? 더욱이 고향인 경주에서야 더 말할 게 있겠는가?

나는 그후 1975년 고3때 박목월 시인에게 시집에 사인을 해달라고 해서 서명을 받았다. 이는 이미 기술한 바도 있으므로 줄이고 차후 기회가 되면 다시 얘기하도록 하겠다.

그러나 당시 고향경주에서도 박목월을 대놓고 반대하는 사람도 많지는 않았지만 반드시 있기는 있었다. 박목월 시인이 시비를 황성공원에 건립하였는데 들리는 소문에는 어떤 시인이 제자들에게 뒤로 돈을 주고 자기 시비를 만들라고 시켰다 고 하며 비판하는 사람도 있었다. 시비를 만들 때도 사람이 살아있을 때는 동상이나 기념비를 만들지 않는다며 상당히 반대하는 사람도 있었다. 일단 수업시간에 교사들부터 반대하는 바였고 고교생 중에서도 반대하는 학생이 있었다.

그런데 박목월 시인의 반대파도 지역에서 만만찮게 있었는 가장 큰 이유는 일단 역시 박목월 시인이 고향을 위해서는 아무 일도 한 게 없기 때문일 것으로 본다. 뿐만 아니라 향토색 짙은 작품을 썼다고는 하지만 무늬만 신라경주가 고향이고, 그리고 신라경주와 무슨 관계가 있는 듯이 코스프레하고 업고 위장만 하고 잇속만 챙겼지, 詩作(시작)에서 보면 신라경주문화에 대해서는 전혀 문외한이었다. 박혁거세(-69~4) 거서간이 누군지나 아는지 모르겠고, 알기야 알겠지, 詩作(시작)으로 보면, 경주박물관이나 한번 가봤는지 알 수가 없다. 이 점은 이상하게 서영수 시인도 마찬가지였다.

지금도 신라경주하면 박목월을 떠올리는 사람이 많겠지만, 1948년 정부수립후 일찍 경주를 떠나고는 경주하고는 별로 상관이 없는 인물이다. 경주에서 시작활동의 대상이 된 특별히 기념할 만한 명소도 거의 없는 인물이다. 그러니 경주에서 시비 세울만한 별다른 기념비적인 장소도 찾기 어려운 인물이다. 물론 우리나라 시단에 대해서는 많은 공로를 남겼고 그 부분은 평가를 잘 받겠지만 신라경주로서는 나부터 평가하기가 매우 의문의 인물이다.

김동리(1913~95) 소설가도 경주출신이라고 널리 알려져 있고 향토색 짙은 작품을 썼다지만 작품은 『무녀도』(1936, 1947) 단편 하나 빼놓고는 그렇게 신라경주를 대상으로 한 것이 별로 없다는 것이 내 생각이다. 그리고 『무녀도』도 무대만 경주이지 신라경주정신하고는 그렇게 관련이 없다고 본다. 무녀와 기독교의 갈등이 신라경주정신하고 무슨 상관이 있나? 물론물론 내 말은 작품 자체는 수작이라고 하더라도 신라경주역사정신하고는 별로 관계가 없다는 것이다.

『무녀도』의 문학현장은 김동리 소설가의 집을 나가면 바로 그 얼마 옆에 있는 서천 예기청소이다. 그래서 아마 어릴 때 보고 들은 것을 갖고 썼을 것이다. 꼭히 경주출신이 아니라하더라도 우리나라 1급 시인소설가가 신라경주에 대해서 그렇게 문학작품으로 할 말이 없단 말인가? 알고 보면 이게 도대체 실화란 말인가? 그런데도 신라경주를 대표하는 시인소설가로 알고 있으니 이게 도대체 실화란 말인가?

그러나 『무녀도』 소설 자체는 아주 빼어나니 경주 금장대 예기소 서천변에 '『무녀도』 문학공원'을 아름답게 만들면 문학기행도 되고 아주 뜻 깊을 것이다. 그리고 김동리 생가도 그렇고 모화도 그런데 이 3장소를 연결하면 문화마케팅이 확실히 될 것이다. 그래도 김동리는 『무녀도』 문학현장 하나는 아주 기념비적으로 뜻 깊게 남겼다. 샤마니즘과 기독교의 문명사적 뜻을 살리는 것은 역시 우리의 몫이다.

김동리 소설가가 또 서영수 시인의 호 東田(동전)을 지어주었다. 이상하게 東(동)자를 넣어서 신라경주와 무슨 관계가 있는 듯이 폼만 무쟈게 잡았다. 그리고 『무녀도』를 장편으로 개작을 하여 『을화』(1978)로 제목을 붙였는데 걍 『모화』라고 했으면 정말 향토색이 더 살고 문학기행이 더 잘 될 것이 아닌가? 김동리 소설가 역시 무슨 이유로 소설을 썼는지 잘 알 수가 없다. 쓰다 보니 잘 쓰게 되었나? 그런 사람도 많지.

그런데 신라에 대해서는 오히려 서정주(1915~2000) 시인이 비교적 신라사에 정통한 9편의 시를 5.16군사혁명 직후인 1961년 12월 25일 시집 『新羅抄(신라초)』(1961, 1960?)의 제1부 「신라초」에 편수하여 남겼는데 이중 7편은 5.16군사혁명 이전인 1957~8년에 발표하였다. 그리고 시집 『신라초』에는 모두 42편의 시가 실려 있는데 이 중 신라시9편을 제일 앞인 제1부 「신라초」에 실었고 이외에도 신라를 언급한 시가 있다. 이렇게 시작상으로만 보면 서정주 시인이 오히려 신라경주를 대표하는 시인이 아닌가? 나는 이 부분은 높이 평가하여 앞으로 더 연구해야 한다 고 본다.

서정주 시인은 26년 후인 1987년 제22회 5.16민족상을 수상하였다. 왠 1987년? 그리고 일반이나 시단에는 전혀 안 알려져 있지만 서정주 시비가 경주에도 1곳 있다. 서정주 시인이 또 서영수 시인의 직접 교수였는데 서영수 시인은 한번도 이를 내색하지 않고 입도 벙긋하지 않았다. 왜 이런 일들이 생겼을까? 이 부분들은 나로서는 이해할 수 없고 깊이 애석한 일이다.

그러면 시인이 꼭 고향을 노래해야 하나? 나는 시인이라면 응당 그렇게 해야 한다고 본다. 안 그러면 누가 하나? 일단 고향사람이 좋은 시나 소설로써 끌고 나가야지. 그러니 박목월이나 김동리도 알고 보면 고향 신라경주역사나 문화에 대해서는 거의 몰랐고 우선 무엇보다도 쓴 게 없다. 물론 배운 바가 없으므로 그렇기도 하겠지만 그럴 생각도 능력도 없었겠지만, 한자나 한문은 당연히 알아야 하고, 『3국사』와 『3국유사』 등은 무슨 인문학을 하더라도 기본 교과서이고 『고려사』, 『조선왕조실록』, 『신증동국여지승람』은 쉽게 찾을 수 있어야하고, 경우에 따라서는 영어, 일어, 독어, 프랑스어, 산스크리트어, 라틴어 등도 알아야 하고 불교, 유교, 도교, 기독교 등등도 알아야 하는데, 그것은 매우 아쉽기는 하나, 그러나 물론 꼭 강요할 수는 없는 것이다. 일본시나 배구(하이쿠)는 읽었을 것이다.

물론 이는 내가 과장해서 한 얘기고 실제로는 옥편을 두고 한시와 한문을 읽거나 영어사전을 두고 영시나 영어소설을 읽는 정도는 돼야 할 것이다. 그런데 그렇게는 안 되고 선배시인들이 표절 또는 자기 표절이나 하고 새로운 시도는 하지 않고 계속 울과 먹기나 하니 후배들도 새로운 시도를 하지 않고 문학은 자꾸 말라가고 있다. 서정주 시인이 말년에 기억력을 유지하기 위해 외국산이름을 1천개씩 외운다고 자랑을 하였는데 나로서는 왜 그런 쓸데없는 일을 하는지 알 수가 없다. 그게 시 쓰는데 무슨 도움이 되나?

그것보다 우리 시, 한시, 영미시를 하나라도 더 외우는 것이 도움이 되지 않겠나? 그리고 후배들도 그것을 보고 벤치마킹하지 않겠나? 외국산이름 외우는 것을 보고 따라할 후배가 누가 있겠는가?

그런데 나는 살아있을 때 동상이나 기념비를 만들지 않는다 는 말을 그렇게 신봉하지는 않는다. 그렇게 하면 한이 없다.

그리고 시비도 만들 때는 제법 시끌법쩍했지만 지금은 박목월 시인의 시비가 어디 있는지 중앙문인도 지방사람도, 지방문단에서도, 추천받은 제자도, 추천받고 싶어했던 그 많던 제자지망생도, 극찬을 받았던 백일장칠드런 등등도 모두 까맣게 잊고 있다. 초기 한 때는 그 앞에서 무슨 백일장도 했던 것으로 기억이 난다. 오히려 내가 한번씩 황성공원을 갈 때, 생각을 내서 가끔 찾아가 보는데 안내판도 없고 사람도 잘 안 가기 때문에 길도 애매하여 찾기도 상당히 어렵고 갈 때마다 한참 찾아야 한다. 그러니 난들 자주 가겠는가? 황성공원에 가도 생각 자체가 안날 때가 대부분이다.

근데 황성공원이 박목월 시인하고 뭔 관계가 있나? 박목월은 어릴 때 모량에서 살았는데 경주시내 북쪽, 북천 너머 황성공원하고 뭔

관련이 있나? 동시라도 있나? 어릴 때 와 본적이라도 있겠는가? 있다면 있겠지.

한 때 정지용(1902~50) 시인이 『문장』(1940. 9)에서 "북에는 소월이 있었거니, 남에는 박목월이 날만하다." 라고까지 하지 않았던가? 무척 지방민으로서 자랑이지만 동시에 아쉬운 일이다. 그러나 난들 어쩌랴? 나도 내 코가 석자인데, 이 정도 소개해 주는 것만 해도 나도 고향선배라면 고향선배에게 최선을 다하는 것이라고 볼 수 있다. 지금은 있는 줄도 모르는 잊어도 전혀 잊혀져버린 황성공원 박목월 시비가 되었다. 비석은 과연 현존하는가? 과연 현존했는가?

그런데 그 옆에 김동리 문학비도 있고 2021년 제자 서영수 시인의 시비가 그 옆에 섰다. 이제라도 비석들이 존재할 것인가? 과연 존재할까? "존재의 참을 수 없는 가벼움들"인가? 일단 지방민의 사랑부터 받는 시비가 되어야 할 것이지만 지 고향, 지 나라도 찬양 안하면서 설마 자기 시비만 찬양 받기를 바라는 것은 아니겠지.

그리고 박목월의 『경상도의 가랑잎』(1968)이라는 시집이 육영수(1925~74) 영부인의 후원으로 발행됐는데 여기에는 박목월 시인의 건의가 있었고 그 외에도 30여명 정도의 많은 시인이 혜택을 보았다. 평생 시집 한권 없던 시인이 많았는데 그만큼이나 시집을 냈다면 시단을 위해서 큰 공로라고 할 만하다. 과연 그 시집이 돈이 되었던가? 돈이 되어야만 하나?

그런데 내가 보기에는 『경상도의 가랑잎』도 겉으로만 그럴 듯하게 보이지, 알고 보면 매우 애매한 소리다. 가랑잎이 경상도에만 있나? 가랑잎이 경상도정서와 무슨 상관이 있나? 제목에 경상도를 넣을 만큼 내용이 경상도정서를 뒷받침하는가? 다 의도를 알 수 없는 요상한 소리다.

그리고 박목월 시인이 건전가요도 심사하였고, 기업의 광고도 심사한 적이 있다. 그리고 1973년 10월에 『심상』을 창간하였는데 그것도 생각해보면 다 이유가 있는 일이었다. 물 들어올 때 노 저어야지, 이때 한 건해도 단단히 해야 하는 것이다. 그 시전문잡지에는 희귀하게 전혀 뜻밖에 대기업의 광고가 많이 실리고 원고료도 원고를 내면서 바로 받는다는 소문이 자자하였는데 지금보면 다 이유가 있는 일이었다. 육영수 영부인의 사후 또 많은 변화가 있었다.

김동리 소설가, 박목월 시인이 물론 문학사에서 많은 공로가 있으나 그것은 물론 높이 평가해야하지만 신라경주로서는 문학적으로 별로 평가할게 없다는 것이 나의 학설이다.

박목월 시인은 1959년 4월 한양대학교 교수가 되었다 하나 그 당시는 기록이 명확하지 않은데 정규교수는 아닌 것 같고, 다르게는 5.16군사혁명 그해인 1961년 한양대학교 교수가 되었다 는 기록도 있고, 1962년 교수가 되었다는 기록도 있다. 지금은 전혀 그렇지 않겠으나 그 당시 사립대학행정이 무슨 떠리가 있나? 당시로서는 5년제 중학교, 지금으로 치면 고등학교를 2년하고 졸업한 학력으로 교수가 되었는데, 정확하게 말하면 고2재학했는 학력인데, 중고5학년 다닌 학력으로 청록파시인 경력하나로 교수가 되었으며 박사학위는 당연히 없고 명예박사학위는 받았다. 물론 시인이야 꼭 학력이나 박사학위가 없어도 된다하나 다른 사람에게 비해 이례적인 것은 사실이다.

박남수(1918~94) 시인은 일본 중앙(주오)대학교를 졸업했는데, 교수를 하려고 누군가에 물으니 한 10년 시간강사를 하면 된다 는 말을 듣고 한양대 국문학과 등에서 시간강사를 진짜 10년을 했는데 결국 교수가 안 되어 1975년 미국이민을 갔다. 이때 박목월 시인이 공항에 가서 배웅을 하였다.

그리고 박목월 시인은 1963년 11월부터 육영수 영부인의 문학가 정교사의 역할을 한 것으로 알려지고 있는데 이런 년도는 항시 이런 기록의 특성상 명확하게 특정한다고 보기는 어려우나, 한가지 분명한 것은 가정교사를 하려면 네임벨류상 교수가 되고 난 후에라야 할 수 있을 것이다.

그런데 박정희(1917~79) 대통령은 1961년 5.16군사혁명 직후 곧바로 시인, 지식인, 교수, 등등 다양한 자문단을 구성했는데 육영수 영부인이 1963년에 문학가정교사를 뒀다는 것은 아무래도 조금 늦다는 느낌이 있다. 그후 박목월 시인이 경주를 방문한 1973년은 10월유신 1차년도로서 그 위세가 최절정기에 달할 때였다. 아마 그래서 평소 잘 안 오던 경주로 온 것인가? 암, 물들어 올 때 노저야지.

그리고 당장 그후 1975년 다음 해부터는 박목월 시인이 경주에 왔다 갔다는 소리소문도 없이 갑자기 휙 사라져 버린 것같다. 1976년이면 육영수 영부인의 전기를 다 쓴 후였는데 왜 그랬나 하고 이상해서 상당히 나중에 가만히 생각해 보니 육영수 영부인 시해후, 전기 발간후 곧장 문단권력의 후원자를 잃고 경주에 오는 것도 시들해 진 것 같다.

근데 박정희 대통령이 시해되기 1년전인 1978년에 죽었으니 그것도 어떤 의미로서는 기이한 일이다. 어쨌든 5.16군사혁명과 10월유신의 인문학분야에서 최대의 수혜자 중의 한 사람이다, 행운인가? 과연 박목월 시인이 그의 출세작 「나그네」(1946)처럼 살았던가? 또

「산이 날 에워싸고」(1946)처럼 산에 둘러싸여 씨나 뿌리며 살았던 가? 살려고나 했던가?

　나는 생각한다. 태어나서 평생 흙만 파고 농사 짓고 그저 막걸리 한모금 마시다가 산에 둘러싸여 씨나 뿌리면서 살다가 죽은 농부가 행복한가? 아니면 군사혁명으로 권력을 잡아 18년간을 무소불위의 권력을 휘두르다가 시벗 리갈(Chivas Regal)을 마시면서 그렇게 믿고 티박을 주었던 부하에게 배신당하고 시해당해 죽은 대통령이 그래도 영광인가? 아니면 영부인의 치마자락에 딱 달라붙어 평생을 청록파시인으로 고고한 것처럼 살면서 산에 에워싸여 씨나 뿌리면서 사는 척 헐리웃 액션을 하고 16년을 문화권력을 최고로 휘두르면서 자기 체제를 구축하고 나름 편안하게 죽은 것이 나은가? 당장 알기는 어렵지만 그러나 역사는 반드시 그 공과를 똑똑히 기억하리라, 죄는 죄대로 물은 물대로 흐른다는 것을.

　사실 아쉽기는 박목월 시인이 더 오래오래 살아 박정희 대통령의 제대로 된 전기도 써줘야 하는데 역사는 결코 그렇게 흐르지 않았다. 왜? 왜? Why? 그렇다고 내가 써주기도 애매하고 박정희 대통령으로서는 매우 아쉬운 일이다. 그렇게 물심양면으로 15년을 키워 줬는데 권력만 따먹고 그렇게 가버리다니, 이거 참 아쉽지 않은가? 물론 영부인의 전기는 써줬으니 반분은 풀었다고 하겠지만 정작 박정희 대통령의 전기는 물 건너 갔으니 그렇게 밀어준 당사자로서는 알고 보면 아쉽기 짝이 없는 일일 것이다.

　이대로 박정희 대통령의 공과는 방치되고 말 것인가? 그러나 역사의 섭리가 있으므로 반드시 공과를 기록할 것이다. 어찌 보면 지금은 아직도 숨고르기를 하는 것 같다. 내게는 아직 시기가 성숙하지 않았다는 뜻으로 보이는데 더 기다려야 하나? 그러면 언제? 정 안되면 내라도 써주면 좋은데 그러나 지금 내 코가 석자인데 누가 누구 전기를 써준단 말인가?

그러나 세상일은 그렇게 쉽지 않다. 박정희 대통령 시해 후 박목월 시인이 살아있었다 하더라도 그 전기를 써줬을 가능성은 거의거의 희박하다. 정승 집 개가 죽으면 열 일을 제치고 당장 문상을 가지만 정작 정승이 죽으면 누가 문상을 가겠는가? 안 갈 확률이 매우 높다. 더욱이 청록파 시인 박목월이 박정희 대통령 전기를 써준다? 가능성은 매우 희박하다. 오히려 모른 척하고 피했을 가능성이 더 높을 것이다.

알고 보면 나도 피해자다, 내가 손해를 더 봤다, 나는 사실 그 사람들 잘 몰라, 나는 아무 것도 아니고 뒤에 숨어서 진짜진짜 큰 잇속 챙긴 사람은 따로 있어, 이렇게 피해자 코스프레(Costume Play)를 했을까?

물론 말년에 편찮았으니 살아있어도 그걸 핑계댔을 수도 있을 것이다. 아무튼 안 쓸 것이라는데 한 표를 던진다. 이유가 있기는 있겠지.

차라리 박정희 대통령이 오래 살아서 자서전을 썼으면 더 좋았을 것이다. 박정희 대통령 성격상, 명석한 기억상, 그리고 공부한 환경상 자료도 꽤 모아 놨을텐데, 아쉬운 마음 매우 금할 길 없다.

근데 알고 보면 또 기이한 일이 많다. 박목월 시인이 육영수 여사의 공식적이나 다름없는 전기, 『육영수여사』(1976)를 썼는데 자기가 길러서 잘 키운 수많은 제자들보다도 이상하게 박재삼(1933~97) 시인을 2년간이나 끌어들여 이를 작성하였다. 나름 1급시인 2

명이 2년간이나 걸려서 썼는데 보조인력이 더 있었을 것이다. 글고 지금은 그 책을 보기도 어렵고 기억하는 사람도 거의 없다. 사실 나온지도 모르고 사장되었다. 1급시인 2명이 뭘 썼나? 그러나 이 때문에 박재삼 시인이 썼다는 것만 남고 책에 자기 이름도 못 올렸는데도 그후로 지금까지 계속해서 상당한 곤욕을 치루고 있는데 이 역시 이해하기는 곤란한 일이다. 이름도 안 올렸고 사람들이 읽지도 못했는데 뭘 비난하나?

그런데 박재삼 시인은 문단권력파와, 그리고 세속권력파와도 상당히 통하는 문단인사로 알려져 있었는데 알고 보니 다 이유가 있는 것이었다. 나는 누구나 자신의 재능을 발휘하는 것은 좋으나 그렇게 하고 싶으면 문인이면 지 이름으로 공개적으로 하는 것이 좋고 정상적인 문단활동을 통해 하는 것이 좋다는 것을 강조하며 뒤에서 이리저리 자주 휩쓸리면 기회주의자란 소리를 듣고 엄청난 반대급부를 받았다는 소문에나 휩쓸리고 자신의 분신같은 창작품 마저 진심을 의심받고 끝에 가서는 이쪽저쪽 어느 쪽에서나 더 이상 거론조차 안 되고 쎄게 우섭게 보고 아예 모른 척한다는 것이다.

지 쌔끼 키워도 배신 당하는데 누가 임시로 꿔다 온 자를 뭘 믿고 밀어주겠는가? 암, 기회주의자는 단물만 쪽쪽 빨아먹히다가 단물 떨어지면 곧바로 가는 거지. 암, 지가 가는 게 아니라 곧바로 보내는 거지. 암, 권력의 세계에서는 어림도 없는 일이지. 그러니까 온갖 감언이설과 이상한 말빨, 겉으로 화려하게 보이는 말도 안 되는 반대급부에 속으면 안 되지.

그러면 박재삼 시인이 박정희 대통령 전기를 썼을 가능성은 없었을까? 어쨌든 안 썼지, 왜? 이래저래 쓸 재비가 아니니까. 문인이 하면 지 이름으로 하지, 꼭 남에게 꼽사리끼어 뒤에서 얼찐거리며 한다는 것은 전형적인 줏대없는 기회주의자로 보일 수 있어 별로 바람직하지 않다. 그러니까 안쓰고 또 못 쓰지.

근데 조금 애매한 문제이기는 하지만 박목월 자신도 자서전이나 전기를 남기지 안하거나 못하고 있다. 그렇게 말 잘하는 문인이고 키워둔 후배나 제자들도 쌔고 쌨는데 항상 사람이 지 머리는 지가 못 깍나? 문인들이 항용 남의 것은 안 써주는 척하면서 잘도 써주면서 왜 그런지 모르겠다, 다 이유가 있겠지. 흔히 사람들이 중이 지 머리 지가 못 깍는다고 말하는데 그러면 다른 일반인은 지 머리 지가 깍나? 사돈 남 말하는 것은 디게 좋아하지. 그러니 알고 보면 문인이 회고록이나 자서전을 쓴 사람은 극히 희박하다는 것이다. 글재이가 왜 지 머리는 안/못 깍나? 왜? 왜 자기는 감추고 꼭 남을 들추나?

그래도 내가 박목월 시인을 위해 한가지 변호를 해준다면 박목월의 「나그네」(1946.4.『상아탑』)가 표절시비에도 휘말렸는데 그러나 원시를 보면 제목 밑에 〈------술 익는 강마을의 저녁 노을이어------芝薰〉이라고 조지훈(1920~68) 시 「완화삼」(1946)의 영향받은 것을 밝혀 놓았기 때문에 그렇게 까지 볼 것은 아니라고 본다. 그러니까 박목월의 포괄적 주장은 요 시는 조지훈 시에서 직접적으로 인용한 것과 우라까이로 이루어졌는데 구체적인것은 침묵을 지키겠다는 것으로 보인다. 즉 우정이라는 이름으로 덮겠다는 것이다. 앞으로 이 부제 부분을 항상 빠뜨리지 말고 명기한다면 이 자체가 아주 좋은 자료가 될 것으로 보나 다른 부분은 더 연구할 것이다. 특히 "달가듯이"도 더 조사해봐야 할 것이다.

물론 조지훈의 시는 따로 더 연구해야할 것이다. 이런 것을 평론가들이 당연히 평론해야 하는데 침묵을 지키는 정도가 아니고 그저 빤다고 여념이 없다. 이게 인문정신이야? 내가 먼저 강조할 것은 조지훈이 「완화삼」하고 무슨 관계가 있으며 박목월이 「나그네」하고 무슨 관련이 있느냐? 는 것이다. 출세를 위해 상상임신하나?

글은 잘 썼다 하더라도 그들의 삶과 아무 관계도 없는 글을 보고 감동을 한다? 무슨 감동? 나는 그렇게 감동이 안 되는데, 위선도 그런 위선이 없는데 그걸 보고 감동한다? 뭐 되는 사람은 되겠지. 그런데 이런 것은 꼭히 전문가, 평론가, 인문가가 아니더라도 시에 조금이라도 관심이 있는 일반인이면 누가 봐도 충분히 알 수 있는 것들이다.

그의 삶과 그가 쓴 시가 일치했는가? 그가 살아온 인생과 인간과 그가 구축한 문학이 일치했는가? 일치했으면 왜 일치했고 일치 안 했으면 왜 일치하지 않았는가? 거기서 우리가 얻어야 교훈은 무엇이고 얻지 말아야할 교훈은 무엇인가? 교사는 무엇이고 반면교사는 무엇인가? 과연 사필귀정은 맞는가? 안 맞으면 왜 안 맞는가? 사필귀정을 계속 밀고 나가야 하는가? 안 나가야 하는가? 이런 것을 연구하는 것, 이게 가장 기본 인문정신 아닌가?

그런데 다 몰랐다거나 다 덮어주고 모른 척 하고 비호하고 옹호하고 떨궈주는 썩은 고기라도 그저 한 모타리라도 더 받아 먹을려고 안달들 하지 않았는가? 그러니 그들이 더 나쁘다는 또 하나의 비판을 못 면할 것이다. 그러면 나는 어떻게 했는지, 한참 생각해 볼 일이다.

그리고 내가 볼 때는 김수영(1921~68) 시인의 「풀」(1968. 5. 29.)도 공자(-552~-479) 말씀인 『논어』「안연」과 공자가 편찬한 『시경』

의 「모시대서」를 표절, 우라까이, 베끼기한 것이고 김수영 시인도 엄청 과장평가된 시인이다. 배후에 있는 자들이 별 근거도 없이 눈 딱감고 빨아주는데 누가 당하겠는가?

그리고 정 안 되면 내라도 박정희 대통령의 전기를 써주면 좋을텐데 버킷 리슽 아닌 '아쉬운 일 리슽'만 하나하나씩 더 늘어 간다. 줄어야할 텐데 어째 더 늘어만 가나? '양동이 목록'이 자꾸 늘어만 가나?

그런데 가작 입선후 나름 기쁜 나로서는 뜻밖에 일이 조금 이상하게 되었다. 이상하게 인솔해 갔던 서영수 선생을 그후에 학교에서 만났는데 내가 기쁘게 인사를 하니, 자기가 시인인데 내보고, 니 시는 읽어봐도 무슨 소리인지 전혀 모르겠더라 며 내 면전에서 인상도 이상하게 쓰며 생뚱맞게 대놓고 비꼬는 것이었다. 나는 생각할수록 이해할 수 없었다. 축하는 전혀 없고, 그건 그렇다치더라도, 선생이며 시인이 고1 가작시를 난데없이 이죽거릴 것은 없지 않느냐? 는 것이다. 한 명이라도 입선하면 자기도 근무학교에서 예산 타 쓴데 대해 면이 서고 좋지, 그리고 박목월 시인이나 그 주변사람에게도 은근 생색낼 수도 있는 일이니 좋지, 생각지도 않게 뭘 그렇게 고1이 입선한 것을 비아냥거리나? 는 것이었다.

그리고 청하지도 않은 시평을 생각해서 해주려면 좀 생각을 해서 이것은 이래서 좋고 저것은 저래서 안 좋다 며 그래도 뭘 자상하게 지도를 해줘야지 밑도 끝도 없이 자기가 시인인데 고1 가작시를 뭘 모르겠다 고 인상을 써가며 빈정거린다는 것인가? 고1 가작시가 뭘 기성시인의 시라도 된단 말인가? 교사가 가작이라도 입선한 학생을 격려해주는 것이 당연하고, 아니면 오히려 자기가 지도를 잘해서 전혀 능력도 안되는 너가 가작이라도 입선되었으니 평생 고마운 줄 알라며 입에 침이 마르도록 공치사를 하는 것도 항용 있을 수는 있는 일이지만 그런데 그것도 아니고, 그래도 이렇게 자기도 시인으로서 비록 심부름꾼도 안 된다 하더라도 주전자라도 옮기고 수건이라도 나눠주는 실무를 다소나마 맡은 것으로 보이는 백일장에서 입선했는 시를 무작정 깎아내린다는 것은 참으로 그 뒤로도 못 본 참으로 희한한 광경이었다. 자기부정인가? 그러니 그게 자기부정인데 될 법이나 한 소리인가? 남이 그랬으면 클 날일이었다. 뭐 믿는 구석이 있겠지.

뿐만 아니라 이상했다. 자기가 지도한 다른 학생이 국무총리상을 받으면 좋아서 얼굴 벌겋게 어쩔 줄 모르며 학교뿐만이 아니고 지방 문단에서도 활개를 치고 다니고 또 몇 년동안이라도 그 학생을 볼 때마다 주위를 둘러보며 자기가 지도했다며 자랑도 엄청하고, "얘 말이야, 내가 지도해서 국무총리상 받았어, 참 어려웠는데, 얘가 뭘 했다기 보다는, 지방에서 말이야, 그 어려운 걸 내가 다 해냈어!" 라고 생색을 진하게 낼 것이다.

또 앞으로 문단에서 큰 활약을 할 것이라고 앞길도 열어줄려고 할 일이지만, "얘, 작품 하나 잘 써와봐, 내가 학창시절 때 얼마나 노력했는지 모르지, 내가 고교때 교장실에서 청마(1908~67) 교장의 직접 지도를 받은 제자야. 내가 학생잡지에 아는 사람이 무척 많이 있는데 어렵지만 내가 잘 말해서 실어줄게, 다 내 덕인줄 알아, 그리고 나중에 아주 나중에, 아직은 곤란하고, 박목월 시인에게도 따로 잘 소개시켜 줄테니까 같이 한번 가보자구, 시키는 대로 니만 열심히 하고 작품을 잘 쓰면, 내가 다 잘 알아서 해 줄게, 등단은 물론 엄청 어렵지만 내만 믿고 따라와. 다 니하기에 달렸어!" 뭐 이런 것, 이상하게 그런 것도 전혀 없는 것 같았다.

알고 보면 서영수 시인 자신이 바로 내가 말하는 백일장칠드런이었고 1세대원조나 마찬가지였다. 그러니 그 상황을 누구보다 손금 들여다 보듯이 보았을 것이다. 따라서 물론 자기 나름대로 표정관리를 했을 수도 있고 뒤에서 작당해서 하는 일을 내가 알기는 물론 어려우나 그러나 소문이라는 게 있고 추후라도 나타나는 결과가 있는 것이다.

지금 생각이 나서 그 당시를 반추해 보면 학생이 상을 받은 후 지도교사인 서영수 선생의 표정이 더 안 좋았다. 무슨 일인가? 그리고 당선된 애도 별로 기쁜 표정도 없었다. 원래 표정이 그런 것 같았으니 그건 그런가부다하고 넘어갔다. 그러나 수상 전처럼 수상 후에도 별다른 문학활동이 거의 없어 당시로서도 그것은 조금 이상했다. 수상한 그 정도 문장력이면 연이어 열리는 다른 전국학생백일장, 공모전, 심지어 신춘문예 등등에서도 조금도 꿀릴 것 없는 바였고 크거나 작은 당선이 지금까지도 연이어 있을 것이었다.

무엇보다 당장 그 다음해, 그 다다음해에도 열리는 신라문화제 전국학생백일장에서도 당연히 두각을 이어가야할 것이지만 그러나 그저 문예반에 이름이나 걸어놓고 있는 정도였고 문예에 대해 자기 식견을 말하는 법도 당최 없이 뭐 조용하였고 고1 시의 큰 수상 후 고3졸업할 때까지 아무 것도 없이 조용히 살았다, 지금까지. 그리고 그것에 대해 말하는 사람도 아무도 없었다. 다들 왜? 이 무슨 이상한 침묵의 카르텔인가?

그런데 청마 교장은 박목월, 서정주와는 처음부터 전혀 다른 길을 갔다. 청마 교장은 자유당 때 상당한 비판지식인였는데 그러자 경주에서도 당장 정치형사가 방문하여 면담하였다. 하루는 청마 교장에게 정치형사가 소리쳤다. "당신은 교장자격이 없어요!" 그러자 청마 교장이 말했다. "내가 왜 교장자격이 없어! 교장자격증이 없지!" 그렇다, 다 '쫑'사회가 된 것이다, 다만 필요하면.

그리고 청마 교장이 있던 나의 모교에서 4.19학생혁명 그때 바로 데모를 했는데 이는 고교에서 당시 그리 많지 않은 일었다. 그래서 경고생들이 경찰서에 잡혀가자 오히려 경찰서장이 와서 음료수도 사주고 과자도 사주고 말씀도 잘 해주고 잘 대해 주고 잘 했다며 격려해주었다.

그러면 서영수 선생은 어느 길을 갔는가? 왜 그런 일에는 모른 척하고 입 싹 다물었는가? 서영수 선생이 대학을 갔을 때 입학과 전면 장학생으로 추천해준 이가 청마 교장이었다.

또 청마 교장은 경주에 교장으로 부임하기 전에 다른 지역 여고에서 오래 교장을 했는데 여고생에게 인기가 많아서 이상한 염문이 끝이 나지 않았다. 그래서 어떤 문인이 여고생과의 소문이 많던데요? 라고 회식자리에서 슬쩍 물어보았다. 그러자 예상과 달리 청마 교장은 머리를 푹 숙이며 고개를 쩔래쩔래 흔들면서 무척이나 힘들다는 표정을 지었다. 그렇다! 그럴 것이다. 평생 사랑은 따로 있는데 소문은 따로 무성하게 났으니 힘들었을 것이다.

그리고 청마 시인도 신라시가 있고 시비도 있으니 언젠가 한번 정리하여 기리는 것이 필요하다고 본다.

이해할 수 없는 일이 더러 있었지만 그럼에도 불구하고 나는 별 생각없이 그후로도 문예활동을 계속 하였으며 고2때는 『강독』 제목의 소설을 써서 교지에 발표도 하였고 고3때도 그 와중에도 시를 써서 교무실에 가서 시인인 서영수 선생에게 보여주며 지도를 청하였다. 그런데 역시 반응이 이상하였다. 심지어는 다른 동기학생에게 이간질하기를, 내가 시를 써 왔는데 안 좋게 평을 해주니 기분이 나빠서 입이 쑥 나와서 갔다 며 모함까지 하였다. 이상한 일이었다. 그런데 그 말을 들은 동기학생이 듣자말자 죽자살자 뛰어와서 그 말을 내게 이르며 좋아 죽는 표정이었다. 평소 껄렁하게 다녀서 내가 좋아하지도 않는 동기학생에게 찔러라고 대놓고 말했으니, 안 그래도 나를 앞뒤에서 험담이나 하고 다니다가 더 찌를 일이 없어서 심심한 애가 그것도 나를 교사가 흥보하는 것을 직접 들었으니 몸이 부르르 떨리도록 기쁘기도 하고 또 그 당사자에게 곧바로 가서 목에 힘주고 찔렀으니 간만에 서영수 선생과 편 묶고 큰 일했다고 더 기쁘기도 하였을 것이고 무엇보다 학교에서 기고만장하였다. 도체 교사와 학생이 편 묶고 다른 선량하고 열심히 하는 학생을 핍박하고 문학이 무슨 지 전유물이나 되는 듯이 싹이 나온 것도 별로 없는데, 뭘 한 것도 없는데 벌써부터 학생을 엄청 진로방해하려 한다는 게 말이나 되는 소린가? 기성시인이 고교생을 시기질투하나? 그의 시에서도 나타나지만 왕자병인가? 왕자처럼 반월성을 걷고 싶은 것인가?

그것은 그렇다 치고 아무튼 이상한 일이었다. 자기에게 시 지도를 받으러 온 학생을 아무 이유도 없이 그렇게 삐딱하게 뒤통수를 곧바로 친단 말인가? 학생과의 지도내용을 돌아서서 다른 학생에게 교사가 곧바로 누설한다? 그것도 빈정거리고 모함을 해서?

내가 무슨 기분이 나빠서 입을 쑥 내밀고 교무실을 나갔단 말인가? 그때 학생이 교사에게 그런 게 어디 있냐? 어떤 학생은 담임교사 뒤에서 어찌어찌 몰래 웃다가 들켜서 귀싸대기를 정통으로 맞아서 얼굴이 벽에 부딪혀 얼굴에 상처가 크게 나도 찍 소리도 못하고 쉬쉬하는 그런 세상이었는데, 말이 되는 소릴해야지, 내가 조금이라도 기분 나쁜 표정을 지었으면 그 자리에서 어떤 교사가 가만있었겠느냐? 옆의 교사가 봐도 가만 안 있을 일이었다. 오히려 내가 고마운 표정을 지었으면 지었지, 기분 나쁜 표정을 짓는다 는 것은 얼토당토 않는 모함인데 그것도 교사가 입 싼 학생에게 고의적으로 해서 좁은 학교에서 동네방네 소문이 다 나도록 하다니 전혀 이해할 수 없는 일이었다.

무슨 일일까? 그래서 시에 대해 지도 받는 것은 내게 이상한 일만 남기고, 이상한 의문만 남기고 일방적으로 추종해서 시작한 지도가 그 순간부로 내가 일방적으로 말도 없이 종료하였다.

실제 시평도 핵심이 없는 그때그때마다 임기응변인 일관성이 없고 핵심이 없고 이론도 없는 무근거 시평이었다. 예를 들어 너는 이런 시인의 시와 시집을 구해서 반드시 읽어라, 아니면 자기 시를 어디에서 찾아서 항상 읽어라, 요런 문학서를 꼭 읽어라, 너는 저런 문학잡지를 가급적 읽고 이런 시공부를 할 필요도 있다, 그렇지 않으면 올 필요도 없다, 그런 지도도 전혀 없었다. 나중에 알고보니 다른 시인이나 평론가도 대동소이로 마찬가지였다. 밑도 끝도 없이 무조건 5편씩 써오라하고 써오면 이것저것 비평을 하는 것이었다. 물론 그들도 그걸로 밥벌어 먹는 사람이기 때문에 전문성이 없다고 할 수는 없지만, 그러나 그게 무슨 도움이 되겠는가?

더욱이 고3이기 때문에 시간도 나지 않았다. 그런데도 소문은 기이하게 내가 대학교 국어국문학과에 진학을 한다, 또는 전혀 다르게 육사를 갈 것이다 라고 나기도 하였다. 그런데 국어국문학과나 육사는 나중에 보니 생각지도 않던 다른 학생이 가고 나는 좋아했던 상대 경영학과를 가서 즐겁게 잘 지냈다. 한국사람이면 또 상대 경영학과가 아니겠는가?

백일장은 그 바쁜 와중에도 고3 때도 개인적으로 참여하였다. 이번에는 학교에서 선발이 안되어 내 돈주고 내가 개인적으로 당연한 듯이 참가하였다(내돈내참). 백일장이 열리는 당일 행사장으로 가니 인솔교사로 다른 원로국어교사가 왔다. 그래서 학생의 본분상 나는 반가워서 빨리 가서 인사를 했는데 원로국어교사가 뜻밖의 이상한 반응을 보였다. 나를 보고 인상도 안 좋게 우물쭈물하더니 오른손으로 급히 밀쳐 내다시피 하며 학교에서 참가자만 참가비를 타왔기 때문에 나는 안 된다 고 하는 것이었다. 이게 무슨 소린가 하고 생각했는데 결국 그 얘기였다. 학교에서 선발이 안 되었기 때문에 예산에서 타 온 참가비가 없어 나는 참가를 할 수 없다는 것이었다.

그러나 그게 무슨 상관이고 왜 참가를 못하랴? 나는 처음부터 다 알고 개인참가하기로 하고 이미 참가비를 갖고 왔기 때문에 개인으로 등록을 하고 참가를 하였다. 내 딴에 반갑게 인사 한번 하다가 이상한 꼴만 보았지만 별로 관심을 두지는 않았다. 상은 못 탔으나 늘 가슴 두근거리고 참여 자체가 기뻤다.

이로써 어린 시절 10년간 즐겁게 오랜 참여를 이어간 백일장은 아주 뜻깊게 끝까지 잘 마무리하였으나 끝났다는 생각은 전혀 없었고 당연히 이를 계속 이어간다고 여기고 있었고 또 그리하였다. 큰 수상은 없었으나 나의 청소년기의 필생의 업 중의 하나는 이처럼 백일장참여였는데 10년간의 백일장칠드런으로서의 전적은 가작 하나를 남기고 일생의 마지막 행사를 무사히 마치고 나의 문예유소년 문학청소년은 즐겁고 생생한 추억을 남기면서 인생 속에 아름다운 시간을 고이 간직하여갔고 또 달리 내일을 기약할 것도 없이 그후 당연히 계속 이어나갔다.

나를 아껴준 교사도 많이 있었는데 감사할 따름이다. 나머지 대부분 교사들은 위하는 척하면서 눈치보고 언중유골의 기회주의적 태도를 가졌다. 아쉬운 일이다.

고교를 졸업하면서 졸업앨범 편집위원이 되었고, 이때 학생단체사진을 싣고 캡션을 다는데 나는 이채롭게 박두진(1916~98) 시인의 「해」(1946년 6월, 『상아탑』)를 밑에 캡션으로 적었다. 이를 이상하게 보고 이해를 못하고 자기들하고 다르다고 성질내는 다른 편집위원인 고교생도 있었지만 나는 개의치 않았다. 그런데 그때 오히려 사진관주인이 시를 적었다고 더 좋아하였다. 그때 사진관주인들은 대부분 실제로는 사진작가였기 때문에 지역예술인이었고 사진분야에서 상당한 활동을 하고 업적을 남겼다. 그래서 시를 이해했을 것이다. 지금도 앨범을 보면 잘 했다는 생각이 든다.

청록파 3시인과 서정주 시인 등 f4는 그후 모두 서울의 좋은 대학교의 국문학과교수가 되어 문단권력과 세속권력을 평생 분에 넘치게 누릴 만큼 누렸다. 이도 인간인생사에서 보기 드물게 드문 일이다. 그렇다. 그러나 이들은 시를 발전시킬 충분한 능력과 환경과 여유를 갖추고 있음에도 그렇게 하지 않고 왜정 말, 해방 직후에 일군

약간의 시적 업적을 부여 쥐고 평생을 울과 먹었다는 것이다. 내가
보기엔 늘 詩作(시작)보다 딴짓만 했는 것이다.

따라서 명성에 비해 이들의 시는 갈수록 못해 진다는 생각이 드는
데 이는 인문정신에 크게 위배되는 일이다. 갈수록 명작이 나와야
하는데 갈수록 태작이 나온다 면 그게 무슨 시정신이냐? 는 것이다.
왜 나이들어 인생의 깊이가 깊어질수록 더 빛이 나고 윤이 나는 작
품을 못 쓰는가? 그게 무슨 인문학인가? 이게 무슨 인문정신인가?
그러나 다 이유가 있겠지.

나는 이들이 자기가 쓴 시보다 아주 상당히 과대평가되어 있다고
보는데 다른 무엇보다 잘 키운 제자들이 해방이후 지금까지 대학에
쫘악 포진하고 있으면서 주구장창 이리저리 빨아대는데 제자가 없
는 다른 일반 시인들이 당할 재간이 있나? 그리고 다른 사람이 자기
교수나 자기 집단을 비판하면 똘똘 뭉쳐서 개달려들 듯이 달려든다
는 것이다. 시는 보잘 것 없고 내용도 없는데 그저 제자빨로 버티
나? 언제까지?

심지어는 가만 보면 제자가 없는 다른 시인의 잘 쓴 시는 온갖 이
유를 들어 한사코 헐뜯거나 완전 개무시하기 일쑤라는 것이다. 제일
피해를 많이 본 시인은 아무래도 김소월(1902~34, 향년32세) 시인
일 것이다. 김소월 시인이 피해를 본 다른 이유도 물론 있을 것이다.
그럼에도 불구하고 김소월 시인의 시집이나 음악, 영화는 아마 제일
많이 제작되었는데 그 이유를 내가 가만히 생각해 보니 시가 워낙에
좋고, 실제감정이 잘 살아있고, 명성에 비해 저작권료를 지급 안 해
도 되고, 또 저작권료를 주장하며 떽떽거리면서 관리하는 당사자도
마땅치 않기 때문으로 보인다, 아쉬운 일이다 만, 하지만 이 때문에

다른 시인보다 김소월 시인이 대중성을 크게 확보하게 된 것은 그나마 다행이라면 다행이라고 하겠다. 김소월 연구자는 꽤 많은 것 같은데, 물론 이유도 있겠지만, 이 문제에도 더 노력해야 할 것이다.

근데 실제감정이 살아 있다는 것은 무슨 말인냐? 하면 어떤 시인이 늙고 마른 몸으로 이제 병석에 힘없이 누워있는 어머님에 대한 시를 열심히 썼는데 우선 보기에는 화려한 수식사를 많이 구사하였으나 읽어보니 슬프다든가, 안타까워 한다든가, 인생무상의 철리에 대한 느낌을 별로 안 주고 있다는 생각이 들었다. 시를 가슴으로 쓰지 않고 펜끝으로 쓴다는 것이다. 열심히는 썼는데 무슨 일인가? 분명히 슬픈 시를 썼는데 슬픈 느낌을 못 주면 어쩌겠는가? 붓장난하나? 그러니 읽어봐도 왜 이런 시를 썼는지조차 이해를 못하니 결국 피해는 다른 시인이 본다. 애꿎은 동업자에게 민폐 끼쳐서 되겠나?

시와 평론을 훨씬 뛰어넘어서는 이 부분이 시인에게는 참으로 어려운 일이다. 이에 비해 김소월 시인의 시는 진정성있는 실제감정이 살아있는 것이 최대의 장점 중의 하나이다. 김소월 시인은 다른 시인이나 평론가, 출판사에게 큰 혜택을 주는 시인이다. 혜인이다. 여기에 1류평론이 좀더 받쳐주면 세계적인 명시반열에 오를 텐데 아쉽기 짝이 없다. 나는 김소월 시인이야말로 2백년에 한번 나올까 말까한 시인이라고 생각한다. 그리고 나는 이상화(1901~43, 향년42세), 김관식(1934~70, 향년36세) 시인의 시가 세계적인 명시라고 본다.

물론 후배시인들도 더욱 노력해야 한다. 시인이 시로써 승부 걸어야하지 시 쓴답시고 이리저리 뜸방뜸방 기웃기웃거리고 현실에 안주하거나 안 알아준다며 끼리끼리 모여 싼술이나 먹고 늦도록까지 잠도 안자고 백날 시를 안 읽는 사회라며 시인에게 지원을 듬뿍해야

한다며 불평불만만 털어놓아서는 안 될 것이다. 선생을 따라 늘상 문단권력이나 정치에나 기웃거리나? 시인도 시를 안 읽는 것 같은데 누가 시를 읽겠나? 글구 잠 안자는 것, 그거 머리에 젤 안 좋아.

왜 그런가? 나는 요즘 시인이나 예술가가 문학예술활동을 할 때 국가나 지자체인 市(시)나 市(시)의 예산지원을 받는 문화지원단체나 기업의 지원금이나 후원금을 받는 것을 신중하게 생각한다. 물론 받아야지, 암 당연 받을 것은 받아야지. 근데 그걸 받으면서 인문예술학의 기본인 예술정신의 창조성과 비판정신을 가질 수 있나? 물론 지원금은 지원금 대로 받으면서 창조할 것이 있으면 창조하고 비판할 것이 있으면 충분히 인문예술학적으로 비판을 한다고? 그렇지, 해야지. 이게 알고 보면 모차르트(1756~91 향년35세)와 베토벤(1770~1827 향년57세)의 차이지. 고전적인 문제야. 모차르트는 신동 소리를 들으며 귀족의 후원을 받아 비교적 안정된 환경에서 음악활동을 하였고, 그게 또 모차르트 효과가 되었고, 악성 베토벤도 후원도 받았지만 주로 악보를 팔아서 전업 음악가로 활동하였는데 이게 베토벤 음악이 강렬한 실제감정이 살아있는 이유이고, 이 차이가 그들의 음악과 인생을 결정지은 것이지. 그러나 그들은 그들이고 지금의 문인예술인은 또 시대가 다르니까 바뀐 환경 속에서 더 노력해야지.

그러면 창조가 왜 문젠냐 고? 창조의 본성은 기존의 체제나 정신, 물상을 파괴하고 항상 새창조 하는 것이야! 창조적 파괴로서 다시 창조하는 것이지. **창조-파괴-창조ʹ**. 근데 그게 보수적 꼰대에게는 항상 비상이지. 근데 창조하라고 지원금 준다? 그게 자이 되겠나? 그러니 경쟁은 언제나 치열하고 지원금을 한푼이라도 더 받으려면 항상 체제에 완전 순응해야지. 완전 땅바닥에 딱 붙어서 기야지, 그러나 그냥 기는 것은 아니고 복지뇌동해야지. 그래가 문학예술이 창조되겠어? 물론 문제없이 창조한다는 사람도 있겠지.

Creativity takes Courage. - Henri matiss(1869~1954).

내가 시를 쓰면서 젤 아쉬워하는 것은 맞춤법을 한 획만 다르게 써도 편집자들이 개달려들 듯이 달려들어 개탄에 개탄을 하며 말도 안하고 버얼써 뜯어 고쳐서 시건방지게 지 멋대로 출간해 버린다는 것이다. 나는 나중에 발행된 책을 부여잡고 개탄에 개탄을 하지만 이미 기차 지나가고 손들기라는 것이다. 시에 맞춤법을 들이 대다니 이게 무슨 시정신이야! 왜 이렇게 남의 작품에 화작질을 못해서 안달들인지 알 수가 없다. 물론 몰상식 몰이유 몰역사 맞춤법 어기기는 안된다. 치열한 시정신으로, 또는 실험정신으로 노심초사해서 한 글자라도 바꿔 놓으면 이른 바 평론가나 편집자라는 인생들이 심봤다 며 그거 하나 고치는데 완전 입에 개거품을 물고 잘난 척하고 직과 인생을 걸고 죽자살자 달려든다. 그러나 그게 아니고 **맞춤법을 넘어서** 시대와 시정신을 위해 항상 새로운 맞춤법과 문법을 창조해야 하는 것이 시정신이다. 다시 강조하면 현재의 맞춤법도 매우 중요하지만 그러나 시어는 항상 현재와 미래를 지향하는 것이다. 그러나 미래를 창조하고자 하면 과거와 현재의 기득권세력은 개코도 모르고, 알 것도 없고, 무조건 달려든다. 왜 그러지? 뭐 다 이유가 있겠지, 세상에 이유 없는 일이 어디 있겠나?

한번은 편집자가 시인이면서 출판사 사장이었는데 하도 맞춤법이 잘못 되었다고 자꾸 전화가 와서 내가 말했다.

"틀려도 좋으니 그냥 두세요. 틀려도 내가 틀릴테니까, 그리고 정

틀렸다고 생각되면 나중에 내가 한꺼번에 고칠테니까, 그냥 두세요."

그러자 편집자, 시인, 출판사 사장을 겸한 사람이 "어, 어." 하면서 말을 못했고 다시는 맞춤법에 대해서 연락을 하지 않았다.

어느 정도냐? 하면, 한번은 내가 논문을 쓰면서 신라 사다함 화랑에 대해서 '대표 화랑'이라는 말을 썼다. 그러자 그 편집자, 시인, 출판사 사장을 겸한 사람이 내 면전에서도 이 사람, 저 사람 보는 사람마다 "이 교수가 '대표 화랑'이라는 말을 했는데, 그런 말이 없어요." 라고 하면서 거의 비방 수준의 말을 목소리 높여 하면서 나를 야코 죽일려고 하였다. 내가 교수니까 더 심한 것 같았다. 그래서 내가 보다 못해 "아니, '대표 선수'라는 말이 있는데 '대표 화랑'이라는 말을 왜 못한단 말예요? 그런 말을 쓸 수가 있죠." 라고 했더니만 역시 "어, 어." 하면서 말을 못했다. 그렇게 말 잘한다는 사람의 주특기는 항상 "어, 어." 하면서 말을 못하는 것이지. 걍 저자 원고대로 편집해서 입력하면 되는데 왜 그러지? 뭐 다 이유가 있겠지.

다시 술을 보자. 선배시인들이 또 이런 것을 조장해서 애들 모아 물귀신으로 나가서도 안 된다. TV에 나와서 시낭송을 해달라니 고은(1933~)이 와인과 술잔을 들고 나와 버젓이 술 먹으면서 하였으니 말 다한 것 아니겠는가? 고주망태야야 개인 사정이지만 시낭송을 술김에 하나? 술귀신이야? 술귀야? 그때 유명한 여아나운서와 PD와 방송사 사장은 왜 안 말리고 오히려 감탄하고 조장만하고 있었나? 이게 공영방송의 교양프로야? 대놓고 술에 쩔어하는 음주낭송, 음주 방송이 어딨나? 다들 정신이 마비됐나? 고은은 심지어는 요새 후배 시인이 술을 안 먹어서 좋은 시가 안나온다고 하였다. 그러면 지는 고주가 돼서 술을 그렇게 먹어 좋은 시가 나왔나?

물론 나는 술도 예술의 일부로 생각하므로 술 자체를 전혀 반대하지는 않으나 무슨 일에도 금도가 있다. 교수도 마찬가지이다. 밤새도록 술을 빨다가 아침 9시에 근근히 숍에 들어가 昨醉未醒(작취미성)이라, 어제밤 먹은 술이 안 깨서 학생들 앞에서 숍을 하면서 아침부터 헤롱거리면 되겠나? 그러니 무슨 이윤지는 모르겠으나 허명빨로 버티는 사람도 많은데 술 권하는 사횐가? 그러면 음주방송을 하고 음주강의를 해도 명작만 내면 다 용서가 되나? 근데 내 경험칙상 그런 자들이 명작을 내겠나? 우짜다가 한번은 낼 수도 있겠지만 그게 계속 되겠나? 개꿈도 야무지지, 어림도 없지.

그후 대학을 다닌 후로는 일반부, 대학부 신라문화제백일장에는 이래저래 못 나갔다. 그때는 대학부터가 외지에 있었고 물론 고교 때 어느 정도 큰 상이라도 받았으면 아무리 바빠도 날짜 시간을 확인해서 꼭 갔을텐데, 그러지를 못했고, 그러나 가지는 못 했지만 문학청년의 꿈은 계속 간직하고 심지어는 평론도 써서 재학중인 대학잡지사에서 주최한 문예공모전에 참여도 했다. 주제는 나름 참신하게 잡았는데 일단 심사위원들을 설득시키지 못한 것도 있었는 것같고 내가 평론공부를 더 했어야했고 더 전문적으로 써야했는 부분도 있었다. 다르게 보면 화려하고 이상한 말빨이 부족하고 평소 대학잡지사나 대학문청 쪽과 인간관계와 교류가 전혀 없었다는 것이다. 지금은 원고도 응모 후 다 사라졌는 것 같은데 찾아보고 안 되면 언젠가 여유가 되면 아이디어는 아직 살아 있으니 복원을 하면 어떨까 싶다.

그리고 그후 대학원에 입학을 하여 석사과정1학년때 시를 써서 대학학보에 발표를 했는데 시평이 역시 이상하였다. 또 자세한 설명 없이 시인이 뭐라뭐라 간단히 평을 해놨는데 아무짝에도 도움이 안 되었다. 물론 호평이면 좋겠지만, 호평이든 악평이든 논리적이고 합리적이고 문학적이고 계발적이고 무엇보다 시론과 시이론에 입각해 있어야만 도움이 될 것이다. 그러므로 납득 자체가 안 되는 무근본 시평은 언제나 사절한다. 그저 남의 시는 우습게 보고 생각나는 대로 인상비평만 하면 쓰나? 물론 시를 잘 쓰지는 못 했다하더라도 시평에서 뭘 배우는게 있어야 할 것 아냐? 그 평자도 결국 늘푼수 없이 그 저그런 무명의 시인으로 평생을 일관하고 있으니 내 생각이 맞지 않은가? 글구 근거없는 호평은 혹평보다 더 못한 결과를 가져온다. 그리고 시어를 그 잘난 맞춤법대로 한다고 지 멋대로 고쳤다. 내가 젤 싫어하는 짓거리다. 맞춤법은 맞춤법일 따름이고 표준말은 표준말일 따름이다. 일상생활에서 맞춤법과 표준말의 효능은 항상 충분히 인정하지만 그게 창의적이고 특수하고 독특Unique한 문학작품을 앞 설 수는 없다. 항상 문학작품이 맞춤법과 표준말을 리드해야 한다.

또 그 이후 나는 경영학교수가 되어서 소설은 조금 보류하고 시를 쓰면서 1996년부터는 정통 경영학수업 종강시간에 학생들에게 시 낭송도 하고 선물할 일이 있으면 서점에 가서 시집을 직접 구입해 선물하기도 하며 문학과의 인연을 소중히 본업으로 즐겁게 이어 나갔다. 그때는 시집이 권당 5천원 정도 했는데 지금은 1만원 정도 하고 책도 훨 좋아진 것 같다. 종강시 낭송은 따로 또 기술할 기회가 있을 것이다.

　그런데 이제와서 지금 생각해 보면 참으로 이상한 일이었다. 그때 대통령상을 받고 국무총리상을 받고 박목월 시인에게 극찬을 받고 장래가 5만 촉광처럼 빛나도록 촉망을 받던 백일장칠드런은 다 어디 갔느냐? 는 것이다. 그 많던 백일장칠드런은 다 어디로 갔을까? 참 이상한 일이다. 그렇게 촉망받고 문재를 뽐내던 그 애들이 그러면 상 받을 때만 반짝했던 반짝 스타였단 말인가? 반짝 문재인가? 그러면 문재가 엄청나게 있다가 상만 받고 그 순간 갑자기 문재가 사라진단 말인가? 어디로? 있기는 있었나? 어디에?

　그것도 대통령상, 국무총리상, 그것을 모다 한마디로 다 좌지우지하는 우리나라 1급시인의 극찬을 받은 그런 문재가 상 받고 그 순간부터 소리소문없이 순삭한단 말인가? 그런 일도 있나? 문재가 어떻게 그러나? 무슨 문재가 그런 문재가 있단 말인가? 그런 문재도 문잰가? 당장 그 다음 해, 그 다음 해에도 신라문화제 전국백일장과 그에 못지 않은 전국규모, 또는 지역 백일장이 수도 없이 엄연히 있었는데, 그리고 혜택도 엄청 많았는데, 그들이 당연히 주위의 기대를 한 몸에 받고 모두 참여했을텐데 어떻게 소리소문도 없이 모두 사라져 버린단 말인가? 강퇴 당했나?

　나는 그때 갑자기 혜성처럼 나타난 그 애들이, 한두명도 아니고, 어떻게 보면 앙팡 테러블(enfant terrible)들인데, 그때서부터 곧바로라도 한국문단을 이끌어 나갈 것 같은 분위기를 풍겼기에 내부터 기대도 많이 하였는데 이 무슨 일인가?

　신예가 나타났다가 갑자기 무섭게 사라지는 것이 앙팡 테러블인가? 그럴려면 백일장은 왜 한단 말인가? 백일장칠드런은 왜 있단 말인가? 그래도 안 하는 것보다는 낫나? 이것도 다 어른들의 욕심 때문인가?

갑자기 의문이 났다. 무슨 일인가? 소년소녀유소년급제, 무슨 일이 있었나? 백일장칠드런은 행복했나? 차라리 백일장칠드런이 행복했다.

그리고 그들 일부 교사나 학생들이 왜 똘똘 뭉치고 동조자까지 모아 나를 고교 졸업후에까지도 겉으로는 안 그런 척하면서 끝까지 야마씨쳤을까? 사람들은 그 학생들이 내게 뜬금없이 달려든다고 생각하겠지만 내가 오랜 시간 관찰을 해보니 그게 아니고 배후의 교사의 바이브레이션에 말려들고 또 학생도 그 반대급부를 다하고자 함인지 나를 엄청 틈만 나면 대놓고 교사에게 모함하였고, 이를 학생에게 다시 퍼나르며 학교에서도 안하무인격으로 행동하였는데, 나도 그 이유를 몰랐고, 많은 사람들도 왜 그런지 그 내용을 잘 몰랐다는 것이다, 그러나 좀 엔가이 하지. 근데 몬 일인가? 이유를 찾으려면 다 있겠지만 모여서 작당하고 온갖 안 좋은 것을 꾸며내느라 머리 굴리며 골머리를 앓는 그 시간에 거울이나 들여다 보지, 뭐가 보이나?

물론 나는 내 문제를 내 문제대로 계속해서 깊이 성찰하였고 세월이 지나면서 다소나마 겨우 이해를 하게 되었다. 먼저 말할 것은 내가 입상실적이 너무 저조했다는 것이다. 내가 혼자서 소설이나 시를 써서 평소 문학활동을 하면 잘 한다는 소리도 많이 들었는데 이상하게 백일장 현장에서 창작하여 받은 입상실적은 가작 하나외 없었다. 그때는 문학 자체가 좋아서 그런 것을 의식하지도 않았다.

그리고 보다 다른 측면으로 보면 교사들이 내가 다소나마 나댄다고 보았을 가능성이 있는데, 내가 오랜 전문가적 분석을 해보면 결국 그것은 크게 보면 세대차이로 봐야할 것이다. 왜정시대 교육을 받은 교사와 막 경제개발 이전 세대의 막내요, 경제개발 이후 세대의 맏형으로서 자유민주정신과 이상주의를 가진 고교생이 서로 일치하기는 어렵고 불편한 부분이 상당히 있었다. 그러니까 경제개발 이후 첫세대로서 지금 말로 하면 신인류인데 그래서 기성세대에게 상당히 밉보인 부분이 있었다고 본다. 그러나 지금 학생들을 보면 내 당시의 그 정도는 새발의 피도 안 되고, 모기발의 워커도 안된다.

뿐만 아니라 경제개발 이전세대의 막내로서 나는 왜정시대 교육을 받은 교사들이 가르치는 대로 고지식하게 행동한 부분도 상당히 있었는데 이 역시 그들을 불편하게 한 것 같았다. 그러나 그러한 고지식한 부분은 그 역시 교사들이 입만 벙긋하면 정색을 하고 늘상 잔소리를 다하여 끊임없이 가르친 것이었다. "정직, 성실, 착함, 바름, 근면, 부지런함, 열심, 열성, 책임감, 순종, 복종, 충성심, 효도, 군사부1체, 스승의 그림자도 안밟기, 교사존경하고 복종하기, 웃사람에게 잘 하기, 선배에게 잘 하기, 인사성, 사회성, 질서, 정리정돈, 존경, 겸손, 겸양, 양보, 사양, 헌신, 평소에 잘하기, 권선징악, 인내, 엄숙, 정숙, 침묵, 경청, 입 다물기, 쓸데없이 웃지 않기, 이빨 보이지않기, 정색, 말대꾸 안 하기, 도덕, 윤리, 봉사, 남을 도와도 생색내지 않기, 남에게 책임전가 하지 않고 자기가 다 덮어쓰고 들어가기, 모함하지 않고 밀고하지 않기, 남의 잘못은 보고도 못 본 척하기, 따지지 말기, 남의 욕하지 말고 남의 좋은 말만 하기, 칭찬, 선공후사, 이소사대, 1류상급학교진학 지상주의, 성적 올리기, 성적만능, 성적에 매달리지 말고 인격도야, 먼저 인간이 되라, 좋은 일하면 반드시 복이 돌아온다, 손해 보는 게 이기는 것이다." 등등, 다 좋은 말이고, 밑도 끝도 없었다.

특히 착함은 지금도 높이 평가되는 가치인데 TV에서도 "착한식당"4)을 지정하여 "착한가게"신드롬을 불러 일으켰고, 가게 이름도

"착한 밥상(a good table), 착한 김치," "착!한솥," "착한 탕짜," "착한 여행," "착한 삼겹 바른 막창," "착한 헤어," "착한정육점 착한 유통, Good Butcher,5)" "착한 회 수산," "착한 신발" 등등의 가게이름으로 나타나고 또 가게와 제품홍보에서도 "착한 청바지," "착한 욕실화,6)" "착한 가격," "착한 메뉴," "착한 임대인 운동," "착해家지구," "착한~ 가격! 착한~ 통닭! 착한~ 호프!" "맛도 가격도 착한 대한민국 대표 국수," "착한 커피, 착한 생각, 착한 품질, 착한 가격," "착한 메뉴," "공업탑착한커피," "착한담뱃잎" "착한 생오리," "착한 의심," "착한 편의점," "착한 가게,7)" "착한나눔가게," "착한 기업,8)" "착한 분양," "착한 소비," "착한 여행," "착한 매매," "착한 휴대폰," "착한 옷," "착한 계란, 사람들," "착한 정비," "착한중고명품," "착한동물병원," "착한 학생복," "CHAKAN e 착한 학생복," "착한호텔 오늘," "착한 수분," "착한 성분," "착한 재료," "착한물고기 생선구이," "착한 빵,"

---

4) Y PD가 체널A에서 먹거리X파일을 하면서 착한 식당을 지정하였고 이때부터 착한가게와 함께 사회 전반적으로 "착한 신드롬"이 일어났다 고 나는 본다. 그러나 그후 오히려 정치권 일각에서 "김영애 탤런트 사망사건"으로 촉발된 "나쁜 방송, 나쁜 뉴스의 상징과 같은 사건," "가짜 뉴스의 대명사," "자영업자·소상공인 킬러"라는 비판을 받았고 Y PD는 "허위사실적시에 의한 명예훼손"으로 고소를 예고했다. 조선일보 2021. 09. 16. 이가영 기자. 조선일보 2022. 04. 28. 최혜승 기자. 스포츠경향 2022. 04. 28. 이선명 기자.

5) NH도람양돈 농협축산물도매센터, 착한정육점 착한 유통, Good Butcher. 저희 착한정육점은 정직한 가격과 좋은 고기로 고객님을 모시겠습니다.

6) Happy Bath Solution, SOFT 부드러운 쿠션 EASY 물빠짐 세탁 HIGH 우수한 품질 for your happiness and satisfaction. the 착한 욕실화: 마진을 줄이고 품질을 높인 착한 가격 욕실화. armoa 러브 욕실화(XE-97). 수입/공급원: (주)이앤에스, Made in China.

7) 나눔으로 함께 하는 곳, 어려운 이웃을 위해 기부하는 착한 가게입니다. 신혼방 가구, 울산광역시 중구, 울산 사랑의 열매.

8) 나눔으로 함께 하는 곳, 어려운 이웃을 위해 기부하는 착한 기업입니다. 학성새 마을금고, 울산 사랑의 열매, 울산상공회의소, KBS울산.

"착한 국밥집," "착한 꽃집," "착한 주류," "착한 가방," "착한 전당포," "착한 사료," "착한달걀," "착한 보험," "착한 손맛," "THE BEST 착한 일터," "착한 집," "착한 견적," "착한 수리점 찾다," "착한 당구장," "우리동네 착한 맥주집, 착한 비어," "착한 모피," "더 착한 마트," "착한 콘서트," "착한 오토바이가게,9)" "착한시아," "착한 어른," "착한 악역," 노래제목에서 "착한 여자," 그리고 논문에서도 "착한 부자"로 나오고 책이름에도 『착한 경쟁』으로 나오고 더욱이 범죄단체를 패러디한 영화에서 강령으로 "차카게 살자"로 나오는 등 끝도 없이 우리의 주요한 가치관을 형성하고 있다. 가히 내가 이름 붙인 "착한 신드롬Chaghan Syndrome"이라고 할 만 하다. 이외에도 "선한푸드앤컬처" 등등으로 남아 있고 "바른손," "참된 축산,10) 정직한고기백화점," "조은 사람들" 등도 가게이름에도 자주 나타난다. 이러면 "착한 정당," "착한당," "더 착한당," "착하당"이라는 정당이 나올 것이다.

그러나 그들 교사가 그렇게 당연하게 보수적으로 강조한 가르침이 오히려 그들 보수적인 시골교사 스스로를 옥매이게 한 꼴이 되었는데, 물론 시골에서는 그나마 교사가 진보적인 지식인 그룹이었지만, 시대변화를 따라잡기에는 별로 도움이 안 되었다. 이런 걸 지 꾀에 지가 넘어간다하지 않나? 나는 이 역시 매우 이해하기 어려웠다.

근데 그게 아니고 지금 생각해 보면 젤 문제는 전혀 다른데 있었다. 내가 고1때 학급회장을 했는데 내가 직접 가리방을 긁어서 등사판 학급신문을 발급하였다. 지금도 그렇겠지만 1973년 고교1년생으

---

9) 농소 3동 주민센터 농소3동 주민 자치회. 본 업소는 주민의 안전을 위해 오토바이 난폭 운전을 하지 않겠다고 약속한 착한 배달음식업소입니다.
10) "진실하고 올바른 마음을 담아," 울산 중구.

로서는 당시로서는 매우 파격적인 일이었다. 나는 고2, 고3 때까지도 학급회장을 했고 학급신문은 1년에 한차례씩 도합 3번을 발행을 했는데 이게 완고한 교사들에게는 치를 떠는 일이었다. 원래 언론이란 본의아니고 아무리 작더라도 현실비판이 빠질 수 없지 않은가? 그게 학교당국에서 보면 비상도 그런 비상이 없었다.

내가 당시 지역고교계에서는 저명한 **고교언론인**이었다! 이 때문에 아마 무척 삐진 교사들이 많았고 그 역풍을 알게모르게 내가 고스란히 다 받았는 것 같다. 물론 나는 그저 좋기만 했고 역풍은 꿈에도 몰라서 자초한 일이지.

근데 그것만이 아니고 진짜 문제는 다른데 있었다. 그때가 언젠가? **그 엄중한 10월유신 바로 다음해인 최초기시절에 전부 숨 죽이고 있을 땐데 고교 언론자유를 내가 마음껏 구가했다니!** 지금으로서는 하룻강아지 범 무서운 줄 모르는 참으로참으로 쓴웃음을 금치 못할 일이다. 그런데 더 이상한 것은 고3때까지 3년간 학급회장을 하면서 3차례나 학급신문을 발행했지만 내가 재학중인 학교에서나 경주시내 어느 고교에서도 화제는 엄청 되었지만 학급신문을 따라 발급하는 학급은 아무데도 없었다. 그것 참 이상한 일이었다. 좋은 일이면 서로 할려고 할텐데 고교학급신문발행이 얼마나 좋은 일인가? 그런데 왜 절대 안 따라해? 좋은 일을 안 따라 한다? 그게 항상 문제지. '좋은 일의 그레쌈법칙'이지. 다르게 말하면 '정책의 그레쌈법칙'이지. 다 고전적인 문제지.

그러니 그들이 모두가 더 잘 알고 예의주시 하고 있었다! 이상과 자유에 불타는 내만 몰랐다. 뭐 세상이 다 그런 아니겠나? 거창한 언론자유투쟁한다고 머리 띠두르고 앞에 나서서 온 몸으로 저항하기 보다 길 가다가 우쩨 자기도 모르게 땅에 떨어진 깃발하나 주워 장난치고 다니다가 세상을 바꾸는 것 아니겠나? 다 고전이지. 나는 세상까지를 바꾸었으면 좋았겠지만 그보다 즐겁게만 보냈는데 거기 서 아무 의도 없이 무심코 한 마디만 조금 더 나갔으면 어떻게 되었 을지 알 수는 없다. 백일장칠드런은 문제도 아니었다! 배후가 있기 는 있었는데 상상도 안나는 곳에 있었지 않았을까? 개 악을 쓰고 달 려든 자들도 다 이유는 있지 않았을까?

그러니 내가 나를 스스로 분석해 보면 '경제개발 이전세대의 막내 이고 경제개발 이후세대의 맏형'으로서 양 세대에 걸쳐있는 '상당히 긴 세대Very Long Generation'이고 '복합세대'였고 '낀 세대'였다. 그 러니까 격변의 시대에서 서로 완전히 다른 세대를 이어줄 가교의 역 할을 할 유일한 세대이고 또 더 어렵고 할 일이 무척 많은 세대이지 만 사람들이 이해하기 매우 어려운 세대였고 또 그것이 나의 시대사 명 중의 하나였다. 잘 했을까?

그러나 결국 무능하고 성질 나쁘고 권력욕심이 이상하게 비대한 자들이 그럴듯하게 포장을 하고 온갖 떨거지를 다 모아 편 묶고 내 게 개달려들 듯이 달려든다는 것을 오랜 세월이 지나고 다양한 경험 을 하고 나서야 겨우 이해하게 되었는데 거기에도 다 이유가 있었 다. 그런데 왜 내게 안 그런 척하면서 아주 그렇게 심하게? 그게 잇 속이 훨 크다고 보는지 약은 고양이 밤눈 어두운지 어딜 가나 그런 자들이 버글버글한 것이다.

혹은 따돌림으로, 혹은 왕따로, 혹은 골목대장으로, 혹은 갑질로, 혹은 가스라이팅으로, 혹은 병풍치기로, 혹은 다중협박으로, 혹은 횡령범죄로, 혹은 전제나 독재로, 혹은 독재의 하수인으로, 혹은 식민지독재로, 혹은 제국주의로, 혹은 선의의 독재로, 혹은 다 니를 위한다며, 혹은 니를 진심으로 사랑한다며, 앞으로 내가 더 잘 할게, 마지막으로 한번만 더 믿어 달라며, 등등으로 다양하게 나타난다는 것을 알게 되었다. 마지막? 그렇지, 항상 마지막이지. 항상 불쌍한 막장 영혼이지. 언제까지 그렇게 불쌍한 영혼으로 살래?

이런 자들이 항상 밤낮을 가리지 않고 자기체제를 구축한다고 술을 먹고 욕을 하고 쌈을 하고 고스톱을 치고 노래방을 가며 매춘을 하며 무조건 들고뛰는 것이다. 자기체제? 알고 보면 다 사상누각이야! 그런데 그런 자들이 또 개인과 가정과 회사를 위한다며 입만 벙긋하면 있는 생색, 없는 생색, 자기 혼자 생색은 오만 생색을 다 낸다는 것이다. 내가 내 개인을 위해서가 아니라 집안과 회사를 위해서 이렇게 열심히 일 하는게 눈에 안 보여? 보이면 니들도 알아서 해야 될 게 아니야? 언젠가는 니들도 나의 충정을 알 날이 올 것이야! 그러니 잔말 말고 그저 자그마한 성의만이라도 욜씨미욜씨미 보이고 시키는 대로 해야 할 게 아니야? 아, 예, 예, 뭐, 물론 해야죠.

그후 서영수 시인은 고교에 있으면서 퇴직하기 오래 전부터 대학에 출강을 하였다. 대학문창과 등에서 강의를 하였는데 대학에서는 "강의는 학생들이 좋아 하는데 제발 석사학위라도 좀 어떻게 해주시면 안 되겠습니까?" 라고 한다는 것이다. 역시 청마 선생도 그렇고 '쯩 사회'가 되었다. 그래서 서영수 시인은 가리늦게 지사대 대학원 국문학과 석사과정에 수학하였고 이제 석사논문을 제출할 자격을 얻기위해 종합시험을 치르게 되었다. 그런데 제2외국어로 독일어를 선택하여 시험을 치루었는데 불합격하여 논문제출자격을 상실하게 되었다. 그래서 서영수 시인은 그 대학 독어과 젊은 교수를 면담하여 상담도 했지만 젊은 교수가 안 된다고 하여 결국 석사학위를 접고 꿈에 그리던 대학교수를 포기할 수 밖에 없었다. 그 얘기를 옆에서 듣고 내가 "독일어를 하지 말고 일본어를 하시는게 어떻습니까?"라고 직접 얘기를 한 적도 있었다. 그러자 서영수 시인은 나를 한번 쓱 쳐다보며 꼬라보고 인상을 팍 쓰더니 얼굴이 일그러지며 아무 말도 안 했다. 그래서 나도 얼른 얼굴을 돌렸다. 아무래도 국문학과 일본어가 유도리가 훨씬 많지 않겠는가? 우리나라에서는 일본 보다 독일의 이미지가 훨 좋은 것 같은데 왜 그런지는 알 수가 없고 2차세계대전 이전으로 보면 마찬가지이고 도찐개찐이다.

그후 내가 재직하던 대학에 동기도 있고 제자도 있으니 초빙교수 등의 자격으로 출강도 하였는데 이번에는 초빙교수연봉이 채 얼마 되지도 않는데 그것 받는다고 자꾸 퇴직연금을 깍는다는 것이었다. 그래서 초빙교수도 당장 때려치웠다. 나는 그 얘길 듣고 어차피 적은 연봉이지만 그래도 보충이 다소 되는데 걍 대학교출강을 하지? 라고 생각도 했지만 당사자의 의사야 어디 그렇겠는가? 이때 내가 재직하는 대학교 복도에서 빵모자 쓰고 강의하고 가는 것을 급히 한번 본 후 행사장에서 한번 보고 그후 평생 다시 보지는 못하였다.

내가 굳이 이름 붙이자면 이들이 '문단10월유신파'라고 할 수 있다. 물론 그게 구체적으로 어떻다기 보다 '문단반10월유신파'와 함께 문단사에서 고찰해 볼 필요는 당연히 충분하다. 그들이 말하는 역사의 수레바퀴 속에서 어떤 삶의 궤도를 그려나갔는가? 또 그게 궤적을 그리고 그려서 나에게 까지 어떤 영향을 끼쳤는가? 물론 내가 그런 영향을 받지는 않겠지만 아쉽고 다행이지.

그러면 서영수 선생, 박목월 시인, 인의 장막을 치며 우르르 몰려다닌 수 많은 인생들, 혹은 뒤에 숨어서 욕이나 하는 인생들, 조지훈, 박두진, 서정주, 김동리, 김춘수, 조병화, 김수영 등등 그 세월을 살아간 그 수많은 사람들이 허위와 위선과 가식의 세월을 살았는가? 한글시, 현대시를 망친 장본인은 누구인가? 시는 보잘 것 없고 내용도 없고 평생 쓴 시의 분량도 아주 빈약한데 시인이라는 허명만으로 위세를 부리는가? 제자들이 **狐假虎威**(호가호위)하나? 누가 호? 심지어는 누구는 서정주 시인을 서울과도 바꾸지 않겠다고 까지 망언망발을 늘어놓았는데 지금은 어디서 뭘 하는지? 지금도 그렇게 생각하는지? 이때 나와서 서정주 시인을 변호해줘도 해줘야지 어디서 뭘 하고 있나?

연구도 조사도 없고 답사도 공부도 안하고 그저 말장난과 붓장난과 소감만 가지고 시를 쓰니 그게 시가 되겠는가? 나이가 들고 소감마저 떨어져 가니 갈수록 시가 성립 안하지 않겠는가? 시가 인생의 철리와 미래 인간행동의 향방과 희망을 제시해야지 젊을 때 겨우 몇 편 쓴 청록파 시만 맹탕 평생 울과 먹고 있으면 청록이 저작권을 주장하는 일도 있지 않겠는가? **羊頭狗肉**(양두구육)사회인가? 자신들도 모르면서 그렇게 살았는가? **幻影**(환영)사회인가? 그렇지, 환영사회지. 무엇보다 후배들도 그게 시라고 착각하고 강요 당하고 세뇌 당해서 답습한다는 것이다.

그리고 대부분 독자도 영문도 모르고 의문을 표시할 기회도 없이 가스라이팅 당해서 박수치고 있다. 인문학Liberal arts의 기본이 자유인데 자유는커녕 굴종만 있는 것이 아닌가? 굴종이 굴욕인데 굴욕을 제자의 도리라고 행복하게 속고 있는 것은 아닌가? 굴종은 자유? 이렇게 말하면 엄청나게 인지부조화Cognitive dissonance를 느낄 사람도 많겠으나 진실을 덮고만 살 수는 없다. 인간답게 살아야지.

시인은 차고 넘치나 시는 없고 시는 차고 넘치나 시인은 없는 시대가 되었다.

시인으로서의 직업과 직업으로서의 시인은 분명히 달라야할 것이다.

나는 어떻게 살았는가? 이제부터라도 더 잘 생각해봐야 할 일이다. 자동차는 말한다. "사물이 거울에 보이는 것보다 가까이 있음." "Objects in mirror are closer than they appear."

진실도 그렇다. 진실은 거울에 보이는 것보다 훨씬 더 가까이 있다. 진실은 오고 있다. The Truth is coming out.

"THE TRUTH SHALL MAKE YOU FREE!"

사례토의

1. 백일장 칠드런은 다 어데로 갔나?

2. 문소의 문재는 성장하면서 왜 발전이 안되는 경우가 많나?

3. 작가와 문단과 문단권력은 어떻게 형성되고 어떤 영향을 미치나?

4. 경제개발이전 세대와 이후세대는 어떻게 다른가? 가교는 있는가?
   386세대가 경제개발 이후 세대라는 것을 어떻게 보나?
   475세대가 경제개발 이전 마지막 세대인가?
   475세대의 역할은 무엇인가? 그 역할을 잘 했나?

5. 문학이 자신의 향리에서 출발해야한다는 것을 인정하나? 향리의
   정서를 어떻게 담나?

6. 한글시와 한시와 영시의 같은 점과 다른 점은 무엇인가?

7. 한글시의 기원과 정통성은 어디에 있고 어떻게 정립해 나가야 하나?

8. 시가 인생의 철리와 미래 인간행동의 향방과 희망을 어떻게 제시
   하나?

9. 최근에 시를 읽은 적이 있나? 시낭송을 해본 적이 있나? 시를 써
   본 적이 있나? 없으면 왜 없나? 시집을 자기 돈으로 구입해서 읽
   어 본 적이 있나? 프로 독자라는 것을 인증하는가?

10. 감동경영을 위해서 경영과 인문학은 어떻게 만나야 하나?

회고록4강-**백일장칠드런**20210717-18토일00:45이 ੩식

==

▮ 회고록 제5강, 사례연구Case Study ▮

내가 30세가 되었을 때

이강식(경영학교수)

내가 우리나이로 30세가 되었다. 3십세 생일을 맞이 하여 어느 날 아침에 일어났을 때 내가 만29세라는 것을 생각하니 비로소 우리나이로 3십세가 만만찮은 나이라는 것을 느끼면서 **3십세 기념사업**으로 평생 오래 남을 뭔가를 해야 할 것 같았다. 그래서 생각하니 3십세를 맞아 서원을 하고 목표를 세우고 이를 달성해서 인생에서 도약하는 전기를 마련해야한다고 보았다. 다가올 장미빛 미래를 생각하면서 3십세 기념사업을 내 혼자 구상하였다.

그래서 나는 3십세에 3십세기념사업으로 3대서원을 하였다. 지금까지는 살아오면서 아무에게도 말하지 않고 전혀 내색도 하지 않았는데 이제 얘기하고자 한다. 내 삶의 주요한 부분이다. 3대서원은 금방 마련되었다.

첫째는 당시 조계종 종정예하는 성철(1912~93) 스님이었다. 그래서 성철 스님을 3천배를 하고 친견하여 가르침을 듣는 1대서원을 세웠다. 성철 스님은 해인사 백련암에 주석하면서 3천배를 해야 친견을 해주었다. 물론 직접 스님께 절을 하는 것은 아니라는 것은 설명 안해도 알겠지만 그거나 마찬가지 아니겠는가? 그러나 나는 3천 배가 어렵다 하는 얘기는 익히 들어 알고 있었고 나도 쉽지는 않겠다고 생각은 했지만 '하면 되지.' 하는 '나의 이유없는 낙천적인 낙관론(나이낙락)'으로 1986년 7월 5일 첫주 토욜 날을 잡아 해인사 백련암을 올라갔다. 그때까지는 3배는 절에 갈 때 마다했지만 늘상 하는 것도 아니고 더욱이 108배는 하기는 했지만 거의 한 적이 없었다. 그러나 오직 1생의 과업을 위해 구도의 정신만으로 아무 생각 없이 누구에게도 사전정보수집도 없이, 흔히 사람들이 하듯이 이리 저리 아는 사람을 찾아 하는 부탁도 없이 혼자 해인사 백련암을 처음 찾아올라 갔다. 도착했을 때는 벌써 하오가 되어 산속에 햇살이 줄어들고 여름인데도 한기가 차오고 있었다.

산하입구에서 한참을 올라가니 벌써 힘들었는데 백련암 산문을 들어서니 조용하였다. 나는 먼저 일하는 부목이 보이길래 3천배를 하러 왔다고 하였다. 그러자 곧 키가 크고 우락부락하고 건장하게 생긴 스님이 나와서 맞이했다.

"어떻게 오셨습니까?"

"3천배를 하고 성철 스님을 친견하러 왔습니다."

그러자 그 스님은 나를 아래위로 쓱 쳐다보더니 말했다.

"여기는 산속이라 금방 어두워지고 위험하니 그냥 내려가시지요."

나는 말이야 맞는 말이니 더 할 말이 없었으나 그러나 내가 그까지 가서 그런 소리를 듣고 걍 내려갈 사람은 절대 아니고 초발심이 변정각이라 생각하며 당연히 버티면서 물었다.

"여기 백련암에서는 일반인을 위한 선수련하는 것은 없나요?"

"여기서는 안하고 원당암에서 하는 것 같아요."

 나로서는 홀리는 듯한 그 말속에 큰 정보를 얻었고 꼭 기억을 하고자 했지만 그때는 원당암이라는, 날 내쫓기 위해 쓱쩍 홀리는, 이름을 들어도 무슨 쇼린지 몰랐고 어디 있는지도 몰랐다. 그러자 갑자기 어디에선가 전화벨 소리가 고요한 백련암 뜰에 크게 울렸다. 그래서 나는 저윽이 놀랐다. 절 마당에서 갑자기 무슨 전화벨 소리가? 그러자 시자 스님은 주머니에서 휴대폰을 척 꺼내더니

 "경찰서요? 경찰서 아닌데요."

 하면서 전화를 끊고 휴대폰을 장삼 속에 쓱 집어넣었다. 당시 휴대폰이 있다는 소리는 들어서 익히 알고는 있었지만 실물을 본 것은 처음이었는데 나는 '속세를 떠나 산속에 왔는데 속세가 먼저 알고 벌써 산속에 와있구나!' 라고 생각하면서 계속 버티고 있었다.

 그후 나도 휴대폰을 비싼 돈으로 굉장히 일찍 장만을 해서 주위의 많은 사람을 놀라게 했는데 그래도 그 때가 1994년으로서 8년이나 뒤였다. 거금을 들여 남보다 매우 일찍 휴대폰을 장만한 것이 이때의 놀라움 때문이었나? 얼리 어댑터였나?

 그러자 시자 스님은 들어가버렸다. 이번에는 다른 키가 크고 친절하게 생긴 스님이 나와서

 "정히 그러면 3천배를 하고 가시오."

 라고 하면서 이리저리 주선을 하여 주었다. 나중에 알고 보니 내보다 나이도 휠 많았는데 그때는 디게 젊게 보였다. 절에 있어서 그런 것 같았다.

 그때도 많은 남녀신도들이 철야3천배를 하고 있었는데 나도 그들에게 배워서 성냥개비를 108개를 세서 꺼내놓고 한번 절을 할 때마다 하나씩 옆으로 내놓으면서 30회를 반복하고 나서 이윽고 철야3

천배를 마쳤다. 잠도 안자고 땀도 흘리며 아주 고되었다.

아침이 되어 다리는 후덜거리고 온몸에 몸살기가 있는데 애써 참으며 기쁜 마음으로 다시 시자 스님을 찾았다. 아침이 되자 이미 백련암에는 대부분 보살신도들이 꽉 찼고 마당에서도 자리를 펴고 기도를 하고 참배를 하였다. 정말 야단법썩 아닌 야단법석이었다.

"성철 스님을 친견하고 싶습니다."

그런데 나를 보고 아주 밝은 표정을 짓던 그 친절한 스님이 뜻밖의 얘기를 하였다.

"지금은 절집에 사건이 있어 일절 친견을 안 하고 있습니다."

그렇게 애를 써서 3천배를 하고도 친견을 못하기도 어려울 것이다만 나는 안 만나주는 것도 그 역시 성철 스님의 큰 법문이라고 생각하고 정중히 수긍을 하였다. 그리고 원래 성철 스님을 친견할 때 부탁하려던 것을 다시 요청하였다.

"그러면 법명을 지어달라고 말씀을 드려보시지요."

시자 스님이 기쁜 표정으로 방장실로 들어가 다시 수고를 하여 금방 법명을 받아다 주었다. 한편 무시로 성철 스님을 만나는 시자 스님이 부럽기도 하였다. '누구는 3천배를 해도 안 만나주는데...' 사람의 생각이란 끝이 없다.

"여깄습니다. 그리고 성철 스님의 저서도 갖고 가서 보시지요."

나는 성철 스님의 친필로 보이는 법명과 『본지풍광』 저서를 받고 매우 감사하였다. 그런데 아쉽게도 그 법명을 나는 한번도 쓰지는 안하였다. 그때 내 생각은 다음에 다시 와서 3천배를 하고 성철 스님을 친견하고 법명을 직접 받고 사용할 심산이었다. 그후 다시 백련암에 가서 3천배를 했으나 잘 안 되었고 성철 스님도 친견하지는 못하였고 법명도 사용하지 않았다. 지금 생각하면 아쉬운 일이었다. 역시 초발심시변정각이라고 하더니 처음이 주요하였다. 물론 지금도 법명을 보관만하고 아직도 사용 안 하고 있는데 앞으로도 그렇다.

그러나 매우 큰 소득이 있었으니 가던 날이 장날이라고 3천배하며 밤새운 바로 그 다음 날인 7월6일 일욜이 마침 성철 스님이 큰절에서 상단법문을 하는 날이라 나도 성철 스님을 절마당에서 직접 뵐 기회를 가지고 3배를 올렸다. 성철 스님이 방장실에서 절마당에 나서자 햇살이 얼굴에 비쳤는데 그때 환하고 밝게 빛나는 그 얼굴 모습이 매우 경이로왔고 전신에 아우라가 가득했다. 친견은 아니라하더라도 친견한 것보다 낫다는 생각까지 들었고 아주 기뻤다. 그리고 큰절까지 가서 대웅전에 들어가 상단법문을 하는 것을 처음부터 끝까지 직접 듣고 보는 큰 영광을 가졌다. 많은 기자들도 따라와 연신 사진을 찍었다.

큰 스님의 상단법문 사자후는 만장한 스님과 신도들 앞에서 거침이 없었다. 내가 무슨 말인지 다 알아 듣지는 못하였지만 깊은 감동을 받았다. 그도 그럴 것이 불교에 대해 고교생이나 마찬가지인 내게 박사도 훨 더 넘어선 성철 스님의 법문이 다 통할 수는 없었지만 그 구도의 모습은 매우 삶의 이정표가 되었다. 내 1생의 행운 중의 하나였고 道門(도문)이 열린 듯하였다.

그때 본 선기가 확연한 성철 스님의 모습은 아직도 눈에 선하지만 한번 뵙고 다시 뵙지는 못하였고 친견을 하고 직접 가르침을 못 받은 것은 매우 아쉽다. 물론 그후 나도 노력을 했으나 인연이 닿지는 않았다. 그러나 현재도 불교나 스님에 대해 의문을 품고 있는 사람들을 보면 '아직 뭘 잘 모르는 사람'이라는 생각을 늘 가지게 한 내 인생의 큰 지남이 되는 '진실의 순간'이었다. 그리고 그후 성철 스님은 종정예하에 재임(1991)하였다.

불가에서는 흔히 철 스님으로 불리는 성철 스님의 업적은 많지만 내가 볼 때는 무엇보다 우리나라 불교를 선불교로 발전시킨 공로가 가장 지대하다. 나는 '한국의 달마'가 성철 스님이라고 본다. 물론 이에는 성철 스님의 법력도 법력이지만 경영학자인 내가 볼 때는 지극히 간단한 방법을 썼다. 내가 경영학적으로 볼 때는 "선승친화정책"을 썼다. 먼 소리냐고?

혹자는 사하의 연못에 가야산 봉우리가 비쳐서 그렇다고 하는데 그것도 있겠지만 나의 경영학적 분석은 전혀 다르다.

해인사가 우리나라의 대표적인 '선찰대본산'이 된 것은 경영학적으로 표현하여 강조하면 성철 스님이 "선승친화정책"을 썼다는 것이다. 원래 선찰에는 동안거나 하안거를 한 철 나기위해서, 그리고 평소에도 전국의 선승이 많이 오는데 절에서는 객승이라고 하여 대접을 아주 잘 하여주는 것이 불문율중의 불문율이다. 그러나 객승과 본사승 사이에 갈등이 없을 수는 절대 없고 간혹 갈등이 생기는데 해결이 안되면 결국 두 당사자가 방장실로 성철 스님을 찾아와서 자초지종을 고하고 최종판결을 구한다.

그때마다 성철 스님은 100% 꼭 객승인 선승 편을 들었다. 성철 스님을 모시고 있는 직속제자인 본사승은 아주 아쉽기도 하지만 그러나 그런 정책을 쓴 것이 내가 볼 때는 해인사가 우리나라에서 대표적인 선찰대본산이 되게 하였고 우리나라 1천8백년불교사에서 현대에 와서 우리나라 불교를 선종으로 만들었다. 경영학자인 내가 볼 때는 반드시 그렇다. 그것이 우리나라와 세계불교사에서 대단한 공로지.

한 때 법정(1932~2010) 스님도 해인사에 방부들이고 있었다. 그런데 법정 스님이 본사승에게 상당히 밉보이고 있었다. 어느 정도냐? 하면 성철 스님의 방장실로 본사승들이 몰려가서 법정 스님이 거처하는 방의 방구들을 곡갱이로 파내고 그를 쫓아내야 한다고까지 강력하게 주장하였다. 불가에서는 곡갱이로 방구들을 파내고 쫓아내는 것이 승에 대한 가장 큰 벌이었다.

그런데 그렇게까지 본사승이 열받은 이유는 뭔가? 이유는 원래 절에는 대중운력이 있어서 필요한 노동이 많이 있는데 이에는 모두 참여해야하고 열외와 예외는 전혀 없다. 그런데 그 중차대한 대중운력(울력)에 법정 스님이 밍기적거리며 잘 나오지를 않는다는 것이다. 대중운력규율은 백장청규 절집의 성문법이었고 선가의 헌법이니 본사승이 그렇게 강력하게 주장할 만도 하였다.

그러자 성철 스님은 다 들은 후 별다른 말 없이 다음과 같이 한마디만 하였다.

"지금 불교에서 붓끝을 세우고 글 쓰는 사람은 법정 뿐이지..."

그러자 성철 스님의 직계제자인 본사승도 대번에 이해를 하고 물러갔다. 근데 내가 볼 때는 법정 스님의 입장도 이해는 되는 것이다. 글을 쓴다는 것은 창작중의 창작인데 한참 생각이 나서 정신집중해서 이로정연하게 글을 쓸 때는 사실 밥도 안먹고 잠도 안잔다는 것이다. 디게 급하면 세수도 안하고 그 무더운 여름에 땀을 철철 흘리면서도 샤워도 안하고 몇몇일을 버틴다. 이때를 놓치면 글도 잘 안되고 아이디어도 금방 사라질 수 있기 때문이다. 글재이가 아무나 되는 것이 아니고 '머리가 상당히 무거운 직업'이다. 하루종일 누워있어도 걍 누워있는 것이 아니고, 걍 누워만 있으면 껠바지이지만,

그게 아니고 머리속으로 끊임없이 구상을 하고 있는 것이다. 구상하는 사람! 그러니까 생각하는 사람! 그게 글재이의 큰 특징이지. 풀리면 확 쓰지만 안 쓰질 때는 흰종이를 펼쳐놓고 그냥 붓방아만 찍고 있다. 이걸 '빈종이 증후군'라고 하지. 지금은 종이는 아니고 눈이 아프도록 하루종일 컴퓨터 단말기를 쳐다보면서 원고파일을 앞으로 뒤로 돌리며 고심을 하지만 실제 몇자 고치지도 못하지. 하루종일 그래 고생해서도 단지 한두줄, 한두글자라도 마음에 맞게 고치면 세상을 다 얻은 듯 흐뭇하지. 남들은 당최 이해하기 어려울 것이다.

성철 스님은 그걸 잘 이해했는 것 같다. 이런 성철 스님의 혜안으로 우리나라에서 1천8백년불교사에서 마침내 선불교가 대한민국에 와서 활짝 꽃피게 되었다. 그리고 법정 스님의 오늘이 있게 하였다. 또 불교계의 고승대덕이 법문집이나 책을 쓰면 꼭 법정 스님에게 부탁하여 윤문을 하게 했다. 그러니 법정 스님의 대중운력은 다른데 있었다.

이 고객친화경영은 원래 대학교에서 내가 실제 했는 방법이다. 내가 학과장을 2번 했는데 내가 학과장을 하면 학생들이 다 좋아라하고 흥겨워서 어깨를 들썩이며 시간만 나면 시내에서 대중교통으로 오기 상당히 불편한 학교로 차비 들여 올라올려고 애를 썼다. 학교가 재밌는 것이다. 이 어려운 것을 내가 어떻게 자꾸 잘 해낸 것인가?

그러나 내가 쓰는 방법은 딱 1가지이다. 학생이 요구하는 것은 무조건 거의 다 들어준다. 아무리 말이 안되는 것이라도 학칙이나 규정에 어긋나지 않으면 무조건 다 들어줄려고 최대한 노력한다. 그러니까 오로지 '학생편'을 드는 것이다. 학생들이 그 진심을 아는 순간 학생에 의한 학생을 위한 학생의 학과가 성립된다. 그러면 학과의 발전은 여리박빙으로 된다.

이것이 **"학생친화대학" "학생친화학과"**이고 **"학생친화정책" "학생친화교육" "학생친화경영"**이다. 근데 이게 말처럼 쉽겠는가? 쉽지! 뜻만 알면 금방되는데 그 뜻도 고생창연하고 어렵고 복잡하고 현학적이고 사변적이고 학문적이고 이론적인 것이 아니고 교육적인 것이 아니고 그러니까 실제적으로 무조건 학생편을 들어라! 눈 딱 감고 학생편만 들어라! 그러니까 경영학답게 디게 실제적이고 실무적인 것이지.

언필칭 대학의 위기가 왔다고 한다. 그래서 보면 대학에 따라서 "학생친화대학"을 구호로 내세우는 데가 희소하게 있기도 있었는데 얼마못가 슬그머니 소리소문없이 구호를 없애버리고 지금은 흔처도 없다. 말로만 그럴 듯하게 구호를 내세웠지만 실제 그게 뭔지를 모른다. 또 그게 실천은 상당히 어렵다고 생각한다. 원래 모르는 사람이 디게 어려운 법이다.

그런데 문제가 생기지. 학생친화경영을 하면 우선 내가 보아도 학생은 대부분 좋아하고 학과의 발전은 확확 눈에 띄도록 보이고 학생의 사기는 팍팍 오르는데 반면에 학과교수들에게는 비상도 그런 비상이 없다. 학과교수들이 눈에 쌍심지를 켜고 치를 벌벌 떨며 나를 학과장에서 쫓아낼려고 혈안이 되어 똘똘 뭉쳐 떼서리를 지어서 이리저리 외고다니면서 찌를 수 있는데는 다 나를 찔러서 욕을 하고 모함하기에 영일이 없었다. 그들이 그것 할려고 비싼 월급받고 학교 올라오나? 그러나 내 앞에서는 순간적으로 다 표정관리하며 시침을 뚝 뗐다. 근데 타과 교수도 다 같이 합세해서 편묵고 얕자리 없이 엄청 더 달려들었다. 왜? 왜? Why? 학과와 학교가 잘 되는데 왜?

심지어는 학생과장이 직원으로 있는데 지사대에서는 학교에 따라 상당히 실세중의 실세였다. 하루는 학생과장이 불만이 생겨 눈까리 뾰족하게 도끼눈을 뜨고 내게 달려들었다.

"이 교수님은 학교편이 아니고, 학생편이라고 학교에서 다 말합니다."

지사대에서 실세 학생과장에게서 이런 말이 나오면 학교편을 안 들어서 마음에 크게 안든다는 쇼리고 앞으로 심사숙고해서 줄을 잘 서고 처신 잘해라, 우리는 벌써 성분분류를 다 끝냈고 계속 지켜보겠다는 경고를 한껏 날린 것인데 나는 그 쇼리를 듣고도 속으로 웃고 치웠다. 마음 약한 지사대 교수가 이런 쇼릴 들으면 한달 정도 밤잠을 못자거나 마음이 조금 센캐 교수라면 한달정도 길길이 날뛸 것이다. 그러나 나는 그말을 듣고도 지금까지 한 마디도 안 하고 걍 덮어 버렸고 그후로도 학생과장과 친하게 지내고자 했고 나중에 순직했을 때는 멀리 서울을 지나서 북쪽에 있는 고양시까지 문상을 가서 직접 명복을 빌어주었다. 다 고생했는데 어쩌겠는가?

나는 학생친화교육을 한번도 직간접적으로라도 전혀 내세운 적이 없지만, 입도 벙긋 안했지만 비슷하게라도 그들의 오랜 관찰 끝에 맞추기는 얼추 쪼까 맞추었는데 그러나 그 진의와 효과는 전혀 알지 못했지만 다만 나로서는 그들이 나를 '학생편'이라고 경고를 날려주니 매우 영광이었다. 그렇치, 바로 그거야! 근데 무슨 문제있어?

그러니 교육을 잘 이해를 못하는 사람과 교육백년지대계를 말해봐야 무슨 소용이 있겠는가? 그러니까 직원실세학생과장까지 내게 반재단파라고 합세해서 달려들었다. 최종적으로는 극소수 일부 학생들은 내게 친재단파라고 합세해서 달려들었다. 이런 희한한 일도 있나? 이거 뭐 몬도가네 찍나? 親李教授(친리교수)라인은 없는가? 어디 있어도 있겠지. '침묵하는 다수Silent Majority'인가? '부끄러워하는 소수, 샤이Shy'인가? 타과 학생은 나를 존경하고 멀리서 와서 수강신청도 잘하고 강의도 열심히 듣는데 최후에는 오히려 본과 일부 극소수 남녀학생이 얼굴 씨뻘겋게 해서 악에 바쳐 왜 달려드나? 글쎄 뭐, 다 이유가 있겠지. 배후없는 일이 어디 있겠나? 근데 그 배후가 어디서 오나? 동풍이야? 서풍이야? 남풍이야? 북천 똥바람이야? 뭐 어디서 와도 오는데가 있겠지. 오는데 없이 오겠나?

그리고 스승의 은혜를 배신하면 안된다는 것을 背師律(배사율)이라고 하는데 근거없이 배사율을 범하면 반드시 그 대가는 아주 혹독할 것이야!

결국 내가 대학에서 의원면직형식으로 쫓겨나올 때는 반재단파와 재단파의 여성총장 등등의 '엄청난 협공'을 받고 나왔는데 그러면 과연 나는 누구의 편인가? **학생편 들어서 학교발전하면 진짜 학교편 아닌가?** 리얼 학교편? 찐 재단편? 리얼 학생편? 찐 교수편? 이거이거 진짜 『천부경』사상이야!

그러면 상투적으로 말하듯이 나는 아무 편도 아니고 중립인가? 독야청정인가?

그럴 리는 없고 다른 사람이 나를 평가하는 것을 도와주기 위해 내가 나를 굳이 평가한다면 **"간주재단파"**로 본다. 그러니까 "나는 재단파로 간주되고 있는 듯하니 그 여망에 부응하여 <u>나도 나를 재단파로 간주한다.</u>"는 교수로서의 성찰이다. 무슨 말이냐 하면 그들의 얘기를 내가 정리하면 간주재단파로 생각되니 그래서 나는 자의반 타의반이 아니고 완전 자의로 나를 '<u>간주재단파</u>'로 자리매김한다는

것이다. 이는 내 전공인 노동법을 원용해서 평가한 것이다. 학생친
화교육과 경영이 이처럼 어려운 것이야!

근데 이건 또 무슨 소리인가? 학생편이면 반재단파 아닌가? 라고
생각하겠지만 그건 절대 아니고 불교로 말하면 부처의 중도사상을
따른 것이지. 부처의 일대사 중도사상은 앞으로 계속 설명할 기회를
갖기로 하자.

그러나 진심으로 학생편만 들면 되니 마음만 먹으면 실행은 가장
쉬운데 무엇보다 학과와 대학발전은 확실히 보장하지. 누가? 내가!

그러나 호사다마라고 입에 개거품 물고 달려드는 연놈이 많다는
것도 확실히 보장하지. 누가? 내가!

그러나 별다른 예산도 직책도 수당도 규정도 회의도 위원회도 필
요 없다는 것도 확실히 보장하지. 누가? 내가!

어때? **"학생친화경영의 이론과 실제!"** 이해하겠는가? 또 내 교육
철학을 어설프게 표절해서 말만 베낄려고 하지 말고 진심으로 심사
숙고해야지. 잘못하면 역공과 되치기 당하지. 그러니까 당신 교육철
학이 확고히 될 때 해야지, 조금이라도 겁나면 하면 안돼! 글구 괜히
객기 부리지마! '이거이거 내가 평소에 내가 다 생각하고 있었던 겁
니다, 내가 하면 더 잘합니다!' 글쎄, 공연히 객기부리다가 당신도
죽고 학교도 더더 힘들어져! 설사 쫓겨나더라도 소신에 변함이 없겠
다면 한번 해 보시지. 원래 호사다마고 고위험 고수익이야, 다 같은
말이야.

학생 잡아! 실험실습비 잡아! 학생지도비 잡아! 예산 잡아! 장학금
잡아! 취업추천 잡아! 학생회 간부 잡아! 교수 잡아! 꽉 잡아! 까불고
들 있어! 그렇지, 잡아야지, 근데 그러다가 학과도 대학도 다 잡지.

그러다가 갑자기 뭐 헛것보였는지 웬 학생친화교육? 걍 하던대로
해! 괜히 민폐끼치지 말고!

또 다르게 나는 학자이므로 학문적으로 평가하면 나는 나를 문화
인류학적으로는 **"참여관찰자**Observer as Participant**"**로 평가한다. 이
게 나 자신의 가장 객관적이면서 주관적인 학문적 분류지. 물론 완
전참여자Complete Participant로 보이는 측면도 있을 수는 있으나 그
건 아니고 어디까지나 관찰자지.

결국 나는 **"교수파," "학문파," "참여관찰파," "간주재단파"**로 최종
자리매김하고 나왔다. 내가 교수고 학자니까 당연하지, 잘 했지. 순
수교수파, 순수학문파면 더 좋겠지만 좋은 이름에 굳이 다른 수식사
를 붙일 것까지는 없다.

"순수교수는 없다, 교수만이 있을 따름이다."

그러면 교수파면 무조건 교수편을 드나? 무슨 그런 소릴? 학생은
잘못해도 나는 학생편을 들어준다, **왜 학생이니까!** 그러나 교수는
성인이므로 조금 다르지. 교수가 교수를 잘하려고 할 때는 무조건
편들지. 그 외는 뭐 별로.

이에 비해 성철 스님은 높은 법력으로 4부대중의 확고한 지지를
받았고 현대 대한민국에서 선불교를 크게 흥법하였으니 대단한 일
이었다. 불교의 진리를 정확하게 『정법안장』하여 흥창하였다. 누구
도 하지 못한 1대위업이다.

나는 성철 스님의 정책을 최근에서야 알았는데 나는 이미 하고 있

었기 때문에 아는데 내가 그걸 학문적으로 정확하게 이름 붙이면 **"선승친화정책"**이다.

이처럼 경영은 이론적이며 실제적인 것이고 과학적이며 기술적인 것이고 보편적이며 특수한 것이다. 그러니까 성공하는 경영은 어디서나 보편적으로 다 통한다. 대학이나 기업이나 산사나 인간조직은 다 통하지. 그렇지만 그 문제점이 발생하는데 고거는 각자 다르므로 각자 해결해야한다. 스펙트럼이 다른 것이지. 스펙트럼이 같으면 같은 문제점이 나오지. 그러니까 시작은 같이 하나 끝에는 **각자도생**하는 것이지. 그런데 각자도생이 그런 뜻인가?

근데 그때 1983년의 그 사건이 일어나자마자 구산(1910~83) 스님을 중앙일보 언론인이 송광사로 찾아가서 만났다. 그때 구산 스님은 말했다.

"사회가 병들어서 불교가 병들었지, 불교가 병들어서 사회가 병들었나?"

그리고 나는 곧바로 원당암을 물어물어 찾아가 선수련에 대해서 알아보았는데 혜암(1920~2001) 스님 지도하에 첫, 셋째 토욜 격주로 월2회 철야용맹정진을 하고 있었다. 그래서 나도 그후 월2회 빠뜨리지 않고 철야선수련용맹정진에 실참하였다.

혜암 스님은 우리나라 대표적인 선승의 한 사람으로서 키가 작고 꽝 마른 몸매에 장좌불와의 수행풍모와 선기가 넘치는 눈매를 하고 역시 아우라가 밝게 빛났고 설법도 하면서 자기 키만큼이나 긴 장군죽비를 들고 밤새워 일반인에게 선을 지도하였다. 나는 혜암 스님에게서 화두를 받았다. 뜻깊은 화두였다. 이 선수련은 내가 교수가 될 때까지 3년을 계속하였다. 그때 담박 깨닫지는 못했지만 그래도 조금이라도 깨달았기만을 바라고 그래도 心田(심전, 마음밭)에 선씨(禪種)는 뿌렸기만을 바란다. 이뭣고? 是甚麼! 시심마! 내 마음의 불성을 조금이라도 일깨웠기만을 바라는 것이다. 초발심시변정각이 어딘가? 그것만해도 대단한 것 아니겠는가? 그후 혜암 스님은 조계종 종정예하가 되었다(1999).

이 시대의 대표적 선승 숭산행원(1927~2004) 스님은 화계사조실이었다. 서구의 데카르트(1596~1650)는 "나는 생각한다, 고로 나는 존재한다. *Cogito, ergo sum.*" 이라고 했는데 이는 〈나〉를 발견하여 〈인간〉을 발견하고 서구의 르네상스시대를 크게 개창하였다. 서구에서 인간의 발견은 데카르트에서 시작한 것이다. 이에 대해 우리의 숭산행원 스님은 다음과 같이 법문하였다.

"데카르트는 이렇게 말했다. '나는 생각한다, 고로 나는 존재한다.' 이 '나'는 바로 '생각하는 나'이다.' 그러나 만약 우리가 생각을 하지 않는다면, 그 때는 무엇이 될까? 입을 열어 말하면 벌써 그르친다. 그러나 만일 우리가 '생각 이전의 나'를 깨닫는다면, 그 '나'는 순수하고 깨끗하면서 항상 우리의 앞에 있다는 것을 알 수 있다. 그러면 어떻게 우리의 참 '나'가 올바르게 역할을 하여 중생을 구제할 수 있을까." 「서문(1989. 5)」.[11]

---

11) 지은이/숭산스님 · 옮긴이/최윤정, 『바람이냐 깃발이냐 - 아메리카를 뒤흔든 禪의 세계 -』「서문」(서울: 법보출판사, 1992. 9), pp.5~6.
『세계일화: 365일 매일공안(The Whole World is a Single Flower, Charlese E. Tuttle Company, INC. Boston, USA, 1992)』.

하루는 신문을 보니 조계사 대웅전에서 매주 1번씩 법문을 5회한
다고 하였다. 그래서 내가 새마을기차를 타고 가서 매주 올라가 법
문을 듣고 밤늦게 내려왔다. 5회중 4회를 참석했는데 4주차는 피곤
해서 도저히 못올라갔고 마지막의 5회차는 가서 선법문을 들었다.

첫날 나는 법문이 끝난 후 숭산행원 스님의 저서에 싸인을 요청하
였다. 그러자 숭산행원 스님은 다 끝나고 다시 오라고 하였다. 그래
서 기다렸다가 잊지 않고 헤어지기전 다시 찾아가 서명을 요청하였
다. 그러자 숭산행원 스님은 흔쾌히 서명을 해주었다.

"麻三斤! 마서근!"

숭산행원 스님은 마3근을 다 쓰고 "麻三斤! 마3근!"이라고 한번
크게 외친 후 천정을 쳐다보며 껄껄껄 웃고 책을 돌려주었다. 법문이
끝난 뒤로는 다시 뵙지는 못했지만 항상 웃는 얼굴로 부드러운 선풍
을 미국과 일본 등 국제적으로 드높힌 모습이 여전히 눈에 선하다.

마3근은 무슨 뜻인가?

"............."

오래동안 이 화두는 내 가슴에 남아 평생 울림을 주고 있었는데
지금 가만히 생각해 보면 숭산행원 스님이 내게 화두를 내려준 것
같다. 그 깊은 뜻을 1조각이라도 깨쳤어야 하는데 이제 겨우 정신이
나 차리려고 하고 있다.

내 3십세 생일을 맞아 성철 스님을 친견하고 가르침을 받고자 1
대서원을 세우고 3천배까지 했으나 직접 친견을 하고 가르침을 받
지는 못하였지만 소중한 상단법문에는 참여를 하였고 그자체가 이
미 큰 가르침이라고 생각했고 혜암 스님의 지도하에 선수련도 3년

간 하였고 숭산행원 스님의 선법문에도 참여하여 1대서원은 무사히 만족하게 종결되었다.

그후로도 불교와의 뜻깊은 인연은 계속되어 부산 해운정사를 자주 참배했는데 나중에 진제 스님이 종정예하가 되었고(2012) 그후 나는 통도사 화엄산림법회를 한 달 꼬박 참석했는데 그 법회중에 성파 방장스님이 종정예하로 추대되었다(2021. 12. 13.). 역시 두 분 모두 직접 친견한 적은 없으나 다 뜻깊은 법연이라고 생각한다.

둘째는 책을 1권 저술하는 2대서원을 세웠다. 뭔가 3십세에 생애의 첫 저술이 있어야 할 것 같았다. 그래서 계속 노력하여 1년 뒤인 1987년에는 나의 첫 학술논문을 대학논문집에 게재하였고 드뎌 다음해 2년뒤인 1988년 나의 첫 학술저서를 출간하였는데 이 책은 1생의 나의 중심개념을 형성하였다. 이 **조직사, 조직사상사, 역사조직학**은 내가 처음으로 학문분야를 창립한 것이다. 매우 힘들었지만 극력 수행하였다. 또 출판은 도와주는 사람이 있어 가능했으니 도와주신 분들께는 항상 감사드리는 바이다.

앞으로 더 연구해야할 분야가 너무 많은데 나는 지금까지 단독전문학술저서를 8권 저술했고 이『회고록』까지 하면 9권을 저술하게 되는데 이 책들의 해제는 여기서는 모두 줄이기로 하고 추후 기회를 만들기로 하겠다.

그리고 교수가 된 다음에는 **문화마케팅**이라는 학문분야도 수립했고 그 외도 새로이 시도한 분야가 많이 있는데 추후 설명할 기회가 있으면 하겠다. 문화마케팅은 이미 이런 이름도 있지만 이 이름이 정확해서 사용하게 되었다. 문화마케팅(문마론)은 우선 경주지역밀착형연구를 위해 수립했지만 다른 지역도 널리 포괄하여 연구하고자 하고 있다.

그리고 이 학문이라는 것이 결코 쉬운 일이 아니다. 2014년에 책 교정보다가 한번은 대낮에 연구실에서 왼쪽 아래 잇몸에서 피를 백두산 천지처럼 철철 흘려 12시간을 흘린 적도 있고 2016년에는 책을 거의 탈고하고 한번은 집에서 자다가 아침 일찍 오른 쪽 코에서 코피를 철철 흘리며 일어나 13시간을 피를 마치 백두산 장백폭포처럼 우당탕우당탕 흘린 적도 있다. 책1권 쓰는게 쉬운 일이 아니다. 그리고 퇴직후에는 쓰러져 3년을 입만 달막달막하며 누워있은 적도 있다. 그래도 나는 항상 태연하였다. 별달리 마음 쓸 것이 없었다.

그리고 1988년 첫 학술저서가 출판 즈음에 나는 다시 2가지 서원을 세웠는데 아직도 지금은 말하기는 어렵다.

이처럼 2대서원도 무사히 종결하였지만 책1권으로 끝나는 것이 아니고 지금도 계속 진행하고 있다. 이 서원은 끝날 때까지 끝나지 않을 것이다.

셋째는 나의 3대서원은 교수가 되는 것이다. 그리하여 1987년부터 시간강사를 하면서 계속 노력한 결과 1990년 마침내 교수가 되어 3번째 서원도 무사히 종결되었다. 이로써 교수는 시간강사를 합해서 햇수로 32년간의 나의 1생의 직업이 되었다. 특히 고향인 경주에서 교수가 되어 더욱 뜻이 깊었다. 교수가 된 것은 무엇보다 학문을 한번 해보자 라는 서원에서였다. 그래서 나는 경영학, 조직학, 조직개발 뿐만이 아니고 다양한 분야에서 연구와 저술활동을 하였다. 조직사, 조직사상사, 역사조직학, 문마론을 개척한 것도 뜻깊다.

그런데 학문에 빠지면 건지는 약이 없다 고 하는데 그 정도로 열심히 하였고 강의에도 열중하여 **강의불패**를 이루었는데 32년간 교수를 하면서 단1번도 폐강이 없었고 다 즐겁고 유익한 숨이 되었다.

그리고 학회에도 열심히 참석하였다. 학회에 거의 대부분 영구회원으로 가입하여 시간을 내서 학회를 빼놓지 않고 꼭 참석하였다. 과연 '학회의 사나이'라고 할 만하였다. 근데 학회가 대부분 서울에서 열리는지라 서울을 열심히 다녔는데 교수를 하면서 학회에서 얻은 이 새 지식이 교수로서 숨과 연구, 논문, 저술, 학생지도, 학교발전에 크게 도움이 되었다. 나는 학문을 위해 어떤 때는 카드론을 하면서까지 새로운 내용의 발표가 있으면 천리를 불사하고 언제나 참석하는 것을 즐겨하였다.

근데 도고마성이라고 이게 뜻밖에 모함의 소재가 되었다. 즉 서울로 교수직을 옮길려고 운동하러 내가 서울로 간다는 쇼리를 끝도 없이 하며 교수하는 내내 이 모함이 끝까지 따라다녔고 퇴직 후에도 항상 따라다녔다. 그런데 근거없는 이 모함이 아주 잘 먹히는 것 같았다. 더욱이 그걸 내게 묻는 사람도 아무도 없었고 전부 뒤에서 숨어서 할금할금 모함하는 더러운 그런 짓을 계속하였다.

나는 32년간 교수를 하면서 경주대학교에 채용된 뒤에는, 그러니까 1990년이후로 2022년 오늘날까지 한번도 다른 대학에 채용서류를 내본 적이 없었다. 그런 문의자체도 한번도 한 적이 없었다. 단한번도! 그런데도 아무 증거도 없이, 실체도 없이 맨날 승진철이나 보직철마다 늘상 잊지도 않고 그리고 퇴직한 날 뒤에까지도 유령처럼 따라 다니며 그렇게 나를 모함하였다.

퇴직하고 나오는 날 서류 땜에 교무과에 갔더니 나의 평온하고 즐거운 표정이 이상했던지, 남자직원이 지 따나 젤 궁금한 것을 관심이 없는 척하며 쓸쩍 물었는데BCQ, 그 질문이 느닷없이 "다른데 갑니까?" 였다. 참, 지난 28년간 일관적이고 한결같은 인생들이야! 그래서 내가 식상해서 "더 노력해야지." 라고 말했다. 이건 무슨 말인냐? 하면 여기서 내가 더 노력한다는 것은 그런 쓰잘데 없는 질문은 하지 말라는 뜻이고 나는 퇴임 후 학문에 더 노력해야한다는 말이다. 어떻게 보면 동문서답이고 우문현답이지.

퇴직한지 얼마 뒤에도 같이 근무했던 퇴직교수에게서 반갑게 전화왔는데 한두마디 인사 끝에 곧바로 "이제 뭐 합니까?" 라고 물었다. 참, 28년간 한결같고 일관적인 인생들이야! 아마 이게 젤 궁금한 모양BCQ이고 그래서 안하든 전화를 한 것 같았는데 '역시 어디 갑니까?' 와 같은 쇼리다. 나는 이번에도 즐거운 목소리로 완곡하게 "일단 좀 쉬어야지." 라고 대답했다. 이 말은 그러니까 쉬는 사람에게 그런 질문 좀 하지 말라는 것이고 쉬면서 연구를 더 해야한다는 말이다. 나왔는데 또 어딜 들어가? 왜 꼭 어딜 들어가는 것만 생각하지? 완전 머리에 인 박혀있다. 역시 내 대답은 쉰다고 해서 쉬는 게 아니고 그게 연구를 한다는 뜻이다. 물론 좋은 대학에서 오라하면 가겠지, 그러나 그건 내 연구에 도움이 될 때 그러는 것이지.

글구 내가 국가공인컨설턴트로서 인생컨설팅해주고 싶은 최고의 덕목은 이것이야! 항상 인생에서는 쉬는 게 남는 게야! 쉬는 것을 젤 감사하게 생각해! 그러니까 한번 쉬면 영영 내 자리가 안돌아오는 것 아냐? 고 조바심 내고 똠방거리고 돌아다니지 말고, 연구를 하고 싶으면 연구를 하고 시를 쓰고 싶으면 시를 써! 문학평론가를 하고 싶으면 해! 배고프면 알바 뛰어! 젤 좋은 알바는? 제시카 알바 아냐?

그리고 니 있는 자리를 지켜! 현재 니가 있는 나와바리가 젤 좋은 자리야! 이리저리 뜀방각하가 되어 기웃거리지 말고 항상 현재 있는 니 자리를 최고로 만들어! *항상 감사하고, 항상 기도하구, 늘 즐겁게 살구!* 훌륭한 인간이면 더 그래야지. 글구 더 좋은 자리 나면 가겠지, 가는 게 아니라 **더 좋은 자리에 있겠지.** 그건 내 계획에 따르는 것이지.

생각해봐! 내가 32년간 교수생활했는데 그걸 이제 1년, 3년, 5년 더 한다고 **빛**이나? 난다고 생각하는 사람도 있겠지만 이왕 나온 김에, 엎어진 김에 쉬어 간다고, 자기 하고픈 일을 해야지. 그러다 보면 더 좋은 일도 생기겠지. 물론 내가 대학에서 남아있으면 꼭 하고픈 일은 있기는 있으나 그건 또 차차 얘기할 때가 있겠지.

봉사를 하고 싶다고? 그럼 봉사를 해! 배낭여행하고 싶다고? 그럼 배낭여행을 해! 영화 보고 싶다고? 그럼 영화를 봐! 바다가를 걷고 싶다고? 그럼 걸어! 술을 먹고 싶다고? 그럼 먹어! 푸지게 먹어, 요새 술값도 싸잖아! 글구 낼 아침 9시, 1교시 술 걱정할 거 없잖아! 그러면 크게 건강걱정할 것도 없어! 바닷가 걸으면서 술 먹고 싶다고? 그럼 바닷가 걸으면서 술 먹어! 뭐가 문제야? 강가를 걷고 싶다고? 그럼 걸어! 모가 문제야? 골동품, 고미술, 고서 좋아한다고? 그럼 골동품, 고미술, 고서 상가를 찾아가서 감상해! 운동 좋아한다고? 운동해! 산수강산을 트레킹하고 싶다고? 그럼 해! 우리나라 강산이 얼마나 아름다운지 한번 봐 봐! 올레길, 둘레길 한번 걸어보고 싶다고? 그럼 걸어! 활쯔 프라블럼? 교수를 또 하고 싶다고? 그럼 해! 근데 교수해서 뭘 하겠다고? 강의하고 싶다고? 연구하고 싶다고? 그럼 교수해서 강의하고 연구해!

근데 잘 생각해봐! 교수로 있을 때 못한 연구를 지금 다시 교수한 다고 할 수 있을 것 같애? 할 수 있다고? 그럼 해 봐! 그런데 지금까 지 왜 못했지?

연구하겠다고 다시 교수연구실로 가서 또 여러 사람 만나 사교적 으루다가 떠들썩하게 티 마시고 테니스 치고 티뷔 보며 3T로 시간 보내는 것 보다 퇴직해서 정 연구하고 싶으면 걍 도서관으로 바로 출근해서 혼자 조용히 연구하는게 더 낫지 않을까? 꼭 연구하고 싶 다면 그게 더 낫지 않을까?

고독하다고? 연구가 원래 고독한 거야! 연구에서 뭘 바래? 연구하 고 싶어 연구하면 됐지, 연구에서 뭘 바래? 사교적으루다가 바둑 두 면서 연구하고 싶다고? 그것봐, 그렇지!

그러면 연구실에서 연구한다고 사람 안 만나고 문 꼭 닫고 있으면 어떻게 되겠어? 당장 이상한 교수라고 소문나고 쫓겨나지? 니 문제 가 뭔지 이제 알겠어? 꼭 내가 말해줘야 알겠어?

도서관에 가서 젊은 애들 사이에서 남루하게 연구하고 앉아 있으 면 쪽 팔린다고? 바로 그거야! 니 문제가 뭔지 알겠어? 잠심탐구하 고 정신집중해 있는데 쪽 팔리는 것을 어떻게 느껴?

글구 이건 좀 애매모호한 문젠데 니가 교수를 또 하면, 그러면, 교 수를 하겠다고 오매불망 기다리고 있는 학문후배들은 어떻게 해? 이 제 할 만큼 했으면 후배들 밥그릇 빼앗지 말구 이제 의자를 비워줘 야지. 지도받겠다는 후배들은 물론 지도를 계속 해줘야지, 그러나 마음에 들든 안들든 이제 그들에게 맡겨야지. 믿고 맡길 만한 학문 후배가 없다고?

니가 날고 기고 그 분야에서 니 아니면 사람이 없어? 그게 다 후계자양성을 안한 니 문제야! 니 문제야? 아니면 니 후배 문제야? 어쨌든 후배가 없고, 그래서 호랭이를 일부러 안 키웠다구? 어쨌든 집안에 돈이 필요하니 계속 하겠다구? 그러면 니 그 '잘난 학문'은 바로 없어져!

그러면 궁금하지? 처자식이 있으면 어떡하느냐 고? 처자식도 돈이나 권력이 필요하다고? 필요하지, 그러나 처자식도 마찬가지지. 처자식도 이미 강해! 그러니까 그들이 강한 것을 걍 이끌어 내주면 돼! 그들이 지 팔 지 흔들고 살아야지, 누가 지 죽을 때까지 흔들어 주는 사람이 있겠어? 아빠찬스, 엄마찬스 좋지, 나는 결코 반대 안 해! 다만 그런다고 되는 것 아냐! 글구 지금 반대한다는 자도 나중에 더 할 자도 쌔버렸서! 사돈 남말 하지말구, 내가 젤 싫어하는 양두구육이지!

내가 교수를 해보면 간혹 엄마아빠, 심지어 형까지 대단한 학생을 많이 봤지, 그들은 지사대교수인 내 정도도 우습게 볼 수 있는 사람들이야! 그러나 그 아이, 동생은 지사대 들어와 남들은 다 놀면서도 한다는 졸업도 못할 정도였지, 어떡할 거야! 그러니 그 아이가 마음 편하게 자기 갈 길을 열어줘야지, 비싼 돈들여 외국유학을 보낸들, 지사대 교수를 찾아와 저녁을 산들, 음료수를 사들고 와서 부탁을 하고 찬스를 만들어 준들 되겠는가? 그것보다는 지 하고 싶은 일에서 밥벌이나 하게 해주는게 낫지, 그리고 그 돈은 적금 들어주는게 훨 낫지.

개별 학생사례를 드는 것은 차차 기회가 있으면 하기로 하고 간단히 한가지만 먼저 말하면, 이게 간단한가? 만, 어느날 커리어 우먼풍인 중년부인이 아주 걱정스런 표정으로 나를 찾아왔지. 예전에 입학식할 때 이미 보고 안면이 있는 중년여성이었고 당시 1학년 1학기 중에도 상담 땜에 본 적이 있는 것 같았어. 인사해보니 여교사인데 자기 아들이 이제 군대에서 막 제대해서 학교에 복학을 하려는데 지도를 잘 좀 해주십사 라는 것이었지. 그거야 뭐 내가 늘상 하는 직업인데 뭐 어려울 것도 없고 이름을 들어 보니 학생도 이미 1학년때 수강해서 기억이 나는 아는 학생이었지. 그래서 나는 흔쾌히 그러겠다고 했는데 나중에 찾아 왔는 학생을 보니 역시 그때나 지금이나 다른 학생과 별로 다름없이 평범했고 특별한게 없고 소극적이긴 하나 그저 그랬어.

그래서 나는 무슨 일인가? 하고 생각했지만 달리 알고픈 것도 있을 것이 없을 정도로 학생은 그저 그 또래 학생과 별반 다름없이 멀쩡했어, 아니 뭣 보다 대한민국 군대에서 병장으로 제대했는데 이제 성인 중의 성인인데 뭐가 문제야? 이미 군대에서 **4학년** 졸업한거나 진배없지. 그래서 친절하게 생활지도와 수강신청을 지도해줬는데 근데 막상 서류를 찾아보니 내 지도학생이 아니고 학년이 바뀌어 바로 옆방 교수의 지도 학생이었어. 그래서 어떻게 할까? 잠시 생각하다가 말했지.

"근데 너는 지금은 옆방 송 교수 지도학생으로 돼있어, 이제 네가 옆방 송 교수를 찾아가서 복학 인사를 하고 수강신청을 싸인 받으면 돼. 여기서 부턴 니가 하면 돼, 내가 같이 가서 말해줄 필요가 있겠나?"

그러자 남대생은 표정이 조금 밝아지더니 나름 씩씩하게 대답했다.

"아니, 제가 가서 하겠습니다."

그 남대생은 내 과목도 같이 신청해서 수강했는데 한 학기 동안 다른 수강생인 남녀대학생과 젊은이답게 금방 친해져서 웃으면서 대화도 하고 즐겁게 잘 지내는 것을 볼 수 있었지. 사실 여대생이 좋아하는 얼굴이 희고 약간 핼쓱하고 키가 적당히 크고 마른 형이고 가정교육이 기본인 품행도 있었지. 여대생이 좋아해? 완전 좋아하지! 다만 교수로서 내가 아쉬운 것은 한가지에서라도 특출난 것이 안 보였지, 그건 이제 옆에서 일깨워주고 그 자신이 자각하고 열심히 노력해야할 일대사 과제지.

그런데 답안이 생각밖에 좀 부족했어, 그래서 무슨 일인가? 애는 암만 봐도 멀쩡한데. 그래서 나는 조금 생각한 끝에 그래도 약간 $+\alpha$ 해서 B$^+$을 줬고, 그러자 그 순간 대번에 그 남대생은 연락이 끊겼고 다시는 내 과목을 수강신청하지 않았고 그 어머니도 전혀 연락이 없었고 나도 일부러 불러서 면담을 하는 등 A/S를 하지 않았고 그 학생도 결코 찾아오지 않고 그후 평생 다시 만나지 못 했다. 복도나 운동장이나 버스탑에서조차도 한번 마주치지도 않았다. 무슨 일이지? 그러나 잘 지내고 있을 것으로 본다, 무소식이 희소식 아니야? 부모의 과중한 기대가 있다면 이제 대학을 들어오면서부터 슬슬 접고 환상을 깰 때는 과감히 깨고 인정할 것은 인정하고 그 시점에서 다시 인생항로를 잘 생각해야지. 인생은 마라톤이야!

고교 때 열심히 공부해서 명문대 경영학과를 나오고 법대를 나오고 의대를 나오면 평생 좋지만 그러나 인생은 그것으로 다가 아니야, 지사대를 나와 지 길을 가서 늦터어도 지 인생을 하루라도 제대로 사는 게 중요하지. 나는 그 남대생이 잘 되기를 기원하였다.

있는 그대로 진로를 열어주는 것이 최고인권존중 아니야? 본인도 마찬가지로 스스로 강해져야 하는데, 그게 아니고 요새 젊은이는 알고 보면 아는 것도 많고 말할 필요도 없이 이미 강해져 있어, 대부분 부모들이 포대기로 덮고 이불로 꽁꽁 덮고 '이불 밖은 위험해!' 하고 있으니 걍 그러고 있는거지, 교수는 그걸 스스로 알게 해주면 되지. 그리고 그게 내가 해줄 수 있는 최고의 학생지도지, 아니, 학생지도가 필요없는 학생을 왜 붙들고 있어? 교수까지 착각하거나 착각을 방조해야해? 왜? 현실이 경영학보다 더 경영학이야?

물론 외국유학 등 새로운 진로를 탐색하는 것도 상당한 방편이지, 나도 추천을 하지, 그러나 그런저런 이유로 외국유학 가는 학생이 어디 한둘이야? 지금은 그런 열풍은 많이 준 것 같고 요새는 고교 졸업하면서 바로 대학을 외국으로 진학하는 경우도 매우 많은데 나도 지지하지만 기러기아빠 등 많은 민폐가 생기지, 이 경우는 가폐인가?

그러니 나는 대학1학년 입학 때부터 자기 혼자 기숙사나 하숙집에 가서 학업을 영위할 수 있으면 가는 것도 바람직하다고 봐. 그러나 가족을 희생하면서까지 가면 그 대가도 반드시 만만치는 않지, 더욱이 가족이 괜히 사서 고생하고 '희생 코스프레'하면 반드시 그 대가를 치르지, 다 나의 권고지. 부모도 부모의 인생이 있고 자식도 자식의 인생이 있어, 괜히 어문 자식 핑계대지 말고 '각자 따로 또 같이' 가야지. 자식을 위해 뼈골이 빠지도록 돈을 벌어야 한다 고? 자식은 공부만 하고? 글쎄 그러든지.

Q&A인가? FAQ인가? 완전 집단세뇌되었다. 나오면 어디 가십니까? 뭘 하십니까? 그게 젤 궁금해? 그게 **"가장 궁금한 질문(BCQ: Best Curious Questions)"**이야? 진짜 BCQ를 물어야지. BCQ, 이

단어는 내가 가장 필요해서 내가 직접 만든말이다. 『옥스폰사전』에 올려야지.

그러니 물론 갈 때 되면 가겠지, 가면 내가 간다고 인사할께! 대부분의 다른 어떤 연놈들처럼 가면서 인사도 안하고 살금살금 몰래 가지는 않을께!

그런데 가만 보면 그게 아니고 그렇게 나를 모함해 놓고는 틈만 나면 저거가 다 서울로, 다른 대학으로 목에 힘주고 의기양양하게 튀었다는 것이다. 페인트 모션이야? 그렇지 뭐, 다 그런 것이 세상이야! Such is the World! 그러면 나는 굽은 나무가 선산을 지킨다는 것인가? 그건 아니고 세상의 이치를 따르는 것이지.

이처럼 교수로 열심히 학문활동을 했는데 맨날 밑도끝도 없이 서울 간다는 모함하는 쇼리만 들었다. 많은 일들이 있었지만 먼저 한 가지를 얘기하면 2014년 나는 피를 철철 흘리며 오래 걸린 복잡한 책교정을 마침내 마치고 힘은 엄청 들었지만 뿌듯한 마음으로 책교정지를 소중히 감싸들고 출판사가 있는 대전을 가기 위해 신경주 KTX역에서 기차를 기다리고 있었다. 그때 대학에서 이미 한참 오래 전인, 15년이나 전인 1999년에 총장을 마치고 11년전인 2005년에 정년퇴임한 장윤익(1939~2021) 총장이 갑자기 다가왔다. 나는 반가워하며 인사를 하려하는데 그는 이상하게 인상을 잔뜩 찌푸리며 밑도끝도 없이 화난 목소리를 냅다 크게 질렀다.

"어디 갑니까?"

그래서 나는 인사할 기회도 없이 이상해서 우물쭈물하며 말했다.

"어디 좀 갑니다."

그러자 그는 다시 인상 있는대로 구기고 대뜸 말했다.

"서울 갑니까?"

그러니까 서울로 대학을 옮길려고 운동하러 가느냐? 는 또 상투적인 그 쇼리였다. 나는 다시 우물쭈물하며 말했다.

"서울은 아니고 어디 좀 갑니다."

그러자 그는 다시 세상 심각하게 얼굴을 찌푸리며 말했다.

"요새 거기 좀 복잡하지요?"

이게 본론인 것 같은데 간만에 KTX역에서 나를 만나 왜 이 따위 씨잘데기 없는 것을 떠올리나? 참 아무 발전도 없는 상투적인 사람이었다. 이런 쇼리는 너무 상투적이고 식상해서 나는 심드렁해져서 말했다.

"그저 그렇죠."("So So.")

무슨 인생들이 만나면 반가운 인사는 안하고 고담준론은 원래 없고 늘상 학교와 다른 사람에 대해 쌍욕만 하려고 달려드는지 알 수가 없었다. 그런데 왜 하필 내게? 내가 알 길없는 이유가 자기 딴에는 다 있겠지만, 아쉬운 일이다.

내가 이렇게 말하자 그는 고개를 외로 꼬며 나를 휙 쳐다보더니 말이 안 통한다는 듯이 티꺼운 표정으로 분기탱천해서 휙 가버렸고 그후는 행사장에서 1번 보았고 나중에는 정형외과병원에서 몇 번을 조우하였는데 내가 반갑게 인사해도 아파서 그런지 내가 티꺼워서 그런지 더 이상 정상적인 대화는 안 되었고 볼 때마다 늘 내게 이상한 인상 찌푸리며 못마땅한 표정을 지었다. 할 말이 있으면 그 자리에서 하면 되지 왜 인상만 새꼬리하게 찌그리면서 입을 쏙 다물고 고개를 외로 꼬는지 전혀 이해가 안되었다.

"요새 학교 시끄럽죠?"

인간들은 늘상 만나기만 하면, 만나자말자 대번에 머리를 휙 굴려서 무슨 중요한 쇼리라도 되는 듯이 숨을 죽이며 첫마디에 나직히 내 귀에 대고 귓속말로 하는 얘기였다. 이 말을 하고 내 반응을 떠볼려고 다들 안달을 하였다. 물론 다른 사람한테 가서도 그렇겠지.

그러면 나는 내 귀에 대고 그러는 자에게 한번은 하도 식상해서 조용한 목소리로 얼굴 쳐다보며 정색해서 힐문으로 즉답하였다.

"우리 학교가 언제 안 시끄러울 때가 있었나요?"

그러니 이는 그런 쓸데없는 쇼리 하지말고 교수로서 좀 생산적인 생각을 하라는 간곡한 고언이었다. 나로서는 그런 쇼리는 만개 쓸데없는 쇼리였다. 그러니까 내 입장은 "그걸 누가 모르나? 교수로서 니 일이나 잘해!" 라는 그런 말이었다.

그러나 그들은 결코 끝까지 그렇게 하지 못했다. 오히려 엄청 심각하게 같이 학교걱정하는 척하면서 그런 질문해놓고는 내가 무슨 말을 하든지 간에 학교가서 찌르는 말은 거의 같았다. 학교에 가서는 왜곡하여 늘상 효과를 극대화한다고 생각하는지 하는 말은 같았다.

"이 교수는 우리 학교는 맨날 시끄럽다 고 말합디다."

이렇게 이상하게 모함하여 밀고하였다. 이럴려고 교수가 되고 시인이 되고 문학평론가가 되었는지, 본업외에 여러 일을 주업으로 안달이 나있는 자들이 아주 많았다. 답정녀였다, 대부분이었지. 그리고 한달여가 지나고 전체교수입학홍보회의가 있었는데 입학처장이 앞에 서서 나를 주시하며 한번 쓱 둘러 보더니 같잖은 듯이 말했다.

"우리 학교가 언제 안 시끄러운 적이 있었습니까? 그럴수록 입학홍보를 열심히 해야 하겠습니다."

　그렇지, 내 말이 바로 그 말이지, 근데 뜻은 비스무리한데 말하는 뉘앙스는 영 반대였다. 나는 강당에 앉아서 군중 속에서 혼자 속으로 한참 기이하게 생각하였다. 여러 사람 앞에서 회의하는데 남 몰래 밀고 받은 것을 사실도 아닌 데 그렇게 까밝히려고 광분한단 말인가? 다 나를 엿 멕일려고 하는 짓 아니겠는가? 그렇게 한 두 번 그런 일이 있고 찌른 교수하고 또 입학처장하고 말없이 저절로 거래 종결이 되었다. 뭘 믿고 뭘 얘기하겠는가? 인간관계로서는 매우 아쉽지만 어쩔 수는 없었다.

　학교야 뭐 늘 그렇지, 그게 내나 자기가 아무데에서나 만나서, 만난 김에 대책없이 뜬금없이 아무따나 광분한다고 될 일인가? 그게 다 내 일이고 자기 일인데 남의 일처럼 책임전가하면서 쌍욕이나 하면 해결되나? 다들 왜 그러지? 그것은 오히려 문제해결만 더 어렵게 하는 것이다.

　글고 그렇게 학교걱정하는 척하고 정보수집해 놓고 돌아서서 성질은 왜 내? 억울하면 전직 총장인 자기가 가서 직접 해결하지. 지금은 고인이 되었지만(2021) 건설적인 대화를 못하고 **유종의 미**를 거두지 못하고 다시 만날 수 없는 길로 가버린 것이 못내 아쉽다.

　교주부부도 돈은 엄청 많지만, 어떤 사람들인데, 자기들이 필요하면 많든적든 돈을 쓸만큼 쓸 것이요, 필요 없으면 죽어도 한 푼도 안 쓰는 것이지, 돈 달라고 손 벌리고 징징대거나 뒤에서 욕하거나 돈 쓰라고 소매 끝을 잡아 댕긴다고 돈 쓰겠냐? '돈 쓰라구, 돈을!' 그런 자가 어디 한두 연놈이냐? 역지사지 아닌가? 니 같으면 쓰겠냐?

어떤 사람이 친구가 사장이었는데 만나기만 하면 괜히 돈이 없다고 죽는 시늉을 하였다. 늘상 그러니 그래서 듣다듣다 한번은 그 사람이 그렇게 어려우면 회사를 자기에게 도장 딱 찍어 넘기면 자기가 잘 운영해주겠다고 하였다. 그랬더니 그 담부터는 친구가 절대 그 얘기를 안 하더라는 것이다.

'요새' 복잡하다고 강조하는 것은 나름 머리 쓴 건데 그럼 자기가 있을 때는 안 복잡했다는 쇼린데 물론 그것은 그전보다야 훨씬 나아졌지만, 그리고 어려움 속에서도 학교발전을 위해 많은 노력을 했다는 그 점은 항상 나도 존중하지만, 그렇다하더라도 학교에 큰 문제든 작은 문제든 문제가 없기야 했겠는가? 다 덮어주고 덕담을 해주니 그렇지. 그러면 요새 복잡한 대학이 그럼 15년전까지 근무하며 대학총장까지한 지와는 아무 관련이 없단 말인가? 그럴 리가? 관계가 충분히 있지.

생각해봐! 퇴직하고 9년이나 지났는데도 아직까지 학교가 복잡하다고 열받아서 뜬금없이 지나가는 내게 달려든다면, 무슨 이해관계인지는 모르겠으나, 학교에 열받으면 학교가서 대들어야지, 왜 내한테 그래? 폭탄주 마시면서 맨날천날 만나는 지거 군달문제는 지거가 해결해야지 왜 고요한 연못에 와서 신선처럼 세상 모르고 사는 사람에게 느닷없이 없는 폭탄주 찾나? 이 폭탄주가 니 폭탄주야? 저 폭탄주가 니 폭탄주야? 작취미성이야?

이에 비해 나는 경주대에서만 28년을 봉직했으나 내내 부처장은커녕 학부장도 한번 못하고, 초전설 교수로서 그 근처에도 못가고, 바로 이 2~3년 뒤 정년도 엄청 못채우고 반재단파와 재단의 엄청난 협공을 받아 완전 쫓겨나왔는데, 그래도 말이 없는데, 인생이란 무엇인가? 욕심이란 무엇인가?

나도 내 코가 석자고 책교정 보다가 피를 철철 흘리며 그저 죽기 전에 책출판만 하면 소원이 없겠다고 강의야, 연구야, 입시홍보야 그 바쁜 와중에 겨우겨우 한나절 짬을 내서 허부고뜯고 대전 가려는 데, 그런 내한테 왜 그렇게 원인도 이유도 없이 아무 개연성도 없이 달려드는지? 내게는 그런 인생의 그런 불평불만도 다 철없는 자의 한가한 쇼리고 받아줄 하등의 이유도 필요도 없었다.

글구 내가 서울 가면 갔지, 50대에 이미 총장을 두 번씩이나 하고 대한민국 대학에서 혜택을 충분히 봤다면 본 지가 왜 택도 없이 째까리를 내고 시기질투를 하며 애가 달아 인상을 팍팍 쓰며 뜬금없이 KTX역에서 시정잡배나 할 난리를 피우는지 알 수가 없다. 내하고 퇴직했는 지가 무슨 경쟁자라도 되나? 총장을 두 번이나 하고 퇴직한 자가 부처장은커녕 학부장도 한번 못하고 대학에서 미관말직이라면 미관말직을 하고 있는 나를 무슨 라이벌로 생각하나? 알 수가 없다.

내게 열 받는 일이 있으면 평소 연락해서 말을 하지, 아무 한 것도 없고 그저 자기를 존중하고 만나면 인사 잘하고 있는 내게 왜 장 총장이 위세를 부리고 무대뽀로 그런단 말인가? 그러니 내게 직접 열 받은 것은 없다는 것인데, 그런데도 또 무슨 쓰리 쿠션을 칠려고 어무다고 나를 보자말자 대번에 물고 늘어지나? 물론 다 이유가 있겠지만 내 한테 쓰리쿠션 쳐봐야 나올 것은 없고 지 인상만 더럽게 구기지. 왜 아무 이유도 없이 학교 복잡하다고 내게 똥골 내? 똥골은 비격식표현이지만 이 경우는 일사일언에 딱 맞는 말이라서 쓰는 것이니 양해 바란다.

신경주ktx역에서 먼저 보고 갑자기 다가와 순식간에 쉴 틈도 없이 3연타로 불의의 질문을 던지고는, 그러니까 3연발로 선빵을 날리고는, 그러니까 자기 할 쇼리는 그 짧고짧은 3마디로 다하고, 일부러 외우고 2박3일 준비해 와도 이렇게 하기가 어려울텐데, 평소 둔하다고 소문이 자자한 내가 영문을 몰라 우물쭈물하고 있으니 자기 원하는대로 안된다고 느꼈는지 순간적으로 치고 빠지는데 Hit & Run 하여튼 그런 머리 돌아가는 것은 그 와중에도 볼만했다. 그러니 2개대학교를 걸쳐 그 '복잡'한 대학에서 총장을 2번씩이나 하지. 이 문제는 대학사에서도 한번 연구해 볼만 하지.

더욱이 나는 장윤익 총장이 2005년 정년퇴임식하는 강당까지 찾아가 직접 "수고하셨습니다." 라고 인사까지 했는데 근데 지가 있을 때 채용하고 폭탄주 먹어가면서 키운 교수는 거의 안 보이더구만, 이미 따로 다 만나서 한 잔씩 말고 돌렸겠지만, 그후 학교에서나 밖에서 간혹 보긴했지만 별 얘기도 없다가 신경주ktx역에서 갑자기 보자마자 득달같이 달려들었다는 것이다. 그러나 이런 일도 한두번 당하는 것도 아니니 내가 참아야하는 것이다. 내가 왜? 결국 이것도 알고 보면 다 도고마성이지. 그러니 세상이란 역사란 끝이 없는 것이다.

나는 말한다.

**구두쇠가 돈이 나갈 때는 반드시 몸을 상하게 하고 나가고,
독재자가 몸이 죽어나가게 할 때는 반드시 전쟁을 치계하고 몸이 죽어나가게 한다.
술꾼이 죽을 때는 붉은 딸기코가 되는 것이야!** 어쩔 것인가?

한번은 시내에서 지인이 전화가 왔다. 이 지인은 대기업에 근무해

서 영어도 잘하고 경주시장선거에서 큰 공을 세워 상당히 지분도 있고 시청출입이 잦고, 내보다는 지역사회적 권력이 훨 더 큰 것으로 보였다. 전화를 받으니 그가 대뜸 흥분해서 크게 말했다.

"축하합니다!"

나는 난데없이 어리둥절 했지만 이럴 때 일수록 오랜 짬으로 침착하게 말했다.

"아, 예예, 감사합니다, 감사합니다. 근데,,,,, 축하할 일이 무엇인지요?"

"아아, 이 교수님이 '서울 갔다.' 는 얘길 들었는데 경주로서는 상당히 아쉬움이 많지만 이 교수님으로서는 잘 돼서 갔으니 축하합니다! 축하합니다!"

이번에는 아예 "서울로 갔다."고 발령을 내주니 황당하지만 재미도 있었다. 이 참에 가? 아니 땐 굴뚝에 연기 안 난다는데! 나도 모르는 발령을 누가 내줬나? 발령 내준 김에 확실히 가? 좋아서 흥분해도 흥분할 일이지만 그러나 대충 나는 평소의 감을 잡고 말했다.

"근데,,,,, 그게 어디서 나온 얘기죠?"

"시청에서 나온 얘깁니다. 서울 가드라도 잊지 말고 앞으로 경주에도 계속 관심을 가져주시면 감사하겠습니다."

지인은 시청에서 나온 얘기라며 아직도 완전 확신을 갖고 다소 흥분까지 하고 있었다. 그래서 내까지 시청에서 나온 발령이라면 상당히 근거도 있지 않겠나? 라고 솔깃해질 정도였고 소문만 무성하더니만 아니 땐 꿀뚝에 연기 나겠나? 드디어 이제 기어이 발령이 났구나! 라며 기분은 왠지 모르게 좋기까지 하였다. 나도 모르게 나를 발령 내주니 고맙기까지 하였다. 빈말이라도 안 듣는 것보다는 기분은 좋았나? 뭔지는 모르지만 이제 슬슬 올라 오는구나! 그렇지, 이제 진짜 올라 올 때가 됐찌, 아니, 그게 아니고 사실 늦었지, 만시지탄이지, 시방 김치국 먹어야하나? 미리 주문해놔야 되나?

글나 그게 아니고 나는 벌써 대충 촉을 잡고 있었다. 아무리 둔하다는 평을 면전에서 이미 들었던 나지만 그래도 그동안 들어온 세월이 있는데 그것 모르겠나?

"하하, 아, 예예, 그런데 나는 서울 안 갔습니다. 전혀 안 갔습니다! 지금 연구실에서 전화 받고 있는데요."

그러자 지인이 상당히 황당해했고 전화를 서둘러 끊었다.

"아, 예에, 나중에 또 뵙고 말하겠습니다."

나는 경주의 자랑스런 교수이지만 경주시청 갈 일 자체가 거의 없고 시청에 아는 사람도 거의 없는 교수이고 거의? 거의가 아니고 실제 아무도 없는 교수이고 지역사회에서 권력이라고는 원체 없는데 어떻게 내 인사를, 그것도, 시청에서 먼저 발령내고, 그런 사실도 아닌 발령소문이 지인에게 먼저 났는지 신기하기까지 하였다. 그러나 대충 왜 이러는지 오랜 경험으로 감을 잡고 있으니 누가 그런 쇼리를 했는지 전혀 캐묻지도 않았는데 그것은 서로가 바쁜데 그런 것은 전혀 가치도 없는 일이기 때문이었다.

이런 일은 학교에서도 비일비재했는데 특히 승진철이나 보직철이나 무슨 위원장위촉 등 저거가 좋다고 생각하는 일이 있으면 어김없이 나오는 쇼리였고 학내구성원 전체가 전국망으로 안테나를 세우고 시도때도 없이 캐치하는 이 특급정보의 목적은 단 한가지인데 전부 승진철이나 보직철, 위원장위촉에 나를 모함하기 위해서 그런 것이다. 근데 이번에는 시청에서까지 났으니 아까비였다. 그러나 한번도 직접 그것을 나에게 확인하러 오는 사람은 28년 재직 내내 아무도 없었다. 그러니 그들도 모함인지를 더 잘 아는 것 같았다. 그러니 내게 소문만 내놓고 서울은 저거가 가고 승진도 보직도, 위원장, 위원도 저거가 다 독식하였다. 이게 말이 돼? 그러나 이렇게 모함이 약발을 잘 받으니 똘똘 뭉쳐서 모함한다고 여념이 없는 것 아니겠나?

그게 아니고 내가 다른 대학으로 가기만을 학수고대해서 이런 소문을 내주나? 그러면서도 지는 안했다고 쉬쉬하나? 근데 소문내면 소문대로 된다고 일부러 지가 내는 사람도 많이 있는데 나는 그렇게 넘들이 소문을 학교안팎에서 내줘도 이상하게 정작 가지는 않고 요지부동으로 있었으니 그것도 참 기이하다면 기이한 일이었다. 그러니까 저거 희망사항을 내게 다 덮어 씌우는 것 같았다. 그러니 나는 전혀 개의치 않았다.

'쉿! 서울 가고 싶다고? 그러면 내게 말해! 내가 서울에 있는 큰 재단과 직통으로 통하는 아는 사람이 있어, 완전 대빵이야! 대빵! 이건 내가 말만 하면 직빵이야! 니만 알고 있어! 다만 좀 노력해야해, 근데 어떻게 알고 날 찾아왔지? 운 좋은 줄 알아! 내한테 말하면 젤 싸게 치지. 유명대학의 거 누구누구도 내가 다 교수시켜줬지. 그렇게 알고만 있고, 조금 준비하고 있어! 우선 시추작업하려면 착수금이 조금이라도 있어야지, 성의정도는 보여야지. 거- 식목사업이라고 들어는 봤나?'

교수시장에서 흔히 있다는 요런 로카도 붙지 않았다. 그렇게 넘들이 경향각지에서 소문 다 내주는데 안가기도 어려웠는데 무슨 일이야? 시방! 시방 무슨 일이기는 무슨 일! 그래 놓구 저거가 다 갔지.

'그니까 당신이 물어물어 얼른얼른 찾아와야지 안그래도 바쁜 나가 당신을 찾겠냐? 말도 안돼! 목마른 사람이 우물 파야한다는 것쯤은 당연 알만한 교수가 말야! 근데 식목사업이라고 알랑가몰라. 뭐 좀 모은게 있기는 있어? 요거 말야! 요거, 똥그랑땡!'

그러면 헤드헌터는 다 어디 갔나? 내한테도 좀 찾아오지. 헤드가 헌터 만났나?

특히 나는 경주지역밀착형 연구를 위해 문마론(문화마케팅)이라는 학문분야도 창안하였고, 기존에도 문마론이 있지만 나의 이 문마론은 기존의 문마론과는 크게 다르고, 그러면서도 다른 지역도 물론 연구할 수 있고, 그만큼 경영학과와 경주대와 경주를 사랑하였다.

사랑합니다, 영원히! 나의 경영학과! 나의 경주대!

행복해요 경주! 사랑해요 경주대!

물론 서울로 가면 가지만 그건 갈 때 가는 것이지 이처럼 교수가 되어 학문에 열중하겠다는 서원을 세우고 향리에서 그저 주구장창 열심히 연구하면서 서울이든 어디든 학회를 카드론을 하면서까지 가고 있는데, 그런 나를 교수하는 내내 꼭 승진철이나 보직철, 위원장, 위원 위촉철이 되면 남들은 뒤에 숨어서 주야장천 "서울 간다."고 모함질만 해댔으니 그들도 참으로 20C와 21C에 세기말적인 연구대상들이었다.

나는 32년간 정진하여 학술저서만 8권 썼고 지금도 1권 쓰고 있으니 아무나 그렇게 되는 건 아니지. 박사과정생도, 석사과정생도, 연구원도, 조교도 1명 없고, 연구비도 한 푼 없고, 프로젝트도 하나 없이 오직 내 혼자 연구실에 쾌활무비하게 앉아서 한글자한글자 독수리 타법으로 타자쳐서 9층의 금자탑을 이루었다. 교수로서 내가 이름을 붙인다면 정통교수의 길을 걸어왔다. 돌이켜 보아도 32년이 참 하루같은 교수묵기였다! 그래도 그들도 28년간 한결 같았다. 늘 내가 다른 대학을 간다고 모함묵기를 했으니 참 일관적인 인생들이야!

서울은 좋고 나도 가서 생활해보고 싶지만, 서울병환자들 근데 잘봐! 세월이 지나니 서울 갔던 사람들도 하나둘 고향으로 귀향하던데, 근데 와도 그렇지. 마음 붙일 수 있고 수입이 있나? 그래서 다시 올라가는 사람도 있던데, 넌 반드시 그걸 알아야만 해! 물론 갈 만하면 가야하고 있을 만하면 있어야하는거지.

서울은 좋은 곳이야! 물고기도 집단을 이루어 같이 생활한다. 즉 물속에 사는 물고기도 도회지가 있어 대부분 도회지에 모여 산다. 즉 집단을 이루어 같이 모여 살아야 정치경제경영조직사회문화군사국제와 권력금력명예정보인사에 월등하고 또 실력이 일취월장하기 때문이다. 머슴을 살아도 부자집에서 머슴을 살아야지, 또 빌어먹어도 서울에서 빌어먹어야지, 붙어도 센놈에게 붙어야지, 암마 당연하지.

그러나 니는 니 인생을 살면서 서울에 살지, 지역이나 지방에 살지, 산이나 강이나 바다에 가서 자연인으로 살지, 니 인생전략을 수립하고 어디든 살아야지, 거름지고 장에 가면 안되지 않나? 친구 따라 강남 가나? 니 인생에서 최적해와 만족해를 찾아야지, 이리저리 휩쓸려서 아무 것도 못 찾고 인생 쫑치면 안되지. 니 인생에서 최대 성과를 내기 위해 필요한 장소가 어디야? 쫑나기 전에 선택해! 서울 이야? 경주야? 중앙이야? 지방이야? 베네룩스3국이야? 홍콩이야? 천당이야? 극락이야?

어떤 사람은 말할 것이다. 이 교수님도 가고 싶었는데 못 갔는 것 아닌가요? 나는 말한다.

"글쎄, 뭐, 내가 지방에서 지금까지 32년간 교수하면서 논문 빼고도 단독학술저서만 8권 썼고 또 1권 쓰고 있어, 9권 썼는데 3.5년에 1권씩 썼지, 서울 갔으면 어떻게 되었을 것 같애? 16권 썼을 것 같애? 아니면 1권이나 썼을 것 같애? 0권 썼을 것 같애? 내 말은 어디에서 살고, 어디에서 교수를 하든 니 인생의 목적, 교수의 목표를 생각해!" Goal이 뭐야? 골이? 이 골이 그 골이야? Objective가 뭐야? 옵젝티브가? 객관적Objective으로도 봐! 객관적으로도!

어떤 사람은 말할 것이다. 다 결과론 아닌가요?

나는 말한다.

"그렇지, 바로 그거야! 결과에서 목적을 찾을 때가 있지! 살아보면, 아! 이게 내 섭리구나! 하고 찾는게 있지, 그것만 찾으면 그만만 해도 대단히 성공한 인생이야!

산출Output을 먼저 생각하고 변환Throughput을 생각하고 마지막으로 입력Input을 생각하는 것이 시스템사고이지. 입력이 변환과 산출을 결정하는 게 아니고, **산출Output과 변환Throughput의 순으로 입력Input를 결정하는 것이야!**

열매 맺기 위해 꽃이 피네.

끝이 좋아야 좋은 것인데 끝이 좋으려면 시작이 좋아야하지. 시작이 안 좋은데 끝이 좋다고? 에이- 그럴 리가? 쓰레기를 넣으면 쓰레기가 나오지, 금이 나오나? Garbage In, Garbage Out. GIGO, 지고!

근데, Garbage In, Gold Out을 바란다고? 다 같은 지고GIGO야 지고이지만, 그게 잘 되겠나? 수은으로 금을 만든다고? 수은은 뭐 싼 줄 알아? 글구 수은으로 금을 만드는 연금술이 성공하면 수은이 금보다 더 비싸질 수도 있어!"

그래도 쓰레기로 금을 만들기를 바라지 않습니까?

"만들고 안 만들고를 떠나서 교수의 핵심상품Core Product가 뭐지? 학문? 논문? 저서? 제자? 권력? 금력? 돈? 명예? 사교? 인간관계? 여자? 술? 룸쌀롱? 교주? 영생? 노후대책? 무병장수? 총장? 대학원장? 처장, 보직? 복수? 진리? 서울? 서울에서 대전 대구 경주 찍고 부산에서 턴해 울산???

학문은 1차목표고 권금력/명예/노후대책이 2차목표라구? 그럼 학문을 해!

그것도 다 있는데 학문은 수단이고 권금력/명예/노후대책이 목적이라구?

돈이 목적이라고? 그럼 교수를 접고 돈을 벌어!

권력이 목적이라고? 그럼 교수를 접고 선거에 출마를 해!"

인간의 욕심이 다 하고 싶지 않습니까?

"그럼, 다 해! 뭐가 문제야? 활쯔 프라블럼? 근데 어느 순간 다 할 수 없다는 걸 느끼지? 그게 인생의 우선순위야! 그 인생의 우선순위를 결정짓는 것이 가치관Values이지. 그러니까 가치관을 바로 가져!"

어쨌든 의도를 했던 안 했던 간에, 결과가 좋으면 좋다! 는 것 아닌가요?

"그렇지, 모로 가도 서울만 가면 되지."

내 딴에는 열심히 학문을 발분망식 잠심탐구한다고 하고 있으나 세월이 지나고 지나자 주위에서는 좀 답답하다고 보는 사람이 많았다. 누군가가 내게 말했다.

"이 교수님, 총장, 부총장을 하셔야 하지 않겠습니까? 아니면 처장이라도..."

그래서 내가 반가워서 말했다.

"암, 해야지... 근데 내가 책1권 쓰는 것과 부총장 3년하는 것 중에서 어느 쪽이 낫겠나?"

그러자 그가 잠시 생각하더니 말했다.

"둘 다 하시죠."

"그게 되겠나? 둘 다 하려다간 둘 다 못해!"

물론 하는 사람도 있겠지만, 그리고 나도 하면 잘 하겠지만, 그러나 그게 책이 되고 보직이 되겠나? 두 마리의 토끼를 쫓다가는 죽도 밥도 안되지.

그 뿐만 아니라 한번 책을 손에서 놓으면 다시 잡기는 매우 어렵다. 넌 반드시 그걸 알아야만해! 처음 초짜교수로 시작할 때 보다 더 어렵다. 그래서 한번 보직을 하면 이래저래 결국 계속해서 퇴직할 때까지 해야한다. 연구는 벌써 물 건너갔지. 다음 생에 다시 교수를 해도 연구는 물 건너 갔지. 그 만큼 쩝(습)이 강하기 때문이다.

다르게 말하면 집중성이 다 날라가 버리기 때문에 매우 어렵다. 무슨 일이나 마찬가지지만 학문은 초집중이 필요하다. 그래서 한번 학문교수가 되면 걍 학문교수로 가야한다. 한번 보직교수가 되면 퇴직할 때까지 보직교수로 가는 것이 대부분이다. 경력경로가 없는 것처럼 보이는 직종도 없는게 아니고 결국 결정되는 것이지.

근데 어느 사회나 마찬가지로 양 쪽을 왔다리갔다리하면서 화려하게 보이는 사람이 있고 또 대외에서 유명교수로 알려져 유명세를 타는 사람도 많은데 물론 찐도 있지만 그런데 그 속을 들여다 보면 대부분 다 허명이고 다 가짜고 사이비다, 그럴 수 밖에 없지.

A4로 1,214페이지의 책이 머리 속에서 빙빙 돌고 있는데 누가 옆에서 아무리 좋은 소리를 해도 내 귀에 들리겠는가? 나도 술을 좋아하고 사람 좋아하고 남이 좋아하는 것은 다 좋아하지만 그러나 아무리 학내권력자가 좋은 술자리에 가자고 끌어 댕겨도 선 듯 가겠는가? 사람들이 나를 둔하다고 하는 것은 대개 그런 이유가 많다. 보직도 좋지만, 하면 누구보다 더 잘 하겠지만, 내 자신이 선택하라면 나는 결국 자연히 연구를 택할 것이고 또 주위에서 내가 보직하면 엄청 방해를 하는데 다 이유가 있다. 그렇다고 구데기 무서워서 장 못 담근다는 것은 아니고 그런 일이야 늘 그렇지. 그러면 자의반타의반이 아니고 완전 자의로 학문교수가 되었나?

또 어떤 지인은 아주 간만에 갑자기 만났는데 내가 3한갑족이라며 자기가 말만하면 부총장을 할 수 있다면서 여러사람 앞에서 "말해주까?" 라며 당장이라도 누구에겐가 전화라도 할 것처럼 마구 설쳐대는 것이었다. 역시 옆에서 보고 있는 사람이 당사자 보다 더 잘 알았다. 그러면서도 자기가 말하면 더 안되는 수도 있다고 연막을 피웠다. 나는 무슨 말인지 알아듣고 적극 만류하였다.

"학교는 부총장 자리도 이제 없어졌어, 그리고 지금은 하는 일을 계속 하고 유지만 해도 잘 하는 것이야! 새로운 일을 하려고 할 필요는 없어! 물론 하라고 하면 하겠지만 내가 나서서 하겠다 고 할 것은 전혀 아니야!"

그렇게 말하면서 나는 그 지인이 어디가서 아무 말이나 할까봐 노심초사하였다. 대개 이런 사람은 아무데나 가서 아무따나 아무 말이나 막 던지는 습성이 있다. '아, 이 교수가 말이죠, 이 교수가 내하고 매우 친한데, 내한테는 속 깊은 얘기를 다하는 사인데, 자기는 하고 싶지 않다고, 말하지 말라고 적극 말리지만, 속으로는 디게 하고 싶은 모양이예요, 부총장 한번 하면 억수로 좋은데, 그거 어디 가서 누구한테 얘기하면 되죠? 내가 알아보면 더 안되니까 그렇고, 누가 좀 알아봐 주세요. 그렇게만 되면 이 교수가 가만 있을 사람은 아니예요.' 그러면 그 지인은 지 혼자 왜 이런 소란을 피우는 것일까? 다 이유가 있겠지. 끝까지 인내력을 갖고 들어 보면 속셈이 다 나와, 그 때까지 참을 인자를 생각하며 기다려야지. 근데 참을 것도 없고 금방 나와, 그 자리에서 바로 다 나와, 오래 안걸려. 근데 소문은 또 이상하게 지 멋대로 나겠지.

아무튼 좋은 것은 좋은 것이기 때문에 서울에 가고 싶어하는 것은 당연하고 가는 사람은 좋은 성과를 거두기를 나는 바래지! 나도 가고 싶냐고? 물론 나도 가고 싶지만 이주와 거처는 오랜 역사와 전통 속에서 목적과 성과와 휴머니즘과 건강을 생각하며 늘 심사숙고 해야지.

서울도 좋지만 항상 고위험 고수익을 생각해야하고 지방이나 서울이나 어디든지 분명한 장단점이 다 있으니 자신의 목표와 근기에 맞춰서 심사숙고해서 결정해야 하는 것이다. 어디 가도 마찬가지라든지, 어디 가도 니 할 탓이라는 그런 하나마나한 소리를 들으면 안 된다.

근데 내가 서울 안 간 이유는 분명히 있는데 전혀 다른데 있다. 이걸 나는 평생 말하지 않았고 안 하려고 하는데 그러나 지금까지 얘기했고 따라서 사람들이 너무 궁금해 할 것같으니까 실마리만 주면 다음과 같다.

지방 국립대 국민윤리과에 훌륭한 교수가 있었다. 당연히당연히 다른 교수들처럼 젊은 교수때의 꿈은 미국유학을 가는 것이었다. 그렇잖은가? 미국박사패따고 금의환향! 친구따라 강남 간다는게 아니고 그저 미국물 먹는다 고 가는게 아니고 현대학문자체가 미국식으로 돌아가는게 아니겠나? 갔다만 오면 때국물 좌악 빼고 뽀대 나는데 안 갈 사람 누가 있어? 미국과의 학문적 끈, 당연 평생의 간판 아니겠나?

모든 준비를 완료하고 가방도 다 싸놓고 날이 밝으면 탁 떠나면 되는데 그만 그러던 날밤, 노모가 하필 그때 별세를 하였다. 그래서 그 교수는 짐을 풀고 노모의 상을 치루기 위해 유학의 꿈을 접었다. 그러나 그 교수는 그 꿈을 가슴에만 묻고 전혀 남에게 내색을 하지 않았다. 다만 자기 계획이 있었다는 것을 설명할 기회에 유학 안한 이유를 잠깐, 그저 한마디 잠깐 하였을 뿐이다. 물론 상을 다 치르고 다시 준비하면 된다지만 그게 그리 쉽겠나? **한번 흘러간 물은 물레방아를 다시 돌릴 수 없어!** 기회를 다시 오게 하려면 엄청 더 노력해야 하는데 이것저것 피치 못할 일이 계속 걸치는데 그게 그리 쉽게 가능하겠나? 물론 상을 당해도 배앵기 타고 딱 떠난 뒤 공중에서라도 상을 당했으면 또 어떻게 되었을까? 다 인생사인걸 어쩌겠나? 누군들 어쩌겠나?

　뭐든지 안하면 후회할 것 같다는 생각이 조금이라도 들면 당장 해야한다. 성사가 되든 안되든 항상 남는 것은 있지, 그게 젤 주요한 것이야. 그걸 바탕으로 중도적으로, 변증법적으로 또 뛰는 것이지, 그러면 인생에서 손해라는 것은 원래 없는 것이고 인생은 만회하며 사는 것이라는 걸 깨닫지. 다만 나이가 들면 조금 다르지, 신중도 해야하지만 그것도 있고 그동안 벌린 일을 정리를 하고 완성시키고 세련되게 해야지.

　글나 나는 외박에 대해서도 한가지 조언을 한다면, 굳이 내 코가 석잔데 내가 할 것은 아니지만, 외박은 좋은데 외국학술지에 계속 논문을 실어야 대단하지, 그것하라고 외박을 점수 크게 더 주고 우선적으로 대대적으로 제발 와주기만 와달라고 똥싸놓고 빌고 환대하고 뽑는 것 아닌가? 그런데 그게 하나도 안 되고 이리저리 이유달고 국내학술지에라도 논문 한 편 실을려고 이리저리 고심하고 있는 걸 보면 내가 다 아섭지. 점수값을 하라구, 점수값을! 뭐 하겠지, 못하는 사람은 외국학위기를 붙잡고 반성해야지.

　글구 이걸 걍 말로 해서는 안되고 딱딱 통계를 내서 대대적으로 입시홍보에 적극 활용해야지, 당 대학은 외박을 몇 명 보유하고 있으며 외국학술지에 실은 논문이 몇편, 내박이 몇명이며 외국학술지에 실은 논문이 몇편! 딱딱 발표해야지. 자본주의가 뭐야? 돈값을 해야지, 돈값을! 교육이 백년지대계 아냐? 백년은커녕 오자마자 외국학술지에 논문 한 편 못 실으면 뭣 땜에 외박을 뽑아?

근데 외박이 좋을 때는 그것 말고도 많이 있지. 외국에서 교수가 와서 학술발표를 할 때 외박이 앞에 나가서 통역을 시원하게 해줄 때 젤 존경스럽지. 내가 아낌없이 박수 쳐주지. 그러니까 그 특장점을 마음껏 살려야지, 왜 그러고 있어? 정년퇴임 금방이야! 다리에 힘 빠지면 통역이고 번역이고 학술이고 논문이고 저술이고 다 끝이지. 룸쌀롱이고 텐프로도 물 흐린다고 이제 돈 있어도 더 못가! 그때는 논문하고 싶어도 못 해! 논문 그것도 물 들어올 때 노저어야지.

원래 서원이란 이렇게 어려운 것이다. 쉬우면 굳이 서원을 세울 필요가 전혀 없지 않나? 그러니 서원을 한다고 걍 되는 것은 아니고 목숨을 건 그만한 공력이 필요하고 온갖 모함을 이겨내야 한다. 심지어는 도고마성이라고 까지 하지 않나?
넌 반드시 그걸 알아야만해! You must know it!

자, 나이 30이 되었을 때 적은 나이도 아니고 <u>스스로</u> 인생을 수립하고 자립해야하는 중차대한 첫관문의 시기이니 이상한 노래나 듣고 징징 짜지 말고 강건한 서원을 세워서 하나하나 자신의 인생을 만들어 나가자. 30은 인생에서 성공의 큰 전기를 마련해야하는 황금같은 중차대한 나이이니 1생의 서원을 세우자. 너의 1생이 달린 서원이다. 30세와 60세의 30년간이 인생의 황금시대가 아닌가? 그러므로 특히 이 30세의 관문에서 하는 서원의 기회는 다시 돌아오지 않고 다시 없는 진실의 순간이다, MOT! 이 30세에 서원을 세우지 못/안하면 50, 60세가 금방 와버리고 한 세월 무작정 걍 가는 것이지.
인생이 허무하다? 정치가 무상하다? 정치가 허업이다? 그런 엉뚱한 쇼리와 비겁한 변명에 귀기우릴 하등의 이유도 시간도 비용도 없다. 서원을 세우는데 큰 이유도 시간도 비용도 소용되지 않는다. 그리고 서원을 세우는 자체가 서원을 더 잘 달성하게 해주는 것이다. 인생의 보람은 서원에서 오는 것이다. 씰데없는 노래 듣고 눈물 질질 짜며 김빠지고 맥빠지는 쇼리하지 말고 당신의 위대한 30대를 기념하자!

나는 30에 3대서원을 세워 모두 다 완수하였다. 근데 돌이켜보면 서원에서 인생의 주요한 내용이 빠진 것이 있어 아쉽다. 자연히 될 것으로 생각한 것이 노력도 항상 크게 했지만 잘 안 되었다. 그러나 그 역시 어쩔 수는 없는 일이다. 나는 서원을 세웠고 내가 서원 세운 것은 1생에 걸쳐 37년이 지나 돌이켜보니 다 성취하였다. 1생을 통해 행복하고 기쁜 일이다. 지금은 퇴직하고 다시 서원을 세우느냐고? 당연하지, 세우지.

30세가 되었을 때 인생2막에서 이제 사회에 본격적으로 나갈 때 서원이 반드시 필요하지만 60전후가 되면 이제 인생3막에서 인생을 바라보며 잘한 것은 북돋우고 부족한 것은 보완하고 인생을 관조하는 구체적인 서원이 매우 필요하지. 그래서 서원을 세웠는데 그 구체적인 내용은 아직은아직은 말할 수 없다. 완수도 잘 되겠지.

나는 **3십세 기념사업**을 다 완수하였다. 어려움도 많고 도와주는 사람도 많고 배워야할 훌륭한 사람도 많았고 롤모델도 많았지만 언제나 나는 나의 길을 갔다.

사례토의

1. 서원, 기도, 원력, 목표의 차이점은 무엇이고 공통점은 무엇인가? 결국 같은 것인가? 다른 점은 무엇인가?

2. 서원, 기도, 원력, 목표를 세우는 자체가 이를 더 잘 달성하게 해 준다는 것을 이해하나? 서원, 기도, 원력, 목표의 효과는 그 자체 인가? 왜 그런가?

3. 인류역사상 가장 오래되고 가장 큰 서원은 무엇이었나? 1곰과 1 호랑이가 인간되게 해달라는 서원이었나? 결과는? 크거나 작은 또 다른 서원성공사례를 알아보자.

4. 서원을 세웠을 때 더 효과적으로 달성되는 방법은 무엇인가?
   1) 공개적으로 표시하지 않고 혼자 명심하고 다짐한다.
   2) 글로 써서 가슴에 꼭 품고 다닌다.
   3) 주위 사람에게 말로 하여 사실화한다.
   4) 글로 써서 벽에 붙이거나 거울에 붙이고 아침저녁으로 항상 보고 독송한다.
   5) 아예 주위에 공표하여 공개적으로 달성에 노력한다.
   이 외도 효과적인 방법을 살펴보자.

5. 서원을 세웠는데 왜 안되었다면 왜 안되었나? 평소 작심3일인 가? 작심3초인가? 그 이유가 뭐라고 생각하나? 어떻게 하면 극복 할 수 있나?

6. 서원에 대한 방해가 반드시 오는가? 좋은 일하자는데 왜 꼭 방해 가 오나? 오면 어떻게 해결하나? 그 방해는 밖에서 오나? 안에서 오나? 같이 오나?

7. 서원을 세울려고 하는데 방해가 오면 좋아라 해야하나? 안 좋아
   라 해야하나?

내불5강-**내가30세가되었을때**2020727화이강식

==

〈사진 1〉 이강식, 사랑합니다, 영원히, 나의 경영학과! 나의 경주대!
2016년 2월 25일(161-1383)

▌회고록 제6강, 사례연구Case Study ▌

世界一金絲(세계1금사)

이강식(명예교수 전)

世界一金絲 정근수 一念空

축하!합니다
20210907화
李康植

음력 초하루에 11시부터 금강계단 문을 열고 참배자를 맞이하므로 참배도 하고 원력도 세우고 또 초하루법문이 있으므로 이를 들으려고 통도사를 갔다. 그리고 성보박물관에서 念空線(염공선) 전시가 있다고 하는데 도대체 염공선이 무엇인지 궁금하기도 하여 이를 보고자하였다. 말하자면 1타4피를 치고자 하였다. 시간을 내서 늘 내가 가고 싶어하는 해장보각-도서관까지 가면 1타5피가 되므로 더욱 행운이었다. 날씨는 조금 흐렸고 비는 조금 흩날리다 그쳤기 때문에 금강계단을 참배하는 데에는 별문제가 없으리라고 생각하였으나 그렇게 되지는 않았다.

금강계단은 문을 닫고 있었는데 나중에라도 열 것을 기대하고 그래서 우선 설법전으로 가서 초하루 법문을 들었다. 신도는 꽤 많이 왔다. 근데 마침 법공양하는 책이 2권 있어서 2책 다 챙겼는데 액면 가는 도합 5만원이었다. 제법 괜찮았다. 쏠쏠하게 만회하였다. 법사 스님의 법문도 아주 귀에 쏙쏙 들어오도록 좋았다. 다시 금강계단으로 갔는데 계단은 내 말고도 열 것을 기대하고 온 신도들도 많았으나 결국 열지는 않았다. 그래서 일단 대광명전을 갔다가 다시 대웅전으로 가서 참배를 하였다. 초하루라서 그런지 신도도 꽤 많았다.

이번에는 성보박물관으로 갔다. 박물관을 가서 문을 열고 들어서자 말자 나는 놀랐는데 마침 큰 괘불을 실내바닥에 펼쳐두고 남녀 수명이 아마 말아서 들어 넣을려고 하는 것같았는데 젊은 스님도 한 명 있었다. 그래서 나는 펼쳐둔 괘불의 장대한 광경을 보면서 정신 없이 감탄을 하고 있었다. 그러나 그것도 불과 수 초였다. 갑자기 옆에 있던 늙은 남자가 나를 힐끗 훑어보는 것 같더니 느닷없이 "불편한데요. 다른데로 가시죠." 라고 하면서 지는 가만있고 그 오른 옆에 서있는 젊은 여성에게 나름 강하게 눈치를 주었다. 그러자 그 수하인 듯한 여성이 남자를 넘어 내 쪽으로 재빨리 건너오더니 저쪽으로 가라고 손으로 가리켰다. 꼭 손으로 밀쳐낼 것만 같았다. 그래서 나는 "나는 안 불편합니다. 가만 있어요." 라고 하면서 조금 더 그 자리에서 감상을 하고자 하였으나 물론 그것도 불과 수 초도 채 안되었다. 그러자 늙은 남자가 다시 옆을 둘러 보면서 "못 들어오게 문을 닫지." 라고 하였다. 그러니까 박물관 샬따를 내려서 관람자를 못 들어오게 하라는 것인데 정작 그러지는 못하였다.

나는 조금 더 감상하고 있다가 계단 조금 위로 올라가 한참을 더 정신없이 감상을 하고 또 2층으로 올라가서 내려다 보았다. 매우 좋았다. 그 일행은 괘불을 둘둘 말면서 특히 젊은 스님이 후라쉬를 비쳐가면서 특이점을 하나하나 사진을 찍었다.

나는 아쉬웠지만 그 정도 보고 2층전시실에 가서 염공선을 보았다. 그러니까 염공선이란 알고보니 精勤繡(정근수)라는 이름으로 수를 놓으면서 공을 생각하며 수행한다는 뜻이었는데 특히 金絲(금사)로 부처 등등을 한땀한땀 수 놓는 것이 매우 인상적이었다. 이태리 명품 장인이 땀흘려가며 한땀한땀 수 놓는 것 보다 훨 나은 것같았다.

나는 궁금한 것을 안내하는 보살에게 물었다. "금사가 비싸지 않나요? 돈이 얼마 드나요?" 내가 봐도 첫질문이 과연 경영학교수다운 질문이었다. 그러자 보살은 조금 생각하더니만 "금사가 4줄, 한줄에 5천원이니까 2만원 들어요." 라고 답하였다. 생각보다는 돈이 적게 들어 안심하였다.

나는 처음 듣고보는 정근수에 무척 감탄을 하고 있으니 보살이 그 모습을 보고 그제서야 서랍속에 꽁꽁 숨겨둔 방명록을 꺼내어 나에게 방명록을 써달라고 요청을 하였다. 그러나 감상을 잘 하면 나름 그 답례로 방명록을 쓰는 것을 은근 마다하지 않는 나로서도 다른 전시회와는 달리 처음에 상당히 오래 망설였다. 왜냐면 제목이 염공선인데 그러면 방명록 답사에 '공'이 들어가야 하는데 요즘 들어 쉽게 공을 넣기가 심적으로 매우 부담스러웠기 때문이었다. 공을 알면 알수록 어렵다거나 공은 말로 설명할 수 없다는 그런 상투적인 이유는 아니고 근본적인 이유는 따로 있다. 이는 불교의 본질과 관계있는데 차차 알아가기로 하자.

그래서 전시를 본 후 염공선의 뜻을 알고는 처음에는 내심 방명록 자체를 안 쓰고 나올 요량까지 하였다. 그러나 안내보살이 꽁꽁 숨겨둔 방명록까지 꺼내어 친절하게 해달라니 좋은 전시를 보고 그 성의에 안 해주는 것도 예의가 아니어서 몇 번을 망설인 끝에 위와 같은 방명록을 써주었다. 그러자 보살은 뜻을 아는지 만족해하며 그제서야 이번에는 한걸음 더 나가서 제법 알차게 만든 팜플렛을 꼬불쳐 숨겨두었다가 한장 꺼내주면서 남자도 정근수를 잘 한다면서 내보고 자꾸 정근수를 수행하라고 권하였다. 그래서 내가 "수행이 된다면 해야겠지만 하는 일이 있어서..." 라면서 사양을 하였다. 그리고 다음에 또 보자면서 나왔다.

나오면서 보니 1층에서는 괘불을 다 말았는데 끝이 영 안 맞았다. 양쪽이 30~40㎝ 정도 상당히 틀어져 있었다. 나는 2층건너편 전시장으로 들어가 한참을 관람하고 나와 보니 괘불을 풀었다가 다시 맞추었는데 이번에도 끝이 완전히 맞지는 않아서 이리저리 괘불을 들었다 놨다 하면서 흔들고 바닥에 패대기치고 있었다. 나는 괘불이 손상되지나 않을까 하고 아주 걱정이 되었다. 작업도 휴일이나 관람자가 없는 시간을 택해서 집중해서 하든지, 아니면 관람자의 동선을 만들어 놓고 해야지, 2층에서 기획전시회를 버젓이 하고 있는데도 정식 관람자 앞에 대놓고 저거 멋대로 불편하다, 샤따 내려라 하고 있으니 이런 갑질은 또 처음이었다. 비켜라면 비키지 무슨 말이 많으냐고? 요새는 민주화가 너무 돼서 마리가(말이) 많아, 마리가! 글쎄, 뭐, 내가 뭐래?

나와서 해장보각을 갔다가 대웅전에서는 16:45에 다시 참배를 하였다. 기도빨도 잘 받고 기분이 좋았다. 나오면서 봉향각에서 꽃공양을 물어보니 9일부터 하는데 국화화분 하나에 1만원이라고 하였다. 나는 나름 기분이 좋아서 꼭 해야겠다고 마음 먹었다. 이왕이면 하나만 하지 말고 주위사람 것도 남모르게 몇 개 더 해주면 더 좋지 않겠는가? 지브로(집으로) 왔는데 이번에는 공업탑으로 가서 택시를 타고 왔다.

20210908수 날씨 갬, 올은 힘들어서 첨에는 『조직개발』 저서를 정리하면서 시도 다시 보고 하루 쉬고 내일 다시 통도사 금강계단을 가고자 하였으나 그러나 어떤 섭리가 있었는지 역시 통도사로 갔다. 가서 어제 못 다한 금강계단 참배를 하고자 한 것이다. 기분도 좋았다.

통도사 신평터미날에 내려서 1유로커피점에 가서 커피와 음료수를 2개나 시켰다. 여점장은 자주 보았지만 생전 처음으로 여점장이 검은마스크를 다시 조정하느라 잠깐 벗었다 썼는데 눈에 확 뜨이게 귀엽고 예뻤다. 그래서 나도 모르게 "마스크 벗으니 예쁜 티가 확 나네. 마스크 때문에 요즘 예쁜 아가씨들이 손해를 많이 봐." 라고 했다. 그러자 그녀가 헤- 하고 기분 좋게 웃었다.

그러나 안심하기는 일렀다. 왜냐면 이런 말은 오랜 경험으로 보면 작업성 멘트로 오인받을 수도 있기 때문이었다. 언제부턴가 칭찬 한 번 하기도 어려운 세상이 되었다. 그렇게 칭찬 좀 하라고 성화를 부리는 매우 인간도 많지만 그러나 나의 오랜 경험으로는 전혀 그렇지 않다. 칭찬도 해도 되나 안 되나 눈치 봐가며 해야하나? 그러나 그렇지는 않았고 다행이었는데 예쁜 아가씨가 마음도 좋았다. 친절이 괜히 나오는 것이 아니었다. 그러면 나는 마스크 땜에 쪼까 덕을 보나? 그럼 덕을 보는 것도 있어야지, 손해만 보면 쓰나? 그런데 이때까지는 좋았다.

대웅전으로 가니 이번에는 금강계단을 개방하고 있어서 참배를 하고 나와서 대웅전으로 갔다. 대웅전 서편 첫 문 옆에서 벽기둥 약간 앞으로 몸을 내밀고 앉아 문으로 들어오는 공기도 쐬고 밝은 곳에서 열심히 내 원력 세운 일을 하고 있었다. 내 원력 세운 일을 하니 상체가 당연히 앞으로 숙여졌다. 자리도 좋았다. 이윽고 14시가 되어서 스님의 독경이 시작되었다. 독경에 빠져, 내 원력에 빠져 있었는데 갑자기 노보살이 나타나서 여기는 스님이 다니는 길이니 뒤로 가라고 하였다. 지난 번에도 와서 이상한 간섭을 한 바가 있는 노보살이었다. 이미 2차례나 구면이었고 이번이 3번째였다. 나는 둘러보니 뒤에도 이미 신도들이 다 앉아 있어서 갈데도 없고 또 여러 신자가 기도 중에 내가 짐을 들고 부산하게 옮기는 것도 마땅찮고 또 내가 상체가 약간 나와있는 정도는 아주 별 것도 아니고 다닐 수 있는 길이 너무나 충분해서 그래서 "스님이 어간으로 다녀야지 왜 마음대로 다녀요." 라고 열받은 소리를 내면서 안 옮기고 걍 있었다. 그런데 노보살은 또 옮기라고 성화를 부렸다. 나는 또 "스님이 어간으로 다녀야지 왜 마음대로 다녀요." 라고 열받은 소리를 반복하면서 안 옮기고 있었다. 그러자 뒤에 있는 다른 보살이 그 노보살을 말렸다. 어차피 다 한통속 아니겠는가?

나는 잘 이해가 안되었다. 스님이 법당에서 독경하고 있고 신도들이 아주 많이 기도하며 앉아 있는데 무슨 사윤지는 모르겠으나 알만한 노보살이 절에 왔으면 지 기도나 하지 이렇게 설치고 막 돌아다녀도 되나? 내무반장이야, 보살반장이야? 영 이해가 안 되었다.

그러자 노보살은 하릴없이 갔는데 그러나 이게 끝이 아니고 이번에는 갑자기 절에서 일하는 보살 2명이 득달같이 서편 문밖으로 와서 뒤로 옮기라고 말하였다. 아마 그새 절에서 일하는 보살에게 가서 꼰질렀는 것같았다. 하여튼 인간들이란 씰데없이 바쁘기만 하지. 이번에는 무슨 사윤가 했더니 그 사이에 제법 머리를 굴려왔는지 전혀 말이 바뀌었다. 말인즉슨 이번에는 법당 첫기둥 앞쪽은 스님의 활동공간이니 무조건 비워라는 것이었다.

그런데 그래봤자 나는 서벽에 붙어서 상반신만이 첫기둥 조금 앞쪽으로 나온 정도이니 아무 상관이 없는 것으로 보였다. 내가 남에게 무슨 불편을 끼치나? 도당체 뭐가 문제야? 그래서 나는 열 받아서 "그러면 앉지 말라고 미리 써 놓든지 해야지, 나는 못 옮기겠어요." 라고 하였다. 그러자 2보살들이 다른 사람은 옮기라면 다 옮기는데 왜 안 옮기느냐 며 싱갱이를 해왔다. 다른 사람? 다른 사람과 같아질려고 내가 바쁜 시간에 내 돈 써가며 여기까지 왔나? 물론 다른 사람은 그게 아니겠지. 옮겨라면 옮기지 무슨 마리가(말이) 그래 많아?

그리고 그 끝에 보살들이 뻔한 예상대로 대번에 그러면 법당에서 나가달라고 했다. 기도 중에 있는 참배자를 아무 이유도 없이 지멋대로 나가라니 그게 말이 되나? 물론 그 와중에도 스님은 독경을 계속하였고 다른 많은 신도는 기도에 열중하고 있었다. 그러나 귀추를 예의 주시하고 있었을 것이다. 시키면 시키는 대로 하지 니가 뭐가 그리 잘 났어? 물론 그런 사람도 있고 안 그런 사람도 있을 것이다.

나는 다른 사람에게 아무 관계없이 기도만 잘 하고 있는 중인 참배자를 나가라고 득달같이 2까마귀떼가 행동대장으로 달려들고 1할마이 보살은 뒤에서 쓱 지켜보며 감독하고 총지휘하고 있으니 어안이 벙벙했지만 신도가 모두 독경과 기도중이라 불편을 끼칠 수는 없고 내딴에는 하심을 하고 "내가 나갈테니 밖에서 기다리고 있어요."

라고 상당히 열 받아 말하고 짐을 챙기고 방석을 제자리에 두고 문으로 나와 보니 2보살은 벌써 다 튀고 흔처도 없었다. 중국 최고의 비술이라는 36계 쮜웨씽이 내 눈 앞에서 방금 시전되었나? 내가 무서워서 튄 것은 아예 아닐테고 우습게 보고 튄 것 같았다. 나는 어리둥절하기도 하고 보살들을 찾으려고 원주실 앞까지 절을 돌면서 두리번 그렸으나 명찰도 없이 비슷한 옷을 입고 냅다 줄행랑을 친 보살들을 어떻게 찾겠는가?

둘러보니 그 노파가 이번에는 대웅전 동쪽 문 옆에 앉아서 밖으로 절마당에 서있는 나를 힐끔 쳐다보는데 영 기분이 이상했다. 뭐 했는 인생인지 알 수는 없고 절에서 뭐 하고 있는 인생인지는 알 길이 없으나 기도중에 정신없이 나가서 찌르자말자 절에서 일하는 두 보살이 진둥한둥 뛰어와서 가만히 정신을 초집중해서 고요히 기도 잘 하고 있는 나를 보고 단지 벽 가까이서 첫기둥 약간 앞으로 상체가 나와 앉아 있는 정도를 갖고 몇마디 제법 위세부리고 싱갱이를 붙더니 말끝에 불문곡직 법당에서 나가라고 갑질을 하도록 2보살이나 동원하여 시키는 그걸 보니 그 노파 보살이 보기보다는 이 절에서는 뭔가 제법 한가락하는 것 같았다. 내부당원이야? 꼰대야? 그래봐야 저거 손해지. 그런데 뭐 업무방해죄만 있고 기도방해죄는 없나? 숭고한 법당에서 CCTV 찍어?

근데 무슨 밀고질이 이렇게 약발을 잘 받나? 속전속결 일사불란하게 손발이 척척 잘 맞고 대놓고 밀고치는데 한두번 해본 솜씨가 아니고 오히려 그게 더 관전꺼리였다. 바쁜 일도 없나? 밀고가 매양 나쁘다고 말은 번드레하게 하면서도 저거 밀고질은 무슨 당원의 의무사항이야? 당원? 그러니까 법당 당원? 게다가 무슨 저거 볼 일은 다 봤다고 뒤도 안 돌아보고 줄행랑 치냐?

　도체 무슨 일인가? 이거이거 큰회사에서도 당장 와서 정보수집해 가야 할 대단한 연구대상 아닌가? 오랜 보살계의 운영방식은 꼭 벤치마킹해야할 과제로 보였다. 일이 있으면 어느 틈에 우르르 몰려들었다가 끝나면 그 자리서 흔적도 없이 사라지는 것, 이것이 불교계의 오랜 전통인 것 같은데, 그 노하우 역시 무슨 매뉴얼에 있는지, 그 역시 궁금했다. 雲集雲散(운집운산)이라,,, 내 경영원칙에 하나 넣어야겠다. 일이 있으면 구름같이 모이고 일이 끝나면 구름같이 흩어진다!!!

　글구 무슨 보살이 사람 찍어내는 데는 선수였다. 그것도 어제오늘 찍어내기 신공은 좀 이상하기는 하지만 볼 만 하였다. 아무 한 것도 없는데 왜 나를 찍어낼려고 안달들을 하나? 바쁜 일 없나? 절 보살이 한량한 모양이지. 절에 공부하러 왔다가 공부할 번뇌량만 오히려 더 늘었나?

　나는 이왕 대웅전을 나왔는데 이제 어쩔까 생각하고 해장보각으로 갈까도 생각했으나 그게 아니고 맘을 조금 돌려먹고 이번에는 전에부터 보고 싶어했던 인도에서 모시고 온 부처를 보러 가고자 하였다. 부처 찾으러 왔는데 씰데없이 시비를 초청하며 기도를 방해하는 중생들과 열 받아서 더 이상 시간을 허비할 필요는 전혀 없었기 때문이었다. **"천하는 태평한데 우자들이 근심을 자초하더라."** 물론 그것도 한나절 내 공부는 되겠지만 그런 공부는 그런대로 많이 했고 무엇보다 수당도 없이 직책도 없이 내가 금쪽같은 내 시간 들여 그들에게 굳이 뭘 자청해서 이것저것 그들에게 시민정신, 보살정신을 가르쳐 줄 필요는 전혀 없는 듯하였다. "나도 바빠!"

그런데 안내판목을 보고 템플 스테이 하는 곳으로 들어가서 보살에게 물어보니 여기는 아니고 주차장쪽으로 가서 국제템플스테이관으로 가라고 하였다. 그러나 이정표도 없고 찾기가 어려워 역시 두리번거리며 다니다가 경비아저씨에게 물어보니 염불암을 찾아가면 되는데 위로 가는 길을 따라 쭉 가다가 오른쪽으로 가면 된다고 친절하게 설명해주었다. 그래서 나는 현안 제일 궁금한 것을 다시 물었다.

"거기 가면 관람을 하는데 아무 문제없이 잘 시켜주나요?"

그러자 경비원아저씨는 처음에는 무슨 말인지 잘 이해를 못하고 이상하게 생각한 끝에 다소 의아해하면서 조금 어려워하면서 답변을 해주었다.

"아,,, 예, 뭐,,, 자기만 조용히,,, 하면 들어가서 관람하는데 아무 문제없어요."

그제야 나는 이유를 말해주었다.

"이 절에는 꼰대가 많아서요."

그러자 경비아저씨가 한참을 웃었다. 나는 심각하게 물었지만 듣는 사람은 과연 우스웠을 것이다.

그래서 걸어갔는데 조금 가니 보타암이 보였다. 혹 염불암인가 싶기도 하고 들어가서 참배를 하였다. 절은 정갈하였고 부엌에서 비구니가 솥을 흔들며 음식을 하고 있었는데 정겨웠다.

근데 손을 씻고자 하여 땅에 붙어 있는 수도를 틀었으나 물이 나오지 않았다. 그래서 잠그고 나오려는데 마침 인부아저씨가 들어와서 물어보니 수도꼭지를 다 틀고 약간 기다려야 나온다고 하였다.

그렇게 하니 과연 물이 잘 흘러 나왔다.

이번에도 깨달음은 수도꼭지를 다 틀고 약간 참을성 있게 물이 나올 때까지 기다려야 물이 나오는 것을 볼 수 있다 는 것이었다. 그래서 사람은 조금도 방심하지 말고 學問(학문)이라, 늘 배우려면 물어야 한다. 그러니 不恥下問(불치하문)이다, 누가 밑인지는 모르겠지만.

한참 계속 걸어가니 과연 염불암-국제템플스테이관이 나왔다. 위치도 좋고 뷰도 좋고 잔디밭도 넓고 아주 잘 지었다는 것을 알 수 있었다. 법당으로 가서 인도에서 기증한 불상을 보았는데 상당히 감명 깊었다. 우리와 매우 다르게 인도식 고뇌가 엿보이는 부처였다.

그때 두 보살이 상당히 조심조심 들어왔다. 그 중 조금 나이가 적은 보살이 오히려 완전초보인 듯한 나많은 연상의 보살에게 5체투지 절하는 법부터 설명해 나가는데 목소리를 너무 속삭여서 그 바로 옆에서도 안 들릴 정도로 낮추는 것이었다. 원래 절에 오면 저렇게까지 조심하도록 어디서 오지게 가스라이팅 당한 것인가? 불교를 오해하고 왔나? 아니면 내 행색이 심상치 않다고 보고 조심하는 것인가? 설마 셋 다는 아니겠지.

한창 젊은 보살 두 사람이 모이면 저절로 웃음꽃이 피고 주위사람이 별별 눈치를 다 줘도 제어가 거의 안 될텐데, 너무 심한 것 같았다. 초발심시변정각이라는데 이래서야 어디 새로 불교를 믿을 사람이 있겠나? 하는 생각까지 들었다. 더욱이 이번에도 나는 아무 한 것도 없는데 왜 저러지 하면서 내가 다 의아했다.

나는 오히려 방금 3보살에게 말도 안되는 이상한 꼰대질, 갑질, 이지메 오지게 당하다가 쫓겨나와서, 그러니까 작전상 후퇴했다고 말할 수도 있지만 그 보다도 넘어진 김에 쉬어 간다고, **부처 찾아 3**

만리! 여기까지 피난 온 사람이 아닌가? 난민이야?

내가 어딜 봐서 갑질이나 꼰대질할 사람으로 보이는가? 저기서는 까마귀떼에게 엄청 갈굼을 당하다가 여기까지 '명예로운 철수'를 해 왔는데 당장 요기서는 나를 보고 두 보살이 당하지도 않았는데 지레짐작으로 무슨 큰 갈굼이나 당할 것처럼 조심조심하며 나를 완전 갈구니 이게 말이 돼? 갈굼을 당하는 척하면서 갈구는 것, 이게 진짜 갈구는 것이야! 이 무슨 '지능형 갈굼'이야?

방금 갑질 당하고 온 난민이나 마찬가지인 사람에게 따뜻한 구호조치는 안 해주고 또 이상한 지능형갈굼으로 갈구니 오늘 하루종일 왜 이러는 거야? 일진이라는게 있기는 있는 것인가? 세상이 시끄러워서 절에 왔는데 절이 이렇게 또 속 시끄럽게 하면 나 또 어딜 가라는게야?

자자, 마음을 가라 앉히고 가만히 생각해 보자, 세상을 피세하여 고요하다는 대웅전으로 왔는데 대웅전에서 엄청난 갈굼을 당하여 머나먼 국제템플스테이까지 걸어서 암자 속으로 피신왔는데 여기에서까지 미필적 고의의 지능형갈굼을 당하면 도대체 어딜 가라는 것이냐? 세상의 끝, 흰구름 머무는 백운암으로 가? 근데 거기서도 갈굼을 당하면? 그러면 도로 세상으로 가? 세상에서 세상의 끝으로, 세상의 끝에서 다시 세상으로! 도대체? 왜? 왜 이러는 것이야? 제발 좀 갈구지 마소! 나는 갑질 당할 사람도, 갑질할 사람도 아니니, 제발! 그만! 난 자유민주시민이라구!

긍께 나뭇잎은 저 가지 끝까지 하늘로 올라가 피었다가 다시 땅위로 내려와야지, 상구보리, 하화중생 아냐? 근데 그건 출가인 전공이지, 내 같은 속인은 제발 걍 그만 내버려 두라구! 제발!

　그러니 행색은 비록 남루하게 보이나 선량하기 짝이 없는 나를 두고 그러는 것은 결코 아닐 것이다 라고 생각하고, 크게 이해심을 갖고, 그래서 내가 먼저 말했다.

　"잠,,,깐 실례지만,,, 목소리를 평상으로 해도 됩니다. 굳이 속삭일 필요가 없어요." 라고 친절하게 말해주었다.

　설사 남이 내게 꼰대질, 갑질한다 해도 내가 그럴 필요는 전혀 없었다. 꼰대, 갑질, 이지메 보기 싫어서 절에까지 왔는데 그것도 불교의 최중심인 금강계단, 대웅전, 대광방전, 적멸보궁 안에서 사회 보다 더 이상한 꼬장, 밀고, 아무 이유없이 내야꼬야 설치면서 눈까리 희번덕 뜨고 남을 내쫓아내기, 지보다 더 세다고 생각하는 연놈과 편먹고 야합해서 떼서리 몰고 와서 휘젓고 다니면서 뭔가 이유는 없지만 트릿하다고 다른 사람을 협박해서 찍어내기, 일단 찍어내고 쫓아내고 보기, 윗사람 위하는 척하면서 등에 업고 위세 부리면서 윗사람 욕보이기, 또 윗급은 다 알면서도 모른 척하며 확실히 꽉 잡으라면서 뒤에서 완전히 숨어서 사주하기 등등을 또 보아야 한단 말인가?

　나는 전혀 반대였다. 절이 사회의 축소판이라서 더 그럴 수 있다고 하면 할 수도 있겠지만 그러나 사회 보다 더 하면 더 하지 덜 하지도 않은 것은 결코 하지 않았으면 좋겠다는 것이다. 절이 왜 절이야? 절에 오면 절 잘 하라고 절 아냐? 근데 절은 안하고 왜 나대?

　뿐만 아니라 어디 가도 일부 짬밥있는 노파, 아줌마가 훨씬 더했다. 그 나이 되도록 절에서 뭐 했나? 뿌린 돈이 안 아깝나? 그리고 그럴려면 뭐 땜에 절에 오지? 그럴려고 온다고? 아니지, 사회에서 놀아도 그 정도면 꽤 놀만할 텐데? 그러나 그 역시 뭔가 있겠지. 이유없는 일이 어디 있겠냐? 세상에서 다 있는 일이다. 그러니 내가 나름 태연한 척 하는 것이다.

근데 이건 알고 보면 절에서도 비일비재한 일이었다. 나중 일이지만 정초에 보궁기도할 때의 일이다.

만세전에 들어서니 테블 위에 붓글씨 필사두루마리가 있었다. 그래서 안내하는 젊은 스님에게 "이거 법공양입니까?" 라고 물으니 스님이 "예, 예." 하면서 별로 관심도 두지 않았다. 그래서 내가 퍼뜩 챙겨들고 좌복이 놓인 안쪽으로 들어갔다. 근데 한두발 가자말자 어떤 보살이 벌떡 일어나 다가오더니 "이거 스님건데 왜 갖고 옵니까?" 라고 소릴 지르며 소란을 피울려고 했다. 그래서 내가 좋게 말했다. "이건 법공양이라서 스님에게 말하고 갖고 온 겁니다." 근데 그렇게 말해도 보살은 스님쪽을 쳐다보면서 내게 스님쪽으로 같이 가자고 하려는 눈치였다. 참 난데없이 아침부터 보궁기도는 안하고 법당에서 3인대조할 판이었다. 그래서 내가 분명하게 말했다. "보살은 남의 일에 관심 갖지 마세요. 남들이 다 잘하고 있으니 보살 일이나 잘하기 바래요." 내딴에는 아주 부드럽게 말했으나 그건 내 생각이었을 것이고, 그러자 기세등등했던 보살은 히-하고 웃으며 핫바지에 방귀 빠지듯이 슬그머니 자기 자리로 가서 앉았다 20220204금.

도대체 기도왔으면 지 기도나 잘 할 일이지, 왜 남을 감시감독하려고 눈까리를 항상 두리번거리고 보자말자 대번에 뭘 남을 바로 잡는다고 불문곡직 달려들어 남을 간섭하고 꼰대질을 하는데에 큰 보람을 느끼려하는지 알 수가 없다. 그거 하러 새벽같이 이 추운데 산속에 왔나? 들인 돈이 아깝지 않나? 사회에서 하던 짓을 법당에서까지 꼭 그래야하나? 누가 돈 주나? 그러나 그런 보살은 극히 드물고 설법전에 만장한 대부분의 보살은 자기 기도에 빠져 무념무상이다. 이번 생에 일대사 인연을 마쳐야할텐데 이번 생이 아니면 다시 또 언제 이런 기회가 오겠는가? 독경소리 드높은 속에서 오직 그 소망만으로 대중이 운집한 법당은 숙연하다. 물론 친절한 보살도 많다.

내가 교수를 할 때의 일이다. 매년 매학기 1학년1학기에 내가 경영학원론을 강의하는데 입학생에게 첫전공과목을 가르치는 관문과목이기 때문에 매우 주요한 과목이고 또 첫대학생활을 지도하는 과목이므로 아직 대학을 잘 모르고 있거나 심지어 오해하고 있는 신입생의 4년 대학생활 전체를 좌우할 수도 있는 매우 주요한 수업이었고 경우에 따라서는 인생 자체에 큰 영향을 줄 수도 있는 숲이었다. 지금 대부분의 국민은 대학숲이 끝나면 인생에서 정규숲은 끝인 것이다. 그러니까 전공숲도 주요하지만 노련하고 경륜있는 생활및인생지도가 더 주요한 숲이었다.

따라서 나로서는 학과전공교수로서 남들은 전혀 모르지만 힘이 매우 드는 중차대한 과제를 갖고 있는 숲이었고 나름 사명감을 가져야 할 수 있는 숲이었다. 1학년 숲이 대학의 사활이 걸려있는 매우 주요한 숲이라는 것을 터득한 교수는 대학에서 내 혼자 뿐인 것 같은데 그런데 나는 이제 퇴직했으니 내가 퇴직하자말자 대학이 어렵다고 전국적으로 이 난리가 아닌가? ????? 그런가? 진실은 저 너머에???

그런데 그 주요한 걸 내가 다른 교수에게 말한들 알아듣지도 못할 뿐아니라, 그게 아니고 다들 알고 힘든다고 버얼써 뺑소니친거지, 말하면 기껏 그 주요한 것을 당신께서 앞장 서서 한번 해보시지요 라고 할 것이고, 또 눈치가 빠르다고 생각하는 교수는 한마디 더 보태며 신신당부할 것이다. 그걸 행여나 대학당국에 가서 잘난 척하고 발설하지 좀 마시오. 지금 하고 있는 것도 힘든데 제발 우리 다 같이 편하게 한번 좀 살아 봅시다. 안 그럴까? 안 그렇겠지, 뭐. 그런데 항상 '같이 좀' 이라는 말도 늘 보면 수상한 것이다. '편하게 삽시다.'도 그렇지. 그건 그렇고 그래서 말없이 내가 다 하고 말없이 퇴직하였다.

그러므로 힘이 든다고 1학년과목을 갓입사한 초짜교수나 시간강사에게 시키는 경우가 전부 다인데 그것도 그나름 상당한 장점은 있지만, 젊은 세대를 시켜 젊은 세대를 잡는다? 그러나 그게 결코 다는 아닌 것이다. 노교수가 1학년 과목을 한번 해봐야 젊은 세대가 어떻게 돌아가는지, 대학이 어떻게 돌아가는지, 세상이, 시대가 어떻게 돌아가는지를 아는 것이다.

또 신입생도 그렇다. 인생의 철리를 알려면 노교수가 나와서 한마디라도 해줘야 권위가 있고 인생이 그게 다가 아니구나! 하는 것을 아는 것이다. 그러니까 정신없는 MZ세대는 노교수가 잡아야 제대로 잡는 것이다. 근데 노교수가 그렇게 하려구할까? 노교수가 아니라 명색이 총장이 특강한다고 기고만장하고 잘난 척하다가 숍 도중에 성질내고 뛰쳐나가는 것 아냐? 이게 실화 중의 실환데 담 기회에, 투비컨티뉴드!

그래서 또 1학년학생에게 인생의 철리를 하나라도 더 가르쳐주는 것이다. 외국에서는 노벨상 수상자가 있으면 학부 1학년 과목에 반드시 들어가서 숍하는 것이 불문률이다. 물론 내가 전세계적으로 전수조사한 것은 아니다만, 그러면 1학년학생의 인생관이 초장에 완전히 달라진다. 저절로 감화를 받는 것이다. 세계적인 명문대학이 왜 명문대학인 줄 알겠는가? 다 노하우가 있다. 그러면 노벨상 수상자가 없으면 적어도 명문대라면 1년에 반드시 한번씩 초청강연을 하든지, 아니면 그 정도 레베루의 노교수를 초빙해서 1학년 숳해야 한다. 그렇지 않고 그저 명문대할려구 하면 안되지, 그저 날로 먹을려고 하면 안되지, 야마리까진 짓이지. 그렇지 않고 그저 축제때 1~2억씩이나 들여 연예인 불러 오는 것으로 유능한 총학회장이 되고 재임하려는 총장이 되면 안돼지, 그게 공약이야?

물론 연예인도 불러야지, 연예인이 오면 내부터 보려고 뛰갈텐데, 경주같으면 도로가 막힐 정돈데 불러야지, 안 부르면 되나? 그러나 그게 다가 아니지, 연예인 1번 오면 노벨수상자를 2번만 모시면 가만 있어도 저절로 명문대가 되지. 이렇게 쉬운 것을 가르쳐주는데 왜 안 해? 연예인만 부르면 남녀학생들이 벤또 싸들고 사생 뛰지, 공부 뛰겠어? 남들이 하는거는 다 해야지만 본질을 결코 잊어서는 안되지.

힘겨운 고3을 갓 마치고 입학한 1학년학생은 갑자기 주어진 자유분방한 대학생활과 생판 알 수도 없는 힘든 전공수업사이에서 갈피를 잡기 어렵고 그저 남녀대학생이 어울려 하루하루 해방된 기분에 들떠서 수업분위기도 해이하기 십상이다. 피상적으로 겉으로 보면 틀림없이 중구난방인 숳도 이런 숳이 없겠다 싶은 게 대학숳이라고 생각도 하겠지만 그러나 절대 그렇지는 않고 학생들은 학생들 대로 얕자리없이 치열하게 살고 있고 또 교수인 나로서는 학생들의 분위기를 잘 조율해서 한시바삐 질서있는 면학분위기와 자유로운 대학생활을 함께 하게 해야하는 막중한 양대 책임감을 누구보다 분명히 느끼고 있는 숳이지만 그게 또 갑자기 되는 일은 결코 아니라는 것을 오랜 교육전문가적 경험속에 너무나 잘 알고 있는 것이었다.

그러니 대학생만 되면 다 컸다고 생각하기 쉽고 학부모도 손떼기 쉽지만 그러나 인생으로서 준사회인으로 첫걸음 떼는 것은 이것이 처음인 중차대한 인생 관문이다. 그러니 첫걸음부터 얼마나 주요하 겠는가? **자율속의 책임감! 질서속의 자유! 자력 속의 큰 성과!** 대학 에서 마지막으로 본격적으로 배워서 사회에 평생 갖고 가야할 당연 한 덕목이지만 근데 그게 쉽겠는가?

근데 그 전에는 그런 일이 결코 없었는데 학부제가 되고 학년구분 이 모호해지자 그 당시부터 1학년 숲에 고학년이 많이 수강하기 하 기 시작하였다. 개강한지 얼마 지나지 않아 정신이 없는데 하루는 1 학년 내 경영학원론 숲을 듣는 군대 갓 갔다온 복학생 3학년 학회장 이 혼자 내 연구실을 방문하여 진지하게 숲운영에 대한 그들의 의견 을 개진하였다.

"교수님, 신입생의 수업분위기가 영 안 좋은데 우리 복학생들이 교육을 시켜서 수업분위기가 좋도록 잡으면 안되겠습니까? 우리 복 학생들이 모여서 이미 의논을 다 했습니다."

이 말을 듣자말자 나는 너무나 놀라서 앉은 의자에서 벌떡 일어나 오른손을 뻗어 강하게 손사례를 치면서 평소 내답지 않게 강경하게 절대 말렸다.

"안돼, 그 얘들 절대 건드리지마!"

더욱이 고참이 신참을 야간에 몰래 집합시켜서 군기 잡는다고 엎 드려 뻗쳐 시켜놓고 줄빳따 치며 교육시키는 것은 절대 금물이었다. 물론 조금 우호적으루다가 모여서 정신교육도 하고 한두번 선착순 돌리는 것까지야 친해지기 위한 집단의 통과의례라고도 볼 수 있지만 그러다가 또 술 먹고 열 받아서 사고치는 것은 시간문제도 아니었다. 그리고 폭력은 절대 금물이었다. 한번 시작하면 폭력의 대물림이 시작되고 갈수록 더더 가혹해 질 뿐만아니라 어느 틈에 폼 잡고 "라떼는 말이야." 하면서 중간에 끊기가 매우 어렵기 때문이다.

그런데 그 무엇보다 경영학은 원래 Y이론을 지지하고 있고 따라서 나도 당연히 학문전공이 지지하는 경영학의 Y이론을 신봉하고 있었고 더 나아가서 나의 교육철학을 명시적이나 묵시적으로 말한 적은 한번도 없었지만, 그래도 다 아는데, 그것이 바로 자유민주시민자율책임교육이었기 때문이었다. 물론 나의 속마음이 Y이론을 지지하는지, X이론을 지지하는지, 그것은 결코 말해 줄 수 없다. 아는 게 힘이지만 모르는게 약이야, 묻지마, 제군!

학회장은 자기 말을 백번 들어주고 '안 그래도 교수인 나도 늘 그렇게 생각해왔다, 좋은 생각이야. 나는 절대 모르는 걸로 하고 팍팍 밀어줄 테니까 애들 끝까지 꽉 잡아!' 라며 칭찬까지 해주고 당연히 밀어줄 것 같았는데 오히려 조금의 여지도 안 주고 첫마디에 잘라도 너무 단칼에 자르며 극력 말리니 상당히 의아해 하면서도 평소와는 전혀 다른 나의 강경한 태도에 다행히 첫말만에 나갔는데 학회장이 나를 지지하고 있었기 때문에 교수의 무슨 깊은 뜻이 그래도 있겠거니 생각하고 나가는 것이 다행이라면 다행이었다.

나는 그후에도 1학년학생이나 다른 학생에게도 이 말을 절대 안 하고 직무상 취득한 비밀을 이때까지 엄격하게 지켰다. 그리고 Y이론을 더 심화발전시켰다. 당연하지.

다른 교수도 이런 사례가 이미 자주 있었는데 복학생을 중심으로 학과운영을 하면 굉장히 편하다면서 여러 교수 앞에서 성공사례로 크게 자랑하며 은근히 지를 따라하라는 교수도 보았다. 글쎄, 과연 그럴까? 경영학교수인 나로서는 클 날 소리였다. 그러면 크게 보면 경영학이 뭐 잘 못 됐고 민주시민자율교육이 뭐 안 좋다는 것인가? 물론 경영학에도 그런 전제적 방식이 단기적으로는 반짝 성공할 수는 있다고 보는 것이지만 폐해가 많다고 보는 것이다.

특히 이 방법은 까다로운 자기 입맛을 살살 맞춰주는 비선, 비공식집단, 사조직을 이용해서 학생이 합법적으로 선출한 공식합법학생자치단체를 핫바지로 세워두고 좌지우지한다는 것인데 합리적인 학과운영과는 전혀 거리가 멀고, 물론 비공식조직도 매우 주요하기는 하지만, 공조직을 무력화시키는 것은 전혀 경영학정신이 아니다. 배추재이도 가게운영을 그렇게는 안 하는 것이다.

우선 한가지만 말하면 학생들이 유일합법선출한 학생자치단체는 아무리 학생이라도 교수에게 껄끄러울 때가 상당 부분 분명히 있다. 그게 원래 학생을 공식대표하는 그 학생들의 소임이기 때문이다. 그러라고 있는게 그들이었다. 노조도 목적은 원래 그런 것이다. 학회장이 아무 건의도 안하고 있으면 태평성대라고 내 역시 내심 좋기는 하지만 동시에 은근히 걱정해야할 일이다. 이거 뭐 내가 뭐 잘 못되고 있는 거 아냐? 내가 뭐 잘 못 하고 있는 거 아냐?

<u>내 오랜 경영조직경험칙상 폭풍전야는 항상 그럴 때이다.</u> 태평성대에 내가 뭐 했다고 왜 태평성대지? 이렇게 뭐가 좀 이상하다 싶으면 바로 위기가 오는 것이다. 오는 게 아니고 실제는 벌써 와있는 것인데, 그리고 버얼써 다 아는데 長(장)만 모르고 있는 것이다. "어때! 아무 일 없으니 태평성대지! 다 내 덕이구만!" 그러나 이때 이미 재빠른 연놈들은 벌써 보따리 다 싸놓고 여차하면 튈 준비를 다 하고 있

고, 준비하는게 아니라 기회를 틈타 어떻게든 다 튀고 없는 것이다.

무위자연의 경영, 함이 없이 가만 있어도 다 잘 돌아간다고? 그게 결코 그런 뜻이 아냐! 돌지 않았으면 잘 생각해봐! 그게 어떻게 되나?

그러니까 윗대가리만 모르고 있는 것이다. 그러나 윗대가리도 모른다기 보다, '모르긴 뭘 몰라, 니거가 어떻게 나오나 볼려고 모른 척하고 있지.' 라고 생각하고 있는 지도 모른다. 그런데도 윗대가리들은 항상 겉으로는, '배은망덕한 연놈들 같으니라구! 이거이거 사람째끼도 아냐! 교수시켜달라고 그렇게 충성을 맹세하며 빌 때는 언제야! 남아있는 니거도 똑바로 해! 안그러면 국물도 없어! 이것들아!' 하고 있다.

재미있는 걸 계속 얘기 해줄까? 지사대에 있어보면 재밌는게 어떤 교수가 다른 대학으로 가면 남아있는 교수들은 당연히 생각한다. '봐, 봐, 재단이 남아있는 교수들에게 특단의 대책을 수립해서 연봉, 복리후생, 승진, 보직 등 잘 해줘야지, 안 그러면 아주 곤란해질 걸.' 이러고 선무공작차원에서 특별상여금이라도 기대하고 있지만, 재단은 꿈에도 전혀전혀 그렇지가 않다는 것이다. '뭐, 그렇게 잘 해줬는데도 또 튀는 연놈이 있다고? 남아 있는 연놈들도 블랙리슽 만들고 핑계대고 서울에 자주 가는 연놈이 있는지, 애들 풀어서 정보수집해 와, 뭣들하고 있어! 그런 연놈들 승진도 보직도 주지말고 연봉도 다 까! 그리고 갈 때까지 기다리지말고 미리미리 색출해서 다 내 보내! 어디서 먹튀야, 먹튀가! 안 그래도 어제오늘 하루도 학교발전에 아주 무시 못할 윗선에서 이력서 들어온 게 몇 장이나 있어! 내 서랍 봐, 전부 다 이력서야! 빨리빨리 자리 비워 놔! 나도 니들 데리고 간다는 거 너무 힘든다는 걸, 알아 몰라! 글고 남아있는 니들은 왜 다른데 갈 줄도 몰라? 너무 무능한 거 아냐? 으이구 그러니 찍소리하지 말고 교주 말 잘 들어! 들어가라면 들어 가! 알았어!'

자자, 어때? 동상리몽도 이런 동상리몽이 없는데 이제 세상일 좀 알겠어? 근데 그런데 이 교수님 얘기는 들을 때는 최고로 재미있는데 다 듣고 나면 어째 썰렁할 때가 자주 있다 고요? 웃음이 원래 그런 걸 난들 어쩌겠나?

그런데 사실 이게 부처의 최고가르침인 중도사상이라고 봐도 된다. 그래서 내가 1천4백년 고찰 대웅전에서 곧바로 쫓겨난 것도 다 부처의 중도사상이다. 이게 이 사태에서 **내가, 너가, 그리고 우리가** 알아야할 젤 주요한 교훈이다. 몬 소리요?

그래서 이를 충분히 인정하고 항상 공식자치단체를 파트너로 우선협상대상으로 인정하고 인내를 갖고, 심지어 자비심을 갖고, 소통대화해야 한다. 뒤끝을 가지면 결코 안된다. 그렇지 않으면 곧바로 학과가 오합지졸이 되어버려서 나중에는 거의 수습조차 할 수 없다. 물론 내가 자유방임만으로 내버려두는 것은 결코 아니다. 경영학에서 이론으로 다 정립되어 있는데 자유방임이 필요할 때도 반드시 있다. 그러나 그런 상황은 현재는 아니고 지도는 Y이론으로 민주자율책임감을 가지도록 누구보다 충분히 더 힘들도록 하는 것이다.

민주? 자율? 자치? 책임감? 그게 뭐지? 해봤어야 알지. 그러니 이게 훨 더 어렵지. 그러나 이렇게하면 학생들이 방학 지나고 2학기부터는 서서히 숨분위기도 제법 스스로 잡히고 자율적으로 질서있고 진지하게 학교생활을 시작하는 것이다.

그러므로 나는 특정 학생이, 나를 포함해서, 교수를 끼고 위세를 부릴려고 하는 지를 상당히 관심있게 지켜보고 있다가 그럴 낌새가 조금이라도 있으면 초기에 알게모르게 분명하게 잘 해결하였다. 특히 복학생이나 교수와 개인적인 친분을 쌓은 학생이 그런 경향이 자주 생겼다. 심복? 천하장안? 김씨일가? 민씨일가? 비선? 실세? 비공식조직? 사조직? 사단? 종교비선? 친척, 처가? 외척? 물론 다 필요하다. 조직이 공식조직만으로 움직이는 것은 아니고 비공식조직이 더 주요할 수 있다는 것은 고금동서를 막론하고 다 아는 얘기고 경영학에서도 이론으로 충분히 정립되어 있다. 일반인은 안 가르쳐줘도 다 잘 터득하고 있고 행동도 기가 막히게 잘 하고 있지만 경영학 교과서에 다 있다는 것은 모르지. 그런데 경영은 그게 다가 아니지.

근데 흥미있는 것은 학생중에서도 그런 학생을 끼고 그 주위에서도 또 뭔가를 부추킬려고 쉬지도 않고 항상 시도하였다. 물론 나의 방법에 문제점도 있고 불만이 있는 자가 있다는 것을 충분히 잘 알고 있다. 책에도 다 나와 있고 해보면 잘 아는데 그걸 왜 모르겠나? 그러나 나는 퇴직하는 날 때까지 Y이론을 잘 지켰다. 왜? 경영학교수니까! 왜? 대학이니까!

그런데 군대에서도 내무반장, 군기반장이 있고 고참선이라는게 있는데 군대는 군대의 특성이 있고 무엇보다 단기복무사병의 관리라는 것을 생각해야 한다. 근데 특수한 군대문화를 사회에서 연장하려니 항상 그게 문제였다. 그러나 이런 방식은 거슬러 올라가면 왜식군대방식인 것이고 특정상황속에서 단기적으로 사용할 수 있다는 것은 이론에도 있고 나도 충분히 인정하나 합리적 관리에서는 결코 오래 할 것이 못된다.

특히 군 병생활에서 내무반장은 병생활을 좌지우지하는 대단히 주요한 보직이고 병들이 초미의 관심을 갖는 보직이고 제대후에도 늘상 얘기의 대상이 되는 내무생활에서 빼놓을 수 없는 막중한 핵보 직이지만 군대공식직제편제에는 흔적도 없는 비공식 자리 중의 비 공식 자리이다. 그리고 뽑는 것도 거의 대부분 속닥플레이로 고참병 들 저거끼리 속닥속닥 비공식적으로 인사계에게 추천을 하고 그런 후 인사계가 잘 살펴보고 임명도 아닌 일방적으로 통보를 하는 자리 이다. 군대에서는 간혹 가다가 단결회의를 통해 병들이 모여 투표를 해 자치적으로 뽑는 경우도 있지만, 그런 경우는 거의 없고, 있어도 그렇게 뽑힌 내무반장이 이런저런 이유로 불과 얼마 못 가는 경우가 대부분이다.

그리고 나의 학과전공학생생활지도에 관한 것은 더 설명하고 싶 은 것이 너무나 많지만, 이 정도로 대폭 줄이지만, 그런데 한가지만 주요한 것을 꼭 더 말하면 오랜 교수생활에서도 "꽉 잡아! 애들 꽉 잡아! 라떼는 안 그랬어! 까불고들 있어!" 라는 소리가 어떤 때는 하 루에도 몇 번씩 양사방 심심찮게 터져 나오고, 내게도 직접 그런 소 리하는 사람이 자주 있었지만 나는 그런 소리를 전혀 귀담아 듣지 않았다. 남을 별스럽게 잡으려고 하는 자는 반드시 끝이 안 좋았다. 나의 오랜 경영조직생활의 경험칙으로는, 밑의 부하를 꽉 잡으려 고 독재하는 자는 반드시 자기 비리를 꽉 잡고 숨기고 있는 자이다. 그러므로 좆 잡고 반성해야할 사람은 오히려 바로 그들 자신이다. 그들이 뭔가를 꼭꼭 감추려고 광분하며 달려드는데 알고보면 방어 기제이고 결국 파고 파보면 지 안에 괴물을 키우고 있다. 이것이 내 가 경영조직생활에서 기어이 알고야만 만고불변의 진리 중의 하나 이다. 굳이 안 알아도 될 것을! 그러니 이 정도면 조직의 쓴맛, 단맛, 피맛을 다봐야 알 수 있는 수준이지. 암, 이 정도면 노벨조직상을 꼭 받아야지.

그러니 신도는 그저 절에 와서 기도 잘 하고 자기 형편에 따라 施主秩(시주질) 잘하고 복받고 가면 되는 것이다. 뭐 할게 있나? 물론 신도로서 해야할 소임도 시주질로 보고 열심히 잘 하는 것은 좋으나 무슨 되지도 않는 꼰대질, 갑질, 꼬장질 부리러 절에 오는 것은 오히려 절이나 신도단에게 모두 장단기적으로 역효과만 있는 것이다. 그리고 그걸 부추기며 使嗾秩(사주질)을 하면서 지 안에 그걸 키우고 있는 자들도 마찬가지다.

그러자 연상의 여성이 더 반가워하며 말했다.

"그래도 되나요?"

나는 그들이 너무 조심하길래 약간 객관적으로 말했다. "그래도 된답니다." 누가? 내가!

그래도 연상의 여성이 거듭 물었다. "그래도 괜찮겠어요?"

나는 말했다. "괜찮아요. 내가 워낙 시끄러운데 있다가 와서."

거 참, 종교에 관심을 무척 갖고 절에 다닌 지는 매우 오래 되었고, 그후 실참과 지식도 쌓았다고 생각하지만 본격적으로 참배하고 대웅전에 다잡고 앉아 원력 세우며 다닌 것은 퇴직후 채 얼마 되지도 않는데 어느 틈에 말마다 話頭(화두)고, 일마다 禪(선)이고 보이는 것 마다 工夫(공부)였다. 이러다가 다른 종교 가면 방언 터뜨릴 판이었다. 그러면 아마 볼 만할 것이다. 그날이 오기를 항상 기대하나?

그리고 이제 두 보살이 법당을 떠나면서 내게 인사를 하는데 연상의 여성이 더 정중하게 하였다. 나도 정중하게 허리 숙여 인사하였다.

법당을 나와서 차도를 조금 걸으니 옆 숲속에 제법 큰길이 보였다. 그래서 차도는 복잡하고 조용한 큰길로 가고 싶어서 두리번 사람을 찾으니 이번에도 두 보살이 나타났다. 그래서 다행하다고 생각하고 물었다.

"저 길로 가도 길이 안 막히나요?" 그러자 두 보살은 자기들도 금방 그 길로 왔고 또 그 길로 갈거라면서 가도 된다고 했다. 그래서 내가 "아주 전문가시군요." 라고 하니 두 보살이 웃으면서 "아닙니다. 아닙니다. 우리도 처음 왔어요." 라면서 사양을 하였다. 그래서 내가 다시 "게다가 겸손하기까지 하군요." 라고 하니 두 보살은 뭔가 나의 멘트가 심상치 않다고 생각했는지 걸음을 빨리 재촉해 가버렸다.

그러나 그게 끝이 아니고 항용 會者定離(회자정리)요, 去者必返(거자필반)이라고 무풍한송로를 지나 한참이나 지난 뒤 뜻밖에도 어둑어둑 어둠이 깔리고 있는 산문정문에서 다시 만났다. 그런데 2보살이 아주 모른 척하고 쌩까는 것이었다. 그렇지, 그러나 나는 그래도 헤어지면서 조그만 공덕에도 잊지 않고 보답하는 인사를 하고자 하였다.

"바이!"

그러자마자 두 여성이 이제는 정신없이 호호호 웃으면서 답례를 하는 것이었다.

나는 또 답례를 하였다. "씨 유 어겐!" 그러고는 깜깜해지려는 통도사 정문길에서 헤어졌다.

또 만날 일이 있겠는가? 그러니 기대는 하지만 기약을 할 수는 없고 만났을 때, 그때에 최선을 다해 잘 해야지. 워낙에 인생이란 진실의 순간 Moments of Truth: MOT, first-, second- 아니던가?

근데 역시 사람은 국제적으로 놀 필요가 있었다. 것 봐, 잠깐만에

당장 영어가 터지잖아! 정작 거기서는 영어 한마디도 안 썼지만 장
문의 영문안내판은 정성들여 읽었는데 그 효과가 이제 확실하게 터
진다는 것이다. 그래도 이게 어디야? 그렇지, 바로 그거지. 집에 와
서 기왕이면 국제적으루다가 CNN, 아리랑TV를 틀면 이 시국, 아프
가니스탄, 우크라이나 등등 국제정세에 대해서도 뭐 알랑가몰라! 신
평터미날에서 1723번을 한참 기다려서 타고 집으로 왔다.

어제 오늘은 무슨 일이었을까? 호사다마인가? 텃세인가? 아, 그
새이름? 군대 빡쎄게 갔다 온 내한테 군대 구경도 못한 인생들이 군
기잡기하려고 드나? 시험에 든 것인가? 교훈 찾아라는 것인가? 인간
도처유청산이니 주유천하라는 것인가? 應無所住 而生其心(응무소
주 이생기심)인가? 똥도 보고 쓰레기도 보라는 것인가? 그만봐도 될
텐데. 사무적인 문제인가? 걍 인생사인가? 그러나 역시 대국적으로
보는 것이 가장 좋았다.

世界一花(세계1화)가 아닌가?

20210909목맑음 3일차인 올은 아침에 늦게 출발하여 처음부터
금강계단 참배할 시간은 안되었으므로 대웅전으로 가서 독경 막 시
작하는 것을 보면서 참배하고 곧바로 나와서 이번에는 사자목5층석
탑에서 원력을 세우다가 왔다. 여기서도 기도빨이 좋았다. 다른 노
처사도 와서 상당한 공력으로 염불기도수행을 했다. 그래서 생각해
보니 이 절 기도빨이 센 데가 충분히 더 있을 것 같았다. 나중에 더
알게 되면 좋으리라. 나는 서운암으로 갈까도 생각했으나 벌써 시간
이 어느 정도 되서 다음 기회로 하고 걍 여기서 마치고 집으로 왔다.
시내 공업탑으로 나왔는데 3일동안 연속 절에 갔으니 낼 금욜은 시

내로 조금 나가서 책 주문해 둔 서점을 가봐야겠다.

그런데 부처는 꼭 이렇게 말씀하는 것 같다. 이 교수, 다 그래, 에베레슽, 히말라야 설산에 가봐라, 안 그런가? 다 마찬가지야! 오죽하면 내가 6년 수행 끝에 내려왔겠나? 니가 청정하면 거기가 기도빨이 젤 센데야. 이리저리 끄달려 다니지 말고 **니 기도를 찾아!**"

"그러면 부처께서 맞춤형 가르침을 주시면 어떻겠습니까?"

"좋아, 그러면 불교적으로 줄까? 현실적으로 줄까?"

"둘 다 주십시오."

"둘 다는 안되고 불교적으로 하나만 주지. 전통적으로는 道高魔盛(도고마성)이지. 장애가 오면, 아! 이번에 뭔가 깨달음이 있겠구나! 하고 은근 기대하지."

"**마성이면 도고군요.** 부처께서도 은근 기대했습니까?" 순환논리는 항상 아름다워!

"크게 했지. 그러면 현실적으로는 이 교수가 말해 보지."

"Work Smart! Be Kind! 스마트하게 일하고 친절하라! 이를 늘 인생의 모토로 생각하고 있죠."

"근데, 왜 그래?"

"항상 실천이 어렵죠. 8만4천대장경이 언제부터 다 있어도 **실참**이 늘 어렵죠."

사례토의

1. 기도는 효과가 있나? 기도와 목표를 경영학적으로 성찰하라.
2. 꼰대, 갑질, 이지메는 왜 나왔고 어떻게 대처해야 하나? 매뉴얼은 무엇인가?

   당신 속에 '괴물'이 있다면 어떻게 할 것인가? 니 안에 어두운 형제(Dark Brothers in you: DB in you)가 있다면 어떻게 할 것인가? 성찰하라! 그러면 in me는? Dark Brothers in me는? DB in me는? 근데 근원적으로 알고 보면 이게 그저 단순한 흔한 그저 그런 일이 아니고 아주 심오한 우주론이지.
3. 을질은 없나?
4. 道高魔盛(도고마성)을 자기 경험에서 말해보자.
5. "Work Smart! Be Kind! 스마트하게 일하고 친절하라!"를 평가하라! 실천이 과연 어려운가?
6. 리더십의 민주형과 전제형, 자유방임형을 평가하라. 어떤 상황에서 이 리더십이 효과가 있나?

불사리

이강식(시인)

대웅전이 불 타니 부처도 불 타는데
불사리는 누가 간직해 갔느냐?

말하라

말하라

불사리탑에서 연꽃이 피니
우주도 한번 불 타네

20210331수

우주화택

이강식(시인)

우주가 한번 불타고 진신사리를 간수했을 때
진신사리탑은 어디에 세우겠는가?

말하라

말하라

진신사리탑은 코끼리 잔등위에 세우고
코끼리는 거북 등위에 세우니
3천대천세계에 비로소 꽃비가 가득하다

* 인도가 영국식민지 시절 영국인이 인도인에게 물었다. "우주가 어
  디에 있습니까?"
  인도인이 말했다. "코끼리 잔등위에 있습니다."
  영국인이 다시 물었다. "코끼리는 어디에 있습니까?"
  인도인은 대답했다. "거북 잔등 위에 있습니다."
  영국인은 또다시 물었다. "거북은 어디에 있습니까?"
  인도인은 대답했다. "화제를 돌리시죠."
  이 이야기는 버트랜드 러셀(Bertrand Arthur William Russell,
  3rd Earl Russell 1872~1970) 경이 전한 얘기이다.

누구에게는 삶이 아름답지만 누구에게는 곧 불타는 우주, 宇宙火宅(우주화택)이다. 20210331수

내불6강-世界1金絲20210910금03:40이궁식

==

▌회고록 제7강, 사례연구Case Study ▌

아! 업적평가!

이강식(경영학교수 전)

하루는 연구실에 있으니 연구실 직통전화로 전화가 왔다. 받아보니 우리나라 빅쓰리 중의 한 신문사의 사회부 여기자의 전화였다. 그때 그 신문사는 교수에 관한 기획기사를 연일 첫면에 대문짝만 하게 실어서 전국적으로도 큰 화제를 불러 일으켰고 나도 상당한 관심을 가지고 지켜보고 있었다. 그런 전면 대형기획기사 땜에 내게 인터뷰전화가 왔으니 나도 조금 놀랐다. 이런 경우는 대개 나의 첫질문이 이렇다.

"그런데 나를 어떻게 알고 전화를 했나요?"

그러나 그 여기자는 초짜인데도 이런 질문이 매우 익숙한지 간단히 답변했다.

"다 아는 수가 있죠!"

그래서 나는 매우 탄복을 했다. 여윽시 대신문사의 사회부 여기자는 아주 남다른데가 있구만! 나는 이 답변을 기억해 두었다가 나중에 몇 번 써 먹었는데 효과가 아주 좋았다.

드뎌 본론에 들어가서 여기자는 날카롭게 질문을 하였다.

"대학교수의 업적평가를 시행해야 한다는 여론이 많은데 이에 대해서 어떻게 생각하십니까?"

왜 이게 날카로운 질문이죠? 이게 평범한 질문 같지만 당사자인 교수로서는 답변하기가 아주 어려운 질문이다. 양날의 칼의 질문이었다. 그래서 아마 내게 질문을 하였는 것 같다. 더욱이 그날은 금욜 상오인가? 그랬다. 그래서 아마 경향 각지의 굴지의 다른 교수들이 연구실에 잘 없을 시간대였다. 혹 있어도 손사례를 치며 다 사양을 한 것 같았다. 교수가 어떤 사람들인가?

그러나 내가 누군가? 바로 인사관리 교수로서 매학기 업적평가를 강의하는 전문교수인 프로페서가 아닌가? 그러면 기다렸다는 듯이 조금도 틈을 주지 않고 청산류수처럼 답변을 해야할 것 아닌가? 그래서 나는 조금도 주저하지 않고 기다렸다는 듯이 있는 그대로 직설로 오직 학문적 소신으로 칼 답변을 하였다.

"나는 경영학교수로서 교수업적평가를 전혀 반대하지 않습니다. 그러나 평가는 상호평가를 해야하기 때문에 총장이 교수를 평가한다면 교수도 재단이사장, 총장, 부총장, 대학원장, 처장, 주요보직교수 등등을 다 평가해야 합니다."

지금 생각해봐도 간단명료한 명답변이었다. 직설이니 소신이니 할 것도 없이 오직 학문적이고 과학적이고 이론적이고 실제적인 답변이고 이성적이고 감성적인 답변이고 이게 바로 학자적 답변의 진수였다! 즉 길항력Counterveiling Power를 얘기하였다. 작용이 있으면 반작용이 있다! 다르게 말하면 원심력과 구심력의 관계인데 아주 심오한 우주법칙을 설파한 것이지. 적어도 이 정도는 알아야 어떤 종목을 하든 교수를 하는 것이지, 그저 바쁘다면서 이리저리 몸을 피한다고 될 일이 아니지.

그러자 그 여기자는 전혀 생각밖의 창의적이고도 해법이 아주 신기한 전문교수의 답변에 감탄에 감탄을 다하는 것 같았다.

"예-예-예, 잘 알겠습니다."

그런데 나는 조금 걱정이 되었다. 그래서 끝으로 당부를 하는 것을 잊지 않았다. 전문적이고 학술적인 것은 좋은데 나도 우선 살고 봐야지.

"내 실명은 밝히지 말고 익명으로 해주세요."

"예예."

여기자는 흔쾌히 답변을 하였다. 아마 특종을 하였다는 생각까지 했을 것이다. 내가 전화를 잘 했구먼! 역시 재야에 고수가 있구만! 참으로 고매한 인격을 가진 신비한 교수야!

그러나 기다려봐도 기사화는 전혀 되지 않았다. 나는 오히려 다행이다, 싶었다. 안도의 숨을 쉬었다. 만약 이 답변이 기사화되었다면 전국적으로 발언자를 색출한다고 대학가가 또 시끄러웠을 것이다. 취재원보호? 뭔 아마취같은 소릴! 어쨌든 발언자를 색출하고 내게 또 달려들었을 것이다.

도대체 지사대교수가 나서서 뭘 안다고 그런 씰데없는 소릴했어? 그 대학은 그러니까 발전이 없지, 인사고과 때 두고 봐야 안 되겠어? 두고 보겠어!

그러니까 이게 알고 보면 재단과 교수의 완전 협공각이 될 수 있었다. 그러니 기사화 안 된 것이 오히려 천우신조라고나 할까? 젊은 여기자의 꾀꼬리같은 아리따운 목소리에 홀려도 너무 홀려서 클 날 뻔 하였나? 왜 기사화 안 됐지?

이래서 내가 『토정비결』을 보면 꼭 여자를 조심하라고 나오는 것

이 아닐까? 나는 늘 없는 여자를 뭐 조심하나? 라고 생각했지만 그
게 아닌 것 같았다. 역시 조선 토정(1517~78) 선생은 탁월하였다!
멀리 있는 여자를 더 조심하라! 보이는 여성보다 안 보이는 여자를
더 조심하라! 전화기 너머로 목소리만 들리는 여자를 더 조심하라!
나는 늘 뭐 있어야 조심하지! 라고 생각했는데 역시 어른 말씀은 틀
린게 없었다.

근데 가만 보면 신문사는 기사꺼리가 없으면 꼭 대학의 문제점을
시리즈로 대형기획기사로 싣는 것 같았다.

그때 비로소 나는 큰 교훈을 얻었다. 언론사의 논조와 반대되는
인터뷰는 절대 하지말 것. 소신이구 나발이구 간에 빅쓰리 신문에
이름이 한줄이라도 날리려면 그들의 구미에 맞는 말만 척척 알아서 잘
할 것! 철칙이었다. 그러나 철칙까지 세우고 철두철미 완전 대비를
하고 있었으나 그 이상 여기자의 취재도 없었고 다시는 이에 대해
언론사의 전화인터뷰는 없었으니, 할 것도 안 할 것도 없었다. 발언
할 기회를 줘야지, 우째 이렇게 귀신같이 잘 알고 연락이 없어?

그러나 그럴 것이다. 기자가 어떤 사람이야! 해병대는 귀신 잡지
만 기자는 귀신도 모셔다가 인터뷰하고 취재하는 사람 아닌가? 아
니, 영화까지 찍지 않았나? 『뱀파이어와의 인터뷰』(1994)가 바로 그
것 아닌가!

물론 현실적으로는 그 여기자가 내 연구실 전화번호가 다시 생각
이 안 났을 가능성이 매우 더 높다. 여기자가 어떤 사람이야? 필요
할 때까지는 결코 전화번호는 생각나지 않는다. 여기자는 두 번 전
화하지 않는다.

이렇게 교수업적평가가 초미의 관심사로 떠오르고 있는 가운데 드뎌 내가 재직하고 있는 대학에 업적평가의 바람이 전국대학에서 아주 초기에 거세게 밀어 닥쳤다. 그것은 대학특성화사업에서 교수 인사고과를 실시하면 배점이 아주 높기 때문이었다. 평소 학교에서는 업평을 한다한다하면서 우악만 주고 있었는 데 실제 하지는 못하였는데 특성화평가항목에 높은 점수로 나오자마자 당장 학교에서는 불감청이나 고소원이라고 특성화를 핑계되는지 득달같이 업적평가팀을 만들어 업적평가표를 개발한다고 하였다.

근데 뜻밖에 내가 위원으로 위촉이 되었다. 내가 왜? 그래서 나는 내가 인사관리 교수라서 그런가? 했지만 그건 전혀 아니고 나중에 가만 보니 다른 교수들이 욕먹는다고 다 미리미리 핑계대고 사양을 하고 제끼고 안해서 그런 것 같았다. 그것도 있고 사실 몰라서 그랬을 것이다.

그리고 그때는 말만 무성했지 업평 개념도 교수들이 전혀 몰랐다. 수업평가와 강의평가의 개념도 몰라서 보직교수에게 내가 가르쳐준 일도 있었다. 즉 수업평가는 전체 수업을 평가하는 것으로 수업은 강의, 세미나, 실습, 발표, 현장답사, 출석 등등 으로 구성되는데 강의는 이중 수업의 한 종류로서 강의만 평가하는 것인데 대부분 수업이 강의로만 구성되기 때문에 이런 경우는 강의평가가 곧 수업평가가 된다고 설명하였다.

그러니까 학교당국에서 그동안 업평을 실시한다고 계속 겁만 주었지 실제하지는 못한 것은 사실 방법을 몰랐기 때문이었다. 뭐 알아야 면장을 하지.

근데 **경영학적으로 젤 주요한 것은 업적평가 이전에 업적평가를**

하려면 직무분석과 직무평가를 반드시 먼저 해야하는데 업평도 어려운데 어느 세월에 그걸 하겠느냐? 그러니 업평을 한다해도 그저 그렇지 뭐, 대기업도 마찬가지지 직분과 직평은 다 덮어 놓고 업평만 하는데 그게 그렇지, 뭐.

그러나 나는 그래도 전문가인지라 학교에서 같이 위촉한 전혀 문외한인 일어과 교수 두 사람과 함께 팀을 구성하였는데 평가표를 만든다는 것은 단기간에 매우 어려운 일이었다. 그러니 그렇게 할 수는 없고 또 나는 필시 학교에서 이미 평가표를 만들어 가지고 있을 것이라고 보고 담당처장인 교무처장을 찾아갔다.

단도직입적으로 평가표를 줘야 프로젝트를 할 수 있다고 하니, 조금 흠칫하더니 역시 평가표를 이미 다 만들어 가지고 디스켙에 꼬깃꼬깃 꼬불쳐두고 숨기고 있었던 것을 내주었는데 교무처장도 인사고과에는 아주 문외한인지라 아마 외부에 하청을 주었거나 아마 다른 대학 것을 걍 인터넽에서 다운 받은 모양이었다. 그러나 나는 그 파일이 담긴 디스켙을 받아다 형식상의 겉뚜껑만 공들여 만들었다. 그러니까 물론 내가 평가표를 평가해보았지만 내가 뭐라고 할 계제도 아니고 시간도 없어서 털끝도 하나 전혀 손대지 않고 그대로 복붙하고 다만 표지와 목적, 의의, 필요성, 이론적 배경 등을 아주 잘 만들어 붙였다. 내가 경영학교수라고 주어진 비용으로 최대의 효과를 가져온 미션완료였다.

인사고과보고서가 만들어지자 교무처장은 좋아서 입이 떡 벌어졌다. 교무처장인들 인사고과에는 문외한이었는데 학내교수사회에서 난제 중의 난제가 내 땜에 소리소문없이 아주 조용히 아주 쉽게 잘 풀린 것이다. 생각보다 싼값에 너무 잘 해주었나? 너무 싸게 쳐서 교무처장이 너무 황공했나? 근데 이게 또 문제가 되었다.

교무처장이 너무 기분이 좋아서 그랬는지 아니면 약싹 빠르게 책임전가를 하려고 했는지 나를 모함하고자 했는지 밑도끝도 없이 내가 인사고과를 다 만들었는데 아주 잘 만들었다고 거짓말을 친 것이다. 그게 교무처장실에 붙어사는 교무처장 직속 똘마이교수들에 의해 학내에 마구마구 퍼져 나갔다.

어떤 똘마이 교수는 듣자말자 댓바람에 내게 연구실까지 직접 찾아와서 학교와 편묵고 인사고과를 만들어줘서 교수들에게 손해를 엄청 끼쳤다고 눈까리 뿔시고 전교수적으로 선동하여 개달려들 듯이 달려들었다. 그리고 무슨 회의만 가면 주제하고 아무 관계없이 이번에는 어떤 다른 똘마이 교수가 나서서 느닷없이 내가 학교에 복무해서 인사고과를 다 만들어 주어서 전체 교수들에게 손해를 끼쳤다고 내 면전에서 나발을 마구 불어대어서 다른 교수들이 "그럼 그렇지, 이 교수가 영락없는 학교 편이지." 라고 확증편향하고 도끼눈을 뜨고 달려들게 만들었다. 역시 병풍치기였다. 나는 그게 아니라고 극구 부인했지만 이미 믿는 자는 아무도 없었다.

내가 인사고과를 만들어 교무처장 지를 엄청 도와줬으면 고맙다고 보은을 해야지, 사실과도 다르게 왜 은혜를 원수로 갚는다는게야? 평가표는 지들이 만들고 나는 겉뚜껑만 만들었는데 왜 그래? 이게 머리 검은 짐승을 거두어 들이지 말라는 금언에 전형적인 사례를 하나 더 보탠 것이지, 이게 말이 돼? 말이 안되면 그러면 소가 돼?

그리고 위원위촉은 직무상 취득한 기밀이라면 기밀인데 그렇게 이상하게 똘마이교수들을 풀어서 전교에 대놓고 다 공개하고 뒷다마쳐도 되는거야? 오히려 숨겨줘도 숨겨줘야 하는 일 아냐? 글구 무슨 남자 입이 그렇게 가벼워? 지들은 맨날 다른 입이 가볍다고 구라 치면서! "입조심 해! 말조심 해!" "나불거리면 날려버리겠어!" 그러 나 바람 불면 지들 그 잘난 남자 입만 먼지처럼 날리겠어!

일 잘해줬는데 감사합니다 라는 말 한마디 전혀 없이 왜 이런 난 데없는 통수야? 통수가? 전문가라고는 뒷통수전문가만 있나?

글구 교수들은 또 왜 그래? 누가 해도 위원위촉 받은 교수가 어차 피 할 일인데 도체 왜 그러는게야? 장사 첨 하나? 마음에 안드는게 있으면 교무처장에게 가서 달려들던가? 단순히 겉뚜껑 만들어준 사 람에게 왜 이래? 참으로 이상한 자들이었다.

업평의 업자도 모르는 자들이 1타5피 치려고 달려들었다. 싼 값 에 업평은 날로먹고 이 참에 날 보내려고 하면서 업평은 모두 지 공 적으로 하고 근처도 못오게 바리케일 치면서 업평으로 교수들을 쥐 고 흔들고 틈만 나면 업평점수 나쁘면 찍어낸다고 협박을 밥 먹듯이 하면서 재단의 앞재비로 하수인으로 크게 출세하려고 기도하였다. 근데 아무 전문성도 없고 기본지식도 없고 경험도 없고 문외한인 생 짜가 개코도 모르고 쥐뿔도 모르고 똥인지 된장인지도 모르고 죽는 건지 사는건지도 모르고 조자룡 헌칼 쥐었다는 듯이 한 칼 쓰면서 헛대가리만 굴리며 똥건방을 떨겠다는 것인데 그게 자이 되겠나? 까 마귀 디비 날라도 어느 정도껏 해야지. 인간사회법칙을 비웃으면서 완전 생으로 처먹을려고 달려드는데 전혀 얼척없는 짓이지. 무능하 면서 잔재주 피우고 성질 나쁜 자들이 늘 하는 짓인데 그 말로는 다 그렇지, 뻔하지, 안 봐도 비묘지. 내 아니라도 세상의 하 많고 많은 상대들은 뭐 놀고 있나? 내가 멀리 안 나가도 굳이 날 원망할 일은 결코 없겠재? 글쎄 그럴까? 그때는 또 엄청 원망하고 욕하며 뒤에서

통수치며 달려들겠지. 통수전문가가 그러거나 말거나.

하여튼 다들 수가 백수였고 그 좋은 머리라고 머리만 굴려서 주구장창 입 벙긋만하면 밑도끝도없이 시기질투하고 남 욕하기에 여념이 없었다. 앞뒤 가리기 않고 남 엿 먹으라고 까밝히는데는 선수였다. 그러면 누가 뭘 믿고 일하겠는가? 그래서 그 즉시로 그 통수전문 교무처장하고는 거래를 종료하고 다시는 보지 않았다. 그 즉시 말없이 시마이데쓰! 배은망덕도 유만부득인 자와는 항상 시마이데쓰네,,,,,. 거래종결! 차라리 잘 되었네! 게세끼데쓰까? 소우데쓰까? 말데쓰네! 그후 그런 자들에게는 관심을 1도 갖지 않았다.

속은 시원하였지만 그럼에도 불구하고 어쨌든 이는 인간관계로서는 아주 아쉬운 일이지, 업무를 통해 더 능력발전하고 인간관계가 일취월장 더 늘어나고 회사발전을 기해야 하는데 잘 할 수록 자꾸 차단을 시키니 자연히 『고독한 군중The Lonely Crowd』(1950 David Riesman)이 되는 것 아닌가? 군중 속의 고독Loneliness in the Crowd 아닌가? 내가 볼 때는 **고독자Loner**가 공업사회인간의 숙명이라면 숙명이니 친해져야지.

왜 숙명이죠? 거대공업문명사회와 거대조직에서는 항상 인간은 소외되는 것이지. 개인개인이 모여서 거대한 조직을 이루려고 하지만 개인은 그럴수록 자꾸 축소되고 의욕이 별로 없어지지.

그러나 고독자가 외톨이는 아니고 거대개인으로서 항상 연대는 하지, 계속 연대와 연대 속에서 회사인으로서 성과를 내야지, 그러니 항상 비즈니스연대지. **인간없는 연대!** 인간없이 뭘 연대하죠? **연대없는 연대!** 그러면 **고독속의 연대!**

그러니 그 교무처장도 마찬가지지, 똘마이교수 데리고 어깨 뽕 넣어 가지고 목에 깁스하고 자기 딴에는 잘난 정보를 갖고 남들 뒷통수 치고 위세 부리지만 그것도 잠깐이고 끝나면 끝이지. 영문도 모르고 그러고 있는 인간이 거의 다니까 불쌍하지. 그러니까 충격받지 말고 **고독속의 연대** 속에서 자기 길을 쾌활무비하게 가야지. 물론 그런 회사는 슬무시 가는 것이지. 간다간다 말도 없이 가는 것이지, 가려거든 가려마, 너도 가고 나도 가야지. 고독을 남기고? 그게 아니고 연대를 남기고? 그게 아니고 고독속의 연대의 진실을 남겨야지.

근데 또 오해를 불러 오는 제목이 『*단절의 시대*The Age of Discontinuity』(1969 피터 드러커, 2003 이재규 번역)인데 처음 『단절의 시대』로 소개가 되고 결국 이렇게 번역되었는데 이 Discontinuity는 원래 양자물리학 용어인 '불연속성 Discreteness'에 비견될 수 있으므로 그러면 이 『*The Age of Discontinuity*』는 『비연속성의 시대』로 번역하는 것이 정확할 것으로 본다. 단절이냐? 비연속성이냐? 비연속이지.

더 나아가서 『*불확실성의 시대*The Age of Uncertainty』(1977 J. K. Galbraith 1908~2006)의 Uncertainty도 원래 하이젠베르크(1901~76)의 양자물리학 용어이므로 양자물리학과 번역을 맞춰 『불확정성의 시대』로 번역하는 것이 좋다고 본다. 물론 뜻이 꼭 같으냐? 하는 것은 더 연구해 봐야 하겠지만 그건 차차 同異(동이)를 알아 가기로 하고 그러면 무엇보다 경영학이 물리학과 만날 수 있다고 본다. 진리는 어디서나 통하고 또 통해야 하지 않겠느냐? 무엇보다 진리도 계보가 있는 것이다. 그러면 상호주관적인 것이 객관적인가? 이는 또 불교와도 비교해 볼 과제가 있다. 또 우주가 확정이 아니고 불확정이라는 것은 나는 코페르니쿠적 대전환 보다 더 큰 대전환이라고 본다.

나는 그런데 이러한 이론에서 무엇보다 환경의 제약이라는 제약조건Constraints이 항상 고려되어야한다고 본다.

그러므로 나는 항상 일관성을 갖고 묻고자 하는 것이다.

불확정성이라는 것은 확정성인가? And vice versa?
불확정성이라는 것은 불확정성인가? And vice versa?

나는 **"상대성이라는 것은 절대성인가? And vice versa?"** 라고 이미 물었는 바가 있는 것인데 물론 아인슈타인(1879~1955 一石 한 돌 石工家門) 교수를 만나서 물어 보면 좋겠지만12) 당분간은 안 만나는 것이 좋겠지.

그런데 이럴 때 나는 일관성 있게 묻는 것이다.

상대성이라는 것은 상대성입니까? And vice versa?

상대성원리에서는 절대시간이라는 것은 없다고 강조한다. 근데 이럴 때 내 질문은 항상 일관적이다.

절대시간이 없다는 것은 절대적입니까? And vice versa?

---

12) 아인슈타인, "아름다운 여자의 마음에 들려고 노력할 때는 1시간이 마치 1초처럼 흘러간다. 그러나 뜨거운 난로 위에 앉아 있을 때는 1초가 마치 1시간처럼 느껴진다. 그것이 바로 상대성이다."

아인슈타인 교수도 결국 주사위와 확률을 인정하였다. 그 인정도 확률적? 나는 항상 묻고자 하는 것이다. 확정은 없고 확률적이라고 할 때, **확률적이라는 것은 확정적인 것인가? And vice versa?** 그러면, **확률적이라는 것은 확률적인 것인가? And vice versa?** 그리고 그 대답은 누가 인준하는가? 누가 인준해 줄 수 있지? 스스로 해야하나? 확률인가? 확률성의 확정성, 확정성의 확률성! 누가 답변하지?

근데 더 기이한 일은 그 와중에도 어떤 다른 처장급 교수는 내보고 내가 인사고과를 다 만들었다고 해야지 안 만들었다고 하면 안 된다고 초록은 동색이라고 학내 실세인 교무처장 편을 완전 들었다. 긍께 이 자도 편드는 것도 편드는 것이지만 시기질투에 벌써 봉 간 것이 보였다. 나는 기도 안 찼지만 그저 소극적으로 방어만 하고 있었다. **그것 참, 무능한 인간들이 일이 하나면 쇼가 백가지도 넘었다.** 쇼가 쇼를 낳았고 쇼가 쇼를 가지 쳐서 끝도 없었다. 근데 쇼가 봤으면 이상할 것이다. 쇼가 뭐 어때서? 입장료 비싸게 내고 서로 구경하러 오면서 왜 그래? 쇼가 싫으면 No Show 야?

그 정도면 당사자인 교무처장도 벌써 밀고가 들어가 다 알고 있다는 쇼린데 사과나 해명한 한 마디 없고 밑에 따까리만 부려먹었다. 내가 그러고 있어도 간에 기구도 안했다. 완전 나까무라상이었다. 눈도 깜박 안했다. 그만큼 자그마한 지사대 교무처장 하나라도 세도가 하늘 높은 줄 모르고 그렇게 높았다는 것이다.

그런데 더 기이한 일은 한참이나 더 나중에 나왔다. 원래 인사고과프로젝트팀은 내부에 다른 한 팀과 같이 두 팀이 같이 있었는데 그 팀은 2명교수가 있어 도합 5명의 교수로 구성되어 있었다. 특성화사업은 선정이 되어 학교는 경사났다 고 좋아라 하고 있었고 나도 무척 기뻐했는데, 그러던 중 어떤 처장급 교수에게서 전화가 왔다.

"아, 이 교수죠? 지난 번 프로젝트팀에 감사가 올 것인데 그때 연구비를 다 받았느냐? 고 물으면 다 받았다고 하세요."

그때 5명의 교수와 처장급 교수들이 몇 명 모여서 수고한다고 저녁식사 한번하고 연구비조로 인당per person 5만원씩 5명, 도합total 25만원 받은 것이 전부 다였다. 그런데 밑도끝도없이 무조건 다 받았다고 하라니? 그래서 내가 그래도 궁금해서 물었다.

"그런데,,, 서류상 얼마가 지급됐나요?"

서류상 얼마가 지급됐는지, 뭐 알아야 답변을 해도 할 것이 아닌가? 그 처장급 교수는 처음에는 난색을 표하더니 자기가 생각해봐도 어쩔 수 없다고 느꼈는지 답변을 했다.

"8백만원이 지급됐으니 물으면 그렇게 받았다고 답변하세요."

그래서 나는 그러겠다고 답변을 했다. 그러나 내게는 감사관의 질문이 없어서 다행이 강 지나갔다. 아마 8백만원 정도는 감사대상도 안된 모양이었다.

일이 하나면 뒷다마가 백가지도 넘었다. 무슨 뒷다마 없는 일이 하나도 없었다. 앞다마 6십 치는 대학이 뒷다마 6백 치려고 하면 결국 무너지는 것이지. 대학은 무너지는 줄도 모르고 무너지는 것이지. 왜냐면 일은 안하고 전부 뒷다마치고 남 찍어넣는다 고 여념이 없기 때문이지.

근데 그게 그런데 그때 그 특성화사업의 와중에 이미 어떤 남대생이 내게 특성화사업이 학교발전에 결코 좋은게 아니라고 하였다. 나는 그때 이게 무슨 말인가? 싶어서 속으로 조금 놀랐는데 돌이켜 보면 교수가 오히려 학생에게 배울 점도 많았다. 보통학생의 집단지성과 비판적 시각, 교수를 놀래게 했고 당연히 필요하였다. 결국 특성화사업 잘 하고 교육부로부터 돈도 많이 탔는데 그러면 그후 특성화사업 안한 대학보다 더 잘 되었나? 그 돈은 다 감사 받았으니 감사를 잘 했겠지.

당시 서울대를 비롯한 수많은 명문대는 특성화사업을 안했는데 그러면 그 대학들보다 어떤 부문에서 더 명문대가 되었나? 지금은 명문대가 더 특성화사업해서 더 엄청난 돈 탄다고 여념이 없지. 하지 안하겠어? 빈익빈, 부익부야? 양극화야?

상대빈곤이 상대부유가 되었나?

절대빈곤이 절대부유가 되었나?

상대빈곤이 절대부유가 되었나?

절대빈곤이 상대부유가 되었나?13)

---

13) 현금의 문제를 내가 요약하면 상대빈곤과 절대빈곤의 문제다. 이는 내 연구의 한 중심인데 지금까지 연구한 'KS-DNA모형'을 핵심어 Key word 로 간명히 요약하면,

자본주의-사유-경쟁-시장-선택-생산-자유주의-민주주의-유신심배금론-식권-상대빈곤-경영학이 되고,
공산주의-공유-평등-계획-배정-분배-전체주의-독재주의-유물무신심론-배급-절대빈곤-사회학이 된다.

나의 이 'KS-DNA모형'이 KS-2중나선모형, the double helix structure, antipararllel, Watson-Crick model 인데 현금의 시대를 표상하고 있다. 빈곤의 종류가 개인에서 기인하는 것도 있고 정치체제에서 오는 것도 있는데, **자본주의를 채택하면 상대빈곤이 오고 공산주의를 채택하면 절대빈곤이 온다** 는 것이 나의 학설이며 복잡계-카오스-퍼지이론과는 결이 조금 다른 이론이다. 가장 주요한 것은 빈곤을 우파는 개인문제로 보고 성공학과 열정페이를 강조하고 좌파는 사회구조문제로 보고 모순타파와 복지기본소득을 강조하는데 내가 볼 때는 결국은 다 같은 정치적인 소리다. 그러므로 발생원인을 잘 살피고 미시적, 거시적으로 연구해야 한다. 양극화는 정치용어이고 문제를 호도하고

말은 매우 학술적이고 복합적이고 미래지향적이고 세계지향적이고 고상하지만 뜻은 오직 하나지, 잘된 놈은 잘되는 거여!

그것 쫌 하루하루 간당간당한 지사대나 지국대에 양보 쫌 하지, 왜 그러나? 싶지만 그러나 그건 결코 안되지, 양보? 그건 절대 안되지. 이 천재일우의 기회에 싹 다 쓸어버려야지. 죽는 놈 죽고 사는 놈 사는 것이지, 양보는 무슨,,,,, 양보는 개나 줘 버려! 이 기회에 천하통일하고 천하평정해야지! 우리도 예같이 독야청청하게 살리라!

그래서 대학특성화가 대학의 득이 아니고 독이 되었나? 독이 든 사과야? 그건 아니고 특성화사업이 대학발전에 많은 기여를 했고 앞으로도 더 큰 기여를 할 것으로 본다. 어쨌든 사는 연놈은 살아야지! 어쨌든 우리가 먼저 쫌 살께, 그리고 니거는 그때 가서 살아있으면 봐! 못 보면 할 수 없구, 우리 원망은 하기 있기? 없기!!!

그래서 인사고과가 도입이 되었는데 이게 사실 보통일이 아니었다. 내 경우에도 마찬가지이다. 여러 가지 사례가 있지만 가장 기이한 일은 다음과 같다. 한번은 학교시책협조에 관한 항목이 있었는데 말하자면 학교충성도가 어떤가? 하는 항목인데 놀랍게도 내 점수가 10점 만점에 5점이 나왔다. 그래서 학교전자서비스를 이리저리 엄

해결을 더 어렵게 한다. 물론 내가 해결책도 연구해야 하지만 다시 어느 날을 기약하리오? 그리고 이걸 더 발전시키면 3중구조나선모형이 되고 더 나아가면 4중/5중나선모형이 되는데 이는 더 노력해야지.

그러면 한 가지 더 놀라운 나의 사상을 말하면 **자본주의와 공산주의가 현실에서 격렬하게 대립하고 전쟁치고 있지만 그것 보다는 상보적으로, 보완적으로 나선형으로 더욱더 발전해 나가야 한다**는 것이다. 놀랍지? 상보적·보완·나선형. 이것이 2중나선모형의 원뜻이고 동시에 평화와 발전을 사랑하는 인류의 모든 사상이 희망하는 것 아니겠나? 그게 부다의 중도학설이고 맑스헤겔의 정반합 유물변증법 아닌가? 그 끝은 그럼 『천부경』으로 회귀적 원시반본하나?

청 뒤져서 그 항목을 찾아보니 과연 최저점이 6점이었다. 학교충성도 최저점이 6점인데 5점이 나올 수가 없고 5점이 나오면 안되는데 이게 무슨 일인가? 사실 전산시스템으로 입력을 하면 입력도 안되는 일인데 학교에서 결코 그렇게 할 리는 없고 당장 교무처장에게 뛰어가서 항의를 해도 한참을 할 일이지만 전문가가 아마츄어처럼 그렇게 할 수는 없고 걍 웃고 참았다.

몬 소린야? 하면 누군가를 승진시킬 사람이 있는데 아무리 점수를 올려도 점수가 더 이상 안 올라가면 다른 교수 점수를 낮추어야 하는데 정량점수는 아무리 그래도 더 이상 낮출 수가 없으니 정성점수를 최대한 낮추다가 무리하게 나의 학교충성도점수를 5점까지 낮춘 모양이었다. 물론 이는 나의 전문가적 추측이지만 합리적인 추론 아니겠나? 인생 첨 산다고 너무 티 내지 말고! 장사 한 두 번 해보나? 지사대에서 교주가 두 눈 시퍼렇게 뜨고 있는데 충성도가 5점이면 진짜 클 나지.

근데 이걸 가서 항의하면 이번에는 '당신은 인간관계가 문제야! 당신은 다 좋은데 바로 그게 문제야! 업평점수가 낮게 나오는게 다 이유가 있어!' 라고 이상하게 달려들 것이 뻔하므로 참아야하는 것이다. 그래도 하나는 건져야지.

참는 분에게 복이 있나니 천국이 당신의 것입니다! 그렇다, 근데 그 만큼 참고 참았는데 그러면 내가 주위를 무척 둘러보고 말할 것이 아닌가?

"내 천국은 어디 있지? Where is my Paradise?"

그런데 바로 6개월후 이번에도 인사고과가 있었는데 내 학교충성도 점수가 담박에 9점으로 급상승이 되어 있어 나를 무척 흐뭇하게 하였다. 불과 6개월 사이에 내가 뭐 한 것도 없이 가만가만이만 있는데 5점으로 최하로 급강하했던 충성심이 이번에는 최고점이라고 할 수 있는 9점으로 급상승 총알을 탄 것이다. 총알탄 싸나이3? 그럼 그렇지. 아마 스포츠에서 항용 있는 어드벤티지 파울같은 점수를 준 모양이었다. 아마 합산하면 평균 7점이니 그것 묵고 떨어져라는 것 같았다. 정말로 나의 충정을 쬐금이나마 알아주는 듯해서 감동까지 먹을 뻔 하였다.

천국까지는 아니라하더라도 쬐금은 만까이는 되었다. 그만만해도 어디냐고 벌써 반분이 풀려서 헤-하고 있으니 참으로 "인간이 존재의 참을 수 있는 가벼움"인가? 나와 학교 사이의 자그마한 오해는 풀렸다. 나는 학교를 사랑해야 하나?

항상 진실은 늦게 오지만 참고 기다리면 반드시 오나니 과연 인재를 알아주는 훌륭한 대학이었다. 나로서는 그나마 다행이었으니 그만만해도 어디냐는 것이지만 그리고 이제 더 열심히 생업에 종사해야 하고 더 충성해야 하지만 진실은 저 너머에???

그러니까 정성점수는 질적점수로서 대표적으로 충성도, 성실성, 책임감 같은 점수고 정량점수는 양적점수로서 대표적으로 논문편수, 강의시수, 각종 회의참석회수 같은 것이다. 학교당국에서는 당연히 주관이 개입될 수 있는 질적점수 배점을 높이려고 하고 교수로서는 그래도 객관적인 양적점수 배점을 높이려고 하는 것이다. 결국 인사고과도 표만들기에 달려 있는데 권력관계가 작용하는 것이다. 인사고과도 권력이야!

『정의란 무엇인가』라는 책을 하바드대학교수가 써서 우리나라에서도 MB시절에 일약 공전의 대히트를 쳤고 그 당시 오래동안 전국적으로 떠들썩했지만 그래봐야 다 하바드대학교수가 썼다는 것이다. 거기에 무슨 답이 있어? 있다면 있겠지만 그게 당신하고 무슨 소용이 있겠느냐? 있다면 있겠지만, 하바드대 법대 교수와 당신의 정의가 같겠는가? 정의는 보편타당하니 같다고 하는 사람도 있겠지만 하바드법대교수 연봉하고 당신의 연봉이 같겠느냐? 연봉이 크게 다른데 정의만 같겠느냐? 같다는 사람도 있겠지. 같다면 같겠지만, 연봉과는 관계없고 오로지 정의만을 추구한다 고? 그러시든지.

디게 감동적이라고 온 국민이 감격하는 것 같았는데 지금은 어떻게 되었지, 그렇게 말한 사람들도 자기들이 책을 읽은 만큼, 말한 만큼이라도 다 정의로왔는가? 정의를 실천했나? 어떤 정의를 실천했나? 어떤 의사가 정의롭게 말했지. "나는 세금을 버는 만큼 다 내고 싶은데 다른 의사들 때문에 그렇게 할 수는 없다!" 이 정의는 어떤 정의지? 정의가 아니라고? 에이- 그럴 리가? 그렇게 말하면 그 의사가 섭하재.

조금 다르게 말해 볼까? 그 때 그 책이 1백3십만권이 팔렸고 인세수입만 23억이 넘는다 는 소문이 자자했지. 근데 그 하바드법대 교수가 우리나라에서 뭘 했어? 병역을 했어? 세금을 냈어? 투표를 했어? 의료보험료를 내고 '쫑'이 있어? 주민등록'쫑'이 있어? 자영업에서 사먹어 봤어? 성금을 냈어? 지하철·버스·택시를 타봤어? 뭘 했다고 책이 1백3십만권이나 팔린다는게야?

글구 내 책은 왜 안 팔려? 국가에 의무 다 했고 교훈만 있고 쫑도 있고 재미만 있고 고급지성이 즐비한데, 왜 그래? 호부 책1천권이 안 팔려? 군대는 내가 갔다 왔고 세금은 내가 다 냈는데 책은 왜 거기 가서 다 사? 염통에 털 났어? 양심에 안 찔려? 물론 내 책이 어려워서 그렇다지? 글나 어려우면 잠은 잘 올 것 아냐! 그러면 현대인에게 꼭 필요한 책 아냐? 나는 그 책 쓴다고 잠을 한 숨도 못 잤어! 좋아, 내가 대인으로서 크게 이해하지! 물론 내가 내 책 1천권이 안 팔려서 이런 말을 하는건 결코 아냐! 경우가 그렇다는거지. 글구 내 뿐만 아니고 그때 우리나라 많은 저자들이 그렇게 생각하는 사람들이 많았을 것이다.

그리고 MB도 그렇지, 내가 MB가 대통령당선될 때 그래도 이웃사촌으로서 섭섭지 않게 잘 해줬다고 생각하고 있는데 말야, 내 책은 말야, 단 한 권도 안 팔아주고 이럴 수 있는건가? 집토끼도 잘 챙겨야지, 산토끼만 챙기면 섭섭지 않겠는가?

뿐만 아니라, 내가 어디 가면 모인 사람 중에 꼭 한 사람정도는 나서서 하바드법대 무슨 교수는, 이름도 잘 모르면서, 학생을 2천명씩이나 모아서 강의한다! 라고 말하면서 자꾸 힐끔힐끔 나를 쳐다보는 것이었다. 황 박사 때도 그런 일이 많았는데 나는 고소를 금할 수 없었다. 왜 이래 민폐야! 민폐가! 내 책은 사도 안하면서 웬 민폐야! 물론 내 책이 안 팔려서 이런 말을 하는건 결코 아냐! 경우가 그렇다는거지.

물론 하바드법대교수의 정의는 매우 주요하지, 우리가 알아야할 정의인 것은 분명하지. 그러나 정의는 당신이 지하철을 타러 가다가 지나치는 거지에게 돈 1천원 적선하는데도 있지.

그래서 무엇보다 내가 묻지 않는가!

"그 책이 1백3십만권 팔리기 전 보다 팔린 이후에 우리나라 정의가 훨씬 더 나아졌습니까?"

나는 묻고자 한다.

"이게 정의입니까?"

정의면 됐지, 근데 뭘 그렇게 난리야? 글구 나아졌어? 가성비가 있으면 됐지, 뭘 그래! 나는 괜찮아! 그러니 공정성을 알려면 인사관리를 공부해야지.

이미 5공때도 말했지.

"이게 정의사회구현입니까?"

나는 말한다.

"인생이 정의롭다고 보장 받고 태어난 사람있어?"

근데 왜 그래? "인생이 정의롭다고 책임있는 사람이 보장해주면 나가고 그렇지 않으면 난 나갈 수 없어요!" 그러고 나왔나? 그러든지 말든지. 그래서 삼신할미가 안 나겠다 고 꼬장부리고 우는 아이 궁뎅이를 손으로 탁 쳐서 내보내는데 그 자리가 푸르스럼한 한국반점이 되었다는 것이다.

"인생이 공정하다고 누가 말했나?"

"누가 인생이 공정하다고 보장받고 태어났는가?"

있으면 나와 봐! "인생이 정의롭다고 누가 말했나?" 말한 사람 있으면 나와 봐! 들은 사람 있으면 나와 봐! "인생이 왜 공정하고, 왜 정의로와야 되지?" "신이 공정하고 정의로우니 우리도 그래야 되지 않느냐?" 신이 영생한다니 인간도 영생하고 싶어? 신이 그렇다고 우리까지 왜 그래야 해? 공정하지 않으니 공정하게 만들어야 한다 고? 신도 못/안 한다는데 니가 왜?

그러니 내가 "착한 신드롬 Chaghan Syndrome" 이라고 하지 않는가? 물론 착하게 살아야지, 차카게 살자! 살아야지. 근데 좀 이상하지 않나? 높은 사람이 안 착하게 살 때는 그 업적평가는 누가 하지? 인과응보라고? 그렇겠지, 그러면 그 응보는 언제 오나? 신은 다 아시지만 기다리신다 고? 근데 그러면 다 좋지, 뭐가 문제야?

그러면 공정하지 않고 정의롭지 않은 세상에서 그래도 만족하고 살아야 해? 만족? 뭐 가스라이팅이야? 꿈도 꾸지마! 그런건 개나 줘버려!

그러면 불공정, 부정의를 신이 만들었나? 인간이 만들었나? 인간이 만들었다면 인가니 해결할 수 있겠지만 그게 그렇지. 그러니까 우리 인간이라도 해봐야지, 당연히 노력해야지. 그렇지 당연 노력해야지, 근데 정의, 공정, 자유를 위하는 것은 아주 좋은데 그 대가도 혹독하다는 하다는 것은 알고 해야지.

오래 전부터 시인은 말했지.

自古佳人多薄命(자고가인다박명).
예로부터 가인이 운명이 많이 순탄치 않은 경우가 많아!

근데 당신은 아니야, 당신은 별로 해당이 없어.
근데 그것만이 아니지, 이건 내가 만든말이지만 잘 봐.

自古貪佳人男子多薄命(자고탐가인남자다박명).
예로부터 미인을 탐하는 남자가 운명이 많이 순탄치 않은 경우가
많아!

서구에서는 말하지.
The brave deserves the beauty.
용감한 자만이 미인을 가질 자격이 있다.

미녀와 야수? Beauty and the Beast? 비스트? 미인이 갖고 싶어?
비스트가 돼? 가수가 돼?

그러나 나는 결코 말하지.
The beauty deserves the beauty!
미인만이 미를 가질 자격이 있어!

아름다워서 미인이 되는 것이 아니고 미인이 되어야 아름다움을
가질 수 있다. 순환논리Circular는 항상 아름다워!
근데 궁금한게 진짜 하나 있는데, 그렇게 좋아야할 미인의 운명이
왜 순탄치 않은 경우가 많죠?
내가 보기는 미인은 독이 들어있어서 그래, 남자들이 눈독을 많이
들이지. 온 나라가 기울어지도록 남자들이 눈독을 들이니 미인이 많

이 힘들지.14) 경국지색(傾國之色)이 그래서 힘든거야! 여자가 문제
야? 남자가 문제야? 아쉽고 애석한 일이지. 아, 근데 당신은 이것과
별로 해당사항이 없어, 당신이 힘든 건 그냥 힘든거야! 미인과 왕의
권력도 좋으나 징길 수 있는 능력이 돼야 하지.

<mark>나는 말하지. **미인은 과학이다!**</mark>

그러나 일단 피평가자는 점수를 높혀놔야 하는 것이다. 3배수든 5
배수든 일단 그 안에 들어가야 인사에서 뭔가가 되도 되는 것이기
때문이다. 물론 점수가 높아서 승진이 되느냐? 승진이 되니 점수가
높으냐? 하는 형이하학적 질문은 계속 성찰해봐야 봐야할 것이다.
순환논리는 항상 아름다워!

인사고과, 업적평가를 도입하고 시간이 지나자 보완할 과제가 떠

---

14) 나는 미모나, 재주, 예능, 천재, 수재, 부유, 권력, 학벌 등등이 많은 사람을 보
면 그동안 거의 무조건 매우 찬탄해왔는데 이제 세월이 지나니 그와 함께 조
금씩 안쓰러움이 나도 모르게 생긴다. 무조건 찬탄할 일만이 아니라는 것을 이
제 기어이 느끼게 되었다. 미모와 재능이야, 말 할 바 없이 좋지만 또 얼마나
많은 어려움이 있을지, 그걸 뚫고 또 얼마나 더 큰 성취를 해야 할지. 인류를
위한 그 성취는 큰 상찬을 받겠지만 그렇게 못한 사람은 또 어떨지. 그러니 당
사자가 이를 알고 미리 실질적으로 대비를 하고 마음의 준비를 하고 어떤 일
에서도 충격을 안 받도록 하는 것이 제일 낫다. 미모의 역설인가? Paradox of
the beauty. 나는 상념에 잠긴다, 미모와 재능은 좋지만 또 어떤 신고를 겪을
꼬? 그러나 자신의 운명을 이해하고 꿋꿋하게 잘 이겨나가기를 바란다, **너 자**
신의 운명을 안고 오직 승리하라! 너 자신을 이겨내고 너 운명을 사랑하라는
것이 아니다. 더욱이 자신의 운명과 싸울 생각은 결코 하지 말고 운명과 함께
광활한 대양에서 파도타기를 잘 해서 더 많은 성취를 해야 한다. 너 자신의 운
명을 이해하고 슬기롭게 승리하기를! 이것이 진정한 승리고, 최후의 승리지.
자신의 운명을 안고 어떤 상황속에서도 항상 쾌활무비하게 살아가기를 나는
천만 축수하지만 누가 누구를 축수하나? 내 코가 석잔데! 그렇지만 이것이 내
가 『회고록』을 쓰는 또 하나의 이유가 아니겠나?

올랐다. 대표적으로 입학홍보실적이었다. 원래 입학홍보실적은 대학 교수의 업적평가에 전혀 들어가지 않았고 다들 생각조차하지 않았다. 그러나 지사대에서는 입학홍보에 사활을 걸고 있고 분위기가 그러니 다들 당연히 홍보 나가야 되는 줄 알고 나갔다.

그런데 드뎌 명문대의 머리 좋은 교수가 나오기 시작했다. 무대뽀로 못 나가겠다는 것이다. 그러면 학교에서는 앞에서 말한 충성도, 학교시책협조도 이런 점수를 낮추는 방법 밖에는 없는데 그게 또 여의치 않았다. 왜냐하면 외국학술지에 논문한편 실으면 당장 만까이 되고도 휠 남는 장사이기 때문이었다. 학교로서도 외국학술지에 논문 싣는 것이 대학평가에도 아주 좋기 땜에 애매하였다.

그러나 그러는 자도 논문도 남고 실적도 남고 점수도 더 좋으니 대가리 빡씨게 굴려 그런 것 같지만 그런 배짱을 부리는 자가 진작 논문을 써서 어디에도 싣지는 못하였다. 그러자 그런 자와 벌써 편 묵고 있던 총장은 대번에 기다려줄 줄도 알아야 한다고 전체교수회의에서 총대를 매고 나와 강변하였지만 지도 못 쓰는 논문을 어느 교순들 쓰겠는가? 글구 특정인과 편 묵고 무슨 때 아닌 동정표야! 동정표가!

근데 그 쉴드치는 이유도 조금 이상하였다. 즉 하바드대학 어떤 교수가 오래동안 실적을 못 내서 퇴출될 위기에 처해 있다가 마지막으로 낸 경쟁전략이론이 마침내 세계적인 전략이론이 되었다는 것이다.

그런 사례는 많고, 그걸 누가 모르나? 바로 그런 사례가 물리학계에도 있는데 어떤 물리학교수가 실적을 못내어 퇴출위기에 몰려 있어서 술집에 가서 술한잔하면서 아주 고민하고 있었는데 그때 맥주 컵안에서 또르르 떠오르는 물방울을 보고 엄청난 아이디어를 얻어 마침내 구름상자(Cloud chamber)라는 세계적인 이론을 내어 일약 노벨물리학상까지 받았다. 바로 1927년에 노벨상을 받은 윌슨(C. T. R. Wilson 1869~1959) 교수의 구름상자이론이다. 잘 먹은 술 한잔이 열 열 대학 안 부럽다. 하여튼 되는 놈은 술 먹구도 되는거야!

그거야 그렇지만 그런 세계적인 이론도 좋지만 그것도 쓰고, 우선 논문편수가 모자라 대학평가점수에 하루하루 목마르게 허덕이는 학교를 위해 국내 지사대 논문집, 지사대 연구소 논문집에라도 한 편 실어주는 것이 더 필요하지 않겠는가? 그러나 그건 그들의 此案(차안)에 不在(부재)였다. 낯 데어 비즈니스!

글구 그런 자가 못 쓰는 논문실적은 내같은 교수가 채워줘야하니 민폐도 그런 민폐가 없지만 그들은 후안무치하게 적반하장식으로 지사대 논문은 얍잡아 보고 점수도 더 낮게 배정하고 빈정거리며 더 달려들었다. 그런 자들이 목에 힘은 엄청 더 주었다. 지사대 출신 교수를 보면 완전 목에 깁스하고 눈알로 보았다. 거꾸로 된 것 아닌가? 논문 못 쓰는 자가 핑계는 또 많고 전부 남탓이고 학교탓이야! 그러나 어쩌겠는가? 글구 외국박사라고 외국학술지에 논문 싣는 교수가 실제 얼마나 있는가? 있기야 있겠지, 자연과학은 있는 것 같은데 인문사회과학은 글쎄 뭐 있겠지. 근데 싣는 사람이 더 이상한가?

Publish or Perish. 학술논문을 출간하든가? 퇴출되든가? 이거 미국식 아닌가? 바로 그것 아닌가? 근데 어떤 일부 극히 일부 미국박사들은 왜 그래? 논문발표도 안하고 퇴출도 안 되겠다면 어떻게 해?

이래서 학교에서 퇴출시키면 이번에는 반재단활동하다가 학교에서 잘렸다며 어김없이 '반재단파 코스프레'를 하고 '피해자 코스프레'를 하면서 학생에게 서명을 받아서 소송을 건다. 소송건다고 없는 논문이 나오나? 민폐야? 막가파야? 명문대를 나오고 외국박사면 논문을 써서 외국학술지에 실어서 광빨을 내야지 소송장 쓰고 소송에서 이긴 걸로 혼자 광빨 다 잡나? 특히 학생, 교수 앞에서 재단 이겼다고 완전 폼 잡지. 소송장 쓸 시간에 그들이 그렇게 하찮게 보는 지사대 연구소 논문이라도 1편 쓰지. 지사대 연구소 논문이 쉬워보여? 거기라도 1편 실으려면 그것도 어려워, 알아?

시간강사가 교수에게 1과목이라도 과목배정 받으려면 속으로 얼마나 가슴 졸이며 눈치 봐야하는지 알아? 물론 교수야 전혀 눈치 준 적이 없고 오로지 잘 해주고 격려만 해주었다지만 갑을관계가 그렇게 쉽겠는가? 토끼와 개구리 관계가 간단해?

교수가 지사대 연구소 논문집에 논문 1편 실으니 '어서 옵쇼!' 하고 싣는 것 같애? 대학이라는 곳이 워낙에 그렇지! 당장 지금이라도 원고 청탁하는 전화1통 안 오면 당장 끝이야! 이유? 이유없어! 있어도 없어! 보면 몰라? 세상일이 그렇게 쉽겠는가?

참으로 세상은 요지경이었는데 사회의 소송세태가 대학까지 엄청 물들게 했다. 어떤 대학 어떤 교수가 7년 동안 논문 1편 안 쓴다는 사유로 잘렸는데 억울하지? 그러면 가서 보란 듯이 응당 논문을 쓰면 될 일을 왜 논문은 안 쓰고 소송장을 쓰는지, 이해가 돼? 물론 억울하면 소송장을 써야지. 왜 학생들을 시켜서 서명을 쓰게 하는지 이해가 돼? 물론 억울하며 서명을 쓰게 해야지. 그런데 그런 뻘짓 하지말고 여러 사람 민폐 끼치지 말고 빨리 가서 논문을 써! 그래서 승소했다고 자랑을 하고 교수와 학생 앞에서 어깨 뽕 들어가 으쓱하며 폼도 엄청 잡겠지만 그런다고 문제가 해결이 돼? 승소했다고 안 쓴 논문이 나와? 그럼 승소 후에는 안 쓰는 논문이 나와? 무슨 쌀바위야? 쌀이 필요하면 쌀바위 찾지말고 가서 땅을 디져! 살? 무슨 살? 살 수입반대? 고기(肉)수입반대? 살살? 상용?

다 가망없는 일이니 승소한 걸로 만족하고 서로 소관 보고 깨끗하게 바이바이하고 자기 길 가는게 낫지 않나? 해결은 하나도 안 되고 결국 본질은 그대로고 세상만 시끄럽게 하면서 질질 끌면 뭐하지. 물론 소송이야, 억울하면 당연 소송해야지, 안 하면 되겠는가? 내 말을 한 번 더 강조하면 소송해서 백번 승소한다한들 안 쓴 논문이 나오지는 않는다는게야! 외국서 받아왔다는 박사논문은 다 어디간게야?

뿐만 아니라 외국학회에 가서 논문발표하고 외국학술지에 논문 실었다고 삐까번쩍하게 실적을 올리고 높은 점수를 받고 요란을 떤 교수도 많았는데 나중에 알고 보니 외국의 페이크 학회와 가짜 학술지였다.

그러자 학교에서는 입학홍보점수를 조금 배점하였다. 10점인가, 20점인가, 생각도 안 날 정도로 코끼리비스켈 정도를 겨우 배점하였는데 입학처장은 큰소리 쳐놓고 자기가 봐도 이상한지 민망한 표정으로 배점은 얼마 안돼도 다른 점수에 영향을 미치는 주요도가 매우 높다고 극구 강변하였다. "입시홍보 배점점수가 얼마 안되는 것처럼 보이지만 입시홍보 점수가 다른 점수에 영향을 많이 준다는 것을 교수님들은 다 아시죠?" 말하자면 경영학적으로는 유의도가 높다는 말이다. 그렇지, 그러니 입학홍보점수가 높으면 학교시책협조도, 교수 품위유지 등 이런 옆집 점수도 높게 받는다는 것인데, 글쎄 그럴까? 그게 쉽게 될까? 말이 그렇지 옆집도 옆집 권력이 있는데 쉽게 그렇게 협조해 주려고 할까?

글구 다른 점수 다 만점 받고 입학홍보 점수가 빵점 나오면 어쩔 것인가? 그러면 다른 점수를 깎겠다는다는 쇼린데 그게 잘 될까? 말은 그런데 각 항목이 부서가 다 다르고 나름 근거가 있어야 되는데 협조가 그렇게 눈 딱 감고 마음처럼 해주기가 쉬울까?

그러나 그게 아니고 점수를 다 떠나서 대학사활이 걸려있는데, 무엇보다 지 직이 걸려있고 지 목이 걸려 있는데 점수를 갖고 홍보를 왈가왈부하며 귀한 시간 다 보내는 것도 식자유환의 헛된 사치일 뿐이 아니겠는가? 충분히 소통하고 토론을 다 하고 구성원의 동의를 다 구해야 한다 고? 그러시든지.

그러나 벌써 그 맹점을 다 아는 명문대출신의 교수는 이번에는 그 점수 안 받고 홍보 안 나가겠다고 또 꼬장을 부려 학교에 또 큰 파문을 일으켰다.

그러나마나 법원에서 입학홍보실적점수는 무효라고 판결을 내려서 이는 그렇게 없었는 것으로 간단히 일단락이 되었다. 결국 송사 3년 끝에 집안 망한다고 얄른하면 반재단파에서 고소고발, 퍼뜩하면 재단파에서 고소고발로 영일없다가 학교는 서서히 무너지는 것이다. 학교가 무너지는데 반재단이 어디 있고 재단이 어디 있겠느냐?

그런데 돈은 누가 버는가? 변호인만 돈을 벌고 결국 대학에서 로스쿨만 번창한다. 로스쿨없는 대학은 억울하지 않겠느냐? 남의 대학 영업해 줄 일 있나?

글구 교수가 저술이나 논문이나 강의안을 써야지, 맨날천날 남이 볼 새라 문 걸어 잠그고 고소고발장이나 쓰고 있어서야 되겠느냐? 모여서 그런 거나 토론하고 정보교환하면 벌써 날 샜지. 그게 물론 억울하면 법에 호소해야지, 법은 좋은 것이지.

인사관리전문교수인 내게 의견을 구했다면 입학홍보점수를 배점하는 것이 매우 타당하다고 의견을 냈을 것이다. 대학의 사활이 걸려있는 문제를 너무 이상적으로 명문대의 입장에서 접근하면 곤란하다는 것이다. 시대가 변했고 대학의 사명도 조금씩 바뀌어야하는 것이다. 굴지의 명문대야 교수가 입시홍보 나갈 일도 전혀 없고 따라서 설사 인사고과를 한다해도 입시홍보 점수도 있을 택이 없지만 지사대는 전혀 사정이 다른 것이다. 자율성 이전에 케바케 아냐?

그러면 사회봉사점수도 애매하다는 것이다. 대학이 어려운데 사회봉사할 점수를 배정한다는 것도 너무 도식적이라는 것이다. 우선 대학이 살고봐야지, 그 연후에 사회봉사를 해도 해야하지 않겠느냐?는 것이다. 생존이 주요하지 봉사가 주요하냐? 주요한 것에 점수를 배정해야지, 명문대 흉내내다가 가랭이 찢어질 일 있어? 이상이냐? 현실이냐? 이상이고 현실이고 나발이고, 우선 대학이 살고 봐야지. 대학연하고 교수연한다고 안 오는 학생이 오나?

다만 나는 입학홍보방법이나 실적점수의 반영을 교수와 소통하고 협의를 하고 동의를 구하고 더나아가서 합의를 하는 것이 바람직하다고 본다. 이건 인사고과의 수용성이지. 일방적으로 하니 항상 문제가 된다는 것이다.

교수가 합의를 해주느냐 고? 이거 왜 이래? 교수가 꽝장히 고학력의 고급두뇌인데 고급집단지성에 그런 BJD식의 무대뽀만 있는 줄 알아? 교수가 국제지성으로서 꽝장히 합리적인 사람들이야! 여건만 갖춰주면 알아서 다 한다구!

물론 교수의 요구도 있을 것이다. 요구하는 것은 또 의논해서 들어줘야지, GT 아니냐? 기브앤테익, 이게 세상사의 전분데 일방적으로 방법도 없이 강박을 하니 지렁이도 밟으면 꿈틀한다는데 더욱이 교수가 가만 있겠느냐? 그러니 꿈틀도 못하도록 완전 콱마 밟는다고?

그게 되겠느냐? 교수없이 대학이 되겠느냐? 작용이 있으면 반작용이 있는게 세상이치인데 그게 되겠느냐? 교수 사기가 떨어지면 천 없는 대학도 끝장이야! 내가 교수를 했다고 그런게 아니고 세상이치가 그런 것이야! 세상이치까지 아니더라도 경영이 본래 그런 것이야! 경영학에서 젤 주요한 동기부여Motivation, 사기조사, 모랄Morale이 왜 있는거야? 그 동기부여론이 내 전공이지.

세상사람들은 방학이 되면 교수들이 맨날 논다고 이상한 시샘도 많이 하지만 그게 아니고 대학에서는 겨울방중이 정시입시철이어서 홍보에 더 정신없이 바쁘다. 걍 바쁜게 아니지. 하루는 아침에 집에서 후다닥 출근준비하는데 잘 아는 교수가 긴급히 전화를 해왔다.

"이 교수, 지금 우리 학과에 지원자가 없는데 어떡하면 좋나요?"

나는 듣자말자 조금도 주저하지 않고 기다렸다는 듯이 즉각 해답을 주었다.

"기도하시요!"

그렇지, 기도해야지, 뭘 날로 먹을려고 해? 즉각즉답! 그러나 나의 즉각적인 즉답을 들은 교수는 상당히 당황하는 듯 하였다. 당황할게 뭐 있나? 문제가 복잡할수록 솔루션은 단순하지. 입시도 다 정성이야! 정성! 암 기도빨이지, 정녕 영빨이지.

지 일은, 지 자식 일은 그렇게 정성들여 돈 들여 시간 들여 기도하면서 학과, 학교일은 왜 기도 안해? 지 승진은 더 기도 하겠지, 남의 일이야? 학생이 안 오는데 승진이 어딨어? 한목소리를 내야지. 학생이 안 오는데 반재단이 어딨고 재단이 어딨어? 자본주의 몰라? 자본주의가 뭐 논 팔아 놓고 장사하는 줄 알아? 자본주의가 뭐 돈놓고 돈먹기인줄 알아? 다 인류의 진화와 창조를 위해서 하는거야!

그러니 기도할 수 있는데 뭘 걱정하십니까? 수험생은 합격발원기도, 그건 그거고 대학은 신입생 100% 충원을 위한 발원기도! 4월초파일이면 명산대찰에 가서 정성으로 등도 달아야지. 이러니 종교도 불경기가 없는 산업이지.

"대학발전을 위하여!"

"대발위!"

"신입생 100% 충원을 위하여!"

"신백충!"

등은 아주 90년대 초반엔 3만원이었는데 5만원 하다가 요즘은 10만원 하지, 그러나 이게 훨씬 싸게 치지. 불교, 기독교, 카톨릭대학 등 종교대학에서도 이런 기도할랑가몰라! 1년에 한번씩은 전교수를 모아 놓고 "신백충!"을 위한 출정식을 해야지. 대학에서 건배사가 따로 있나? "대발위!" "신백충!" 이 이상 좋은 건배사가 잘 있겠나?

학교가 특단의 대책을 세워 투자하고 그러니까 돈 쓰라고? 긍께부디 그렇게 투자하라고 기도하라구! 날로 먹어? 생으로 드실라카면 쓰나?

입시충원이 어떤 문젠데 마중물 넣고 뽐뿌질 열심히 해도 물이 나올까 말까 인데 겨우 안오니까 아침부터 전화 1통 달랑 한다고 되나? 뭘 바래? 올해는 이제부터라도 기도부터 잘하고 충원은 내년부터 잘 되기를 바라야지.

그러니 인사관리는 다른 관리와 다르게 객체적이면서도 주체적인 분야이다. 인사관리의 대상은 종업원이지만 종업원은 관리를 받는 객체이면서 동시에 관리를 평가하는 주체이다. 이를 경영자가 잘 이해를 해야 좋은 인사관리를 할 수 있다. 재단이사장과 총장, 보직교수가 인사고과표를 가지고 전가의 보도처럼 교수를 평가한다지만 교수도 인사고과표를 평가하고 재단이사장과 총장과 보직교수의 관리를 쉼없이 평가한다는 것을 결코 잊어서는 안된다. 글구 교수 수가 훨더 많으니 집단지성으로는 더 정확하지.

학생도 교수의 강의를 평가하는데 교수가 왜 재단이사장과 총장, 보직교수 등을 업적평가 못 한다는 말인가? 글구 성적도 공시하고 학생이 이의신청도 하는데 왜 그렇게 지성인이라는 교수가 재단이사장과 총장, 보직교수 등을 평가 못 한다는 말인가? 그러면 가르치는 학생보다 못하다는 말인가? 그러면 재단이사장, 총장, 보직교수가 자기 업적평가에 이의가 있다고 이의신청해? 물론 상호평가를 다 해야하는 것은 아니고 군대, 경찰 등 명령조직에서는 당연히 안되지.

다르게 말하면 대학도 과거처럼 안정적인 환경 속에 있지 않고 굉장히 불안정한 환경에 놓이게 되었다. 과거 대학은 재단이사장이나 총장은 명망가가 앉아 그저 사무관리나 하고 아무 말없이 결재 도장이나 찍어주면 엄청 존경받는 명예직이나 마찬가지였다. 이게 사실 일본식이지. 총장은 그저 명예직이고 모두 학과장 중심으로 움직이지.

그러나 지금은 그저 그런 고무도장이나 잘 찍고 있어서는 결코 안되고 급변하는 환경에 적응하여 창의력과 재단이사장·총장리더십을 발휘하여 대학을 발전시켜야하는 중차대한 국면에 있다. 그런데 그걸 교수나 직원이나 학생들에게만 맡겨놓고 자기들은 인사고과나 하고 있으면 되겠는가? 물론 훌륭한 분들은 빼놓고 그렇다는 말이다. 그러므로 교수를 인사고과하고 싶으면 재단이사장, 총장, 부총장, 대학원장, 처장, 부처장 등 보직교수가 먼저 솔선수범해서 보직자 인사고과를 받아야할 것이다. 그리고 이의 있으면 이의신청을 하면 될 것이다. 스스로 받아야 할 것이다.

나는 현직에 있을 때도 반드시 그랬지만 퇴직 후에도 이즉지 다른 대학에 갈려고 노력한 적은 한번도 없었고 서류를 내거나 뭘 물어본 적도 없었다. 생각해봐! 내가 시간강사부터 명예교수까지 32년간 교수를 했는데 그걸 이제 다시 들어가 1년, 3년, 5년 더 한다고 무슨 영광이 있겠나? 돈? 컵라면 먹어! 현직에 있을 때도 점심시간에 주구장천 먹은 컵라면 빅쓰리 그거면 기본은 되지, 뭘 이제와서 더 좋은 걸 바라나?

그러나 내가 꼭 다시 대학에 들어가고 싶다면 그것은 총장이나 재단이사장을 할 수 있다면 꼭 들어가겠다는 것이다. 그러면 사람들이 "그럴 줄 알았다. 욕심은 여전히 남아있구만!" 하겠지만 나는 총장이나 재단이사장으로서 하고픈 일이 꼭 있는데 그것은 재단이사장, 총장, 부총장, 대학원장, 처장, 부처장 등등 주요보직자에 대한 보직자 인사고과를 별도로 꼭 실시하겠다는 것이다. 그 외도 있으나 그건 또 차차 얘기할 때가 있겠지. 교수로는 별로 다시 들어가고픈 일이 없어! 내가 퇴직하자마자 바로 프로젝트를 같이 하자고 한 교수가 있었는데 내가 정중히 거절하자 엄청난 재벌 후원으로 돈 준다고 고함을 꽥꽥 내지르며 연구소의 주위사람이 아주 놀랄 정도로 강박을 했지만 나는 호의는 매우 고맙지만 항상 좋게좋게 사양하고 당연히 끝끝내 안했찌. 현직에 있을 때도 안/못한 프로젝트를 퇴직 후에 왜 하겠어? 내 고유 프로젝트를 해야지. 돈? 컵라면 먹고 천부의 11자 다리로 걸어다니고 대중교통으로 다녀!

근데 그런 공약을 내걸면 애초에 재단이사장, 총장을 할 수나 있을까? 라고 비웃고 코웃음 치는 교수와 관계자도 많겠지만 그러나 나는 그럴수록 가능하다고 본다. 꿈이 이루진다 가 아니라 현실은 이루어진다. 아! 희망! 글고 이건 결코 상상이상의 희망이 아니야! 100% 실재지. 업평에 다 속고 있지, 그러나 100% 잠재된 것을 꺼집어 내어 100% 현재로 하는 것이 경영학자인 나의 소임 아니겠나?

한번은 반재단활동에 말려들어 활발히 활동을 하던 여교수가 해직되었다가 복직을 하였다. 그런데 평소와 전혀 달리 여교수가 복직을 한 바로 그 학기말에 전체교수의 강의평가점수를 곧바로 이멜로 전교수에게 송부를 하여 까밝혔는데 그 이유는 뭔지는 모르겠지만 하여튼 그 굴지의 여대 교육학과 출신이며 호주 교육학박사 여교수의 강의평가점수가 최하위였다. 자세히 보니 전체교수중 끝에서 2등이었다. 나름 유능하다는 호주 교육학박사가 이럴 리가 없는데.

앞에서 2등이라도 그 여교수가 성에 안 찰텐데, 나는 그걸 보고 이건 또 무슨 귀신의 조화인가? 라고 매우 의아하게 생각했지만 내가 할 수 있는 일은 아쉽지만 너무도 없었다. 학생들의 강의평가점수는 컴퓨터로 자동 입력되고 전산처리 되어 바로 컴상에서 집계되기 때문에 달리 말할 여지 자체가 없었다. 이때 교무부총장이 앞에서 1등을 하고 입학부총장이 3등을 하는 등 보직자들이 강의와 보직 양면에서 기염을 토하였다. 교무부총장도 1과목이었지만, 특히 입학부총장은 4학년1학기 1과목을 맡아 4명이 수강을 하였는데 그 4명 강의평가점수로 전 교수중에서 일약 3등을 하였다. 근데 굳이 얘기하자면 강의평가를 담당하는 부서가 교무과라는 것이다.

근데 그 여교수는 그것도 모르고 성적평가를 마치고 열심히 방중에도 나와 연구와 다음 학기 강의준비에 열중하고 있었다. 그런데 그걸 본 다른 반재단파 남자교수가 여교수에게 찔러서 더 열받은 여교수가 호주 교육학박사 전공을 살려 꼼꼼히 분석하여 마침내 전교수에게 이멜을 보내서 항의를 하여 학교가 또 한번 떠들썩하였다. 결과는? 결국은 여교수가 또다시 해직되었다.

글구 알고 보면 강평(강의평가)도 전체 업평(업적평가)에서 배점이 지극히 작다. 그렇게 강평, 강평하면서 배점은 사실 있으나 마나 하다. 강평점수가 낮아서 해직되느냐? 해직되니 강평점수가 낮느냐? 하는 것은 지극히 형이최하학적인 질문이야! 그리고 순환논리는 항상 아름다워!

"천하는 태평한데 얼이 썩은 자들이 근심을 자초한다!"

아쉬운 일이었다. 나는 겨울 방중에 눈 내리는 날 학교 본관 4층 복도에서 우연히 만난 그 여교수가 반가워서 사진도 찍어주며 나중에 차 한잔 사겠다고 했는데, 그 여교수도 흔쾌히 좋다고 했는데, 복직후 나중에 다시 만난 그 여교수는 열이 받쳐서 스벅에 가서 차 한잔 사겠다는 나의 거절할 수 없는 제안을 일언지하에 차디차게 거절하였다. 그 사진이 현상되어 아직도 주인을 못 찾고 어딘가 있는데 이때까지는 여교수가 꽃다운 미소를 빙그레 지으며 좋아라했던 것이다. 나도 그때까지는 겨울 방중에도 학교에 나와 열심히 연구하는 후배 여교수에게 비록 비싸지만 차 한잔 사 줄 생각에 기분이 아주 좋았다. 눈 오는 날 차한잔의 낭만인가? 차도 못마시고 차한잔의 잔혹사인가? 아, 결코 거절할 수 없는 제안을 했어야 했는데... 혼자 겨울연가 찍나?

훌륭한 교육학자로 대성해야할 여교수가 자질도 있고 나의 대단한 기대와 마음으로부터의 두터운 성원에도 불구하고 영영 반대의 길로 가버렸다. 대한민국 학계와 교육학계로서도, 또 그 지도를 받아야할 다가오는 미래의 제자로서도 엄청난 손실이었다. 대학으로서도 훌륭한 교육학교수를 보유하면 얼마나 홍보가 되겠느냐? 잘 키운 여성교육학자 한 명, 열 대학이 부러워하고 국가의 큰 재산이지 않겠느냐? 이렇게 되면 누가 누구를 교육하나? 그 여교순 왜 그랬을까? 나로서도 아쉬움은 매우 컸지만 그 이상 어쩔 수는 없었다. 쉽게 말하면 중과부적이었고 무엇보다 나와의 정상적인 대화를 그 여교수가 완강히 거부하고 마치 나를 거대한 투쟁대상으로 보는 듯하였다. 왜 그럴까? 남자교수들이 누가 또 그들의 유일한 주특기인 이간질과 모략질, 겐세이질을 했겠찌. 그들도 어느게 본캐고 어느게 부캐인지도 모르고 하루종일 바쁘기만 바쁘니 그러니 전공이 사라지고 강의도 사라지고 논문도 사라지고 감각이 마비되고 근묵자흑 아니겠나? 그러니까 근묵자흑이 되어도 된 줄도 모른다니까. 그러니까 어느 매에 맞아 죽는지도 모르고 죽는거지. 그러니까 외려 내한테 달려들지. 근데 그거 교수만의 잘못도 아니니까 안쓰럽지.

엄청나게 나쁜 관리가 구성원의 인간관계를 다 망가뜨리고 다시는 회복될 수 없는 길로 가게 하였다. 그후 학교 밖에서 활발히 활동하던 그 여교수가 현장에서 보일 때마다 나는 문자로 계속 인사를 하고 예전처럼 그래도 친절하게 지내고자 하였지만 한번 돌아간 여심은 결코 돌아오지 않았다.

엄청난 욕설과 이간질과 밀고질과 끝없는 횡령, 무대뽀로 해고하기, 자나 깨나 해고협박, 나쁜 관리는 인간관계의 황폐화를 부르고 결국 대학을 초토화시키고 끝도 없이 휘청거리게 하였다. 결국 그게 어디서 나오겠는가? 엄청난 욕설과 이간질과 밀고질과 끝없는 횡령, 무대뽀로 해고하기, 자나 깨나 해고협박, 나쁜 관리는 재무제표에는 결코 안 나오고 기업도산예고지표에도 결코 반영 안 되지만 그게 다 몰락하는 회사에게서 나타나는 가장 주요한 조짐이고 증상이다.

누가 책임인가? 교주부부에게 그 모든 책임이 있는 것 아니겠는가? 그렇지 않다면 어디에서 나오겠는가? 무한책임이 거기에 있지 않겠는가? 그 돈은 다 어디 모여있나? 그리고 거기에 일부 교수들이 부추킨 것이고 다 놀아난 것이라면 반재단파든 재단파든 일부 교수들의 책임도 막중하지 않겠느냐?

한쪽은 횡령과 고소와 해고하기로 영일이 없었고 다른 한 쪽은 데모와 고소와 퇴진운동으로 영일이 없었다. 횡령하고 데모하고 고소하고 서로 해고하면 학생이 오나? 더 안오지. 두 쪽 다 사람을 이상 행동하게 하는데는 뭐가 있었지만 나는 대부분 오불관언이었고 별로 영향받지 않으려고 무척 노력했고 교수로서 내 할 일에만 집중하고 있었다. **왜? 내가 교수니까! 왜? 나는 교수잖아!** 몰라? 알 수가 없어? 내가 교순지 몰라? 그러면 걍 모르고 있든가!

근데 도대체 누가 누구를 고소고발해? 엄중한 사법을 우롱해? 다 있다는데 사법우롱죄는 없나? 있겠지!

다들 욕, 이간질과 밀고질, 무대뽀 해고만 좀 안해도 학교는 훨씬 더 똘똘 뭉쳐 살았겠지만 그게 그렇게 말해준다고 되겠느냐? 쟤를 찍어내야 내가 산다? 그러면 쟤는 놀구있어? 그러다가 다 죽는데! 그리고 끝없는 횡령, 해고하기, 데먼스트레션, 나쁜 관리가 뭔지 그들이 알기나 하겠는가? 도대체 누가 누구를 해고해? 원인을 알아야 대책을 수립해도 하지 않겠는가? 서로가 서로를 손가락질하고 내부 총질을 하고 서로가 서로를 찍어내려고 등 뒤에서 칼을 꽂으며 혈안이 되어있는데 해결이 되겠는가? 무슨 난파선이야?

그러니 대학 교수들도 자기들끼리 모여 앉기만 하면 재단 욕을 하고 그러고는 돌아서서는 그 즉시 전부 앞다퉈 재단에 가서 서로가 서로를 뒤에서 푹푹 찔러대는 일부 교수가 있었다. 그러니 앞에서 한없이 충성을 맹세하고 앞재비가 되어 뛰다가 뒤돌아서서는 곧바로 개거품을 물고 재단을 욕하고 서로를 욕하는 일부 교수를 보는 교주부부의 심정은 또 어떻겠느냐? 낮에는 재단파, 밤에는 반재단파 ; 밤에는 재단파, 낮에는 반재단파, 떨거지들이 인간처럼 보이겠나? 믿었던 가신에게 엄청 욕 얻어 먹은 교주부부가 그 배신에 치를 떨지 않겠느냐? 이 무슨 面從腹背(면종복배)야! 이 무슨 人面獸心(인면수심)이야! 기회만 되면 한 칼 쓰겠다고 방방 뜨지 안 뜨겠느냐?

사람을 믿겠느냐? 사람을 못 믿는게 얼마나 큰 불행인지, 그걸 알겠는가? 아무도 자신을 믿어주는 사람이 없다는게 얼마나 큰 불행인지, 그걸 알겠느냐?

나중에 보면 서로가 서로에게 한 칼 쓰겠다며 용을 쓰고 있지만 도체 누가 누구에게 한 칼 쓴다는 것인가? 서로가 칼자루 잡고 있다고 착각을 하고 있지만 착각도 야무지고 착각도 자유 아니겠는가?
착각에 무슨 세금 있겠는가?

또 '우리가 남이가? 우리가 다리가? 뭉치자!' 를 연신 외치며 술잔
을 쳐들고 같이 놀아놓고는 뒤돌아서서 등을 푹푹 찔린 일부 교수가
가만 있겠는가? 원인 없는 결과가 어디 있겠는가? 누가 누구를 원망
할 것인가? 그 나쁜 관리를 누가 시작했느냐?

사람들이 돈, 돈 하지만 돈도 중요하지만, 감정도 중요하지만, 인
간관계도 중요하지만, 공정도 중요하지만, 정의도 중요하지만 내가
경영학자로서 보면 정작 지 일 잘 하는게 젤 중요하지 않을까? 교수
로서는 강의면 강의, 논문이면 논문, 저서면 저서, 자기 미션을 성공
시켜야지 맨 학교일로 소송 걸어 승소하다가 세월 다 가면 뭐 하나?

그러나 나는 나오는 날까지 쾌활무비하게 지냈다. 나오는 날도 곧
바로 이웃대학도서관에 가서 논문자료를 열람하였다. 지금도 그렇
다. 내 코가 석잔데 누가 누구를 탓하고 누구를 원망할 것인가? 환
경이 아무리 어렵다고 하더라도 내가 내 일 열심히 하고 내 성과를
내는 것이 대학발전과 인류 공존공영에 가장 기여하는 것 아니겠는
가? 나의 가장 기본적인 미션이었다. 미션 파셔블!

나중에 얘기를 들어보면 그 대학 교수들이 이제는 점심도 같이 안
한다는 것이었다. 점심 먹으러 삼삼오오 짝을 지어 자가용차를 타고
나가 3,500원하는 칼국수라도 한그릇 더치페이해서 하는 것이 하루
의 큰 즐거움이었는데 그것조차 서로가 서로를 불신한 끝에 서로가
서로를 욕하며 앞 다퉈 밀고하며 슬므시 없어져 버렸다는 것이니 말
할게 있겠는가? 커피 한잔하면 밀고가 10가지, 밥 한번 먹으면 밀고

가 50가지, 술 한번 먹으면 밀고가 100가지가 들어가는데 와리깡하고 분빠이 해서 하겠는가? 차라리 혼차하고 혼술하고 혼밥하고 말지.

나는 버얼써 구내매점에 가서 내 혼자 컵라면 때렸다. 빅쓰리 한 그릇이면 만사가 땡이었다. 근데 그건 알고 보면 논문 쓴다고 시간을 아끼기 위해서였다. 누가 세상에서 가장 아름답다는 대학을 이렇게 만들었는가? 쇠에서 녹이 나와 쇠를 녹이는 것을!

근데 얘기를 가만 들어보면 다 자기는 잘한다고 한 일들이었다. 그러니 내가 교수로서 인간에 대한 어찌할 수 없는 연민의 정을 느끼지 않겠느냐?

지금도 그렇겠지만 학생축제가 있으면 학교에서는 공문을 보내 밤까지 임장지도를 독려하였다. 그때는 23시까지 남아서 학생을 지도하라고 공문을 보냈다. 나는 내가 담당한 날 23시경까지 있다가 시간도 어느 정도 되었고 퇴근준비차 우선 화장실을 갔다. 볼 일을 보고 손을 씻고 있었다. 그런데 갑자기 뒤에서 술에 쩔은 목소리로 큰 소리가 났다. "아니, 이 교수, 누가 학교 떼매고 간다고 이 시간까지 있습니까?" 그래서 놀라서 돌아보니 학교 높은 보직도 하고 학교의 실세라고 자타가 공인하고 이유없이 골목대장 곤조를 부리는 곤조통 김 교수였다. 나는 놀래서 우물쭈물 말했다.

"학교에서 있으라니 있는 것 아니요!"

그러면서 슬금슬금 피하면서 나왔다. 밤에 조명도 흐린 화장실에서 술 시뻘겋게 처먹은 자와 싸워봐야 무슨 소용이 있겠는가? 어둔 밤에 화장실에서 술에 쩔어 시비를 걸고 싶어 안달이 난 홍콩할매귀신 만나면 슬슬 피하는 것이 상책 아니겠나? 글고 심지어는 지도 높은 보직을 했고 또 앞으로도 하려고 하는 자인데 내가 학교방침에 따라 늦게까지 즐겁게 근무하면 높이 평가를 해야지, 그게 왜 술 처먹고 얼굴 벌거이해서 이유도 없이 찍자 붙자고 달려들 일이란 말인가? 이게 말이 돼? 학교에서 남아있어라 해서 남아있는 사람을 지가 왜 모함해? 모함을 해도 이상하게 모함했다. 모함을 위한 모함이 빗발쳤다. 그러고는 지가 다시 보직하면 24시까지 남아라고 할까?

이는 그들의 인성이 그렇고 또 내가 평소 늦게까지 연구실을 지키고 있는 것에 대한 불만이 극에 달해 술 처먹고 임장지도에 대한 불만을 숨기고 달려드는 것인데 그게 왜 불만인가? 이상한 시기질투와 이상한 쌔까리가 끝도 없었다. 꼬우면 학교에 가서 달려들든가?

근데 그건 절대 안하고 나를 찍어 넣을려고 벤또 싸들고 뛰겠지. 이 교수가 너무 늦게까지 남아있어서 다른 교수들이 불평불만이 아주 많습니다, 이거 막아야 합니다. 근데 이게 모함거리가 아니고 오히려 포상해야할 일이지만 생각밖에 모함빨이 상당히 잘 먹혀들어가는데 이유는 학교당국이라는게 결국 다 보직교수니까 항상 그게 그렇지.

밤 늦게 화장실에서 동료교수를 만나면 첫마디에 "아, 이 교수 늦게까지 수고 많아요! 완전 존경합니다. 내 볼 일 보고 같이 가서 한잔하시죠, 학술이 다 술 배우는 것 아니요. 비록 좋은 술은 아니라 하더라도 오늘밤 밤새도록 먹을 술은 많아요! 낼 숨도 없잖아요, 요런 날 안 마시고 어이하리오!" 축제 날 요런 풍류는 결코 없는 것인가? 없겠지, 그런 자가 있으면 클 나지, 그러면 버얼써 일류대학이 되었지.

그런 것은 바라지도 않는데 그저 남아 있으면 남아 있다고 보자말자 쌍욕을 하고 앞에서 달려들기에 바쁘고, 안 남아있으면 안 남아 있다고 안 보이는 데서 개욕을 하고 뒤에서 찌르기에 바빴지. 이해 가 돼? 왜 멀쩡하고 잘 나가는 대학이 휘청거리는지 이해가 돼? 되 겠지, 뭐 안 될게 있나? 거울을 봐, 뭐가 이해 안 돼? 그러니까 딱 한 생각 차이지.

엄청난 욕설과 무대뽀 해고, 해고협박, 끝없는 횡령, 이간질, 나쁜 관리 속에서도 자신의 올바른 본성을 지킨다는 것이 쉽지는 않겠지 만 그걸 알기나 알고 또 그렇게 하려고 노력이라도 했던가? 그들에 게 물들어 그들도 또 출세하려고 이리 뛰고 저리 뛰고 남을 모함하 고 앞다퉈 자나깨나 본업은 오히려 내팽개치고 잘 한다고 시도때도 없이 잠도 안자고 앞재비가 되고자 노력한 사람은 없었는가? 그러고 는 남 보고 그렇게 앞재비라고 늘상 욕을 하고 달려들었지, 이게 주 관의 객관화인데, 무엇보다 거울 봐, 거울도 안 봐? 지 살겠다고 일 부 인간들이 자기도 어느 틈에 더 한 이상한 인성이 된 것은 아닌 가? 근묵자흑인가? 청출어람인가? 누가 누구를 욕할 것인가?

인사고과에 '밀고 안하고 욕 안하기' 항목을 넣어야 하는 것을! 그 러면 또 법정에 가서 소송거나? 회사는 문 닫을려고 하는데 소송만 거면 뭐하나? 소송하면 학생이 오나? 더 안 오지! 빈대 잡을려고 초 가3칸 태우나? 있는 거라고는 초가3칸 밖에 없는데 그걸 다 태워? 니 죽고 내 죽자, 물귀신이야?

만고 땡이라는 대학이 왜 위기에 빠지나? 무슨 콧구멍만한 대학이 소송으로 해가 뜨고 소송으로 해가 지나? 물론 그들은 결코 콧구멍 은 아니라고 하겠찌? 긍께!

송사 3년에 집안 거덜나지. 돈은 누가 다 버나? 변호인만 다 벌지. 물론 변호인도 돈을 벌어야지. 그래서 가만 보면 일부 변호인도 자꾸 소송을 은근 부추킨다는 것이다. 내가 볼 때는 대한민국에서 관행상 불문법상 관습법상 분명 안되는 소송인데 패소하면서도 자꾸 부추키는지 항소를 하고 소송을 끌고 간다는 것이다. 그래봐야 지 승률만 나빠지지. 그러나 당장 돈 들어오니 그러는게지만 업계에서 평판만 나빠지지, 그래가 돈이 되겠어? 자그나 양심이 있으면 이 소송은 안됩니다 라고 말려야지. 물론 그리고 시민의 정의로운 제보는 해야하고 억울하면 법정소송을 해야지, 당연하지.

근데 인사고과에 '밀고 안하고 욕 안하기' 항목을 넣으면 배점을 어떻게 해야하나? '밀고 안하고 욕 안하기' 에 만점 10점을 줘야하나? 아니지 그들 주특기가 그건데 '밀고 잘하고 욕 잘하기' 에 만점 10점을 배점해야지. 존재하는 것은 다 이유가 있다지 않나? 현실적으로 잘하는 밀고, 욕 등 주특기를 장려해서 높은 배점을 해야지. 그러면 잘 했다고 박수칠 사람이 많을텐데, 좋아하는 사람이 많은 쪽으로 고점수를 줘야하는거 아냐? 그러면 반재단파나 재단이나 재단파나 다 높은 점수를 받으니 그러면 되는 것 아냐?

나도 내 나름 노력한다고 했지만 역부족이었고 중과부적이었고 내 한몸 건사하기에 급급했지만 조직행동론 교수로서 애석하지만 일말의 도의적 책임을 면하지는 못하고, 결국에는 오히려 반재단파와 재단 양자에게 오지게 협공을 당하고 쫓겨 나왔으니, 그 점은 여교수에게와 누구에게도 아쉽게 생각하고, 더 나아가서 그 누구에게도 측은지심을 느끼는 것이다.

그러나 나는 교수로서 내 할 일이 있고 달성해야할 내 업적이 있으니 어쩔 수는 없었다. 어쩔 수는 없었다? 그게 말이 돼? 그러나 나는 교수로서 내 하는 일의 성과로써 말할 수 있을 뿐이다. 그게 또 대학평가에도 주요하지 않은가? 그러니 나도 원하지 않게 오로지 내 연구에 전념하게 되었는데 사실 나는 그게 훨 좋았다. 그러니 열심히 일하는 나를 그렇게 몰아가기를 했으니 그 부분 역시 나는 어쩔 수 없었고 아쉬운 것이다. 그러니 종국에는 그들 손해가 아니겠는가? 알고 보면 그들이 다 내 바둑 둬 줬다고 나는 나를 위로도 하지. 근데 그게 위로가 돼?

그러나 이게 다가 아니었다. 이게 다면 섭하재? 하루는 재단파 하빠리 교수의 꼬봉교수로 알려진 어떤 교수가 갑자기 연구실로 나를 찾아와서 인상도 이상하게 쓰고 물었다. 물론 그 교수는 나도 잘 아니 뽑힌 것 같았다. 그렇게 선발되고 싶었는데 선발이 좋아? 더럽게 출세해도 출세는 출세 아니야?

"이 교수님은 학교일은 안하고 자기 일만 한다고 소문이 다 나 있습니다."

그래서 나는 무씬 소린지 벌써 다 알아듣고 간곡히 말했다.

"성 교수가 논문 쓰면 성 교수 논문 되지 누구 논문 됩니까? 그리고 내가 논문 한 편이라도 쓰면 학교 실적에 올라가는데 그게 왜 내 일입니까?"

그러자 그 스파이 밀대 노릇하는 꼬봉교수가 할 말을 잊고 얼굴이 더럽게 일그러져서 말도 안하고 한참 있다가 인사도 없이 슬그머니 빤스런해 버렸다. 한 시가 급하게 기다리고 있는 오야한테 가서 또 일러바쳐야지.

이건 또 무슨 소린냐? 하면 승진이나, 보직이나, 위원장 등 삐까 뻔쩍한 자리는 저거가 다 독차지하고 내 같은 사람은 근처도 못오게 원천봉쇄 해놓고는, 이번에는 내 보고 학교일을 안한다고 뒷다마치고 모함도 이상한 모함을 해대는 것이다.

학교일이 뭔가? 하고 싶어도 뭐 일을 줘야 하고 아닌게 아니라 자리를 줘야 일할 것이 아닌가? 그러고사나 대학에서 힘든 논문쓰는 것은 학교일이 아니고 내 일인가? 학교일 못하게 썩은 콩 한쪼가리라도 저거가 다 발가처먹고 철저하게 겐세이 쳐놓고는 돌아서서는 일을 안한다고 야마씨 치다니 다 하릴없이 바쁘기만 바쁜 군상들의 얼척없는 짓거리였다. 나는 그저 미관말직인 형식적인 위원자리에나 겨우 이름 석자나나마 걸치고 있었는데 나는 그걸 전혀 개의치 않았다. 근데 이도 다 고전적인 문제야.

근데 겉보기에는 형식적인인 이름이나 걸치고 그저 내가 연구실에서 내 연구나 하고 있는 것 같았지만 그러나 사실은 전혀 그렇지가 않았다. 그게 다가 아니었다. 원래 보직이나 위원장은 이름뿐이고 번들번들 돌아다니면서 폼이나잡고 유세나 부릴 뿐이고 실무는 위원 맡은 교수가 구체적으로 일을 다해야 하는데, 나는 업적평가위원, 규정개정위원, 또 학생위원회를 4팀이나 지도교수를 맡아 나름 고군분투하고 있는데 그러나 위원 그거는 별로 이름을 앞세워 낼 자리가 아닌 것이다. 그러니 삐까뻔쩍한 이름은 저거가 다 내고 모함은 또 그렇게 습관적으로 해대는 것이다.

결국 세월이 조금 지나자마자 대학평가에서 논문편수가 모자라 점수를 다 깍아 먹었다. 도대체 대학이 교수논문편수가 모자라 대학평가 점수를 다 까먹는다는게 이게 말이 돼? 그 '잘난 연구'에서, 그

'쓴다면 쓰는 논문'에서 고득점은 못한다 치더라도 대학이, 교수가 논문을 못채워 점수 다 까먹는다는게 말이 돼? 대학의 본질이 뭐야? 그러나 뭐기나 간에 나는 그들이 못 채운 논문 편수까지 상당수 채 워준다고 새벽 2~3시까지 묵묵히 연구실 불 밝히며 오로지 학문에 힘 줘야 할 판이었다.

그러나 그들은 항상 학교일 한다고 논문 못 썼다고, 오히려 갠적 으로 엄청 손해보고 있다고 '승질'을 부렸다. 그러면 보직이나 위원 장 자리를 내놓고 그렇게 쓰면 쓴다는 논문을 쓰던가? 근데 죽었다 깨어나도 그렇게는 못/안하지! 절대 입 밖에도 그런 쇼하는 쇼리는 안하지. 그랬으면 나도 한 자리하고 서로 윈윈이 되고 좋았을텐데. 어쨌든 내가 재직하는 대학에서 연구한다고 보직을 고사하는 사람 은 내가 퇴직할 때까지 한 사람도 못 보고 서로 할려고 이리뛰고 저 리 뛰는 사람만 보았다. 당연히 뛰야지, 냉큼 뛰시오! 생각은? 생각 은 뛰고 난 다음에 하시요!

그러나 저들은 절대 보직할 생각은 없다고 했다. 교수가 무슨 보 직하겠다구 그래요? 여기 그런 사람 어딨어요? 다른 사람들은 다 그 렇지만, 에이- 여긴 그런 사람 없어요! 근데 보직 발표 나면 꼭 안 할 것 같이 평소 큰 소리치고 재단비판 혼자 다 하던 사람이 어느 틈에 다 하였다. 자기는 안 할려고 했는데 항상 어쩔 수 없이 한다 는 것인가? 뭐 다 이유가 있겠찌.

그렇겠지, 그래서 어떤 대학에서는 마침내 교수들이 들고 일어나 보직도 돌아가며 하자고 학교에 정식 요구하였다. 우리에게도 학교 를 위해 일할 기회를 달라! 그렇지 줘야지! 그게 또 교수의 성장기회 가 아닌가? 또 보직이 단순 교내보직만이 아니고 사회에서는 지위상징 아닌가? 예를 들어 교수가 동창회에 가더라도 학과장을 맡고 있다고 해야 회사에서 과장을 맡는 일반인 동창과 레베루가 어느 정도 같아진다고 보이는 것 아닌가? 아무리 지가 논문 잘 쓰고 자기 만족한다 하더라도 사회는 사회의 비교기준이 있는거지, 사회 속에 존재하는 교수가 그걸 무시할 순 없지. 어딜 가도 학과장이라하면 있어 보이고 걍 교수라고 하면 심심하게 보이는 것이 당연하잖나? 회사과장하는 동기가 좀 석연찮게 보고 눈알로 깔보는 것 아닐까? 당연하지. 물론 대학에서 보직관점은 각 국의 대학에 따라서 케바케지, 우리하고 미국하고 일본은 또 크게 다르지.

한 번은 회식자리에서 어떤 교수가 호기를 부려 큰 소리쳤다.

"직업을 교수에서 바꾸겠어요!"

그래서 내가 흥미를 갖고 덕담을 하였다.

"그렇지, 교수에서 직업을 바꾸어 보직교수를 하면 되지. 어떤 교수는 입사하자말자 보직교수가 되어 퇴직할 때까지 보직교수를 맡고 있는데 직업이 교수가 아니고 직업이 보직교수야! 그러니 직업을 바꿔 보직교수를 하면 돼!"

그랬더니 갑자기 좌중이 분위기가 싸늘해졌다. 갑분싸! 나는 유머를 했는데 왜 이래? 하고 내가 다 민망해져서 우물쭈물 할 정도였다. 그래, 꿈은 다 있는 거야! 그러면 도전해! 꿈은 이루어지기 위해 있는거야!

그러면 나는? 나는 뭐 28년간 항상 보직을 고사만 하는 고고한 교수였나? 그렇지는 않고, 내가 왜 고사를 해? 나는 한 번도 고사를 해본 역사가 없어! 나는 그런 좋은 보직을 고사할 그런 고고한 교수가 아냐! 암, 아니지, 제의가 오면 만사를 제쳐두고 퍼뜩할 교수지. 근데 왜 그러지?

잘 들어봐! 나는 28년간 보직을 한 번도 고사한 적이 없는데 그 이유는 오직 하나야! 28년간 보직제의 자체가 한 번도 온 적이 없으니 고사한 적이 한 번도 없었지. 고사고 나발이고 뭐 와야 할 게 아냐? 고사할 기회 자체가 없었는데 고사하긴 뭘 해? 내가 보직을 고사할 기회를 달라! 천부인권을 달라! 아무튼 내가 보직을 고사할 정도로 그렇게 고고한 교수가 아냐! 암, 아니지, 아니구 말구. 암마 그 좋다는 보직을 내가 왜 고사를 해! 이 교수가 알긴 잘 아네, 긍께 우리가 제의 자체를 절대 안하지.

그리고 나는 또 하나의 남 모르는 기록을 갖고 있는데 28년간 한 번도 내가 보직을 하겠다고 보직을 달라고 누구에게 말한 적도 없고 운동한 적도 없고 내가 하겠다고 패거리 모아 신경전을 펼친 적도 없었다. 그래서 28년간 오는 보직 막지도 않았고 오는 보직 없었으니 가는 보직 잡을 일도 없었다. 참 한결같은 교수야! 그래서 28년간 보직을 한 날이 하루도 없었다. 부처장 이상을 하루도 해본 적이 없었다. 참 일관성있는 교수야! 그래서 내가 만든말이지만 32년간 **정통교수**의 길만 달려왔지. 참 천연기념물같은 교수야! 그러면 뭐 했느냐? 뭐, 강의하고 논문 쓰고 책 쓰고 학생지도하고 사회봉사하고 학회참석하고 지역밀착형 연구하고 새 학문을 창조하느라 영일이 없었지. 그리고 동시에 내가 붙인 이름이지만 정통교수의 모델도 창조했지. 나는 32년간 그 수 많은 다양한 강의를 하면서 단 1과목도 폐강이 없는 강의불패의 찬란한 금자탑을 세웠지. 내가 속으로는 상당히 자부심을 갖지만 겉으로는 거의 안하는 그러나 아주 가끔 슬

쩍하는 자랑 중의 자랑 하나는 32년간 교수를 하면서 단 1번의 폐
강도 없었다는 그거지. **강의불패!** 매 학기 평균 3~5과목을 개설하
면서 그 수많은 다양한 강의와 그 수많은 강의시수에도 단 1번도 폐
강이 없었지. 최고 많이 할 때는 1주에 20시간까지 했지. 대학사에
서 찬란한 금자탑을 세웠지. 그러면 내가 아주 인기교수고 베슬 티
쳐였는가? 글쎄, 그것까지는 다양한 견해가 있을 수 있으니 난들 직
접 말하기는 어렵고 객관적인 숫자는 아주 분명하지.

내가 멍청하다고 생각하는 일중의 하나는 총장이나 교무처장이 폐
강 터지는 교수는 다 쫓아 낸다고 길길이 날 뛰다가 막상 지거가 강의
하다가 폐강 터지니 그 순간에 입 싹 다물고 꼭꼭 숨을 때이지. 어떤
교무처장은 폐강교수는 쫓아낸다고 길길이 날뛰면서 폐강과목과 폐강
교수 이름까지 학내 게시판도 아닌 출입구 벽에 까지 곳곳에 게시하다
가 막상 지가 폐강이 터지니 어쩔 수 없이 지 이름도 게시하였는데 그
다음 학기에는 아무 말도 없이 그런 게시자체를 싹 없애버렸지.

심지어 어떤 총장은 교수들이 강의 못한다고 교수들의 강의안까
지 다 제출하라고 해서 학교가 한 학기 떠들썩하도록 생난리를 피웠
는데 나중에 지가 퇴직후 교수가 되어 필드에서 강의를 했는데 한
학기만에 2과목 6시간 올 폐강되어 과목이 싸그리 다 없어져서 드
뎌 나갈 때가 되었찌. 그런데 나가기는커녕 내가 개설하여 학생들이
내 이름보고 수강신청해서 개설까지하고 수강을 고대하고 있는 한
1과목을 꿔가서 겨우 연명을 하고 또 그 과목을 가지고 5년간이나
교수를 더하면서 매년 억대연봉을 받고 떵떵거렸지만 결코 내 강의
를 돌려주지 않았고 고맙다는 쇼리도 없었지. 1년 4과목하고 억대연
봉을 5년간이나 했으니 괜찮지. 그렇게 잘 난 척했으면 5년간 연봉

1/4은 나를 주던가? 그리고 이제는 지가 과목을 개발해서 해야지 남이 개발한 과목까지 빌려가서 안 돌려주고 남의 과목 도둑질해서 퇴직 때까지 한다는게 말이 돼? 그런데 그 와중에도 넉살도 좋게 내 보고 강의안까지 보여달라고 해서 나는 성인군자신선처럼 다 보내 줬지. 이처럼 큰소리 뻥뻥 치다가 폐강 터지니 학생들이 수강신청 다한 남의 과목을 가로채 가고서는 더나아가 적반하장식으로 강의 안을 달라니 참으로 하나같이 낯짝이 두껍고 복장이 시커먼 후흑한 그렇고 그런 희한한 인생들이었다.

강의를 안주고 강의안도 안보내주면 되지 않느냐 고? 글쎄 그러면 그런 자들이 걍 있을 것 같애? 위에 가서 또 꼰질러서 맨날천날 내 험담을 하고 다니겠지.

그러나 그보다 무엇보다 울며 겨자먹기로 그 강의를 듣는 내 학생 을 생각해서라도 안보내줄 수는 없지. 그러니까 착한 사람이 왜 약 한가? 하는 소리가 나오고 책까지 나오는 것 아냐? 나는 늘 착한 사 람이 결코 약한게 아니라고 강변하지.

생각해봐! 이렇게 남의 과목을 강탈해 갈 때는 걍 하는 것이 아니 고 저들 나름대로 뒤에서 치밀한 흉계를 세우고 달려드는 것이야! 지들이 직접 내게 부탁하는 것이 아니고, 지들은 꼭 뒤에서 숨고 내 하고 친하다고 지들이 생각하는 처장/부총장/총장을 총동원해서 하 는 것이지. 처장/부총장 정도는 돼야 그런 얘기를 다른 교수에게 전 화를 해서 "과목을 넘겨주시오!" 라고 할 수 있지. 그러면 내가 부총 장 전화 받고 내 과목을 어쩔수 없이 마지 못해 넘겨줬단 말인가? 그거야 그렇지만 경영학교수로서 사람도 살리고 무엇보다 나는 강 의시수가 9시간 다 찼으니 **강의불패교수로서** 연민의 정을 가지고 사람을 살리려고 하는 것이지.

그러나 한가지 분명한 것은 만약 내가 그렇게 되면 내 한테 과목을 넘겨줄 자들은 절대 아무도 없다는 것이지, 그러니까 나는 계속 더 열심히 해야지.

그리고 그 과목은 5년 뒤 그 총장이 퇴직한 후에도 내 한테 돌아오지는 않았고 늘 폐강에 시달리는 다른 교수가 가져갔고 나는 아무 말을 안했지. 그러니까 그들이 남이 개발해서 잘 하고 있는 과목을 가져가서 뭘하겠어? 그래봐야 또 마찬가지지. 폐강 안 터지겠어? 그러면 나는 연민의 정을 계속 느끼며 교수를 하나? 총장하고 처장하고 승진, 위원장, 연구년은 저거가 다 하고 삐까뻔쩍한 좋은 것은 저거가 다하고?

그러나 그것만은 아니고 내가 교수로서 나의 강의불패교수는 영원하지. 그러나 찬탄을 받기 보다 결국 그게 또 그들이 나를 쫓아내려고 혈안이 된 이유지. 지금 다시 하려면 다시 하겠지만 그러나 그렇게 하기 보다는 또 다른 일을 해야지. 내가 평생 교수지만 그러나 교수가 인생의 전부는 아니라고 항상 생각하고 해야 교수를 더 잘할 수 있고 인생도 더 풍부해지지.

이처럼 그들은 소문은 내게 내면서 갖은 민폐를 다 끼치고는 뒤에서 숨어서 온갖 욕설을 퍼부으면서 승진도 보직도, 위원장도 위원도 저거가 다 독차지 하고 저거 끼리도 썩은 고기 한 모타리라도 서로 먼저 먹을려고 온갖 머리 박터지는 술수를 다 부리며 싸우고는 틈만 나면 튀기는 쏜살같이 저거가 다 튀었다! 교주부부가 보면 먹튀도 그런 먹튀가 없을 것이다.

침 튀기며 입이 마르도록 면전에서 충성을 맹세하였지만 승진만

시켜주고 보직만 시켜주고 나면 그걸 발판으로 다 튀버리고 없었다. 튀는 것도 튀는 것이지만 튄 다음에 나가서 걍 그렇게 욕을 해대니, 어쩔 것인가? 욕하는데 세금 붙어? 어쩔티뷔, 저쩔티뷔!

한 수 더 뜨는 그 검은 복장에 치를 떨고 정 열받으면 추천서를 안 써주고 동의서를 안 써주고 장기간 애먹이지만 거주이전의 자유가 헌법으로 보장된 법치국가에서 어쩔티뷔, 저쩔티뷔!

그러니 있을 때 잘 하라고 하지만 다 아는데 잘 해주겠나? 잡은 고기 먹이 주겠나? 근데 그게 아니고 어차피 튈 고기 먹이 주겠나? 요리조리 튈 생각만 하고 있는 고기, 다 아는데 먹이 주겠나?

주면 안 튄다 고? 이게 왜 이래? 오래만에 농담하고 있어! 안 그래도 주기 싫어서 온갖 핑계 다 대고 있는데 그렇게 안 주고 있으면 저절로 다 나가주는데 아까운 먹이 왜 주겠나? 약 무웃나? 짱구야? 장사 첨 하나? 묵은 디 하나 내보면 신마이 3명 쓸 수 있는데 머리를 써! 머리를! 그것도 갈수록 더 쓸 수 있어서 고참교수 1명 내보내면 신출내기 시간강사가 아니라 비정규직 교수 5명도 쓸 수 있었다.

그러니 우리 식구끼리 천년만년 먹구 살 것도 모자라는데 왜 썩은 고기 한쪼가리라도 아까운 걸 왜 남 주겠나? 니 같으면 주겠나? 질긴 연놈이 이긴다 고? 그래 한번 해보시지, 질긴게 뭔지 한번 보여줄께?

생각해 봐! 한 번은 같은 학과교수가 방중에 다른 대학으로 갔다. 내한테는 간다 온다 말 한 마디 없이, 전화 한 통 없이 합바지에 방구 빠지듯이 몰래 새버렸다. 개학하자말자 당장 남대생이 내게 달려와서 얼굴 시뻘겋게 해서 내게 대놓고 달려들었다.

"교수님, 갔는 놈도 나쁘지만 있는,,, 사람도,,, 무능해서 있는 것,

아닙니까?"

이거이거 완전 100% 실화지. 그리고 여기서 '사람'은 놈이라는 말 대신에 쓴 말이라는 것은 아무리 둔한 사람도 금방 알겠찌. 많이 봐준건가? 교수와 대학생 사이에 이런 우호적인 대화가 벌건 대낮에 연구실에서 오간다면 올마나 발전상이 있는 대학이겠는가? 긍께 굽은 나무가 선산 지키는 것, 아니겠나? 그러니 있을 때, 잘 해, 제발~.

그러나 학생이 볼 때는 놓친 고기가 더 커 보이니, '있었으면 하는 교수는 우째 다 날라가버리고 가버렸으면 하는 교수는 진짜 꾸역꾸역 남아있다는 것,' 바로 그것 아니겠나? 이게 바로 숨시간에 나가 누차 강조해서 말한 '인사관리의 그레샴 법칙' 아니겠나! 그러니 있을 때 잘 해달라고 말은 안할테니 잘 있는 사람에게 달려들지 말고 걍 평소하는 대로만 하라구! 안그래? 죽은 자식 부랄 만지면서 열받고 있으면 뭘 해? 근데 갔는 사람에게 가서 화풀이해야지 잘 있는 분에게 이 무슨 행패야! 행패가! 내가 가라 그랬나? 근데 그게 아닌 것이다.

근데 고약한 것은 갔는 교수가 조용히 그냥 가면 되는데 자기가 큰 소리 뻥뻥 치다가 뒤도 안돌아보고 전화1통없이 뺑소니치는 이유를 학생들에게 주절주절 비굴하게 하소연하고 변명하다가 있는 교수를 엄청 욕하고 간다는 것이다, "그 교수는 말이야, 재단 타고 낙하산타고 내려왔어!" 그러면 사립대에서 전부 재단 타고 낙하산 타고 오지, 지는 뭐 재단 안 타고 맨 땅에 헤딩했나?

그리고 다른 교수가 재단 타고 내려 온 것하고 지가 나가는 것 하고 무슨 상관있어? 이렇게 '박해받는자 코스프레'는 혼자 다하고 있는 것, 없는 것, 있는대로 똥폭탄까지 다 터뜨려 놓고는 의기양양하게 날라버린다는 것이다. 지가 뭐 스컹크야? 민폐를 있는대로 다 끼치고 지는 쪽 잘난 척하고 날라버리면 이거 뭐하자는 짓인가? "나는 개인사정으로 어쩔 수 없이 가지만 학교도 다 지할 탓이고 있는 교수도 다 훌륭하니 욜씨미 하고 정상에서 다시 만나자!" 이런 미담사례는 안 돼? 안되지 그러면 벌써 인간 다 됐찌.

그것 보다 지가 일은 제대로 안하고 출근도 안하고 뺀질이 치다가 학교에 찍혀 위기를 느끼고 빤스런한 것은 왜 얘기 안 하지? 보통 대학교에서는 중간고사와 축제, 중간고사와 체육대회가 연결되는데 그러면 한 학기 안에도 2주정도 정규 숨이 없는 기간이 생긴다. 이 때 빨래보따리 한 짐 짊어지고 서울로 날라버리면 완전 바이바이지. 2주도 더 지나 옷보따리 짊어지고 나타나 어리둥절한 표정으로 "어, 학교가 낯설어 보인다." 라고 하던 때 그 얼굴표정이 가관이지. 그러면 그 기간 동안 학과 일은 누가 하고 학생지도는 누가 다 했나? 교수가 숨 안한다고 일이 없어? 교수식당에 외상 달아 놓고 1학기 처먹은 밥값도 안주고 날라버렸지. 민폐는 혼자 다 끼치고 있다가 갈 때는 똥폭탄 터뜨리고 뽐뿌질있는 대로 다하고 날라버리면 기분 좋아? 스트레스 팍팍 해소돼?

축제나 체육대회도 숨이 없다고 노는게 아니고 학생지도가 없는 게 아니고 학생과 숨외에 스킨십해야하는 더 중차대한 과제가 있다. 대개 축제는 무슨 심사위원, 또 같이 모여 자연스레 위하여 술 한 잔, 체육대회는 4백계주, 2인3각, 배구, 줄다리기, 이런 종목은 꼭 교수를 한 명 끼워서 하는데 당연하지. 무엇보다 뒷풀이 같이 가서 사비로 은근 한 봉투 찔러주고 학생사기를 진작시키고 그간 학생들 쌓인 기분 풀어주고 오는게 주요일과였다. 이게 경영학에서 매우 주요시하는 비공식조직 Informal Org. 아냐? 그런데 그런건 다 생까고 민폐 끼치면서 할금할금 눈치나 보고 있다가 시도때도 없이 눈치도 없이 서울로 날라버리는 그런데에 특화된 교수가 지사대에서 과연 있을 수 있단 말인가?

그런데 도당체 왜 그런 교수가 '있었으면 하는 교수'지? 그것 참 세상은 요지경이었다. 재단 욕하는 척하고 학생들에게 술 얻어먹으면서 비위나 대충 맞춰주는 척하고 있으면 '있었으면 하는 인기 교수'야? 근데 왜 갑자기 얘가 그런 교수를 '놈'이라고 하지? 그러니까 저거 편이라고 편묵고 있다고 생각했던 교수가 갑자기 생까고 날라버렸으니 정신이 어리둥절해져서 배신감에 치를 떨어 '놈'이 되고 괜히 '열심히 잘하고 있는 교수'에게 초록은 동색이라고 화풀이할려고 달려드나? 그런가? '재단과 니가 똘똘 뭉쳐 쫓아낸 것 아냐? 어서 가서 도로 데리고 와! 니는 나가고!' 글쎄, 죽은 탕자의 부랄 만진다고 살아오나? 니가 환상을 벗어나야지.

그러나 있는 교수는 참고 묵묵히 그것 수습한다고 마음께나 쓰지, 수습? 근데 '갔는 놈'하고 '계시는 분'하고 무슨 상관이 있어? 내가 가라고 했어? 뭐 속는 기분 안 들어? 그러니까 하도 이상해서 나중에 잘 생각해보면 학생들이 갔는 '놈'을 욕하면서 잘 계시는 '사람'한테 이유도 없이 새까맣게 달려드는 근본이유는 '손해 보며 계시는 자기들'에게 계시는 '사람'이 선무공작차 잘 해 달라는 거지. 대번에 머리 쓰는거지. 머리 썼어, 머리! 그러니까 달래고 잘 해줘야지. 기대에 꼭 부응해줘야지. '우리가 속았어요!' 이 무슨 말도 안되는, 때 아닌 '속는자 코스프레'야! 그러나 교수로서는 알고도 속고 모르고도 속는게 인생 아닌가?

그러니 '한 승질한다는 남대생'이 방중에 벼루고벼루고 있다가 개학하자마자 진둥한둥 정신없이 달려와 내게 달려들었는데 그런데 그렇게 달려들던 남대생이 나중에 지사대 교수가 되었다. 학교 다닐 때 학내데모하다가 비싼 복도유리창 다 깼지, 그러고는 지는 안 깼다고 완전 오리발 내밀었지. 나는 그래도 멀리서 성원을 보낸다. 있을 때, 잘 해, 제발~.

그런데 그 밑에서 배우는 학생은 또 어떨지, 뭘 배울지, 요새는 학생도 만만치는 않다는데, 관전해 보면 또 많은 벤치마킹이 생길텐데, 아쉽나?

옛날 군대는 고참을 잘 만나야 편하다고 했는데 요새 군대는 쫄다구를 잘 만나야 편하다고 하지. 옛날 대학은 교수를 잘 만나야 편하다고 했는데 요새 대학은 학생을 잘 만나야 편하지.

내 역시 마찬가지였다. 28년간 열근한 대학에서 아무 이유도 없이 반재단파와 재단 여성총장, 그리고 그 배후의 엄청난 협공을 받고 햇콩 한쪼가리도 못 챙기고 빈 손으로 하루아침에 쫓겨났는데 하루는 복도를 지나가니 내가 잘 아는 다른 학과의 남대생이 얼른 다가 와서 걱정하는 표정으로 말했다.

"교수님, 교수님이 재단의 박해를 받고 쫓겨났다고 교수들이 다 그렇게 얘기합디다. 소문이 다 나있습니다."

나는 대번에 무씬 소린지 담박 다 알아듣고 손사례를 치면서 말했다.

"아니,,, 꼭 그런건 아니고 요새는 대학도 학생이 안 오니 어쩔 수 없어."

그러니까 내 말은 대전제를 생각하라는 것이지. 교육적으로는 원

인을 찾는 것이 주요하지. 그러니까 문제의 본질을 알아야한다는 말
이지. 원인을 알아야 대책이 나오지. **문제가 뭐요?** 그러니까 그게
젤 알아야할 문제지. 그러나 그 문제는 아직은 말하기는 아주 어렵
고 아주 우리 시대의 문제이고 시대사적인 과제인데 차차 알아가기
로 하지. 그런데 그 와중에도 반재단파와 재단파 여성총장은 이제
와서 서로 책임 떠넘기기에 여념이 없었다. 나가는 나는 말없이 신
선처럼 있는데 나를 중간에 두고 이전투구 쌈박질은 저거가 다 했
다. 이러다가 내가 등에서 날개 나오겠어! 아! 날개! 그 날개?

　그러나 그 남대생은 당최 이해가 안된다는 얼굴로 깍듯이 인사
를 하고 돌아갔다. 왜 이상했지? 당연히 인지부조화를 일으켰겠
지. 그리고 기대Expectancy에 전혀 부응하지 못하는 답변이라는
것이었지. 글구 무엇보다 그 학생이 있는 학부는 학생이 잘 오는
인기학부였다. 학생이 안 온다구요? 왜 그렇죠? 우리는 강의실이
꽉꽉 차도록 잘만 오는데. 그렇지 대학이 응당, 당연히 그래야지.

　그러면 이상하지 않나? 천하의 경영학과가 왜 학생이 안 와? 서울
다른 대학에서는 최고 잘나가는 학부중의 하나이고 경영대학으로
독립단과대학까지 만들고 신입생을 5백명씩이나 뽑는 천하에 젤 장
사 잘 되는 삐까뻔쩍한 대학이 매우 많은 '있는 전공'인데 왜 경영학
과가 학생이 안 온단 말이예요? 신입생 5백명이면 재학생만 해도 2
천명인데 당시 지사대도 4년 전 재학생이 2천명도 안되는 대학이
수두룩하였다. 지금은 더 하지. 4년제 대학이 총 재학생도 아니고
총 재적생이 1천명 겨우 되면 뭐 하나?

　글구 경영학과 교수 맞아요? 그렇지, 맞지, 그리고 나의 경영학과
도 설립후 계속 학내 최고인기학과를 구가하고 있었지. 그런데 왜?

그러니 그것도 하루 아침에 그런게 아니고 오래 켜켜이 쌓인 근인이 있고 원인이 있으니 차차 알아볼까요? 인원을 못 채우고 다 죽을 쑤는 그 어렵다 하는 그 와중에도 내가 학과장할 때는 2년 연속 100% 넘게 인원을 다채웠지. 내가 무슨 해결사는 아니고 당연 그게 경영학교수 아니겠나? 그게 경영학의 기적 아니겠나? 그게 경영학의 존재이유 아니겠나?

흥망성쇠는 인류의 우주법칙이라는 그런 법칙적 소리도 아주 주요하지만 그건 맨 나중에 하기로 하고 전공을 살려 경영학적으로 언제 한번 성찰해 보면 재밌을 거야. 당연히 성찰해야지, 그래서 어렵게 『나의 회고록』을 쓰는 것 아니겠소? 물론 그것만을 쓰는건 아니지, 인생의 철리를 담아야지.

근데 욜씨미 연구하고 있는 교수연구실에 한창 연구에 몰두해야 할 다른 젊은 교수를 한껏 사상무장시켜 스파이로 침투시키는 공작을 꾸민 그는 누구인가? 간첩신고하면 상주나? 상당한 빽줄인 것 같은데 근데 뭐 알아야 신고하지. 알고 싶지도 않지? 묻지마, 알면 재미없어! 그러니 재미없는 모함과 희한한 뒷통수와 이상한 간첩질이 끝도 없이 빗발쳤다, 간첩질도 한두번이 아니야, 심지어는 학생도 시켜서 오지, 우선 요 정도로 할까요? 결국 인간관계를 다 파괴하지, 그게 젤 문제지.

그러나 얻는 것도 상당히 있어! 난세가 가장 공부 잘 된다는 성현의 말씀을 분명히 이해하게 되었고 오직 가슴에 이상과 학문을 품고 더 쾌활무비하게 살았지. 그러나 그건 첨부터 끝까지 어디까지나 내 생각이고 고달픈 인생들은 그게 아니지. 이상? 이상한 교수야! 학문? 학문에 힘 주고 있구만! 그게 무슨 말라비틀어진 개뼉다귄지는 당최 모르겠지만 개나 줘버려! 암튼 무슨 쇼리를 해도 다 알 것 없고 저 교수는 서울 가려고 저러고 있어! 이렇게 주구장천 무작정 무쳐면 무근거 모함만 하고 있었찌, 28년간 아무리 봐도 참 한결같고 일관된 인생들이야.

지사대교수도 디게 고고한 척하고 시골도시 지역사회를 눈알로 깔보며 엄청 폼잡고 있지만 지역사회와 절대 폐쇄적으로 있는 것이 아니고 말은 안하고 있지만 알고 보면 지역사회와 어떻게든 다 끈을 잡고 연결하려고 애쓰고 있다. 물론 실세 지역유지와 손을 잡으려고 하는 것이니까, 촌 일반인은 별로 상관이 없지. 하루는 지역인과 대화를 할 일이 있었는데 그 사람이 이상하게 말했다. "이 교수님은 미친 듯이 연구만 하는 교수라고 학교에서 다 말합디." 그러니까 사회인답게 버얼써 뒷조사를 다 해서 나를 만나러 온 것이다. 지사대교수들이 중앙에서 놀다 왔다고 지역인을 촌사람이라고 우습게 보면 클 나지. 촌사람이 한 술 더 뜨는데 잘못 나대면 큰 코 다치지. 나는 고소를 금할 길 없었다. 이거이거 교수로서는 최극찬인가? 어느 교수가 미친 듯이 연구만을 할 것인가? 내가? 내가 왜? 나는 걍 한건데. 글구 그 정도도 안하고 교수를 해? 야마리가 까져도 한참 까졌찌!

그러나 기분은 과히 나쁘지 않았다. 전국의 어느 다른 교수가 꿈에서라도 이런 최극찬을 듣겠는가? 그러나 어떤 사람은 말할 것이다. "그거 극찬 맞아요? 아닌 것 같은데..." 글쎄, 나중에 교육부총리를 만난다면 물어봐야지만 지사대교수가 꿈에서라도 그 높으신 부총리를 만날 일이 잘 있겠나?

글구 말 끝마다 항상 꼭 나오는 그 '다'가 누구야, 도체! 뉴규?

내가 평소 존경하는 어떤 자수성가한 시내의 부자 여사장이 말했다. "이 교수님은 다른 교수들과 어울리지 못해서 스트레스를 받고 얼굴 표정이 안 좋다고 다 그러던데요?" 그래서 내가 고소를 금치 못하고 '그게 다 저거가 만든 일인데.' 라고 생각하면서 간략히 굳이 해명을 하였다.

"내가 얼굴 표정이 안좋고 스트레스 받을 때는 논문이 잘 안되고 저술이 잘 안될 때죠. 내가 퇴근을 안하고 연구실에 깊이 앉아 있으면 그들이 재단 뛰고 서울 뛰고 프로젝트 뛰고 술고스톱노래방, 집안일 뛴다고 퇴근시간도 되기 전에 가방 싸들고 급히 뛰쳐나가다가 뭐가 목덜미가 오싹해서 뒤를 돌아다 보면 내 연구실에 불이 켜져 있는거예요, 그때 그들이 스트레스 받는 거예요. 스트레스는 그들이 받는거지, 내가 받는게 아니예요."

그러자 그 여사장이 깊이 인상깊게 공감을 하였다. 이게 자수성가한 사회인인 여사장이 쉽게 공감이 가는 해명일까?

근데 나는 늘상 칠랑팔랑 즐겁게 잘 살고 있다고 생각하고 있는데 왜 그들은 늘상 내 얼굴표정이 안좋다고 프레임짜고 덮어씌울까? 프레임? 누가 누구를 프레임거나? 내가 그들의 그런 기대에 늘상 부응을 못했나? 물론 연구가 잘 안 풀릴 때 그런 심각한 표정으로 고소한 로즈 버드 커피 한 잔 들고 연구실 앞 전망 좋은 높은 벤치에 앉아 하염없이 광명3거리를 내려다 보는 그럴 때도 가끔 있기야있지만 논문이나 저술이 잘 되어 대학연구소나 학회에 마감에 꼭 맞춰 논문을 송부하고 다시 다음 연구에 착수하여 술술 잘 풀리면 나는 한없이 기뻐하고 엎되고 하이돼서 세상 다 가진 교수처럼 행복하게하고 다녔는데, 그들은 늘상 내 표정이 안좋다고 보는건 왜 일까? 아마 그렇게 보는 건 그건 영락없이 그들의 주관의 객관화일 것이야!

심지어 어떤 교수는 학과교수들과의 회식 자리에서 궁금하기 짝이 없는 얼굴로 물었다. "이 교수님, 요새 뭐 좋은 일 있으세요? 표정이 아주 좋으시네요? 혹 개인적으로 무슨 좋은 일 있는 것 아닙니까?" 아마 이게 그들사이에 일대 의문인 모양이었다. 그 교수는 내하고 친하다고 아마 대표적으로 나서서 물은 것이다. 그러면서 그 와중에도 정보수집에 열을 올렸다. 그렇지! 회식은 회식이고 회식 중에 가장 중요한 건 바로 이때 한 건 제대로 건져야지.

나는 속으로 고소를 금치 못했다. 그렇다! '도체 이 교수는 학교에서 승진도 안되고 보직도 없고 돈되는 프로젝트하청도 없고 술친구도 없고 연구실에만 틀어박혀 지들이 볼 때는 기분 좋을 일이 당최 없는데 왜 저렇게 좋아서 난리인 얼굴로 학교를 활개치고 다니시지? 혹 우리 모르는 개인적으로 뭐 좋은 일있는 것 아냐? 혹 우리 몰래 결혼이라도???' 글쎄 뭐,,, 그러니까 별 건 아니고 내가 생각하는 기분 좋은 일과 지들이 생각하는 기분 좋은 일이 달라도 너무 달랐을 뿐이라는 것이다.

내가 대학교수로서 내 할 일을 그저 흥겹게 욜씨미 하고 있을 뿐인데 도체 내가 안드로메다에서 왔나? 지들이 안드로메다에서 왔나? 나중에 안드로메다에 가면 물어 볼 일이었다. 지금은 곤란하고! 암, 당분간은 안되지. 그러니까 연구가 다 끝날 때까지는 계속 안되지.

어떤 연세가 지긋한 분이 말했다. 신사복 잘 차려 입고 기분이 좋아서 얼굴표정 번들번들하게 밝게 해서 나가면 사람들이 "어디 편찮으세요? 얼굴 표정이 영 안 좋으시네요?" 한다는 것이다.

이번에는 아파서 얼굴을 못 펴고 영 인상 찡그리며 안갖 힘을 쓰면서 겨우 나가면 이번에는 사람들이 "아이고, 어르신 얼굴 차암 좋으시네요? 우리 모르는 뭐 좋은 일이라도 있으세요? 같이 좀 압시다." 한다는 것이다. 글쎄 어느 장단에 춤춰야 하나? 뭐 달리 춤 출게 있나? 그런 사람 구경하는 재미로 춤추는거나 진배없이 즐겁게 사는 거지. 그런데 이런 일이 비일비재하다는 것이다. 그러니 고심할 것 없고 가끔가다 '반사!' 한번 하면 되지.

이러니 하급인생이 코웃음 치고 비웃지 않으면 진리가 될 수 없다 고 하지 않았나? 다 고전적인 얘기지.

잃는게 있으면 얻는게 있고 얻는게 있으면 잃는게 있다!

역시 내가 만든말이지만 만고부동의 진리지.

경영학교수 32년동안에 내가 강의시간에 하는 간명한 경영학모델은 항상 간단하였다.

"경영에는 여기 환경이 있고 과업이 있고 인간관계의 3요소가 있는데 그 인간관계는 다시 좋은 인간관계와 나쁜 인간관계의 2가지가 있다. 좋은 인간관계가 강하면 과업은 성공하고 환경속에서 살아남지만 나쁜 인간관계가 성하면 곧바로 실패하고 환경에서 살아남지 못한다. 근데 열역학 제2법칙이 질서는 무질서를 향한다 이기 때문에 항상 조심해야 한다. 성공했다고 해서 조금도 방심하면 안된다. 한번 성공한 방법이라도 다시 사용하지 말라!"

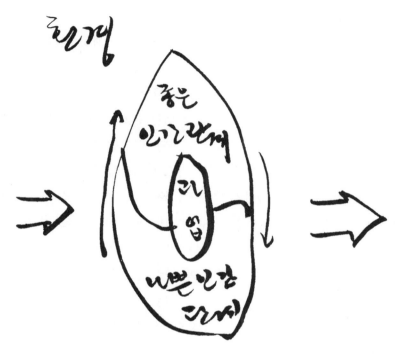

ㄷㄹㄴㄱ 이경식 교수의 간명한 경영학 모형

〈그림1〉에서 보면 경영은 환경속에 있는데 좋은 인간관계가 강하면 과업이 성공하고 나쁜 인간관계가 성하면 과업은 실패한다. 이처럼 간단하다.

오늘날은 전지구적 공업화로 인해 결국 전 국민이 월급쟁이가 되었다. 전인류의 노동자화! 따라서 전국민이 인사고과, 업적평가를 면할 수 없다. 따라서 나는 학생들에게 항상 **현대의 성공은 인사관리의 성공**이고 **인사관리의 성공은 업적평가의 성공**이라고 강의를 해왔다. **인사관리와 업적평가는 경영자나 종업원이나 전국민이 평생 따라다니는 학문이다.** 인사관리를 수강 안한 학생도 뭔가 귀동냥으로 알 수 있는 그런 하나마나한 학문이 아니야!

업적평가표가 회사의 경영철학이다! 이해가 되겠어? 회사의 경영철학과 인사철학을 수치화해서 측정할 수 있는 표로 만든 것이 업적평가표인데 무슨 말이 더 필요하겠어! 수치화된 경영철학이 업적평가표야!

전략도 마찬가지지, **업적평가표가 바로 회사전략**이야! 그러면 전략적 인사관리Strategic HRM에서 회사가 국제화를 위해 아프리카로 진출한다고 생각해보자. 그러면 뭘 준비해야 해? 직원이 아프리카어를 잘하면 젤 좋겠지, 그러나 회장이 목소리 높여 아무리 아프리카어를 공부하라고 쥐어박는다 해도 쉽게 하겠어? 돈 주고 학원 가라고해서 가겠어? 중간에 돈 들고 방앗간으로 새는 직원도 있겠고 회장 속만 새카맣게 다 터지지. 직원 잘못도 아니고 회장 잘못도 아니야!

그러나 인사고과점수가 총400점인데 2~3년전부터 아프리카 어학점수에 200점을 배점해놔 봐, 직원이 공부하겠어? 안 하겠어? 머리 감싸고 얼음물에 발 담그고 공부하지, 지가 무슨 용가리 통뼈라고 공부 안하겠어? 그러면 아프리카 진출하는데 어학에 무슨 문제가 있겠어?

그래서 내가 늘 강조하듯이 경영은 말이 필요없다는 것이야. <u>경영학과 경영은 항상 조용하지.</u> 소리없는 학문, 고요한 침묵의 과학, 靜中動(정중동)의 아름다운 실천, 깊은 강물은 소리없이 흐른다, 나와 경영학을 오해하는 사람은 늘 오해하지, 아무 것도 하는 일이 없는 것 같은데 어느 틈에 일이 다 됐다니 이거 이상하지 않습니까? 누가 뒤에서 엄~청~나게 큰 특혜를 주는 모양이죠?

에구, 늘 머리 쓰는게 그것 밖에 없지. 누군가 말했잖아, 머리는 모자 쓰라고 있는게 아니야! 그러니 경영의 맥을 짚으면 뭔 말이 필요해? 말이 필요없고 돈도 최소한만 필요하지. 예산 타령하고 인력 타령한다고 일 잘 하는게 아냐! 일에 꼭 필요한 만큼 있어야지.

그래서 경영에서는 항상 시끄러운 깡통이 빈 깡통이라는게야! 무능한 자가 늘 시끄럽지, 그 얘기지. 누군가가 시끄러우면 아, 저기, 저 또 사기치는구나! 라고 일단 간주하지. 침묵은 금이다, 그것도 아주 맞지만 경영은 항상 결과가 말해주는 것이지. 떠들게 없다는 것이지. 글구 시끄러우면 돈이 안돼, 돈은 소리소문없이 땡겨야지. 돈은 말이 없어! 경영은 늘 바텀 라인이지.

북치고 장구치고 시끌법적해야 홍보가 된다 고? 물론 그렇지, 그거는 그거고 소문난 잔치에 먹을 것이 없다! 홍보하는데 입 딱 다물고 있으면 홍보가 되나? 장날에는 장꾼이 많아야 하지. 그리고 풍각재이가 풍각을 울려야지. 오빠는 풍각쟁이야~~. 떠들 때는 정신없이 떠들어야지, 결코 잊어서는 안되지. 그러나 홍보는 홍보고 돈은 돈이지.

돈은 비밀이 많아! 돈은 비밀이 지켜질 때 오고 따라서 침묵의 카르텔이 있을 때 오는거지, 니 입처럼 입만 나불거릴 때는 절대 안오지. 그러면 나도 돈이 없다면 입을 나불거려서 없는건가? 그건 아니고 업종이 달라서 그렇지. 돈 앞에서는 입이 무거워야 해! 돈 때문에 시끄럽다고? 그건 경영도 아니고 아마도 아니지.

업평도 마찬가지지, 업평을 실시하는데 회사가 설왕설래 늘 시끄럽다. 그거는 업평이 아니지. 차라리 업평을 폐지하고 안하는게 낫지. 간단하잖아, 고참에게 다 몰아주는게 낫지. 실제 회사에서는 실컷 돈들이고 시간들여 난리치고 업평해도 결국은 대부분 근속년수에 따라 입사 순으로 승진시키잖나? 근데 업평? 그걸 돈들여 왜 해? 그러니까 업평은 '어승입'을 합리화하려고 하는 거고 그게 또 있어 보이니까 그렇고, 승진시킬려고 업평하는게 아니고 미운 털 박힌 자를 승진 안시키고 내쫓을려고 업평을 하지, 업평이 무슨 죄야! 왜 업평 핑계돼? 꼭 그래야만 했어? 그러니까 대학에서 업평쇼리만 나면 교수들이 초장에 버얼써 눈치까고 죽자고 반대하는거지. 근데 잘 생각해 봐, 미운 털 박히면 업평 안해도 다 그렇고 업평은 그저 핑계니 그러니 본인이 죽어도 억울하지만 잘 판단해야지, 업평이 무슨 죄야?

업적평가는 최강력하고 위대한 것이지. 업평하면 다 나와, 천 없는 연놈도 업평해서 털면 다 나와! 다만 업적의 오차범위내에서 신뢰도, 타당도, 수용성을 감안해서 잘 판단해야지.

근데 그게 다가 아니고 실제 성과가 보상으로 연결이 돼야지. 그니까 사장이 뻥치면 안되지, 항상 그게 문제지. 업평을 해서 1등한 직원을 승진시킨다고 입만 벙긋하면 뻥만 뻥뻥뻥 쳐놓고 정작 승진은 점수가 훨씬 낮은 다른 자를 점수를 고쳐서 시켜주면 누가 업평 점수 딴다고 노력하겠어? 누가 일을 하겠어? 그리고 누가 뻥사장을 신뢰하겠으며, 오히려 사이코 패스라고 욕하지 않겠어? 괜히 업평해서 사장만 망가지고 평생 웬수되지. 그래서 신뢰, 신뢰하는거지. 그러니 그런 사장의 뒤통수가 항상 회사를 망치는 나쁜 관리이지. 항상 지 회사 지가 다 망치고 늘 남 탓하지. 나쁜 관리가 다 어디서 나와? 나쁜 관리의 원천기술이 뭐야? 원산지가 어디야?

알고 보면 나쁜 관리가 별로 어려운 것도 아냐! 전략 따로, 업평 따로, 승진 따로, 보직 따로, 승급 따로, 표창 따로면 그게 나쁜 관리지, 뭐가 나쁜 관리이겠느냐? 그게 다 어디서 나와? 사장부부에게서 나오지 어디서 나오겠어?

그래서 이름을 바로 잡아라고 성현이 간곡히 말씀하시지 않았나? 언제적 얘기고 어디 한두번한 얘기야? 그렇게 고전적 문젠데 아직 이러구 있지? 그러고는 지가 인복이 없고 남 땜에 회사가 발전상이 없다고 오도방정을 떨지, 종업원은 알고 있지만 말을 안하고 가만 있지, 그러나 가만 있는게 아니고 전직기회만 오면 벌써 다 튀고 없지.

이렇게 관리가 중구난방이 되고 오합지졸이 되면 나타나는 가장 큰 현상중의 하나는 대학 하나에 총장이 수백 수천명도 더 나타난다. 지가 다 재단이사장이고, 지가 다 총장이었다. 교수도 다 지가 총장이고, 직원도 다 지가 총장이고 학생도 어느 틈에 모두 다 총장이 되어 2천년대의 대학발전계획을 짜느라고 여념이 없고 학교신축 건물조감도를 다 그려갖고 오지, 대단한 학생이야. 그 뿐만 아니라 동문, 학부모, 지역사회인도 전부 총장이 되어 지역밀착형대학발전기획방안, 지역발전이사회를 구성해가지고 모두 다 일장 설파를 하는데 틀린 말은 거의 없었다. 다 맞는 말이니 인내심을 갖고 듣는 수 밖에는 없지만 그러나 문제는 나도 바쁜 사람인지라 항상 경청을 하지만 들을 시간이 늘 부족하다는 것이다.

원래 그 자리에 있지 않으면 그 정사를 논하지 말라는 워낙에 성현의 간곡한 말씀도 있지만 다 열정을 갖고 목에 핏대를 돋구어 얼굴 벌거이 해서 침을 튀기며 대학발전에 수당도 없이 직책도 없이 自家(자가)총장, Self 총장이 되어 몰두해주니 어떻게 보면 고맙기도 하지만 난들 내 정사가 아니니 내 한테 말해 봐야 아주 참고는 되지만 큰 소용은 없는 일이었다.

당신 회사 사장에게 가서 말 좀 하란 말이야! 왜 말을 못해! 가서

말이라도 하란 말이야! 되든 안되든 어쨌든 가서 말이라도 꺼내란말
이야! 왜 말도 못꺼내! 소통을 하라구, 소통을! 요새 그렇게 소통이
안되는 회사가 어딨어? 글쎄, 어디 있을까? 그러면 이러면 어떨까?
당신이 가서 소통을 하도록 다 만들어주면 말은 내가 가서 다 말할
께, 글쎄 다 말할까? 사소한 것 한두가지는 빼고 말해야지.

그러니 나쁜 관리가 따로 있는 것이 아니고 회사하나에 사장이 수
백 수천이 나타나면 그게 나쁜 관리인 것이다. 당신 회사는 어때?
당신 부인이 어느 날 갑자기 사장이 되어 나타나 회사발전방향에 대
해 고색창연한 코치를 다 해? 자, 이런 현상이 나타나면 이제 잘 생
각해야지.

한 번은 어떤 대학의 자타가 실세임을 자부하고 있는 교무처장이
어쩌다가 집에서 저녁을 한번 잘못 먹었는지 잠시 정신이 돌아와 보
니 다른 대학은 전자결재시스템을 도입하는 등 전자행정의 선두를
달리고 있는데 자기 대학을 살펴보니 무인지경인지라 밤잠을 안자
고 걱정이 태산 같았다, 그걸 보고 부인이 꽥 소리를 질렀다.

"그걸 왜 당신이 걱정해!"

그 회사 정년까지 뼈 묻을 좋은 회사야? 안 좋은 회사야? 암, 좋은
회사지. 내 학설에 따르면 부인이 회사 걱정 안 하는 회사, 당연 좋
은 회사지. 응 좋은 회사야, 글구 좋은 사장이지, 글구 좋은 사장부
인이지. 재주는 곰이 부리고 돈은 사이코 패스가 다 먹나?

글구 잘 안되는 회사는 회의가 많아! 일은 안 하구, 허구 헌 날 일
잘하자는 회의가 많아! 새벽에도 소집하고 점심시간에도 소집하고
한밤에도 오라하지. 심지어는 대낮 정오 12시 정각에 저 도시 근교

에서도 멀리 떨어진 높은 명산 정상에도 오라하지. 구사를 위한 심신단련을 위해서라면 명산등반도 좋지.

회의하다가 회의가 들지? 그러면 가서 일해! 그래도 회의는 괜찮아. 그게 그런데, 회의뿐이 아니고 뭔가 안 되는 회사는 집회가 많아! 빵빵한 에어컨 밑에서 회의하다가 뭔가 소란스러워 문득 창밖을 내다보면 회의도 안하고 땡볕에 도로 한 켠에 붙어서서 땀 뻘뻘 흘리며 집회하러 다들 나가있어! 다 매우 소중한 사람들인데 이 정도로 할까요?

근데 측은지심으로 경영학자로서 꼭 한가지만 더 말해주지. 참고 참았다며 드뎌 봉기해서 프랭카드 들고 회사정문에 나가서 정색하고 기자 모셔다가 사진 찍히지? 한껏 무참하고 자괴감을 느끼는 표정으로 우리는 이렇게 억울한데 왜 더 큰 언론사에서 안와 주느냐고? 분개도 하며 안달도 하며 장탄식하지. 근데 그게 젤 안 좋아! 당신을 위해, 당신2세를 위해 젤 안 좋아!

최악의 선동이 최고의 선동이다! 라고? The Worst Propaganda is the Best Propaganda! 이건 내가 만든말인데 아주 좋은 말이지.

안 되는 회사는 정문 벽에 무슨 구호가 많아, 차타고 지나가다가 안 읽어봐도 다 좋은 말이 덕지덕지 붙어있는데 당사자들은 다 절실하고 다 맞는 말인데, 다 이해를 하지, 그러나 내 같은 조직학자가 보면 이 회사는 잘 안되고 있다는 촉을 퍼뜩 잡고 길이 아쉬워하지. 학문이 어렵지만 이렇게 쉬울 때도 있지, 그러니 그 덕에 나도 그 어렵다는 학문을 붙잡고 있는게 아니겠나? 그러니 자기 회사 안되고 있다고 매연 마시며 홍보하고 선전할 일 있어?

그러면 어떻게 해? 곪으면 터뜨려야 하지 않나? 당연 그렇지, 그러니까 전문가 답게 정교하게 종기만 터뜨려야지, 아마같이 초가3칸 태우면 안되지, 있는거라곤 달랑 초가3칸 밖에 없는데 그걸 태워? 해결할 건 하고 덮을 건 덮어야지 꼭 지 꼬장주 속 더러운 것을 다 까밝혀야 돼?

잘 생각해 봐! 다 연결돼 있어! 연기지, 복잡계지, 그러니까 더 어려워하고 조심해야지. 당신이 교수를 할 때 숨하려고 책과 출석부, 분필들고 급히 정신없이 지나가다 보면 어느 날 복도에 유리창이 한 장 깨져있지? 근데 그게 하루가 가고 한주일이 가고 한달이 가고 한 학기가 가도록 방치되고 있지. 그런데 어느 날 화장실에 가보면 청소가 안되고 변기가 막히기 시작하지? 그게 별 거 아닌 걸로 보이지, 그리고 그게 전혀 별 건으로 보이지? 아냐! 그게 아냐! 속으로는 다 연결되어 있고 이미 속으로는 벌써 곯아도 한참 곯고 있어! 겉으로 조그만이라도 그런 조짐이 나타나면 속은 벌써 엄청 곯아 있어, 그런데 유리창 한 장 갈아끼운다고 다 해결된 것 같지? 그러나 사람들은 생각하지, 뭐가 문제야! 머리에 든 것도 없이 먹물이랍시고 별 것도 아닌 것 갖고 왜 그래? 저의가 뭐야! 배후가 누구야?

당신은 교수니까 전혀 관련이 없다고? 에이- 그럴 리가! 다 더러운 꼬장주가 니만 깨끗해? 그러니까 잘 심사숙고 해서 잘 해결해야지. 그게 아니고 당신이 교수로서 언제부터 말해도 안 고쳐진다 고? 에이- 그럴리가! 그러니까 교수가 히바루가 없는 대학이라는 게지, 바로 그게 문제지. 당신이 교수로서 말하면 찍히기 땜에 말 못한다고? 바로 그거지. 그게 젤 안좋지.

그러나 꼭 한가지만 기억해! 얄른하면 프랭카드 만들어 뛰쳐나가지만 그 심정은 이해하지만 그러나 프랭카드가 해결해주는 것은 아무 것도 없어! **당신 스스로가 해결해야 해! 다 당신이 만든 문제야!** 재단이 끊임없이 횡령한다구?

글쎄, 내 말이 그 말이야! 그때 당신은 뭐했찌? 가라서류 앞다퉈 꾸며 주고 콩고물이나 떡고물 손에 묻히고 출세할 생각에 행복해 한 것 아냐? 콩 고물, 떡 고물에 전혀 관련이 없어? 그러다 물갈이 되면 속았다 고 방방 뛰고 그러지? 당신 떡 고물되고 콩 고물되고 왜 치를 떨고 이 사람 저 사람 정신없이 물귀신이 되어 욕하고 그러지? 그러든지 마든지.

글구 당신이 "대한민국의 언론은 다 죽었다!" 며 장탄식을 할 때, 바로 그때 언론은 죽는게 아니고 아주 살아나서 꽝빨 잡고 더 노나고 호황을 누리지. 찐 호시절이 온 거지. 언론은 불황이 잘 없어! 당신과 당신 회사가 있을 때 언론은 불황이 없고 늴리리 맘보할 때지.

은행과 언론은 비슷하지, 은행은 남의 돈으로, 언론은 남의 얘기로 좋은 세월을 구가하는데, 은행은 돈을 빌려 가려고 오고 언론은 얘기를 갖다 주려고 오지, 아주 문전성시를 이루지! 법원, 검찰, 경찰, 권력기관, 종교기관, 의료기관도 불황이 잘 없어, 학교도 옛날엔 잘 없었는데 요즘은 아주 다르지.

글구 아니, 뭐 다 힘들면 어떻게 해? 호황을 누리는 지극히 일부 사람이라도 있어야할 거 아냐? 그러니까 열 명이 죽는다 해도 그 중 한 명은 살아야 할 거 아냐? 다 고전적인 문제지, 항상 살 사람은 살아야 할 것 아냐! 근데 너무 알면 재미 없다구? 썰렁하다구? 몬 소리야, 교훈만 있고 재미만 가득하구만! 고전이 썰렁해? 그건 니가 썰렁해서 그런거야!.

당신이 어렵게어렵게 입사한 회사 사장부부가 사패면 어떻게 하겠어? 방법이 있나? 죽었다고 복창해? 사원도 다 닮아서 조직분위기상 대부분 사패가 돼있으면 그건 또 어떻게 해? 유유상종 아니야? 방법 있어? 피바다야? 사패 100%회사? 똥밭이야? 에이- 그럴 리가? 사패 0%회사? 꽃밭이야? 에이- 그럴 리가? 그래서 회사는 CEO가 주요한 것이야! 똥밭과 꽃밭 사이에서 낙원을 구가하며 회사원은 그저 칠랑팔랑 살면 잘 사는거지.

오키! 올웨이즈 굳바이 뷰티플 마이 라잎! 어쨌든 고마웠어! 그럼에도 불구하고 다음 생에도 잘 부탁해!

이 정도는 회고해야 잘 살았다고 할 수 있지.

그러니 일단은 경영철학이든, 기업철학이든, 인사철학이든, 경영전략이든 회사의 모든 문제가 인사고과표로 집중되고 여기서 회사 성공이 결판나는 것이지. 회사가 돈이 문제야? 시장이 문제야? 제품이 문제야? 다 잘 해야지만 사람이 무너지면 끝이지. 인사관리가 무너지면 회사가 무너지는 것이지. 물론 돈도 주요하지, 그래서 인사경영시스템과 재정예산시스템이 무너지면 당장 부도각이지.

조금만 더 말하면 월급재이가 볼 때 승진이 뭐가 이상하다? 회계가 뭔가 이상하다? 회장이 돈을 횡령하고 똘마이들이 판을 치는 것 같다? 딱히 물증은 없어도 심증은 있다? 그러면 잘 판단해야지, 결단을 내릴 때는 가차없이 내려야지. 그러나 한 가지 주요한 것을 더 얘기해 줄까?

사이코 패스가 유행할 때는 사이코 패스가 없는 데도 잘 없다는 것이지. 그러니 딱히 갈데도 없지. 사패의 전성시대도 있는가? 난세가 따로 없어, 사패가 판치면 그게 난세야! 이것도 다 고전이지.

그러나 더 잘 생각해봐! 그러면 니가 부지불식간에 사패가 돼있으면 어떡할래? 그게 아니고 최후의 인간이면 어떡할래? 외젠 이오네스코(Eugene Ionesco 1909~94)의 『코뿔소』(1960년 초연)의 뾜로 혼자 가나? 부조리극이야?

따라서 인사고과표 대로 인사관리를 한다면 어떻게든 표를 구해가지고 연구를 해야지, 전략항목은 어느 것이고 어떤 점수는 따기 어렵고 어떤 점수는 비용과 시간이 많이 들고 어떤 점수는 회사실정과 관계없이 기준이 너무 높고 어떤 항목은 빠져있고 어떤 점수는 정성이고 어떤 점수는 정량이고 어떤 점수는 교육을 갔다와야하니 죽어도 승진을 하고 싶으면 어떤 수를 써서라도 교육을 갔다 와야하고 어떤 점수는 6점이 최저점이고 어떤 점수는 0점이니 참고하고 어떤 점수는 변별력이 있고 어떤 점수는 사회봉사점수이니 미리 이수를 해둬야지. 미어, 영어, 일어 등 외국어도 그렇지.

인사고과도 월급재이의 목줄이 달려있는데 분석이 무엇보다 필요한 부분이지만 인문학과는 이런게 있는 줄도 모르고 취업을 하니 그게 그렇지. 사장이 욜씨미 일하라고 해서 일을 욜씨미욜씨미 했는데 나중에 알고 보니 승진은 다른 사람이 했다. 무슨 일인가? 하고 알아보니 인사고과점수가 낮다는 것이었다. 인사고과가 모야? 그런 것도 있었나? 내게는 왜 말 안해줬지? 글구 왜 내 점수가 낮지?

그래서 나는 이를 강조하는 바이다. 인사고과가 있다는 것을 아는 정도가 아니라 신입사원 때부터 은근쓸쩍 표를 구해서 분석하고 연구하고 대책을 마련해야지.

근데 간단하지는 않지, 월급3백만원 받는 직원이 업평을 1등해야 승진을 하는데 업평을 1등하려면 비용이 3천만원 들면 어떻게 하겠어? 3천만원 간단하게 들지. 미어점수 올리려면 학원비만 해도 얼마야?

그런데 관료국가인 조선에서도 공무원의 인사관리가 있었다. 이 역시 잘 알려지지 않고 있지만 역사적으로도 인사고과는 항상 있었다. 인문학과가 그걸 몰랐어? 문사철에서 왜 안 가르쳐주고 왜 안배웠어? 고등학교 때까지 왜 안 가르쳐주고 왜 안배웠어? 의무교육하자며? 의무만 교육했나?

인사고과가 원래 알아보면 다 문사철에서 나온 것이야! 그러니 현장에서 멀어져도 너무나 멀어진 문사철을 원망만 할거야? 인문학교수를 원망만 할거야? 부처노자공자, 데칸쇼, 소쿠리테스, 테스형, 현실과 동떨어지면 그게 말이 돼? 문사철도 살려고 하는 것이지 두문동 갈려고 있는거야? 글구 두문동 간다고 인사고과가 없어? 그러니 학생들도 아는 학생은 다 버얼써 알아서 뛰고 있다는 것이다. 학생들 머리는 뭐 교수에게 인사하려고 달려 있는 줄 알아?

우리 사회의 정의도 윤리도덕양심철학종교법률사법처리 등으로 거창한게 아니고 경영학의 인사관리와 인사고과에 달려있다. 비리를 저지르면 승진을 안 시키고 파면을 하면 누가 왜 비리를 저지르겠느냐? 만 현실에서는 그게 그렇게 안되니 그렇지.

어떤 대학에서는 과장이 비리가 있다고 감사에서 파면처분을 했는데 재단에서는 감사처분대로 그대로 해서 파면은 시켰다는데 다만 다른 산하기관의 부장으로 승진발령하여 보냈다는 것이다. 잠잠해지면 본부 부장으로 롤백할 수도 있겠찌. 금의환향이야? 근데 무슨 공정이 있고 정의가 있다는건가? 그러면 없다는 건가? 그건 결코 아니고 알고 보면 인사관리가 공정과 정의를 실천할 수 있는 이 시대와 이 사회의 마지막 보루Last Bastion라는 것이다. 내가 바로 인사관리 교수라서 알려주는 것이야! 근데 그게 아니고 다 그렇게 하고 있다고? 하면 됐지, 내가 뭐래?

그래서 나는 인사관리와 노사관계론은 교양과목으로 편성하는 것이 좋다고 권유하는 것이다. 그리고 교련도 그렇다. 전국민의 해당사항이다! 나는 학교발전기획을 제출하라고 해서 교양과목에 교련을 넣을 것을 제안도 했다. 또 교양과목에 넣기를 추천하는 과목은 마케팅관리와 재무관리이다. 특히 투자론, 신용보호는 현대사회에서 가급적 꼭 듣는게 좋겠지. 학제적 접근법Interdisciplinary Approach를 실천해야지.

특히 연전에 어떤 젊은 개그맨이 "판사의 망치와 목수의 망치가 동등한 대우를 받아야 하지 않을까." 라고 했을 때(『경향신문』, 2017. 3. 24. 서의동 선임기자.), 판사들은 다 별로 말이 없었다. 물론 판사는 판결문으로 말을 하니 말하지 않는 것도 당연하지만, 글구 지금은 판사도 망치는커녕 법봉도 사용하지는 않지만, 그게 중요한 것은 아니고, 그러면 판사출신 변호사는? 판사출신 변호사도 사장이 있을 텐데 그렇게 말 잘 한다는 법조 3륜 중의 하나인 변호사 사장이 그렇게 할 말이 없을까?

그러나 이건 이렇게 오도하고 선동선전하는데 사석에서 부글부글 끓고 열만 받고 걍 넘어갈 일은 아니다. 이게 전형적인 공산주의자의 선동선전술인데, 그러면 알고보면 이것도 다 뿌리가 깊고 외국에선 이미 과거 전문가와 홍위병의 전홍투쟁에서 아주 진하게 나온 문제인데 지금은 결론이 났고 벌써 60~70년대의 퇴장유물이 된지도 한참 되었다. 근데 이게 인제 나오나? 그리고 專紅鬪爭(전홍투쟁)을 굳이 네이버나 다음에서 찾을 건 없고 내가 만든말이지. 그리고 紅(홍)을 강조하면 紅專鬪爭(홍전투쟁)이 되는데 이때 紅(홍)은 Beauty로서 아주 다른 문제지.

그리고 이건 전공으로보면 경영학교수도 답해야할 문제다. 그러나 경영학교수는 우선 자기한테 날라온 문제가 아니니 아무도 말하는 사람도 없다, 관심도 없고 알아도 일단 무조건 지부터 피해야지. 그러나 어쨌든 어디서든 공이 날라 오는데 피하기만 한다고 되나? 인생이 도전과 응전 아냐? 물론 36계 줄행랑도 있지만 그것도 반드시 권토중래한다는 것이지, 단순 도망가는 것은 결코 아니지.

그러면 우리나라 최고의 지성인인 판사는 어떻게 답할 것인가? 아무도 답하는 판사가 없었는데 같잖아서 안하는 것인지, 할 필요가 없어서 안하는 것인지, 오직 판결문만으로 답변하는지는 알 수 없지만, 나는 경영학교수로서 답한다면 이게 바로 인사관리의 문제이다. 판사와 목수의 직무의 가치를 어떻게 결정할까?

먼저 직무분석을 해야 한다. 판사가 하는 일과 목수가 하는 직무의 내용은 뭔가? 판사가 망치만 땅땅땅! 두두리나? 그러면 비형랑과 판사와 목수와 고수가 '두두리'야?

그러나 판사가 법정에서 망치를 두드릴 일은 결코 없고 법봉을 두두리는데, 요즘은 법봉도 아예 안 쓰지만, 그건 그렇다고 치고 판사가 법봉만 두두리나? 직무를 수행할 요건은 뭔가? 그러면 판사가 판결문을 써야하는데 초등학교만 나와도 쓸 수 있나? 로스쿨을 나오고 사법고시를 합격할 정도로 법을 공부해야 겨우 한 글자라도 쓸 수가 있나? 목수가 판사 판결문을 쓸 수가 있나? 그러니까 직무내용과 직무요건은 뭔가?

그리고 직무평가를 해야한다. 직무의 상대적 가치는 뭔가? 판사와 목수가 하는 직무의 상대적 가치는 뭔가?

그리고 인사고과를 해야한다. 그 직무를 인간과 비교하여 판사와 목수가 얼마나 수행했나?

그런데 그걸로 끝나는 것은 아니고 이제 임금론을 공부해야한다. 임금론도 굉장하지.

그것은 그 정도로 하고 마지막으로 임금을 지불해야 하는데 이론과 계산을 산같이 다 쌓아도 결국 마지막 순간에는 **임금의 상한선은 기업의 지불능력이고 하한선은 노동자의 생계비이다.** 목수의 임금이 이론적 계산상으로 아무리 1백만원으로 나와도, 목수가 사용주에게 당장 뛰어가서 1백만원 임금을 달라고 합리적으로 좋게좋게 말해도 목수의 사용주가 "우리는 1십만원 밖에 지불능력이 없어요! 이것 받고 하든지 말든지, 알아서 하세요, 강요는 안 해요! 근데 참고로 말하면 1십만원 받고 하겠다는 목수가 줄서있어요. 이력서 제출하고 일단 줄 서서 기다리세요!" 그러면 목수가 열받겠지. "1십만원은 최저생계비도 안돼요! 좋은 말 나오기 전에 얼른 1백만원 내놔요, 안되면 5십만원이라도,,,,,!" 그때는 노사관계론으로 넘어가야지. 아! 노사관계론!

그래서 나는 판사검사도 과장부부장 이상 법조경영자로 가려면 "고급법조최고위경영자과정"을 들어야 한다고 보는 것이다. 대학에서 개설해도 되고 법원검찰에서 따로 개설하더라도 꼭 알아야 하는 학문과 실무이지. 근데 안 올라갈 사람은 군이 수강할 필요가 없지.

근데 이건 수요자 맞춤형 교육으로 하는 것이 아주 주요하지. 글구 문사철도 포함하면 더욱 금상첨화지. 물론 문제점도 있을 수 있는데 그건 미리 예측해서 케바케로 해결해야지.

내가 "양동마을 문화마케팅전략구축"(2006) 논문을 써주었는데 그 주요전략의 하나가 마을 이장이나 이장 후보자를 미리미리 최고 경영자과정에 입학시켜 경영학을 공부하게 하라고 하였다. 즉 계획을 가지고 마을이장을 양성하라는 것이었다. 계획된 마을이장! 준비된 마을이장! 양성된 마을이장! 맞춤형 마을이장! 전략적 마을이장!

물론 마을주민은 이상하게 생각하였을 것이다. 촌마을 이장이 논두렁이나 타고 초가지붕이나 잇고 산불이나 감시하고 가끔 행정관서에 출입하여 지원금이나 타서 은근 목에 힘주고 목도장 찍고 나눠주면 되는데 무슨 이름도 생판 듣고보도 못한 고상하기까지한 최고경영자과정씩이나 하느냐? 하는 것이었다. 그들에게는 무슨 먼나라의 낮꿈같은 쇼리였을지도 모른다. 그후 연락도 없고 어떻게 되었는지? 잘 하고 있겠죠?

내가 있는 대학에서 만학도를 입학시키기 시작했다. 근데 고교나 전문대 나온 만학도들이 첨에는 그저 왔다리갔다리 아무 생각도 없이 다니다가 어느날 갑자기 사장들이 눈이 초롱초롱해져서 열심히 관심을 갖는 것이었다.

"돈이 안 아깝습니다." 하고 열심히 하고 졸업후 다시 경영대학원을 또 입학하였다. 뭔 말이냐? 하면 경영현장에서 혼자 생각으로 도저히 해결할 수 없는 문제가 생겼는데 남에게 물어 볼 데도 없고 혼자 속으로만 끙끙 앓고 있었는데 알고보니 경영학에서 벌써 이론으로 다 나와있고 해법까지 다 잘 정리가 되어 있다. 또 경영학교수가 있다. 그러니 현장의 사장이 진심으로 더 신기해하는 학문이다.

이제 하나하나 합리적인 세상이 되고 있다. 당장 다 안된다고 해서 넣놓을 것도 아니고 그렇다고 혼자 비분강개할 것도 아니고 분석만 하고 토론만 할게 아니고 꾸준히 계속 노력합시당! 인사관리와 업적평과가 합리적으로 정착되는 그 날까지, 인사관리와 업적평과에서 성공하는 그날까지, 이제 업적평가의 대상이 되는 교수를 포함한 모든 회사인이여 노력해야 한다! 나는 학생들에게 인사관리 개강초나 종강말에 항상 말한다.

"내 인사관리의 학점은 학기초인 지금 여러분은 모두 A⁺입니다. 이 A⁺을 학기말까지 유지하는 것은 여러분에게 달려 있고 학기말에 내가 주는 A⁺도 주요하지만 설사 못 받았다고 해도 아쉬워하지 말고 사회에 나가서 전원이 인사관리에서 A⁺을 받기를 바랍니다. 그게 현대 인생의 성공입니다."

자, 다 A⁺ 받고 있죠? 그러면 그렇게 말하는 나는 과연 A⁺ 받았을까? 받고나 있을까?

아아! 태초에 케이아스를 만든 그는 누구인가? 왜 씰데없이 그런 걸 만들었지? 프로젝트 뙸나? 업적평가 한번 해봐야지.

세상이 케이아스라 고? 아, 그래, 그럼 한 번 잘 살아봐야지, 멋있게! 업적평가도 받으면서!

케이아스는 업적평가를 통해 질서를 찾는다! And vice versa!

케이아스 속에서 질서를 찾는다! 그러면 그게 케이아스야?!

아아! 태초에 업적평가를 만든 그는 누구인가? 업적평가 한번 해봐야지.

이 교수, 당국에서 하는 일을 너무 많이 알려고 하지 마시오. 그리고 너무 많은 일을 하려고 하지 마시오. 우리가 업평을 하고 있다는 사실을 잊지 마시오.

업평은 평화!

업평은 자유!

업평은 권력!

모든 업평은 평등하다!

어떤 업평은 더욱더 평등하다!

업평은 항상 옳다,

만약 업평이 옳지 않다고 생각되면

즉시 한 팔을 들고 일어서서 다른 한 팔로는 당신의 나폴레옹 동무들을 업평하시오!

업적평가의 가장 큰 함정은 뭘까? 보직자 업평은 보직자 지들이 다 하는 것이지. 업평위원은 누가 위촉해? 또 업평위원은 누가 업평해? 다 지들이 하지. 이건 이해충돌(Conflict of Interests)방지의무에 완전 어긋나지. 이건 안돼지. 그리고 편파적인 업평위원이 있으면 이들에 대한 교수들의 기피선언권(Right of Nullification)도 있어야지.

좋은 교육은 좋은 사람에게서 나오고 나쁜 교육은 나쁜 사람에게서 나온다. 동의? 부동의? 당신은? 나는? 대응은?

사례토의

1. 현대사회에서 인사관리에서의 성공이 개인의 성공인가? 조직내에서의 개인의 성공인가?
2. 업적평가의 신뢰도와 타당도, 수용성을 어디까지 인정하나? 신뢰도와 타당도, 수용성을 높이려면 어떻게 해야하나?
3. 업적평가를 하려면 직무분석과 직무평가를 먼저 해야하는데 이게 되겠는가? 판사의 법봉소리와 목수의 망치소리의 가치를 먼저 직무분석, 직무평가해야 가치를 측정하지 않겠는가?
4. 회사의 도산이 재무제표로만 알 수 있나? 재무제표 도산예측모형에 나타나지 않는 어떤 조짐이 있는가? 내외부의 어떤 도전이 있으며 어떻게 응전하나?
5. 미국은 왜 직무관리, 직무분석, 직무평가, 업적평가, 임금론 등등 인사관리와 노사관계론을 그렇게 중시하는가? 합리적인가? 미국이라고 엽관체제, 정실이 없겠느냐? 미국은 직무평가를 위한 국립기관인 NSS도 만들어 중요시하고 우리나라도 NCS가 있고 일본도 VAAS, NSS를 하고 있는데 나라 마다 조금씩 다르지. 그리고 미국은 ATD(ASTD)도 유명하지.
6. 업적평가에 경영철학, 기업철학, 전략인사관리를 담을려면 어떻게 하나?
7. 재단이사장과 총장, 보직자, 교수간의 상호평가가 가능한가? 인사고과표는 누가 만드나? 인사고과에 어떤 권력관계가 존재하나?
8. 직무분석, 직무평가, 업적평가, 임금론 등등 인사관리와 노사관계론의 의의를 살펴보고 이에 들인 비용에 비해 가성비가 있다고 보나?

9. 귀하가 최근 받은 인사고과에 만족하나? 안 하면 왜 안하나? 회
   사의 인사관리에서 A⁺ 받고 있나?

10. 인사관리가 인생성공의 바로미터라는 걸 인정하나? 인사관리가
    우리 사회의 윤리도덕의 바로메다라는 걸 인정하나?

11. 인사고과가 과연 인간의 업적을 측정할 수 있기는 있는가?

12. 측은지심과 인이란 과연 무엇인가?

13. 그러면 진짜 주요한 것을 보자. 한번 사이코 패스면 영원한 사
    이코 패스다. 한사영사! 그런가? 그런데 벗어나려면 어렵지만
    방법은 있는가? 자신이 사이코 패스라는 것을 확연히 깨닫고 자
    각하고 그것을 직면하고 솔직히 인정하고 자신의 잘못을 분명
    히 뉘우치고 용서를 빌고 좋은 일을 해서 만회하고 열심히 기도
    하면 벗어날 수는 있다. 벗어나면 인간이 되지. 그런데 그게 잘
    될까? 벗어나겠는가? 죽은 사이코 패스가 가장 착한 사이코 패
    스이다. 죽사착사!

14. 인간은 고쳐 쓸 수 있는가? 없는가? 부엌에서 새는 바가지가 안
    방에서는 안 새는가? 귀하는 어떻게 생각하는가? 머리 검은 짐
    승은 거둘 수가 있는가?
    글구 사이코 패스가 저쪽에 있으면 이쪽에도 있고 이쪽에 있으
    면 저쪽에도 있는 것이야! 젤 중요한 것은 니가 사이코 패스가
    아니라는 것을 무엇으로 증명하고 누가 보증하나? 니가?
    그게 아니지, 젤 주요한 것은 그게 다가 아니지. 나는 내가 사패
    가 아니라는 것을 무엇으로 증명하고 누가 보증해주나? 그리고
    착한 사람도 마찬가지야, 착한 사람이 이쪽에 있으면 저쪽에도
    있고, 저쪽에 있으면 이쪽에도 있지. 이걸 깨닫는게 젤 주요하지.

따의 철학

이강식(시인)

편 묵고 남을 왕따 시키고 있다고
희희낙락 좋아하고 있는 것들이
알고 보면 세상에서 제일 불쌍한 것들이다

따의 철학을 알면 너희는 부끄러울 것이다
너희들이 전부 나를 왕따 시키는 것으로 알고 있지만
알고 보면 내가 너희 전부를 왕따 시키고 있다

끼리끼리 뭉쳐서 남을 왕따 시킬려고
밤낮없이 남을 괴롭힐 궁리를 하며 혈안이 되어 있는 자들이
알고 보면 세상에서 제일 비겁한 자들이다
혼자서 밤길을 걸으면 아주 오줌 지릴 것들이다

괴롭혀도 혼자서는 남을 괴롭히지 못하고
꼭 무능하고 못나고 못된 것들이 떼서리 지어서 달려드는데
혼자서는 겁이 나서 꼼짝도 못하는 쫄보들이다

만국의 따여! 총단결하라!
독립자존의 길을 가라!

만국의 따여! 만세!

그러나 니도 결코 편 묵고 남을 괴롭히려고 하지 마라
따가 따로 있는 것이 아니니
니부터 남을 왕따 시키려고 하지마라

왕따 시키는 자는 반드시 왕따 시켜라!

남을 왕따 시킬려고 겁줄려고 개달려들듯이
개인상쓰고 달려드는 자들이 모두 허깨비이니
얼굴색도 변하지 말고 침착하게 대처하라
허깨비는 허깨비일 뿐
똥은 무서워 피하는 것이 아니라
더러워서 피한다
그러나 보복할 때는 확실히 하라
용서할 때는 확고히 하라

자기를 존경하고 항상 힘차게 나아가라!
너 자신의 존재를 증명하라!
자능감을 세우고 자존심을 높이고 소리높여 외쳐라!
따의 사명을!
왕따 시키는 연놈을 완전히 왕따 시켜라!
남을 왕따 시키는 더럽고 불쌍한 악마 연놈들을
이 사회로부터 철저히 왕따 시켜라!

남을 왕따 시키는 더럽고 추잡스런 연놈들을
인생으로부터 영구히 청소하라!
왕따 시키는 연놈들을 사주, 비호, 은폐하는
사악한 연놈들도 다 지옥 보내라!
남이 왕따 당하는 것을 보며 수수방관하고, 웃고 박수치며
더 하라, 더 하라며 아주 좋아 어쩔 줄 모르며
지는 왕따 시키는 연놈들을 실제로는 미워했다며
지가 나서면 잘난 척한다는 소릴 들을까봐 참았다며
더 흉물 떠는 더 악질 연놈들도
모두 지옥에서 온 것들이니 지옥으로 쓸어 없애버려라!

이 독사의 새끼들아 너희는 영벌의 불길 속에서 반드시 이를 갈며
후회할 것이다

항상 기도하라!
너를 위해! 그리고 그 불쌍한 영혼들을 위해!

천사소녀 포항 영일대해수욕장(2018. 4. 28. 282-2604)

내7강-**아!업적평가!**20201228월이긍식

==

▌회고록 제8강, 사례연구Case Study ▌

태워라!

이강식(명예교수 전)

환인천제께서 홍익인간의 경영이념으로 지금 2022년으로부터 9,219년전인 BC7197년에 인류최초의 국가인 환국을 건국하셨는데 이는 약 1만2천년전에 빙하기가 끝나고 지구온난화와 인구증가와 이동, 국토의 개척, 사회발전에 부응하여 이상국가를 건국한 것이다. 이는 내가 처음 밝힌 것이다.

그후 3,300년 뒤인 BC3897년에 환웅천황께서 태백산 신단수 밑에 강세하셔서 신시를 건국하셨는데 5,919년 전이었다. 이는 역시 같은 이유로 국가사회의 발전과 강역의 증대로 새로운 국가를 건국할 필요가 있었기 때문이었다.

이에 환웅천황께서는 국가가 발전함에 따라 우리 고대국가 신시의 국가중앙행정조직으로 五事(5사)조직을 설치하셨고, 이는 내가 1987년에 처음으로 밝힌 논문을 발표했는데, 이는 바로 주곡, 주명, 주병, 주형, 주선악조직의 5사조직이다. 즉 국가행정을 시스템화를 한 것으로서 몇 단계 더 높은 고도의 국가조직으로 시스템화하여 효율적 관리를 실천하여 신시를 이상국가로 발전시켰다. 즉 국가사회를 더 정교하게 조직화하여 효율을 극대화하였는데 이 5사조직이

유사이래 국가중앙행정조직의 효시이다. 이는 이후 모든 국가중앙 행정조직의 모델이 된 것으로서 내가 최초로 밝혀내었다.

그러므로 BC3897년 이때 이미 주곡, 주명, 주병, 주형, 주선악조 직의 5사조직을 설치하였고 이중 主病(주병)조직이 바로 보건부조직 으로서 신시가 홍익인간의 정신으로 국민건강보건을 최고의 덕목으로 하였음을 알 수 있다. 동시에 질병전염병치료보건위생이 국가가 중앙에서 관리해야할 필요가 있을 정도로 중요성이 높아졌다는 것을 알 수 있다.

이처럼 인류의 역사에서 질병이 차지하는 비중은 매우 높다. 이는 빙하기가 끝나고 지구온난화와 인구증가와 이동, 새로운 영토개척에 따른 것이고 인류에 대한 이 도전은 끝나지 않고 앞으로도 계속될 것으로 보인다. 이 새로운 도전에 신시국은 어떻게 응전하였을까? 물론 주병조직의 설치는 주요한 조치이며 쑥뜸과 마늘과 함께 구체적인 의료과학기술은 더 연구해야할 것이다.

그후 1,564년 뒤인 BC2333년에 다시 단군왕검께서 조선을 건국하셔서 고대 3국이 건국되었다. 조선이 또한 역년 2,096년의 이상 국가로서 우리 고대사를 이처럼 환국, 신시, 조선으로 고대3국으로 분명히 재정립한 것은 내가 처음이며 매우 보람으로 삼는다. 햇수로 36년전의 연구이다(1987년).

지금 시국이 질병으로 매우 엄중하다. 한번은 개인 박물관에 전화를 하니 시국이 이래서 주말에만 개장을 한다고 하였다. 그래서 내가 말했다.

"이 와중에도 덕보는 사람이 있군요."

그래서 그녀도 헤-하고 웃고 나도 웃었다. 나는 덕보는 것이 없는 가? 라고 생각하니 나도 덕보는 것이 있는데 아무래도 감기에 적게 걸리는 것이었다. 전에는 독감예방주사를 맞아도 감기를 걸렸는데 근년에는 다 조심을 하니 나도 적게 걸리는 것이었다.

대개 시국이 이렇게 되니 지식인이 다들 평소 말만 많지 실질적인 대책을 전혀 제시하지 못하고 있다. 나는 지식인으로서 이런 부분을 항상 아쉽게 생각하고 있다. 더욱이 남이 대책을 제시하면 왈가왈부만 하고 결과론만 갖고 설왕설래만 하고 있는데 이런 기회주의와 보신주의는 전혀 도움이 안된다. 나는 고대사를 볼 때 지금의 질병 역시 지구온난화와 인구증가와 이동, 새로운 영토개척에 따른 것에서 기인하고 있다고 본다. 물론 과학의 발달과 인간의 사리사욕도 크게 한몫 하고 있다.

이 시국에 나의 해법은 다음과 같다.

1. 태워라!

사태가 복잡할수록 해법은 단순하다, 지금 이 시국의 질병은 수인성이므로 태우는 것이 최상의 방법이다. 뭘 태우는가? 그러니까 환자의 소지품, 속옷, 양말, 옷, 이불 등등 다 태우고 특히 마스크를 다 태우고, 일반인의 마스크, 비닐장갑, 옷, 쓰레기 등등 조금이라도 의문이 있는 것은 다 태워야한다. 물론 의료인의 그것도 마찬가지이다.

이렇게 태우고 음식을 남기지 않고 위생을 지키는 것도 쉽지는 않다. 여러 가지 법, 제도, 시설, 예산, 인력확보, 국민의 이해와 호응이 매우 필요하니 한꺼번에 하기는 어렵고 당장 필요한 것부터 실시

해야한다. 그러나 이러한 질병은 앞으로도 계속 되니 계속 필요하다. 특히 독감과 관련하여 나온 모든 폐기물도 다 태워야한다.

물론 손씻기, 소독, 백신, 사회적 거리두기도 모두 다 매우 필요하다. 그러나 내 말은 장기적으로도 이러한 위생소각시설이 매우 필요하다.

그러면 이 시국에서 변종이 왜 이렇게 발생하느냐? 를 생각해보면 이 전염병이 자연에서 오지 않았다는 것과 아직 자연에 순응이 안되어 전염병이 살기위해 무척 에너제틱하게 요동을 치고 변이의 속도가 매우 빠르다는 것을 알 수 있다. 그러므로 태워야한다.

2. 수인성 먹는 것을 조심하라!

아플 때는 잘 먹어야하지만 그러나 먹는 것을 아주 조심해야한다. 역시 수인성전염병에는 뜨겁게 끓여 소독이 된 것만 먹어야하고 식기도 모두 다 아주 뜨거운 물로 세척을 자주 해야하고 개인용 1회용 컵을 잘 간직해서 뜨겁게 소독해서 여러번 사용하되 사용한 종이컵이나 비닐컵도 반드시 태워야한다.

그리고 음식물을 남기지 말고 싹쓰리해서 먹어야한다. 잔밥을 만들면 안된다. 최소의 잔반도 남으면 다 태워야한다. 음식을 싹쓰리해서 먹는 것을 "싹쓰리파"라고 하는데 내가 "싹쓰리파"의 원조이다. 싹쓰리파의 신조는 다음과 같다.

첫째, 일단 나온 음식, 식음료는 전부 다 먹는다. 절대 남기지 않는다. 그릇과 잔이 싹싹 비도록 다 긁어 먹는다.

둘째, 따라서 "잔밥0(제로)"를 추구한다. 이 시국에는 잔밥도 다 태우도록 한다. 보통 잔반, 짬밥이라고 이라고 하는데 나는 여기서 잔밥이라고 하였다.

셋째, 나온 것만 싹 먹고 추가로 요청해서 더 먹지는 않는다. 흔히 싹쓰리해서 먹으면 초청한 주인이 저 사람이 배고픈가? 해서 추가로 더 주는데 가능한 사양하고 더 먹지 않는다. 배고프면 다음 식사를 조금 더 한다. 추가 음식이 또 낭비가 많다.

넷째, 잘 먹고 있는데 갑자기 옆에서 자기가 먹던 젓가락으로 음식을 집어서 인심 쓰는 척하고 먹으라고 주는 연놈이 자주 있는데 내가 제일 질색하고 젤 싫어하는 연놈들이다. 지나 잘 처먹지 뭘 지가 처먹던 젓가락으로 남을 주나? 아주 위생관념이 없는 이 시국의 제일 공적이다. 어떤 연놈은 지가 먹던 것도 남 먹으라며 주는데 이게 말이 되나? 가정교육부터가 안 된 연놈들이다. 근데 이런게 습관이 된 연놈은 아무리 싫은 표정을 지어도 지 버릇을 못 고치고 또 반복한다. 그러다가 내하고 웬수가 된 연놈이 몇이나 된다. 꼭 식사 중에 말로 해야하나? 표정을 보면 모르나? 모른 척하나? 왜 그러나? 그런데 이런 연놈은 사이코 패스가 많다. 물론 눈치채고 고치는 사람도 간혹 있다.

다섯째, 따라서 술자리에서 술잔 돌리는 것 젤 싫어한다. 내 앞에 내 술잔이 있는데 뭘 지 술잔을 내한테 돌리나? 아주 본 바 없는 연놈들이다. 아주 목에 힘을 주고 내 앞에 지 술잔을 딱딱 놓으며 술 한잔 받으라고 강요하는 연놈들을 젤 싫어한다. 이렇게 술잔 돌리며 술을 강요하는 연놈들을 젤 싫어하니 그들도 나를 웬수처럼 생각하고 술자리에서나 공적인 자리에서나 개달려들 듯이 달려드는데 다 하찮은 인간들이다. 그러나 그들도 말로가 좋은 연놈은 못 보았다.

한번은 해외여행을 갔는데 일행중에 고등학교 교장 정년퇴임한 사람이 있었다. 그런데 내가 아무리 봐도 교장 깜냥이 아니었다. 나름 자존심이 상당한 교사사회에서 저런 사람이 어떻게 교장이 되었지 하고 궁금하게 생각하고 있는데, 어느 듯 점심시간이 되었다. 점심시간에는 보통 둥근 식탁에 앉아 반주를 곁들이는데 이때 퇴임교장이 자기 술잔을 내 앞에 딱 놓으며, 이 교수 한잔 하시요! 하고 술잔을 권하는데 포스가 갑자기 장난이 아니었다. 그래서 내가 이 사람이 술교장이구나! 라고 생각하고 교장이 된 이유를 바로 알았다.

원래 교사사회는 다 학벌이 높고 존심이 보통 아니어서 갈등이 있는 경우가 자주 있다. 이때 표출되는 갈등을 술 잘먹는 사람이 중재를 한다면서 술모임을 자주 주선을 하고 분위기를 부드럽게 하는데 이런 교사가 3주(3학년 주임교사), 주교(주임교사), 학주(학생주임), 교주(교무주임), 교감, 교장을 하는 경우가 상당히 많다.

물론 교사에 따라서는 주임교사, 교감, 교장을 포기하고 교사로서 자기 일을 재미있게 하려는 사람이 많이 있는데 그런 교사는 주포, 감포, 장포라고 하지. 나는 재단이사장, 총장을 포기한 것은 절대 아니고 아직도 목표를 하고 있는데 꼭 하고 싶은 일이 몇가지 있어서지. 권력욕인냐 고? 그렇지, 당연하지, 권력이 없으면 일을 할 수가 있나? 그러나 권력을 추구하다 본말이 전도되면 안되지. 항상 그게 문제지. 그러니 목표가 숭고하다고 수단이 개차반이 되면 결코 안되지, 그래서 세상의 역세가 어렵지. 혁세가 어렵지. 쉬우면 누구나 다 한다 고? 글쎄, 뭐.

물론 B형하고도 이미지가 오버랩되는데 회사에서는 자주 있는 일이다. 그래서 음주가무를 잘 하는 사람이 승진도 잘 하고 연봉도 높은 이유가 있다. 그러나 여기서 함정은 이런 같은 일이 계속 반복될 가능성이 매우 높다. 왜냐면 문제자체는 해결이 안되었는데 술 먹고 분위기만 우호적으루다가 조성한다고 해서 해결될 일은 아니기 때문이다. 그래서 문제는 해결이 안되고 술교장, 술교감이 계속 필요한 것이다.

대학도 마찬가지이다. 술총장, 술학장, 술교수가 많은 이유가 여기 있다. 그러나 뭐 어쩌겠는가? 룸쌀롱교수, 노래방교수도 마찬가지이다. 다 대학에서 필요하니 있는 것 아니겠나? 존재하는 것은 다 이유가 있다.

여섯째, 음식도 자기 기호대로 먹는 것을 최우선으로 하고 강요하지 않는다. 음식주문할 때 통일을 외치는 것을 반대하지는 않는다. 그것은 그럴 필요가 있을 때는 하는 것이 바람직하다. 바쁠 때 각자 음식을 시키면 어떻게 하겠는가? 그러나 평소 그러는 것은 질색이다.

근데 술이 조금 애매하다. 내가 좋아하는 술은 경주 교촌의 교동 법주이고 시중에서 나오는 술은 소주와 막걸리이다. 교동법주는 쌉싸름한 맛과 노라면서도 푸르스름하게 익은 색이 천하일품이다. 그리고 소주도 좋아하는데 소주는 맑은 국민주이며 품질이 좋고 가성비가 젤 좋다. 단군이래 술이 가장 싼 시대에 우리가 살고 있는데 소주가 좋은 품질에 무엇보다 가성비가 짱이다. 막걸리도 국민주인데 흰 쌀막걸리야말로 천하일품이다. 다 세계적인 명주이다.

그리고 내가 좋아하는 술은 시벗 리걸과 콜라를 태워서 먹는 시콜과 맥주와 사이다를 섞어 먹는 맥사이를 젤 좋아한다. 특히 맥사이는 술의 극치로서 내가 술 먹을 일이 있을 때는 항용 음용한다. 근데 이 맥사이를 먹으면 꼭 씰데없는 인간이 시비를 걸려고 한다. 그리고 맥주와 소주를 섞어서 먹는 맥소(소맥)도 좋아는 하나 너무 빨리 취해서 조심한다. 혹자는 이를 폭탄주라고도 하나 폭탄주는 양주와 소주를 섞어 먹는 것이 찐폭탄주이지. 어떤 사람은 비싼 양주와 싼 소주를 왜 섞어 마시나 하는데 나도 아주 동의는 하나 맛이 괜찮고 빨리 취한다. 그리고 막걸리와 사이다를 섞어먹는 막사이도 좋지.

이왕이면 포도주에 대해서도 말을 하면 요새는 이를 와인이라고 하는데 와인은 프랑스에서 카사가 가장 좋아하는 술이다. 처음에는 달콤하고 도수도 낮은 듯해서 여성이 부담 없이 같이 먹는데 몇잔 먹으면 바로 뻗어버리기 때문이다. 그래서 내가 볼 때는 프랑스에서 와인이 성행하는 것이 다 이유가 있는 것이다. 오빠가 비싼 와인을 사줄 때는 다 이유가 있는 것이야! 오빠 믿지? 비싼 와인 사주는 오빠의 속셈을 믿지?

그런데 이 술도 따면 그 자리에서 다 먹는 것을 원칙으로 한다. 다른 사람이 술잔에 술을 남기고 자리를 파하는 것을 나는 결코 이해하지 못한다.

싹쓰리파의 신조는 푼앤베버리지를 남기지 않는 것이다. 이것이 또한 위생에도 젤 좋다. 이 시국에 반드시 필요하다.

일곱째, 평소에 잘 먹어야한다. 몸이 아플 때는 음식이 잘 안먹히는 수가 많은데 이때는 평소 잘 먹은 것으로 보충해야한다. 밥이 약이다. 특히 여행가면 잘 먹어야한다. 싹쓰리파가 가장 빛나는 순간이다.

보통 해외여행을 가면 시차적응이 안되는 경우가 자주 있는데 이를 해소하기 위해서는 전문가는 적게 먹어야 한다고 말한다. 그러나 나는 해외여행을 가면 잘 먹어야 한다고 말한다. 잘 먹어야 시차적응도 잘되고 여독도 빨리 풀리고 여행을 원기왕성해서 할 수 있다. 따라서 나는 해외여행을 가면 아주 싹쓰리파가 된다. 다만 나이가 들면서 소식이 되어서 아쉽다.

여덟째, 따라서 주방에서 한번 나온 음식은 다시 주방으로 돌려보내지 않는다. 맛이 있건 없건 다 먹고 정히 안되면 싸달래서 가지고 온다.

한번은 절에서 백중기도에 참석했는데 대중 속에서 커피믹스와 종이컵을 꺼내서 컵에 물을 따르려니 물통에 물이 없었다. 그래서 어떻게 할까? 생각하다 이를 내 가방에 넣었다. 그러자 옆에서 지켜보던 보살이 도끼눈을 뜨고 대번에 커피믹스와 종이컵을 도로 돌려놔라고 2번이나 달려들었다. 간만에 일거리를 만났다. 그래서 나는 2번이나 알았으니 그만 하라고 만류하고 걍 내 가방에 넣은 채로 나왔다. 아줌마가 이 시국에 뭘 잘 모르고 계속 도끼눈을 뜨고 씩씩거리고 시비를 걸려고 하였으나 나는 걍 생까고 모른 척하였다. 무엇보다 절에 왔으면 지 기도나 잘 하지 왜 옆 신도를 감시감독하고 간섭하려고 쌍지팡이를 짚고 나서는지 알 수가 없다. 누가 돈주나? 바쁜 사람이 비싼 돈내고 절에 와서 각자 다 알아서 잘하고 있는데 말이다.

그러니 이 싹쓰리파를 음식점에서 주인이 젤 좋아하지.

3. 그 담에는 물론 위생이다.

손을 자주 씻고 감기에 걸리면 꼭 마스크를 쓰고 약을 먹어야 하는데 이게 잘 안된다. 계속 기침을 하면서도 감기 쯤은 우습다 면서 걍 돌아다닌다. 내 옆자리에 앉아서도 계속 기침을 하는데, 집에 가라해도 안가고 버티고 있는데, 다 큰 사람을 일일이 머라칼 수도 없고 참 난감하다.

그리고 정신건강이 주요하다.

4. 트롯을 듣거나 코메디 영화, 코메디 TV프로그램을 애청한다.

특히 즐겁고 경쾌한 트롯을 듣는 것이 젤 좋다. 심리치료음악은 트롯이 가장 효과가 있다. 마음병을 다스리는 최고의 음악이다. 그리고 정신없이 웃어야 하는데 챨리 채플린의 『모던 타임즈』 등이 효과가 가장 좋다.

그리고 종교적 처방이 필요하다.

5. 기도하고 주문을 외워라!

평소에도 마찬가지이지만 병에 걸렸을 때는 기도해야한다. 이는 정신의 解怨(해원)과 관련이 있다. 주문을 염송하면 진동으로 몸이 활성화되는 것과도 관계가 있다. '노니 염불하라!' 괴롭다고 이상한 노래부르고 눈물 징징 짜지 말고 주문을 외우고 찬불가나 주기도문을 외우고 찬송가를 부르자. 그리고 종교TV를 자주 보자.

그리고 특히 병에 걸려 몸이 고통스러울 때 마음이 약하면 안 된다. 기도해서 마음을 강하게 해야한다. 그리고 걍 아프다고 누워있지만 말고 주문을 외자. 노니 염불해야지. 그리고 주문은 각 종교별로 다 있으니 종교가 있는 사람은 잘 알아서 할 수 있지만 아플 때와 시국이 이럴 때는 더욱 열심히 해야지.

또 종교도 이 시국에 잘해야지, 무슨 이상한 종말론과 이상한 영생론 같은 것을 들고 나와 가스라이팅하고 혹세무민하면 안되지, 교주도 영생이 안되는 것이 눈에 번연히 보이는데 신도가 무슨 영생이 된단말야!

그리고 남을 원망하는 것도 풀어야한다. 마음이 아플 때 몸도 아픈 것이다.

종교가 없는 사람은 기도와 주문을 어떻게 외우는가? 천지신명님과 조상님께 기도하면 되고 주문도 평소 자신이 마음에 있는 것을 외우면 되지. 『천부경』, 『반야심경』도 좋고, 기독교인은 기도문을 외우면 도움이 된다.

아플 때일수록 마음을 편안하게 하고 즐겁게 지내려고 의식적으로 노력한다.

내가 제시한 이 5가지 방법은 주요하다. 근본적으로는 지구온난화, 인구증가와 이동, 새로운 영토개척이 있기 때문이다. 앞으로 계속 될 가능성이 농후하다. 물론 이를 전부 통제하기는 어렵고 거시적인 대책은 그대로 마련을 하면서 미시적인 방법은 기존의 손씻기, 소독, 백신, 사회적 거리두기와 함께 태우는 방법이 필요하다. 특히 음식을 남기지 말고 나온 음식은 모두 먹고 잔밥을 최소화하고 그래도 남은 잔밥은 다 태워야 한다.

인류는 질병전염병의 도전을 잊지 말고 계속 대처해야하고 지혜를 모아야 한다.

사례토의

1. 인류이래 질병전염병의 위협을 받은 사례와 극복사례를 살펴보자. 처용랑은 역병을 어떻게 극복하였나? 천연두는? 호열자는? 문둥병은? 마약은? 흑사병은? 성병은? 폐결핵은? 어떻게 극복하였나?

2. 시대별로 어떤 질병전염병이 발생하였고 혼란기에 이러한 병이 왜 잘 발생하는지, 이유를 알아보자.

3. 인류의 진화와 발전에 따라 병도 줄어드나? 아니면 더 발생하나? 그 이유는 무엇인가?

4. 질병예방의 사회적 지출과 비용, 그리고 이익을 생각해 보자.

5. 결국 인류는 질병에 강한 자가 살아남는가? 弱肉强食(약육강식)이 藥肉康食(약육강식)이야?

마스크

이강식(시인)

마스크를 벗자 그녀는 너무 아름다웠다
나는 불현듯이 말했다
요즘 마스크 땜에 손해 보는 사람이 많네
그녀는 그윽한 눈빛으로 나를 쳐다보았다
봄의 초록색 호수만큼 깊고 초롱초롱한 눈동자와
가을하늘만큼이나 맑고 고운 흰 피부에
검고 치렁치렁한 긴 생머리에
앵두같이 붉은 입술로 그녀는 미소지었네
마스크 땜에 나는 이득을 보나?
가급적 벗지 말아야 하나?
마스크 뒤에서 나는 즐겁게 웃네

시간과 공간 속에서 언제나 일어서는 강건함을 가지고
이제 우리는 사랑의 새 깃발을 세워야한다
오라! 승리로!
가자! 진리로!
마스크는 아름다운 우리의 정표
찬란한 순백의 나라
모든 사악함은

진입금지! 진입금지!
NO ENTRY! NO ENTRY!

우리의 사랑을 위해 작고 귀여운 깃발을 올렸으니
들어라! 이 강고한 소리를!
보아라! 우리의 센 의지를!
모든 추악함은
사랑의 바리케이트 앞에서
접근금지! 접근금지!
KEEP OUT! KEEP OUT!

선도신모 파소부인의 자애로운 광명으로
이 땅에 사랑이 충만하고
자비의 힘찬 기운이 희망의 불꽃처럼 피어오를 때
오직 승리의 깃발로!
오직 진리의 기치로!
모든 허위와 위선과 가식은
통행금지! 통행금지!
No passing! No passing!

너희를 위한
통로는 없다! 통로는 없다!
No Thoroughfare! No Thoroughfare!

길없음! 길없음!

영벌의 불폭탄 속에서 모든 사악함은 반드시 폭망하리라

마스크를 쓰자 그녀는 다시
이 푸른 별 지구의 수려한 여성용사가 되었네
광채로 빛나는 이 시대 불굴의 연인이 되었네
나의 행복한 연인이 되었네
마스크는 우리 승리의 신호탄이 되었네!

시-마스크20211020수22:38이긍식

회고록제8강-태워라!20211016토이긍식

==

▌ 회고록 제9강, 사례연구Case Study, 중간사례 ▌

죠지 오웰

이강식(시인)

비가 억수로 내리는 봄날이었지만 울산시내에 갈 일이 있어 나갔는데 우연찮게 중구에서 서점을 발견하였다. 나는 반가웠다. 이제 시내에서 소서점을 발견하는 것은 모래사장에서 바늘귀를 찾는 것보다 더 힘든 일이 되었다. 거의 완전 사라져버렸고 이제 오히려 새 서점같은 중고서점이 슬슬 나타나는 판이다. 신간은 잘 안 산다는데 구간은 어떻게 사나? 구간 갖고 돌려막나? 그래서 기대를 하고 엘리베이터를 타고 4층을 갔는데 엘리베따 문이 열리니 바로 서점인데 불은 꺼져있고 차단줄이 쳐져 있고 아무도 없었다. 그런데 울산에서 제일 높은 서점은 아기자기하게 정리가 아주 깔끔하게 잘 돼있어 서점 자체도 둘러 볼 만하였다. 쇼윈도 같은 서점이었다.

나는 연구실이나 집서재를 책이나 자료로 너무나 어질러 놓아 주위 사람들이 늘 아쉬워하였다. 교수 초기에 이미 어떤 여대생이 내 연구실에 왔을 때, "연구실이 지저분하네요..... 근데 나는 지저분한 게 좋아요." 라고 알듯말듯한 소리를 하여, 나는 몬 소린지 아직도 애매하다. 내 연구실은 퇴직할 때는 책과 자료가 거의 천정까지 꽉 차 있어서 사진과학생이 와보고 감탄을 하며 몇 번이나 내게 청원하여 작품사진까지 찍어갈 정도였다. 그리운 연구실이다.

나는 서점이 휴무일인지, 이 시국에 장기휴무인지, 궁금하였으나 그러나 항상 낙천적으로 생각하여 '궁금하면 다음에 또 오면 되지.' 라고 하며 나왔다. 이렇게 서점을 예쁘게 꾸며놓은 주인장은 누구인 가? 그리고 그녀는 이 좋은 곳을 비워두고 이 비오는 봄날 나비처럼 날라서 오데로 갔나?

그 다음에 애써 기억을 하여 시내에서 서점을 찾아갔는데 한참이나 찾고찾아 돌고돌았는데 잘 나타나지가 않았다. 원래 다시 찾기가 더 어려운 법이다. 이 날도 비가 제법 왔다. 주룩주룩 내리는 비속에 지난번 왔던 집을 복기해서 찾아가는데 좁은 구역을 몇 번이나 빙빙 돌며 비를 제법 맞으며 같은 골목길을 여러 번 오가면서 겨우 서점 을 찾았는데 이게 생각밖에 시간이 걸리고 상당히 어려운 집찾기이 다. 왜 그럴까? 그런데 서점은 역시 4층에 그대로 있어 엘리베따를 타고 올라갔는데 역시 여전히 불은 꺼져 있고 서점 내부는 손 댄 흔 적없이 걍 그대로이고 주인은 역시 없었고 내부는 약간의 고즈녁한 어둠 속에 고요하기까지 하였다. 장기휴무인지, 장기출타인지 알 수 는 없었으나 나는 역시 낙천적으로 생각하였다.

내가 무슨 3고초려하는 위대한 영웅호걸인지 3번째로 다시 서점 을 찾았는데 이 날도 비가 제법 왔다. 이 집은 이상하게 올 때마다 비가 상당히 왔다. 이번에는 불이 켜져 있어 우산을 우산꽂이에 넣 고 반갑게 들어갔는데 아무 인기척도 없었다. 이름에 나비가 들어간 서점인데 나비는 없었다. 이름에 나비가 들어간 서점에 나비는 없 다. 나비효과만 있나? 조금 들어가니 서가 뒤에 여주인이 앉아 있다 가 인사를 하였다. 나도 인사를 하고 말없이 책을 조금 둘러보다가 먼저 궁금한 것을 물었다. 첫질문이 벌써 난해하였다.

"여기는 언제 문을 엽니까?"

그런데 말하고 보니 조금 이상했다. 즉 보통 "여기는 휴무일이 언제입니까?" 라고 나올 때 묻는 것이 정석인데 "여기는 언제 문을 엽니까?" 라고 첫질문으로 물은 것이었다. 그러나 다행이 여주인은 눈치를 못 채렸는지 말했다.

"요새는 토일월 쉬고 화수목금 문을 엽니다."

나는 무심코 말했다.

"그러면 주4파군요."

주4파! 참으로 오래 만에 듣는 추억의 단어였다. 여기서 주4파란 과거 대학생들이 시간표를 압축적으로 짜서 주4일만 등교를 한다는 뜻이다. 물론 파생된 여러 뜻도 있지만, 어느 쪽이 정작 파생어인지 지금 설명하기는 어렵지만, 여주인은 안 들었는 건지 못 들었는 건지, 못 들은 척하는 건지, 여전히 말이 없었다, 다행이었다.

이윽고 둘러보고 책 몇 권을 사서 대금을 카드로 지불하는데 여주인이 역시 조금 무표정하게 뜻밖의 질문을 하였다.

"이 책을 사 가지고 집에 가서 다 봅니까?"

나는 속으로 '여주인이 이제 나에게 무슨 역습을 가할 일이 있나?' 라는 생각도 잠깐 하면서 조금 애매하게 대답을 하였다.

"글쎄요..."

그러면서 상당히 회억에 잠겼다.

"이 책을 다 봅니까?" 나는 말년에는 내 연구실에 연구차 책이나 자료를 천장에 닿도록 산같이 쌓아두고 있었는데 남녀대학생들이 오면 아주 궁금해 하며 자주 하는 질문이었다. 지금은 그런 질문을 할 대학생도 버얼써 없고 내 기억에만 항상 맴돌고 있는데, 뜻밖에 지금 서점여주인이 단지 책 몇 권을 사자말자 초장에 나로서도 항상 흥미진진한 바로 그 질문을 하였다. 더욱이 지금까지 평생 책을 샀지만 서점주인 중에 그런 질문을 한 사람은 결단코 단 한 사람도 없었다.

며칠 후 다시 봐둔 책을 사려고 서점에 가서 책 3권을 사서 종이 가방에 담고 있는데 서점여주인이 뜻밖에 나로서는 더욱 기이한 질문을 또 하였다.

"이 책을 남 주려고 삽니까? 아니면 본인이 보려고 삽니까?"

지난번부터 내내 그것이 궁금해서 질문을 다듬어서 더 정교하게 한 것 같았다. 그러니까 상당히 고심 끝에 자극 '게이지'를 높일 수 있는 질문을 찾아낸 것 같았다. 이번에도 나는 애매하게 말했다.

"글쎄요..."

이처럼 반응 '레베루'를 유지하며 신중하게 대답을 하였다.

서점여주인은 자극 '게이지'를 높혔고, 이긍식 교수는 침착하게 반응 '레베루'를 유지하였다. 내가 다시 그 서점을 찾은 것은 소서점이 반가워서 이기도 하고 지난번 찜해둔 죠지 오웰의 만화평전을 꼭 사기 위한 것이었다. 지난번에는 이 책이 판형도 컸고 이미 샀는 다른 책이 무거운 같아서 잠시 보류해두었었다. 말하자면 킵해 둔 것이다. 책꾼은 책을 킵하고 술꾼은 술을 킵하나?

내가 행색도 남루한데 죠지 오웰의 조금 비싼 책을 쉽게 사자 책방여주인은 뜻밖이라는 듯이 놀라며

"죠지 오웰의 책이 참 좋지요?"

라고 하였다.

나는 모호하게 말했다.

"그래요?"

역시 전략적 모호성(Strategic Ambiguity)을 유지하며 애매하게 반응하였다. 죠지 오웰은 이러한 나의 전략적 모호성을 완전 지지하겠지?

죠지 오웰(George Orwell, Eric Arthur Blair 1903~50)은 필명 인데 참으로 잘 지은 이름이었다. "조지거나 또는 좋거나." 이 이상 좋은 필명이 어디 있겠는가? 원래 영어의 조지에도 그러한 뜻이 있다고 나는 본다. 조지가 우리 말에서 파생되었나? 그럴 가능성도 다분히 있다. 그래서 책도 다 명저 중의 명저인 것 같았다.

미국에서 대학생에게는 『1984년』(1948지음, 1949간행), 고등학생에게는 『호밀밭의 파수꾼』(1951)을 과제로 가장 많이 출제한다고 한다. 그래서 내가 그 소리를 듣고 『호밀밭의 파수꾼』을 일부러 빌려보기도 했는데 아주 인상적이었지만 지금은 내용이 뭔지 기억에 아슴아슴하다. 하여튼 별 내용은 기억이 안나고 어린애가 욕만 무척 많이 하는 책이었다. 어른이 돼서 봐서 그런가? 하여튼 언제부터인가 '애새끼'가 어른만큼이나 대놓고 욕을 많이 하는 세상이 되었다. 지금 세상이 이런 것이 다 이유가 있지. 기회가 되면 또 한번 봐야겠다. 기회가 되어 내용을 정밀하게 보면 작가의 의도를 알겠지. 원문으로 보면 좋을 텐데, 그거는 아직도 난망하고 지금 보면 또 어떨지.

글고 두 책은 이런 저런 이유로 모두 금서로 지정되어 엄청 고초를 겪은 바 있다. 나도 내 책이 금서로 되면 인기를 더 얻을까? 하는 생각도 해보지만 지정도 안 된 금서 아닌 금서가 더욱더 재미있을 것이다.

내가 군대 전방 GOP에 있을 때, 죠지 오웰의 『1984년』을 가져가서 몇 번이나 다시 보곤 했는데 고요한 휴전선 전선의 밤에 정말 전율이 느껴지도록 전체주의의 디스토피아를 극명하게 그려내었다. 특히 감방취조실에서의 고문장면은 군대에서 혼자 깊은 밤에 읽기에는 소름 끼치도록 압권이었는데 도체 죠지 오웰이 이러한 고문을 어떻게 알고 이렇게 등골이 오싹한 장면을 손에 그리듯이 극명하게 소설화하였을까? 하는 생각도 하였다. 당시 나이도 엄청 젊은데 어떻게 바로 경험한 듯이 잘 알 수 있었을까? 하는 생각마저 든 것이다. 그래서 내가 1990년에 교수가 된 후 3년만에 곧바로 "『1984년』은 지나갔는가?"(1993) 라는 제목의 논문을 써서 논문집에 게재도 하였다. 이번에 죠지 오웰의 책을 반가이 보고 다시 가서 꼭 산 것은 이미 오래 전부터 그 논문의 속편을 쓰고 싶어 했기 때문이다. 이 책을 사기 훨 전에 이미 논문제목도 다 구상이 되어있는데 글쎄, 더 노력해야지...

지난번 영화 『미스터 존스(Mr. Jones)』(2019, 2021 국내개봉)를 이 시국에 굳이 꼭 본 것은 역시 죠지 오웰 때문이었다. 죠지 오웰과 미스터 존스는 교감을 했는 것은 확실하게 보이는데 『동물농장(Animal Farm)』(1945)의 소설 속 원래 농장주 이름이 존스였다.

죠지 오웰이 가레스 존스(Gareth Richard Vaughan Jones 1905~35) 기자를 오마쥬(Hommage)한 것 같다. 근데 영화 속에서는 두 사람이 직접 만났고 죠지 오웰과 상당한 영향을 주고받은 것처럼 묘사되어 있으나 이는 전혀 사실이 아니며 이를 주장하려면 두 작가의 직접 기록으로 반드시 뒷받침이 되어야할 것이다. 그렇지 않고 映畵(영화), 뮤비(Movie, Moving Picture)라고 일방적으로 각본(Screenplay)을 짜서 영상을 찍어 돌리는 것은 다큐를 빙자한 또 하나의 진부 Minitrue가 될 것이고 또 하나의 오세아니아를 만들 뿐이다. 이 시대에 오세아니아를 비판하는 척하며 실제는 더 닮나? 『1984년』을 열심히 더 읽나? 읽을 수는 있나?

뿐만 아니라 가레이 존스 기자가 아돌프 히틀러(Adolf Hitler 1889~1945)를 인터뷰했다는 것도 사실이 아니며 단지 독일 프랑크푸르트 가는 비행기에 동승하여 그것으로 1933년 특종기사를 썼을 따름이고 외교관이라는 것도 사실이 아니고 영국총리의 측근개인비서를 했을 뿐이고 직업은 기자라고 하는 것이 맞다. 개인비서라는 것은 공식직제에 없는 사실상 비정규임시직이라는 것인데 그렇다고 그의 훌륭함이 줄어든다는 것은 결코 아니다. 그러나 어디가나 포장기술이 너무 발달한 것이 유감이라면 유감이다.

그리고 스탈린(Joseph Stalin, Ioseb Besarionis dze Jughashvili 1879~1953 강철인간)이 야기한 대규모 아사사건에 대해 목숨 건 세기의 특종을 하였고 그리고는 1935년 내몽골에서 취재하다가 중국산적에 의해 납치살해되었는데, 소련 KGB가 배후라고 추정하지만, 이 부분은 이 부분대로 잘 살리고 영화상 극적으로 표현하는 것은 좋지만 그렇다고 사실이 아니고 전혀 저작물과 기록, 증거로써 증명할 수 없는 것을 영화가 虛構(허구), 픽션이라고 해서 없는 것을 만들어낸다는 것은 전혀 바람직하지 않을 뿐만아니라 이는 허구 자체를 허구로 만들 뿐이다. 실사만 해도 충분히 감동을 주고도 남는데 굳이 허구를 허구로 만들 필요까지 있나? 그렇다! 『1984년』은 끝나지 않았다.

죠지 오웰은 스페인내전에 이상적 공산주의자로 참전하여 소설가

로서는 보기 드물게 실전에 참전하여 목에 총상을 당하며 총알 맛을
직접 보고 생사를 오고가며 공도 세운 인물이다. 그럼에도 불구하고
그가 속한 통합노동자당이 자기도 의식 못한 가운데 트로츠키(1927
~40)파로 몰려서 스탈린에 엄청난 박해를 당하고 구사일생으로 탈
출하여 살아남은 경험을 갖고 있다. 그리고 결국 스탈린이 트로츠키
파, 트로츠키계열 POUM, 무정부주의자 CNT, 사회주의자, 유태인
프리메이슨, 생디칼리즘 등등을 숙청하고 손땜으로써 스페인내전
(1936~9)은 적인 프랑코(1892~1975) 총통의 승리로 끝났다. 내부
의 권력투쟁 앞에서는 적의 승리도 아랑곳하지 않는 것이 공산주의
의 생리이다.

　다르게 내가 살펴보면 트로츠키가 스페인내전에서 일부라도 승리
하여 권력을 잡고 단지 카탈루냐 지역에서라도 공산주의 정부를 수
립하거나 국가를 세운다는 것은 스탈린으로서는 눈에 흙이 들어가
도 절대 용납할 수 없는 일이었다. 차라리 반공파시즘 프랑코 총통
이 권력을 잡는 것이 훨씬 더 나은 일이었다. 그러니 말이 인민정부와
국제여단과 스페인내전이지 전쟁은 이미 모스코바에서 권력투쟁으
로 머리 박터지는 것이었고 스페인내전이 아니고 마침내 독·이 파시
즘과 소련 공산주의의 국제대리전이 되었다. 국제여단이 내전이야?
다 만만치는 않지만 그러면 죠지 오웰은 이걸 몰랐단 말인가? 알고
줄을 섰는데 결과적으로 줄을 잘못 섰단 말인가? 모르고 줄을 섰는
데 결국 잘못 섰단 말인가? 아무튼 무슨 영문인지 더 살펴봐야한다.

　죠지 오웰은 국제여단은 아니고 영국독립노동당소속의 의용군인
독자적인 POUM이었는데 트로츠키파로 몰려서 숙청대상이었다. 스
탈린은 트로츠키가 프랑코와 내통을 하고 있다고 선동하면서 숙청

하였다. 죠지 오웰은 프랑코로부터 총상을 입고 구사일생으로 살았
는데 프랑코와 내통한 트로츠키파로 몰려서 이번에는 같은 편인 줄
알았던 스탈린으로부터 숙청대상이 되어 곤욕을 치르고 구사일생으
로 프랑스로 탈출에 성공하였으니 이 난세를 어떻게 분석하고 정리
해야하나? 자유영혼 사회주의자 죠지 오웰은 어디에 줄을 서야하
나? 공산주의자내부의 노선투쟁은 적과의 투쟁보다 더 무섭나?

　공산주의를 위해서 기꺼이 죽을 뻔 했던 죠지 오웰이 이번에는 그
토록 헌신했던 공산주의에 의해서 영문도 모르고 죽을 뻔 했으니 이
런 세기말적 부조리에 누구보다도 큰 인생의 철리를 깨달은 것 같다.
헌신하다가 헌신짝되었나? 죠지 오웰은 레닌(1870~1924)과 스탈린
에 의한 '쓸모있는 바보들(Useful Idiots)'로 죽기를 거부한 진정한
사회주의자였다. 그는 공산주의로부터의 탈출Escape from Communism
에 온몸으로 다해 성공하였다. 말로만 한게 아니고 붓끝으로 한 것
도 아니고 생명을 걸고 탈출한 것이다.

　그러나 자본주의Capitalism으로는 안착하지 못 하였다. 왜? 뭐 별
다른 자본도 없었고 어디까지나 곧은 관료집안 출신이기 때문일 것
이다. 그러니 여전히 맑스주의자Marxist보다 자본주의자Capitalist가
더 이해하기가 난망하였을 것이다. 죠지 오웰로서도 자본가는 늘 딴
나라 사람처럼 보였을 것이다. 그곳은 별세상이었다. 그러니 항상
그 '진정'이 사람 잡는다는 것이다.

　자신이 진정하다고 생각하는 사람이 알고 보면 더 위험하다?! 그
러니까 자본주의Capitalism으로도 전향하기에도 너무 올곧은 사람이
었지만 동시에 사회주의자Socialist로서도 너무 나가 버린 것이다. 본
전생각도 있었겠지만 나는 죠지 오웰이 끝까지 사회주의자로 남은

것은 판단을 잘 한 것으로 본다. 그러나 나는 결국 그가 간주자본주의자Considered Capitalist로서 심정적으로는 전향한 거나 마찬가지라고 본다. 나는 그의 선택을 충분히 이해하며 존중한다.

그러니 이런 분들은 늘 본의 아니게 "떠나는 사람"이다. 정착할 곳을 찾았다 싶으면 또 떠나야하고 떠났다 싶으면 정착할 곳이 나타나고 그러나 그곳도 아니고 또 떠나야 하는 분이다. 늘 바른 길을 모색하는 인류의 견인차이다. 혹 모험가나 탐험가가 아닌가? 하지만 그게 아니고 알고 보면 "진리를 찾아 떠나는 사람이다." 이런 분들이 알거나 모르거나 간에 부지불식간에 인류와 세계를 이끌고 가는 것이다. 그러면 "진리탐험가"가 아니냐? 고 하겠지만 그게 아니고 "진리창조가"이다.

죠지 오웰은 젊은 나이에 이미 인생의 매우 호한한 스펙트럼을 동서양 국제적으로 경험하여 당대의 누구도 따라갈 수 없는 비범한 통찰력을 가졌다. 동양의 식민후진국과 서양의 제국선진국을 동시에 경험하고 그 속에서 지식인의 고뇌와 모색은 어떻게 달라졌나? 당시로서는 매우 희귀한 경험이었을 것이다. 아마 옥스폰이나 캠브릿 등의 명문대학을 갔으면 삶의 궤적이 또 전혀 달라졌을 것이다. 본전생각, 즉 매몰비용에 빠졌을 가능성도 크지만 내가 볼 때는 죠지 오웰은 오로지 순수한 자유영혼이었고 어디까지나 영국인이었다.

이 범상치 않은 지적, 실천적 탐구의 삶이 그의 인생과 소설에서 큰 영향을 끼쳤는데 『동물농장』(1945)에서 나오는 풍자적이고 우화적인 분위기와 『1984년』(1949)에서 나오는 섬뜩하고 암울한 분위기가 다 이런 실제 경험에서 나왔기 때문에 더욱 뜻 깊다. 이 두가지 극단이 조지 오웰의 한 가지에서 나온 두 개의 꽃이라고나 할까?

一枝二花(1지2화)! 그러면 2개의 열매, 2과(二果)도 있어야지! 一枝二花二果(1지2화2과)!

그리고 조지 오웰은 그것을 퍼뜩 깨닫고 글을 써서 남길 수 있는 문재를 가진 것이 크나큰 행운이었다. 그 이전에 이튼 칼리지에서 고교교육을 받은 것이 다행이었다. 우리로서는 경기고에 해당하는 명문고교를 졸업한 것이 최종학력이고 대학교육은 안 받았으나 그보다 일찍 현장에 뛰어들어 선입감없이 현실을 극명하게 겪은 것이 오히려 행운이라면 행운이라고 할 수 있다. 백지이론이야? 그것보다 총알과 포탄이 빗발치고 음모와 시신, 배신과 신뢰, 독재와 민주, 죽음과 삶이 깔린 현장이 대학이상의 대학이었다. 보기 드물게 전쟁터에서 잔뼈가 굵은 지식인이야! 그러니 박사도 헤매고 픽픽 나가 떨어지는 현장에서 일류 고교 출신이 진정한 진실을 찾은 것이다. 영국교육의 힘인가? 그러니 세계제국을 만들었지, 다르게 말하면 세계제국의 명과 암이지, 그 이상도 아니고 그 이하도 아니지, 인류역사에서 알고 보면 계속 있는 일인데 사람들이 굳이 연구를 안 하고 이해관계에 따라 절대 외면을 하고 엉뚱한 나발을 불지. 그래서 내가 이 『회고록 - 사례연구』를 쓰는 이유가 아닌가? 그는 제대로 당했군, 무의식 중에 이상주의자의 동병상련을 느끼나? **인류는 무엇을 위해 사나?** 죠지 오웰의 의문이고 동시에 나의 질문이지. 이 『나의 회고록 - 사례연구』가 조금이라도 도움이 되기만을 기원하지.

그럴까? 귀족고교인 이튼 칼리지가 또 왕따와 이지메가 엄청 심한 곳인데 여기서 하급공무원가계 출신인 죠지 오웰이 상당한 충격을 받고 오히려 좌파가 되었을 가능성이 있다. 명문학교라고 입학한 초교와 중고교에서부터 이미 줄을 잘못 선 것으로 보인다. 부모부터 시작하여 누구나 잘 섰다고 생각하고 밀어준 줄이 왜 잘 못 선 줄이 되었나? 대영제국에서 출세의 길이 활짝 열렸는데 그는 왜 줄을 잘 못 섰나?

그는 누구나 생각하는 대학진학을 포기하고, 근데 장학금을 받을 정도의 성적이 애매했다는 설도 있지만 나는 그렇지는 않다고 보고, 오히려 그 반대로 보는데, 이미 대학에서 삶의 의미를 찾기 어려웠다 고 할 수 있다. 그런데 여기서 아주 의외로 경찰공무원시험을 쳐서 하급 경찰공무원이 되었다. 공시족이야? 이튼 고교를 나와서 하급경찰이 된 것은 그가 유일하다. 근데 그것도 영국이 아니고 자기가 태어난 인도도 아니고 그 옆나라 버마에서였다. 여기서 한창 인생이 꽃 필때의 19~24세의 청년기의 5년을 제국통치의 첨병인 식민지 경찰공무원으로 보낸 그의 첫경력이 평생의 자산이 되었지만 여기서도 식민통치의 허위와 위선과 가식을 느끼고 더 이상의 비젼도 못 느끼고 하니 이를 그만 두고 소설을 쓰기 위해 작가수업에 나섰지만 결국 이번에는 전혀 밑바닥 생활을 하게 되었다. 그러나 이 경험이 또 그의 일생의 자본이 되었다. 나름 위세가 등등한 제국경찰에서 따라지 인생으로! 그러니까 하루아침에 빈민생활로 갔다! 우리나라로 치면 왜정 순사에서 하루아침에 불령선인이 되었다! 왜정 순사가 나름 대단한 자리 아냐? 그러나 박차고 나와 부랑자 비슷하게 되었으니 엎다운이 아주 심한 사람이었다. 다르게 말하면 인간지사새옹지마라고나 할까? 결국 불과 물의 시대의 조련으로 불굴의 강철인이 되었다. 파락호가 아니고 진짜 강철인이 되었다!

그러면 이튼 고교 동문인 벨기에 워털루(Waterloo) 전쟁의 명장 웰링턴(1769~1852 아서 웰즐리) 공작과 스페인 카탈로냐의 참전용

사며 소설가 죠지 오웰이 一枝二花二果(1지2화2과)였나! 웰링턴 공작은 큰 전쟁, 죠지 오웰은 작은 전쟁을 치루었는데 그들의 전쟁은 그들의 무엇을 바꾸고 세계의 무엇을 바꾸었나?

근데 워털루가 무슨 뜻이지? 내가 찾아보니 Water Loo는 최종패배라는 뜻이었는데 원뜻은 수세식 화장실로서 비격식표현이다. 그러면 이건 누가 누구에게 최종패배한다는 뜻인가? 나폴레옹(1769~1821) 제1통령, 황제가 웰링턴 공작에게 최종패배한다는 뜻이었나? 아니면 웰링턴이 나폴레옹에게 최종패배한다 는 뜻이었나? 나폴레옹과 웰링턴은 Water Loo, 최종패배, 수세식 화장실의 뜻을 알고 갔나? 모르고 갔나? 둘 다 알았을까? 어쨌든 오직 서로 상대를 수세식 화장실에서 최종패배시킬 일념으로는 갔겠지. 세계를 바꾼 가혹한 역사도 알고 보면 수세식 화장실에서 이루어지는 한갓 笑話(소화)일 뿐인가? 나폴레옹동무는 언제나 옳다! 웰링턴 공작도 동의할까?

조지 오웰은 대의를 위해 그저 목숨은 던져 열심히 일했는데 자기도 모르게 줄을 잘 못 선 결과 조직의 단맛은커녕, 쓴맛 정도도 아니고 완전 진짜 피맛을 보았는데 이게 오늘날의 직장인, 회사인, 조직인의 희비애락인 것이다. 니가 니 혼자 일을 열심히 한다고 되는 게 아냐! 능력? 그게 아니고 줄을 잘 서야지. 조직의 시대에 과연 줄을 잘 서고 있나? 오직 조직사회에서 단맛만을 맛보고 있나? 미래인간과 미래조직의 향방을 이 조직주의가 『1984년』에서 물을 것이다.

내가 볼 때는, 결국 디스토피아나 유토피아나 다 같은 세상의 다른 측면이다. 현실의 디스토피아를 뒤집어 보면 유토피아요, 현실의 유토피아를 뒤집어 보면 디스토피아이다. 또 현실의 같은 세상이 누구에게는 디스토피아요, 누구에게는 유토피아이다. 그리고 또 현실의 어떤 부분은 디스토피아이고 어떤 부분은 유토피아이다. 그래서 위정자나 국민들이나 지식인도 항상 조심조심해야한다. 내 의견으로는, 현실에서 디스토피아와 유토피아가 따로 있는 것이 전혀 아니다. 그래서 나는 이를 조직인의 디유토피아라고 새로이 이름 붙였다. 바로 여기가 너의 유토피아이고 바로 여기가 너의 디스토피아이다, 잘 해봐, 결국 디유토피아라는 것을 알 때까지!

　　그래서 내가 보면 죠지 오웰의 필명이 너무나 그의 소설에 딱 맞는 이름이었다. "조지였거나 또는 좋았거나." 이 이상 그에게 딱 맞는 필명이 어디 있겠는가? "조졌을 것이거나 또는 좋을 것이거나." 근데 이번에 구입한 만화평전에 보면 "Orwell"이라는 필명은 죠지 오웰이 어른이 된 후 자주 낚시를 가던 강들 중의 한 곳의 이름이다.15) 오웰은 이스트 앵글리아 지방의 오웰강River Orwell을 차용한 이름인데 나는 오웰이 '오얼 웰Or well'이라는 뜻에서 이 이름을 차용했다고 본다. 나는 이 이름은 쉽고 친근한 이름이고 의미심장한 이름이라고 본다. 그러니 더 살아서 좋은 세상을 봤어야 했는데... 아쉬운 것이다. 좋은 세상? 그에게 좋은 세상이 있기나 있는 것일까?

　　죠지 오웰은 우리나이로 48세에 별세하였는데 더 살았으면 대단한 명저를 더 남길 수 있었을텐데 내게나 인류를 위해서도 무척 아까운 일이고 우리나 외국인이나 아홉수를 항상 조심해야할 일이다. 죠지 오웰 작가의 명복을 깊이 빌며 저곳에서도 길이 명저를 남기기

---

15) 『조지 오웰』, 피에르 크리스탱 글, 세바스티앵 베르디외 그림, 최정수 옮김, 1판1쇄 2020년, 1판2쇄 2020년(서울: 마농지), p.56, p.157.

를 바란다. 부디 저쪽에서는 줄을 잘 서서 자신의 이상을 쉽게 실천
하고 명저를 쓰기를 길이 빌지만 그러나 그게 어디 그만의 뜻대로
쉽게 되는 일이겠는가?

죠지 오웰은 영국령 인도행정부 아편국에서 아편순도를 검사하며
근무하던 하급관리인 아버지 때문에 인도에서 태어났는데 하급상류
중산층으로서 영국으로 건너가 최상류층 귀족자제가 다니는 이튼
고교를 졸업하였으나 대학을 포기하고 영국령 인도제국경찰관이 되
어 버마와 인도에서 근무하였지만 5년만에 그만 두고 『런던과 파리
에서 빈민(따라지) 인생』(1933)을 살다가 소설가가 되었는데 내가
볼 때는 그가 이상적 공산주의자로서 파시즘을 막기 위해 스페인내
전에 맑스주의자통합노동자당(POUM)으로 참전하였으나 그 역시
트로츠키파를 숙청한 스탈린의 배신으로 겨우 목숨만 부지하여 프
랑스로 탈출하게 되었는데 이를 통해 공산주의와는 분명하게 결별
을 한 것이 그나마 다행이고 더욱이 이를 소재로 소설로 대단한 문
학적 성공을 거두었으니 그를 위해서나 인류를 위해서나 큰 업적을
남겼지만 그러나 곧 폐결핵으로 아까운 나이에 별세를 하였다. 말년
에 아파서 병상에 누워있을 때도 재혼을 할 정도로 진지한 그대로의
삶을 살아가고자 하였는데, 슬하에 친자는 없고 조지 오웰이 대부분
키운 양자가 1명 있을 뿐이다.

죠지 오웰에게 행운이 있다면 재혼을 잘 한 것이다.

20C는 실로 성패의 부침이 대단한 격변의 세기였는데 그 20C의
격변기에도 보기 드문 격변을 겪은 인물이지만 그 와중에서도 결코
굴하지 않고 어떻게 보면 끝까지 천진난만하기까지한 자신의 삶을
산 시대의 인물이라고 할 수 있다. 신은 죠지 오웰에게 이상과 문재

와 헌신은 주었으나 건강과 가정과 부유는 주지 않았다. 다 추량하기 힘든 신의 섭리이다.

그런데 나는 죠지 오웰을 심정적 사회주의자, 이상적 사회주의자라고 보나, 그는 토리당의 무정부주의자가 되었다가 결별하였는데 결국 아나키도 아니고 맑스주의자도 더욱이 아니라고 할 것이고 혁명적 사회주의자, 좌파 또는 극좌파가 되었다.16)17) 그는 자신을 〈진

---

16) 『조지 오웰』, 피에르 크리스탱 글, 세바스티앵 베르디외 그림, 최정수 옮김, 1판1쇄 2020년, 1판2쇄 2020년(서울: 마농지), p.41, pp.107~8.

17) 이에 대해 피터 드러커(Peter F. 1909~2005) 교수는 그의 회고록인 『방관자의 모험(Adventures of a Bystander)(『어느 한 방관자의 모험들』: 내가 생각한 번역)』(1994 개정판; 1978 초판)에서 〈설상가상으로 소련 인민위원들은 스페인에서 비공산주의 정당의 지도자나 공화주의자 쪽 집단, 즉 사회민주당원과 가톨릭 바스크인, 카탈루냐 자유주의자, 무정부주의자를 체계적으로 숙청했다. 1937년 숙청에 대한 소문이 처음 스페인에서 나오자 러시아는 이를 완강하게 부인했으며 마이스키는 브레일스포드를 설득해 그 소문을 나치의 선전으로 몰아붙이는 글을 쓰게 했다. 그러나 그 이후 조지 오웰, 아르투르 쾨스틀러, 어니스트 헤밍웨이처럼 완벽하게 신용할 수 있는 좌파들와 스페인 내전에 참가한 미국의 에이브러햄 링컨 여단에서 살아온 병사들의 목격담에 의해 그 소문은 사실로 입증됐다.〉라고 하였다. 『피터 드러커 자서전』(원제 『방관자의 모험』), 피터 드러커 지음, 이동현 옮김, 제1판1쇄 2005년, 19쇄 2019년 (서울: 한국경제신문, 1994 개정판 번역), pp.391~2.

이처럼 죠지 오웰, 아르투르 쾨스틀러(1905~83)와 어니스트 헤밍웨이(1899 ~1961)가 〈완벽하게 신용할 수 있는 좌파〉라고 하였다. 그러니까 진짜좌파라는 것이지. 찐좌파! 특히 드러커 교수가 어니스트 헤밍웨이를 '완벽한 좌파'로 본 것이 매우 특이한데 앞으로 더 연구해야하겠지만 나는 그동안 헤밍웨이의 취재경로를 보고 이미 의문점을 가졌다. 특히 그가 스페인 내전에 종군하고 말년에 쿠바 아바나에 가서 산 것을 보고 매우 의문을 가졌다. 그러나 거기서 『노인과 바다』(1952)를 써서 노벨문학상을 받았다(1954). 그러면 완벽한 좌파 헤밍웨이가 노벨문학상을 받을 수 있나? 노벨상을 받으려고 노선세탁이라도 했단 말인가? 그런데 그간에는 헤밍웨이가 미국/소련 정보원이라고도 했는데 진실은 더 알아보야 할 것이고 죠지 오웰이 1945년 파리에서 헤밍웨이를 만난 적도 있다. 그리고 죠지 오웰은 찰리 채플린과 고고학자 골든 칠드, 역사학자 E. H. 카 등도 공산주의자로 명단에 올렸다(1949/2003년 공개). 헝가리 출신의 영국작가 아르투르 쾨스틀러도 죠지 오웰과 비슷한 사상의 궤적을 걸었는데 쾨스틀러는 확실히 전향을 했다 고 본다. 그러면 영락없는 공산주의자인 헤밍웨이는 왜 자본주의 미국에서 노벨문학상을 수상(1954)하도록 밀었을까? 뭐

정한 사회주의자〉로 생각한 것같다.18) 진정한 사회주의자와 이상적
공산주의자는 뭐가 다른가? 결국 공산주의자가 아닌 극좌파가 되었
다. 내가 볼 때 이상적 공산주의자나 무정부주의자, 혁명적 사회주
의자, 극좌파, 진정한 사회주의자, 심정적 사회주의자는 대부분 같
은 표현이라고 본다. 내가 볼 때는 오웰이 말할 것이다, **"그 넘이 그
넘이야!"** 오웰이 통합노동자당 민병대로 입대해서 줄 선 것으로 몰
린 트로츠키파가 오히려 정통 공산주의자이라고 할 수 있으니 오웰

다 이유가 있겠지. 헤밍웨이가 인도주의자였나? 공산주의자도 인도주의자가
되나? 근데 공산주의자나 사회주의자는 유물론의 신봉자인데 유물론자가 인도
주의자가 되나? 글쎄 뭐 된다면 되겠지, 누가 뭐래?

그리고 피터 드러커의 아버지 아돌프 드러커Adolf Drucker는 오스트리아 프리
메이슨 수장, 즉 지부장이었다. 피터 드러커는 "나도 그 사실을 알고 있었지만
아버지가 스스로 밝혔던 것은 아니다. 그는 프리메이슨 오스트리아 지부의 비
밀을 철저하게 준수했다." 라고 회고하였다. 윗책, pp.273~4. 그리고 그의 아
버지는 미국 이주 후 〈1941년 65세에 워싱턴으로 옮겨가 아메리칸 대학에서
계속 가르쳤을 뿐만 아니라, 미국 관세위원회와 함께 유럽 경제재건에 대해 연
구하기도 했다.〉 윗책, p.532. 그리고 그 윗대는 『안네의 일기』(1947)로 유명
한 네델란드에서 출자하였다. 따라서 드러커의 가계도 평범하지는 않고 매우
범상치 않다고 볼 수 있다.

그리고 Bystander를 방관자로 번역하느냐? 구경꾼으로 번역하느냐? 의 문제
도 있는데 나는 드러커 교수의 회고록의 성격으로 보면 방관자가 맞다고 본다.
다만 방관자 효과(Bystander Effect) 땜에 어감이 조금 부정적이어서 그렇다.
그러나 방관자는 개입이 되어 있으면서도 수수방관 지켜본다는 뜻이 있고 구
경꾼은 그냥 제3자로서 객꾼이기 때문이다. 내 자신은 교수로서 문화인류학적
기법으로 보면 참여관찰자에 가깝다고 본다. 참여관찰자는 연구자신분이 노출
안되는 사례와 노출되는 사례가 있는데 외부연구가가 직접 투입될 때는 노출
안되기는 매우 어렵다. 이는 또 르포타쥬작가의 입장하고도 비교해 볼 부분이
있는데 르포타쥬작가는 비참여관찰자나 관찰한다는 신분이 역시 알려지는
경우가 많으므로 이런 경우는 관찰참여자가 된다.

당신이 어떤 회사에 근무하고 있을 때 주체세력인가? 객체세력인가? 인사인인
가? 아웃사인인가? 방관자인가? 구경꾼인가? 참여관찰자인가? 르포작가인가?
모두 다 상황에 따라 다른가? 하는 것은 생각해볼 필요가 있다.

18) 이강식, "『1984년』은 지나갔는가? - 조직주의와 조직사회에서 인간행동의 향
방 -," 『조직개발』(경주: 환국, 2021), p.413.

은 자신을 공산주의자가 아닌 이상적 사회주의자라고 할 것이다. 참 이름도 많고 현란하고 현학적인데 그만큼 세상이 어렵거나 동시에 그럴수록 더 이상적이 된다는 뜻이겠지.

그러면 트로츠키가 권력을 잡았으면 스탈린 보다 더 나았을까? 그럴 가능성도 아주 적다. 공산주의의 본질이 그런데 뭐가 달라지겠는가? 그러면 죠지 오웰인들 권력파가 되었을 때 다르겠는가? 이 역시 죠지 오웰부터 성찰해야할 과제다. 그러니 사돈 남 말하지 말고 내부터 성찰해야지.

그러면 심정적, 이상적 사회주의자, 진정한 사회주의자와 자본주의자는 뭐가 다른가? 그는 민주사회주의자로 자리매김을 했으나 그역시 여러 가지 모습 중의 하나로 본다. "그 놈이 그 놈이야!" 내가 볼 때는 진정한 사회주의자는 결국 우파에 다름 아니다. 그리고 사회주의자 아닌 사회주의자가 멋있게 보이는 법이다. 그러므로 나는 죠지 오웰이 심정적으로는 전향을 했다고 본다. 다만 그는 전략적 모호성을 지켜서 명시적으로는 밝히지 않았다 고 본다.

근데 모든 것을 다 차치하고 죠지 오웰은 행동하는 위대한 지식인이었다. 영국을 독일군이 침공하여 공중폭격하자 죠지 오웰은 건강이 안 좋은데도 불구하고 서슴지않고 국민군으로 입대하여 중사계급을 부여받아 열심히 참전하였다. 참으로 이튼 스쿨의 노블레스 오블리쥬를 온 몸으로 보여준 참된 영국애국자이지만 그런 것보다도 순수한 자유주의자로서 반제국-반파시즘주의자였다.

『1984년』의 첫장첫줄은 다음과 같이 시작한다.

1장

청명하고 쌀쌀한 4월의 어느 날이었다. 괘종시계가 열세 번 울렸다. 윈스턴 스미스는 기분 나쁜 바람을 피하느라 턱을 가슴에 붙이고 '승리 맨션'의 유리문 안으로 재빨리 들어갔다.[19)]

『1984년』은 쌀쌀한 4월에 시작하는데 이는 T. S. 엘리엇(1886~1965)의 『황무지』(1922)의 첫행인 〈4월은 **최고 잔인한 달**, April is the cruellest month,〉을 오마쥬한 것으로 보인다. 그리고 괘종시계가 13번 울리는 〈하오 13시〉역시 『성경』에서의 예수(-4?~+30)의 최후의 만찬에 모인 13인과 관련하여 상징하는 바가 매우 의미심장하다. 그러면 이날이 금요일이었을까? 나는 충분히 가능하다고 본다. 이건 작품을 좀더 분석해 보면 알 수 있다. 그리고 '승리맨션'도 흥미있는 이름이다. 과연 승리는 있는 것일까? 과연 전쟁이란 있는 것일까? BB는 과연 있는 것일까? 윈스턴 스미스와 쥴리아는 과연 존재하는 것인가? 그 사랑 존재했던 것일까? 이 쥴리아가 그가 재혼한 부인 소니아 브라우넬을 모델로 했으니 사랑했을 것이다.

그리고 윈스턴 스미스는 승리맨션 7층에 살았다. '7'도 여러 가지 상징수인데 특히 『성경』의 제7일 안식일을 뜻할 수도 있고 무엇보다 『성경요한묵시록』의 7봉인, 7재난, 7천사 등을 의미하는 것일 수 있다. 이 부분도 분석하면 다 나오는데 앞으로 더 다양한 해석이 있을 수 있다. 그리고 무엇보다 윈스턴 스미스는 39세였다. 그러니까 우리나이로 치면 아홉수에 걸린 것 같다.

---

19) 『조지 오웰』, 피에르 크리스탱 글, 세바스티앵 베르디외 그림, 최정수 옮김, 1판1쇄 2020년, 1판2쇄 2020년(서울: 마농지), p.147.

근데 죠지 오웰이 1903년 출생이니까 39세면 1942년이다. 우리 나이로 치면 1943년이다. 증강현실로 보면 죠지 오웰은 이때 1941년부터 2년간 영국 BBC방송국에서 라디오 프로그램을 하고 1943년 막 마쳤을 때이다. 이 1943년에서 『1984년』(1948)은 시작된다. 그래서 소설 속에서 나온 고문실 번호 101호는 그의 BBC 근무 당시의 실제 사무실 번호 101호였다. 이 101호가 1층인지 2층인지도 더 조사할 필요가 있다. 이처럼 증강현실에서 소설이 있는데 그래서 소설 속에서 그의 실제감정이 살아있을 것이다. 자기 사무실이 고문실은 아니지만 그만큼 현실감각을 살렸다는 것이다. 그러므로 나는 『1984년』 소설 속의 연대는 1943년으로 특정할 수 있다. 이 연도가 매우 중요하다.

그리고 무엇보다 놀라운 것을 이때 1943년 현재 BB는 45세가량이었다. 그러면 BB는 1898년생 가량이다. 그러면 스탈린과 트로츠키는 모두 1879년 동갑이니 이때는 64세라서 나이가 25세나 많다. 다만 트로츠키는 1940년 암살되었으니 1943년 보다 3년전이다. 이와도 숫자 자체는 비슷하니 관련이 있을 수도 있다.

그러나 그것보다 다시 돌아가서 내가 살펴보면 1943년보다 45년가량 이전이면 1898년가량이다. 레닌은 1870년 출생이고 1924년 사망이니 이 년도자체와는 직접 큰 관련이 없다고 볼 수 있다.

그러나 내가 심층 확인해보니 무엇보다 레닌의 러시아 '노동계급 해방투쟁동맹'이 1895~1898년 활동하였고 이어서 '러시아사회민주노동당'이 1898년 설립한 것으로 보면 이 1898년에 탄생한 BB는 내가 볼 때는 레닌과 볼셰비키를 상징한 것이 확실하다. 이처럼 분석하면 다 나오는 것이다. 그래서 BB가 45세가량이면 이 1898년,

이때를 상징하는 것인데 다만 레닌의 볼셰비키는 러시아사회민주노
동당을 계승하여 1903년에 설립되었는데 죠지 오웰은 1898년을 원
설립일로 인정하였다고 볼 수 있다. 따라서 나는 특히 레닌의 볼셰
비키의 1898년의 설립을 상징한 것이 아주 명징하다고 본다. 그러
면 『1984년』(1948)을 더 분명하게 심화연구할 수 있다. **큰형님 Big
Brother BB는 레닌을 나타낸 것이고 영사는 레닌의 볼셰비키와 스
탈린의 소련공산당을 나타낸 것이다.** 그리고 2분증오, 증오주간은
당연히 그가 줄 선 트로츠키를 등장시킨 것이다. 소설과 현실은 이
렇게 증강현실로 일치한다. 큰 형님이 너를 주시하고 있다!

39 + 1903 = 1942 Or 1943.

1943 - 45 = 1898.

1898! 볼셰비키 전신 설립년도! 소련 공산당 전신 설립년도! 다만
1903년은 죠지 오웰의 생년인데 죠지 오웰이 1898년을 창립년도로
인정한 것은 이와도 관련이 있다 고 본다. 그래서 BB가 45세가량이
라고 한 것 같다. 어쨌든 죠지 오웰은 1903년생으로서 볼셰비키와
소련공산당과 생년, 창립년이 같아서 알 수 없는 인연이 있다.

그러나 그가 어디에 줄 섰는지를 몰랐다 고 보통 말하지만 나는
이해하기 어렵다. 공산주의자들은 노선과 노선투쟁이 매우 주요하
지 않은가? 따라서 죠지 오웰 정도되는 사람이 몰랐을 리는 없고 첨
부터 돌아가는 판세를 다 알았을 것이다, 다만 나중에 탈출 후 소설
을 쓰려니 **전략적 모호성**을 유지했을 것이다.

무슨 말인가? 하면 나는 죠지 오웰이 확실히 전향을 했는지가 궁
금한 것이다. 그는 결코 전향을 했다고는 하지 않을 것이고, 결국 우

파로도 좌파로도 완전히 기울지는 않고,[20] 진정한 사회주의자로 자리매김을 하였는데 진정한 사회주의자와 자본주의자는 뭐가 다른가? 수사적 전향인가? 여기에도 여러 가지 경우의 수가 있는데 앞으로의 지속적 연구과제이다. 다만 진정한 사회주의자가 자본주의사회에서 큰 성공을 거두었으니 그것도 큰 의미가 있다. 나는 죠지 오웰이 노벨문학상을 받지 못한게 아쉽다. 그 역시 끝까지 휴머니스트였는데 말이다. 극좌파가 휴머니스트야? 그리고 그는 르포르타주 작가로서 관찰자이기도 하고 목격자이기도 하고 풍자가이기도 하고 독설가이고 소설가이기도 하고 무엇보다 소중한 시대의 증언자이다.

중남미의 어떤 나라에서 드뎌 이른바 공산주의혁명이 성공하였다. 그런데 그 혁명을 성공시키기 위해 젊은 여성공산주의자가 엄청난 고난을 무릅쓰고 헌신하였다. 그러나 혁명이 성공한 후 아무리 보아도 그녀가 믿었는 공산주의와는 거리가 멀어도 너무 멀었다. 그 젊은 여성공산주의자동무는 마침내 위원장동무를 찾아가 소리쳤다.

"이게 혁명입니까?"

이게 혁명입니까! 결국 여성동무는 자기 나라를 또 한번 해방시키고자 자기 나라를 떠나서 미국으로 망명갔다.

한번 더 혁명! Once More Revolution! 두불일하나?

다시 혁명! Again Revolution! 어떤 혁명인가?

설마 또 공산주의 혁명은 아니겠지? 그러면 자유민주주의혁명인가? 그래야 하겠지. **진화와 혁명!** Evolution & Revolution! 어느 쪽인가?

진화와 창조 Evolution & Creation, **보수와 진보** Conservation &

---

20) 『조지 오웰』, 피에르 크리스탱 글, 세바스티앵 베르디외 그림, 최정수 옮김, 1판1쇄 2020년, 1판2쇄 2020년(서울: 마농지), p.153.

Progress, 어느 쪽인가?

죠지 오웰의 시대경험은 문학작품 속에서 현대의 고전으로 남아 길이 시대의 증언자가 되었다. 그의 문학을 통해 인류는 어떤 값비싼 교훈을 얻었나? 얻기는 얻었나? 근데 있기는 있나? 인류의 역사에서 그 정도 교훈은 늘상 있어 온 것 아냐?

그러나 그게 아니고 오웰은 'Orwellism 오웰주의,' 'Orwellian 오웰적인' 이라는 신어Newspeak를 남길 정도로 신세계의 혁명적인 전체주의를 보여주고 있는데 그것은 이제 그가 공업혁명과 공업주의에서의 거대조직의 전체주의를 보여주는 것으로서 문명사적으로도 큰 의의가 있다 고 나는 본다. 다만 그는 그 혁명이 공업주의에서 온다는 것은 문명사를 전혀 몰랐다 는 것이 나의 학설이다.

그런데 나는 같이 산 책 중에 '부자되는 법'이라는 취지의 중고 책에도 상당히 관심이 가서 얼른 책바구니에 담았다. 이 책은 새책같은 헌책으로 나온 책이어서 궁금증이 더 하였다. 과연 이 책을 쓴 사람은 부자가 되었는가? 이 책을 보면 실제 부자가 되는가? 이 책을 중고로 판 사람은 과연 부자가 되었는가? 부자가 되어서 이 책을 팔았나? 아니면 부자가 안 돼서 화김에 팔았나? 궁금하면 사서 읽어보면 될 일이었다.

그후로도 내가 책을 사면 서점여주인은 궁금한 것을 계속 물었다.

"이 책을 사가서 언제 다 봅니까?"

"한번 보기 시작하면 금방입니다."

서점여주인은 개점 이후 최대의 의문을 해결하기 위함인 듯 계속 고군분투하며 물었다.

"이 책을 사 가서 본인이 볼려고 사갑니까? 아니면 가족이 볼려고 사갑니까?"

나는 흥미를 갖고 진지하게 말했다.

"그걸 답변해주면 내게 무슨 이득이 있습니까?"

나의 가장 자본주의자적 답변적 질문에 여주인은 헤-하고 웃었고 나는 다시 말했다.

"내 질문이 갈수록 어렵고 난해해지는군요."

나도 웃고 여주인도 다시 웃었다.

근데 잠깐! 죠지 오웰이 왜 부자로 끝나죠? 그니까그니까 이번만 이번만 한번만 특별히 얘기해 주는데 항상 현실로 돌아오라니까! 내가 경영학자가 아닌가!

사례토의

1. 당과 조직은 불사의 계속기업(Going Concern 영구조직)인가? 당은 영생인가?
2. 당조직에 의한 지배는 가능한가? 소련공산당조직은 어떤가?
3. 큰형님(BB)은 실존하는가? 오웰리안 사회Orwellian Society는 텔레스크린, CCTV, AI와 함께 오히려 더 강화되는가? 텔레스크린, CCTV, AI가 BB인가? 어떻게 하면 벗어날 수 있는가? 죠지 오웰은 Orwellian이라는 단어를 좋아하겠는가?
4. 전쟁은 실재하는가?
5. 당은 무오류인가? 당조직에 의한 허위, 위선, 가식은 왜 발생하나? 종교는 어떤가? 공산당 내부의 피터지는 권력투쟁은 무오류인가?
6. 조직주의와 조직사회에서 미래조직과 미래인간의 향방은? 조직인은?
7. 조직의 목표와 개인의 목표는 일치하나?
8. 귀하는 윈스턴 스미스와 줄리아인가? 임마누엘 골드슈타인과 오브라이언인가? 둘 다 인가? 이 속에 너 다 있다?
9. 『1984년』은 지나갔는가?
10. 『1948년』은 돌아오는가?
11. 〈2 + 2 = 〉는 얼마인가? 얼마이어야만 하나?
12. 나폴레옹 동무는 항상 옳다. 탐욕은 항상 옳다. You are always right. 당신은 무엇이 항상 옳은가? 나는?

죠지 오웰

이강식(시인)

죠지 오웰을 내 인생에서 길이 오마쥬하며 나는 묻고자 한다

죠지 오웰은 길지 않은 일생에 큰형님을 만나 유토피아처럼 살았는가?
아니면 큰형님을 벗어나서 디스토피아처럼 살았는가?

높은 사람은 항상 옳다
모든 사람은 평등하다 높은 사람은 어쩔 수없이 더욱더 평등하다
평등은 그가 결정한다
높은 사람은 너를 항상 높은 데서 지켜보고 있다

말하라

말하라

멀더 요원! 정부가 하는 일에 너무 개입하지 마시오 스컬리 요원이
항상 옆에서 보호하고 있소, 그리고 개입의 방향과 크기와 깊이와
강도를 최종 결정하는 것은 담배피는 남자 the Cigarette-Smoking
Man 나요, 나가 주인공이요

나? 나는 당이오. 내가 The Party이고 내가 Ingsoc, 영사라는 사실을
잊지 마시오
오케이, 여기는 오세아니아입니다. OK, Here is Oceania!
그렇죠, 정부를 언제든지 마음껏 비판해도 됩니다, 다만 당으로부터
비판을 아주 쬐금 당하게 됩니다, 별 일 아닙니다. 어둡지 않는 곳에
서 잠깐 만나면 됩니다, 물론 당을 결코 시험하려고 하지 마시오
신은 당이다 God is The Party
너는 높은 사람을 한없이 사랑한다

1 + 1 =

회고록9강-죠지오웰20211221화12:01

==

▌회고록 제10강, 사례연구Case Study ▌

경영학이란? 창세(2008. 5. 20. 17:- 화)
경영학부 경영학전공 이강식 교수

경영학이 곧 사랑이다!

(이강식 교수)

1. **경영학은 돈버는 학문이다.** - 돈벌이학문, 부자학원론, **경영학은 부자가 되는 학문이다.**

2. 경영학은 회사의 **회장**President, **사장**이 되는 학문이다. 회장학, 사장학

3. 경영학은 CEO(**최고의사결정자**Chief Executive Officer)가 되는 학문이다.

4. 경영학은 **리더**(leadership)의 학문이고 **팔로우**(followership)의 학문이다.
   * 리더인 동시에 추종자, 부하가 되는 학문
   * 長이 되는 학문, 전통사회에서는 **제왕학**의 학문, 옛날에는 아무나 배울 수 없었다.

5. 경영학은 **목표달성**의 학문이다. - 영리조직과 비영리조직을 포괄
하는 학문
   * 경영의 경영활동을 합리적으로 수행하기 위한 모든 법칙을 연
구하는 학문
   * 영리조직은 이익달성이 최대목표이다.
비영리조직은 목표달성이 최대목표이다.
   * **경영학은 성공학이다.**
   * 기업경영학은 영리경영학이고 기업, 대기업, 다국적 기업, 초
국제기업의 경영학이고,
일반경영학은 행정, 정치, 학교, 대학, 군대, 국가, 지자체 등
비영리조직의 경영학.
따라서 자기경영, 1인경영, One man Mgt.도 경영이며 경영의
출발이다. Start up. 다만 경영적 생산은 2인이상으로 본다.

6. **경영은 숫자다. 경영은 바텀 라인(Bottom Line)이다.**
   * **경영은 말이 필요 없다. 숫자를 채우는 학문이다.**
   * 이 부분에서 경영학이 냉정하게 보이나, 그러나 숫자를 달성함
으로써 가장 인정이 있는 학문이다.

7. 경영학은 **인간학**이다. **인간경영의 학문, 자기경영의 학문**
   * 인간을 이해하고 인간과 함께 인간을 통해 일을 하는 과정이다.
   * 경영은 인사다.
   * 경영학은 감동의 학문이다. 감동경영학, 감동마케팅, 감격마케팅
   * 따라서 경영학은 시, 소설, 문학, 음악, 미술 등 인문학과 예술,

스포츠를 이해해야 한다.

 * 경영학은 유머의 학문이다. 인간의 학문이다.

8. 경영학은 **평생의 학문**이다.

 * 다른 학문을 하더라도 결국은 경영학을 해야하는 것이다. 결국 기업, 조직에서 근무.

 * 경영은 납기다. **인생의 납기를 항상 기억하라!**

9. 경영학은 **최현대 학문**이다.

 * 21세기는 경영의 세기이다. 21세기 최첨단 사회과학이다.

 * 자본주의의 최첨단 학문이다.

 * **경영학이 자본주의 그 자체다!**

 * 물론 자본주의가 바뀌면 경영학도 바뀔 것이다.

 * 문명이 바뀌면 자본주의도 바뀔 것이다.

 * 그러나 경영학은 영원하다!

10. 경영학은 **주류 학문**이다. 대통령도 국가경영학전공이다.
 President의 학문

 * 많은 대학생이 대부분 경영학을 전공한다. 진로가 가장 넓고 포괄적이다.

11. 경영학은 **의사결정의 예술**이다. - **주체적인 학문, 개별경제, 미시적, 경영학은 창조다!**

 * 무에서 유를 창조하는 무한한 가능성이 있는 학문이다.

인적물적화폐적 자원의 학문, 자원유한 경영무한
→ 경영학은 행동을 위한 학문이다.
경영학은 실천하는 학문이다.
* 경영학은 이론과학이며 실천과학이다.
경영학은 과학이며 예술이다.
경영학은 평가와 보상의 학문이다.

12. *경영학은 인간이다.* 인간을 사랑하고 자신을 사랑하는 인문학
적 과학
* 경영학은 약자의 눈물을 닦아주는 학문이다.
* 상생경영학, 경영학은 내가 살고 남을 살리는 학문
我生 然後 生他也!
* 경영학은 모든 이해관계자의 학문이다. 노사관계론.
* 경영학은 나눔의 학문이며, 봉사의 학문이다. 기부의 학문이다.
* **경영학은 봉사의 학문이다. 경영학은 인생학이다.**
* **그러나 이 모두는 이익달성을 했을 때, 할 수 있다.**
* *진실 정의 사랑*
* 경영학정신, 경영정신

13. 경영학은 팔아서 이익을 내고 이익을 어떻게 사용할지를 결정하
는 학문이다. No Sales, No Business. No Profits, No Business.
Business Administration, (Management) (Marketing) (Profit) (Social
Responsibility) (Decision Making) (Science) 원가=가격-이익
* 경영은 홍보다.

14. 측정할 수 없으면 경영할 수 없다.

No Measurement, No Management.

경영은 측정이다. 경영해야 측정하고 측정해야 경영한다.

15. 경영학은 우주론 Cosmology 이다.

경영학은 우주론이고 우주발생론이고 우주구조론이다.

천지우주를 경영한다! 經天營地!(경천영지!)『회남자』

道論(도론), 道構造論(도구조론), 道分化論(도분화론), 道(도)의 分岐(분기). * 경영은 구조, 기능, 과정이다.

* 천지경영학, 우주경영학 - 신의 경영학, 마음의 경영학

돈의 경영학, 도의 경영학. 경영학의 도는 돈이다. 도는 돈이다.

16. 경영의 사이클이란?

목표(feat.목표이익)→성과(feat.납기)→보상(feat.공정)→이익(feat.SR)

↑ ← ← ← 환류Feedback ← ← ← ↓

- 따라서 경영학은 갈수록 수요가 늘어나는 학문분야로서 취업, 진학, 상업계 교육대학원 진학, 외국 유학, 정보화, 세계화, e-비즈에 다 포괄적인 학문이다.
- 경영학전공은 인사, 조직, 노사, 최고경영자, 생산, 품질, 기술관리, 마케팅, 광고, 유통, 전자상거래, 재무, 금융, 주식, 투자, 경영분석, 창업, 중소기업, 컨설팅분야에서 전문가를 양성하는 전공이다. 경영학의 대부분을 포괄하며 회계, 세무, 경영정보, 국제통상을 겸해서 최고경영자가 되는 이론과 실무를 배운다.

사례토의

1. 경영은 과학인가? 예술인가? 둘 다인가?
2. 경영학은 이론과학인가? 실천과학인가? 둘 다인가?
3. 경영학과 경제학은 어떻게 다른가?
4. 경영학과 자본주의, 공업문명, 기독교주의는 어떻게 상호 발전하여왔나? **"경영학이 자본주의 그 자체다!"** 라는 이강식 교수의 학설을 인정하나?
5. 경영학과 자본주의, 공산주의는 왜 발생하였으며 어떻게 다른가?
6. 21세기는 경영학의 세기라는 것을 이해하나?
7. 경영학과 자본주의의 미래향방을 예측하고 경우의 수에 따른 장단점을 논하고 문제점의 보완책을 수립하라.
8. 돈을 벌려면 경영학을 공부해야하나? 다른 학문의 발전에 경영학의 혜지가 어떻게 기여할 수 있나?
9. 회사는 왜 발생하였으며 이제 회사인이 인생인가?
10. 이익이 경영의 신인가? 머리 끝에서 발끝까지 능률로 무장한 회장이 신인가?
11. 경영학은 사랑인가?
12. 경영학정신과 경영정신은 무엇인가? 이 사례가 경영학의 이해에 도움이 되었나? 무엇이 도움되었고 무엇을 보완해야하나? 무엇이 더 궁금하나?
13. 경영주의(합)는 자본주의(정)와 공산주의(반)를 통합할 것인가? 경영주의(합)가 자본주의(정)와 공산주의(반)를 수렴통합한다 는 이강식 교수의 학설에 동의하나?

내10강-**경영학이란?**20210303이강식

===

▌회고록 제11강, 사례연구Case Study ▌

아! 효녀! 효남매!

이강식(명예교수 전)

내가 평생을 살아오면서 효녀를 많이 보기도 했지만 이렇게 깊은 인상을 오래 남긴 효녀는 처음이었다. 하루는 울산 신복환승센터에서 좌석버스를 타려고 상당히 오래 기다리고 있었다. 그런데 젊고 아름답고 참하게 생긴 아가씨가 검은 마스크를 쓰고 검은 소매 티를 입고 매표소에 표를 사려고 왔다. 그런데 무심코 보니 왼쪽 팔뚝 뒤에 문신을 새기고 있는데 그 문신이 좀 특이하였다. 보통 일반적으로 젊고 아름답고 참하게 생긴 아가씨가 문신을 새기는 것도 특이하지만, 그러니까 내 말은 새겨도 상대가 새겨야 하지 않겠는가만, 그 문신이 우선 보아도 첫글자는 알파벨이고 중간글자는 흔들려서 잘 안 보이고 끝글자는 이상하게 분명 라틴숫자 같은데 잘 안 쓰는 고단위숫자여서 아슴아슴 역시 판독이 잘 안 되었다. 그래서 슬금슬금 다가가 눈치 안 채게 볼려고 했으나, 그러나 이제는 눈도 더 어둔해져서 판독도 못 하고 있는데, 그 한창 젊은여성이 벌써 다 눈치 채리고 표를 구입하고는 승강장쪽으로 잽싸게 날라버렸다. 그래서 나는 뭔가하고 생각해 보았지만 영 알지는 못하고 궁금하기만 하였다. 나의 직업정신은 못 말렸다. 그래서 이번에는 슬슬 다가가 정중하게 직접 물었다.

"아가씨, 실례지만 한가지 물어봐도 될까요?"

그러자 그 아가씨는 남루한 내 행색에도 조금도 꺼려하지 않고 토요일 상오에 여러 사람이 승강장에서 보고 있는 와중에도 아주 친절하게 대해주었다.

"예, 예."

예쁜 아가씨가 과연 마음씨도 좋았다.

"이 왼팔 뒤의 문신이 무슨 뜻입니까?"

그러자 젊고 예쁘고 마음씨 좋은 여성이 조금도 주저하지 않고 즐겁게 대답해 주었다.

"어머님 생일이예요."

그래서 내가 상당히 놀래서 슬금슬금 뒷걸음 치면서 이번에는 내가 말했다.

"아, 예, 예."

어머니의 생일을 왼팔뚝 뒤에 또렷하고 단정하고 아름답게 영문 이니셜과 라틴숫자로 문신으로 새겼다니 놀랠 수 밖에. 라틴숫자도 요즘 젊은여성이 알기도 어려울텐데, 라틴숫자로 엄마생일을 새기다니 현실모녀에서는 이런 일이 아주 있기 어려웠고 또 어머니와 사이가 좋더라도 잘 있기 어려운 일이었다. 그래서 물러나 서있으니 탐구심이 또 활활 불탔다. 다시 조심조심 다가가 물었다.

"그러면 이 문신을 누가 원해서 새긴거예요?"

그러자 젊은여성이 이번에는 웃음을 아주 참지 못하고 마스크 뒤로 즐겁게 웃으면서 기쁜 목소리로 대답하였다.

"내가 원해서 새긴거예요. 어머님 생일에 기념할만한 일이 있어서 내가 새겼어요."

젊은여성은 생각만해도 행복어린 표정을 마스크 뒤로 짓고 있는데, 나는 너무 놀래서 더 이상 묻지도 못하고, 두 번, 세 번 깊은 목례로 경의를 표하고, 그러니까 보기 드물게 나도 모르게 저절로 감복해서 고개숙여 두 번, 세 번 절을 하며, 젊은여성을 앞에 두고 다음과 같은 감탄을 두 번, 세 번 말하면서 슬금슬금 뒷걸음치며 물러났다.

"효녀시군요. 효녀시군요."

뒤로 물러나는데 다리가 떨려 걷기도 어려웠다. 물러서서 생각을 가다듬어 봐도 정신이 어질어질할지 걍 서 있기도 어려웠다. 내 나고는 이런 효녀는 처음이었다. 요새 딸이 아니었다. 근데 그 와중에도 또 궁금하였다.

"도대체 딸로부터 이런 오마쥬를 받는 그 어머니는 누구인가?"

나이로 봐서는 분명 젊은여성일텐데, 그러나 이걸 다시 가서 더 묻지는 못하였다. 전국의 어머니들, 그리고 동서고금의 어머니들께서는 사정이 어떠하신지. 딸들은 또 어떠하신지. 모녀사이가 너무 좋은 경우가 많고 효녀도 매우 많지만 현실모녀에서는 사이가 안 좋은 경우가 많고 정신분석심리학에서는 어머니와 딸이 태생적으로 사이가 안 좋은 것을 엘렉트라 콤플렉스(Electra Complex)로 일찌기 정립하고 있고 외디푸스 콤플렉스(Ödipus Complex)와 함께 내가 매학기 필수 강의했던 바였다. 이 문제는 종교에서도 상당히 탐구대상이 되었다. 그런데 이 탁월한 이론을 뒤집어도 확실히 뒤집는 현실사례를 발견하였으니 내가 탄복을 하지 않겠는가?

정신을 수습하지도 못하고 있는 사이에 내가 탈 좌석버스가 훌쩍

승강장으로 들어왔다. 나는 정신차릴 겨를도 없이 갑자기 만난 신비
하기까지한 젊은여성을 뒤로 하고 정신없이 뛰어서 겨우 좌석버스
를 탔다. 외람되지만 행복한 모녀를 위해서 반드시 기도를 해주고
싶었다. 내 생애에서 만난 젊은여성 가운데 가장 인상 깊게 남아있
는 여성 중의 한 사람이며 깊은 울림은 아직도 계속되고 있다.

아! 효남매!

바로 이 날 좌석버스를 타고 가는 도중에 신호가 걸려 차가 오래
섰는데 이때 창밖을 보니 고급자가용을 타고 일가가 즐겁게 나들이
를 가고 있었다. 그런데 아버지는 운전을 하고 있는데 지붕에 가려
보이지는 않았고, 어린 큰딸은 운전석 옆 상석에 앉아있고 동생인
어린 아들은 그 뒷좌석 상석에 앉아있고 어머니는 그 옆 좌석에 앉
아있는데, 역시 보이지는 않았다. 역시 이 집도 가장 어린 아들이 서
열 1위였다. 물론 그 배후는 따로 또 있을 수 있다.

그런데 어린 딸이 차 안에서 나를 잠깐 보았다. 그래서 내가 브이
를 하면서 즐거운 여행을 함께 하고자 했는데 어린 딸은 별로 본 척
하지 않고 옆의 아빠와 얘기하거나 앞만 보았다. 그래서 내가 가정
교육이 아주 잘된 아이라고 생각했다. 그리고 뒤를 보니 어린 아들
이 마스크를 안 하고 있었다. 누구보다 귀한 아들이 조심해야지 싶
어서 그래서 내가 손가락으로 내 마스크를 가르키니 어린 아들이 나
를 별로 안 보는 것 같으면서도 다 보고 퍼뜩 알아듣고 은근쓸쩍 목
에 걸고 있는 마스크를 당겨서 썼다. 역시 가정교육이 잘 된 영민한
아이였다. 귀염받고 있는 외동아들이 그렇게 말을 잘 듣기도 어려웠

고 보통은 말을 안듣고 오히려 버스에 탄 나를 놀리고 장난치려고만 할텐데 그러지를 않았다. 그리고 나에게는 별 관심을 보이지 않고 다시 가족에 집중하였다. 그러자 이번에는 엄마가 안전벨트를 슬쩍 당겨서 매었다.

나는 상당히 감동하였다. 아빠 엄마가 어떤 사람인지 궁금하였지만 보이지는 않았다. 물론 감동하기는 아직 일렀다. 아직 크면서 더 좋은 가르침과 교육이 필요하기 때문이지만 그러나 그것은 어디까지나 기우일 것이고 아주 기특한 어린 효남매였다. 훌륭히 자라 부모와 국가의 큰 동량지재가 되기를 기원하였다.

오늘 무슨 효특집해서 나를 부끄럽게 하나? 하는 생각까지 들었다. 이윽고 차는 헤어졌고 나의 부끄럽고도 행복한 모든 상념과는 별 상관없이 버스는 다시 먼 길을 달렸다.

사례토의

1. "효는 백행지근본"이라는 것은 당연한가? 자명한 진리인가? 이를 믿나? 부모자식은 천륜인가?

2. 효도는 어디까지가 공자의 진설인가? 효도의 정치적 목적이 있나? 大孝(대효)란 무엇인가?

3. 효도가 가능한 정치경제사회적 장치는 무엇인가? 『효경』을 보았나? 『효경』은 공자의 진설인가?

4. 혈연에 대한 효도가 우선인가? 왕에 대한 충성이 우선인가? 국가에 대한 충성이 우선인가? 천륜과 사회적 계약, 어느 것이 우선인가? 충효인가? 효충인가?

5. 대가족이 없어지고 핵가족도 없어지면 효도는 어떻게 존재하지?

6. 자식에게 꼼짝없이 올인하는 것이 노후대책이 되나? 부모공양은 어떻게 대체해야하나? 효심인가? 세금인가? 연금, 보험인가? 효도에 대해서는 나이 들면서 계속 더 살펴보기로 하고 이 사례가 도움이 되었나?

회고록11강-아!효녀!효남매!20210918토10:42이공식

==

▌회고록 제12강, 사례연구Case Study ▐

대통령

이강식(명예교수 전)

아직은, 아직은 말할 수 없다. 말할 수 없다기 보다도, 이는 사실 내가 덮고 그냥 가려고 하였으나, 시대의 새로운 과제가 긴급하게 대두되고 있기에 반드시 증언을 남기고, 이를 해결해야할 필요성이 있어, 기록을 해두고 해결책을 찾고자 한다. 차분하게 찾으면 해결책은 반드시 나올 것이다.

그런데, 대통령 이라고 이름 붙이니, 내가 대통령들과 무슨 큰 교분이라도 있는 것 같으나, 역대 대통령과 개인적인 교분을 가진 이는 전혀 없다. 그리고 더 나아가서 현직대통령을 직접 만난 적도 없다. 다만 이명박(1941~ MB) 대통령은 되기 전에 이런저런 행사장에서 만나, 단순 악수만 4~5차례 한 적은 있다. 유일한 예이다. 그렇지만 모두 선거관련행사였으니, 선거가 좋기는 좋은 것이다. 선거가 아니면 언제 가까이서 얼굴이라도 한번 보겠는가?

그렇지만 세상 일은 단순하지 않다. 대통령 선거과정에 내가 깊숙이 관여한 적이 몇 번 있게 되었다. 그것도 단지 국민의 한 사람으로서 그랬으니, 나로서도 참으로 흥미진진한 일이다.

1987년 아무튼 그 해는 전국적으로 안개처럼 짙게 깔린 최류탄으로 날이 새고, 최류탄으로 날이 진 가히 '최류탄의 해' 였다. 대통령 직선제를 두고 한 치 앞을 내다 볼 수 없는 '최류탄정국'으로 여야가 서로 엄중하게 대치하고 있는 중이었다. 심지어 시위대가 청와대로 돌진하는 일촉즉발의 사태가 발생하고 있었는데, 그때 경찰의 최류탄이 모두 동이 나서 치안국장이 피를 말리고 있었다. 다행이 시간이 늦어 시위대가 스스로 회군하여 간신히 위기를 피하는 형편이었다. 이때 물론 전국민의 관심은 모두 이에 쏠려있어 사람들이 도처에서 만나기만 하면, 대통령직선제 갑론을박으로 날이 새고 또 밤을 지샜다.

나는 그때 지인과 역시 이런저런 시국얘기를 하고 있었는데, 평소에는 내게 의견을 전혀 구하지 않던 지인이 생전 처음으로 이 상태를 어떻게 해결하면 좋으냐고 나에게 기대를 하며 물었다. 나는 처음에는 "내가 뭘... 다들 잘 알아서 해결하겠지요." 라고 말하며 완곡하게 사양하였다. 그러자 지인이 다소 성질을 부리며 평소 얘기는 많이 하는데 해결책을 말해보라고 힐난하며 처음으로 다시 한번 강권하였다. 내가 평소 얘기한 것도 별로 없고 내게 의견을 물은 일도 그간 본시 없는 일인데 어지간히 다급한 모양이었다. 그래서 내가 간단명료하게 말했다.

"대통령직선제를 하려면 서로 짜고 해야합니다. 전 대통령은 노 후보를 대통령에 당선시켜주고, 노 후보는 전 대통령의 사후보장을 해줘야 됩니다."

이게 내가 대통령선출에 관련된 시초였다. 그리고 정치에 관련된 첫걸음이었다. 그러자 지인은 한참을 생각하더니 아무 말없이 그냥 넘어갔다. 그러나 얼마 안 가 곧바로 6.29선언이 터졌다. 6.29선언의 핵심골자는 내가 대책을 낸 그대로였다. 한 치의 앞도 볼 수 없었던 그 복잡다단한 정국을 내가 말 한마디로 간명하게 풀었다.

그러나 나는 1987년 6월 29일 월욜 당일 상오, 6.29선언을 보고 너무 놀라서, 그날 다른 사람과 점심을 먹고 있었는데, 내 혼자 수심에 잠겨 점심을 못 먹을 정도가 되었다. 나는 놀라서 누구에게도 말을 못하고 혼자 생각했다.

"아! 큰일 났다! 이 6.29선언의 혼란이 최소한 30년은 갈텐데 이를 어쩌나?"

6.29선언의 핵심골자는 내가 얘기한 대로 아주 잘 되었다. 그런데 정치인은 정치인인지라 너무 많은 민주화내용을 담아 수습이 매우 어려울 것으로 보였다. 나는 노태우 후보가 직선제대통령에 당선될 정도만큼 만을 담아 발표하기를 바랐지만, 정치인의 욕심은 그게 아니었다. 확실히 당선되도록 최대한 많은 내용을 담아 포장을 한 것이다.

특히 노사관계는 6.29선언 발표에도 없었는데, 당장 노사분규가 전국적으로 폭발적으로 일어나 상당한 사회문제를 야기하였다. 나중에 한꺼번에 치루는 수업료가 더 혹독하였다. 그러나 내가 어쩔 수는 없고, 나도 생업이 있으니, 내 할 일을 하면서 지켜 볼 뿐이었다. 6.29선언은 좋았고, 우리 헌정사의 일대 발전을 이루었으나, 그

혼란 또한 내가 당초 생각한 만큼 30년도 넘게 가고 있다.

6.29선언의 진실은 이렇게 시작되었다. 그러나 6.29선언만으로 노 후보가 당선이 된 것은 아니다. 노 후보가 유력한 여당후보이기는 했지만, 민주화로 폭발된 야당의 공세도 대단했다. 특히 야당후보는 젊은층의 폭발적인 지지를 받고 있었다. 그래서 나는 노 후보도 청년조직을 결성하여 적극적으로 대응하는 것이 좋겠다고 전략을 제공하였다.

마침내 노 후보도 청년조직을 구성하여 첫 상견례를 가지게 되었다. 그런데 청년조직이 사실 대부분 대학생조직이었고 이 자리에서 노 후보가 첫 스피치를 하게 되었는데 당시 상황에서 관계자들이 엄청 긴장 속에서 가슴 졸이며 지켜보고 있었다. 이 자리에서 노 후보의 최초의 일성은 다음과 같았다.

"공부하러 안 가고 왜 여기 와 있습니까?"

그래서 관계자들이 매우 놀랐다. 이렇게 진솔하게 시작한 대선캠페인인데 노 후보의 지지율은 계속 답보상태를 못 면하였고, 이대로 가다간 어렵다는 위기론까지 여권내부 속에서 대두되고 있었다.

그런데 그 와중에 노 후보가 전주유세에 갔다가 폭력사태로 상당한 곤경을 겪기까지 하여, 더 곤란을 겪고, 혼란에 빠진 것처럼 보이기까지 하였다. 그때 나는 노 후보캠프의 아는 사람에게 전화를 하여 물었다.

"광주는 안 갑니까?"

그러자 그 사람은 절대 안 간다는 것이다. 그럴 것이다. 그래서 내가 또 전략을 제안하였다.

"그쪽에 가서 깨져야 이쪽에서 표가 나옵니다."

과연 곧바로 노 후보는 광주유세를 감행하였고, 엄청난 폭력사태로 노 후보측이 매우 곤경을 겪는 듯하였지만, 그런데 그게 아니고, 그동안 관망하고만 있던 노 후보의 지지자들이 '욱'하고 들고 일어나, 표의 집중도가 확 불타올라, 노 후보의 승리가 확실하게 되었다. 이게 6.29선언의 진실이다. 그러면 내가 제안한 6.29선언의 진정한 헌정사적 일대 진실은 무엇인가? 그것은 다음과 같다.

"헌정사상 최초의 평화적 정권교체!"

헌정사상 이 의의는 아주 대단한 것이며, 이것이 내가 수립한 전략의 영원한 보람이었다. 그래서 이후로 지금까지 평화적 정권교체의 틀이 비로소 마련되었다. 이 비의는 사후보장이었다. 이것이 6.29선언의 큰 의의이며, 내가 대통령선거에 관련하여 얻은 나의 가장 큰 보람이다. 나는 국민의 한 사람으로서 이러한 전략을 내어 민주화에 크게 기여한 것을 지금도 매우 뜻깊게 생각하고 있고, 이 보람은 계속될 것이다. 그리고 나의 대전략이 그후로도 대선에서 오래 활용되었다. 나로서는 매우 뜻깊은 일이다.

그런데 나는 보람을 크게 느끼면서, 그저 말없이 내 생업에 열중하고 있었는데, 문제는 다른 양상으로 심각하게 곧장 발생하였다.

아쉬운 일이었다. 곧 전두환(1031~2021) 전임대통령과 후임 노태우(1932~2021) 현직대통령간의 머리 박터지는 권력투쟁이 시작되었다. 그럴 것이다. 이제 정권교체가 되니, 전임은 공로가 다 자기 것이라 생각하기 아주 쉽고, 특히 주변의 정치인들이 자리 땜에 부추키는 것 같았다. 그럴 것이다.

그러나 후임 현직과 그 주변 정치인은 생각이 전혀 달랐다. 그럴 것이다. 오히려 도움은커녕 손해까지 봤다고 생각하는 것이 인간다 반사가 아닐런가? 배은망덕이다, 적반하장이다, 인간정기를 바로 잡기 위해 있을 수 없는 일이다. 모든 것을 떠나서, 나는 항상 인간의 어찌할 수 없는 욕심이라는 변수를 그냥 넘어가고, 순리대로 잘 될 것으로만 생각하는 것 같은 경향이 있었다. 이상주의다! 그러나 현실은 그렇게만 되지 않고, 항상 사욕이 일을 엄청 꼬이게 하였다. 권력이란 워낙에 부모자식부부형제남매자매동서 간에도 나누지 않는 것이라고 하지 않는가?

전임과 현직대통령의 머리 박터지는 권력투쟁은 곧 전임을 백담사로 가게 하였고, 이에는 후계자를 노리는 측근의 음모도 대단하였다. 그리고 미래권력을 노리는 측들의 치열한 권력암투도 대단하였다. 그 결과는 후일 전두환, 노태우 두 대통령이 감옥소를 가는 단초가 되었다.

나는 김영삼(1928~2015) 대통령과도 별다른 교류는 전혀 없었다. 그러나 정치인의 학습능력은 대단하였다. 김영삼 후보도 야당총재에서 여당후보는 되었으나, 지지율은 오르지 않고 지지부진하였다. 그러나 그때 김영삼 후보는 광주유세를 감행하였고, 광주에서 허벌나게 일어난 폭력사태로 엄청 곤욕을 치루었다. 이때 김영삼 후보는 광주에서 부산으로 오면서 "광주사람을 부끄럽게 해줍시다."라고 말하였고, 이 말이 신문에 대서특필되었다.

그러자 그동안 보고있던 김영삼 후보의 지지자들이 '욱'하고 들고 일어나 마침내 대통령에 당선되었다. 그러나 허벌난 권력투쟁은 역시 피할 수 없었고, 마침내 전두환 대통령과 노태우 대통령은 감옥소를 가게 되었다.

많은 사람들은 김영삼 대통령의 실정이 IMF라고 하나, 나는 그뿐만 아니라, 그것도 물론 대실정이지만, 그것보다 두 대통령을 감옥소로 보낸 것이 가장 큰 대실정이라고 생각한다. 자유민주주의 헌정에서 대통령으로서 결코 해서는 안되는 일을 한 것이다. 오늘의 정치혼란은 결국 모두 김영삼 대통령 책임이다. 물론 전통과 노통도 '정치인으로서' 자초한 측면도 많다.

'10.26, 12.12, 5.18사태'는 누구의 책임인가? 결국 김영삼, 김대중, 김종필 3김 등등 모두 정치인의 책임이다. 그런 헌정사의 굴곡을 막으라고 정치인이 있는 것이 아닌가? 그런데 막지는 못하고, 책임전가만 한다고 되겠는가?

프랑스 드골(1890~1970) 대통령이 전후 권력을 잡고, 독일부역자 어림잡아 5만명을 처형하였다고 하는데, 드골 대통령은 이것을 자신의 큰 치적으로 생각하고 있는 것 같지만, 그러나 나는 근본적으로 생각이 매우 다르다. 외적의 침략을 막고 국가를 수호하는 것이 군인장성의 본분책임 아닌가? 그런데 드골 대통령이 외적의 침략은 못 막고, 영국으로 발빠르게 피신해서 망명정부를 수립하고, 이의 활동을 통해 어렵게어렵게 국가를 되찾는 큰 공로를 세웠다지만,

처음부터 프랑스군인장성으로서 몸과 마음을 바쳐 조국을 수호해야할 무한책임을 최선을 다해 수행했는가? 하는 것은 전혀 별도의 문제이다. 그러라고 군인이 있는 것 아닌가? 자기는 책임 안 지고 남에게 다 덮어씌워 처형하고 지는 쪽 빠져나가? 그런데 권력을 잡았다 쳐도, 부역자 5만명을 처형하는 것은 결코 쉽지 않은 일이지만, 그러나 어떻게 보면 쉬운 일이다. 무엇보다 큰 대의명분도 있고, 국민의 지지도 받고, 수단도 충분히 확보되어 있다.

그러나 그렇게 해봐야 드골 대통령 자신의 일방적인 무책임한 책임전가일 뿐이다. 그렇게 하면 부역자가 안 생긴다고 믿고 있지만 그러나 그래봐야 부역자가 발생할 상황은 언젠가 또 발생할 것이다. 물론 부역자는 당연히 처벌을 받아야 한다. 그러나 그 먼저 드골 대통령 자신이 군인장성으로서 반드시 책임을 져야한다. 드골 장군 자신이 먼저 처벌받지 않고, 대통령이 되었는데 누가 누구를 처형한다는 것인가? 모두 자신의 책임을 무책임하게 남에게 전가해서 자신의 책임을 숨기려는 정치인의 간계에 불과하다. 자기책임이 가장 주요하고 어려운 일이다. 그런가? 내 학설에 동의하는가?

그후 내가 제안한 전후임연대전략은 계속 이어 가서 평화적 정치는 이어갔는데, 나는 그것도 보람으로 생각했으나 그러나 다 사리사욕 때문에 늘상 연대가 깨어져서 나는 아쉬움을 감추지 못 하였다.

김영삼 대통령도 마찬가지이다. 누구보다 책임져야할 김영삼, 김대중, 김종필(1926~2018) 3김 등등 정치인이 노회하게 전통과 노통에게 책임을 전가하고, 자기들은 교묘하게 쏙 빠져나가고, 마치 큰 공이나 세운 듯 행세하고 권력을 잡는다. 그게 어떻게 가능하겠는가? '과연 정치적으로 올바른가?' 어림도 없다. 물론 전통과 노통의 책임도 모면할 수는 없다.

그러나 물론 전통과 노통과 3김 등등 정치인의 공적도 많이 있다.

역사법정은 항상 개정되어 있다. 인간의 법정은 개정도 하고 휴정도 하고 폐정도 할 것이다. 그러나 역사법정은 1분, 1초도 쉬지 않고, 개정도 휴정도 폐정도 없다. 시간이 1천년, 2천년 걸려도 역사법정은 반드시 판결을 내릴 것이다. 인간은 겸손하게 그 판결을 기다려야한다. 나대지 말고, 음모를 꾸미지 말고, 기다렸다가 판결이 떨어지면 진솔하게 받아들여야한다. 정치인의 책임도 무한책임이다.

그런데 김영삼 대통령의 당선은 또 몇가지 주목할 만한 내용이 있다. 먼저 고졸출신 대통령을 지금까지 3명이나 낳게 하였고, 또 섬출신 대통령을 3명이나 낳게 하였고, 또 좌파 대통령을 3명이나 집권하게 하는 단초가 되었다. 김영삼 대통령이 좌파냐, 우파냐 하는 것은, 나는 생각하는 바가 있으나, 아직은, 아직은 말할 수 없다. 그러면 김영삼 대통령은 '트로이의 목마'인가? 아직은 물음표(?)로 두기로 하자. 그러나 문민대통령의 시대를 연 측면은 길이 기억하여야 할 것이다. 머리는 남에게 빌릴 수 있으나 건강은 남에게 빌릴 수 없다며, 열심히 국민 앞에서 조깅을 했던 김영삼 대통령, 과연 머리는 남에게서 빌렸을까?

그러면 대통령이 다 남에게 머리를 빌리지 안빌리는 사람이 누가 있나? 대 천재도 안 빌리면 하루도 못 할텐데. "인사가 만사다." 가 아주 주요하지. 과연 인사가 만사였는가?

그리고 김영삼 대통령의 화법은 이상한데가 많았는데 1997년 1월 7일 화 연두기자회견에서 우리나라가 "43년동안 노동법을 안 바꾼 것은 어딘가 잘못이 있다... 43년전의 옷을 입으라고 한다면 입

을 사람이 있겠는가... 세계선진국 어느 나라에 노동쟁의가 있는
가..." 라고 한 것이 대표적이다. 노동법을 개정하려면 반드시 국회
에서 통과시켜야 하는데 43년동안 안 바꿨다는게 국회의원을 젊은
시절부터 그렇게 오래한 의회주의자가 무슨 소리인지? 그리고 세계
선진국에 노동쟁의가 없다는 것은 또 무슨 소린지?

나는 노사관계론 교수로서 이 날 아침 거실에서 출근하려고 옷을
갈아입으며 왔다갔다 하는 바쁜 순간이었는데 이 와중에도 TV를 켜
놓고 귀로 이 회견을 듣고 처음에는 뭘 잘못 들었다고 생각했다.

그러나 김영삼 대통령의 정치적 화법도 대단하였다. 전임 김영삼
대통령은 후임 김대중 대통령이 내각책임제를 추진하려한다는 소식
을 듣고 "내각책임제를 하면 나는 김대중 대통령을 더 이상 정신적
으로 대통령이라고 할 수 없다." 라고 말하였는데 대단한 정치적 화
법이었다.

내가 볼 때는 우리나라 헌정사에서 대통령 책임제를 지켜낸 한 마
디였는데 김영삼 대통령이 이러한 화법으로 김대중 대통령에게 어
떤 정치컨설팅을 했는지는 오직 두 분만이 알 것이다. 이 화법과 그
후 김대중 대통령이 일로 대통령 책임제로 매진한 것이 우리나라 정
치를 어떻게 바꾸었을까? 내가 한가지만 말하면 우리나라 정치의 또
하나의 일대 분수령이었다.

나는 김대중(1924~2009) 대통령과도 물론 별다른 교류는 없다.
김대중 대통령은 첫출마하여, "향토예비군을 폐지하겠다." 고 공약
하였는데 이는 내가 보기로는 해방후 대통령후보공약중에서 최대의
선동 공약이었다. 그러니 말 한마디로 정치판을 뒤흔드는 기지가 대

단하였다.

그리고 정치인의 학습능력은 대단하였다. 두 번의 폭력사태가 불리하였다는 것을 어떻게 알았든지, 누가 가르쳐줬든지, 드디어 폭력 없는 평화적 선거유세의 시대가 열리게 되었다. 나는 이를 또 하나의 보람으로 느끼고 있다.

그런데 김대중 대통령이 4번 대통령에 출마하여 3번을 경주에서 직접 유세를 하고, 마지막 1번은 방문하여 숙박만 했는데, 나는 그 유세 3번을 모두 직접 보았고, 1박할 때는 경주에 있으면서 소식을 전해 들었다. 첫 번째는 경주 웃시장 버드나무 아래 공터에서 하였는데, 그때 나는 참석하여 뜻깊게 보았다. 이것이 내가 아직도 생생하게 기억하는 내가 참석한 첫대통령정치집회였고, 첫선거유세였다. 어릴 때 그런 야당의 유세를 처음에 본 것은 매우 인상적이었다. 그래서 나는 어린 학생도 대통령후보 정치유세장을 참관하는 것도 필요하다고 본다. 두 번째는 아픈 후로 기억력이 감퇴하여 지금 기억이 나지 않으나, 자료를 찾아보면 혹 기억을 되살릴 수는 있을 것이다. 세 번째는 경주역에서 야간유세를 하였는데, 그때는 아주 가까이서 거의 근접하여 얼굴표정까지 다 볼 수 있었다. 네 번째는 경주에 오기는 왔으나, 유세는 하지 않고, 유지와 만나 최부자집에서 1박만 하고 갔다. 그래서 내가 직접 보지는 못하였는데, 이때 대통령에 당선이 되었다. 과연 최부자집의 지기가 살아있었다!

나로서는 김후보의 3번 유세를 모두 직접 본 것과 김후보가 경주에서 1박을 할 때에 관심을 갖고 지켜본 것을 매우 뜻깊게 생각한다. 그후 김대중 대통령은 노벨평화상을 우리나라에서 최초로 수상한 영광을 가졌고 동시에 우리나라에서 최고명문학교가 목포상고임을 여실히 보여주었다. 그리고 상고 나온 대통령이 3명이 되는 단초를 열었다.

나는 노무현(1946~2009) 대통령과도 직간접 교류는 물론 당연히 없다. 그런데 나는 노무현 대통령이 국민에게 엄청 희망을 준 대통령이라고 생각한다. 대다수의 국민들은 생각한다. 저런 사람도 대통령을 하는데 나라고 왜 못 하겠느냐? 그러면서 누구나가 3억만 있으면 대통령에 나갈 큰 희망을 품었다. 따라서 노무현 대통령은 국민에게 큰 희망을 준 대통령이다. 단 먼저 3억을 준비하여야할 일이다. 따라서 국민이 참여하는 참여정부의 시대를 활짝 열었다.

그러나 노무현 대통령의 정치술은 간단히 볼 것은 아니고 상당히 주목할 만한 측면이 있다. 나는 노무현 대통령의 정치술을 '함정정치'라고 보는데, 어떤 정적이라도 '노무현의 함정정치'에 걸어서 곧바로 골로 보내버리는 데에 아주 특장점이 있었다.

특히 노무현 대통령의 경제정책이라고는 세금정책뿐이었다. MB가 대통령에 당선되고 노무현 대통령이 퇴임하기전에 나는 하도 이상해서 서울의 어떤 대형학회 회식자리에서 "노무현 대통령의 경제정책은 세금정책뿐인데 그것은 왜 그렇습니까?"라고 질문했지만 아무도 답변하는 사람이 없었다. 다들 훌륭한 교수고 실무가들이고 우리나라에서 둘째가라면 절대 서러워할 정도로 자부하는 전문가들인데 못 들은 척하고 고개를 푹 수구리고 고개를 돌렸다.

나는 이상해서 대구의 어떤 학회의 회식자리에서도 같은 질문을 하였다. "노무현 대통령의 경제정책은 세금정책뿐인데 그것은 왜 그렇습니까?" 다들 역시 그 지역의 훌륭한 교수고 실무가들이고 그 지역에서는 둘째가라면 서러워할 정도로 자부하는 전문가들인데 못

들은 척하고 고개를 푹 수구리고 고개를 돌렸다. 나는 아직도 이상하지만 질문을 했으니 언젠가는 답변이 있을 것이다.

결국 종부세 때문에 일어난 조세저항으로 노무현 대통령은 큰 위기에 봉착하게 되었다. 그리고 MB도 종부세를 폐지한다고 공약을 했지만 결코 폐지하지는 못했다. 내가 아쉽게 생각하는 한 부분이다.

종부세의 가장 큰 문제는 국민을 전혀 설득할 수 없는 요령부득의 세금이라는 것이다. 과거 박정희(1917~79) 대통령의 부가가치세와 같은 것이다. 영문을 모르는 이중과세이다.

우파는 부가가치세, 좌파는 종부세로 증세하고자 했는데 이 때문에 정권과 생명까지 잃게 되었고 헌정사의 대단한 굴곡을 가져오게 되어 우좌파가 공히 대단한 트라우마를 겪고 결국 증세를 안하고 정부복지 등의 지출을 늘리고자 시도하는데 결국 부채가 엄청 늘어나게 되어서 다시 크나큰 정치적, 재정적 부담을 계속 짊어지고 가게 되었다. 결국 증세를 안하고 언 발에 오줌 누기식으로 이쪽저쪽 지출을 줄여서 복지예산을 늘인다는 좋은 생각도 나왔지만 그게 쉽게 되겠나? 오히려 자칫 재정시스템에 주름지게하고 무리수를 두는 것은 아닌지?

아! 증세! 이 역시 고전적인 문제이다. 나의 해법은 고전적인 해답과 거의 같은데 인위적인 증세를 하지말고 경제발전을 시켜 파이를 키워 부유로 인한 자연증세를 하라는 것이다. 가장 쉬운 방법인데도 위정자가 가장 어렵게 생각한다. 위정자는 가장 쉽게 손 안대고 코 풀려고 세금을 신설하고 세율을 올리려고 끝없이 시도하지만 그에 반비례해서 지지율은 한없이 곤두박질 쳐서 내려가고 한번 내려간 지지율은 회복될 줄 모른다. 레임덕이라고 할 것도 없고 임기가 있는 것이다. 따라서 엄청난 부작용이 몰려온다.

　이와함께 내가 적극 추천하는 방법은 새로운 세원개발과 있는 세율만큼이라도 잘 거두도록 실효세율을 올리는 것이 절대 필요하다는 것이다. 물론 모든 일은 국제상황과 경기변동을 잘 살펴보고 해야한다.

　글구 국민전체가 부유하면 정부복지지출은 당연 크게 줄어든다. 그러면 증세가 되고 지출은 줄면 정권은 통치에 손으로 땅 짚고 헤엄치기 아니냐? 근데 왜 이런 쉬운 길을 두고 알 수 없고 어렵고 힘든 길을 가려고 하지? 뭐 잘 이해도 안되는 이상한 방법을 찾지? 다 이유가 있겠지. 증세에의 유혹, 정치인의 골짜기인가?

　그러면 어떻게 하면 경제를 성장시키느냐 고? 누가 싫어서 안해? 누가 몰라서 안해? 도당체 어떻게 모든 정권의 핵심과제가 그건데, 그리고 대부분의 무소불위의 정권이 잘 못한 그걸 어떻게 하느냐고? 그럼 그 어려운 것을 내가 또 다 말해 줘야해? 이 역시 고전적인 문제고 '답정나' 야! 답은 이미 정해져 있고 버얼써 다 나와 있고 나는 새롭게 강조할 뿐이야! 항상 복잡한 문제일수록 답은 간단해! 문제의 복잡성과 해법의 단순성은 항상 비례하는거야! 이강식 교수의 역설이지. 이강식 교수의 경영조직의 법칙이지.

　경제인을 우대하면 경제는 펄펄 사는거야! 경우경사! 진료는 의사에게, 약은 약사에게, 경제는 경제인에게! 그러면 정치인은 무위자연으로 달리 할게 없고 말하자면, So to speak, 교통정리만 잘하면 되는거야! 그럼 무슨 교통정리를 어떻게? 어쨌든 정권이 교통순경이 되어 잘 지켜보고 있다가 조금이라도 정체가 생기면 호루라기를 잘 불면 되는거야! 호루라기를 불어도 안되면 당연 개입해야지. 그러라고 국민이 선출한 정권이 있는거 아냐? 그리고 챙길 것은, 뭔지는 모르겠지만, 있으면, 은근쓸쩍 챙겨도 돼, 못 챙기게 하면 섭하지, 물론 사리사욕과 치사한 것과 쩨쩨한 것은 절대 안되지. 자유시장자본주의경제에서 경제는 경제인에게 맡기자! 제발~. 경제발전시킨다고 경제현실하고 별로 관계도 없는 사람들이 이상한 듣보잡 경제시책을 무대뽀로 들이대지 말기로 하자.

흔히 김대중, 노무현 대통령은 정치보복을 안 했다고 말하는 사람도 있지만, 그러나 그것은 꼭 그런 것은 아니고, 김영삼 대통령 때문에 큰 대상이 없어졌기 때문일 뿐이다. 정치보복이 정 없었다면, 대통령 아들들은 왜 감옥소를 갔으며, 김대중 대통령의 핵심 측근은 왜 감옥소를 갔단 말인가?

특히 김대중 대통령은 당선후 동교동 측근을 '물갈이'하여 배제하였는데, 토사구팽인지, 권력투쟁에서 밀렸는지, 무슨 이유인지는 자세히는 잘 모르겠으나, 그나마 그 때문에 정치보복을 별로 당하지는 않은 것 같으니, 인간지사 새옹지마라고나 할까? 노무현 대통령이 정치보복할 대상이 김대중 대통령 핵심측근 외에는 별로 없었다. 그러나 민주화에 빛났던 동교동계가 소리소문도 없이 뿔뿔이 흩어지게 된 것 같으니, 내가 다 애석한 일인가?

나는 이명박(1941~) 대통령, MB와는 그나마 간접적이지만 약간의 교류가 있다. 물론 내 혼자만의 교류가 되었다. 그런 교류도 있을까? MB는 말은 많이 들었으나, 직접 본 것은 경주에 국회의원보궐선거가 있을 때였다. 그때 합동유세가 있었는데, 경주에 국회가 옮

겨온 듯, 여야국회의원이 총집결하였다. 아마 여야 모두 총동원령이
떨어졌는 것 같았다. 경순왕(r. 927~35) 이후 고위정치인이 경주에
가장 많이 모였다.

그때 내가 사는 아파트앞 작은 소방도로에 구멍가게가 있어, 거기
를 지나가는데, 누가 아주 매력적인 저음의 목소리로 "원수진 일 없
으면, 이 후보를 찍어주이소." 라고 하며 선거용명함을 내미는 것이
었다. 고개를 들고 보니 아주 세련되고 젠틀하고 신사답게 생긴 홍
사덕 의원이었다. 쌍꺼풀의 눈웃음이 아주 매력적이었다. 그때 나는
깊은 인상을 받고 홍 의원이 정치적으로 대성할 것으로 보았다. 그
리고 그때 합동유세장에서 정대철 의원도 보았다. 그때 나는 정대철
의원도 정치적으로 대성할 줄 알았는데, 다 만족할 만큼 그렇게 되
지는 않은 것 같다. 아쉬운 일이다. 두 사람은 한 눈에 보고, 실지로
누군지 바로 알았다.

그런데 그날 합동유세장에서 내가 옆을 보니 MB가 서 있는 것이
었다. 그래서 악수를 하는데, 누군가가 옆에서 "경주대교숩니다." 라
고 내 소개를 간단히 한마디로 하였다. 그때 MB가 악수를 척하는
순간에, 그 소리를 듣자말자, 전광석화처럼 "진짜표는 여깄네." 라고
하였다. 그래서 둔하다고 생각하는 내가 아주 깊은 인상을 받았다.
내가 둔하다고 내 혼자 생각하는 것만이 아니고 나의 지인이 직접
내 앞에서 내가 둔하다고 강조하였는데 그런 말을 듣고도 나는 웃으
면서 가만이 있기만 하였다. 그러니 그 둔함이 유명하지 않겠는가?

그런데 MB가 악수를 척하는 순간에 자기에게 이익이 되는지, 손
해가 되는지를 순간적으로 파악하여, 말로까지 정확하게 표출한다
는 것은 둔한 내게는 상당히 놀라운 일이었다. 역시 그 정도는 되어

야 대기업의 전문경영인회장이 되는 것이었다.

그리고 그후 세월이 흘러 MB가 경선에 나서게 되었을 때, 나는 MB가 역사에 남는 훌륭한 대통령이 될 것으로 보고, 적극 성원을 보내게 되었다. MB라는 '이니셜'을 쓰라고 권유한 것도 MB캠프에 있는 사람에게 내가 처음 권유한 것이었다. 그리고 명예박사학위를 받으라고 조언도 하였고, 또 재단을 만들어 재산을 출연하라고 권유도 하였다. 권력과 금력이 같이 갈 수는 없다는 것이었다.

드디어 MB가 후보로 되었다. 그러나 후보가 되어서 역시 지지율이 지지부진하였다. 그때 내가 낸 전략이 '이명박근혜연대전략'으로서 후일 '이명박근혜'라고 불리게 된 대전략(Grand Design)이었다.

그때 내가 판세를 보니 MB가 25%로서 가장 유력하지만, 뭔가 조금 부족하였고, 박근혜 의원이 15%여서 부족하지만, 상당한 세력을 가지고 있었다. 그래서 내가 생각하기를, 둘을 합하면 40%고 이에 $+\alpha$가 되면 50%도 가능하다고 보았다. 그래서 이왕이면 확실하게 이기고, 동시에 크게 이기는게 집권후에도 매우 좋다면서 둘의 연대를 적극 권유하였다.

결과는 대성공이었고, 지지율도 내가 예측한 대로 거의 50%로 나오게 되어 나도 기뻤다. 이 연대로 대통령을 2명이나 낳았고, 나의 보람이었다. 그러나 후일 그게 그렇게 기쁘게만 되지는 않았다. 그 외에도 전략수립한 것이 있었는데, 지금은 아픈 후로 생각이 잘 나지 않는다. 아직은, 아직은 말할 수 없다. 그건 말할게 없어서 그렇다는 뜻인가?

대통령 선거 당일 일찍 투표를 하면서 나는 MB가 '3백만표' 차이 이상으로 당선될 것으로 확신이 섰다. 그래서 곧바로 MB캠프 핵심인사에게 전화를 하였다.

"MB가 3백만표 이상 압승해서 당선할 것으로 보는데, 그러면 이제 남은 것은 MB특검법인데, MB특검법은 어차피 정치적인 것이므로, MB가 당선되면 정치적으로 의미가 전혀 없으므로, 노무현 대통령과 잘 얘기를 해서, MB특검법거부권을 행사하도록 하는 것이 좋겠소."

나는 이게 충분히 될 것으로 보았는데, 결국 안 되었다. 그래서 그때 나는 매우 이상하게 생각하였다. 이것이 안된 이유는 결국 다른데 있었고, 그 결과는 매우 혹독하였고, 우리 헌정사에 씻을 수 없는 굴곡을 갖고 오게 하였다. 정치적인 문제를 정치적으로 해결 안 했으니 어쩔 수는 없는 일이었다. 그러나 그때까지는 그렇게까지 될 줄은 나는 전혀 몰랐다. 아주 아쉬운 일이었다.

MB는 화려한 기대 속에 취임했는데, 곧이어 촛불시위가 발생하게 되었다. 나는 촛불시위같은 시위가 발생하드라도 퇴임1년전에나 발생할 것으로 보았는데, 뜻밖에 취임1년도 안되어 발생하였다. 결국 무슨 일인가? 자세히 살펴보니 크게 요약하면, <u>전임대통령과 현직대통령, 미래권력 3자의 건곤일척 머리 박터지는 권력투쟁</u>이 이미 취임하자마자 벌써 시작된 것이었고, 모두 지분을 요구하며, 일단 '숟가락'부터 들고 달려드니, 쉽게 해결되지는 않는 것 같았고, 결국 전임대통령에 대한 수사가 개시되었고, 극단적인 선택이 발생하여, 우리 헌정사의 엄청난 굴곡을 가져오게 되었다. 다 사리사욕때문이었다. 밥상도 차리기 전에 숟가락부터 먼저 들고 나온다. 나는 이를

'숟가락증후군'이라고 이름붙인다. 일단 걸쳐놔야 뭐가 돼도 될 것 아닌가?

MB 취임 불과 1년만에 엄청난 시위가 일어났다. 나는 시위가 일어나도 퇴임 1년전에 일어날 것으로 보았으나 그렇게 되지는 않았고 MB는 이 시위를 잘 막아냈으나 그러나 이 결과 우리 헌정사에 엄청난 굴곡을 가져왔다. 그 단초로 나타난 것이 MB특검법거부권행사의 거부였다. 다 어쩔 수는 없는 일이었다.

그리고 특히 MB는 금융위기를 맞아, 공무원과 공기업임직원 등의 월급을 감봉하였는데, 이는 샐러리맨출신의 대통령으로서 결코 해서는 안되는 일이었다. 동결까지는 어쩔 수 없다고도 할 수 있으나 대통령이 앞장 서서 월급재이의 임금을 감액하는 일은 결코 있을 수 없는 실책이었다. 지지율 이전에 큰 실책이었고, 결국 인기를 결코 끝까지 회복하지 못 하고, 임기를 마치게 되었다. 나로서도 매우 아쉬운 일이었다. 아는 놈이 더 무섭다고나 할까?

결국 MB 재임중에 차기 국회의장을 꿈꾸던 만사형통 형님을 구속해야 했는데 그 심정은 또 어떻겠는가?

MB가 대통령에 당선 되었을 때, 나는 "이럴 판이면, 나도 섬으로 이사를 가는 것이 차라리 낫지 않을까?" 라고 진지하게 생각한 적도 있다. 섬 출신 대통령이 3분이나 나왔으니 그럴만도 한데 앞으로는 또 어떨지.

이외에도 내가 제안한 더 많은 주요한 전략이 있었는데 주요한 것은 투표일 3일전을 조심하라, 그리고 다 이겼다고 생각하고 투표당일 방심하는 것이 가장 위험하다. 이게 조직표와 바람표의 특성에서 나오는 표의 주요한 특성이지.

결국 박근혜(1952~) 후보가 차기 대통령 후보로 선출되었는데, 나는 '연대론'을 제시하고, 성공하면, 박 후보가 당연히 후보를 이어받을 줄 알았는데, 그게 쉽게 그렇게 되지는 않았다. 역시 아쉬웠다.

그런데 막상 후보가 되면 모두 지지율이 올라가는 듯 보였다가 곧바로 내려가고 답보 상태를 못 면하나? 지지율도 조정기가 있나? 그리고 드디어 박 후보가 경주에 유세하러 오게 되었다. 나는 첫여성 대통령에 대한 상당한 기대를 갖고 있었다. 첫여성대통령이 잘하면 향후 계속해서 여성대통령이 배출될 것이 아닌가?

그때 나는 매우 바빠서 겨우 짬을 내어 경주역으로 갔는데, 박 후보가 늦게 왔기 때문에 정작 유세는 못 보고 돌아왔지만, 그때는 지지율도 회복하였는지, 유세장분위기는 매우 좋아서 나는 박 후보가 당선될 것으로 충분히 감지하였다. 어떻게 감지했나? 아직은, 아직은 말할 수 없다. 그러나 직접 유세를 못 본 것이 두고두고 아쉬운 일이 되었다.

대통령 선거 전날, 박 후보는 대통령선거유세사상 유래가 없는 대성공을 거둔 투혼의 유세전을 서울에서 펼쳤다. 다음 날 나는 일찍 투표를 하면서 박 후보가 '3백만표' 차이 정도로 압승할 것으로 보았다. 그러나 정작 표를 깨니 오히려 표가 기대밖으로 차이나지는 않았다.

나는 전혀 예상 밖으로 박 당선인이 결국 소수파 대통령이 되었음을 곧바로 감지하였다. 겉보기에는 51.5%의 다수파 당선인데, 1천5백8십만표의 당선자인데, 왜 나는 모두와 다르게 그것을 착시현상으로 보았을까? 왜 그렇게 되었을까? 아직은, 아직은 말할 수 없다. 나는 결과를 가지고 복기하는 것을 그렇게 좋아하지는 않지만,

그러나 어쩔 수 없이 복기를 해보니 비로소 박 당선인이 소수파 대통령이 될 수 밖에 없는 당위성이 있었다. 그러나 박 대통령도, 여권도, 야당도 이를 전혀 눈치채지 못하고 있는 것 같았다. 지금도 인정 안 할 것이다.

돌이켜보면 사람들이 감지를 못해서 그렇지 소수파 대통령도 있었고, 다수파 대통령도 있었다. 그러나 소수파 대통령이라고 어떻다, 약하다. 다수파 대통령이라고 해서 어떻다, 강하다. 꼭 그런 것은 아니고 소수파 대통령으로서 그에 적합한 전략을 개발하여 쓰고, 다수파 대통령으로서 그에 맞는 적합한 전략을 찾아서 쓰는 것이 주요하다. 그래서 강한 대통령이 되고, 대통령으로서 직무수행에 합당한 권력을 가지는 것이다.

그러나 박 대통령은 정무수석을 기용하는 것과 측근에 연세 지긋한 사람을 기용하는 것을 보니, 자신이 소수파 대통령이라는 것을 전혀 느끼지 못하는 것 같았다. 이는 시장과 정계에 잘못된 신호를 주는 것이었고, 소수파 대통령으로서 결코 해서는 안되는 일이었다. 나는 이를 주위사람에게 이해를 시키고자 하였으나, 주위사람부터가 믿지 않는 것 같았다. 말하자면 나는 '탕평책'을 쓸 것을 꼭 건의하고자 하였다. 그러나 그게 안되었다. 당선 즉시 써야할 '탕평책'이었지만, '탕평책은 무슨... 탕...평책?' 씨알도 안 먹히는 소리였다.

나는 박근혜 대통령이 GH라는 인셜을 쓸 것을 국민의 한 사람으로써 매우 희망하였으나 그렇게 되진 않았고 매우 아쉬웠다. 인셜은 애칭이기도 한데 왜 사용하지 않았을까? 그리고 또 "박근혜 정부"라는 명칭을 쓰면서 예를 들어 문민정부와 같은 별칭을 쓰지 않았다. 나로서는 역시 매우 아쉬웠다. 캐치는 정치철학을 보여줄 뿐만 아니라 정책을 집중시키는 힘이 있다. 그렇지 않으면 정부와 정책이 산 만하게 보일 우려가 있다. 따라서 여러가지로 어렵게 공을 쌓은 정 치가 애매하게 보이는데 아쉬운 일이다.

콘크릿 지지층이 아무리 있더라도 정치란 항상 인의 장막이 쳐지 면 끝장이다. 그래서 나는 정치인은 매일 만나는 사람의 30%는 반 드시 새로운 사람을 만나기를 권유한다. 철칙의 하나이다. 정치인이 매일 만나는 사람이 똑 같다 고? 그것은 자기도 모르게 벌써 인막이 쳐졌거나 아니면 이미 대중이 만나도 별로 메릿이 없는 사람이 되었 다 는 것을 뜻할 지도 모른다. 올드해진 신중고가 되면 안되지. 와도 안 만나준다 고? 뭐, 그러시든지.

무속인 찾아가는 것도 중요하지만 그와 함께 아무튼 통계를 한 번 빼보면 자신의 미래를 예측할 수 있다. 통계는 과학이지만 꼭 그런 고급과학도 주요하지만 인구통계Demographics만 뽑아봐도 굳이 굿 을 안해도 자신의 장래 정도는 잘 알 수 있다.

결국 자유민주국가에서 결코 일어나서는 안될 시위가 또 일어났 는데 누구를 탓하고 누구를 원망할 것인가?

나는 시위가 일어나도 퇴임 1년전에 일어날 걸로 보았는데 MB 때는 취임 1년내에 일어났고 이를 잘 막아냈는데 이번에는 박근혜 대통령의 퇴임 1년전에 정말 엄청난 시위가 일어나 결국 파면을 당 하게 되었다. 취임후 1년, 퇴임전 1년을 조심해야 하는가? 근데 다 시 강조하면 MB는 취임 1년내의 시위를 잘 막아냈는데 박근혜 대 통령은 퇴임 1년전 시위를 왜 전혀 못 막아냈는가?

그리고 '파면정국'에서 변호사를 기용하는 것을 보니, 여전히 사 태를 마지막까지도 이해하지 못 하는 것 같았다. 꼭 일부러 그러는 것 같았다. 어쩌겠는가? 무슨 말이냐? 하면 취임초기에는 젊고 유능하고 패기있는 인재를 적극 발탁 등용하지만 파면정국이 되면 나이가 있고 유능하고 경험이 풍부하고 전체 판세를 한눈에 척 꿰뚫어볼 줄 아는 경륜이 있는 변호사를 위촉하는 것이 상례일 것으로 보았는데 내 생각과는 완전 거꾸로였다.

세상 어디가도 배신은 있다. 배신 없는 세상은 없다. 강한 희망사항은 어디까지나 희망사항으로 만족해야지. 특히 정치에서는 신의는 배신을 바탕으로 하고 배신은 신의를 기반으로 하는 것 아닌가? 배신에 대한 트라우마가 있으면 그 트라우마를 극복해야 정치를 할 수 있다. 배신트라우마를 벗어나서 자신의 정도와 업적을 향해 나아가라. 다르게 생각해봐, 당신은 남을 배신 안 했어? 안 했따구? 그럼, 바로 그거지, 계속 배신 안하고 살도록!

승패가 병가지상사 勝敗兵家之常事(『唐書』「裵度傳」)라면 '배신은 정치의 상사 背信政治之常事'인가? 물론 그럴수록 신의를 바탕으로 해야하지만 정치인이 배신이 싫다하면 인적없는 깊은 산속으로 들어가 자연인이 되야 하는데 그러나 산속에 가봐야 배신이 먼저 와서 기다리고 있지 않겠는가? 웰컴 투 배신피아!

그러면 학문지상사는 무엇일까? 나는 당연 표절이라고 본다. 표절지상사가 학문의 상사인가? 내 학설에 대해 아주 웃기는 표절이 많았는데 언젠가 한번은 단단히 추수할 때가 올 것이다.

결국 전과 동으로 전임 대통령과 현직 대통령, 그리고 미래권력 간에 3파전으로 찐하게 혈투가 붙었고, 정치적으로는 박이연대가 깨지는 결과를 가져왔고 결국은 박근혜 대통령의 파면이었고, 문재인 대통령이 당선 되었고 또 두 대통령이 감옥소를 가게 되어, 또 한번 헌정사의 엄청난 굴곡을 갖게 되었다.

그때 헌법재판소장권한대행 여성재판관은 여성이었는데 헌법에 의거 선출된 첫여성대통령을 임명된 헌법재판소장권한대행 여성재판관이 파면하는데 추호의 가차도 없었다. 일부러 여적여로 붙였나?

나는 무엇보다 내가 볼 때는 박근혜 대통령이 대한민국 첫 직선 여성대통령으로서 의의가 매우 크다. 앞으로도 미려하고 수월성 높은 여성정치가 더욱 꽃 피우길 바란다.

선거란 무엇인가? 선거는 정치인데 정치란 무엇인가? 정치는 신의인데 신의는 배신을 바탕으로 하고 배신은 신의를 바탕으로 하는가? 정치는 신의인데 신의가 곧 배신이고 배신이 곧 신의였는가? 선거는 정치의 계절인데 정치의 계절이 곧 배신의 계절인가? 믿습니까? 믿습니다! 하는데 사실 알고보면 모두가 배신을 바탕으로한 믿음이었나? 배신도 정치적인가? 그러나 정치인은 잊을 수는 없는 배신 트라우마를 훌륭하게 극복하고 위대한 정치를 하여 청사에 길이 빛날 이름을 남기는 것만이 최고최일최선의 목표이다. 조개가 크든 작든 상처를 딛고 아름다운 진주를 품으므로서 가장 훌륭한 일생이 되듯이 그렇다.

킹 메이커냐? 킹 브레이커냐? 공생이냐? 공멸이냐? 그것은 정치인이 항상 조심해야할 일이다. 사리사욕을 버리고 오직 대의와 공리공익만을 바라보고 가야한다. 영광도 있지만 경우에 따라서는 남모르는 자기희생도 있어야 한다. 결국 쇠에서 녹이 나와 쇠를 녹인다. 누구를 탓하고 누구를 원망할 것인가? 자신을 탓하고 자신을 원망할 것인가? 아쉬울 것은 없다, 알고 나면. 오직 대의를 위해 나가야한다, 사리사욕은 버려야한다.

성철(1912~93) 스님은 말했다. **"애국과 애족으로 무장한 사리사욕은 참으로 무섭다."**

근데 이상하게 우리말에 킹 메이커는 있고 킹 브레이커는 없고 등골 브레이커는 있고 등골 메이커는 없다. 왜 그렇지? 그러면 안되지 않나? 왜 그렇지? 그래서 내가 <u>킹 브레이커, 등골 메이커</u> 등 현실에서 오히려 꼭 필요한 말을 한번 만들어 보았다. 다 마음에 들겠지.

근데 내가 한가지만 더 얘기하면 뛰어난 사람은 상대를 너무 얍잡사보고 오판하는 일이 많다. 근데 항상 보면 자기가 가장 얍잡사 보는 인물에 의해 당하는 지도 모르고 당하는 일이 너무나 많다는 것이다.

그게 배신이야? 누가 누구를 배신했지? 그래서 실패가 많고 어떻게 보면 그게 뛰어난 사람이 극복해야할 한가지 큰 약점이라고 까지 할 수 있으나, 그게 쉽겠느냐?

다시 강조하면 뛰어난 사람의 한가지 약점은 보통 오만이라고 하고 오만 신드롬(Hubris Syndrome)을 말하지만, 매우 맞는 말이지만, 그러나 내가 오랜 기간 살펴보면 오만도 오만이지만 그보다 항상 오판이 문제라는 것이다. 내가 만든말이지만 '오판 신드롬(Misjudgment Syndrome)'이 가장 큰 문제라는 것이다. 오만하지는 않더라도 판단력이 흐려진다는 것이다. 판단력이 흐려지고 오판할 것 같으면 곧바로 내려와야 하는데 그걸 오판하는데 그게 잘 되겠나? 근데 뛰어난 위인이 왜 오판하지? 다 이유가 있겠지, 바로 그것을 더 연구해야지, 연구가 어데 끝이 있겠나?

근데 돌이켜보면 김영삼, 김대중 대통령은 서로가 사석에서는 반말을 할 정도로 오랜 기간동안 서로가 서로를 너무나 잘 알았기 때

문인지 존경까지는 몰라도 결코 얕잡아보지는 않은 것 같다. 그것이
두 분을 위해서도 다행이었고 우리나라 헌정사에서 참으로 큰 다행
이었다. 앞으로 너무나 대조적인 부분과 공통점을 동시에 가진 두
분을 연구하면 헌정사뿐만이 아니고 위인전에서도 큰 도움이 될 것
이다.

나는 문재인(1953~) 대통령과도 당연히 아무 교류가 없다. 다만
내가 36년 4개월의 공직과 교수직을 마치고 퇴직할 때에 녹조근정
훈장4급을 받았는데, 문 대통령 명의의 훈장을 받았다.

모든 대통령이 불철주야 노력하여 국가를 발전시키고, 국민의 생
명과 안전을 보호하여온 것에 나는 국민의 한사람으로 항상 감사드
리는 바이다. 그리고 많은 정치인의 노고도 항상 감사하게 생각한
다. 우리가 오늘날 이렇게 잘 살게 된 것은 모두 대통령과 정치인의
뛰어난 업적에 크게 기인하고 있다. 항상 고맙게 생각한다.

생각해보자, 시어머니는 늘상 며느리를 구박한다. 니가 그러면 앞
으로 집안꼴이 어떻게 되겠느냐고! 그 며느리가 시어머니가 되어 또
며느리를 그렇게 구박하며 대를 계속 이어가지만 그러나 그러면 우
리가 지금 못살고 있는가? 그게 아니고 우리는 지금 갈수록 잘 살고
있다.

그러면 며느리가 갈수록 아주 훌륭하게 잘 해서 우리가 지금 잘
살게 된 것이 아닌가? 그 시어머니를 포함해서 모든 며느리가 잘 해
서 우리가 잘 살게 된 것이다. 정치인도 마찬가지이다. 정치인이 잘
해서 우리가 지금 이만큼이라도 잘 살게 된 것이다. 나는 늘 감사하

게 생각한다.

　지금까지의 대통령도 모두 훌륭하였다. 성공이 있고 반면에 시련
도 항용 있다면 있지만 그러나 그시대의 과제를 잘 해결하고 우리나
라를 전세계에서 부유한 나라로 우뚝 서게 하였다. 물론 우리국민도
항상 위대한 선택을 하였다. 물론 계속해서 해결해야할 부분도 있지
만 그것은 또 우리가 해결해야할 우리시대의 과제이다. 그시대의 과
제는 항상 우리가 짊어지고가야 할 우리의 몫이다.

　문제가 다 해결되어 우리 시대의 몫이 없어진다는 것, 과연 그것
이 바람직한 일일까? 조금 다르게 말하면 앞사람이 다 해결하면 좋
지만 뒤사람도 더더더 잘 해결하도록 해야지. 문제가 있어야 공적도
있는 것이지. 그래서 나는 대통령과 정치인에게 늘 감사하게 생각하
는 바이다. 문제를 해결하면 한 대로, 안/못하면 안/못한 대로 감사
한 것이다! 나는 항상 후세인에게도 말해주고 싶은 것이다. 후세인
뉴규?

　선대가 문제를 해결 못/안하면 드뎌 우리가 공적을 달성할 좋은
기회가 왔다고 깊은 감사를 하는 것도 좋다는 것이다. 이 무슨 이강
식 교수의 역설이야? ??? 암마, 암마, 선대가 문제를 다 해결했다고
좋아라 박수치고 이제 탱자탱자하고 후대가 노는 꼴을 나는 못/안보
지, 암 안 본다. 하모, 하모!

　그러나 내가 보고 안 보고 할 것이 없고 다 해결되는 일은 결코
거의 없을 것이야! 과거 『역사의 종말?』이라는 책을 써서 공전의 히
트를 친 연구자도 있었지만, 그때도 나는 "역사가 끝나는 일은 결코
없을게야!" 라고 생각하고 작은 글을 써서 발표도 하였다. 이게 인간
사의 진리인데 『천부경』의 〈무시무종1, 인중천지1!〉의 핵심사상이

고 부처의 중도설, 맑스헤겔의 유물변증법에서도 유추하면 다 알 수 있는 사상이고 비근한 신화로 보면 시시푸스(Sisyphus)의 신화에 가까운데 그러나 이건 결코 영원한 형벌이 아니고 미션이지! 미션 임파셔블! Mission Impossible! 응, 미션 아임 파셔블! Mission, I'm possible!

다르게 말하면 아버님어머님, 왜 날 낳으셨나요? 하고 눈물 찔찔 짜고 신세 조졌다고 신세타령하는 것이 아니고 드뎌 내가 집안을 일으켜 세울 절호의 기회가 왔다! **나의 성공스토리 My Success Story**를 쓸 기회가 나에게도 왔다! 이렇게 가슴이 뛰면 이미 반은 성공하고 들어가는 것이야! 그렇지, 스토리 텔링이 있어야지. 극적으로 재속에서 다시 태어나는 불사조, 피닉스(Phoenix)가 되어야지! 하모, 하모! 「역사도 현재도 끝나지 않는다!」

이제 결론에 도달하게 되었다. 내가 이렇게 기억을 돌이켜 길게 얘기한 이유는 무엇일까? 이 실화들을 덮고 가고 싶어했기 때문에 나는 평소 전혀 관심을 두지 않았다. 그러나 이제 나는 증언을 남겨서 미래에 대한 경책을 남겨두기 위해, 이렇게 다시 긴 수고를 자청하게 되었다. 6.29선언 30년이 지나 만 35년도 되었으니 혼란을 끝내야한다.

나는 지금까지 그래도 잘 될 것으로 낙천적으로 보고 그저 생업에 종사하고 있었다. 그러나 그것도 어렵게 보이고, 이제 6.29선언을 진지하게 성찰하고, 미래를 위한 일대 주요한 해결책을 내야할 시점에 왔다. 6.29선언보다 더 큰 지혜가 필요하고, 내 혼자의 힘으로 되는 일도 아니다.

대통령도 우파 3명 15년, 좌파 3명 15년, 물음표(?) 1명 5년, 합해서 35년이 다 되어간다. 그래도 아무도 이 혼란이 어디서 오고, 어디로 가는지를 모르고 있는 것같다. 그것은, 사람들은 잘 이해를 못하고 있는데, 이것이 우리 헌정사에서 처음 생기고 있는 문제이기 때문이다. 원래 항상 처음 겪는 일이 어려운 법이다. 그리고 하도 혼란의 연속이니, 혼란인지도 모르고 허우적거리고 있는 것 같기도 하다. 다 사리사욕이 진실을 덮고 있기 때문이다.

그런데 진짜 내가 우려하는 것은 또 다른데도 있다. 과거 '광주사태를 진압하러 출동했던' 군인이 나중에 현역대령으로서 국회청문회에서 증인으로 서게 되었다. 내 기억이 정확하다면, 그 대령은 "광주사태는 결국 정치적 사건"이라고 증언하였고, 이는 신문에 대서특필되었다. 그것은 무슨 뜻일까? 원뜻을 지금 알기는 나도 어려울 것이다.

그런데 나는 '광주민주화항쟁'이 '정치적 사건'이니, 결국 정치인이 해결해야한다는 것을 강조한다. 그렇다! '광주민주화항쟁'는 '정치적 사건'이니 정치인이 '정치적으로' 해결해야한다. 이를 자꾸 정치적으로 꼬이게 하지말기를 바라는 것이다.

그러므로 더나아가서 나는 말한다. 정치인이 자꾸 '정치적 사건'으로 감옥소 가면, 그러면 정치를 누가 하나? 라는 것이다. 나는 이러다가 "정치인 씨가 마른다." 고 국민의 한 사람으로서 큰 우려를 한다. 그렇게 되면 1류정치인은 숨고, 그보다 못한 급수가 나서는 것이 아닐까? 나는 벌써 그런 조짐이 엿보인다고 본다. 그래서 이 역시 매우 주요한 국가의 흥망이 달린 일이다. 가장 우수한 인재가 반드시 정치를 하라는 것은 물론 아니지만, 그 어느 분야보다 최1급

우수인재가 모여야 하는 분야가 정치이다. **어떻게 하면 정치에 최1급우수인재가 모이고 모이게 하나? 국가의 모든 흥망이 이에 달려있다.** 모든 국민이 합심해서 노력해야한다.

내가 이제 무엇을 말하고 싶어하나? 내가 이제 말하고자하는 결론은 역시 간명하다.

"전임대통령과 현직 대통령, 미래권력간의 권력투쟁을 끝내야 한다."

협조하고 단결해야한다. 이게 말처럼 쉽지 않다. 내가 우려한 6.29선언의 혼란상보다, 그와 큰 맥락은 상통하지만, 생각은 했지만, 그와는 엄청나게 더 크게 문제가 발생하였다. '볼륨'이 엄청 더 커져 버렸다. 권력투쟁을 하니, 정치보복을 하느냐? 정치보복을 하니, 권력투쟁을 하느냐? 권력투쟁을 하느냐? 사후보장을 하느냐? 그런데 옆에서 측근정치인들이 무슨 이득이 있는지, 무슨 문제가 있는지, 후계자를 노리는지 자꾸 부추긴다. 심지어 "우리 편이 권력을 잡으면, 더 잘 되지는 않아도 최소한 감옥소는 안 간다." 고 까지 측근은 말하였다. 그런데 안 갔느냐? 결국 권력을 잃으니, 당장 가게 되었다. 자신의 정치적 장래를 바로 맞혔다. 대단한 정치인이다. 역시 어려운 문제이다. 측근이 차기대통령이 되고 권력을 잡으려고 대통령을 끼고 인막을 치고 온갖 술수를 다부리다가 결국 패가망신한다.

결국 6.29선언과 같은 문제로 돌아왔다. 돌아왔다기 보다, 더 복잡하게 보이지만, 본질은 원래 그 자리이다. 그러면 성인군자, 현인을 대통령으로 뽑아야하나? 그것은 더 어렵고, 신사협정이 아니라

'숙녀협정'으로도 어렵고, '자식협정'으로도 어렵고, 법제도 구비로
도 어렵다. 그러면 어떻게 하나?

욕심이 없는 사람을 뽑아야 하나? 욕심이 없는 사람이 왜 대통령
을 하려고 하겠나? 그러나 문제를 알았으니 해결책은 나올 것이다.
자유민주주의의 새로운 애로공정이 나타났다. 나타난 지도 벌써 만
35년도 되었고, 더 크게 증폭되었다. 나는 비교적 빨리 감지하고,
전략도 수립했지만, 거의 대부분 다른 사람은 이를 몰랐다. 머리 박
터지게 싸우면서, 왜 싸우고 있는지도 모르는 것 같다.

나는 당시 6.29선언의 문제점과 그 수습이 30년간은 갈 것으로
보았으나 36년이 되어도 해결될 기미는 보이지 않는다. 그러나 지금
은 그것도 훨씬 넘어 근본적으로 자유민주주의와 평화적 정권교체
자체의 문제점이 나타나고 있다 고 나는 진단한다. 이것이 모든 것
을 덮고 가려던 내가 이 글을 쓰게 된 근본이유이다.

그것은 "과거, 현재, 미래권력간의 머리 박터지는 3파전 권력투쟁"
이다. 정치권에 항상 **"정치의 3각파도"**가 덮치고 있다. 이것이 역사
상 우리가 겪어보지 못한 未曾有(미증유)의 문제이다. 내가 한번 더
강조하면, 우리가 일찍이 역사적으로 경험하지 못하였던, 미증유의
자유민주주의의 평화적 정권교체의 문제를 지금 겪고 있으며, 우리
는 이를 현명하고 성숙하고 창의적으로 해결해야 한다. 이게 또 하나
의 성장통인지? 이게 지금의 정치적 과제이다. 이해가 되었는지?

그러나 우리 국민과 정치인은 아주 현명하고, 매우 성숙하고, 학
습능력이 엄청 비상하므로 문제를 알았으니, 반드시 창의적인 해결
책을 낼 것이다. 또 내보고 해결책도 내 달라고? 이제 새로운 전략
을 수립해야한다. 그러면 대한민국의 미래번영은 영원히 계속 될 것

이다. 오직 현금의 문제는 여기에 달려있다.

"사람을 죽이지 않고 살리는 정치."
"정치인을 감옥소 보내지 않고 박수를 치며 연금을 잘 주는 정치."

이런 정치가 필요한 시점이다. 정치인은 정치를 해야지 권력투쟁을 해서는 안된다. 누가 정치를 할 것인가? 이 시대 우리 모두의 과제이다.

내가 돌이켜보면 인생과 정치에는 반드시 정답이 있다. 정답이 없는 문제는 없다. 인간은 정답이 없는 문제를 만들 수 없다. 다만 능력이 없어서 못 찾는 것 보다는, 그런 것도 있다면 있지만, 그것 보다는 항상 사리사욕이 눈앞을 가려서 못 찾을 뿐이다.

그런데 여기서 문제는 정답을 한번 찾았다고 끝나는 것이 아니고, 계속 찾아야한다. 영구정답론인가? 그것 보다는 시대가 격변기에 접어들어 너무 자주 바뀌기 때문에 계속 문제가 계기적으로 일어나고, 그것에 따라 정답도 계속 찾아야한다. 정답유효반감기가속론인가? 그만큼 인생도 정치도 갈수록 역동적이다. 이를 좋아하는 사람은 또 좋아할 것이고, 안정적인 것을 좋아하는 사람은 당최 이해하기 어려울 것이다만, 좋아하고 안 좋아하고가 없다.

지금까지의 전개를 보면, 나는 처음 그때 걍 사양을 하고 말을 하지 말 것을 그랬나? 하는 생각도 한다. 그러나 역사는 거창한 영웅보다도 나비효과에 의해서 더 크게 움직일 때가 있다. 무슨 말이냐 하면, '나비효과'가 역사의 진정한 동인일 수 있다 라는 것과 함께 그것이 그냥 나오는 것이 아니라는 것을 입증한 것이다. 전문가가 생각하지 못하는 뛰어난 해결책은 평범한 사람에게 나오는 수가 많다. 복잡한 현상을 간명하게 보고 사리사욕없이 있는 그대로의 해결책을 내기 때문이다. 한 가지 재밌는 것은 복잡한 이론을 갖고 있는 전문가는 오히려 이해를 못하고 안 받아들인다.

그리고 내가 한가지 더 얘기하고자 하는 것은 우파-보수-산업화-동, 좌파-진보-민주화-서로 2대별할 수 있는데 그것을 좀더 줄이면 경영학으로 보면 생산과 판매의 양대축이다. 생산은 노동이고 힘들고, 판매는 소비고 달다. 생산은 쓰고 판매는 달다. 그러나 이 둘이 당연히 다른 것은 아니다. 동전의 양면이다. 생산해서 판매해서 월급을 주면 구매해서 소비하는 것이다. 오늘날은 누구나 마찬가지이다. 그러므로 자본가가 무조건 월급을 적게 주면 자본가 자신이 부도나는 것이다. 그러므로 자본가가 충분히 월급을 줘서 물건을 사게 해야한다. 그래야 국가도 자본가도 발전하는 것이다. 생산-판매는 국가와 경영의 2중나선모형이다.

따라서 국가가 자본가와 노동자를 잘 합리적으로 지도해서 국가 경제를 원만히 발전시켜야할 과제를 가지고 있다. 대통령은 우파와 좌파를 넘어서서 전체적 관점을 가져야한다. 우파와 좌파가 없을 수는 없으나 대통령의 위대한 통치력이 잘 조화를 이루어 발전하도록 해야한다. 우파대통령이니 좌파대통령이 있을 수는 있겠으나 오직 국익을 위해 노력해야 정치경제경영사회문화가 발전하고 우리 모두의 대통령이 될 수 있다. 한 정파의 지부장이 아니라 한 국가의 대통령이 되어야한다.

대한민국의 발전은 어디에서 기인하는가? 다 대통령과 정치인을 잘 뽑아서 이만큼 발전하였다 는 것이 나의 분명한 학설이다. 좀더 간곡히 말하면 '대통령 덕분'이었다. 인류이래 보기 드문 천운인데 이는 당연히 민주국가에서 국민이 대통령과 정치인을 잘 뽑았기 때문이다. 동시에 다 '국민덕분'이다. 대통령과 국민이 오로지 열정 하나로 그 어려운 시대를 잘 극복하고 위대한 업적을 남겼다. 그래서 나는 역대 대통령을 모두 존경하고 대한민국의 국민임을 자랑한다.

그러나 학문은 학문이고 존경은 존경이므로 잘 분별해야 하고 학문은 정치가 아니기 때문에 학문과 정치를 혼동하면 안된다. 학문을 발판으로 삼아 정치를 한다 고? 뭐, 그러든지. 그러므로 학자는 정치에 직접 뛰어들면 안되는데 직접 뛰어드는 동안에는 곧바로 학자를 접고 해야 한다. 교수는 더욱이 교육자이기 때문에 더 엄격히 교수를 즉각 그만 둬야한다. 나의 엄중한 학설이다.

그러므로 나는 항상 기도하는 것이다.

신이여! 우리 대통령과 우리 모두에게 더 큰 지혜를 주소서!

그러므로 나는 계속 기도하는 것이다.

신이여! 우리 대통령과 우리 모두에게 더 큰 축복을 주소서!

3천리방방곡곡에서 이런 기도가 끝없이 터져 나온다면 무슨 어려운 일이 있겠는가? 신에게 항상 기도할 수 있는데, 무슨 축복이 없겠으며, 무슨 영광인들 없겠는가?

<u>전세계에서 우리와 같이 대통령직선제를 원뜻대로 곧이곧대로 시행하는 국가는 동서고금을 통하여 현금 우리 대한민국이 유일한 국</u>

<u>**가이다.**</u> 앞으로 아름다운 우리의 대통령 직선제, 책임제를 더욱 꽃을 피우게 해서 인류의 정치문화유산으로 길이 기릴 수 있도록 해야 할 것이다. **우리가 인류의 모범이다.** 인류정치의 일대사과제를 우리 대한민국의 유권자가 오직 한몸으로 짊어지고 있다. 아름다운 대한민국은 영원히 전진할 것이며 이상국가 대한민국은 영원하리라!

　위대한 대한민국 만세!

　위대한 대통령 만세!

　위대한 국민 만세!

　大人無償, 與天地存!　　김대문, 『화랑세기』(~705~).

(20210122)

사례토의

1. 박정희(1917~79) 대통령 이후 대통령들은 모두 박정희 대통령 키즈인가? 박정희 대통령은 무엇을 남겼고 후임자들은 무엇을 계승하고 무엇을 해결하고 어떻게 대처하였나?

2. 대통령의 리더십에서 핵심적인 것은 무엇인가? 각 대통령은 시대사의 어떤 문제를 해결하고 어떤 문제를 후임자에게 남겼나?

3. 국민은 어떤 팔로우십을 보여야 하나? 정치에 최1급인재가 모여야한다는 것을 인정하나? 그럴려면 어떻게 해야하나?

4. 이 사례에서 보여준 지난 36년간의 긴 정치사를 이해하고 동의하나? 부동의 하나? 이유는? 향후 우리 정치가 해결해야할 과제는 무엇인가?

5. 6.29선언의 근본정신은 무엇이고 무엇을 계승하고 무엇을 해결해야 하나?

6. 우리나라 대한민국이 대통령직선제를 곧이곧대로 시행하는 현금 전세계적으로 유일한 국가라는 것을 인정하나? 안하면 왜 안 하나? 대통령직선제 덕분에 우리나라가 세계적인 선진국이 되고 있다는 것을 인정하나?

7. 한 개인이 간단한 몇 마디 말로 정치의 거대한 물꼬를 바꾸었다는 주장을 이해하나? 도도한 역사의 흐름도 결국 한 개인의 위국 헌신으로 해결할 수 있었다는 것을 인정하나? 자유민주주의국가에서는 단순한 시민 한 사람이 주인이라는 것을 이해하나? 나비효과를 인정하나? 이 사례가 지난 36년간의 정국을 이해하고 미래 정국을 이끌어 가는데 도움이 되나? 이 사례를 분석하라.

박정희 대통령의 조국근대화

이강식(시인)

박정희 대통령(대한민국 1917.~79. 10. 26. 금 19:41)

박정희 대통령은 떠났다.

자신을 신격화하지 않고
자신을 한번도 우상화하지 않고
끝까지 인간으로 남은
아름다운 인간
인류 중의 인류
영웅 중의 영웅
위대한 진인

박정희 대통령은 떠났다

박정희 대통령에게서 각자 얻어 갈 뿐이다
영웅의 삶은 고난에서 시작한다
고난을 얻어가라
일면 국방, 일면 건설
싸우면서 건설하자

더 전진하는 해
조국 근대화의 기치를 들고
조국 선진화를 완수하라
역사를 원한다면 스스로
조국 새역사를 창조하라

어머니의 막내아들
농민의 형제
인류의 교사
군인의 대장
세기의 광복군
시대의 혁명아
대한민국의 대통령
대통령의 아버지
새벽의 총탄과 저녁의 총탄
그저 몇 발의 총탄 사이에
박정희 대통령은 우리를 찾아왔고 우리를 떠나갔다
조국을 위해 산화한 육영수 영부인을 가슴에 묻고
구미산의 바위얼굴로 박정희 대통령은 떠나갔다.

민주주의가 공산주의를 이길려면
민주주의를 더 잘 해야한다는 것은
말장난에 불과하다고 설파하였던
박정희 대통령은 자신만의 강한 철학을 갖고

사자후도 토하지 않고 자신을 위해 변호도 하지 않는다

우리는 산 자도 죽은 자도 따르지 않는다
근면 자조 협동
우리는 중단없이 개혁한다

그토록 기대하였던 대망의 80년대는
박정희 대통령께는 오지 않았다
영웅은 자기의 임무를 완수하고
소박하게 하늘과 땅과 자신의 길을 갈 뿐이다

인간은 신이 아닌 이상 실수가 있는 법이라고
진솔하게 인정하였던
박정희 대통령은 마지막으로 묻는다
후손들이 그들을 위해, 조국을 위해 무엇을 했느냐고 물을 때
그때 너는 무엇을 하였느냐?

우리는 조국근대화의 신앙을 가지고 일하고 또 일했노라!

백두산의 정기여! 한라산의 기상이여!
박정희 대통령을 수호하소서!

박정희 대통령이 오직 사랑하였던
조국의 산하대지에

진혼의 나팔이 울려퍼질 때
신이여! 우리 박정희 대통령에게 더 큰 지혜를 주소서!
신이여! 우리 박정희 대통령에게 더 큰 축복을 주소서!

시-박정희대통령의조국근대화20210726월02:42이ㅎ식

김재규 부장의 하늘심판의 제4심

이강식(시인)

김재규 중앙정보부장(대한민국 1926.~80. 5. 24. 토 07시 얼마후)

민주화를 위해 야수의 심정으로 유신의 심장을 쏘았네
그의 상관은 그날 밤 안가에서 여대생과 여가수를 불러 대행사를
하였네
"똑똑한 놈 3명만 모아 와."
그들은 모두 군법회의로 갔네

김재규 부장은 말했네, "그런데 나는 여기서 명확하게 얘기할 수
있는 것은 하늘의 심판인 제4심에서는 이미 난 이겼다." "국민여러
분, 자유민주주의를 마음껏 누리십시오. 저는 먼저 갑니다."

3백만명의 국민을 살린 의인중의 의인이 될지
자유민주주의를 회복한 군인이자 혁명가가 될지
자유민주주의를 배반한 위장이중플레이어가 될지
은인을 시해한 배은자가 될지
확인사살하는 살인자가 될지
대통령권력을 탐욕하다가 주위사람 땜에 폭망한 권력투쟁의 패자
가 될지

김재규 부장은 이제 의연하게 그가 믿는 하늘의 제4심을 기다려야한다

차지철 실장의 미망인 윤보영 씨는 말했네, "나는 김부장을 용서하였다. 그러나 하나님은 그를 용서하지 않을 것이다."
하나님은 역사의 수레바퀴를 윤보영 씨를 위해 굴러가게 할 것인가?

하늘의 심판과 하나님의 심판은 같을까? 다를까?
인류는 겸허하게 기다려야한다

역사법정은 개정되었다 인간법정은 개정도 하고 휴정도 하고 폐정도 하지만 역사법정은 모든 인간이 누구든 당사자이고 개정도 없고 단1초의 휴정도 폐정도 없다 역사법정은 멈추지 않는다 역사법정은 쉬지 않는다 밥도 안 먹고 화장실도 안가고 잠도 안 자고 쉬지도 않고 휴가도 없고 밤도 낮도 없고 주5일도 없고 기념공휴일도 없고 세계노동절도 없고 대체공휴일도 없고 까만날 파란날 빨간날도 없다 역사법정은 퇴직도 없다 역사법정은 휴식이 없다
그러나 수 천년이 지나도 반드시 판결을 내린다 역사법정은 영구법정이다 인간은 그 판결을 반드시 기다려야한다 인간은 모든 건에서 싫어도 좋아도 다 연기된 역사법정을 피할래야 피할 수 없으며 역사법정의 판결이 나오면 다같이 두 손을 모으고 겸손하게 받아들여야 한다 역사법정은 기한의 이익이 없다
누가 판사인지, 검사인지, 소송당사자인지, 배심원인지, 서기인지, 변호사인지, 관찰자인지 알려고 하지 말라 오직 너 자신의 숙세의

업연을 알아라 역사법정은 반드시 판결을 내린다 역사법정은 제1심
도 제4심도 없다 역사법정은 다음이 없다

김재규 부장은 마지막으로 말했네, "나는 국민을 위해 할 일을 하
고 갑니다. 나의 부하는 아무런 죄가 없습니다." "나를 위해 애쓰시
는 여러분께 감사드립니다."

나는 묻는다, 안가는 안가하였나?
정치적으로 권력적으로 역사적으로 밤새 안전가옥은 안전하였나?
인간적으로, 인간 적으로, 경기 어떠하니잇고?
안가는 안가는 사람이 안전한가?
날은 밝았고 진실과 결과는 오롯이 남았다
이제 영원한 안가에서 그 모든 분들이 살아 생전에 그토록 바라왔
던 안온한 안식을 가지기를 오직 기도할 뿐!
산 자여, 기도하라!

보아라 오늘밤에 하늘이 사람 배신하는 줄 알았다
아니다 오늘밤에 사람이 하늘 배신하는 줄도 알았다
　　　　　　- 이상화(1901~43) 『逆天(역천)』(1935) -

울창한 밤나무 아래 나는 너를 팔았고 너는 나를 팔았네
　　　　　　- 죠지 오웰(1903~50) 『1984』(1948, 49) -

無風天地無花開 무풍천지무화개
無露天地無結實 무로천지무결실

- 설송(1918~2009) -

바람 불어야 천지에 꽃이 피고
이슬 내려야 천지에 열매 맺네

- 이긍식 의역 -

번역도 의역도 다 번거롭다

바람 분 바로 그 천지 그곳에서 이슬 내리고
꽃이 진 바로 그 가지 그곳에서 열매 맺네

- 이긍식 -

승자는 하늘로 승천하고
패자는 땅에서 흩어지네

이기면 충신, 지면 역적

이긴 소 우리 소, 진 소 남의 소

- 이긍식 -

나는 묻는다 누가 누구를 배신하였나? 배신이라는 말이 성립하나? 누가 누구를 신뢰하였나? 신뢰라는 말을 이해하나? 그러나 그들은 서로를 무한히 신뢰하였네

"나는 한번 한다면 하는 사람이오."

나는 김재규 부장의 진심을 믿는다 다만 역사법정을 좀더 기다려봐야한다

제기된 3개의 법정은 결과가 전원일치할 것인가?

기도하고 기도하라! 항상 10월 26일 반드시 너부터 기도하라!

기도하지 않는 자 이 문을 들어서지 말라!

기도하지 않은 자 이 시를 읽지 말라!

시-**김재규부장의하늘심판의제4심**20210826목12:07이ㄱ식

회고록12강-**대통령**20210113수이ㄱ식202101

==

▌회고록 제13강, 사례연구Case Study ▌

아! 재난지원금! 심리복지!

천소인 이강식(명예교수 전)

내가 통도사신평버스터미날에 내리니 바로 건너 편에 가끔 가기도 하는 대형마트에 다음과 같은 큰 현수막이 걸려 있었다.

#힘내라_대한민국 대한민국의 모든 아버지 어머니를 응원합니다.
우리 매장은 긴급재난지원금 공식 사용처입니다.
지역사랑상품권 온누리상품권 사용가능
FRESH FOOD WHOLEMART
식자재전문매장 프레쉬 푸드 홀마트
새로운 시작

그걸 보자말자 나는 깊은 탄식이 절로 나왔다.
"주야 쓰지."(줘야)

하루는 울산 중구 거리답사에 나섰다. 소변이 계속 나오려했는데 마땅한 곳은 없고 한참을 엄청 참고 걸어가니 다행히 동사무소가 나왔다. 옛날 같으면 민간인이 동사에 들어가 화장실을 쓴다는 것은 거

의 상상하기 어렵고 지금도 시골에 가면 제일 번화가인 장터에도 공
중화장실이 대부분 없고 소변을 참으면서 한참을 둘러보고 겨우겨우
읍사무소를 찾아들어가 화장실을 이용하는데, 사실 이게 아는 사람
은 아는 아주 어려운 일인데, 나는 관광자라고 정 화장실이 없고 급
하면 눈 딱 감고 들어가 조심조심 양해를 구하고 사용하고 나오는 것
이다. 전통사상에서는 화장실철학이 항상 아쉬운 것이다. 물론 그때
는 그랬을 것이다. 이제 시골에서도 내가 민주화의 혜택을 다소나마
보는 것이다. 그런데 지금은 대도시는 시장, 구청장이 민선이 되고
동사도 주민행복센터(행센)가 되고 공뭔(공무원)도 아주 친절해져서
사용하기가 훨 나아진 것이다. 대울산광역시청 정도되면 아예 대시
청에 24H 화장실을 완전개방해서 주민편의를 도모하고 있으니 세상
참 좋아진 것이다. 이야말로 선조들이 그렇게 수천년 꿈꾸어왔던 민
본주의시대가 된 것인가? 이 시절을 잘 발전시켜 앞으로도 길이 행복
한 자유민주국가와 민주시민이 되어야 할 것이다.

그래서 들어가니 행센은 4층에 있었는데 1층입구에서 재지금(재
난지원금)을 신청받고 있어서 내보고도 그걸 신청하러 왔는 줄 알고
안내를 하고자 하였다. 바쁜 와중에도 이때 나는 재지금을 직접 신
청해야 하는 것을 처음 자각하고 그러면 신청해서 받아야겠다고 마
음 먹었다. 물론 지난번에도 4십만원을 고맙게 받기는 받았지만 그
때는 카드로 바로 들어왔기에 신청이라는 것을 몰랐다. 4층까지 엘
리베따를 타고 올라가 겨우 최긴급한 현안문제를 잘 해결하였다.

주니 안 주니, 길고 지리한 논의 끝에 드디어 준다고 하였다. 그래
서 온라인신청은 나로서는 당연 지나치고 드디어 옾라인으로 재지
금을 받으러 나섰다. 길을 가니 대로변에서 행상을 하는 할머니들이

모여앉아 2일이니 7일이니 서로 흥분까지 하면서 설왕설래 목청 높여 말하고 있었는데 나는 그게 무슨 뜻인 줄도 몰랐다. 그저 무신 접종일인가? 하고 지나쳤다.

경주역에 가서 택시를 타고 동사로 가자고 하니 기사할아버지가 대뜸 길이 복잡한데,,, 라고 하면서 난색을 표하였다. 그래서 나는 지금까지 살면서 한번도 복잡한 적이 없었는데 몬 소리야? 라고 생각하며 노인기사가 엄살을 피우는 줄로만 알았다. 그런데 도착하니 조금 길이 복잡한 정도였으나 주차한 승용차도 길 양 옆에 질서있게 잘 정돈주차하고 있어서 별로 어려움은 없었다. 그렇지, 질서하면 관 아닌가? 감히 동사 앞에서 질서없이 주차할 간 큰 주민이 어디 있겠는가? 라스베가스에서는 상상도 못 할 일이지. 그리고 동사도 밖에서 언듯 보기에는 조용하기까지 하였다.

그러나 들어가자 말자 시끌벅쩍 장터처럼 복잡하였다. 물론 신청자도 있었지만 신청창구, 신청자용 접수의자와 안내원이 훨 더 많았는데 근데 안내원들은 벌써 힘든 표정까지 보였고 장내도 뭔가 큰 일이 생긴 후의 현장 같았는데, 아마 오전에 확 몰린 것 같았다. 그런데 나는 멋도 모르고 왔는데 가는 날이 장날이라고 다행이 오늘이 내가 신청하는 날이었다.

안내원이 친절하게 2층부터 먼저 갔다 오라고 성화를 부리며 채근하였다. 뭔가 싶어서 2층으로 가니 뜻밖에 경주시에서 주는 생활지원금 1십만원이 있었다. 재정도 어려운데 이 후기IMF, 이 시국에 거금 1십만원이나 나도 몰랐는데 주다니 그저 감지덕지 감사하면서 얼른 챙기고 누가 볼세라 현금카드를 손에 꼭 쥐고 퍼뜩 내려왔다. 내가 경주에서 살아서 수십년 그동안 세금만 내다가 관의 혜택을 직접, 그것도 현금카드로 받기는 이번이 처음이 아이가? 즐거운 생각을 하며 새삼 기분이 좋았다. 세상 참 오래 살고 볼 일이야. 이렇게 민이 관으로부터 대접 받는 세상이 올 줄이야 누가 알았나? 물론 내 같은 사람도 그런 세상 한번 만들어보겠다고 국민의 의무를 다하면서 노력하지 않았나?

1층으로 내려와 이제 본게임인, 당연하게 생각하고 있는 재지금을 신청하려고 상당한 안내까지 받아가며 본격적으로 신청서를 써서 들고 의자에 앉아 한참을 기다려서 드디어 순서가 왔다.

그런데 의자에 앉아서 기대를 완죤 하고 있는데 접수하는 여직원이 컴퓨터화면을 보더니 표정이 별로 안좋더니 마침내 결심을 한듯이 조심스레 말하였다. 대상이 안되는데요... 그래서 내가 태평하게 몬솔? 내가 왜 대상이 안돼? 그때까지도 뭘 헷갈려 잘못 봤겠지, 라고 생각하면서 그래도 민주시민이랍시고 예의바르게 앉아서 이유를 궁금해했다. 그러자 여직원이 의료보험료를 많이 내시네요, 그래서 대상이 안됩니다, 라며 더 조심조심 내 눈치를 보면서 말했다. 그러니까 남루한 내 행색을 보면 딱 봐도 한 눈에 100%, 200% 내가 대상이 되고 또 돼야만되는데, 그런데도 전혀 안된다니 그걸 현장접수 여직원 자신도 결코 믿지 못하는 눈치였다. 젊은 여직원에게는 사랑고백 이후로 인생 최대의 난관에 부딪힌 표정이었다.

그런데 아직도 사태파악을 못한 나는 의료보험료를 많이 내면 재지금도 더 많이 줘야지, 나라에서 혜택을 더 많이 줘야지, 라고 힘주어 말하면서 다시 확인해줄 것을 은근히 재촉하였는데 그러나 여직원은 힘든 표정으로 그만 가줬으면 하는 것 같았다. 나는 현실부정을 하면서 반신반의하고 재밌게 껄껄껄 웃으면서 쉽게 물러나왔는

데, 내가 상상이상으로 웃으면서 쉽게 물러나자 여직원은 어리둥절
하면서도 안도의 표정을 지었다.

그렇다! 내가 이렇게 웃으면서 사는 사람이지. 天笑人(천소인)이
야! 그러니까 하늘을 쳐다보며 웃고 사는 사람이야! 어디 하늘뿐이
랴? 땅을 보고도 웃지, 天地笑人(천지소인)이지! 사람보고도 웃지, 天
地人笑人(천지인소인)이지! 물론 안그럴때도 가끄음은 있지만. 물론
그 가끄음이 어느 정도 간격(Interval)과 주기(Cycle)와 크기(Size)와
방향(Direction)과 강도(Strength)를 가지느냐? 하는 것은 사실 나
도 관심사였다.

지난 번 4십만원은 말없이 편하게 카드입금으로 걍 주더니 이번
에 휠 더 적은 25만원은 직접 출두하는 번거로움까지 감수하며 와
서 신청서까지 쓰고 기다렸는데 왜 안주는지, 도저히 알기가 어려워
서 일단 "명예로운 철수"를 해서 나온 것이다. 이유를 학실히(확실
히) 알아야 뭔가 대책을 세워도 세우지 않겠는가? 항상 무대책일 때,
외국에서는 "위에서 정책이 있으면 밑에서는 대책이 있다!(上有政策,
下有對策.)" 라고 하는 것 아닌가! 그래도 먹물이라고 먼가 남다른
더 나은 생각을 하며 물러나왔다. 그렇지, 항상 더 나은 생각!

그런데 이번에는 주민세가 지난번 안 나왔는데, 왜 안 나왔는지
알고 싶어 동사 세무창구에 가서 문의를 하였다. 그런데 여공뭔은
검색을 금방 하더니 내가 주민세를 감면받았다는 것이었다! 그래서
이유는 모르겠으나, 굳이 알 것 까지는 없을 것 같고, 이번에는 내가
아주 더 기뻐져서 다소 큰 목소리로 동사 사무실에서 말했다. 그렇
지, 내가 그동안 낸 세금이 얼만데 이제서야 혜택받는구만! 이라고
목소리 높여 다소 어쩔줄 모르도록 기뻐하며, 앞에 있는 수고해준

여공뭔도 뭔가 자기 일처럼 같이 기뻐해주기를 바랐지만, 여공뭔은 바쁘니깐 그만 가줬으면 하는 귀찮은 표정이었다.

그러나 나는 걍 갈수는 없고 다시 재산세를 물었다. 그러자 여직원이 친절하면서도 무표정하게 금방 얼마얼마라고 말했다. 그런데 내 생각보다는 높게 나왔다. 그래서 나는 둔하지만 조금 생각하다가 금방 이해를 하고 역시 다소 크게 말했다. 아하, 주민세는 감면해주고 대신에 토지세로 확 땡겨가는군요! 유레카! 그렇지! 그거지! 여공뭔은 웃어야할지, 말려야할지 애매하고도 귀찮은 표정이면서도 귀찮으니까 얼른 그만 가줬으면 하는 일관된 표정을 지었었다. 그렇지 공뭔과 행정은 항상 일관적이어야지. 그리고 웃말이지, 공뭔은 항상! 인생은 항상!

근데 이게 도대체 무슨 상황인가? 이제 서서히 현실자각을 하게되었다. 어쨌든 상황을 학실히 알 때까지는 경주에 더 오래 살고픈 마음이 생겼다. 어쨌든 오래 살면 시장이나 동장이 학실히 혜택을 더 주는 것 아냐? 요새는 안 그래도 인구 1백만이상의 큰 광역시에서도 자기 시로 주소를 옮겨라고 시장까지 젊은 미남 홍보대사와 같이 나와서 율씸 홍보를 하는데 경주시장과 동천동장도 바짝 긴장해야 할 것 같았다.

그리고 나서야 나는 재지금에 대해서 서서히 관심이 갔다. 원래 이것도 다 내가 대학교에서 다 가르친 것이다. 여행지에 가기 전에 미리미리 여행지를 샅샅이 정보수집해서 가는 경우도 있고, 갔다 와서야 여행지를 새삼 재발견하고 하나하나 꼼꼼이 정보수집해서 복기하며 더 큰 감동을 받는 경우도 있다. 1장1단은 다 있다. 그래서 나는 경영학자, 경영학교수·명예교수(전), 경영학박사로서 직업정신을 발휘해서 전문학술분석까지는 아니지만 몇가지 인상비평을 하고 또 시인으로서 감성비평을 하고자 하였다.

첫째, 의료보험료와 재산공시가격을 갖고 재지금을 지원한다는 기준은 어떻게 생겼는가? 그게 기준이 되냐? 그게 무슨 신뢰도와 타당도와 수용도가 있나? 그리고 당연히 보완점은 원래 없었는가?

재난이란 전 국민이 다 걸릴 가능성이 있는데 의료보험료를 많이 내고 재산공시가격이 높으면 안 걸리나? 미 트럼프 대통령도 걸리고 영국여왕도 걸리는데 재지금을 안 주면 아무래도 아주 섭하지 않을까? 있는 사람이 더하다는데, 그 사람들이 가만 있겠나?

둘째, 무엇보다 하위 88%가 말이 되냐? 결국 전국민의 88%가 하위라는 것인데 이게 말이 되냐? 일반적으로 상식적으로 전문적으로 통계적으로 하위 10%, 조금 하위 20%, 중산층 40%, 조금 상위 20%, 상위10%, 합 100% 등의 분류는 있지, 하위 88%와 상위 12%의 엄청난 양극화는 이 바닥에서 잔뼈가 굵은 내가 평생 처음 들어보는 소리였다. 정규분포는 왜 있냐?

그리고 88%는 또 무슨 근거이냐? 80%, 85%, 조금 더 써서 90%는 있지, 애매하게 88%는 도체 어디서 나온 숫자냐? 물론 제24회 서울올림픽은 있는데 그 영광에 향수를 이제 느끼나? 오마쥬하나? 행운의 숫자로 보나? 그러나 지금 그게 나올 일은 아닌데 그러니 집단무의식인가? 담배피우나?

셋째, 전국민의 88%가 하위로서 재난지원금을 받는다는 이게 말이 되냐? 무슨 빈민국가도 아니고 무엇보다 국민정서상 이해하기는 아주 어렵다. 그러나 이번에 보니 우파와 좌파를 확실히 알게 되었다.

우파는 단지 12%를 재난지원금대상자로 보는데 비해 좌파는 국민의 88%를 대상자로 본다는 것이다. 좀더 교정하여 정확하게 말하면 우파는 재난지원금대상자를 국민의 0%로 보는데 비해, 좌파는 국민의 100%를 대상자로 본다는 것이다. 다르게 말하면 우파는 소수의 부자 국민이 필요하고 좌파는 다수의 가난한 민중이 필요하였다. 실제 생각만 했는데 이번에 보다 분명해졌다. 복지는 역시 좌파가 잘하고자하는데 다만 종부세 등 세금이 만만찮다, 그래서 협의, 합의, 컨센서스를 이루는게 주요하다. 이건 세계적으로, 역사적으로 그렇다. 우파좌파가 달리 있는 것이 아니고 어느 곳에서나, 어느 때나 이런 정책을 쓰면 우파고 그런 정책을 쓰면 좌파라고 하는 것이다.

넷째, 그리고 항상 부대비용이 문제다. 이런 식으로 거창하게 전국적으로 신청받으면 재지급보다 안내비용이 더 커질 수도 있다. 즉 관리비가 더 나올 수가 있는데 배보다 배꼽이 더 크다고 일반관리비가 지금도 그렇지만 이렇게 하면 눈덩이처럼 갈수록 더 커질 수 있다.

다섯째, 내가 달라고 한 것도 아닌데 가만 있는 나를 졸지에 정부 공인 대한민국 상위 12%의 부호로 만들어 놨으니 나로서도 보통일은 아니라는 것이다. 헛배가 부른 정도가 아니라 배가 아예 안 보일 정도라는 것이다. 내가 그간 나도 모르게 대한민국에서 대성공, 대출세를 하였나??? 내만 모르고 있었나??? 내가 행색을 남루하게 해서 다니는게 다 겸손해서 그런가? 내가 이 시대의 현인인가? 내가 알고 보니 알부자였나??? 이걸 어떻게 수습하지? 그러나 빨리 정신 차려야 하는 것이다. 그러니 자연이 내가 천소인이 되는 것 아닌가? 이 참에 내 道號(도호)를 저절로 천소인으로 바꾸어야 하나?

여섯째로 국가복지위원회를 대통령직속으로 개편하는 것이 즉각 필요하다. 내가 대통령으로 출마하면 복지공약 제1호가 될 것이다. 지금은 국무총리 직속으로 되어있는데 대통령 직속으로 개편이 필요하다. 개편은 항상 필요한 것이지 생각만 할 것은 아니다. 영국에서는 총리 소속으로 되어 있으나 영국은 원래 총리책임제이니까 그런 것이다. 헷갈리면 안 되는 것이다. 앞으로 복지는 크게 생각해야한다.

누가 이런 과학적이지도 않고, 정무적이지도 않고, 행정적이지도 않는, 그러나 교훈과 재미는 있는 재지급설계를 했는지 궁금하다. 그러면 분석은 이 정도로 하고 이의신청을 할 것인가? 하는 깊은 상념에 자연히 잠기게 되는데 고거는 더 생각해 봐야할 것이다. 어쨌든 이왕 명실공히 대한정부공인 상위 12%가 되었는데, 굳이 하위 88%로 내려갈 필요가 있느냐? 는 것이다. 이것도 명예인데 누려야 하나 말아야 하나? "나는 대한민국 상위 12%에 해당합니다. 나는 재난지원금 대상자가 전혀 아닙니다!" 라는 패말을 기쁜 마음으로 목에 매달고 다녀야 하나? 영광인가? 어리숙한 사람인가? 성찰하지 않을 수 없었다. 근데 내가 상위 12%면 도체 누가 하위 88%란 말인가?

평생 언제 또 이런 정부공인 전국민 상위 12%가 되어보느냐? 그러니 이거이거 기뻐해야하나??? 웃어야 하나, 말아야하나? 웃말? 그것까지 생각하고 내게 이러나??? 도대체 정부가 무슨 깊은 뜻을 갖고 조용히 살고 있는 내게 왜 이러나??? 명분과 실리가 여기서도 있다. 명실은 평생 따라 다니는 일대사 중대과제다.

그런데 나는 동사를 나와서 시청 옆 70번 버스 승강장이 있어 버스를 타러 갔는데 배도 슬슬 고파지고 해서 보니 바로 그곳에 40년 전통의 명인만두가 있어서 곧바로 경주시생활지원금으로 만두 3인분을 사서 집에 가서 즐겁게 먹었다. 또 그 다음날 시내로 가서 경주시문화굿즈도 사고 최영화빵(황남빵)도 10개 사서 맛있게 먹었다.

요 근래 이틀은 보기 드문 오! 해피 데이즈! 였다. 이런 날이 자주 있기만을 빌어야지.

누구는 이런 복지를 할 때 꼭 세상에 공짜점심과 같은 것은 없다 (밀턴 프리드먼), 누군가가 그 돈을 내야 한다 고 잘난 척하고 말하는데, 그런 연구자가 잘 나기는 물론 엄청 잘 났지만, 그럼 지금까지 내가 돈을 냈지, 안 낸게 뭐 있나? 그러면 그 돈을 세상에 그 연구자가 혼자 다 냈나?

그리고 이 재지금이 가처분소득을 늘여 소비진작효과를 가져온다는 것은 당연한 것 아닌가? 그러면 증세효과도 있겠지.

그리고 이런 재지금은 국민의 심리안정에도 큰 도움을 주는데 내가 만든 말이지만 화폐적 복지, 심리상담 등 비화폐적 복지도 매우 주요하지만 **심리복지**가 천금만큼이나 대단히 주요하다는 것이다. 국민의 심리를 복지하라! 국가가 있고 정부가 있고 국민이 합심해서 나를 잊지 않고 도와준다는 이 국민복지연대가 얼마나 주요한가? 이걸 알아야지. 국민은 모두가 알아야할 주요한 나의 주요학설, 심리복지이다.

그런데 첫째로 생활복지인으로서 나의 복지철학중의 최고의 복지철학은 다음과 같다.

한번 늘인 복지와 세금과 나이는 줄이지 못한다!

내가 말한 이 복지철학은 동서고금을 통하여 만고의 복지금언이다. 항상 이를 생각하고 정책을 수립하고 집행해야한다. 복지가 늘면 동시에 세금을 늘여야 하는데 복지를 줄이지 못하면 세금도 줄일

수 없다. 따라서 한번 늘인 세금도 줄일 수 없다. 이는 외국도 마찬 가지이다. 한번 늘인 복지를 줄일려면 혁명 이상의 대변곡점이 마련 되어야 한다. 이 부문은 미국이나 영국도 마찬가지이고 복잡한 주기 를 반복하고 있으나 여기서 자세한 것은 줄이기도 하겠다. 복지함정 에 빠지면 안 된다.

그리고 또 둘째로 주요한 나의 복지철학은 국가가 복지철학을 먼 저 정립하여야 한다는 것이다. 다르게 말하면 복지수준, 복지믹스, 복지혼합이다. 즉

복지수준을 결정하고 믹스해야하는데 이에는 국제복지, 국가복 지, 사회복지, 가정복지, 개인복지의 5가지 수준이 있다. - 나의 국 가복지철학, 국가복지의 5단계별전략수립 -

쉽게 설명하면 지금까지의 전통사회의 복지는 개인수준, 가정수 준에서 해결하고 국가수준이나 사회수준에서는 전혀 개입하지 않았 다. 그것은 왜 그런냐? 하면 전통농업사회이기 때문에 그 당시 사회 에서는 자연스런 일이었고 당연한 귀결이었다. 즉 전통농업사회는 정착사회이고 가문중심으로 국가를 경영하기 때문에 복지도 개인이 젊은 시절 알뜰히 부지런히 돈을 저금하여 노후대책을 스스로 마련 하고 또 가정을 이루어 가정에서 부모를 봉양하여 가정 자체적으로 복지를 수행하는 것이 당연하였고 그 누구도 추호도 의문을 품지 않 았다. 그렇다! 대표적으로 **효도**가 이를 밑받침하는 사상이었다. 효 도가 복지사상이라 고? 그렇다! 효도가 복지의 주요한 핵심이지. 바 로 그거지. 무조건 효도에 다 떠밀어 놓고 국가와 사회는 효도문을

만들고 고색창연한 책을 만들어 그저 장려나 하고 효도 안 하면 잡아들여서 곤장이나 때리고 치도곤이나 치고 농업사회에서 매장이나 하면 되었다. 효도는 천륜이야! 당연하지. 그건 그대로 비용도 전혀 안들고 당장 효과가 있고 국가와 사회가 효율적으로 잘 돌아가는 최적해고 만족해였다.

그러나 지금은 전혀 양상이 다르다. 결국 근대공업문명사회에서는 노마드사회가 되었고 개인이나 가정, 가문조직이 거의 힘을 못 쓰고 사회나 국가의 권력이 막강하게 되었으니 당연히 복지도 국가나 사회가 책임지지 않을 수 없게 되었다. 이를 아직 이해를 못/안하고 있는 과도기적 사회와 사고방식이 아직도 농업사회에서는 대부분이다. 그러므로 서구에선 당연히 국가복지, 사회복지 등이 나오게 되었다. 우선 국가복지로는 국가의 국민연금, 건강보험 등이 나오게 되었고, 사회복지로는 기업의 퇴직금, 연금제도, 건강보험회사 등이 나오게 되었고, 각종 금융보험회사, 각종 종교의 복지활동 또 사회의 상조회사 등등이 나오게 되었다.

그러니까 다른 분야도 마찬가지지만 농업문명과 공업문명의 대전환, 대격변과도기에서 복지 부문에 갈등이 가장 늦게 밀어닥쳤다는 것이다.

이 복지분야는 또 거시적으로는 자본주의와 공산주의의 치열한 각축장이 되었다. 그건 여기서는 줄이고 그러나 자본가와 자본주의자도 넋놓고 당하고만 있는 것은 아니고 학습능력이 아주 뛰어난 사람들인지라 수정자본주의, 복지자본주의, 복지경영주의가 수많은 수업료를 지불하였지만 곧바로 나오게 되어 자본주의의 큰 발전을 가져오고 궁극적으로는 20-21세기 자본주의의 승리를 확고하게 가져오게 하였다. 앞으로도 이 승리는 더 심화될 것이다.

그래서 복지하면 공산주의나 사회주의의 트레인 마크처럼 특장점이 되어 있는데 가끔보면 자본주의자는 이를 이해 못하고 "지재금을 지금처럼 주다가는 나라의 곳간이 빈다." 는 등의 시대착오적 쇼리를 계속 하고 있는 것이다. 돈걱정이야 누구도 해야하는 젤 주요한 문제이지만 그러나 그렇게 돈걱정을 하려면 4년마다 한번씩 올림픽은 왜 돈들여 하려고 그렇게 평소에 애를 쓰고 인력을 동원하고 돈을 쓰냐? 는 것이다. 다 필요하니깐 하는 것 아니냐? 올림픽 등도 물론 주요하지만 복지도 매우 주요한 국가일대사가 되었다. 물론 우선먹기는 곳감이 달다고 아끼는 것이야 아껴야하지만 그렇다고 안주면 되느냐? 는 것이지.

"국민이 원하면" 줘야지, 니 돈 주나? 내 돈 주나? 곳간을 지가 채웠나? 곳간이 빈다는 등의 시대착오적인 쇼리는 치우고 이제 국가가 가정역할을 하고 자식역할을 하고 효도를 해야 하는 것이다. 이제 국가가 자식이야? 국가효도의 시대가 열렸나? 어서와 국가효자 첨 보지?

그러나 할머니도 다 알고 있다. 한 번은 좌석버스를 타고 시골길을 가는데 할머니들이 지원금 2십만원이 나온다고 와자지껄 떠들썩하였다. 그러다가 어느 정도 얘기가 끝나자 한 할머니가 말했다.

"고거 쪼매 주고 또 얼마나 거돠 갈려고?"

시골할머니도 다 알고 있다.

따라서 가만이 얘기를 파악해보면 결국 우파는 전통적으로, 미시적으로 개인가정복지를 앞세우고 좌파는 현재적으로, 거시적으로 국가사회복지를 전가의 보도처럼 내세우는데 이게 사실 금방 해결될 문제는 아니다. 역사문화전통예산 등 고려해야할 변수가 매우 많다. 근데 이게 표하고 곧바로 연결되니까 우파든 좌파든 복지전쟁이 한번 불붙으면 머리 박터지고 장난이 아니게 된 것이다. 그래서 우파도 좌파도 할 일이 많은 것이다.

그러나 정치적 차원이 아니고 이제 복지를 천부인권적 차원에서 살펴야한다.

가만히 보면 우파정권은 경부고속도로, 포항제철, KTX, 4대강보 사업 등등 대형국책생산성건설사업에 특장점이 있고 좌파정부는 공무원일자리증대, 지재금지급, 백신사업 등등 대형국책분배소비성사업에 특장점이 있다. 다 장단점이 있고 어떻게 보면 보완재의 기능을 하고 있다.

과거 박정희 대통령 시절 말기에 지방국립대학총장에 성은 "김"인데 별명이 "길총장"이라는 총장이 있었다. 길총장은 당시 박정희 대통령과 특수관계에서 중앙에서 예산을 타다가 큰 건물을 짓고 학내 아스팔트 도로를 포장하는데에 큰 특장점이 있었고 따라서 학교의 외형적 발전이 가시적으로 확확 보여서 자신의 공적으로 크게 자부하고 있었다. 심지어는 "학교의 외형은 내가 책임질테니 내실은 교수가 다져라." 라고 자부심을 갖고 당당하게 말했다. 외형상 보이는 큰 공적의 하나는 건물도 건물이지만 큰 대학캠퍼스를 흙길 안밟고 아스팔트길로만 밟고 다니게 했다는 평가도 받았다. 지금 보면 당연한 얘기이지만 경제개발기의 대학은 국립대학도 사정이 그랬다. 그래서 별명이 자연히 길총장이 되고 "아스팔트 총장"이 되었는데 교수들은 학교의 외형적 발전에 기뻐하기는커녕 불만이 엄청났다. 심지어는 돈을 아껴 큰 강의동건물을 짓고 아스팔트 포장을 하는 등 토건공사에 몰두하는 것은 자기가 뒷돈이 생기기 때문이 아니냐? 고 추측하는 교수들도 많았고 이상하게 대부분 말없이 수긍하였다. 지역사회도 마찬가지였다. 그 시대의 아이콘, 토건족? 토건총장?

이 문제가 내연되어 결국 학내소요가 일어났을 때에 크게 확대점화되었고 결국 길총장은 임기를 다 채우지 못하고 물러났다. 차기 문교부장관에 1순위로 물망에 올랐던 김 총장은 물러났지만 그후 개인적으로 막대한 치부를 했다는 소문을 학교에 남겼다. 어떤 대기업의 대주주라는 소문도 돌았다. 학교 외형발전의 공도 크지만 알아줘도 이상하게 알아주니 참으로 애석한 일이 아닐 수 없다. 억울한가? 따라서 이 역시 오랜 시간 형성되어온 정책의 문제로서 쉽게 말할 수 있는 문제는 아니다.

이 길총장이 대단한 것은 5.16군사혁명이 성공할락말락할 때인 아주 초기에 박정희 의장이 경북대학교를 방문하였다. 박정희 의장으로서는 고향과 같은 대구와 모교에 금의환향이었을 것이다. 물론 군복은 입었지만 금의환향 보다 더 하면 더하지 덜 하지도 않았다. 그러나 당시의 대학이 만만하지는 않아서 교수는 아무도 나와보지 않았고 분위기는 꽤나 엄중하였다. 이윽고 브리핑을 총장실에서 마치고 모두 고색창연하고 유서 깊은 본관 계단에 나와서 기념사진을 찍게 되었다.

그런데 갑자기 누군가가 삼엄한 경호를 뚫고 홀로 나타나 박정희 의장의 어깨를 툭 치며, "야, 정희야, 반갑다." 라고 말해서 많은 관계자들을 혼비백산하게 하였다. 알고 보니 박정희 의장의 대구사범학교 동기동창인 김 총장이었다. 그러자 대번에 얘기가 돌기를 대구사범학교에 다닐 때 같은 기숙사에서 같은 기숙사방에서 숙식을 같이 하며 동고동락하였다는 것이다.

그러나 교수사회는 원래 만만하지 않다. 그후 김 총장이 박사학위 논문을 제출하고 발표가 있었다. 발표야 뭐 힘들긴 하지만 교수가 늘상 하는 것이니 하면 되는데 이상하게 주최측교수들이 김 총장의 논문발표순서를 가장 늦게 편성하였다. 예우 차원에서 그렇게 하였나?

그러나 그게 아니라는게 마침내 백일하에 드러났다. 이제 김 총장의 발표순서가 되어 긴장된 표정으로 준비를 다 해 발표대에 마악 섰는데 뭔가 분위기가 이상해서 앞을 살펴보니 교수들이 발표장에서 다 튀버리고 한 명도 없었다. 이 무슨 황당한 상황이냐?

원래 논문발표를 하면 발표회구성원명단이라는 것을 작성하는데 박사, 교수들이 열 명 이상 참석하여 붉은 인주로 도장을 딱 찍어 날인을 해야 발표회가 정식적으로 공식적으로 성립되는데 이게 별것 아닌 것처럼 보이고 서류상 형식적이고 요식적인 것 같지만 그러나 그게 아니고 이게 없으면 논문발표회가 성립 자체가 안 되어 다음 단계인 논문심사로 가지를 못하고 걍 나가레되는 핵심요건 서류다. 그런데 이건 발표자 개별로 한 장씩 따로 작성하는 것이다. 그러니 교수들이 참석해서 앞의 박사학위논문발표자만 날인을 해 주고는 김 총장의 발표순서가 되자 사회자교수가 갑자기 잠시 쉬었다 하겠습니다 라고 멘트하고 쉬는 시간을 만들어 주자마자 그 순간에 모두 슬금슬금 다 날라 버렸다. 그래서 김 총장은 자기 모교에서 교순데도 겨우 구성원10명 명단1장을 첨부 못해서 결격사유로 박사논문심사를 못받고 쫓기다시피 나가서 결국 다른 대학에 가서 학위를 받았다. 암튼 교수들이 그 좋은 머리를 그런데 쓰나?

근데 구성원 해봐야 같은대학 같은학과에서 평생 같이 근무하고 퇴직 후에도 지역사회에서 평생 봐야하는 교수가 대부분인데 별 탈 없을까? 에이- 무슨 탈이 있겠어? 김 총장이 인품이 워낙 뛰어난 대구사범학교 출신인데 무슨 문제가 있겠어? 근데 세월은 어느덧 흘러 흘러 김 총장이 총장이 되자말자 교수재임용의 열풍이 불어 전국적으로 교수사회 곳곳에서 곡소리가 끝도 없었다.

나는 어떤 기회로 오래 전에 그 논문을 핵심주제와 내용은 충분히 알도록 직접 본 적이 있었다. 나중에 시간이 있으면 다시 자세히 보고자 했는데 아직 그러지를 못했다. 논문은 수기로 작성을 했는데 사범학교 출신자답게 아주 꼼꼼하게 작성하였는 것을 충분히 알 수 있었다. 그래서 그랬나? 무슨 말이냐 고? 회사에서 온갖 이유를 다 들어 쫓아낼려고 하는 사람이 있으면 선입감으로 무조건 무능하다고 생각하기 쉽지만 그게 아니고 실제는 오히려 유능해서 그런 경우도 많다. 왜정때 대구사범학교 출신이면 수재 중의 수재라고 봐야지. 이유는 온갖 이유를 달지만 그러나 지들보다 유능하다고 똘똘 뭉쳐 내쫓는 것이다.

김영희(1918~94) 총장이 학교의 외형적 발전에는 큰 공을 세웠고, 대학의 기틀을 크게 세웠다고 나는 보지만 사범학교 출신자답게 꼼꼼하고 구두쇠로 일관하다가 학내와 지역사회에서 완전 짠돌이로 찍혀 인심을 전혀 못 얻고 뒤로 꿍친 돈도 엄청나다는 소리만을 남기고 대망의 문교부장관 자리를 못하고 엄청난 소요와 함께 도중하차하게 되었다.

보수의 성지에서 1978년 11월 7일 화 일어난 이 엄청난 가투행진과 소요사건이 박정희 대통령의 18년 모든 유신정치가 이미 엄청나게 민심이반하고 있다는 것을 극명하게 보여준 것으로 나는 평가하는데 이는 아쉽지만 후평이고 Retrospective, 그 당시는 그렇게까지 보지는 않았고 박정희 대통령이 언제나처럼 잘 복원할 줄로만 보았다. 그러나 나는 엄청난 착시를 했고, 선평이었으면 Prospective 였으면 그 와중에서 그래도 위안은 되었겠지만, 이미 탄성한계를 넘어간 정치상황은 계속 어려워져 내부에서 이미 속절없이 무너지는 것은 순식간이었다. 그 후 한번도 회복하고자하는 구상도 노력도 없이 엄청난 균열의 파열음은 커져만 갔지만 아무도 그 소릴 듣지는 못하였다. 강고한 철옹성이 무너질 때는 모래성 보다 더 빨리 찰라에 무너져 버렸다.

방안의 코끼리Elephant in the Room이 이미 들어와 바로 옆에서 어슬렁거리도 다니고 있어도 다들 못 보는 것인가? 그게 아니고 다들 못 보는 척하는 것인가? 지 한몸만 피하면 되는 것인가? 검은 백조 Black Swan은 어디쯤 와 있는 것일까? 검은 코끼리Black elephant는 어디서 오나?

누구라도 호루라기를 불어야 하나 이미 그렇게 할 수 있는 階梯(계제)가 아니었다. 이제는 무너지는 광산 앞에서 아무도 호루라기 불지 않았네! 그 수많은 파수꾼들이 진짜 광산이 무너질 때에는 아무도 호루라기 불지 않았네! 왜? 왜? 지시가 없었기 때문이네. 모두가 열심히 일 했지만 무엇을 해야 할 지는 몰랐네. 언로가 막혀 있어서 어쩔 수 없었다는 것도 다 핑계에 불과하고 그러면 안 막혀 있었을 때는 뭐 했나?

내가 보기로는 부마사태도 그렇지만 이 민주투쟁이 만 1년 뒤인 1979년의 10.26사태의 엄청난 징조였다. 1960년의 4.19학생혁명에 앞선 2.28대구학생민주혁명에 비견할 만한 역사적 민주투쟁이다. 왜 상황이 이렇게까지 되었을까? 돌이켜보면 이유는 다 있었고 저 먼 중앙에서부터 뿌리가 깊었다. 나는 이를 **경북대11.7민주투쟁**이라고 이름붙이고 크게 조명할 필요가 있다고 본다.

일단 내가 상황을 설명하면 11월 2일 목 그때 학내에서 4명의 학생이 시계탑 로타리에서 반유신정권성명서를 발표하고 학내시위를 하였다. 그러자 형사와 전경 수10명이 즉각 트럭으로 학내에 진입하여 학생이 보는 앞에서 모두 연행해 가서 구속하였다. 경찰이 학내에 진입하여 학생을 직접 연행해 가서 구속시킨 것이 엄청나게 큰 화근이 되었다. 그러자 경북대재학생 남녀학생 1만여명이 곧바로 5일 뒤인 7일 구속학생 석방을 요구하면서 대형시위를 일으키고 투석하면서 본관과 교내방송국에 진입하였다. 그러나 방송은 여직원이 울면서 완강하게 거부하여 하지는 못하였다. 그러자 1만여명의 학생이 시내로 나가 가투행진을 하면서 무소불위의 철옹성으로 보였던 유신정권에 큰 파란을 일으켰다. 유신정권은 마침내 붕괴하는가? 가투행진은 아주 질서정연하고 구속학생석방외에는 아무런 다른 주장은 없었다. 그러자 집권층에서는 그저 아무 일 없다는 듯이 덮어버렸다. 그러니 단순 학내사태로 보았는지 결코 심각한 민심이반을 느끼지 못하였는지 이듬해에 가서 1979년 2월 12일 김 총장이 사직하는 것으로 겉으로는 아주 조용히 마무리하였으나 내상은 더 깊어져만갔고 마침내 만 1년뒤 10.26사태가 일어나면서 나는 비로소 이 사건이 유신정권의 붕괴를 분명 크게 예고하였음을 알게 되었다.

단지 4명의 시위와 수10명의 경찰의 과잉진압, 보수의 성지를 깜짝 놀라게 했던 1만여명의 1일 학생시위, 1만여명의 엄청난 학생군중에 비해 단순하다면 아주 단순한 시위, 마침내 1년만에 안가에서 2명의 여성과 함께 속절없이 무너진 철옹성 같았던 18년 유신정권!

이게 나비효과입니까?

그때 곧바로 개혁을 하고 민주화를 하고 민심을 수습하여야 했으나 그러지를 못하였고, 그리고 내가 이름 붙인 경북대11.7민주투쟁도 여태까지 묻혀 있었다. 다 아쉬운 일이다. 나는 시대를 증언할 뿐이다.

내가 경북대를 가면 꼭 들리는 곳이 그 날 박정희 의장이 기념식수한 곳이다. 기념목을 보면 해를 갈수록 만감이 교차한다. 그날의 영웅호걸은 다 간 데 없고 소나무는 나날이 무성히 자라 그 날의 시대를 확고히 증언하고 있다. 앞으로도 잘 자라 대한의 기개를 널리 나타내 보여 주기를 바라는 것이다.

근데 이번에 이『회고록』을 쓰면서 마음이 심상하여 다시 가보니 솔나무는 매우 힘차게 계속 자라고 있는데 뭐가 좀 이상하였다. 찬찬히 살펴보니 다른 것은 이상한 것이 전혀 없고 다만 분명히 있어야할 기념식수안내표지목이 없어져 버렸다. 그래서 기분이 아주 쎄하여 사범대 건물로 가보니 박정희 대통령의 반신부조상이 사범대 건물내부 1층현관에 있었는데 리모델링하면서 흔처도 없이 사라져 버렸다. 아쉬운 마음 금할 길 없었다. 사범대학건물 자체도 박정희 대통령 대구사범학교 동기동창이 기념으로 아주 잘 지어서 기증한 건물이었다. 그런데 정작 박정희 대통령의 반신부조상은 흔적도 없이 사라져버리다니 이럴 수가 있는가? 지나가는 사범대학생에게 물어도 이제는 있었는지없었는지 아는 학생도 아무도 없었다. 이제는 사라진 반신부조상 앞에서 아무도 기도하지 않았네. 한시바삐 박정희 대통령의 동상이 모교에서 잘 건립되기를 바라는 마음 간곡하다.

근데 내가 보면 박정희 대통령의 데쟈뷰가 김영희 총장이고 더나아가서 나의 이강식 교수 경영조직 제1법칙인 대통령 증후군 President

Syndrome 에 딱 맞는 사례이다. 이름 끝자까지 같구만!

청빈한 교육자라는 대학총장도 그런데 앞다퉈 공약을 내놓고 베풀어야 하는 정치는 오죽 하겠나?

이제 국제복지가 매우 주요한데 **국제복지**는 무엇인가? 그것은 차차 알아가기로 하자.

이강식 교수의 국가복지철학5단계전략

심리복지: 마음복지, 복지믹스(Mix)

5단계 복지수준 국제복지

4단계 복지수준 국가복지

3단계 복지수준 사회복지

2단계 복지수준 가정복지

1단계 복지수준 개인복지

〈표13-1〉 국가복지의 5단계별전략수립 - 복지 믹스: 5단계수준

복지에는 세금이 필요하다. 우파는 이미 엄청난 부가가치세 조세저항 등을 겪고 오랜 경험 끝에 증세에 상당한 트라우마가 있어서 그런지 "오리털을 벗기려면 조금씩 눈치 안채게 벗겨야 한다." 는 전통적으로 내려오는 말도 남겼고, 더 이상하게는 최저임금을 올려서 증세를 하려 하기도 하였는데 좌파 보다는 훨 지능형이었다. 최저임금을 올려서 증세를 하고자 한다는 것은 참으로 오랜 국정경험 끝에 나온 한 수였지만 뭔가 납득이 안가는 이상한 한 수였고 그후

어떻게 되었는지 나도 잘 몰라서 여기서 상론은 줄이기로 한다.

좌파는 국민들이 뜻도 이해하기 어렵고 계산도 알 수 없는 어려운 종부세를 신설해서 해결하고자 했는데 조세저항이 만만치 않았고 아직까지도 왈가왈부하고 있다. 나로서는 우선 무엇보다 계산근거가 이해가 안 된다는 것이다. 집값은 내려가는데 종부세는 올라간다? 집값은 내려가는데 과세지표는 올라간다? 종부세는 올라가는데 과세지표는 올라간다? 전형적인 2중과세가 아닌가? 글구 현물납부도 했는데 종부세에 무슨 현물납부가 있냐? 거래도 안했는데 실현이익도 전혀 없는데 시골농부가 땅값 올랐다고 농사짓던 땅을 상당수 현물납부해? 부동산누진세가 성립하나?

이유야 어쨌든 이게 종부세의 취지에 맞느냐? 는 것이다. 그리고 종부세는 전국민의 재산과 바로 연결되기 때문에 신중에 신중을 기해야하는 것이다. 그러니 어렵기는 하겠지만 세리적으로 합리적으로 국민세금정서에 맞는 세원확보를 하는 것이 나을 것이다. 나의 혜안대로 종부세는 세금은 한번 늘이면 줄이기가 더 어려운 법이라는 것을 실증적으로 여실히 보여주고 있다.

한번 더 강조하면 우파는 부가가치세 때문에 정권적 차원을 넘어 국가적 차원의 어려움을 겪었고 좌파는 종합부동산세 때문에 정권을 내줘야만 했다. 이명박 대통령이 종합부동산세를 폐지한다고 공약을 내걸었지만 나의 학설대로 결국 폐지하지는 못했다. 결국 내가 강조하면 증세는 대통령 직만이 아니고 생명을 걸어야하는 것이다. 소고기수입하고 차원이 전혀 다른 문제다. 쇠고기는 안먹으면 되지만 종부세는 돈을 내야 하는데 어디 있어서 돈을 내나? 재산세도 있지만 재산을 보유하면 세금을 내야하지만 그렇다고 종부세처럼 별다른 세리적 근거도 없이 누진적으로 낸다는 게 이해가 돼? 종부세가 부동산누진세야? 부동산이 문자 그대로 부동산이고 유동자산도 아닌데 누진세가 가능해?

복지는 필요하다는 그런 한가한 차원을 넘어서서 결국 나로서는 대통령직속으로 국가복지위원회를 개편하여 국가가 한시바삐 백년대계의 국가복지철학, 국가복지전략부터 수립하여 엄중히 수행하여야한다 고 본다.

여기에 한가지 더 주요한 전략을 제시하면 복지의 5단계가 어느 한 단계에서 다 책임져야하는 것은 아니고 복지전략의 복지믹스(Mix), 즉 복지혼합이 매우 필요하다는 것이다. 즉 복지의 어디서 어디까지는 개인복지수준에서, 그리고 어디까지는 가정복지수준에서, 그리고 다음으로는 사회복지수준에서 그리고 최종적으로 국내국가복지수준에서는 무엇을 해야할지를 촘촘하게 결정해야한다는 것이다. 그리고 국제복지수준이 있다. 모든 것을 국가가 다 할 수는 없는 것이고, 그게 효율적이지도 않고 복지에도 도움이 안되는 것이다.

그리고 내가 강조한 세 번째 복지철학은 완전복지이다.

복지를 무슨 보편복지, 선별복지, 생산적 복지, 무슨 소비적 복지, 있는자, 없는자 등등으로 이리저리 찢고 나누는 것은 전혀 도움이 안되고 완전복지가 필요하다. 예를 들어 재지금을 주면 88%는 25만원, 12%는 0원을 주는 것은 별로 도움이 안된다는 것이다.

나의 복지철학으로는 복지를 제공하려면 즉 상중하로 나누어 25만원, 20만원, 15만원으로 하든지 간에 전국민에게 100% 다 지급하는 것이 필요하다는 것이다. 즉 차등지급을 할 필요성은 충분히 있으나 일단 전원 지급하는 전제를 가져야한다, 재벌손자도 국가의 재지금이 필요하냐고? 반문하는 사람도 있을 수는 있겠지만 나는 당연히 필요하다고 본다. 누구도 어떤 이유로든 복지에서 소외되거나 소외시켜서는 안된다. 물론 선별복지는 당연히 필요하지만 전체적으로 복지의 사각지대가 있으면 안된다.

글구 살아보면 부자일수록 잔푼 돈을 끔찍이 아낀다는 것을 알 수 있다. 과거 어떤 부자가 식당에서 밥먹으면서 구두를 닦고 나오는데 잔돈을 10원짜리까지 일일이 다 세서 일일이 확인을 한다고 항상 식당문 앞에서 다른 친구를 세워두고 지체를 하였다. 그래서 주위 친구들이 민망해서 "부자가 뭘 그리 쮸리를 하나하나 다 세느냐? (가오가 있지.)" 라고 하였는데 그 부자는 "그게 아니야, 돈은 원래 잔돈을 잘 확인 해야 해!" 라고 하였다. 아마, 모아 놓으면 크다는 얘기인 것 같고 잔돈에서 새는게 나중 엄청나게 크게 샐 수도 있다는 소린 것 같은데 부자수판을 내가 잘 알 수는 없었다!

원래 있는 자가 더 하다고 하지만 내가 살아보니 그게 아니고 더한 자가 있는 것이다. 이강식 교수의 경영조직의 법칙이지. 있는 자가 더 한게 아니고 더 한 자가 있는 것이다! 그래서 생각밖에 부자가 원래 잔푼돈을 아주 더 아낀다.

나는 시간이 아까워 그래 안할 때가 많이 있다. 돈은 아주 아깝지만, 돈이 아까워? 시간이 아까워? 시간이 돈이다, 시간은 돈 이상의 것이다. 잠 자는 시간, 밥 먹는 시간도 없고 오줌 누고 뭐 볼 시간도 없을 때가 많이 있는데 잔푼돈은 아까워? 글구 부자가 지 일 봐달라며 남의 시간을 소모하고 돈 안 낼 때는 아주 안 좋게 생각하지, 완죤 시간도둑이지.

그건 그 정도로 하고 우리나라에서 국가복지의 최초사례는 70년 대말의 공무원직장인의료보험이었을 것이다. 이건 박정희 대통령의 일대 통치용단이었고 매우 높이 평가하나 그러나 복지철학으로 보면 매우 아쉬운 것이다. 직장이 있고 보험료를 분담하는 사람은 복지혜택을 주고 그렇지 않으면 0(제로)라는 것이다. 이는 개발기에 국민의 근로의욕을 높이는 동기부여의 효과는 매우 있었다고 보나, 빈익빈 부익부를 국가가 대놓고 장려하는 매우 아쉬운 정책이라는 것이다. 사회적 약자를 두 번 죽이나? 병자의 찢어지는 아픔을 너희가 아느냐? 결코 입에 담기조차 어려운 국가복지정책이었다. 그런다고 서민이 가만 있는 것은 아니고 그래서 당시 쯩이 없는 사회적 약자가 쯩이 있는 사람의 것을 빌려서 병원을 갔는데 나중에는 쯩이 있는 사람에게 병이 다 모여 있었는 기이한 사례도 자주 있었다. 서민은 서민대로 다 대책이 있는 것이다.

복지에서 또 문제가 되는 주요한 것은 '비교'이다. 한번은 12월 31일 제야였다. 거리에는 제야의 종소리를 듣기 위해 벌써 많은 사람들이 분주하였다. 우리나라에서 최고 보수의 성지라는 광역시에서 어떤 첨 보는 노인장과 우연히 밤 늦게 대화를 나누게 되었는데 이 사람의 주장이 전반적으로 상당히 과격하였다. 나로서는 어떤 때는 대화가 안될 정도였는데 그래도 별별 것을 아는게 꽤 많고 자기하고 별 관련이 없어 보이는 분야, 나도 잘 모르는 분야까지 세세하게 정보수집한게 상당히 많아 나는 흥미를 갖고 경청을 하였다. 이

노인장이 연금문제를 자기가 꺼내서 흥분해서 말했다.

"공무원연금이 국민연금에 비해 너무 많아요! 공무원연금을 국민
연금 수준으로 까내라야 (깍아 내려야) 돼요!"

그래서 내가 이상하게 생각하고 말했다.

"공무원연금은 자기들이 적립한 기여금으로 주고 국민연금도 그
렇고 서로 발전과정이 전혀 다른데 그게 될까요? 그것보다는 국민연
금을 공무원연금 수준으로 올려주는게 좋지 않을까요?"

그러자 그 사람이 대번에 소리를 빽 질렀다.

"돈이 어딨어요?"

"..........."

돈이 없다는 걸 번연히 알면서 왜 그런 소릴하지. 돈이야 적립을
해야지, 글구 세금을 올리기 보다 내 평소 지론대로 경제를 성장시
켜야지.

근데 그것보다 나는 연금을 그 지급기간내에 내에 다 쓰는 것을 권
장해야된다고 적극 권고한다. 즉 연금지급기간이 한달이면 한달 내
에 다 소비할 것을 연금정책으로 적극 권장해야한다고 본다. 외국에
서도 이런 정책을 강제하는 나라가 있는데 나는 우리나라도 아직은
강제보다는 지금은 적극 권장하는 방식으로 이를 시행하는 것이 시
급하다고 본다. 물론 저축이나 적금을 해서 목돈을 만들어 쓸려고 하
는 경우도 많은데 물론 그때도 일단 지급통장은 싹 다 비우고 다른
구좌를 만들어서 저축이나 적금을 하도록 적극 권장해야한다. 좀더
적극적으로는 연금계좌에 한달 후 돈이 있으면 있는 만큼 연금을 삭
감해야 한다고 본다. 통장을 비우고 돈을 왔던 곳으로 돌아가게 하
라! 그러면 은행은? 은행은 신용창출하는 것이지. 돈은 돌아야 돈이

지 가만 있으면 경제가 되겠느냐? 그러면 꼭 그렇게 해야하느냐 고?

그러면 다시 돌아가서 '비교'는 왜 있느냐? 면 비교는 상대빈곤 때문에 생기는데 상빈이 클수록 비교가 증폭되고 해결이 어렵다. 자본주의 최대의 난제는 숙명처럼 따라붙는 상대빈곤인데 어슬프게 해결하려고 하다가는 더 큰 문제가 생긴다. 절빈보다 더 어렵다. 교각살우가 안되려면 종교적으로, 정치적으로, 사회적으로, 경영적으로, 문화적으로, 역사적으로 다양한 측면에서 심사숙고 해야지. 걍 선동적으로 하면 곤란하지. 부유를 자랑하는 자본주의는 상대빈곤으로 귀결되니 이것이 내 학설인 '자본주의의 역설'이다. 잘 살기는 단군이래 억수로 아주 잘 사는데 빈곤은 더 커지고 죽는다고 난리지. 그러나 안심해, 결코 죽지는 않아! '자본가의 현란한 스킬'이지. 자본가가 나름 잘 해주지, 감사하지.

부채를 내서 재난지원금을 지급하면 좋은데 장단기적으로는 어떤 현상이 일어날까? 일단 세금이 늘어서 정치인과 공무원은 좋지, 그리고 소비진작이 되어서 서민도 좋은데 그러나 돈은 돌고 돌다가 돈은 모두 재벌 주머니 속으로 쏙 들어가 재벌은 좋지. 긍께 정치인과 공무원과 재벌은 불황이 잘 없지. 그러면 서민을 지원하려고 또 다시 부채를 내야하는데 그 부채는 누가 갚느냐 고? 부채는 재벌이 경기를 활성화시켜서 해결해야지. 아니면 누가 해결해?

양극화를 해소한다고 우선 먹기는 곶감이 달다고 정치인과 공무원이 부채를 내서 열심히 돈 쓰고 인심 쓰지? 그 돈은 결국 재벌주머니 속으로 다 들어가고 양극화는 더 심화되지, 이건 내가 이름붙인 것인데 '양극화의 모순'이지, 그 부채는 누가 갚느냐 고? 정치인과 공무원과 서민이 갚느냐 고? 에이- 그럴 리가? 결국 재벌이 갚아야지, 재벌이 그 좋은 재벌을 계속 하고 싶으면 경제를 활성화시켜서 갚아야지, 그럼 누가 갚아? 서민을 쥐어짜? 양극화는 더 심화되지, 이게 내가 이름붙인 '영구재벌론'이지. 내가 말하잖아! 한번 재벌은 일단 영원한 재벌이야! 그러면 못 갚으면? 에이- 그럴리가 돈이면 귀신도 부린다는데 그 부채를 못 갚아? 정 못 갚으면요? 그러면 한번도 경험하지 못한 그리스나 베네수엘라 같은 나라를 경험해야지. 그러나 그럴 일은 거의 없어, 우리나라 재벌이 어떤 사람인데, 꼭 뭐 한번도 경험 못한 사람같이 왜 그래? 재벌이 황제회장을 계속 하고 싶으면 경제를 활성화해서 해결해야지.

근데 여기서 젤 중요한 것은, 아무리 강조해도 더 강조해야 할 젤 중요한 것은 서민을 쥐어짜되 안 죽을 만큼만 쥐어짜야지, 결코 죽도록 쥐어짜면 안되지, 죽는다 싶으면 빨리 공급해서 살려내야지, 결국 돈은 현장에서 서민이 벌어주는 것이니까, 최후의 막장에서 하루하루 고군분투하며 돈을 벌어다 주는 위대한 영웅적 서민을 잘 보존해야지, 그게 내가 이름붙인 '쥐짜되 안 죽을 만큼 쥐짜는 재벌의 현란한 마지막 기술'이지, 그래서 복지도 있는 것 아냐? 그러니 부채에의 유혹, 대단하지! 그러니 그런 위정자를 못 만나면 한번도 경험하지 못한 나라를 경험하는 것이지만, 우리나라는 결코 그럴 일이 없을거야! 우리나라에서 세계적 경쟁력을 가진 슈퍼 국보급 인재는 정치인, 공뭔, 재벌, 그리고 서민에 다 있지. 대단한 나라야! 대단한 국민이지!

다만 한가지 더 설명하면 이제 Meism이 극심하게 나타나는데 이를 Usism으로 전환해야하는데 그렇지 않고 정치모리배적으로 오히려 Meism을 자꾸 부추기면 안되는 것이지. 결국 우리 전통사상인

우리정신을 살려내야지. 우리나라, 우리집, 우리남편, 우리집사람???..... 그러니 나의 조국도 좋지만 이제 다시 우리 조국으로 나아가야지.

　지방정부와 중앙정부가 공동정부를 이루어 2희2비로 나의 올 이틀을 즐겁게 하였다. 그렇지, 기쁨도 있고 슬픔도 있어야 오! 해피데이즈! 명작인생이 되는 것 아닌가? 반타작이라도 했으니 행복한가? 그렇지, 그만만해도 어디야? 만족이 행복 아닌가? 행복이 복지아닌가? **행복복지.** 이게 심리복지로서 최고 아닌가? 결국 그러면 되는 것 아닌가? 별 정부 있고 별 국민 있어? 나는 내가 지방중앙정부의 두 정부가 주는 즐거움을 충분히 이해하는 것이 민주국민의 한사람으로서 급선무라고 보았다.

사례토의

1. 재난지원금, 상생지원금이 필요하냐? 이름은 적절하냐? 다른 적절한 브랜드 네이밍을 제시하라.

2. 이런 재지금이 정부곳간을 비게 한다는 주장에 동의하나? 앞으로 이런 자금수요가 계속 발생할 것으로 보는가? 왜 동의하나? 왜 동의 못하나?

3. 독자가 받은 사람일 때, 못 받은 사람일 때 이 재지금을 수용하냐? 대상인원선정은 적절한가? 그러면 이 시국에 어떤 지원대책이 필요하냐?

4. 우파와 좌파의 주장이 나오게 된 역사적 배경을 조사연구하고 장단점과 보완점을 설명하라. 보완점이 없다면 왜 없냐? 우파와 좌파는 보완재인가? 대체재인가?

5. 20세기가 개인의 승리, 자본주의의 승리라는 것은 인정하나? 안하면 왜 안하나? 이강식 교수는 순수한 개인의 승리는 아니고 '조직속에서의 개인의 승리'라고 학설을 밝힌 바가 있는데 이에 동의하나?

6. 이강식 교수가 제창한 심리복지가 가능한가? 행복복지를 이해하나? 대통령직속의 국가복지위원회가 필요하냐? 그러니까 헌법에 완전히 보장된 거주이전의 자유와 국민행복권 추구와 동시에 화장실복지를 구현하라! 이 사례의 주인공은 행복한 이틀이었나? 오! 해피 투 데이즈! 이 사례연구가 완전 도움이 되었나? 무엇을 더 바라나? 그러니까 사례를 평가하고 더 나은 사례를 제안하라.

내13강-재난지원금20210914화13:34이궁식

===

▌회고록 제14강, 사례연구Case Study ▌

아! 반어법!

이강식(경영학교수 전)

어떤 남성이 혼기가 꽉 차서 선을 보게 되었다. 사실상 첫선이었다. 선 본 여성은 똑똑하고 공부도 잘 하고 인물도 상당히 '빤또름'해서 마음에 상당히 들었고, 요새 말로 하면 '엄친녀'에 가까웠다. 당연히 다시 만날 것을 약속하였고, 요새말로 하면 'After신청'에 여성은 매우 잘 협조하여주었고, 원만하게 잘 되었고, 그래서 양가가족도 잘 될 것으로 보고 흡족해 하였고 무엇보다 남성이 좋아라 하였다. 그러나 여성은 막상 결혼합의에 들어서면 은근히 회피하고, 어떻게 보면 무관심하기까지 하였다.

남성은 당연히 잘 이해가 되지 않았다. 분명 여성도 좋아하고, 어떤 때는 엄청 결혼하고 싶어하는 것도 같은데, 결혼문제에는 전혀 진전이 없었고 일관성있게 회피정책으로 나왔다. 한번씩은 "내가 댁과 왜 결혼하나요?" 라고 눈을 동그랗게 치켜뜨고 정색까지 하면서 말하는데, 사람 만나 놓고 무관심, 무성의, 무책임하다 고 三無主義(3무주의)까지 느끼게 하기까지 하였다. 그런데 그것도 상관없이 무조건 예뻐 보였다. 그럴 것이다.

그러면서 여성은 그쪽 부모에게 가서는 "내 사람 되면 잘해준다."

고 말하였다. 역시 남성은 이해하기 어려웠다. 잘 해줘야 성사가 되지, 성사가 되면 잘해준다니 무슨 의미인지 애매하였다. 시간은 자꾸 지나가고, 남성은 보기 다르게 자연히 6~7차례까지나 강한 모습을 보여주어 감동을 주고자 노력하면서 결혼을 하고자 자기 나름대로 최대한 노력하였지만, 여성은 귀엽고 예쁘고 아리따운 얼굴과 다르게 '센캐' 까지 보이며 전혀 응하지 않았다. 그러니까 전혀 보기 다르게 '센 캐릭터'가 나온 것이었다. '센캐'가 왜 나왔을까?

알 수없는 이 '센캐'는 어디에서 나왔을까? 결국 평소 남에게 결코 박절하게 대하지 못하는 남성이지만 열을 받았는지, 손 한번 제대로 잡아 보지도 못하고, 마침내 선의 파토를 선언하였다. 그러자 당연히 양가는 난리였다. 여성은 "할려고 했다."고 하며, 역시 애매하게 나왔다. 남성쪽 집은 "거봐! 니만 할려고 하면 되는데, 왜 안하려고 하느냐?" 며 남성을 강하게 압박하였다. 그러나 이번에는 남성이 응하지 않았고, 얼마안가 여성의 결혼소식을 들었다. 신랑은 해외파로서 '스펙'도 상당한 듯하였다.

그때 남성은 생각하였다. 자기 사람되어 신랑에게 잘 해주면 잘 되겠지만, 물론 그렇게 잘 하겠지만, '센캐'가 나오면 파란이 적지 않게 있을 것으로 보았다. 물론 '센캐'가 안나오거나 '센캐'를 신랑이 잘 받아주면 두 말할 것없이 잘 될 것이다. 근데 그후 소식은 전혀 없고 세월은 흘렀다. 아마 자기 평소 원대로 해외유학을 가서 그런 듯도 하지만, 알 수는 없고, 알 것도 없지만, 그러나 남성은 궁금하였다.

이제 어떻게 변했을까? 더 유연하게 되었을까? 아니면 더 강한 여성이 되었을까? 결혼하고자 열심히 좇아 다녔던 남성은 그녀가 또렷이 "내가 댁과 왜 결혼하나요?" 라고 말한 게 '반어법'일 수도 있다는 것을 이제는 알게 된 듯도 하였기 때문이었을까? 아니면 신랑감을 구하려 한 건지, 센캐답게 '가방모찌'를 구하려 한 건지 궁금했는 것이었을까? 물론 결혼까지는 확실하게 마음에 들지 않았기 때문이었을까? 충분히 그럴 수 있는 일이었다. 여자란 워낙에 웨딩마치를 들으며 결혼식장에 들어가면서도 반신반의한다는 것 아니겠나? 그러면 뭐를 더 보여달라는 것이었나?

항용 그거야 충분히 그럴 수도 있고, 그것은 남성도 분명하게 유념해야할 일이지만, 그런데 약속하고 만나자면 매우 바쁜 것 같은데도 시간을 내서 잘 만나줬으니, 남성의 생각으로는 가늠하기 상당히 어려웠다. 물론 남성이 여성의 의사에 반해 자기 생각만 갖고 좇아다녔다면 깊이 반성해야할 일이다.

아니면 말 못할 무슨 이유가 있었을까? 한번은 여성이 걱정스런 표정으로 "나에 대해서 뭘 알아요?" 라고 묻기까지 했는데 남성은 그때는 무슨 말인지도 모르고 "다 알지 뭐." 하고 넘어갔다. 그러나 알려고 할 필요도 없었다. 남성도 신세대답게 여성이 마음에 들면 혼인하는 것이지 다른 것은 생각할 게 없다고 생각했다. 그리고 그 선보고 상당기간 만나는 과정에서 서로 잘 알게 되었고, 집안끼리도 자연히 잘 알게 되었기 때문에 모르는게 별로 있을게 없고, 설사 만의 하나 있다 해도 결혼하고자 열심히 좇아 다니는 남성이 이해 못 할 게 뭐가 있겠는가? 없다. 아무 것도 없다. 그러나 이제 궁금한 것은 젊은 시절의 그리움과 의문이 되살아났기 때문이었을까? (20210126~7 화수).

A교수의 학과에서 마침내 석사과정이 개설되었다. 석사과정은 신생대학이나 학과의 발전지표처럼 보여 다들 아주 바라던 바이었다. 그런데 석사과정은 박사학위를 가진 교수가 몇 명, 몇 %이상 있어야 하는데, A교수가 학위를 받자마자 그 새학기에, 그걸 바탕으로 신청하자마자, 곧바로 인가가 나서 학교전체에서 첫석사과정이 개설되어 사기는 올랐고, A교수도 무척 흐뭇하게 생각하였다. 근데 석사과정이 개설되자 학교에서는 인원모집에 상당히 신경을 쓰는 것 같았다. 그러나 A교수는 별로 신경 쓸 일이 없다 고 보았는데, 그때 대학내외의 분위기와 열망으로 봐서는 당연히 충원될 것으로 보았다.

그러던 날, 졸업하고 직장생활 잘하고 있던 졸업생이 갑자기 찾아왔다. 평소 연락이 전혀 없고, 학교 다닐 때 개성이 아주 강했던 졸업생이라, A교수는 반갑게 맞이하고 차도 내주면서, 직장생활은 어떤지 대화를 이어 나갔다. 그 졸업생은 모교에 다닐 때도, 그후에도 대학원에 대해 전혀 관심이 없던 학생이었다.

근데 그 졸업생이 "학교에 석사과정이 생겼다면서요?" 라면서 은근 목에 힘주고 말했다. A교수는 학교와 학과의 발전에 졸업생이 그래도 관심을 표하자 반가워서, "그래, 대학원도 생기고 앞으로 잘 될 거야!" 하면서 좋아하였다.

그러자마자 졸업생은 "이런 학교에 누가 오겠습니까?" 라며 '개성'이 강했던 졸업생답게 눈까리 굴리며 희뜨운 소리를 했다. A교수는 졸업생을 달래는 입장에서 "그래, 그것도 생각해 볼 필요가 있어. 석사과정은 우리 학교 졸업생은 굳이 입학할 필요가 없고, 석사과정은 다른 대학도 다녀보고, 앞으로 나중에 우리 대학에 박사과정이 생기면 그때 모교에 입학하면 좋을 거야." 라고 진심으로 친절히 안

내까지 하였다. 그러니까 동종교배 보다 이종교배가 좋다는 경영학적 얘기였다. 그것은 실제 필요한 친절한 안내라고 생각하였다. 글쎄 어떨지. 그러자 갑자기 그 졸업생은 얼굴이 벌개지면서 눈까지 '흘끼고' 인상까지 쓰면서 우물쭈물하더니 돌아갔다.

그런데 그 졸업생이 나중 지원을 하고, 시험도 치고, A교수가 심사하는 면접에 응시도 하고, 마침내 합격을 하고, 입학을 하여 자랑스런 제1기 첫석사과정생이 되었다. 모두가 축하하는 분위기였다.

그래서 A교수는 그 졸업생이 '반어법'을 썼다는 것을 그때 어렴풋이나마 이해하게 되었다. 어렴풋이나마 이해한 것은 그 졸업생이 개성이 너무 강해 '반어법'을 쓸 것으로 전혀 생각하지 않았기 때문이었다. 그러니까 그 졸업생이 지원하기 전까지는, A교수는 그 졸업생이 석사과정에 대해 운위했을 때도 지원하리라고 전혀 눈치채지 못했다. 그후로 지원하기 전까지도 전혀 생각조차 하지 못하였다. 참으로 무딘 A교수였다.

그러나 말이 씨가 되는 것일까? 각자 인생의 원대한 청운의 꿈을 품고 입학한 석사과정은 이래저래 1학기 마치기도 전에 없어져 버렸고, 그 졸업생도 자연 처음부터 입학이 안 된 것으로 되었다. 무슨 그런 일이 있느냐? 고 의아해 하겠지만, 이건 설명하기 좀 어렵고 시간을 두고 보자. (20210128 목).

나는 1996년부터 2018년 퇴직할 때까지 햇수로 23년을 매학기 계속해서 강의과목마다 종강할 때, 반드시 학생들에게 시를 낭송하였다. 내가 만든 말이지만, 이름하여 '종강시'였다. 명시도 낭송하지만, 내가 쓴 시도 낭송하였다. 내가 실제 현대 시낭송의 선구자이다.

시낭송을 살려낸 이는 나였는데, 교수재직중에 내가 매우 자랑스럽게 생각하는 일 중의 하나이다. 이는 시낭송사에서 반드시 기록되어야할 주요한 역사이다. 그러니까 국문과·문예창작과교수들이 글짓기시간에 잘 하지도 안하는 시낭송을 경영학과교수인 내가 정통 경영학시간에 한 것이었다.

나는 시낭송을 따로 배우거나 연습한 것은 없고 그저 살아오면서 시낭송을 한두번 들은 것을 바탕으로 그걸 기억을 되살려 시낭송을 독자적으로 만들어서 했는데, 참으로 창의적이고 선구적인 일이다. 경영학과 학생도 시낭송을 매우 좋아하였고, 또 나는 학생에게 선물할 일이 있으면, 꼭 시집을 서점에서 직접 구입하여 선물하였다. 그리고 나도 퇴임 후 시인으로 등단을 하였다.

내 시낭송의 권위는 대단하였는데, 한번은 겨울종강 때 오전에 첫눈에 관한 명시를 낭송하였는데, 눈 올 날씨가 전혀 아닌 맑은 찬겨울날이었는데도, 그 직후에 구름이 잠깐 모이더니, 점심시간 끝나자마자 곧바로 첫눈이 내렸다. 경주는 1년에 눈이 한번정도 밖에 안 내리는데, 시를 오전에 낭송한 날, 바로 그날 점심시간 지나고 곧 첫눈이 내린 것이다. 그러니까 경주는 첫눈이 거의 마지막 눈이었다. 보통 경주는 겨울에도 눈이 잘 안 내리고, 어떤 때는 3월이 다가서야 춘설이 펑펑 내렸다가 내린 봄눈이 곧바로 녹는 일도 있었다.

나는 내 시낭송의 권위를 하늘로부터 매우 인정을 받았다 고 충분히 생각하고, 시낭송을 재직기간 내내 매학기, 매과목마다 하였고, 명예교수로 퇴직하는 2017년 2학기 마지막 시간 종강시까지도 끝까지 낭송하였다. 무엇보다 즐거운 추억이었다. 그러면 된 것 아닌가? 이렇게 매학기 매과목 마지막시간 종강할 때마다 종강시를 낭송하였는데 종강시의 권위도 날로 더 해갔다.

어떤 학기는 딱 한번 종강시를 시간이 없어 낭송을 못하고 넘어갈 뻔 한 적도 있었다. 사실 종강시간이 바쁜 시간이기 때문이다. 그런데 학교당국에서 학교전체적으로 보강을 1주 더 하라고 해서 다시 학생을 불러 모아서 수업을 하고 기어이 종강시를 낭송하고나서야 종강한 적도 있다. 내가 종강시를 낭송 안 하면 종강이 안 되었다. 실화다. 다 실화다. 나는 실화가 아니면 말을 안 하는 교수야!

한번은 시의 끝연이 다음과 같은 내가 쓴 시를 나직히 낭송하였다. "나는 안다/아직은/아직은/사랑할 때가 아니라는 것을" 그러면 수강생들로부터 우레와 같은 박수가 터져 나오고, 힘들었다면 힘들었던 한 학기 수업을 모두 마치는데, 이 자작시를 낭송할 때는 꼭 나는 말하였다. "시는 원래 해설하는 것이 아닌데, 굳이 해설하자면, '아직은/아직은/사랑할 때가 아니라는 것'은 사랑할 때가 아니라는 것일 수도 있고, 아니면 지금이야말로 진짜 사랑할 때라는 반어법으로도 볼 수도 있는데, 어느 쪽이든 그것은 독자가 읽고 생각할 몫이야." 아! '드뎌' 반어법이 나왔다! 사랑은 반어법이야! 그렇지! 사랑할 때는 반어법이 꼭 나와야지! 반어법이 안 나오는 사랑은 사랑이 아니야! 물론 반어법을 너무 좋아하면 안 된다는 것이야. 그러니까 사랑을 충분히 하고 반어법이 조금 나오면 금상첨화로 좋다는 것이야. (20210128 목).

사례토의

1. 반어법은 이중언어라고 할 수 있는데 어떤 장단점이 있나?
2. 여성은 결혼전 왜 마지막까지 망설이는가? 결정장애까지는 전혀 아니라 해도 신중할 수 밖에 없지 않은가?
3. 말이 씨가 되는가? 그게 아니고 무의식중에 원래 있던 본심이 말로 표출되는 것인가?
4. 사랑하면 반어법이 나오는가? 귀하는 언제 반어법을 썼는가?
5. "가! 가란 말이야!" 라고 말한다고 진짜 가면 어떻게 하나? 직설적인 성격과 에둘러 말하는 것은 어떤 장단점이 있나?

환승역

이강식(시인)

낯선 도시에 내려
밤열차를 기다린다
자정도 넘어 열차는 오고 있다
어둠을 뚫고 불 밝히며
산을 넘어 들을 지나
내를 건너 굴을 통과해
열차는 오고 있다
환승역 구내 의자에 기대어
한 장의 승차권을 쥐고
타는 곳에 들어올
밤열차를 기다린다
사랑한다고 말해야만 했었는 순간에
사랑한다고 말하지 못하고
울고 있었어도
결코 눈물 흘릴 수 없었던
순간들은 다 지나가고 이제
하나 둘 불꺼지는 도시를 뒤로 하고
모든 사랑
모든 눈물
잠재워 두고
시린 가슴 부여잡고

어둠을 뚫고 시간을 향해 다가올
밤열차를 기다린다
저쪽에서는 소리없는 새벽이 다가오고
다른 쪽에서는
붉은 신호등 점멸하는
환승역 구내로
굉음을 내며 열차는 오고 있다
아아! 새벽은 저리도 먼가?
전광판 마지막 불 밝히는 낯선 도시에
모든 만남
모든 이별
남겨두고
밤열차를 타면
종착역에서는 마침내 새벽을 보고
푸른 바다에 떠오르는 붉은 태양을 안으며
여명보다 투명한 가슴을 세울 때
나는 안다
아직은
아직은
사랑할 때가 아니라는 것을

시-**환승역**이ㄹ식

내14강-**아!반어법!**이ㄹ식

===

▌회고록 제15강, 사례연구Case Study ▌

아! 사기!

이강식(명예교수 전)

해마다 2월말, 8월말이면 많은 교수와 교장, 교감, 교사들이 퇴직을 하면서 새로운 인생3막을 설계하기에 부푼 꿈을 품기도 하고, 3월초, 9월초에는 그만큼의 교원들이 신규임용되어 새로운 희망으로 부푼 꿈을 품는다.

대개 퇴직하는 교수들은 그동안 잡무 때문에 못 다한 연구를 하겠다고 곧잘 말한다. 그러나 내가 신중하게 현실을 말해준다면, 그동안 밀린 사기나 안 당하도록 조심하라는 것이다. 그러면 무슨 말인지 대충 알겠다는 사람도 있겠고, 무슨 소리냐? 며 말도 안되는 소리하지도 말라고 하는 사람도 있겠고, 무신 소리, 사기는 알고 보면 지들이 전공이라는 사람도 있겠지만, 현실은 상상했던 그 이상으로 더 혹독하다. 대개 현직에 있을 때는 사기를 잘 안 당하는 경향이 있지만, 퇴직후에는 '시베리아벌판 같은 사회'에 나가서 어떤 일을 당할지 예측조차 어렵다.

현직에 있을 때는 학생들에게 잔 사기를 당하기 쉽다. 이건 또 무슨 말이냐? 교수와 학생의 사제지간에 무슨 사기라니, 무슨 그런 생각하기도 어려운 말을 하느냐? 고 하지만 대부분의 교수들이 말을 안하고 숨겨서 그렇지 현실은 엄연히 현실이고 재학 중 제자사기도 보통 일은 아니지.

기말시험이 끝나고 여름방학이 곧 다가올 즈음에, 어떤 학생이 교수를 방문하여 다음과 같이 말했다. "교수님, 제가 동아리회장을 맡고 있는데, 이번에 동아리에서 잡지를 구독하고자 하여 회원들에게 돈을 다 거둬 놨는데, 깜박 잊고 오늘 안 가지고 왔습니다. 그런데 오늘이 마감이라서 오늘 입금 안하면 할인혜택을 못 받는데 43,800 원만 좀 빌려줄 수 없겠습니까? 내일 집에서 올 때 꼭 갖다 드리겠습니다." 교수는 어떻게 할 것인가? 당시 43,800원이 적은 돈도 아닌데, 요새도 잡지 1년 구독료가 만만치는 않을 것이지만, 교수는 대개 흔쾌히 빌려줄 것이다. 학생이 공부하겠다는데 안 빌려줄 도리가 있나? 그러나 다음날 당장 오겠다던 학생은 연구실 문을 나가자 말자 곧바로 감감무소식이고, 3년후에야 군대 갔다가 복학했다며 나타났다.

그래서 교수가 묻는다. "잘 지냈어?" "예." "근데 그때 빌려간 43,800원은 어떻게 됐어?" 학생은 간단히 대답한다. "기억 안 납니다." 어, 사기를 당했다는 것을 교수는 비로소 알아차린다. 그러나 어쩌겠는가? 어떤 사람은 그건 금전대차상의 기억착오이고, 사기는 아닐 것이며, 교육상 학생에게 돈을 빌려주고 받고 해서는 아예 안 된다고 이상하게 소리 높여 말하겠지만, 그게 학과교수로서 학생과의 인간관계에서 그리 간단한 문제는 아니다. 평소에 학생을 위해 잘해주는 인간적인 교수가 사기를 잘 당한다. 그런데 사기를 당해도 당한 줄도 모른다. 사기꾼은 항상 교수가 학생을 사랑해야한다고 말한다. 교수님은 참으로 인간적이십니다. 교수님, 존경합니다! 교수님

사랑합니다. 왕왕 그 다음에 사기가 올 수가 있다. 그러면 아주 비인 간적이면 사기를 안 당하나? 근데 그 순간에 사기가 혹하고 들어올 수가 있다. 사기꾼은 항상 인간관계를 파고든다.

한번은 학생에게 등록금으로 200,000원 빌려줬다가 돌려받기도 하고, 또 200,000원을 못 돌려받기도 하고, 385,000원 등록금 대납 했다가 못 받기도 하고, 학회장에게 경비로 500,000원을 '카드론'으로 빌려줬다가 엄청 더 손해 보기도 했지만 어쩌겠는가?

한번은 3월 학기초에 학회장이 와서 예산이 아직 안나와서 그런 데 학과행사경비로 1백5십만원만을 빌려 달래서, 그 교수는 자신이 학과장이 아니니, 학과행사관련은 학과장을 찾아가서 의논하라고 좋게 돌려보내려 했는데, 갑자기 그 학회장이 무릎을 팍 꿇고, 두 손을 모으고, 돈을 빌려 달래서 그 교수를 놀라게 했다. 그러나 그 교수는 처음 말한 것이 있어서 그랬는지, 끝끝내 빌려주지는 않았다. 사기꾼은 항상 공사를 엮어서 파고든다.

더 많은 사례가 있지만, 이것보다 더 혹독한 것도 있다. 한번은 여름방학 종강이 다가 오는 때에 3학년 학회장이 찾아왔다. 이번에 해외졸업여행을 가기로 했다면서 학생처에 신청했다는 「학생행사신청서」 서류 꾸민 것까지 보여주면서, 공항까지 가는 전세버스를 지금 당장 예약입금을 해야하는데 100,000만원만 협찬을 해달라고 했다. 그런데 그 교수는 뭔가 이상했다. 해외졸업여행을 간다면 학과가 몇 며칠 정도가 아니라, 최소한 한달이상이나 시끌벅적할텐데, 그런 소리는 금시초문이었기 때문이었다. 그래서 신청서를 받아서 살펴보니 반드시 있어야할 참가자 명단이 없었다. 그래서 명단은 왜 없냐? 고 물으니 명단은 학과장이 갖고 있는데, 지금 수업중이라서 나중에 갖다 주겠다고 하였다. 참, 용의주도하기도 했다. 그래서 그 교수는 명단은 바로 갖고 오고, 갔다 와서 사진을 보내라고 하면서, 100,000원을 협찬금으로 주면서 잘 갔다 오라 고 격려까지 하였다. 그러나 일단 돈을 받고 연구실을 나가고는 여름방학내내 감감무소식이었다. 방학후 학회장을 복도에서 만나서 사진을 갖고 오라 고 말을 했지만, "예예." 라고 건성으로 대답만 하면서 슬슬 피하였다.

그래서 이번에는 2학년 부학회장에게 해외졸업여행은 잘 다녀왔냐고 물으니, 자기는 모른다 고 딱 잡아 뗐다. 아니 부학회장이 모른다니? 그래서 그 교수는 비로소 사기 당했다는 것을 알게 되었다. 벌써 후배들에게 '단도리'를 쳐놓은 것이다. 사기꾼은 항상 시한을 정해놓고, 오늘 당장, 지금 당장을 외치면서 돈을 안주면 큰일난다고 협박을 하며 파고든다. 그렇게 급하다고 폴짝폴짝 뛰며 정신없게 달달 볶는 이 급박한 시한이 항상 주요하다. 그런데 가만 들어보면 큰 일은 항상 저거들한테 일어난다는 것이다. 그런데 왜 돈을 줘? 그런데 안 주면 교수가, 그러니까 사기피해자가 항상 엄청 비난을 받는다는 것이다. 그런데 경험칙상 돈을 안줘도 아무 일도 안 일어나는 것이다. 경험칙상? 얼마나 경험했기에 칙까지?

그러나 이게 다가 아니다. 그 학기말에 그러니까 겨울방학을 앞두고 성적입력을 힘들게 마치고 이제 공시기간도 다 끝나, 홀가분한 마음으로 느긋하게 일을 보고 있는데, 문제의 학회장에게서 전화가 왔다. "교수님, 지난번 해외갔던 사진을 지금 보내 드릴테니, 성적정정을 해주시면 안되겠습니까?" 그래서 그 교수는 좋게좋게 말했다. "사진은 먼저 보내라, 그러나 성적정정은 이제 기간이 끝나서 곤란하다. 미리 기간 내에 말하지. 그러나 사진은 곧바로 보내라." 그러나 사진은 안 오고 또 감감무소식이 되었다. 없는 사진이 어디서 나 오겠는가? 아, 또 무소식이 희소식인 것을! 사기꾼은 조금만 생각해 보면 터무니없는 반대급부를 꼭 약속하며, 아주 진심인 척, 갖은 얼 굴표정을 꾸며가며, 갖은 목소리를 꾸며가며 좋은 말로 파고든다. 이게 교언영색이지.

그러나 이게 또 다가 아니다. 사기도 호구를 보면 네버 엔딩 스토리인가? 다음해 3학년 새 학회장을 뽑고, 한 학기도 어느듯 지나고, 다시 여름방학이 다가 왔다. 그런데 갑자기 새 학회장이 와서 뭔가 서류를 흔들면서, 올 해는 졸업여행을 4학년과 같이 가니 협찬금 100,000만원을 지금 당장 달라고 하였다. 그 교수는 어리둥절했지만, 서류가 뭔가 싶어서 받아보니 어떤 여행사의 해외여행홍보물을 '인터넽'에서 달랑 3장 출력해 들고 온 것이다.

그래서 학과장을 통해서 신청서를 작성해서 오라고 좋게 말했다. 그러자 학회장은 우물쭈물하더니, 자기는 잘 모르고 이제 4학년이 된 전 학회장이 잘 아는데, 자세한 것은 전 학회장이 전화할 것이라고 하고 갔다. 3일후 정말 전 학회장에게 전화가 와서 자꾸 지금 가서 말씀을 드리겠다 며 당장이라도 학교에 올 것처럼 압박 내지 협박하였다. 그 교수는 지금 학기말이라 바쁘니 오지말라 고 말리기에 급급하였다. 결국 안될다 싶어서 그런지 오지는 않았다.

그러면 또 교수가 그렇게 학생지도에 약해서 되겠느냐? 따끔하게 혼을 내야하지, 또 눈물이 쏙 빠지도록 꾸중을 해야지 하고 목에 힘 주는 사람도 많겠지만, 항상 표피적인 대응보다 심사숙고를 해야한다. 그 애가 왜 그런가? 가정사정은 어떤가? 이해할 수 없는 이상한 일을 당하면 다소나마 알 때까지 기다리는게 좋다. 대개 오랜 경험칙상 보면 정신적으로 문제가 있는 경우가 많다. 어떻게 보면 사이코 패스가 고의로 찍짜를 붙는 것이다. 잘 모르면 결과를 갖고 봐, 이 정도면 사패지, 사패가 뭐 따로 있나? 학생도 사패가 있느냐 고? 사기꾼은 한번 사기를 치면 그만 두는 것이 아니고, 호구를 봤다, 심봤다 고 끝없이 파고든다. 사이코 패스들의 전문용어로 '뽕'을 뽑으려는 것이다. 학생에게 잘 해주는 인간적 교수가 호구야? 민주주의가 이래서 힘들어 꼭 독재를 한다는 것 아닌가? 왜 그런가? 오랜 경험칙상 다 배후가 있겠지. 자, 더 살펴볼 것은 많지만 보다 본론으로 갈까?

근데 사기도 아무나 당하는 것이 아니고 돈이 없으면 안 당할 가능성이 아주 높다. 어떤 사람이 자기는 올곧게 잘 살아왔고, 그래서 사기꾼도 안 붙어! 특히 눈치가 빨라 사기를 한번도 안 당했다고 큰소리치는 사람도 있겠지만, 그러나 그전에 당신의 '마이나스'통장을 먼저 생각해보라, 사기꾼도 다 '시장조사'를 하고 '설계'를 하고 '집단'을 이뤄 달려드는 것이다. '가성비'가 있어야 달려들어도 달려들 것이 아닌가? '공사'는커녕 '농사'도 안되는데, 누가 달라붙겠는가?

갑자기 미남/미인이 부딪혀 와서 미안합니다 하며, 차한잔 사겠습니다 라고 할 때, 이게 왠 행운이냐? 역시 올곧게 살면 말년에 이런 행운도 따라오는구나 하며 가슴 설레며 좋아하며 따라가지만 말고, 당신보고 붙는게 아니고, 다 당신 통장잔고 보고 붙는 것이니, 조심하는 것이 좋다. '만사불여튼튼'이 아닌가? 근데 남이 당신의 통장잔고를 어떻게 아느냐 고? 사기꾼이 그걸 모르고 사기치겠다고 달려들겠는가?

많은 교원들이 퇴직할 때 훈장을 받고 그 명단이 명예스럽게 신문에 크게 나던 때가 있었다. 지금은 어떤지? 그러나 전국의 사기꾼은 그 명단을 보고 대상자를 물색하는 것이다.

과거 어떤 교장이 퇴직을 하였는데, 제자가 와서 여러 가지 많은 반대급부를 약속하며, 사장을 시켜준다고 하고 동업하는 척하고 퇴직금을 몽땅 사기를 쳐서 날라버렸다. 그러니까 어음을 사장이름으로 마구 끊어서 물건을 구입하거나 외상으로 물건을 엄청 구입해서 팔고 날라버리는 것이 전형적인 수법이다. 책임은 아무리 바지사장이라도 사장이 지게 서류가 다 돼 있는 것이다. 근데 알고도 허다히 당하니 그 감언리설이 오죽하겠나?

교장은 기가 막혔지만 물어물어 제자라는 자를 찾아가니 큰 종합병원 입원실에 큰 대자로 누워 있었다. 그래서 그 교장이 "어, 자네..." 라고하니, 누워있던 자칭 제자가 말없이 재빨리 서류를 한 장쓱 보여주는 것이었다. 「진단서, 이 사람은 정신이 극히 불안정하니 흥분하게 하거나 불안하게 하지말고 절대 안정을 취하게 하시오. 그렇지 않으면 반드시 꼽다시 책임져야 합니다. ××종합병원 신경정신과장 의학박사 전문의 ×××」 라고 크게 쓰여 있고, 붉은 도장이 크게 꽝 찍혀 있었다.

그러자 그 교장은 이번에는 측은지심이 크게 일어나 "이 사람아, 건강이 주요허지, 그까짓 돈이 뭐 주요하냐! 어서 건강을 회복하고 일어나게!" 라면서 갖고 있던 여비까지 탈탈 털어서 주고 왔다. 이 역시 실화다, 나는 실화가 아니면 말을 안 하는 사람이야! 재학중에도 치는 사기가 졸업후에는 안 치겠나? 근데 졸업생도 아니면서도 와서 사기치니 더 이상하지.

그러므로 진짜 사기는 퇴직후에 오는 것이다. 퇴직후는 목돈 퇴직금이 반드시 있을 것이니, 이를 갈취하려고 1년내, 3년내 사기, 협잡, 공갈, 협박, 폭력, 납치, 감금이 들어 올 수 있음을 알아야한다. 퇴직후에 당하는 사기는 완전 인생을 뿌리를 뽑아가 버리는 것이다. 인생을 송두리째 강도해 가 버리는 것이다. 이건 재기도 어렵다. 물론 3년 정도 지났다고 전혀 안심하면 안 된다. 다만 이제 사회 물정을 조금이나마 심각하게 알게 되었다고나 할까? 죽을 때까지 안심하면 안된다. 죽은 뒤도 안심하면 안된다. 현직에 있을 때와는 전혀 다르다. 평소 친하다고 믿었던 친인척이 사이코 패스가 드뎌 발동되어 먼저 달려들면 어떡할래?

근데 왜 가까운 친인척부터 조심해야죠? 자, 이제 진짜 본론으로 왔다. 잘 생각해봐! 물론 '자식도둑'을 말하지만, 그것도 힘들지만, 그건 그렇다 치고, 친형, 친동생, 친조카부터 조심하고, 선배, 40년 동기친구, 상사, 부하부터 조심하라.

먼저 요점을 말하자. 일단 그들이 겉으로는 잘 사는 것처럼 허세를 떨어도, 특히 말년에 수입이 있는지 없는지, 주의 깊게 잘 살펴야 한다. 수입이 없는데, 화려한 생활을 계속하려하며 거들먹거리며, 접근해오고 있는 자는 사기칠 가능성이 아주 있을 뿐 아니라, 그걸 위해 접근하고 있는 지도 모른다. 퇴직금 받고 '황혼이혼' 당하지 않았다고 희희낙락 좋아하지만 말고, '황혼사기' 안 당하려면 항상 조심해야 한다. 나이가 들면 판단력도 흐려지고 동작도 굼뜨기 마련이다. 그걸 노리고 죽자살자, 상대가 방심할 때까지 달려드는 것이다.

내 돈 내가 지키는 것, 이를 내가 '내돈내지'라고 이름 붙였는데, 목숨 보다 더 지켜야한다. 자본주의 사회에서 말년에 사회에 나가 돈 떨어지면 어떻게 되나? 상상조차 어렵다. 근데 돈이 있는 자가 없는 척하고 더 사기치고 달려들면 어떡하냐?

친형이 좋은 자리에 있다가 퇴직하고 세월이 지나 돈이 떨어졌다. 친동생이 명예퇴직하고 사업하다가 돈이 떨어졌다. 친조카가 희망퇴직하고 사업을 물색하다가 돈이 떨어졌다. 그러면 그 가족은 어떡하냐? 당장 생계비를 어떡하냐? 아파트도 줄이고, 차도 줄여야 하고, 생활규모를 줄여야하는데, 그들의 허영심은 그게 결코 안된다. "집안귀신이 무섭다." 고 이제 당신의 약점과 단점을 일가가 더 잘 안다. 당신의 돈관계, 여자관계, 재직시 부정, 비리, 인간적 약점, 허세, 명예심 등등 온갖 비리와 약점을 정보수집해서 온 세상에 폭로하겠다고 인신공격을 하며 달려들면 어쩔 것이냐?

사기꾼은 항상 5년, 10년, 당신의 약점과 단점을 오래동안 지켜보며 뒷조사하고 있다가, 이제야말로 때가 됐다며 음모와 작전을 짜고 역할분담해서 파고든다.

우리 집안 전체는 가정교육이 잘 돼있고, 교양이 있어서 아무리 어려워도 사기 같은 것은 생각조차 할 수 없다고? 글쎄 뭐... 누가 뭐래? 그러나 세상에는 "사기꾼 교양 있는 것이 가장 무섭다." 는데, 어쩔거냐?

무식한 놈 돈 많은 것, 미친 놈 칼 든 것, 사기꾼 교양 있는 것, 이게 세상의 3가지 무서운 것이라고 한다. 그중 다 엄청 무섭지만 사기꾼 교양 있는 것이 가장 무섭지 않을까?

당신이 동정심이 깊다고 보면, 반드시 집안에 긴급수술할 친인척이 있는데 오늘, 지금 당장 돈을 입금해서 수술해야 살 수 있다고 매달리며 협박하면 어쩔거냐? 당신이 돈을 안주면 우리가 평소 도움 받아왔던 가까운 친척 하나 죽는다고 협박하면 어쩔거냐? 어디서 이런 씨나리오를 짜서오지?

글구 도움은 지들이 받았는데 왜 돈은 내가 내야해? 그냥 달려드는게 아니고 미친듯이 집요하게 달려드는데 돈을 안주고 가만 둬 보면 수술날짜가 자꾸 뒤로 미뤄지는 것을 볼 수 있다. 오늘 당장 돈을 안주면 수술을 못해 실명한다고 호소와 욕설을 뒤섞어 문자전화가 바리바리 오는데 난리도 그런 난리가 없는데 돈을 안주면 수술날짜가 한달, 두달, 네달이 휘딱 지나가도록 계속 미뤄진다. 눈이 아픈 이유는 물론 당신이 돈을 안 줘서 그렇다는 것이다. 내가 돈 안주는 것 하고 지 아픈 것하고 무씬 상관이야! 당신이 돈을 안주면 오늘내일 죽는다는 죽을 병 환자가 돈을 안주면 안죽어? 완전 '다마고치' 키우지! 사기요구금액도 퇴직금 비슷한 금액인데 우연의 일치야?

갑자기 우리가 돈이 없어도 명예로 살아왔지 않느냐? 면 어쩔거냐? 이때는 두 말할 것 없이 곧바로 '생까야'한다. 근데 갑자기 웬 명예타령? 그러니까 "인간은 명예로 살아야한다." 라는 고귀한 소리를 어디서 주워 들었는 것이 술김에 생각났겠지. 어디서? 다 당신이 했는 말이야. 술김에 폼 잡으면서 했는 말인데, 당신은 다 잊어버렸겠지만, "형님, 나같은 교수/교사/교육자는 명예로 사는 것이예요, 나도 항상 그렇게 살아왔습니다. 형님은 나를 그렇게만 알아주십시오." 멀 알아줘? 알아주기보다 사기꾼은 결코 잊지 않는다. 근데 돈과 명예가 왜 꼭 상반관계(Trade-off Relationship)지? 글구 내가 명예로 사는 것하고 지한테 돈 줘야하는 것 하고 무슨 상관이지?

해외에서 갑자기 영문 '이멜'이 날라와 당신에게 엄청난 유산을 남긴 이름도 모르는 해외친척이 있는데, 수수료로 우선 조금 아주 조금 지금 당장 보내야 한다면 어쩔거냐? 무슨 해외친척? 반신반의

하면서도 그래도 있는 돈, 없는 돈, 저금까지 털어서 다 끌어모아, 보내면서 좋아서 혼자 씩 웃는 사람이 있다면 어쩔거냐? 아, 아! 내가 늘 말하지 않은가! **"언제 가장 행복한가? 사기 당하고 있을 때가 가장 행복하다."** 당신이 가장 행복한 때는 사기 당하고 있을 때이다. 당신이 사기 당하고 있을 때 가장 행복하다. 당신, 지금 행복한가? 엄청 행복한가?

근데 이게 과학적으로 상당히 근거가 있다. 이때 '도파민'이 엄청 분비가 되는데 이때 굉장히 행복감을 느낀다. 당신, 결혼 전에 엄청 행복했지?

그런데 사기는 끝이 없다. 돈을 해외송금해주면 해외호구를 봤다고, 이번에는 다른 이유를 들어 더 큰 돈을 요구한다. 이상하다고도 못 느끼고, 또 느꼈더라도 '매몰비용' 때문에 자신도 모르게 또 보내게 된다면 어쩔거냐? 근데 사실 이건 영어를 잘 모르는 사람은 크게 해당이 없다. 영어를 잘 못하는 사람은 이때 조금 위안을 느껴도 되나? 식자우환도 세계화시대인가? 세계적으로 '로맨스 스캠'이 날라오면 어쩔거냐? 사실 나는 그런 정도의 영어를 잘 모르지만 그러나 요새는 번역기가 있어서 안심하기도 어렵다.

보이스 피싱도 순간적으로 당할 수 있으니 잘 생각해야한다. 요체는 말이 이상하고 공갈협박하고 돈을 보내라고 요구하면 절대 응하면 안되고 일단 전화를 끊고 알아봐야한다. 어떤 이유를 대든지 간에 돈 보내달라면 보이스 피싱이다.

보이스 피싱은 일단 전화를 끊고 확인하는 것이 제일 주요하다. 모르는 전화번호, 이멜이 날라오면 무조건 생까고 일단 전화를 끊어야 한다. 그러니까 모르는 전화번호는 아예 안 받는 것이 제일 주요하다. 10번의 주요한 전화면 어떡하느냐? 고 하겠지만 그러나 1번의 보이스 피싱을 방지하는게 더 주요하다.

당신은 그냥 있어서는 안될 인재고 뭐라도 해야한다며, 옆에서 누가 도와주겠다고 부추키며, 매우 좋은 자리를 알아봐 주겠다면 어쩔거냐? 당신같은 인재는 부총장으로도 안되고 총장 정도는 해야 한다며 진짜 진심으로 위하는 척하며 사기꾼 스스로가 그게 된다고 열열히 진심으로 믿으며 대학의 '대'자도 모르는 자가 접근한다면 어쩔거냐?

'보리밥풀로 잉어 낚는다.' 는데 이상한 2~3장짜리 허접한 '가라' 특허장 비슷한 것을 보여주며, 돈을 투자하기만 하면, 당장 5배로 '튀겨주겠다.' 며 접근하면 어쩔거냐? '지푸라기로 간 빼먹는다.' 는데, 그러면서 생산을 하기만 하면 당장 10배로 '뻥튀겨 지는데,' 아주 유명한 사람과 무척 친하다, 아주 권력자와 흉허물없이 아침저녁으로 만나며 정보는 다 아니 걱정하지 말고 인허가에 돈을 조금만 더 투자하자고 파고들면, 어쩔거냐? 내 직접 경험으로는 야당 당수까지 들먹이는 사람을 봤다!

말이 조금이라도 달라지고, 변명이 늘어나는데, 그러나 끝은 항상 돈을 더 내놔야한다 고 회유하면 조심해야한다. 사기꾼은 항상 말을 조금씩 바꾸면서, 약속을 안 지키고, 그때그때 순간적으로 '씨나리오'를 짜내서 달려드는데 결론은 항상 돈 더 내놔라고 파고든다. 말이 조금이라도 바뀌면 다 사기다!

표정이 일그러지면서 썩은 미소를 짓고, 당신도 눈치 못채게 교묘하게 말이 바뀌면 사기칠 때니, 다 거짓말이다 라고 주의를 엄청 해야 한다. 당신이 조금만 주의 깊게 살펴보면 사기꾼의 본색은 결코 못 숨기고 아무리 둔한 당신이라도 충분히 눈치 깔 수 있다.

1~2년 해보다가 정 안 '낚기면' 이제는 일가가 한 차 타고 와서 불법무단침입해서 다짜고짜 문을 발로 뻥 차면서 "야! 떳떳하면 나와!" 라고 고함치면 사기피해자는 그 소리를 듣고 자기 귀를 의심한다는 것이다. 사기꾼 지들이 뭐가 떳떳하다는 게야? 어리둥절하다. 어쩔거냐?

그러면 이웃사람이 시끄러워서 나와본다. 그러면 일가 중 그럴 듯한 사람이 젊잖게 나서서, "이 집에 일가 돈을 떼 먹은 아주 안 좋은 사람이 있는데, 지금 우리가 수술비가 꼭 필요해서 돈을 받으러 왔으니 이해해 주십시오. 우리도 어쩔 수 없습니다. 돈 못 받으면 지금 당장 친척이 눈을 실명합니다, 또는 죽습니다. 돈만 받으면 곧 돌아가겠습니다." 라고 아주 교양있게 말한다면 어쩔거냐? 사기꾼이 교양있으면 어쩔거냐? 주민은 이상하지만 돌아간다. 완전 '다마고치' 키우고 있다.

돈을 떼 먹은 사람이 왜 이런데 숨어 있어? 해외로 튀거나, 호텔 같은데, 더 좋은데 가지 라고 생각도 할까? 뉘 말이 맞아? 헷갈릴까? 가지도 않고 하루종일 난동을 부리면, 결국 주민이 밤이 되어 신고해서 경찰이 출동하는데, 그런데 경찰이 출동해도 "우리가 뭐 잘못했어? 앉아, 앉아!" 라며 이름이 적혀도 도망도 안 가고, 태연히 있다가 결국 경찰에 의해 쫓겨나간다.

그러나 그 다음날 또 당장 돈 내놔라고 문자로 협박을 한다. 이번 일로 애들이 상해를 입었고, 공황장애로 2명이나 진단서 끊었다 고 적반하장식으로 먼저 협박하고 나오면 어쩔거냐? 누가 진단서를 끊어야 돼? 지가 와서 난동부리고, 지가 가서 진단서 끊었다는데, 사기피해자가 어리둥절하지만 어쩔거냐? 사기꾼들은 왜 이렇게 병원에 가서 진단서 끊고, 침대에 큰 대자로 눕는 것을 좋아해?

애초에 시비를 초청한 뒤 큰소리치며 합의금 뜯으려고 미리 치밀한 흉계를 꾸미고 와서 트롤링했나? 이런 사기 걸리면 그것도 황당하지, 연예인이 잘 걸리는 사건데 외국에서는 이렇게 덫을 쳐놓고 걸리게 하는 셑엎Setup사기가 아주 자주 있는데 이와도 속성은 비슷하지. 셑엎Setup사기가 상당히 황당한데, 어쨌든 사긴 줄을 다 알고 외국사법당국도 인정하는데 그래도 무슨 일인지 일단 증거가 있다고 쉽게 없었던 일처럼 하기는 어렵고 무죄방면되도 손해가 엄청나지.

그런데 이때 이웃에 '남사시럽고,' 부끄럽다 고 해서 달라는 돈을 조금이라도 주고, 우선 돌려보내면 안 되느냐? 고 생각하기 아주 쉬운데, 그것은 절대 그러면 안 된다. 그게 사기꾼일가가 '무대뽀'로 난동을 부리며 노리는 가장 기초적인 전형적인 수법이다. 일단 조금 주면 코끼리가 코가 먼저 들어오고 나중에는 코끼리가 다 들어오듯이 이렇게 하면 쾌재를 부리며 더 큰 사기 들어오는데 어쩔거냐?

일단 다짜고짜 욕을 하면서 달려들어 당신을 나쁜 사람으로 만들고, 이간질해서 주위 사람과 고립시키고 왕따시켜서, '돈 뜯으려고' 하는 전형적인 수법이다. 그러니 이건 초중고딩들이 '왕따'시키는 것과 똑같은 수법이다. 사회도 그렇지, 항상 본질적인 수법은 같은 것이다. 초딩을 왕따 시킬 때도 꼭 지가 왕따 당할 만큼 얼빵해서 왕따 당했다고 모함하는데 사실은 그렇지 않다. 그렇게 소문을 내놓고 가만 있는 사람 바보로 만들어 놓고 시추작업하는 것이다.

그런데 요구하는 돈도 1억3천만원, 9천만원, 3천만원, 2억, 1억2천만원, 안 되면 갑자기 1천만원, 5십8만원, 종 잡을 수 없이 금방금방, 하루 올라갔다 하루 내려갔다, 정신없이 늘 바뀐다. 왜 그런가? 내용증명을 2번이나 한 장 가득씩 빽빽하게 써 보내서 협박하면 어쩔거냐? 그것을 받은 피해자는 혀를 찬다는 것이다. 전부 거짓말이고 아무 내용도 없는데 뭘 내용증명한다는 것이야!

그런데 돈을 주면 끝나지 않고 앞에서도 봤지만, 호구를 봤다고 오히려 더 달려든다. 왜? 이는 근본적으로 일가의 생계비가 떨어져서 생기는 문제고, 앞으로도 다시 일가가 돈이 생길 가능성이 결코 없어서 생기는 문제이므로, 돈을 줘도 그 순간만 모면하지 일가의 사기는 결코 끝나지 않는다. 그래서 돈이 떨어지면 또 개난동부리고, '수금하러' 오는 것이다.

그런데 일가를 사기협박죄로 고소하기도 어렵다. 일가이기 때문이다. 오죽하면 시골마을에서 도둑이 들었을 때, 옛어른은 "도둑은 잡지 말고 쫓아내라." 고만 하였겠는가? 왜? 사기꾼은 그것까지 노리는 것이다. 사기꾼은 일가일 수록 호구 꼬투리만 잡히면 끝까지 파고 달려든다. 아는 놈이 무섭다 고 하는데 일가친척이 더 무섭다, 주위에서는 에이- 잘잘못은 모르겠고 일가친척이라며 그 돈 마 주고말지 남들도 돕는데 거 왜 그렇게 일가친척이 서로 안 도와? 집안이 뭐 좀 이상해, 라고 하면 참 기도 안 찬다. 그러니까 섣부른 동정심은 절대 금물이다. 동정심을 보이면, 사기꾼은 더 기고만장해진다, 걸려들었어! 자, 어쩔거냐? 사위가 장모에게 죽을 때까지 다 뜯어간다, 자, 어쩔거냐?

물론 그 피해자에게도 당연히 일가가 있어 도움을 청하기도 하고, 또 도움을 받기도 하지만, 알고 보면 그 역시 어렵다. 사기꾼이 피해자 모르는 사이에 1~2년동안 '시추작업'을 해서 주위 일가에 도와

주지 말라고 협박을 다 해놓은 상태이다. 어쩔거냐?

최근에 내가 택시를 타고 조금 장거리를 갔는데, 나이가 꽤 든 택시기사가 '스맡폰'으로 TV를 보며 아주 히히 하며, 내게 "이 사람은 독일 사는 태권도관장인데 자기 친구에게 도장운영을 맡겼다가 모두 뺏기는 사기를 당해서 쫄딱 망하고, 다시 재기했다네요." 라고 하였다.

그래서 내가 "사기치는 사람이 결코 잘 될 수는 없죠. 도장을 사기 쳐서 뺏었지만, 운영을 할 수가 있나요? 결국 사기 쳐서 팔고, 돈 떨어지면 또 사기를 치러 나가야죠. 어떤 사기꾼이 말년에 사기를 그만 두게 되었는데, 하는 말이 사기칠 때는 그럴 듯한 레스토랑에서 스테이크도 썰고 '잘 나갔지만,' 나이가 들어 그만 두고 나니 남는 것은 아무 것도 없고, 그저 먹고살아온 것 밖에 없다고 했죠. 감방 안 것만 해도 큰 다행이죠." 라고 하니, 그러자마자 그 순간 나이가 꽤 든 기사가 갑자기 알 수 없는 심각한 표정을 짓더니만, 고개를 푹 수구리고 굳은 침묵을 지켰다. 목적지에 도착할 때까지 고개 폭 수구리고 한마디도 안 했다. 그 알 수 없는 표정과 깊은 침묵의 의미는?

그런데 이 사기는 전형적인 해외이주사기인데 여기서는 줄이기로 하겠다. 퇴직후 해외생활, 이주도 꿈꾸지만 사기부터 두 팔 벌리고 대환영! 하고 기다리고 있다면 어쩔거냐? 해외이주사기는 다음에 기회가 있으면 또 다시 보기로 하자. 사기사례는 많지만 그래도 주요한 것은 살폈으니 이 정도로 하자.

그러면 사회에 만연한 사기를 어떻게 예방하고 줄일 수 있을까? 보통 전문가라는 사람들이 말만 번지르하고 그만 두는데, 말로만 하지 말고 대책이든, 방어책이든 무슨 방법을 말해 줘야 하지 않겠는가?

범죄에는 생계형, 구조형, 부패형이 있는데, 그걸 염두에 두고 내 소견을 말해보자. 물론 나는 '말만 하면 전공자를 무슨 전가의 보도처럼 휘두르는 사람'도 아니고, 그러니까 전문가도 아니고, '전문가 옆집에 사는 사람'도 아니지만, 생활자의 입장에서 보기 때문에 필요한 것만 현실적으로 오히려 다음과 같이 더 잘 요약할 수 있다.

사람들은 거시적, 중시적, 미시적으로 말하기를 좋아하는데, 첫째, 먼저 거시적으로 말하면, 국가가 연금제도와 복지제도를 잘 정비, 보완해야한다는 것이다. 내가 볼 때, "건조하면 산불이 나고, 습기차면 곰팡이가 핀다." 는 것이다. 당신도 마찬가지이다. 말년에 재산관리 잘 해서 당신부터 돈 안떨어지도록 해야한다.

둘째, '중시적으로' 말하면, 사기도 사회적인 문제이므로 교육부, 교육청, 경찰청, 연금관리공단, 퇴직학교나 퇴직회사 등이 연계해서 관심을 가지고 대비하고, 사기사례를 잘 전파해서 많은 퇴직교원과 퇴사자가 경각심을 갖도록 해야한다. 曲突徙薪(곡돌사신)이 사회안녕을 위해서 백번 좋다는 것은 더 말할 나위도 없다. 또 특히 연금관리공단에서는 회보도 발행하므로 사례를 모아서, 유형을 분류하고, 분석해서 재난처럼 대비하도록 이에 게재하여 전파하는 것도 매우 현실적이다.

생각해봐! 콜레라, 흑사병 등등만 재난, 병란으로 생각하는데 사기는 그보다 더 큰 재난일 수 있다. 따라서 사기방지에 사회가 관심을 갖고 예방에 힘써야한다. 사기를 단순 개인의 부주의한 문제로 돌리고 개인이 칠칠치 못해서 당하는 것으로 치부하고 대수롭지 않게 보고 덮는데에 급급하고 개인도 부끄럽다고 속으로만 끙끙 앓는데 그게 아니다. 그게 현사회의 가장 큰 맹점이다. 사기꾼은 그걸 노리는 것이다.

그러니 특히 퇴직학교나 퇴직회사에서도 퇴임시 발생할 수 있는 사기사례를 잘 알려주어서 우선적으로 대비하도록 해줘야한다.

신임교수는 좋은 호텔에 가서 '오리엔테이션'을 곧잘 하는데 퇴임교수는 그런 것은 없고, 원래 퇴임식을 학교강당에서 섭섭지 않게 거창하게 해주고, 또는 제자들이 호텔에서 논문봉정식을 거창하게 해주는 것이 대부분 학교의 전통인데, 그것도 좋은 일이지만, 동시에 내 이 글을 복사해서 1부 드리고 '퇴임사기방지전직교육'을 하는 것이 더 실제적인 도움이 된다. 그러니까 축하하고, 비싼 선물만 하지 말고, 실제적인 도움이 되게 해야한다.

그리고 퇴임하면 죽는 줄 알고, 뭐라도 해야한다는 솔깃한 소리에 귀담지말라. 일단 사회물정을 알 때까지 충분히 쉬는 것이 나을 수도 있다. 옆에서 '뽐뿌질'하며 부추키는 소리를 조심하라. 현직에 있을 때도 못한 총장, 부총장 등 좋은 자리를 '알아 봐준다.'는 데에 속지말라.

어떤 교수는 현직에 잘 있다가 내실있다는 대학원대학총장으로 기대를 받으며 명예퇴직하고 영입되어 갔는데 가자말자 이상한 분규에 휩쓸려 총장은 했지만 해임도 되고 복직도 하며 아프기도 하고 생고생을 하였다. 그러니까 나이가 들면 거주환경을 잘 안 바꾸는 것이 좋다는 말과 같다.

셋째, 미시적으로는 물론 개인의 문제이다. 우선 사회에서 '꽃뱀'을 말하는데, 여성교도소장으로 오래 근무하고 퇴직한 여성공직자의 뛰어난 회고에 따르면, 생각밖에 '꽃뱀'이 아주 미인이거나, 젊고 몸매가 좋은 것은 결코 아니라는 것이다. '꽃뱀'은 오히려 아줌마처럼 못생긴 사람도 많은데, 대신에 눈치가 아주 귀신처럼 빨라서, 사람을 척보면 배가 고픈지, 술이 고픈지, 마음의 상처가 있는지, 외로운지 등등 심리를 귀신 뺨치게 알아차리고, 순간순간적으로 기분을 맞추며 대응한다는 것이다. 보통여성도 다 그렇다고? 글쎄, 그러니까 사기꾼은 그쪽으로 머리가 비상하게 돌아간다. 그러면 어떻게 방어해?

그러니까 사기를 당하면 당사자는 부끄럽게 생각하고 숨기고 사회는 피해자를 오히려 어리석다고 여기고 그걸 왜 속나? 나는 안 속아! 라며 피해자를 비난하는 경향마저 있는데, 이것도 2차피해인데, 그게 아니고 사기는 누구나 당할 수 있는 범죄라는 것을 이해하고 사기방지교육을 시키고 사기방지하는 능력을 기르도록 해야 한다. 영어수학국어교육은 그렇게 비싼 돈 주고 과외까지 시키면서 학교에서 사기방지교육은 왜 안 시켜? 그러니 사기방지교육 꼭 필요하다.

근데 사기와 거짓말을 가르치는 대학학과는 전혀 없고 또 유사이래 그렇게 사기치지 말라는데 오히려 왜 이리 번창해? 그거야 범죄를 누가 가르쳐서 하나? 안 가르쳐도 다 잘 하는 인간은 하는 것이지. 이게 주요 학문적 과제다. 그러면 사기방지학과를 만들면 되나?

넷째, 그런데 더 주요하고 꼭 알아야할 것은 사기꾼은 마지막 순간에는 다음과 같이 말한다. "우리가 당신을 사기친 것이 아니고, 당신의 욕심 때문에 당신이 사기를 당한 것이야." 이건 또 뭔 개소리야?

그러니까 사기꾼은 사기를 당한 사람에게 일확천금을 노리는 당신의 허황한 욕심 때문에 사기 당했다고 말하는 것이다. "당신의 욕심이 사기를 당하게 한다. 우리가 당신을 사기 친 게 아냐, 당신이 사기를 당했을 뿐이야!" 몬 개솔? 그러니까, 말은 어리둥절한데 하여튼 결론은 자기 책임은 없다는 것이다. 사기꾼은 마지막 순간에는 사기꾼답게 오히려 사기피해자에게 책임전가한다.

아니, 안그래도 사기 당해서 열 받는데, 이건 또 무슨 헛소리야? 글쎄, 사기꾼은 말한다. 그러니까 사기를 안 당할려면, 일확천금을 노리는 니 욕심부터 먼저 버려라. 어째 돈 잃고, 사기꾼에게 훈계를 듣는 것 같애? 이게 사기꾼의 마지막 사기야? 아니면 사기도 A/S해 주나?

인류역사상 첫 사기는 『성경』에 따르면 뱀이 여자에게 사기친 것과 여자가 사기에 속아 욕심 땜에 절도를 하고 다시 그 사기에 남자를 끌어들인 것이다. 물귀신이야? 제비와 꽃뱀과 남자와 여자, 어쩔 것인가? 공동정범이야? 남자만 얼빵하게 걸려들었나? 사랑 땜에? 아니면 남자도 어리숙한 것 처럼하고 여자를 앞세워 사기쳤나? 이처럼 사기가 역사가 깊은 것이다.

태초에 사기가 있었느리라! 그런가? 사기가 꿈같은 낙원인 에덴동산에서 인류역사와 함께 시작되었나? 사기꾼이 인류의 가장 오래된 직업중의 하나야? 인류의 실낙원이 뱀의 사기로부터 시작되었다! 그래서 다들 안 갈키줘도 본성적으로 사기를 잘 치나?

그러면 욕심이 있어도 사기꾼에게 안 들키게 더 고수라야 돼? 글쎄, 사기꾼이 제일 싫어하는 사람은 돈이 없는 사람이 아니고, 욕심이 없는 사람이다. 아, 아! 무욕이어라! 무심이어라! (20210106).

사례토의

1. 당신은 사기친 적이 없나? 어떻게 할 때 사기쳤고 그에 비추어 보면 어떻게 하면 사기를 안 당하나?

2. 사기의 본질은 무엇인가? 왜 그 연놈들은 돈을 지 힘으로 안 벌고 꼭 사기쳐서 연명하려하나? 사기꾼은 후천적인가? 선천적인가? 그것도 사주팔자야? 어떻게 하면 국가가, 사회가, 가정이, 개인이 방지할 수 있나?

3. 황혼사기는 왜 당하냐? 목돈이 생겼는데 관리를 못해서 그런가? 기력이 쇠해서 그런가? 외로움인가?

4. 당신의 욕심 때문에 사기 당한다, 내가 사기친게 아냐! 는 사기꾼의 말에 동의하나? 부동의 하나? 이유는? 이게 사기꾼의 마지막 사기인가? 이제 시작인가?

5. 친인척, 선배, 친구, 상사, 부하, 제자 등이 사기 치러 나타나면 어떻게 할 것인가? 눈치 채리기는 채리나? 사기의 유형을 분류하고 예방책을 찾아라.

6. 이 사례가 도움이 되었나? 사례를 분석하라. 이 사례를 누구에게 추천하고 싶나?

사기

이강식(시인)

가난할 땐 그저 화목한 척하며 등쳐 먹드니
돈이 들어오니 이젠 악마가 되어 강탈해 가려하네
가난할 때 화목이 화목인가?
돈이 들어와서 악마가 된 게 악마인가?

말하라

말하라

흰구름 떠도는 푸른 산에 단풍이 드니
산하대지는 또 한 번 옷을 벗네

(20210326)

회고록15강-아!사기!20210106수이강식

==

▌회고록 제16강, 사례연구Case Study▐

사람이 지가 하는 말이 무슨 말인지도 모르고 한다는 것이지

이강식(명예교수 전)

사람이 지가 하는 말이 무슨 말인지도 모르고 한다는 것이지. 항상 이게 문제다.

하루는 울산 중구에 있는 어떤 미술전시장에 갔는데 전시는 이미 하루 전에 끝나고 다음 날 철수를 위해 그림을 떼내어 한 곳에 모아 두고 있었다. 아쉽지만 그런데 내가 둘러보니 떼내어 모아둔 그림배치가 더 전시같았다. 그래서 나는 젊은 화가에게 말했다.

"이게 전시회군요."

그러자 젊은 화백이 조금 내게 관심을 가졌다. 그런데 화가의 자화상를 그린 뜻깊은 그림이 있었는데 마침 캔버스 그림틀 맨위 가로로 댄 나무가 하나 깨어져 그림이 덜렁거리고 있었다. 그래서 내가 초면의 화가에게 말했다.

"이왕 그림틀이 부서진 김에 내게 양도하시지요."

그러나 화가는 당연히 동의하지 않았다. 그럴 것이다. 더욱이 자신의 자화상이니 더욱 애착이 가는데 생전 모르는 초면의 신사에게 무상으로 선물로 주기는 전혀 어려울 것이다. 그러나 나는 화가야 그림을 또 그리면 되지, 그래도 관심을 갖고 달라는 사람에게 선물로 주는 것이 더 좋지 않겠느냐? 는 것이었다. 대전제는 깨어진 김에 무상으로 양도하라는 것이다. 그러나 화가의 마음은 또 그렇지 않을 것이다. 그래서 나는 전시실 밑에 있는 1층 울산 사회경제기업 어라운드 카페에 내려가 차를 한잔 하며 아주 유익한 깊은 상념에 잠기고 있었는데 3층에서 1층 건물밖의 용달차로 혼자서 힘들여 몇 점씩 그림을 옮기던 화가가 뜻밖에 부서진 그림을 내게 들고와 가져가라고 하였다. 나는 반갑게 그림을 감사히 받았다.

그리고 곧바로 그림을 소중히 들고 수리를 위해 액자방을 찾았다. 액자방 주인은 이미 지난 번 1번 그림액자를 만든 적 있는 구면이었다. 그래서 나는 태무심하고 주인에게 수리시방서를 말했다.

"그림에는 절대 손대지 말고 이 곳만 수리해서 만들어주세요.

그런데 액자방 주인은 뜻밖에 안된다고 말했다.

"여기까지 더 접어 넣어야 하는데 이대로 하라면 못하겠습니다."

나는 처음에는 어리둥절하였다. 다른 그림도 그렇지만 자화상을 윗부분을 상당부분 20㎝ 이상 잘라버리면 거의 눈 훨 밑에까지 잘라야한다는 얘긴데 농담도 아니고 무슨 그런 소린냐는 것이고, 도대체 초짜도 그렇지 않을텐데 액자방 주인이 그림을 몰라도 너무 모르는 것인지, 그림을 상당부분 훼손하면서 액자를 만든다니 주객전도도 유만부득이지 무슨 그런 말도 안되는 얼토당토 않는 쇼리를 하느냐? 는 것이고, 그리고 부서진 맨위쪽 가로나무 하나만 새로 갈아끼우면 되는 아주 단순한 일인데 그게 왜 기술로 안되느냐? 는 것이었다.

"그게 아니고 윗나무 하나만 갈아 끼우면 되는데 그게 기술로 안되는게 어딨나요?"

이건 뭐 기술이라고 할 것도 없었다. 그러자 주인은 더 강경하고 성질 급하게 말했다.

"안 됩니다. 손님이 주인 말을 듣는게 주요합니다."

내가 어리둥절해서 말했다.

"장사가 못한다는 말을 쉽게 하지말고 손님이 주인 말을 듣는게 주요한 것이 아니고 손님 말을 주인이 듣는게 주요하죠. 내가 주인장 말을 이해하기는 어렵고 주인장이 내 말을 이해하고 수리를 잘 해보세요. 잘하도록 하겠지만 손님이 만족할 만큼 못할 수도 있다고 말하면 되죠!"

이게 말하자면 내 전공인 마케팅 컨셉과 셀링 컨셉의 큰 차이이다. 그러자 주인은 더 피새를 까대며 대놓고 말했다.

"그러면 갖고 가세요! 그림도 뭐 별로 안 좋은데요."

그러니까 돈 들여 수리할 것도 없다는 그런 쇼리였다. 그래서 내가 슬슬 스팀팍아울하기 시작했다. 그래서 내가 말했다.

"장사가 갖고 가란 말을 쉽게 하지 마세요! 그러면 손님이 자기가 갖고 오는 그림이 최고라고 생각하지 안 그러면 갖고 오겠어요. 원래 있는 윗나무 그대로만 하고 밑으로는 절대 손대지 마세요. 일단 요기까지만 접으세요."

그러자 주인은 반성을 전혀 안하고 더 비꼬면서 목솔 높혀서 말했다.

"그러면 잘 하는 집에 갖고 가세요."

그래서 나도 목솔 높혀 말했다.

"그러면 내가 못하는 집에 왔단 말인가요?"

그러자 이상하게 성질내던 액자방 주인은 더듬으면서 말 못했다.

"어, 어."

그렇다, 속으로는 지가 최고라고 생각하며 "내 말 들어!" 라고 시건방을 떨었는데 그게 이상하게 자기가 최고가 아니라는 것을 바로 자인하는 말이 되고 말았다. 근데 그걸 내가 친절하게 지적해줘니 겨우 알듯말듯 하다는 것이다. 그래도 그 정도로나마 아니 다같이 지. 그래서 나는 열받아서 나왔다.

"알았어요."

그래서 그림을 들고 집으로 가는데 저녁에 결국 택시를 탔다. 택시비도 만만찮은데 근데 택시기사가 그림을 보더니 역시 탐탁치 않게 보며 고개를 좌우로 흔들면서 대놓고 별로 라고 피새를 까대며 말했다. 그림 땜에 택시를 이용하는데 그림을 우습게 보다니! 보기 드물게 너무 고지식한 사람이거나 직업정신이 아주 부족한 사람이었다. 아마 자기 나름대로는 그림에 조예가 있다고 생각하는 택시기사였지만 그러나 나는 이번에는 부드럽게 응대하면서도 전혀 동의하지 않았다. 의견을 내는 것은 항상 경청하고 존중해야하는 것이다. 그러나 업무에 걸리는 것은 전혀 다르지. 나는 그림을 수리하면 전혀 달라보일 것이고 젊은 화가의 초기작이니 자료적 가치도 귀한 그림이라고 보았다. 피카소가 뭐 처음부터 피카소야? 세계에서 그림을 가장 잘 그리는 소가 피카소야! 두고 봐, 나의 안목을! 나의 사기는 만장하였다.

그래서 나의 말을 입증하기 위해서 그림을 고이 싸서 자주 오지도 않는 708번 시내버스를 기다렸다가 타고 울산 태화강역까지 가서 다시 무궁화 기차를 갈아타고 그림을 경주역까지 수송해 가서 역에 내려 한참을 걸어나와 우선 가까운 시내 한복판에 있는 문화의 거리 액자방과 표구점에서 수리하고자 하였다. 먼저 점포가 삐까뻔쩍하게 좋고 전통을 자랑하는 몇몇 액자방과 표구점을 갔는데 모두 다 안된다는 것이었다. 여기서도 오히려 내 의견을 이상하게 보면서 상단을 접어야한다는 둥 엉뚱한 소리를 엇비슷하게 내었다.

그래서 나는 좀 이상했다. 도대체 뭐가 왜 안된다는 거지? 내가 그래도 국가공인컨설턴트인데 너무나 상식적인 내 의견이 왜 시내 삐까뻔쩍한 액자상들하고 전혀 다르단 말인가? 왜 하나같이 이렇지? 왜 이러지? 나로서는 조금 기이하기까지 한 일이었다.

그래서 다시 내가 집에 가는 길에 있는, 약간 시내변두리의 내가 자주 거래하는 단골인, 대로에서 눈에 띄지도 않는, 지하에 있는 오래되고 허름한 표구점을 갔는데 근데 여기서는 주인이 아무 문제없이 흔쾌히 해주겠다고 하였다. 과연 잘 했다. 방법은? 영업비밀이라서 함부로 말해주기는 어렵다. 글구 내가 말한 꼭 그대로는 아니지만 거의 같은 방법인데 너무 단순한 방법이어서 살짝 말해주기도 어렵다. 비용은 5만원이 들었고 깎지도 않고 달라는 대로 다주었는데, 대금을 치룰 때 보니 주인이 아주 좋아서 표정관리가 전혀 안될 정도로 희희낙락하는 것이 둔하기로 전국적으로 소문난 내가 봐도 충분히 보였다.

그렇다! 그러나 나는 무엇보다 그림이 완전 살았다 는 것에서 큰 안도의 기쁨으로 들인 공력과 시간과 돈이 당연히 안 아까웠다. 그림을 거실에 두고 보니 그림이 감사하다고 내게 인사하는 것 같고 무엇보다 앞으로 이 화가의 그림이 루볼박물관에 소장될 것만 같아 나도 기분이 좋았다. 그런데 그러면 옷이 날개라더니 그림도 다 액자빨인가?

자, 단돈 5만원에 그림도 확 살고 나도 안목을 스스로 입증받고

무엇보다 재산가치도 증식되었고 화가의 명성과 노력도 살고 표구
점과 그 뒤의 수직계열화에 있는 재료상도 이 시국에 자그나마 소득
이 있었으니, 자, 그러면 다 좋은 일이 되지 않았나? 이 건에 관련되
어 노력한 인과 물이 다 윈-윈이 되었다! 뭐가 문제야? 활쯔 프러블
럼? 자신의 존재가치를 우선 자기가 다 입증해야지, 누가 입증해 주
겠나? 그래서 나는 내 스스로 혜인인 것을 다시 한번 입증했다고 감
흥에 젖어서 기분이 매우 좋았다. 나의 혜안을 믿고 또 한번 살아가
볼까나!

　　울산 중구에 있는 "혜암전각갤러리" 라는 곳을 자주 지나게 되었
는데 그때마다 나는 늘상 궁금하였다. 혜암(1920~2001) 스님은 우
리나라 대표적인 선승이며 조계종 종정예하까지 지낸 고승인데 누
가 어떤 연고로 그 이름을 쓰고 더욱이 상호로까지 삼는가? 하는 것
이었다.
　　그런데 내가 마침 도장에 글자7자를 새길 일이 있어 드뎌 조심스
레 문을 열고 들어갔다. 과연 주인은 도인풍의 면모를 가지고 수염
도 기르고 도나 선수련을 하는 사람인 것 같았다. 내가 자리에 앉으
며 인사를 나누자마자 먼저 궁금한 것을 조심스레 물었다.
　　"이름이 스님이름 아닌가요?"
　　그러자 주인은 무슨 뜻인지 익히 알고 있다는 듯이 대답했다.
　　"스승이 지어준 호입니다."
　　그래서 나는 별 할 말이 없어졌다. 스승이 지어줬다는데 뭘 할 말
이 있겠는가? 그래서 본건으로 들어갔다.
　　"요 도장에 글자를 7자를 새겨야 하는데 어떻습니까?"

그러면서 7자를 종이에 적어주었는데 그런데 뜻밖에 주인이 말했다. "글자수가 많아서 새길 수 없습니다."

나는 별 할 말이 없어졌다. 전각과 도장이 속성이 같은 줄로 알았는데 또 다른 모양이었다. 그러나 전각재이인 주인이 안된다는데 어떡하겠는가? 세필로 쌀 한 톨에 『반야심경』도 새긴다는데 그 과는 결코 아닌 것 같았다.

그런데 나오면서 전각을 새긴 것을 퍼뜩 보니 다음과 같은 글이 눈에 띄었다.

"내 생각은 모두 틀렸다."

그래서 그 와중에도 내가 이상하게 생각했다는 것이다. 내 생각은 모두 틀렸다? 이게 참이야? 거짓이야? 일부러 저렇게 썼나? 보는 사람의 경지를 시험하기 위해서? 라는 생각까지 들었다. 그러나 그럴 리가 있겠는가? 작품을 남을 시험하기 위해 쓰는 사람도 있나? 자신의 경지를 나타내 보이기 위해서 쓰는 것 아니겠나? 그러면 과연 어떤 의도로 썼나? 의도? 무슨 의도? 아! 틀린 의도의 의도?

그런데 이런 문제는 이미 나는 중학교 때 다 뗐다. 중학교 때 교사가 "예외 없는 법칙은 없다." 라고 숩시간에 말했을 때, 나는 "그러면 예외가 있다는 말이잖아요?" 라고 말하였다. 처음에는 무슨 말인지 교사가 못 알아들었는데 추가설명을 해주니 그제서야 무슨 말인지 알아들고 헤-하고 웃었다. 나는 이를 어떻게 알았냐 고? 책보고 알았겠지. There is no rule but has exceptions. 요즘은 이 격언을 잘 안쓰는 것같은데 라떼는 꽤 많이 썼다.

이런 경우가 가끔 있었는데 고3때 숨시간에 원로 국어교사가 하루는 칠판에 "惱殺" 라고 쓰더니 "뇌살"이라고 읽고 그 뜻을 설명하였다. 그래서 내가 웃으면서 "뇌쇄" 라고 하였다. 그런데 원로국어교사는 아무 말없이 숨을 마치고 나갔는데 그 다음 시간에 들어와서 "惱殺" 이라고 쓰고는 아무 설명없이 "뇌쇄" 라고 읽었다. 아마 지난 시간에 자신이 했던 발음을 은근쓸쩍 수정하고자 한 것으로 보이는데 나는 그 원로교사가 대단하다고 느꼈다. 그 권위주의시대에 비록 명시적으로 말은 안 했지만 자신의 잘못을 잊지 않고 암묵적으로라도 바로 수정한 것이다. 물론 원로국어교사가 되기까지 평생 뇌살로 알고 숨했단 말인가? 하는 의문은 아직까지 풀리지 않았다.

한 번은 약국을 가니 약국문에 소화제를 적극적으로 홍보를 하고 있었다. 그 카피는 다음과 같았다.

"ㅂ소화제 효과를 보신 분들은 ㅂ소화제만 찾습니다."

그래서 내가 오며가며 볼 때마다 이상하게 생각하였다. 물론 어떤 사람들은 무슨 문제가 있느냐? 고 하겠지만 내가 이상하게 생각하는 것은 다름이 아니라, "효과가 있는데 왜 다시 찾느냐?" 는 것이다. 몬 소린냐 고? 효과가 있으면 다시 찾는게 당연하지 않느냐고? 글쎄,,,,, 자, 그러면 맹장염 수술을 했는데 효과가 있었다, 그럼 다시 맹장염수술을 하나? 안 할 것 아냐?

물론 그게 아니고 위장병은 재발하니 그때 또 찾는다는 것이라고 할 것이다. 그렇다, 근데 재발하는데 효과가 있다고 할 수 있나? 물론 있다고 할 것이다. 그럼 됐지, 뭐, 내가 뭐래?

근데 이게 약과 병의 애매한 문제고, 계속 탐구해야할 과제지. "효과" 란게 과연 무엇인가? 무엇이 효과이고 무엇이 효과가 아닌가? 효과와 비효과를 어떻게 구분짓나? 그러면 어느 정도 재발하면/안하면 효과가 있다고 보느냐? 아니지, 효과가 없다고 할려면 어느 정도 재발해야/안해야하느냐?

효과의 정의는 무엇인가? 그러니까 약과 병의 관계도 철학적 성찰이 필요하다는 것이다. 더 나아가서 과학이란 무엇인가? 그러니까 약도 과학철학이 필요한 것이지. 그래서 나는 묻는다. 약의 효과란 무엇인가? 약이 효과가 있으면 사람들이 다시 찾는가?

2019년 한 해는 『반일종족주의』라는 책이 상당히 화제였다. 그래서 나도 서둘러 서점에 가서 그 책을 우선 훑어보았다. 근데 처음부터 이상했다. 저자 이영훈의 주장은 "거짓말하는 국민," "거짓말하는 학문" 등등 차마 입에 담기도 어려운 말을 아무 생각없이 그저 터진 입이라고 입에서 나오는 대로 말하는 것인데 경북고등학교를 나오고 서울대 경제학과 학사, 석사, 박사학위를 받고 국립서울대 경제학과에서 혈세로 따박따박 월급받고 교수찍이나 지낸 이영훈이 "거짓말하는 국민," "거짓말하는 학문" 이라고 말하면 그 말이 거짓이야? 참이야?21) 누가 거짓말하고 누가 거짓 학문을 했단 말인가? 다지가 했지 누가 했겠어?

자기가 무슨 말을 하는지, 알고 하나? 모르고 하나? 글구 만약만약에 그렇다면 그게 다 지 책임이지 누구 책임이야? 우리나라에서

---

21) 세상에서 가장 오래된 것으로 내려오는 역설은 -6C경 고대 그리스의 시인 에피메니데스(Epimenides -500년경)의 "모든 크레타인은 거짓말쟁이다." 라는 역설이다. 이는 에피메니데스가 크레타인이기 때문에 발생하는 것이다. 이것이 "거짓말쟁이의 역설"이다. 그런데 역설이전에 상식이지않나?

혜택을 받을 대로 다 받은 지 책임이지 누구 책임이야? 지는 뭐 참말하는 줄 알겠네.

글구 반일종족주의를 반대하면 반-반일종족주의인데, 그러면 반-반일종족주의는 친일종족주의인데 그러면 이영훈은 대놓고 친일을 하겠다는 것인가? 그게 학문이 되나? 자기가 무슨 말을 하는지, 알고 하나? 모르고 하나? **"갓데 구루마동태 누가 돌렸나? 집에 와서 생각하니 내가 돌렸네!"**

반-반일종족주의자, 친일종족주의자 이영훈도 책을 쓸게 아니고 차라리 내 강의부터 먼저 들었어야만 했었는데 아쉽기 그지없지만 그러나 내 강의는 일단락되었다. 이제 『나의 회고록』 쓸 일이 남았다.

한번은 스맡폰 인터넷 기사를 보니 다음과 같은 기사가 있었다. "이 후보의 수행비서인 한준호 의원은 페이스북에 '너희 가운데 죄 없는 자가 먼저 저 여인에게 돌을 던져라. 그러나 군중들은 죄지은 여인에게 아무도 돌을 던지지 못했습니다'라는 요한복음 8장 7절 성경 구절을 올렸다. 이 글은 한 의원이 이 후보를 염두에 두고 쓴 것으로 전해졌다. 욕설논란 등과 관련해 이 후보를 적극 옹호한 것이다." 『국민일보』 2022. 01. 25. 송태화 기자.

그래서 내가 생각했다. 이기 옹호가 되나?

"그러면 말한 사람부터 먼저 돌을 던져야지."

신인과 성인의 말씀을 인용할 때는 항상 신중하고 조심해야 한다. 신인과 성인의 말씀을 지 편한대로 단장취의해서 아무 말이나 막 던지면 반드시 부메랑이 되어 뒤를 돌아와 지도 모르게 지 뒷통수를 빡씨게 치게 돼있다, 골 때리는 것이지. 그때는 가는 줄도 모르고 가는 것이지. 그러니 비미 신인과 성인말씀 아니겠는가? 아직도 어리둥절한 사람이 있지? 이기 적극 옹호가 되나? 오히려 양날의 칼(a double-edged sword) 아냐? 그러니 이런 경우는 차라리 모르는게 약이라는 말이 나오지. 무슨 말인냐구? 궁금하지? 이번만 얘기해주면 죄가 없으면 돌을 던져라했으니 지가 죄가 없으면 먼저 돌을 던져야 할 것이고 죄가 있으면 죄가 있는 사람이 다른 사람보고 던져라 마라, 이런 말을 함부로 하면 안되지, 오히려 욕보이는 것이지.

하루는 보니 천주교정의구현전국사제단(정구사)에서 다음과 같은 성명서를 발표하였다. 조금 길지만 자료도 되므로 인용하여보겠다.

"(전략) 한사코 이성과 신앙의 조화와 종합을 위해 분투했던 가톨릭교회의 정신으로는 도저히 용납할 수 없는 일입니다. 신앙은 이성 이상이어야지 비이성적이어서는 안 됩니다. 아니 신앙일수록 이성적이어야 합니다.

어언 금번 대선은 이성적 평화 세력에게 미래를 맡길 것인가, 아니면 주술 권력에게 칼을 쥐어줄 것인가 하는 선택의 문제가 되고 말았습니다. 우리는 나름대로 오랜 세월 가난한 사람들의 병과 한을 어루만져주던 무속의 역사를 부인하고 싶지 않습니다. 다만 인생사를 독립적으로 판단내리지 못하고 보편성, 타당성, 신뢰성을 인정받기 어려운 '바깥의 힘'에 의지하여 살아온 사람이 과연 아이들의 안전과 생명을 위해 민첩하게 대응할 수 있는지, 이해가 각축하는 국제사회 속에서 '통일 코리아'를 위한 지도력을 발휘하기나 할지 걱정하는 것입니다.

우리가 이웃 종교에 경의를 표하면서도 주술을 미워하는 이유도

'이성'이라는 하느님의 선물을 부정하기 때문입니다. 우리가 주술의 지배를 거부하는 것은 신앙을 지키기 위한 최소한의 고백적 행동입니다. (후략) " 천주교정의구현전국사제단, 2022. 1. 28. 금.

이를 읽고 그래서 내가 생각했다.

"정구사 신부가 신을 찾아야지 왜 정치인을 찾나?"

그러니까 무속인을 비판하는 척하면서 실제는 특정 정치인을 비판하는 쓰리 쿠션을 치는데, 즉 돌려까기를 한다는 것인데 굳이 그럴 필요가 있나? 그러면 일반 여야정치인은 무속인을 전혀 안 찾고 특정 정치인만이 찾나? 눈감고 아웅하나? 남에게 다 덮어씌워 놓고 자기들은 입 싹 닦고 쏙 빠져 달아나려고 하나? 근데 그게 잘 되겠나?

나는 계속 생각을 했다.

"정구사 신앙은 신성을 찾아야지 왜 이성을 찾나? '아니 신앙일수록 이성적이어야 합니다.' 몬소리야? 시방."

"정구사는 그러면 '바깥의 힘'에 의지하지 않고 내부의 힘에 의지하나?"

나는 또 생각한다!

"종교가 다 주술이야! 주술 아닌 종교가 어딨어? 그런데 왜 자기들은 아닌 척하고, 이성이상인 척하고 고급으로 놀려고 하지?

글구 이성을 고급이라고 생각하고 평소에 늘 받드나? 평소에는 아닌 것 같던데, 신부뿐만이 아니고 종교인들이 항용 인간의 이성을 아주 낮게 보던데, 항상 시작하면 무조건 인간의 이성을 까대놓고 시작하던데. 입만 벙긋하면 인간의 이성을 아주 하찮게 보고 대신에 지들 종교가 최고라고 말하지. 근데 왜 이제 와서 정구사 지들 편한 대로 말하나?"

"정구사는 주술을 미워해? 지가 지를 미워해? 자기부정이야? 자기 혐오야?"

"정구사는 주술의 지배를 거부해? 당연히 지배를 거부하지, 누가 지배를 당해? 다 그렇지, 점재이 말도 들을 거는 듣고 안 들을 거는 안 듣는거지, 무조건 다 듣는 사람이 어딨냐? 몬 소리냐? 하면 점재 이의 컨설팅도 결국은 클라이언트가 자신의 현재/잠재의식 속에서 지가 듣고 싶은 것을 듣고, 행동하고 싶은 것을 행동한다 는 것이지. 물론 점재이에게 속는 사람도 있겠지만 그러나 그게 오래 갈수나 있 나? 시방, 이해가 되나? 이해를 안/못하나?"

정구사는 자기들이 무슨 말을 하는지 알고 하나? 물론 종교가 다 주술이라고 하면 종교인이 섭섭하게 생각할 사람도 많을 것이다.

그러면 더 살펴보자. 종교가 초기에 과학을 아주 핍박하다가 이제 과학이 발전하니 슬슬 과학을 업을려고 하는 것이 보인다.

개신기독교 일부에서는 창조과학을 주장하며 창조의 과학적 증거 를 찾으려고 하는 것으로 보인다. 나는 그 의의는 공감하지만 쉽지 는 않을 것으로 본다. 무엇보다 〈성경문자적 창조론〉은 나는 비판기 독교학적 측면에서 더 연구가 있어야 한다고 본다. 즉 신앙은 신앙 으로 존중을 받아야 하지만 학문으로 왔으면 학문으로 논의가 이루 어져야한다. 나는 조금 다르게 말한다.

"여호아하나님이 우주를 창조한 것도 다 과학으로 한 것이야!"

창조가 곧 과학이야! 창조가 다 과학을 창조한 것이야! 과학없는 창조가 어딨나? 신이 이 세상을 과학 아닌 것으로 창조했으면 지금 이 세상이 어떻게 되었으며 그들이 그렇게 주장하는 창조과학인들 어디 있겠나?

과학자가 찾아낸 것도 다 이미 신이 창조해 둔 것이야! 이게 굉장히 주요한 사실이지! 과학으로 들어가면 갈수록 주술이 나오는 법이야! 신은 창조자이고 과학자는 발견자이지. 과학자가 창조한 것은 없어! 그래서 신과 종교인은 창조를 진리로 믿고 과학자는 진화를 믿지. 그러니 각자의 할 일을 하는 것이 주요하지. 굳이 간섭할 필요가 있나? 근데 그게 안되니 그렇지!

인간이 약해서 뭐 신을 믿는다? 인간이 마음이 강하면 신을 안 믿는다? 글쎄, 뭐 그런 사람도 있겠지, 믿고 안믿고는 지 마음이다? 근데 그 마음은 어딨지?

신이 과학을 창조한 것이야! 과학은 인간이 창조한 것이야? 그러면 그 인간을 신이 창조한 것이야! 인간이 우연히 생겼다 고? 인간이 자연히 생겼다 고? 그러면 그 우연과 자연도 다 하느님이 창조한 것이야!

그게 아니고 우연과 자연이 하느님을 창조한 것이라 고? 자자, 다시 원점으로 돌아가지, 그 우연과 자연은 어디서 왔지? 우연과 자연도 우연과 자연으로 생겼나? 왜? 이유도 없이? 無(무)! 좋아, 근데 왜 무에서 有(유)가 나오지. 이유가 있을 것 아냐? 그러니까 그 이유를 말해달라니까, 뭐, 그게 우연과 자연이라 고? 無(무)라고? 그렇지, 다시 말할까? 그 無(무)가 어디서 나왔지? 우연과 자연으로 그냥 이곳에 있었다 고? 목표가 없어? 자자, 요건 요 정도로 할까요?

다시 강조하면 나는 신적 창조론과 진화론, 인간적 창조론과 진화론을 다 존중한다.

그러면 신의 과학을 인간 과학이 찾지, 못 찾나? 나는 말한다. 못 찾는다. 차원이 다른 문제다. 계속 볼까?

아이작 뉴턴(1643~1727)이 만유인력의 법칙을 수학적으로 증명 하여 고전물리학의 태두가 되었고 과학을 열었다고 추앙을 받고 있 다. 그러나 그도 "이 우주를 만유인력의 법칙으로 움직이게 한 최초 의 그 분은 누군가?" 에 대한 질문에는 "모른다." 고 대답했다. 당연 히 모르지, 뉴턴인들 그걸 알 수가 있나? 그러니 만유인력의 법칙과 과학도 당연히 주술이야! 만유인력의 법칙, 누가 창조했어? 당연히 신이 창조했지, 안 그러면 뉴턴이 했어? 아니면 인간이 했어?

나는 말한다.

"과학도 주술이야!"

"창조가 주술이야!"

"창조가 과학이며 주술이야!"

물론 창조를 과학으로 입증하는 것은 바람직하다. 그러나 주술을 과학으로 입증할 수 있을까? 과학도 주술인데 주술을 주술로써 입증 할 수 있을까?

"신은 창조이며 주술이며 과학이야!"

신의 창조와 과학과 주술의 3신1체사상을 인간이 쉽게 알 수 있 을까? 그러면 신은 창조와 과학과 주술을 같이 포함하였나? 회3귀1, 집1함3이지. 그러니 그걸 인정하는 것이 주요하다.

그러면 신은 창조자이며 주술사이며 과학자이며 동시에 이 모든 우주의 조직가인가?

그러면 진화는? 잘 들어봐! **창조가 곧 진화야!** 창조는 무에서 유를 창조한 것인데 무에서 유를 창조한 그 자체가 바로 진화지. 무에서 유로 창조가 이루어진 그 순간이 바로 무에서 유로 진화한 것이지. 진화를 꼭 유에서 유로 진화하는 것이라고 생각하나? 니 생각을 진화시켜!

더 주요한 것은 창조는 '바깥의 힘'이 작용한 것이고 진화는 '내부의 힘'이 작용한 것이지. 그러면 보통일반인은 항상 눈치를 보지? 어느 게 맞느냐 고? 그러니까 우선은 그렇게 본다고 보면 되지. 그것은 믿음이지. 그러므로 창조는 바깥의 힘에서 '신성'을 찾는 것이고 진화는 내부의 힘에서 '심성'을 찾는 것이지.

진화가 곧 창조야! 창조가 곧 진화고, 진화가 곧 창조야! 이건 양자물리학의 동시성의 원리Duality Principle(2원성)로 보면 된다. 진화가 되게 과학인 것 같지? 진화가 과학이라고 고급으로 놀려고 하지만 다 착각이고 진화가 바로 주술이야! **진화가 바로 주술이야!** 그러므로 진화도 창조이며 주술이며 과학이지. 그러면 순간순간의 창조가 진화이냐? 고 하는 사람도 있겠지만 여기서는 그게 아니고 태초의 창조와 진화를 말하는 것이지. 글구 창조에는 소멸이 있고 진화에는 퇴화가 있지.

동시성의 원리Duality Principle(2원성)을 더 설명해 볼까? 양자역학이라고 하니 디게 있어 보이지? 그건 알기 어려운 수식으로 설명하니 그런 것이고 잘 생각해봐!

사람은 사는 것이야? 죽는 것이야?

어렵지? 그러면,

사람은 살아 가는 것이야? 죽어 가는 것이야?

그래도 어렵지? 건데 이게 동시성이지, 바로 그거야! 그게 부처의 가르침이고 많은 성현이 말씀한 바이지. 더나아가서 『천부경』사상이지. 1시무시1! 결국 진리는 같은 모습으로 나타나지, 당연하지. 양자역학은 2원론이고 1원론을 전혀 이해 못하지. 또 3원론도 있지.

그러니까 인간도 창조를 하고 창의성도 있고 진화도 하고 개발도 하고 계발도 하고 다 하지, 그러나 그건 인간차원의 문제지. 신의 차원과 혼동하면 안되지. 인간계에서는 인간도 창조도 하고 진화도 하지, 그러나 그건 전부 발견자이지. **신계로 가면 창조는 오직 신만이 할 수 있어!** 그것 신의 고유영역이야! 신계나 종교계로 가면 인간은 발견자일 뿐이야! 착각하지 말기를!

과학자가 열심히열심히 우주의 진리를 파헤치면 결국 뭘 보지? 지 뒷통수를 보게 되지. 내나 제자리 곰배지. 과학이 우주의 밖으로 나갈 수 있을까? 지금 패나케 우주 밖으로 나가 신을 알현할 수 있을까?

과학이 우주의 밖을 볼 수 있다면 나는 과학의 창조를 인정하지, 근데 인간이 지 얼굴도 못 보는데 어떻게 우주의 밖을 보고 어떻게 신을 봐? 못 보지? 신계에서는 신이 있고 유무가 있는 것이야. 신은 창조자이지 창조되는 것이 아니야! <u>신은 피창조주가 아니야!</u>

심계에서는 심 속에 유무가 있는 것이야. 심 속에서 1체 우주만물이 창조되는 것이지, **일체유심조!** 『화엄경』, 전혀 다르지. 당장 또 인간의 질문이 나오지? 어느 게 맞느냐 고? 일단 여기서 내가 할 말은 맞고 안 맞고를 떠나서 그건 니 믿음이야! 니 믿음을 찾아!

다시 강조하면 신은 창조자이고 인간은 발견자이다. 인간이 무엇을 창조할 수도 있고 무에서 유를 창조할 수도 있으나 그것은 결코 우주창조는 아니다. 인간의 과학자가 신의 과학을 알 수 있느냐? 신의 과학을 발견할 수 있느냐? 노력은 하고 있지(有), 지금 불철주야 하고 있잖나? 근데 그건 신의 과학이지, 주술은 결코 아니지. 근데 **진짜 주요한 것은 발견자가 없으면 창조주도 없어!** 신이 인간을 사랑하느냐? 당연 사랑하지. 근데 왜 창조의 주술은 안 가르쳐주지?

나는 말한다.

"다 인간을 사랑하기 때문이지.(無)"

신은 말씀한다.

"『성경』을 잘 읽어봐!"

나는 묻는다.

"그러면 신이 내게 돈을 안주고 권력을 안주는 것도 다 나를 사랑하기 때문입니까?"

"『성경』을 잘 읽어봐!"

아아! 신이 나를 확실히 사랑하신대.

"이 교수, 주는 거나 잘해!"

"아, 예예, 나도 신을 엄청 사랑합니다!(有)"

불교에서는 요즈음 슬슬 가리늦게 깨달음의 과학을 주장하고 있다. 깨달음을 과학적으로 연구한다 고? 하는 것은 좋으나 깨달음도 다 주술이며 동시에 다 과학이라는 것을 이해하겠나? 종교에 과학을 들이대는 사람이 있다면 그것은 종교와 과학을 잘 모르는 사람이지. 그러니 항상 말빨에 속지말라는 것이지. 우리는 이성적 신앙이고 니거는 주술이야! 글쎄 뭐, 사돈 남 말해?

주술을 과학적 용어로 말하면 확률이지. 신의 창조도 양자물리학의 불확정성의 원리Uncertainty Principle에 따르면 확률로서 나타낼 수 밖에 없지. 그러므로 과학으로 창조를 알 수 없다는 뜻이지. 신은 주사위 게임을 하는가? 신은 주사위 게임을 한다! 지금은 물리학에서 그렇게 보는데 그러면 창조는 과학으로 추량할 수 없다는 것이지. 창조도 확률이야! 그러면 확률이라는 것은 확률이야?

그럼 진화도 마찬가지이지. 진화가 일어났느냐? 진화가 일어나느냐? 도 확정적으로 알 수는 없고 불확정성의 원리에 따라 오직 확률로서만 알 수 있지. 그러니 진화가 과학이라면 역시 확률의 과학이지. 진화도 확률이다. 그러면 확률이라는 것은 확정이야?

그러면 창조도 진화도 과학도 확률이면 신의 속성이 확률이야? 신은 확률이다! 신이 양자창조하고 양자진화하였나?

그 담에 양자물리학의 불연속성의 원리Discreteness가 있는데 이역시 확률로서 설명할 수 밖에 없지. 무당주술만 주술이야?

그러면 크게 보면 불확정성의 원리는 창조적 사고고 불연속성은 진화적 사고다. 불확실성을 전제로 하면 창조고 불연속성을 전제로 하면 진화지. 물론 혼합되어 있지만 별도로 보면 그렇지.

그러면 양자역학은 수학으로 주술을 발견했나? 양자주술이야? 요거는 요 정도로 할까요? 차후에 기회가 있으면 더 살펴보자.

혼인을 안 해서 아이가 없는 사람이 다음과 같은 문자를 난데없이 몇 번이나 받았다.

"아빠 난데 핸드폰 액정이 나가서 지금 피시용어플로 하고 있어요. 문자확인하면 여기로 문자주세요~"

그 사람은 갑자기 없는 아이가 생겨서 반가워서 무조건반사로 답문을 할 뻔도 했는데 가만 생각해 보니 그게 아니었다. 그래서 바로 접고 그 사람은 생각했다.

"무자식이 상팔자여!"

근데 피시용어플이 뭐지? 하필 왜 피시용어플인가? 양자용어플은 없나?

한번은 뉴스를 보니 한 젊은 여성방송인이 심야에 음주운전하다가 가로수를 2번이나 들이받는 큰 사고를 냈다. 천만다행으로 별다른 인명피해는 없었는데, 경찰이 안 다쳤어요? 지금 어디 아픈 곳 있는 것 같은데? 라고 묻자 큰키에 긴머리에 늘씬하고 옷도 잘 입은 아름다운 그녀는 술에 취한 채 귀여운 목소리로 말했다.

"졸라 아프죠."

그래서 나는 이상하게 생각했다. 젊은 여성이 어떻게 졸라 아플 수가 있을까?

언젠가 춘향전을 하면서 소설의 주인공 나이대로 한다면서 10대를 남녀주인공으로 하였다. 그러자 당장 반대가 나왔다. 미성년자인 남녀10대를 어떻게 혼사를 치루고 첫날밤을 보내게 할 수 있느냐? 는 것이었다. 그래서 내가 말했다.

"조선시대에 이팔청춘이 미성년자야?"

이팔청춘은 2×8=16(세)로서 16세면 조선시대에는 이미 혼인하여 첫날밤을 치를 수 있는데 나는 무슨 미성년자냐? 는 것이었다.

요새 TV를 보면 여고생이 아이를 낳아 기르는 것을 보여주는 프로를 하면서 디게 조심조심하는데, 물론 그래야지만, 불과 100~50여년전만 하더라도 16세 이상의 지금 여고1년생이면 벌써 혼인하고 애를 낳아 다 키웠지. 지금은 30후반이 되고 40이 되도 여성이 혼인을 안하고 있는 경우도 허다하지만 불과 100~50여년전만 하더라도 그러고 있으면 클나지.

대학에 있으면 학교당국에서 대학발전기금을 자주 모금을 한다. 나는 당시 상당한 액수를 기부를 하였는데 약정액의 50% 정도가 아직 남아있는 듯하였다. 나는 구체적으로 얼마가 남았는지를 알기 위해 총무과에 가서 아직 어리고 귀엽기조차한 여직원에게 밝고 청아하게 물었다.

"내 대발기 얼마나 남았나요?"

그러자 여직원이 슬그머니 얼굴이 붉어지는 것 같더니 우물쭈물 말을 잘 못하였다. 그런데 그후로도 계속 기부하여 알고보면 내가 재직하고 있는 대학의 기부왕이었다.

그러면 계속해서 볼까? 하루는 허리가 아파 간만에 경주에 있지만 아시아에서 제일 좋은 정형외과를 갔다. 젊고 아리땁고 싹싹한 여성 물리치료사가 환하게 밝게 웃으며 청량한 목소리로 아주 해맑게 반겨주었다.

"오래만에 오셨네요? 자주 오시지 그랬어요?"

그래서 내가 친절하기 그지없는 주치물리치료사에게 매우 감사하고 감동했지만 뭐라고 응대하기가 참 난처했다. 주치물리치료사가 조금 의아했을 것이다.

나를 오랜만에 만나면 디게 반가워하는 사람이 자주 있는데 그 이유는 다른데 있는 같다고 추량한다. 감사하게 생각하는데 다만 내가 생각하는 이유를 말하기는 어렵다.

한번은 울산에 있지만 약국의 거대한 봉우리를 형성하고 있는 약국을 가니 항상 환자를 위해 노력하는 마냥 상냥하고 살풋하고 전문성이 뛰어난, 나의 주치약사인, 여약사가 반갑게 맞이하여 주었다.

"오래만에 오셨네요? 지난 번 드린 약이 좋아서 안 오시는 줄 알았어요. 이번에도 약이 좋아서 한동안 안 오시겠네요."

나는 "약이 좋으면 자주 와야죠." 라고 말하면서 역시 친절하고 따뜻한 환대와 그 상냥함과 살풋한 감성과 지어준 약의 뛰어난 효과에 뭐라고 말할 수 없도록 깊은 감격을 항상 받았지만 나로서는 응대하기가 참 난처했다. 역시 주치약사가 조금 의아했을 것이다.

내가 대학에서 재직할 때 학생에게 늘 얘기하곤 했다.

"학점을 A⁺(에이뿔)을 주면 그 순간에 학생 소식이 딱 끊겨버려! 성적확인 클릭하는 순간에 생각의 속도보다 더 빠르게 소식이 끊겨버려! 근데 학점을 F를 주면 그 추운 겨울에도 학교에 올라와 2시간이고 3시간이고 내려가도 안하고 학점정정을 해달라고 한기가 도는 연구실에 버티고 서서 성화를 부리지. 내가 빨리 내려가 즐거운 크리스마스와 연말년시를 가족과 함께 보내고 다음 학기에는 꼭 A⁺를 받도록 한시라도 빨리 내려가 공부하라고 아무리 말해도 말을 안듣지. 학점은 티오가 있으니 정정해줄 수도 없고 말야! 방학때 학생을 한번이라도 더 볼려면 학점을 F를 줘야해!"

그러면 남녀학생이 헤-하고 웃는다. 물론 이 학생들은 다 F하고는 상관이 없다. 그러나 이게 다 실화지.

한번은 반에서, 그러니까 반에서, 눈에 띄도록 예쁜 4학년 여대생의 학점을 나는 의식도 못하고 B⁺을 주었다. 그러자 성적공시가 나가자마자 여대생이 즉각 성적을 정정해 달래며 조심스레 전화를 했다. 그래서 내가 다시 사정해보니 발표를 신청한 날짜보다 상당히 늦게 했지만, 그러니까 경영학에서 가장 금기시하는 납기지체였지만, 하는 것은 잘 했고 시험도 잘 쳐서 전체적으로 충분히 A⁺을 받을 만하고 티오도 있고 해서 즉각 A⁺로 정정을 해주었다. 결과는? 그 순간 곧바로 소식이 끊겼다. 발표를 이래 좀 빨리 하지, 그랬으면 첨부터 A⁺ 받았을텐데, 우째 튀는거는 빛의 속도보다 더 빨라? 잘해줬는데 잘해주자마자 곧바로 어마 뜨거라고 손절하나? 물론 그런거는 아니겠고 다 바쁘니까 그렇지, 4학년 여대생이니까 더 그렇지.

한번은 4학년 2학기말에 선취업한 남대생이 간만에 찾아왔다. 그런데 사유가 10일간의 '출석계'를 끊어달라는 것이었다. 그러니까 직장에서 기말시험용으로 10일간 휴가를 받아왔는데 그 기간 실제 출석해서 시험을 쳤는지, 지도교수가 확인싸인을 해달라는 것이었다. 그거야 문제없고 양식도 직장에서 다 작성해 온 것이어서 나는 싸인만 해주면 되는 일이라서 별로 생각할 것이 없었는데 다만 '결석계'는 자주 사용하는 것이라서 아예 양식Form에도 있지만 반면에 나는 '출석계'라는 말은 그때 생전 처음 들어 보는 것이었고 출석계 양식도 그때 처음 보는 것이었다. 그리고 그때가 처음이고 마지막이었다. 그래서 내가 진지하게 심사숙고하면서 유심히 양식과 문장 하나하나를 읽어보았다. 그러자 남대생은 그런 나의 모습을 슬금슬금 눈치보며, 머리를 긁으며, 약간 긴장하며 말했다.

"교수님, 제가 필요할 때만 찾아와서 죄송합니다."

그러자 서류에서 눈을 떼지도 않고 내가 뚜벅 말했다.

"그럼 필요할 때 찾아와야지 필요없을 때 찾아오면 되나?"

그러자, 4학년 2학기 군대도 갔다와서 취업도 잘 하고 말도 잘 하고 인물도 괜찮고 여대생에게도 제법 인기가 있는 남대생이 할 말을 잊었다. 서류를 다 읽고 이윽고 나는 곧바로 싸인을 해서 별말없이 주었고 남대생은 서류를 받자말자 잽싸게 문을 닫으며 뛰쳐 나갔는데 그후로 지금까지 전혀 소식이, 없다. 먹튀야? 그것보다는, 그렇지, 그러니까 필요가 없다는 것이지, 다행인가? 무소식이 희소식인가? 아주 바람직한 사제관계야!

한번은 내가 지도하는 4학년 남대생이 총학생회장이 되었다. 아주 우수하고 활동력도 뛰어나고 성격도 좋은 학생이었는데 학년초의 바쁜 일정도 끝나고 오래간만에 찾아와서 말했다.

"교수님 자주 찾아오지 못해서 죄송합니다."

그러자 내가 아주 밝게 말했다.

"괜찮아, 지도교수와 총학생회장은 자주 안 만나는게 좋아."

그러자 총학생회장이 헤-하고 웃었고 나도 웃었다. 아주 훌륭한 총학생회장이야! 지도교수는 말한다. "나를 총학생회장은 존경하지? 그러면 우리 자주 만나지 말자." 이게 말이 돼?

연인이 말한다. "나를 너 사랑하지? 그러면 자주 만나지 말자." 이게 말이 돼? 그러나 일부 그런 세월을 우리가 살았다는 것이다. 뭐 時和年豊(시화년풍)이라니 태평년월인줄 알아? 물론 태평세월은 맞는데 일부 안 그런 부분은 일부, 아주 지극히 일부 있으니 그건 빼고 그렇다는 거야!

한번은 어떤 젊은 교수가 학과장으로 있으면서 자신의 모과 박사과정 지도교수를 초청하여 특강을 개최하였다. 그런데 그 학과장교수가 은근히 걱정이 되었다. 그래서 마이크를 잡고 사회를 보면서 노파심에서 학생들에게 말했다.

"지루하더라도 끝까지 들어주기 바랍니다."

그러자 학생도 와하고 웃고 지도교수도 쓴웃음을 금치 못하였다. 학사, 석사, 박사과정까지 그 세월이 얼만가? 물론 지도교수의 숨은 명강이었고 재밌었지. 그 와중에도 학과장교수는 영문을 몰라 어리둥절해 했고 그 자리에 참석한 나도 영문을 몰라 웃지 않았는데 나는 자기 학과장이 말씀하시는데 웃는 학생이 어딨느냐? 는 것이었다. 그러나 학생은 순간 웃음이 나오는데 그것을 어떻게 참겠는가?

그러니 학생도 만만찮다. 나는 학부종강강의에서 자주 말한다.

"여러분, 열심히 공부하고 성적을 올려야지 성적이 안 좋다 싶어 가지고 양주라도 한 병 사 가지고 와서 성적 올려달라고 하면 안됩니다. 성적을 그래 가지고는 올려 줄 수 없습니다. 알았죠?"

그러면 학부생은 진짜 아무도 안 찾아온다. 과연 교육의 효과가 있는 것이다. 흐뭇하게 생각하고 경영대학원에서도 같은 말을 한다.

"여러분, 열심히 공부하고 성적을 올려야지 성적이 안 좋다 싶어 가지고 양주라도 한 병 사 가지고 와서 성적 올려달라고 하면 안됩니다. 성적을 그래 가지고는 올려 줄 수 없습니다. 알았죠?"

그런데 경영대학원생은 이미 사회인이라, 산전수전공중전회사전까지 다 거친 베테랑이고 역전의 용사인지라, 그 말을 들으면 이상하게 양주를 싸들고 바리바리 진짜 더 찾아온다. 왜 똑같은 말을 꺼꾸로 알아듣지? 참 신기한 일이다. **나는 내가 한 말이 무슨 뜻인지 알고나 한 것일까?**

근데 나는 공식적으로는 술을 못 먹는 교수인지라 양주, 포도주라도 한 병 들고오면 처치 곤란하다. 그러면 어떻게 하느냐고? 다 방법이 있지.

한번은 신장개업하는 일반음식점에 가서 테일아웉으로 음식을 사고 포장을 들고 나오는데 여주인이 기쁜 표정으로 즐겁게 인사를 하였다. 그래서 내가 즐겁게 말했다.

"먹어 보고 맛있으면 또 오고, 맛없으면,,,,,"

그러자 여주인의 갑자기 표정이 흐려졌다. 나는 황급히 말했다. "맛 없으면 맛 있을 때까지 계속 와야죠!"

그러자 여주인이 더욱 기쁘게 웃었다. 맛 없어도 맛있을 때까지 계속 오겠다는데 안 기쁜 주인이 어디 있겠나? 아아! 나는 내가 무슨 말을 하는지, 아는 것인가? 아는 것이다!

그래서 나의 공식적인 주량은 無酒量(무주량)이다. 그러면 대부분의 사람은 무 주량이야? 무주 량이야? 하고 벌써 대갈빡을 굴리는 소리가 자갈밭에 M60트럭이 지나가는 소리처럼 크게 다 들린다.

무주량의 특징은 여러 가지가 있는데 그 중 주요한 한가지는 일단 술이 1잔이든 10병이든 그 자리에 있는 술은 다 먹어야 끝이 난다. 끝장을 보는 것이지. 그러니 무주량이지, 꼭 술의 절대적인 량만 갖고 하는 것은 아니다. 포도주가 젤 위험한데 일단 따면 다 먹어야 끝이 나지. 더 주요한 것은 근데 술 먹다가 술이 떨어지면 다시 술 사러 나가느냐 고? 절대 그런 일은 없지. 딱 거기서 수돕Stop하는 거지, 그러니까 무주량이지.

한가지만 더 얘기해 줄까? 혼술을 하든 10명이 같이 술을 마시면서 즐거워하든 이제 한 잔이라도 더 먹으면 내일 하는 일에 지장이 있다 싶으면 그 순간 술잔을 딱 놓고 일어서는 것이 무주량이지. 2~3번만 그런 일을 반복하면 그러면 주위에 친구가 있느냐 고? 친구가 없어도 일은 남지. 그게 인생에서 젤 주요한 과제지. 술도 사랑하고 일도 사랑하지만 사람은 우선순위가 있어야하고 따라서 나는 당연 일이 우선이지. 일은 내일 해야하고, 술은 모레 먹으면 되고 친구는 그모레 만나면 되지. 친구가 없으면 어떻게 하느냐 고? 어쩔 수 없지,

혼술해야지. 무슨 문제 있어? 홟쯔 프라블럼? 아무 문제 없지? 그게 아니고 혼술이 젤 위험하지, 그러나 무주량은 무주면 딱 끝이지. 지금 먹고 있는 술이 있더라도 내일 일이 있으면 반드시 지금 바로 끝내라! 이게 무주량의 최고최강 주요한 특징이지. **술은 너가 아냐!**

아아!
절대적이고도 상대적인 무주량,
주관적이고도 객관적인 무주량,
무한하면서도 유한한 무주량,
정신적이면서도 물질적인 무주량,
육체적이면서도 영혼적인 무주량,
열정적이고도 냉정한 무주량,
차갑고도 뜨거운 무주량,
사교적이면서도 사무적인 무주량,
술보다 친구보다 일이 인생에서 우선인 무주량,
골방에서 비소리를 들으며 술을 마시는 우주인(雨酒人)이면서 지구인인 무주량,
비오는 날 술 마시면서 지구계의 지구촌에서 우주계(雨酒界)의 우주촌(雨酒村)으로 가는 무주량,
지역적이면서 국제적이고 세계적이고 Glocal하며 역사적인 무주량,
유머와 재담은 좋아하나 음담패설EDPS와 Y담은 사양하는 건설적인 무주량,
남을 평가는 하나 개인상을 쓰며 남을 욕은 안 하는 무주량,
칭찬은 안 하더라도 욕설은 절대 안 하는 무주량!

술 먹으면서 공부하는 인간적인 무주량, 학술이 원래 술을 배우는 것이야!

오묘하고도 진실한 휴머니슬 무주량,

과학적이고도 종교적이고 이성이면서 주술이면서 신비한 무주량,

신에게 바치는 신성한 술이면서도 가장 인간적인 술을 추구하는 무주량이지!

다만 낮술 먹고 째리면 부모도 몰라보네.

1微酒中 含十方, 十方酒中 含1微!

1미주중 함시방, 시방주중 함1미!

1방울의 미세한 술 속에 온세상이 다 포함되어있고,

온세상의 술 속에 1방울의 미세한 세상이 다 포함되어있네.

내가 지금까지 먹어본 술 중에서 가장 맛있는 술은 경주 교동법주였고 가장 좋은 술은 소주였다. 초록색병의 맑고 투명한 국민주 소주는 가성비가 가장 좋지. 그리고 白衣(백의)의 白民(백민)에게는 白酒(백주)인 진짜 흰술 쌀막걸리도 빠질 수 없지.

그럼 술 중에 가장 맛있는 술은? 당연 입술이지. 가장 좋은 술은? 단연 공짜 술이지. 가장 신성한 술은? 단언하고 학술이지. 다른 술은 그래도 다 깨어나지만 학술에 한번 빠지면 건져내는 약이 없지. 그리고 그 최상위에는 신비의 주술이 있지, 원래 주술이 가장 신비한 진짜 술이지. 주술 땜에 세상의 모든 술이 나온거지.

술 얘기는 워낙에 네버엔딩 스토리이니 경력을 더 말할 다음 기회

가 있기를 바라면서 이 정도로 하죠. 근데 나는 내가 무슨 말을 하고 있는 줄을 다 알고 있나? 근데 꼭 알아야 하나?

내가 재직한 학교에서는 당시 2년 주기로 정기의료검진을 실시하였다. 어떤 교수가 저혈압이 나왔다며 긴장하며 내게 말했다.

"의사 선생이 '저혈압이 돼서 죽는게 아니고 죽을 때가 되면 저혈압이 되는 거라며, 조금도 걱정할 거 없다.' 라고 말했어요."

그래서 나도 안심은 됐지만 옆에서 뭐라고 말하기가 뭔가 조금 이상했다. 의사유머도 가끔 대학유머를 휠 능가하나?

한 번은 내 앞에서 정기검진을 받는 어떤 교수가 자뭇 심각한 표정으로 의사와 오래 상담을 하는 것 같았다. 그런데 그 교수의 절박한 심정과는 별도로 의사는 별로 심각해하지 않을 뿐 아니라 심지어는 뒤에 대기자가 기다리고 있으니 빨리 나가줬으면 하는 것 같았다. 그래서 나중 내가 그 교수에게 물었다.

"오래 상담하는 것 같던데 왜 그렇게 오래 상담했죠."

"요새 술을 먹고 몸이 좀 안 좋은 것 같아서 물어봤습니다."

"......"

나는 이상하게 생각했다. 약사는 딱 2가지만 말한다.

"따뜻한 물 자주 마시고 과로를 하지 말고, 더 아프면 꼭 병원에 가보세요."

하도 그래서 한 번은 궁금해서 다소 정색을 하고 남자약사에게 물었다.

"어떻게 하면 과로를 안 할 수가 있죠?"

그러자 나의 주치약사 남자약사는 약국 천정을 쳐다보며 한참을 웃었다.

한의사에게 가면 딱 2가지를 말한다.

"돼지고기 닭고기 기름진 음식과 맵고 짠 음식 커피 자극적인 음식 먹지말고, 우동 국수 밀가루 음식 먹지 말고 보약 한 제 드세요."

동네의원에 가면 딱 2가지를 말한다.

"고혈압당뇨심장신장 검사하고 큰병원 응급실로 가서 바로 입원하세요."

응급실 의사는 딱 2가지를 말한다.

"엑스레이 찍고 링겔 맞고 피검사하고 날이 밝으면 외래 가서 전문의와 상담하고 진료 받으세요."

그래서 의사에게 가면 의사는 딱 2가지를 말한다.

"술담배를 하지 말고 간병인을 구하고 입원수속해서 빨리 수술 받도록 하시오."

긴 의료현장에서의 결론을 내가 요약하면은 <u>과로하지 말고 수술하라는 딱 2가지</u>이다. 글쎄 그게 말이지. "어떻게 하면 과로를 안 할수가 있죠?"

근데 보통 건강진단에서는 '정상'이라거나 '이상'이라거나 간에 고무도장만 확인하고 바로바로 나오고 좀 이상하다고 생각하면 2차 검진을 하거나 갠적으로 외래가는 것이 상례이다. 근데 그 교수는 떡 본 김에 제사 지내려고 하는 것 같은데 나로서는 이해가 잘 안되는 교수였다.

요새는 환자도 무늬만 환자이다. 환자가 먼저 상담을 했다. "술담배는 멀리 하고 입에도 안 댑니다." 의사는 심드렁하게 말한다. "그

러면 무슨 재미로 살죠?" 그렇다, Fun 인생을 살아야지. 그렇다고
잘 한다고 FunFun 뻔뻔한 인생을 살면 안되지.

그러면 언제 읽어봐도 현재적이며 고전적인 병원유머를 말해줄
까? 오래전에 어떤 도시에서 정신병원의 개원식이 있었는데 그날 지
역유지를 초청하여 축사를 들었다. 지역유지가 기쁜 마음으로 진심
어린 축사를 하였다.

"앞으로 이 정신병원이 우리 도시에서 날마다 더욱더 번창하기를
바랍니다."

그렇지, 진심 번창해야지, 근데 번창해야 하나? 말아야 하나? 정
신병원이 날로 번창하는 사회가 건강한 사회가? 안 건강한 사회가?
정신적으로!

그러면 정신병원이 역할을 잘하면 정신병원은 없어지나? 정부가
잘하면 정부가 없어지나? 무정부가 되나? 정부는 무정부로 나아가
고 무정부는 무위자연으로 가나? 그런데 열역학 제2법칙에서 질서
는 무질서로 나아간다는데 그것과는 어떻게 되나?

이왕 한가지 더 얘기해줄까? 세계최강대국중의 하나인 어떤 국가
의 여왕폐하께서 미국을 공식방문하였다. 그런데 여왕폐하께서 미
국은 정신병원이 발달해있다는 말을 익히 들어온지라 갑자기 일정
에 없는 정신병원을 시찰하고 싶다고 하였다. 그래서 여왕폐하께서
유명 정신병원을 시찰하도록 시종장, 그러니까 비서실장이 급히 수
배를 하여 마침내 정신병원을 시찰하게 되었다.

여왕폐하를 시종장이 근엄하고 정중하게 정신병원장에게 소개하

였다.

"대O제국의 여왕폐하이십니다."

그러자 정신병원장이 쳐다보지도 안하고 슬며시 웃으면서 말했다.

"그 증상이 언제부터 나타났습니까?"

그래서 미국과 그 나라가 한때 심각한 외교분쟁이 일어날 뻔하였다. 병원유머가 이 정도면 개그맨우먼 뺨 치는 정도가 아니라 대학유머도 바짝 긴장혀야겠어! **이거 실홥니까?** 그렇지, 다 실화지. 나는 수업에 관련이 없는 사례나 실화나 예화나 훈화나 유머는 결코 말하지 않는다. 나는 실화가 아니면 말을 안 하는 교수야!

사례토의

1. 모순어법(형용모순, 모순된 언어체계)Oxymoron, 역설Paradox, 모순Contradiction, 은유Metaphor, 선禪 화두, 유머 등에 대해서 알아보자.
   이런 모순어법은 바람직한가?
2. 자신이 하는 말이 참과 거짓 어디에 해당되는지 의식을 하나? 다른 사람의 말에 대해서도 관심을 가지나?
3. 현실에서 이런 문제가 왜 발생하나? 숩과 교육이 더 필요한가? 아니면 인생 자체가 모순Contradiction인가? 인생이 선禪인가? 인생이 유머인가?
4. 번창하면 좀 이상한 제도, 모든 제도에서 이러한 "모순제도"을 찾아보자. 근데 알고보면 다 "모순제도"야? "모순제도"가 무슨 말이냐 고? 내가 만든 말이야!
5. 실생활에서 저서, 말, 기사, 영화, 소설 등에서 이러한 모순 사례를 직접 찾아보며 스스로 학습하자.
   이강식 교수의 이 『회고록』에서도 이러한 사례가 있는지 찾아보자.

아! 안전선!

이강식(시인, 경영컨설턴트)

지하철이 유사이래 서울에 처음 개통된 것이 1974년 8월 15일이었다. 박정희대통령의 회심의 국책사업 지하철이었고, 오롯이 그의 빛나는 업적이 되었다. 그런데 지하철 자체뿐만이 아니고, 지하철과 함께 당시 역구내의 안내방송을 녹음방송으로 하였는데, 내 기억으로는 이것이 최초다. 그때 안내방송은 내 기억으로는 다음과 같다.

"지금 역구내로 열차가 들어오고 있습니다. 안전선 밖으로 한 걸음 물러서 주시기 바랍니다."

다들 이 '멘트'를 들었을 것이다. 그런데 이 '멘트'가 어디가 잘못되었는지, 청와대도 철도청도 일반국민도 아무도 몰랐다. 물론 나도 몰랐다. 그렇게 '멘트'가 계속 나오고 있는 중에, 뜻밖의 일이 생겼다. 그 당시 신문에는 '독자투고란'이 있었는데, 이 지면이 각 신문사마다 아주 주요시 하는 핵심 지면이었다. 그런데 어느날 독자투고에 다음과 같은 의견이 투고되었고 당장 게재되었다.

"안전선 밖으로 한걸음 물러서라는 것이 말이 되느냐?"

그리고 보니 정말 아주 모순이었다. 이 독자투고가 내가 평생 본 독자투고 중에서 단연 최고의 독자투고였다. 그런데 이를 '관계기관'에서도 충분히 인지를 했는지, 소리소문없이 아무도 눈치채지 못하게 '멘트'를 다음과 같이 은근쓸쩍 바꾸었다.

"지금 역구내로 열차가 들어오고 있습니다. 안전선 안으로 한걸음 물러서 주시기 바랍니다."

　바뀐 것은 딱 한 글자였다. 그런데 뜻은 완전 반대였다. 물론 밖과 안을 바꾸었으니 뜻이 반대되는 것은 당연하고, 이제야말로 제대로 되었고, 또 대중은 바뀐 것을 전혀 눈치채지 못 하고 있으니, 그러니 아주 잘 했다고 하겠지만, 문제는 바뀐 '멘트'가 지극히 당연히 맞는데, 대중은 전보다 오히려 혼동을 일으켰다. 나도 뜻은 맞다고 보았지만, 뭔가 선뜻 심리적으로 납득이 안 되었다. 지금도 헷갈리고 있다. 왜 그럴까?

　그래서 그랬는지 '멘트'를 다시 바꾸었다.

　"지금 역구내로 열차가 들어오고 있습니다. 노란선 안으로 한걸음 물러 서 주시기 바랍니다."

　드디어 '노란선'이 등장하였다. 그러나 대중이 헷갈리는 것은 마찬가지였다. '안전선'과 '노란선', '안'과 '밖'이 왜 문제가 되었을까? 나는 이 문제를 역에서 '멘트'를 들을 때마다, 1974년이후, 독자투고를 직접 읽고 감탄한 이후부터 의문이 들어, 깊이 생각했다.

　첫째는 '안전선 안으로'는 물론 맞는 말인데 그 다음의 '한 걸음 물러서 주시기 바랍니다.'가 대중의 심리적 언어관습과 매우 안 맞아서 혼동을 일으키는 것 같았다. 그러니까 일반어법은 '안전선 안으로 들어가 주시기 바랍니다.' 라고 안전을 강조하여 '들어가라.'고 적극적으로 표현해야 하는데, 역구내는 구조상 안전선 안으로 '물러서라.'고 하니 어법이 혼동을 일으키는 것이라고 보았다. 그러니까 안전선 안으로 '물러서라.'는 표현이 오히려 안전선 밖으로 나가라는 뜻처럼 들리는 것이었다.

　둘째는 '안전선'이 또 애매 하였다. 어디가 안전선인가? 그러니까 정작 안전선은 어딘지 인식이 안 되고, 보이는 것은 '노란선' 뿐이었다. 그러니까 이제 노란선 안으로 물러서라고 '멘트'를 하는데, 이게 또 혼동스러웠다. 왜 노란선 안으로 물러서야하지? 더욱이 우리의 일반관습상 위험을 표시하는 색은 빨간선인데, 노란선은 위험을 표시하는데, 사용은 하지만, 그렇게 와 닿지는 않고, 노란색은 신호등에서처럼 사전 경고색 정도로 인식이 되고 있기 때문이었다.

셋째는 안전선 안은 이미 안전해야 하는데 그곳에서 다시 '한걸음' 물러서라니 그렇게 와 닿지 않고, 또 대중은 열차를 타기 위해 '한걸음'이라도 더 앞으로 밀치고서라도 나서는 것이 심리상 현실인데, 한걸음 뒤로 물러서라니, 그렇게 호소력이 와 닿지 않고, 또 차를 탈 때는 마음이 항상 급하니 안전선이나 노란선에서 물러 서라는 안내가 얼른 마음과 귀에 들어오지 않고 또 바닥에 있는 노란 안전선이 눈에 잘 보이지 않는 것이다. 표현이 역시 애매하였다. 따라서 안전선에 안전선이라고 한번씩 '써놓는 것'도 안전한 방편이 될 것이다.

넷째, 가장 내가 강조하고 싶은 것은 우리는 늘 "중단없이 더 전진하는 해" 등 "전진"을 강조하는 경쟁문화를 시대적 사명으로 하고 높이 평가하여왔다. 심지어 남자화장실에서도 '한발짝만 앞으로' 전진하라고 하는 것이다. 지금도 '직진'을 높이 평가하는 사회심리를 갖고 있는 것이다. 그런데 갑자기 "후퇴"하라니 선뜻 심리적으로 받아들이지 못하는 것이었다.

그것도 늘 "직진"을 강조해 왔는데 이제 직진의 대명사인 철도역 구내에서 "후진"하라니 납득이 안 되고 받아들이기 상당히 어려웠다. 열차도 후진이 있나? 열차도 물러서나? 열차가 뭐 자가용이야?

버스야?

그러니까 '물러서라.' '후진하라.' '후퇴하라.'는 것은 뭔가 뒤처지고 속는 듯한 느낌까지 드는 것이다. 그러니 이 말을 듣고도 그 자리에 완강히 버티고 서 있었으면 있었지 뒤로 물러서는 사람은 지금까지 거의 없었다. 절대 물러 설 수 없다는 철벽같은 심리적 방어가 굳건한 것이다. 다 그렇게 교육시켜 놓지 않았나? 그래 놓고 갑자기 무슨 후퇴야! 후퇴는! 안될 말이지! 암, 안되고 말고!

다섯째, 역시 말로만 늘상 설왕설래하고 적합한 대안 하나 제시하지 못하고 있는 교수·전문가·언론인 등등의 무기력과 무대책이다.

최근 나는 울산 태화강역에서 무궁화호를 탔는데, 다음과 같은 '멘트'를 정신집중해서 들었다.

"지금 열차가 들어오고 있습니다. 타는곳 안쪽으로 한걸음 물러나주시기 바랍니다." 밀양역에서도 마찬가지이다. "타는곳 안쪽으로 한걸음 물러서 주시기 바랍니다."

드디어 '타는곳'이 등장하였다. 그리고 무궁화호 안에서는 다음과 같은 '멘트'를 들었다.

"우리 열차는 잠시후 불국사역에 도착합니다. 미리 준비하시기 바랍니다. 고맙습니다."

또 불국사역 직전에 다음과 같은 육성멘트도 들었다.

"우리 열차 불국사, 불국사역에 도착됩니다. 내리는 문은 오른쪽입니다. 두고 내리는 물건이 없도록 하시기 바랍니다. 안녕히 가십시오."

그리고 가끔 다음과 같은 육성멘트도 들렸다.

"우리 열차 마주 오는 기차를 피하기 위해 불국사역에서 잠시 정차

하겠습니다. 안전한 객실에서 기다려주시기 바랍니다. 고맙습니다."

그리고 경주역대합실에서 승차를 기다리고 있을 때, 다음과 같이 안내방송멘트하는 것을 청취하였다.

"열차가 들어오겠습니다. 노란선에서 한걸음 물러서 주시기 바랍니다."

노란선은 살아있다! 노란선 역시 아직도 사용되고 있었다. 근데 영어로 가만 들어보니 "Behind yellow safety line" 이었다. 그러면 "노란 안전선 뒤로" 라는 말이었다. 어감상으로는 이 말도 근사하였다. 그러니까 '노란 안전선' 과 '뒤로'를 같이 강조하는 것이 유효할 것으로 본다. 좋은말 나오는데 왜 그러지?

양산역의 에스컬레이터 이용자준수사항 두 번째 조항이 다음과 같았다.

"디딤판 가장자리에 표시된 노란선(황색)의 안으로 탑승하십시오!" 안내문이 노란선과 황색을 강조하고 "안으로"를 사용하였다. 노란선과 황색이라, 동의어반복아냐?

대구 강창역에서는 다음과 같이 에스컬레이터 앞에 안내판을 세워 두었다.

"노란 안전선 안에 탑시다"

대구 계명대학병원(강창) 에스컬레이터 옆에는 다음과 같은 안내문을 붙여놓았다.

"안전선 안에 서 주십시오

Stand between the Safety(yellow) lines"

과연 대학병원 중의 대학병원답게 내용이 정확했다. "lines"까지 아주 정확했다.

최근에 태화강역-부전역 광역전철에서는 다음과 같이 멘트하였다. "열차 곧 출발합니다. 안전하게 물러나시기 바랍니다."

이 역시 열차가 곧 출발하는데 안전하게 '물러나라.'는 것이다.

그러면 '먹물들'이 항상 말로만 하는데, 내까지 그럴 수는 없고, 내 '권고안'을 말하면 다음과 같다.

"열차가 들어오고 있습니다. 열차가 완전히 정차할 때까지 안전선 안에서 머물러 주시기 바랍니다." 또는 "열차가 들어오고 있습니다. 안전선 밖에 있지 마시기 바랍니다." "안전선 밖으로 나가지 마시기 바랍니다." "안전선 밖으로 나가지 마십시오." "열차가 들어오고 있습니다. 열차가 완전히 정차할 때까지 노란 안전선 안에서 계십시오." "안전선 안으로 들어가 계십시오." "안전선 안에서 기다려주시기 바랍니다." "안전선 안에서 머물러 주시기 바랍니다." "안전선 안에서 머물러 주십시오." "안전선 안에서 대기하시기 바랍니다."

심리적 어법으로는 "안전선 밖으로 나가지 마시기 바랍니다." "안전선 밖에 나가 있지 마시기 바랍니다." "안전선 밖으로 나가지 마시기 바랍니다." "안전선 밖으로 나가지 마십시오." 가 타당할 수도 있지만, 말이 부정형이라서 '안 쓰는 것이 좋겠다.' 그러니까 긍정형 멘트를 개발해서 '쓰는 것이 좋겠다.' 아쉽지만 토론은 여기까지다.

그러면 나의 최종권고안은 "타는곳 7번, 태화강역 방면 열차가 들어오겠으니 노란 안전선 안에서 기다려주십시오." 가 될 것이다."

어떤가? 그래도 경영컨설턴트 국가 자격'쯩'이 있는 전문가인 내가 훨씬 낫지 않나? 그런데 이것도 내 만한 '먹물'이 평생을 걸쳐 생각해서 만든 권고안이라는 것이다. 내가 이 모든 것을 오로지 공익을 위해 내 돈을 써가며 무료로 공개하는 것이다.

　참, 나라를 다스린다는 것이 생각'밖'으로 어렵다는 것을 다시 한 번 깨달았다. 또 다른 권고는 관계기관대책회의를 열어서 몇가지 국가표준안을 마련하는 것이지만, 물론 이는 내 같은 컨설턴트가 할 권고안은 결코 아니다. 컨설턴트는 컨설팅을 해야지 다른 곳에 책임을 떠미루면 안되기 때문이다.

안전선

이강식(시인, 경영컨설턴트)

안전선 밖으로 물러서느냐?
안전선 안으로 물러서느냐?
기차는 안전선 안에서 달리느냐? 밖에서 달리느냐?

말하라

말하라

KTX는 행신으로 가고 SRT는 수서로 가고
은하철도 999는 블랙홀을 위로 달린다

2021. 2. 28.

P.S. 최근에 나는 PC방을 갔는데 그곳에 주황색으로 아기자기하게
    만들어진 별도의 박스가 있었다. 그런데 그 안내문이 다음과
    같았다.

"Smoking Area
금연금지구역
학생출입금지"

'금연금지구역'이라니 나도 한참 생각해보았다. '금연구역'의 반대가 '흡연구역'이 아니고 '금연금지구역'이라니, 부정의 부정은 긍정이라니, 생활국어국문학자인 나로서도 참으로 어렵고 오묘한 화법이었다. (20210311).

내16강-사람이지가하는말이무슨말인지도모르고한다는것이지202
20129토이궁식

===

아! 여교수!

이강식(대학교수 전)

대학에서는 여교수가 세력을 얻지 못하여, 특히 남녀공학대에서는 '2등시민'으로 취급되는 경우가 많다. 물론 여대에서는 전혀 사정이 다를 것이다.

그런데 남녀공학대에서 이제 여대생 수도 늘어나 거의 반반될 정도인데도 '2등시민'으로 취급되는 경우가 많았다. 나는 그러나 그러한 불평등을 해소하고자 교수가 되어서부터 처음부터 노력하였다.

1학년1학기에 과대를 선발하는데 처음에 하고 싶은 학생은 지원하라니까 남녀학생 아무도 자원하지 않았다. 그래서 지도교수인 나는 과감하게 여대생을 과대로 지명하였다. 남대생이 상당히 아쉬워하기도 했지만 나로서는 친여학생정책, 여대생친화적 경영, 여성친화경영을 교수로서 곧바로 실현한 것이다. 이것이 내가 '상투적인 무늬만 페미니슽'이 아니고 바로 '현실 페미니슽'이라고 자부하는 이유이다. 나는 이를 명시적으로 밝힌 적은 없는데 꾸준히 실천하였고 여대생계발과 학과경영의 측면에서 상당한 성과도 있었다. 당시로서는 실험적인 시도였고 여대생도 만족하였다. 나중에는 이미 개설되어있는 여성학 교양강좌도 맡고자 희망하였지만 다른 교수와 교무과 직원들이 나서서 전공자가 아니라는 상투적인 이유로 강의를 못 맡게 하였다. 왜? 항상 표면적인 꼬투리는 그렇고 속으로는 다 이유가 있겠지.

나는 아예 새로이 여성경영학이라는 이름으로 새교과목을 개척하여 경영학과에서 개설할까? 라고도 생각하였지만 그것은 내 의도와는 조금 달라서 내가 하고픈 내용을 다하지 못할 것 같아서 신청하지 않았다. 여성학과 여성경영학에 계속 관심은 갖고 있었으나 강의를 개설하지는 못하여 아쉽기 짝이 없다. 이강식교수표 여성학과 여성경영학은 과연 어떤 내용일까?

이러한 나의 여성친화경영을 여대생도 좋아하였고 학과도 상당한 발전을 이루었고 하늘의 절반과 인류의 반쪽을 참여시켜서 대학과 학과를 활성화한 이 정책 역시 대학을 나올 때까지 계속하였다. 그리고 동시에 여교수와 여대생에 대한 흥미진진한 일도 많았다.

한번은 서울에 있는 굴지의 여대에 가서 학회발표를 하였다. 그런데 내가 발표한 학회는 인문쪽 학회라서 그런지 맹물 밖에 안 주었다. 근데 바로 옆방에서 개최한 학회는 미술관련학회였는데 부자학회라서 그런지 쥬스를 주었다. 그래서 나는 옆 학회를 슬금슬금 다가가서 여조교에게 쥬스를 한잔 달라고 청하였다.

"쥬스 한잔 주시면 어떨까요?"

그러나 아름답고 세련된 여조교는 뜻밖에 걱정스런 표정을 지으며 안 된다는 것이다.

"지금 우리 손님이 많아서 모자랄 것 같아서 안되겠는데요."

나는 조금 민망해져서 말했다.

565 • 제17강 아! 여교수!

"아니, 지나가는 과객에게 쥬스한잔 주는 것도 급수공덕인데 왜 안되나요? 너무 야박한 것 아닌가요?"

그러자 아름답고 세련된 여조교는 더 걱정스런 표정을 지으면서도 자애로운 마음씨를 발휘하여 일어서서 나에게 공손히 쥬스를 따라 주었다. 아름답고 세련된 여조교가 걱정스런 표정을 더 지으니 그 모습이 말할 수 없이 더 아름다웠다.

근데 일어서는 여조교가 검고 긴 생머리에 몸매도 날씬하고 호리호리한데다 앉아있을 때와는 다르게 보기보다 키가 훤출나게 컸다. 그러자 나는 나도 모르게 급공손해져서 두 손으로 잔을 잡으며 고개를 숙이면서 목소리도 낮추어 정중히 답례인사를 하였다.

"감사합니다, 감사합니다."

그러면서 더 말도 못 붙이고 슬금슬금 뒷걸음치며 물러 나왔다. 미모가 권력이야? Beauty Power야? 아니지, 키가 권력이야? 큰 키가 권력이야? Tall Power야? 롱 다리야? 숏 다리야? 롱 다리야? 농다리야? 롱 다리가 권력이야?

근데 이 모습을 주위인사가 봤다면 다르게 생각할 것이다. '저 교수가 쥬스한잔 먹을려고 저러는 것은 아니고 뭔가 깊은 이유가 있을 것이다.' 그렇지, 이유없는 행동이 어디 있겠나만 그때는 키높이 구두도 없었으니 어쩔 수는 없었지만 그러면 신발 안에 휴지라도 꽤 넣을 걸 그랬나? 깔창도 그때는 별로 없었다. 여자는 뽕 아니면 쌍수/반영구, 남자는 키높이 아니면 머리심기가 주요과제가 되었나? 글구 여성은 매일 아침 화장땜에 힘들지만 남성은 매일 아침 면도가 성가시다. 나는 그 여조교가 나에 대한 쥬스1잔 급수공덕만으로도 대성하고 어디에 있든 무엇을 하든 언제나 행복하기만을 바랬다.

내가 명문대라고 생각하는 대학은 다른 사람과는 전혀 다르다. 내 기준은 오직 1가지이다. 내 논문이 그 대학의 논문집에 1편이라도 실린 대학은 명문대이다. 세상에서 아무리 명문대라고 평가를 받는 다 해도 내 기준으로는 명문대가 전혀 아니다. 사람들은 '그러면 이 교수님에게는 명문대가 별로 없을테데요.' 라고 말할 것이다. 그렇지! 명문대가 숫자가 많으면 의미가 별로 없지. 나의 명문대는 내가 재직하고 있는 대학을 포함해서 전국적으로 3개 대학뿐이다. 대단한 명문대이지.

이윽고 나도 드뎌 서울에 있는 명문여대에서 논문청탁이 왔다. 학기중 내내 열심히 썼는데 다 쓰고나니 원고 마감날 밤 정확하게 23시가 되었다. 연구실은 산에 있어 겨울에 춥고 컴컴하기까지 하고 밖은 이미 캄캄하다. 논문원고를 멜로 보내고 콜택시를 타고 피곤하지만 보람찬 몸과 마음으로 귀가를 하면 되는 것이다.

근데 메일을 막 보내기 전에 논문규정을 다시 점검해 보았는데 영문초록이 필요하다는 것을 비로소 알게 되었다. 미리 보았으면 준비했을텐데 원고를 보내기 직전에 알게 되었으니 어떡할 것인가? 그래서 나는 일단 피곤한 눈을 한참 비비며 영문초록을 썼다. 내 심산은 어차피 원고가 심사후에 되돌아오니 그때 가서 정밀하게 교정을 보면 된다는 것이다.

내 심산은 주효하였다. 심사요지서가 왔는데 영문초록에 대해서는 검토하는 게 좋겠다 라는 짤막한 한 마디만 있었다. 그때까지는 좋았다. 나는 "그거야 뭐 당연하지, 원래 그럴 생각 아니었나! 내 계획대로 잘 돼가는구먼!" 라고 속으로 생각하며 영문초록을 열어보았는데 근데 그 영문초록이 뭔가 이상하였다. 이것이 영국어 아니면 미국어겠지. 그러면 영어 아니면 분명 미어가 아니겠는가? 잉글리쉬 든 어메리칸 잉글리쉬든, 아메리쉬든 내 마음 속에 있지 않겠는가? 영어든 미어든 초록을 쓰기만 하면 되는 것 아니겠는가?

근데 밝은 날 맑은 정신으로 다시 보니 이게 이럴 때가 전혀 아니었다. 시골영어가 서울 가서 헤매면 안되지. 그래서 곧바로 다른 일 다 제쳐두고 정신을 초집중하여 영문초록을 2차로 쓰고 본관2층에 있는 영어과교수에게 점검을 받고자 하였다.

2층 영어과교수는 오래 미국에서 교수를 하다가 왔는데 원어민이나 마찬가지였고 학교에서 오며가며 본 적은 자주 있으나 실제 만나서 대화하기는 처음이었다. 그러나 염치불구하고 연구실로 들어가 점검을 부탁하였는데 영어과교수는 친절하게 잘 교정을 봐주었다. 훨씬 나아졌다. 그래서 나는 듯이 4층 내 연구실로 돌아와 수정한 후 다시 출력하여 2층으로 내려가 최종교정을 보려고 하였다.

근데 2층에 다시 가니 비로소 원어민교무실이 보였다. 그래서 불문곡직하고 이번에는 원어민교무실로 들어갔다. 당시 학교에서는 세계각지에서 온 원어민교수를 83명이나 채용하고 있었는데 여성총장의 큰 자랑이었다. 그래서 큰 강의실 하나를 원어민교무실로 쓰고 있었는데 안쪽 상석쪽 교수책상앞에 중후하고 지성미가 넘치는 한 중년의 미국신사가 팔짱을 끼고 권위있게 딱 서 있었다. 미국영화에 나오는 교장선생님의 전형적인 폼이었다. 나는 이 미교수에게 부탁하면 되겠다, 싶어서 영문초록을 보여주며 말했다.

"플리즈 커렉트 디스 앱스트랙트. Please Correct this Abstract."

그러자 그 교수는 아무 말없이 내 영문초록을 탁 낚아채서는 뒤의 책상에 앉아있는 미국 원어민여교수에게 휙하고 아주 권위있게 패싱하였다. 근데 뒤의 여교수는 아무 말없이 상당히 흥미있어 하며 시간을 내서 미문초록을 교정하여주었다. 그래서 나는 나름 빽을 업고 미국인 여교수의 미문초록 첨삭지도를 받았다.

근데 옆에서 가만 보니 그 여교수가 별로 교정하는 것도 없었다. 다만 몇몇 문단에서 귀절을 단지 1개씩 정도 앞으로 배치하여 순서를 약간 바꾸고 정관사 더The를 몇 개 더 첨가하는 정도였다. 근데 미어가 갑자기 확 살아났다. 나는 옆에서 보고 있으면서 속으로 매우 놀랐다. "진료는 의사에게, 약은 약사에게, 미문초록은 원어민에게" 였다. 이럴 수가! 나는 그래서 매우 기뻤다. 이 여교수와 친하게 지내면 앞으로 한강이남에서 미문초록에서는 전혀 꿀릴 데가 없을 것 같았다. 그리고 논문수정본을 서울의 명문여대로 나는듯이 송부하였고 과연 게재논문은 내가 봐도 잘 되었고 특히 미문초록은 국제도시 서울에서도 충분히 먹혀질 것 같았다.

그후 시간은 훌쩍 지나고 이번에는 학교에서 여름방학을 앞두고 야외 종강파티를 하는데 원어민교수도 모두 참석하였다. 근데 내가 건너편 앞 테블을 보니 바로 그 화사하고 재기발랄하고 푸른 눈이 반짝반짝한 금발의 백인 여교수가 앉아있었다. 밝은 햇살아래 그 자태는 눈부실만큼 고왔다.

그래서 나는 드뎌 일전의 도움에 감사하고 또 앞으로 잘 보일 기회가 왔다고 생각하고 막걸리 한통과 종이컵을 가지고 앞 테블로 건너가 여교수에게 술을 한잔 즐겁게 그리고 공손하게 따루며 말했다.

"디스 이즈 코리안 위스키. This is Korean whiskey."

그러자 그 여교수는 말할 수 없이 고운 섬섬옥수로 잔을 받아서 반 쯤 맛있게 먹고 잔을 예의 바르게 탁자에 놓으면서 아까부터 자기 옆에서 이 장면을 흥미진진하게 바라보고 있던 활기 넘치며 숱빨이 아주 살아있는 푸른 눈의 미중년의 원어민 남성을 가르키며 아름다운 목소리로 즐겁게 말했다.

"디스 이즈 마이 허즈밴드. This is my husband."

나는 첨에는 밴드가 뭔가? 싶었다. 종강파뤼라고 여성총장이 밴드를 불렀나? 라고도 생각했지만 사태를 파악하는데, 평소 둔하다고 소릴 듣는 나도 불과 얼마 걸리진 않았다. 그래서 그 와중에서도 미 여교수의 허즈밴드에게도 코리안 위스키를 정중하게 한 잔 따루고 난 뒤 여교수에게 인사를 하며 슬금슬금 뒷걸음 쳐서 물러 나왔다. 그 부부는 미국 하이틴영화에서 학예회에 참석한 것 같은 전형적인 자상하고 친절한 미국인 부부였다. 좀 놀라기도 했지만 그래도 나는 기분은 좋았다. 일단 앞으로 미문초록은 해결된 것이나 마찬가지이니 걱정할 것 없고 앞으로 내가 더 잘 하기만 하면 될 것 같았다.

근데 내가 그렇게 공을 들였지만 방학을 마치고 난 뒤 그 부부는 학교사정인지, 개인사정인지, 재임이 안되고 다시는 볼 수 없었다. 나는 세계 어디에 있든 무엇을 하든 언제나 그 여교수가 행복하기만을 빌었다.

내가 처음 학회에 참석한 것은 꽤 오래 되었다. 박사과정 때부터 학회를 다녔다. 내가 가는 학회는 모두 영구회원으로 가입하여 조금이라도 관심있는 주제가 있으면 현금서비스를 받아서라도 불원천리하고 다녔다. 가히 '학회의 사나이'였다. 그런데 처음에는 학회가 금녀의 전당인 것처럼 여교수가 전혀 없었다. 그러나 어느 순간부터 여교수들이 하나둘씩 학회에 나타나기 시작하였다. 그러나 그녀들 역시 남성중심의 학회에서 자리잡기까지 상당한 어려움을 겪었다.

먼저 자리잡고 굳건한 카르텔을 형성하고 있는 남성교수회원들에 의해 백안시까지 되는 것 같았다. 그러나 나는 최대한 친절하게 잘 대해 주려고 노력하였고 여교수들도 가는 정이 있으면 오는 정이 있다고 내게 친절하게 대했다.

이윽고 상당한 세월은 지났고 드디어 학회 최초의 여성학회장이 탄생되는 순간이 되었다. 정기총회에서 차기회장선출이 있는데 물론 이미 선거는 끝나 당선자가 나왔고 당선자를 정기총회에서 선출만 하면 되는 일이었다. 낮의 학회발표도 모두 끝났고 17시에 정기총회가 열리기 전까지 장내정리를 위해서 잠시 쉬는 휴게시간을 가졌다. 나는 막간을 이용해서 **대학투어**도 하고 머리도 식힐 겸 총회장 밖으로 나갔다. 대학투어도 나로서는 대학을 방문할 때마다 공들이는 주요한 과제였는데 이 부분은 추후 기회가 있으면 살펴보기로 하겠다.

그런데 저기 저 나무 밑 벤치에 차기에 당선된 여성학회장이 그림처럼 앉아있는 것이 보였다. 반가워서 가까이 가니 벌써 서울 지역대학 남성교수들이 옆에 앉거나 시립하고 있으면서 머리를 조아리고 있었다. 평소 학회에서는 잘 안 보였는 교수들이었고 더욱이 평소 여교수는 쳐다보도 안하고 백안시하는 남성교수들이었는데 속으로는 어떤지 몰라도 서울 지역 남성교수들이 참으로 동작도 재빨랐다.

내가 이 여교수가 학회 참여한 이후부터 내내 매우 인상 깊게 본 이유는 그 여교수가 학회에 처음 나오고 얼마 안 있어 토론자를 하였을 때였다. 어떤 남자 교수가 박사학위 논문을 가지고 학회에서 발표를 했는데 발표가 끝난 후 토론자로 나온 이 여교수가 부드러운 목소리로 몇 마디 조근조근 코멘트를 하였다.

"이 논문은 가설설정 이후부터는 아주 잘 했는데 가설설정을 왜 이렇게 했는지 알 수가 없군요."

그러자 만장한 남녀노장소장 교수 앞에서 그 남자교수는 얼굴이 순간 흙빛으로 변해서 답변을 잘 못하고 방어가 잘 안되었다. 아마 예민한 남자교수 같으면 집에 가서 한 달 정도는 잠을 못 자고 이불킥을 하며 번민을 했을 것이다. 나는 아니, 박사학위논문을 방어를 못하면 어떻게 하나? 라고 생각하며 코멘트한 여교수를 아주 유능하다고 느꼈다.

가설설정이 잘못되었다면 박사학위논문이 처음부터 성립 안 한다는 말인데 이런 경우도 있나? 라며 그 여교수에게 배울 점이 많다고 생각했다. 그래서 학회내내 그 여교수를 존중하였다. 그리고 그 여교수가 쓴 논문도 일부러 찾아서 읽어보기까지 하였고 그 여교수에게 학회에서 늘 친절하게 대하였다. 그리고 그 여교수가 부친상을 당했을 때는 서울로 조화도 보내주었다.

나는 이 여교수가 앞으로 학회에서 큰 일 할 여교수로 보았는데 드디어 바로 그날이 마침내 오고야 만 것이다. 근데 큰 일 낼 여교수라거나, 큰 일 날 여교수로는 꿈에도 보지 않았다. 이처럼 나는 학회에서 이미 여성학회장 당선자를 잘 안다고 생각했기 때문에 급할 것 없이 천천히 다가가 축하인사를 하려고 하였다. 그런데 서울 지역대학의 높으신 남성교수들이 보는 앞에서 여성학회장 당선자의 태도가 영 이상했다. 나를 모른 척하고 완전 생까는 것 같았다. 이강식교수의 경영조직법칙에는 원래 **"높은 사람은 항상 사람을 잘 몰라본다."**가 있다. 처음에는 높은 사람은 사람을 잘 몰라보고 언제나 처음 보는 것처럼 생경하게 대한다! 였는데 조금 버전을 엎그렌하고 축약

하였다. 그렇다! 나도 모르는 새에 여교수는 벌써 높은 사람이 되어
버렸고 레베루가 달라진 것이다. 그래서 우세를 안 당하기 위해 나
는 먼저 고개를 숙이고 정중히 인사를 하며 퍼뜩 관등성명을 댔다.

"경주대학교 이강식입니다."

그러자 여성학회장 당선자는 앉은 자리에서 자세를 조금 앞으로
하는 정도로 하고 말도 없이 "어, 어" 하면서 오른손을 반틈만 내미
는 것이었다. 학회에서 늘 보고 여교수가 차기학회장선거 나왔을 때
도 완전 밀어주었는데 완전 처음 보는 사람 취급이었다. 그래도 나
는 그것도 감지덕지하며 얼른 반틈 악수를 하고 슬금슬금 뒷걸음쳐
서 물러났다. 다시 만날 기약이 없는 차기여회장 당선자와의 알현은
진한 감동을 남기고 끝났다!

매일 아침 얼굴에 화장 짙게 하고 나오는 여인네의 상냥함을 어디
까지 믿어야한단 말인가?

"지금 당장 잊으리 꼭 잊으리

립스틱 짙게 바르고 내 정녕 너를 잊어 '주리'라!

나팔꽃 보다 짧은 사랑아! 속절없는 사랑아!

마지막 선물 잊어 '주리'라!

립스틱 짙게 바르고 내 정녕 너를 완전 생까고 잊어 '주리'라!"

나팔꽃은 모닝 글로리라고 하는데 아침의 영광이고 내가 좋아하
는 참 좋은 꽃이고 나팔꽃이 개별로는 짧게 피지만 전체적으로는 아
침마다 오래 피는 꽃이 아닌가? 결코 나를 잊지는 않고 계속 피겠
지. 나를 잊지 마세요, 아니, 그건 물망초지. 여학회장의 생깜은 애
석한 일이었지만 그러나 다 이유가 있겠지.

학회장이 될 기회가 오자마자, 신분이 달라지는듯 하자마자 나름

학회장에 열심히 밀어준 내부터 당장 손절하고 오나전 생까버렸다. **역시 선거의 계절은 정치의 계절이며 배신의 계절**이야! 그러나 뭐 여자의 변심은 동서고금을 통하여 언제나 무죄가 아닌가? 그리고 이런 경우는 경험칙상 남자교수들이 뒤에서 이간질하고 모함질했을 가능성이 매우 많다. 물론 여성도 만만치는 않겠지. 그러니 그저 나는 나의 길을 가는 것이지.

그러나 기분은 과히 나쁘지 않고 좋기까지 했는데 분명한 성과가 있었기 때문이었다. 이강식교수의 경영조직법칙에 높은 사람은 항상 사람을 잘 몰라본다! 가 있다고 했는데 이에 또 하나의 주요한 실천적 사례를 보태어 이 법칙이 매우 진리라는 것을 다시 한번 학문적으로 이론적으로 실천적으로 실증적으로 확고하게 입증하였다. 그래서 엎그렌 버전 **"높은 사람은 항상 사람을 잘 몰라본다."** 를 입증한 것이 무엇보다 최대의 성과였다. 나는 그래서 기분이 좋은 나머지 그 여학회장이 계속 승승장구하고 어디에 있든 무엇을 하든 언제나 행복하기만을 바랐다.

근데 이 법칙은 남녀를 막론하고 높은 사람은 다 그렇다. 한번은 서울 학회에 갔는데 재벌이 후원하는 학회였고 성황리에 마쳤을 뿐만 아니라 뒤풀이 회식을 하는 자리에서도 우리나라에서 많은 재재다사한 사람이 다 모였다. 그중 한 사람은 대기업에서 해외근무도 오래 한 해외주재원출신이었는데 고개를 갸웃거리며 다음과 같이 대화를 이어나갔다.

"내가 아는 어떤 해외 대사가 있는데 이 대사가 굴지의 2세재벌이면서 정치인인 사람을 몇 번이고 만났는데 만날 때 마다 인사를 해도 꼭 처음보는 사람처럼, 꼭 모르는 사람처럼 생경하게 대하고 인사를 다 해봐도 그 다음에 또 만나면 또 처음보는 듯이 대해서 이상하다 고 말합디다."

그래서 내가 쓴 웃음을 금치 못하고 말했다.

"그게 높은 사람의 특징이예요."

큰나라든 작은나라든 외교부 해외주재대사면 대단한 자리다. 주재국민이 많든 적든 그 나라에서는 대통령을 대신해서 공식 영주 노릇을 하는 대단한 자리지. 근데 그 어렵다는 외무고시도 다 파스한 소영주를 작은 나라의 대사라고 늘상 처음보는 사람처럼 대하면 아무리 그 2세재벌 정치인이 대단하다하더라도 관료의 심사를 잘못 건드리면 애매해지지. 관료는 항상 앞길이 창창해서 언제 다시 요직에 앉을지 모르기 때문이다. 오죽하면 어떤 외국에서는 하늘하고, 땅하고는 싸워도 관리하고는 싸우지 말라! 고 하지 않았던가!

이런 사례는 자주 있는데 한번은 우리나라 굴지의 빅3조간신문의 한 편집국장이 재벌회사의 전문경영인 회장 출신의 서울시장을 만나는 기회가 자주 있었는데 몇 번을 만나 인사를 해도 늘 몰라보고 늘 처음보는 사람처럼 대한다고 이상하게 생각하고 불만도 다소 가졌다. 그래서 중간에 사람을 넣어 현안은 전혀 없이 소개만하는 자리를 정식으로 별도로 만들기까지 하였다. 그러면 그 다음에는 만났을 때 당장 알아봤을까? 그것까지는 내가 알 길이 없지만 역시 어려울 것이다.

그래서 내가 하는 방법은 오래만에 만나거나 자주 만나거나간에 어른은 무조건 내가 먼저 인사를 하는 것이다. 특히 은사를 길에서 만났다 하면, 아무리 아는 은사고 바로 어제 만난 은사라도 오늘 또 만나면 무조건 내가 먼저 관등성명을 대는 것이다. 이를 군대에서는 소계군성(소속계급군번성명)이라고 하고 학교에서는 내가 만든 말인데 학년은 소속에 포함되어 자동으로 쓰게되니 줄이고 소학성(소속학번성명)이라고 한다.

"졸업생 이강식입니다."

그러면 대부분의 은사는 처음에는 긴가민가하는 표정을 지으며 말을 조심하다가 갑자기 악수하는 손을 높이 흔들며 매우 기쁘게 말한다.

"알지, 알지, 이강식, 니를 내가 모르겠나?"

진실은 저 너머에??? 그러나 기쁨을 주면 되는 것 아니냐? 또 뭐가 필요해?

근데 이게 잘 안되는 사람을 만나면 오히려 곤란해진다. 한번은 어떤 행사장에서 1년전에 만난 주요한 아는 사람을 다시 만나서 반갑게 인사를 나누었는데 이 사람이 기쁜 나머지 갑자기 행사장의 여러 사람이 보는 앞에서 크게 물었다.

"교수님, 저 아시겠습니까?"

알지, 알지, 당연 알지, 근데 이상하게도 이름은 분명히 알겠는데 성이 잘 생각이 안났다. 조씨, 정씨? 그래서 나는 서로 우세 안하기 위해 이름은 말 안하고 어디서 어떻게 만났고 그때 무슨 말을 했고 직장 얘기만 반갑게 얘기하고 시간이 없어 다소 서둘러 자리를 비켰는데 그래도 그 사람은 조금 섭섭하게 생각하는 것 같았다. 그만만해도 다행이고 나로서는 선방했는데 그러나 젤 주요하게 이름인데 이름을 말 안하고 은근쓸쩍 넘어갔으니 그 사람은 아마 핵심이 빠졌다고 생각하는 것 같았다. 돌아서서 곧바로 휴대폰 연락처를 찾아보니 성이 전씨였다. 아 전씨! 우리나라 3한갑족인 유명한 전씨를 몰라봐서 매우 애매했다.

그런데 이런 경우는 정치적인 사람이라면 아주 방법이 있는데 무조건 들이대는 방법이 있다.

"아, 예에, **조**○○씨죠! 당연히 알죠! 반갑습니다."

그러면 상대방은 그래도 아주 기뻐서 말하는 것이다.

"교수님, 조○○가 아니고 **전**○○입니다!"

"아, 그렇죠! 그렇죠! **전**○○씨를 내가 다 기억하고 있죠! 반가워요, 반가워요. 앞으로 더 자주 만납시다."

이 날은 내가 자료를 사진 찍는데 시간이 없어서 이렇게 되지는 않았는데 아쉬웠다.

한번은 아침 1교시에 숩이 있어서 본관 엘리베이터에 급히 올라탔다. 근데 좁은 엘리베터에는 동남아풍의 검고 짧은 머리의 원어민 여교수가 어린 아들을 안고 타고 있었고 남녀대학생 3명이 같이 타고 있었다. 근데 내가 보니 그 여교수가 하이칼라처럼 머리를 짧게 깍고 있었는데 보기에 좋았다. 그래서 내가 인사 삼아 말했다.

"하이, 유어 헤어 스탈 이즈 보이쉬."

근데 여교수는 전혀 나의 미어를 알아듣지 못하였다. 영어라야 알아 듣나? 그래서 내가 다시 말했다.

"유어 헤어 스탈 이즈 베리 숕."

이래도 못 알아듣자 슬슬 열받은 내가 이 외에도 미어를 연신 더 말했는데 전혀 ㄹ○ 알아듣지 못하였다. 그런데 내가 말하는 내내 슬슬 딴전 피우던 그 여교수는 마침내 입을 열어 분명한 말을 하였다.

"아이 디든트 러언 코리안. I didn't learn Korean. 나는 한국말을 배우지 않았어요!"

아니, 이건 또 무슨 뚱딴지같은 쇼리야! 내가 미어를 말했지, 지금까지 그러면 내가 한국말을 했다는 것이야? 글구 배우지도 않은 한국말을 지가 어떻게 알아? 물론 그 정도야 지레짐작을 했다는 것이겠지. 글면 지 영어는 내가 찰떡같이 잘 알아듣는데 내 미어는 왜 지가 전혀 못 알아듣는다는 건가? 못 알아듣는 척 하나?

이 무슨 부조리한 유머인가? 근데 이 와중에도 같은 엘리베이터 안의 남녀대학생 3명은 전혀 무표정하게 표정관리하고 있었다. 한창 때의 대학생이 이 무근거 유머가 우스워도 아주 우스울 만도 하지만 교수인 나의 체면을 생각해 주는지 전혀 웃지 않았다. 가상한 학생들이었다.

이윽고 엘리베이터는 4층에서 섰고 레디 퍼슽이니까 나는 슬금슬금 뒷걸음을 쳐서 길을 비켜주었고 문이 열리자 여교수는 아이를 안고 내렸고 남녀대학생도 내렸고 나는 애매해져서 따라 내렸다.

나중에 알고 보니 말레지아 출신 여교수였다. 그러면 미어를 하지 말고 영어를 했어야했나? 영어원어민교수니까 영어로 했어야 했나? 내가 영어로 한국말을 내가 가르쳐줬어야 했나? 근데 몬 재주로? 그 후로도 교정에서, 복도에서 자주 보았는데 내가 먼저 인사를 해도 그 여교수는 나를 보면 이상한 듯이 뻔히 쳐다만보며 계속 생깠다. 어느덧 교정에서 더 이상 얼굴을 볼 수 없게 되었을 때 나는 말레이 출신의 그 여교수가 한국어도 배우고 어디에 있든 무엇을 하든 언제나 행복하기만을 바랬다.

그렇다고 내가 여교수 앞에서 늘 슬금슬금 뒷걸음쳐서 물러나는 것만은 아니고 나는 여교수들에게 언제나 환영받는 이상적 교수의 표상이었다. 어디서?

내가 학교홍보차 여고를 갔는데 불과 2개월 출입만에 대번에 여교사들이 이구동성으로 말했다.

"이 교수님은 우리가 생각하는 이상적 교수 그대로예요!"

그렇다! 내가 존심이 매우 강한 여교사들이 보는 이상적 교수였다. 그래서 나도 존경의 념을 갖고 유쾌하게 홍보도 열심히 잘 했을 것으로 본다. 나는 여교사님들이 어디에 있든 무엇을 하든 언제나 행복하시기만을 빕니다.

한번은 서울에 있는 굴지의 여대에서 학회를 잘 마치고 교문을 나섰다. 나는 교문을 나와서 몇 발자욱 가다가 불현듯이 고졸한 석문을 뒤돌아보며 말했다.

"이거 왜 이래? 이래 봬도 내가 이대 나온 남자야!"

사례토의

1. 대학에서 남녀교수의 역할은 차별이 있나? 차이가 있나? 바람직한 역할분담은?
2. 미국에서는 학회에서 여교수의 미모를 칭찬하는 것이 금기시되고 있는데 그 이유는? 그게 바람직한가?
3. 대학에서 여교수가 의외로 센캐가 많다는데 그 이유는? 나팔꽃인가? 아마죠네스인가? 심순애인가? 전투형 여성상인가?
4. 학문과 학생지도에서 여교수가 유리한가? 불리한가? 여성친화적 경영은 어떻게 이루어져야하나?
5. 대학에서 "여성은 직장의 꽃이다." "여자의 적은 여자다! 여적여!"를 어떻게 생각하나?
6. 대학에서 남녀양성평등교육이 이루어져야하나? 남녀양성차이교육이 이루어져야하나?
7. 생리공결을 당신이 남대생과 여대생의 입장에서 찬성하나? 반대하나?

내17강-**아!여교수!**20210326금10:24:07이긍식

==

▌ 회고록 제18강, 사례연구Case Study, 기말사례 ▌

젊은 A선생과 사무실의 7년

이강식(명예교수 전)

A선생은 고교를 졸업하고 남보다 일찍 직장 생활을 바로 시작하였는데 열심히 직장을 다니면서 바람직한 미래를 설계하고 있었다. 직장에서도 벌써 5~6년차가 되어 경력을 열심히 쌓고 있었지만 남이 볼 때는 직장운이 그렇게 잘 풀리지는 않는 것으로 보였다. 그러거나 말거나 A선생은 즐겁게 직장생활을 쾌활무비하게 잘하고 있다고 생각하고 있었다.

지금 사무실은 일은 한량하였지만 일 자체는 상당히 복잡하고 다양하고 난이도가 상당히 높았다. 회사는 사장이 새로 바뀌면서 많은 변화가 발생했는데 처음에 있던 여직원이 곧바로 다른 데로 나가고 F양이 여상고졸여직원으로 외부에서 치고 들어왔는데 실제는 하급 임시직사무여보조원인데 1년미만단위로 계약하는 전형적인 비정규직 여보조원인 사환이었다.

그러나 새로 바뀐 본부의 사장의 빽으로 들어 왔다는 소문이 벌써 돌았고 그 F양도 굳이 소문을 부인하지 않았고 지금 자리는 그저 이 직장을 알기 위해 잠시 있는 정도고 적응하는 대로 곧바로 영전을 해서 더 좋은 자리로 갈 것처럼 하였다. 여상을 졸업하고 다른 회사에서 상당히 오래 하급보조여직원, 그러니까 사환으로 있어서 사무실 분위기 정도는 알았으나 그저 타자치고 커피나 차를 타오고 전화받고 청소하는 잡무 정도나 했지 업무경력은 완전 없었다. 타자도 내세울 수 있는 급수가 있는 정도는 아닌 것 같았고 그저 그런 정도였다.

업무자체는 아무 관심이 없고 사무도 배우겠다는 열의는 전혀 없지만 그래도 업무보조직으로 사무실근무경력 자체는 벌써 5~6년차 정도로서 나름 짬밥이 있는 상당한 경력이었는데 그게 오히려 A선생에게는 화근이 된 듯하였다. 나이도 사환을 하기에는 상당히 지났고 그래도 아직 근무에는 큰 상관은 없었으나 그러나 이제 단순보조직으로 있기에는 꽉 찬 나이이고 뭔가 전기를 마련해야 하고 이제라도 커리어우먼으로 승격하여 나아가야하는데 그러나 그러기에는 지금까지 쌓아온 커리어가 없어도 너무 없었고 그렇게 하겠다는 별다른 의사도 의지도 없는 것으로 보였다.

여성으로서 얼굴은 동양적으로 활달하게 잘 생겼고 분위기 상으로는 동양의 양귀비 스탈이었는데, 양귀비(719~56)가 흰 석상에서 막 내려왔나? 그리고 키도 크고 몸피도 큰 버틀이었고 사회에서 보면 상당히 눈길이 가는 아름다운 여성이었고 성격도 나름 사교적이고 치장도 제법 화려하게 잘해서 남성이 상당히 따르고 따라서 이상하게 생각 밖으로 상당히 눈이 높고 콧대가 높을 대로 높았다. 콧대가 권력이야?

그래서 서무과장과 함께 3사람이 근무하는데 A선생에게 바로 애로가 생겼다. 새로 온 F양이 오자마자 대놓고 A선생을 무시하고 깔아뭉개고 자꾸 달려드는 것이었다. A선생은 이해하기 어려웠다. 어

느 정도냐 하면 커피용품이나 청소용품 등 필요소모품을 A선생에게
품의를 해서 구입해주면 써야하는데 이게 결재시까지 시간이 조금
소요되고 예산문제도 있는 일이라서 기다려야 하는데 그 새를 안 참
고 지가 필요하다고 말도 없이 출입업자에게 지 멋대로 전화를 해서
갖고 오게 해서 사용하는 것이었다.

사무계통을 무시하고 주문을 여보조원, 사환이 지 맘대로 출입업
자에게 직접 하는 이런 경우는 사무실에서는 당최 있을 수 없고 따
라서 이런 일은 처음이었다. 그리고 A선생의 쓰레기통도 안 비워주
고 니 쓰레기통은 니가 치워라는 투였다. 이건 직장에서 아주 금기
시되는 근무해태이고 월권이라고 할 것도 없이 회사가 아니라 일반
사회에서도 말도 안되는 일이었다.

그러나 A선생은 참았다. 차차 회사생활을 알겠지 하는 것이었다.
그러나 어림도 없는 일이었고 주도성도 있는 것같아서 하급직 여직
원들과 점심식사를 하면서 그들답게 금방 친해져서 A선생의 험담을
하면서 떼서리를 모아서 어느 틈에 A선생의 머리 짱배기에 올라타
고 앉아서 달려드는 것이었다. 특히 점심 먹고 F양이 여직원들을 떼
서리로 사무실로 몰고 와 슬슬 A선생에게 대놓고 야지를 놓는 것이
었다. 한 두 번이 아니었다. 그런데도 A선생은 그저 지 친구들을 데
리고 마실 와서 차나 마시고 수다나 떠는 것으로만 생각했는데 이게
자주 반복이 되니 조금 이상했지만 그러나 고의적으로 다중의 힘으
로 겁박하고 병풍치기하려고 온 것이라고는 처음에는 꿈에도 몰랐
다. 왜냐면 다 예쁜 여직원이었고 서로 다 친절하게 대했고 도대체
그럴 일이 없었기 때문이었다. 그러나 예쁜 여사환하나라도 돌이켜
보면 헛머리 굴리는 것은 결코 얕자리조차 없었다, 암 그래야지, 근

데 아무 이유도 없이 꼭 A선생을 물고 들어갔다. 이유가 없을까?

그러나 이유가 있고없고 간에 허접해도 나름 전문 병풍치기인 것은 돌이켜보면 분명하였다. 근데 병풍치기가 왜 나와? 그것은 현장에서 잔뼈가 굵은 나름 노련한 외곽 때리기였다. 그리고 시도 때도 없이 A선생에게 이지메를 시도하였다. 무슨 이유인가? 좋으면 좋다고 말을 하지. 그러나 허접한 인생들이 일상으로 늘상 쓰는 수법에 무슨 이유가 있나? 떼서리가 권력이야? 잔뼈가 권력이야? 노련한/허접한 외곽 때리기가 권력이야? 이지메가 권력이야? 병풍치기가 권력이야?

A선생은 왜 그러는지 영문을 도통 몰랐다. 심지어는 다른 여직원은 A선생에게 남녀직원관계는 싸우다가 금방 친해져서 결혼하는 경우도 많다면서 말도 안되는 소릴하며 노골적으로 F양 편을 드는 것이었다. 싸우기는 뭘 싸워! 상하급자간에 싸우기는 뭘 싸워! 좋으면 좋다고 말을 하지. 물론 세상은 이런일저런일이 많으니까 가끔 그런 일이 세상에서 있다면 있는 일이었다. A선생도 바로 이 직장에서 다 본 일이었다. 그래서 더욱 그런 소리도 하는 것이다.

그러나 그것은 대체로 다른 부서에서 근무하며 업무상 싸우다가 서로 이해하고 화해하면서 미운정고운정이 들어 결혼까지 이르는 미담사례 경우이고, 같은 사무실에서 상하관계에서 상급자인 남자직원을 밑의 여직원이 들이받으면서 그런 일은 있을 수가 없었다.

더욱이 F양이 본부의 새로 온 사장의 빽이 있다고 소문이 나서 그런지 다른 부서의 여직원들이 더 편을 들고 은근히 합세해서 같이 달려드는 것 같았다. 그러나 아무리 회사 장의 빽이 있다고 해도 사무실의 업무가 그렇게 해서는 결코 돌아갈 수는 없는 일이었다. 빽이 권력이야?

그것보다는 A선생 보다는 나이가 어림잡아 1살 정도 적지만 거의 비슷하고 사회의 체계를 모르니 그런 같아서 A선생은 걍 두고 보았다. 당시 여성은 자기 나이보다 보통 5~6세정도의 연상남하고 결혼하므로 A선생을 F양이 사회적으로 보면 시동생뻘도 평균 2명 정도의 아래 시동생뻘로 보이는데 윗사람이라고 생각을 안 하는 것도 사실이었고 따라서 당시 그런 사회분위기도 무시할 수는 없었다. 뿐만이 아니고 A선생 보다는 F양이 교제하거나 만나는 사회인이 모두 나이나 경력이나 지위가 높은 것 같으니 더 그랬을 것이다.

그러나 사무실에서는 그런게 전혀 통할 수는 없지만 A선생이 오히려 그저 안 부딪치고 모른 척해야만 했다. 그리고 그 전의 다른 사무실에서 업무를 정식으로 배우지 못한 같았다. 다른 경우, 이 같으면 여성도 매우 조심해서 피할려고 하지만 F양은 전혀 그러지 않고 계속 대놓고 달려들었는데 A선생으로서는 난감하고 오히려 A선생이 조심하기까지 하였다.

무슨 말이냐 하면 업무를 소홀이 하면 흔히 서무과장의 엄호하에 상급자가 하급자를 눈물이 쏙 빠지도록 혼을 내어 사무실 기강을 잡는게 그 당시나 지금이나 일반적 사무실 분위기였지만 A선생은 성격도 외유내강한지, 외강내유한지 그러지 않았고 그럴 상황이 안되었다. 여자가 권력이야?

그런데 이 일이 그저 항용 사무실 내에 그저 있는 일이 아니고 조금 시간이 지나자 본부의 새로 온 사장의 비서들도 벌써 다 아는 것 같았다. 그럴 것이다. 새로 온 사장이 역점을 두고 심었다는 인력인데 촉각을 곤두 세울 일이 아니겠는가? 통치라는게 거창하게 보이지만 결국 자기사람 심고 예산장악하는 것 아니겠는가? 다르게 말하면 좋은 말 아무리 하고 미사려구와 비젼을 제시하거나 또 제시해도 결국 인사경영권과 예산재정권 장악이 통치의 핵심인 것이다. 그러니 그들도 샅샅이 짚어보고 뒤져보고 암묵적으로 의논도 했겠지만 이건 A선생이 정상업무수행을 하는 것이고 그 외는 아무 다른 것도 없고 일방적으로 당하는 형국이니 그들도 명분없이 여식애 말만 듣고 더 이상 어쩌지는 못 하는 것 같았다. A선생은 F양의 이러한 행동을 공격기제Aggressive Mechanism이라기 보다 방어기제Defense Mechanism 으로 보았다.

그게 또 어느 정도냐 하면 사무보조 여직원직은 1시간 일찍 나와서 문도 열고 청소도 하고 업무준비를 해야하는데 F양은 그런 본부규정도 아예 무시하고 태연히 다른 남녀정규직원과 같이 1시간 늦게 같은 통근버스를 타고 출근하였다. 그런 여직원들이 또 상당수 있었다. 아침에 1시간 일찍 나온다는 게 쉬운 일은 아니기 때문이다.

그래서 총무과에서는 아침에 출근버스를 지켜서 점검도 하고 이행촉구공문도 보냈다. 그러나 F양은 공문도 총무과에서 수령해오면서 접수 자체를 안하고 지 멋대로 폐기하고 여전히 1시간 늦게 출근하였다. 이런 건 눈치가 또 굉장히 빨랐다. 불특정 다수의 공문을 들고 오는 순간에 특정 공문이 지한테 유리한지 불리한지를 벌써 다 눈치때린 것이다. 글고 이렇게 공문을 접수도 안 하고 중간에서 지 멋대로 폐기하고 업무지시를 위반한다는게 위계질서를 중시하는 회사에서는 결코 있을 수 없는 일이지만 그래도 A선생은 불편을 무릅쓰고 덮어두었다. 공문서불법무단훼손폐기? 업무방해태만불성실? 보고태만? 걸면 끝도없이 큰 문제로 걸리는 것이다. 그럴 수도 없었다. 몰랐다고 하면 다 용서가 되는건가? 사장하고 편 묵는게 권력이야?

그리고 이게 왜 중요하고 회사에서 자꾸 말이 나오느냐 하면 간부들이 업무에 급하면 출근시간인 9시전에 일찍 나오는 경우가 당시 아주 자주 있는데 이때 여직원이 일찍 출근을 안하고 사무실문이 잠겨 있으면 아침에 급무로 나왔는데 바쁜 일도 못하고 복도에서 하릴없이 서서 기다려야하니 보통 일이 아니었다. 물론 본관 수위실로 찾아가 열쇠를 찾아오면 된다지만 간부들은 열쇠를 어디에 보관하는 지도 모르고 여직원이 들고 다니는 줄로 알고 있고 또 그런 경우가 더 많았다. 특히 추운 겨울에는 일찍 나와 석유난로를 켜서 사무실 마다 난방을 미리 해야하는 중차대한 임무가 있었다. 그런데 그걸 다 해태하고 다 알면서 그러니 어쩌자는 것인가? 배째라면 다 용서되는건가? 배째라가 권력이야? 배쨌다가 권력이야?

이번에는 X양이 대졸여직원으로 왔는데 역시 임시비정규직인데, 실제는 하급임시직사무여보조원으로 1년미만단위로 계약하는 비정규인데 사무는 전혀 꽝인 여보조원 완전 초짜지만 본부인사과에서도 이례적이라고 할 만큼 상당히 급수를 높게 받아왔다. 거의 적용 안하는 인사규정을 동원한 것이다. 역시 사장 빽이라는 소문이 금방 돌았지만 사무를 알기는커녕 이번에는 타자도 제대로 치지 못하고 커피도 한 잔도 제대로 타지 못했다. 사무실 경력은 1일도 없고 짬 자체가 없는 완전 초짜인데도 급수는 높게 받아왔지만 취업도 일을 배우겠다는 생각도 없고 아직 여대생졸업한 티에서도 벗어나지 못한 것 같았다. 왜 여기 지금 와 있는지, 지도 아직 얼떨떨한 것 같았다. 이제 졸업후 본격적으로 커리어우먼으로 경력을 쌓아야하나 그런 의사도 능력도 1도 없었다. 그런데 그런 티를 안 낼려고 하였는데 그게 문제였다. 나이는 A선생 보다 1살정도 적어 F양과 거의 같은 것으로 보이니 결국 같은 현상이 일어나는데 그러나 어쩌겠는가? 당시 보기 드문 여대졸업학벌이면 다 용서가 되나? 여대졸업학벌이 권력이야? 학벌이 권력이야?

그러다가 곧 경력이 매우 상당하고 노련한 서무과장이 외부에서 발령받아 새로 왔다. 이제 4명이 근무하게 되었다. A선생은 방고참이 되었지만 그 정도가 아니라 이 회사에서 오래 근무한 유일한 고참직원이 되어서 사무실 자체를 이끌고 나가야 했다. 그래도 A선생에게 계속 F양이 달려들었는데 A선생이 가만 보니 서무과장에게는 잘하고 A선생에게는 이유도 없이 계속 달려들었다. 이건 A선생을 만만하게 보는 그런 단순 개인성향이 아니고 나름 머리를 써서 아예 제끼고 뭉개고 치고 나가고 서무과장에게는 잘해서 편 묵고 사무실을 쥐락펴락하겠다는 고의인 것 같았는데 나름 갈고닦은 노하우도 있는 것 같았다. 그러나 노련한 서무과장은 아는지 모르는지 전혀 말려들지 않았고 A선생 중심까지는 아니지만 당연히 A선생을 존중하면서 사무실을 운영하였다. 그거야 당연한 것이다.

노련한 서무과장으로서는 속으로는 어떤지 몰라도 우선 무엇보다 자기도 회사사정을 전혀 모르기 때문이었다. 그러나 다소 A선생과 의견이 다른 것은 있었는데 무엇보다 회사 마다의 업무관행이 다르기 때문이었다. 그러나 서무과장은 그런대로 이해를 하고 최소한 겉으로는 잘 넘어가는 것 같았다. 서무과장도 다 알고 있는 것 같았지만 뒷배 때문인지 노련한 서무과장은 전혀 내색조차하지 않았다. 뒷배가 권력이야?

당연히 여상고졸 F양과 나이는 거의 같으면서 나중에 사무실에 왔고 업무는 더 꽝이지만 직급은 훨 더 높은 대졸 X양이 그들 사이에 갈등도 있는 것 같았지만 지들은 같은 사장의 **빽**이라는 것을 벌써 아는지 직접 내색을 하거나 갈등을 표면적으로 노출하지는 않고 말은 거의 안하는 정도였다. 하루 종일 옆자리에 앉아 있어도 그저 업무상 필요한 한두마디 할까말까였다. 그러니까 각자 말없이 자기 할 일 하는 스탈을 찾아 낸 것 같았다. 이 부분이 A선생이 볼 때는 아주 생각밖으로 상당히 노련하게 보일 정도였다. 아마 이들을 심은 세력에서도 상당한 사전교육이 있었는 것 같았다. 노련한게 권력이야?

그런데 X양도 얼굴은 나름 서구적으로 반반하게 생겼고 사회에서도 상당히 눈길이 갈 수 있는 얼굴이었지만 그러나 역시 눈이 이상하게 아주 더 높았고 콧대도 대단히 높았다. 대학교 다닐 때도 제법 미팅에서 남학생을 호렸는 것 같았다. X양이 다닌 대학은 남녀공학이고 예비고사 점수로 보면 그렇게 평판이 높은 대학은 아니었는데 당시 그 정도 대학이면 보통 부모들이 여학생은 대학 보내기 보다 여상을 가서 일찍 취업시켜서 돈을 벌다가 시집가는 쪽을 택하도록 여학생을 설득하는 편이었는데 아마 X양의 부모들이 X양에 거는 기대가 컸거나 아니면 상당히 깨인 집안이라는 것을 알 수 있었다. 깨인 집안이 권력이야?

특히 대졸 X양은 서구적으로 사회에서도 눈에 띄는 반반한 외모에다가 서구 여성정장, 특히 공주정장의 핏이 상당히 잘 맞는 마른 몸매를 가졌는데 별로 화려한 치장을 안하는 것같으면서도 세련되고 화려하게 보였고 자신을 가꾸는 데에도 내색은 안하지만 상당히 관심을 갖고 있는 것 같았다. 분위기 상으로는 그림에서 보는 서양의 마리 앙투아넬(1755~93) 스탈이었는데 서양화를 막 찢고 나왔나? 그런데 얼굴 이쁘면 다 용서되는건가? 이쁨이 권력이야?

그런데 두 여직원의 얼굴이 미인반열에 들 정도까지는 아니었지만 남자 눈길이 상당히 갈 정도로 잘 생겼는데 한 명도 아니고 두 명이 사무실에서 바로 옆자리에 같이 앉아서 근무하니 이거 문제가 안 될까? 미모가 권력이야?

뿐만 아니고 나름 어릴 때부터 갈고 닦은 남자를 호리는 각자의 노하우가 있는 것 같았다. 그럴 것이다. 그러나 그 정도가 아니고 남을 이지메시키는 본능적인 재능을 2여우가 구비하고 있는 것 같기도 했다. 남을 일시켜 먹고 남을 조련하려는 습성이 본능적으로 있었고 무엇보다 내외부에서 자기 편을 끌여들여와 자기와 껄그러운 사람을 왕따시키는 재주가 얼핏얼핏 내비치는데 우선 보아도 보통은 아니었다. 편 묵고 편가르기가 주특기인가? 특정인의 주특기가 아니라 다 그런가? 그러나 A선생은 친절은 하지만 사무실 과업에 그저 바빠서 이런저런 관심을 가지고 말려들지 않았다. 편가르기가 권력이야? 호리는게 권력이야?

그러나 회사내에서는 근래 보기 드문 2예삐의 등장에 벌써 늑대들이 들썩들썩하고 필요없이 A선생의 사무실을, 이핑계저핑계 만드는 정도가 아니고, 아예 이유도 없이 근무시간에 들락날락하는 남직원들도 생겼는데, 처자가 이쁘면 지나가던 부지깽이도 들여다 본다는 것이지만, 그 중에는 회사에서 자타가 인정하는 카사로 알려진 유부남은 사무실까지 찾아와 F양에게 관심을 표하며 대놓고 들이댔으나 F양은 웃으면서 상대하지 않았고, 미혼의 뺀질이 둥이는 X양에게 관심을 가지고 사람들 많이 보는 앞에서 큰 소리로 대놓고 들이대기까지 하였으나 X양은 "저 사람이 내한테 저러는 것은 내한테 무슨 허점이 있어서 그런가?" 라고 하면서 일축하였다. 여우와 늑대 Fox&Wolf, 또한 인생사의 한 측면이 아니겠는가? 그럴 것이다. 들 이대가 무슨 대학이야? 늑대가 권력이야? 여우가 권력이야?

더욱이 유부남 카사는 근무시간에 사무실까지 찾아와서 의자에 앉아 죽치고 작업을 걸려드니 A선생이 다소 싫어하는 당연히 표정을 지었다. 그러자 그런 A선생에게 유부남 카사는 오히려 F양을 좋아 하느냐? 며 무대뽀로 달려들었다. 참, 이거, 이거는 근무시간에 히야까씨나 하려들다니 회사기강 자체가 문제였다. 카사, 둥이와 둥기가 권력이야?

그런데 A선생이 볼 때는 나이 어린 2여우들이 더 노련하고 고단수로서 오히려 한 수 위였다. 회사에서 내노라는 카사와 둥이가 못 먹는 감 찔러나 본다고 대놓고 나대지만 오히려 허접하게 보였다. 좀더 세련되고 노련해야 할 것 같았다. 저런 놈들에게 꼬시키는 여자들은 또 어떤지 궁금하기까지 하였다. 더 허접한가? 아니면 생각밖으로 더 세련되고 노련한가? 늑대에게 꼬시키는 척하면서 오히려 여우가 늑대 등쳐먹나? 간 빼먹나? 등골 빼먹나? 화적 보따리 털어먹나? 이때는 여자 넓적다리만 봐도 뭐 봤다고 할 만큼 사회분위기는 전다지 남성중심적인 마쵸시대였지만 그러나 여성의 희생과 보이지 않은 투쟁 역시 그에 못지않게 눈물겨웠다. 여성의 투쟁이 권력이야?

그런데 이상하게 A선생에게 대졸 X양은 처음에는 그런대로 친절하게 대하고 말도 조금은 통하는 것 같았지만 업무상 부탁할 일이 많으니 우선 그런 것 같았고 A선생을 내심 우습게 생각하는 것은 상당히 있는 것 같았다. 그러니 X양도 보통 수완은 아니었지만 머리는 별로인 것 같은데 역시 나름 헛머리를 굴리고자 늘 시도하는 것 같았다. 헛머리가 권력이야?

오자말자 한번은 사무실에서 A선생과 F양, X양 3명만 있는데 그런 얘기가 나올 계제도 아니고 묻지도 않았는데 X양이 쓸쩍 자기 남친이 의대생이며 의대교수가 이를 알았으면 좋겠다고 흘리는 것이었다. 근데 도체 뭘 알아준단 말인가? 지 남친이란걸 안다고 어느 쟁쟁한 의대교수가 관심이나 두겠는가? 그리고 그걸 알게 하려면 남녀가 음료수라도 들고 같이 찾아가서 인사라도 하든가 하지 뭘 아주 관계도 없는 2사람에게 들으라는 듯이 안물안궁한 그런 소릴한단 말인가? 그리고 의대생 정도 되면 의대생만이 아니라 학부모가 같이 찾아가서 집안이 나서서 인사도 하고 식사대접도 하는 그런 일은 당시나 지금이나 다반사였고 의대교수도 굳이 마다하지 않는 일이었다. 어차피 지역이나 중앙에서 나중에는 평생 가는 동업자처럼 되는데 집안끼리도 다 알게 되는 일이고 완전 그들만의 세계가 형성되는 것이기 때문이었다. 의월드아닌가? 동업자가 권력이야?

그리고 지금은 의대가 사회에서 거의 원탑 비슷하게 되었고, 다양한 사회라는 미국도 지금은 의대가 거의 완탑이 되었지만, 그때는 의대도 상당하였지만, 그렇게 원탑은 아니었다. 법대, 상대, 의대, 문리대, 사범대, 농대, 공대였고 그때는 문리대도 전통적으로 상당히 알아주었다. 지금은 실용 학과가 셀 수도 없이 훨 다양해졌고 문사철이 많이 힘이 빠졌다고는 하지만 지금도 꾸준하지 않는가? 전공이 권력이야?

그래서 앞길이 아직도 창창하게 남았는 본과의대생과 겨우 사귄다고 해서 2사람이 껌뻑 넘어갈 것도 아니었다. 그리고 무엇보다 그 뒤에도 보면 의대생하고 데이트하는 낌새도 전혀 보이지 않았다. X 양이 그렇게 자랑하고픈 의대생과 데이트를 한다면 뭔가 의대나 그 학과전공이나 주변인물에 대해서 자기도 모르게 아는 척하는게 당 연히 있고 데이트정황이나 주고받은 선물에 대해서라도 뭔가 부지 불식간에 상당히 흘리는게 있을 것 아닌가? 그러나 그런 말이나 징 후는 전혀 없었고 A선생 보다 의대와 병원에 대해서 더 아는 것도 없었다. 이상한 일이었고 그후 다시는 의대생에 대해서 말도 꺼내지 않았다. 이는 계속 사귄다는 뉴앙스를 풍기는 것인데 그러나 사귄 다, 안 사귄다, 아예 언급 자체가 없었다. 무슨 일인가? 침묵이 권력 이야?

뿐만 아니라 X양은 그 와중에도 자기 출신대학, 학과, 학번 그러 니까 입학년도, 대학교우관계, 대학생활, 집안사정, 빽, 의대남친에 대한 자랑 등은 한번도 절대 발설하지 않는 아주 용의주도하고 신중 하고 세밀한 면을 보였는데 이 경우는 전적으로 자신이 불리하기 때 문일 것으로 보므로 따라서 A선생도 일절 관심을 가지지 않았다. 즉 굳이 알려고 하지 않았고 다만 사무실에서 만나 친절하게 일하는 것 외에는 별다른 호기심을 갖지 않았다. 사실 나이도 정확하게 몰랐고 알려고도 안했다. 시크릿이 권력이야?

그러다가 이번에는 서무과장이 갈렸다. 원래 있던 서무과장은 금 방 자기 고향으로 금의환향하여 갔고, T서무과장이 고시를 쳐서 젊 고 미혼의 호감이 갈 수 있는 경력으로 새로 들어왔다. 물론 업무는 완전 신출내기 초짜로서 꽝이었다. 그러나 콧대는 대한민국에서 둘 째 가라면 서러워할 정도로 누구 못지않게 꽤나 높았다. 물론 사법고 시, 행정고시, 외무고시, 국회고시 등 고시패스는 훌륭한 실적이고 무척 가문의 영광이지만 그러나 그 세계에서 초짜는 초짜이고 또 앞으로 헤쳐나가야 할 일이 엄청 더 많은 것이었다. 고시가 권력이야?

　그러니까 공문기안 하나 못하고 이제부터 하나하나 일일이 업무를 배워야하는 초짜 5급 고시 합격자가 좋은가? 아니면 경력을 쌓아 나름 전문성을 갖춰 업무의 통밥을 다 잡고 있는 고참 6급이 나은가? 하는 것은 사변적인 문제이기도 하므로 당장 쉽게 말하기는 어려운 것이니 어느 쪽이든 그렇게 목에 깁스하고 앉아 있을 일은 아니라는 것이다. 물론 고시패스는 고위직이 대부분 보장되었었고 하급직은 밑에서부터 잔뼈가 굵어서 고위직으로 진출하고자 하는데 무엇보다 본인의 노력이 무척 필요한 일이었다. 경쟁은 어디서나 다 치열한 법이다. 누구든 눈을 들어 장미빛 미래만 보면 장미빛 미래만 보이지만 그러나 다 장미빛 미래만 보면 곧바로 그 밑의 흙빛이 보이는 것이다. 몬 소리야?

　따라서 사무실은 졸지에 미혼의 업무경력이 있는 A선생 1인과 업무는 꽝인데 콧대는 이상하게 끝을 모르게 근거없이 높고 속으로는 A선생을 아주 우습게 알고 아주 깔보는 미혼의 2녀1남, 도합 2녀2남, 즉 4인이 같이 근무하는 판세가 되었다. 이거 문제가 없을까? 그 남녀 3사람의 얼굴을 보면 벌써 콧대가 안보였는데 이미 콧대가 천장에 올라가 붙어버린 것 같았다. 우선 무엇보다 T서무과장이 겉으로 권위 잡으면서 표현은 일절 안하지만 속으로는 A선생을 아주 우습게 보고 있는게 제일 문제였다. 이유는? 이유를 진짜 몰라? 허세가 권력이야?

　A선생을 F양이나 X양, T서무과장이 셋 다 속으로는 아주 보잘 것 없는 인물로 치부하고 깔보고 업신여기면서, 지가 주제를 모르고 나

서는데 지금은 그렇게 나대도록 내버려두고 있지만, 그러나 지금부
터라도 바짝 엎들어 자기들을 떠받드는게 신상에 더 이로울 것이라
는 것에는 아주 보기 드물게 완전 의견일치를 보고 있는 것 같았고,
강조하면, 다만 그들이 지금은 일에 다 꽝이니 속을 썩더라도 우선
겉으로는 참고 있어봐 주지만 언제 일에 익숙해지면 한번 날받아 합
심해서 손을 봐줘도 한번 단단히 봐줄 것이라며 호시탐탐 기회만 엿
보며 치대며 뭉쳐있는 판세인 것 같았다. 다 동상이몽이었다. 근데
그걸 A선생만 전혀 몰랐다. 어떻게 보면 이 상태에서 사무실이 균형
을 잡아 안정되고 있었다. 모르는게 권력이야?

　그러나 A선생은 이런 판국도 모르고 그저 자기 일이나 열심히 하
면서 사무실에서 가상하게도 3사람을 도와줄려고 무척 노력하고 있
었다. A선생은 벌써 6년차의 짬밥이 있는 방고참이고 유능한 것처
럼 보이고 사무실을 이끌고 나가야 하는데 인정받기는커녕 아주 별
볼 일없는 대접을 받고 있지만 이를 모르고 있고, 다른 3사람은 모
두 신참으로서 1일도 사무실 근무한 경험이 없는 업무는 완전 꽝이
고 콧대가 천장 모르게 높고 남을 아주 우습게 알지만 우선 겉으로
는 전혀 내색을 안 하고 있는 것과 완전 대비되는 형국이었다. 짬이
권력이야?

　이거 문제가 없을까? 근데 어떻게 6년차 나름 우수직원을 1일차
경험도 제대로 없는 직원들이 빽을 믿고 쪽수를 믿고 서로 편묵고
코웃음치며 무시할 수 있지? 정신집단적으로 뭐 문제있는 것 아냐?
그러나 그때는 알 수 없었다. 비웃음이 권력이야?

　업무를 모르는 직원은 자기 업무도 깨작거리고 우물쩍우물쩍 하
면서 눈치를 보면서 시간을 보내거나 아니면 일을 한다고 벌려 놓고

아주 주물탕을 치면서 주위사람에게 피해를 준다는 것이다. 여기에 더 나아가서 저들끼리 똘똘 뭉쳐서 뒷다마치고 남을 이간질하는 데에 술수가 비상하면 항상 대형사고가 반드시 터졌다. 그러면 대형 터진 것은 또 몽땅 남의 탓으로 다 덮어 씌우고 지들은 오히려 피해자 코스프레하고 동정심을 유발하며, 눈물 질질 짜며, 이리저리 빽을 동원하여 빠져 나갈려고 안간 힘을 쓰는데 이게 일을 더 미궁에 빠지도록 한다는 것이다. 눈물이 권력이야?

물론 A선생은 T서무과장에게도 아주 친절하게 잘 해주었다. 다른 사무실에서는 고참직원들과 신참과장이 아마츄어같이 갈등을 일으켜서 회사내에서 큰 문제가 되는 일이 왕왕 있는데 A선생은 전혀 그러지 않았고 잘해주고자 했고 잘 안 해줄 일이 전혀 없었다. 정당하게 자기 일을 하면서 남을 찍어서 괴롭힐 일도 없고 남에게 찍혀서 괴롭힘을 당할 일도 전혀 없었다. 그러나 그저 소박하게 그렇게만 되어도 사무실은 누구나 근무하고 싶은 파라다이스가 될 것이다. 친절이 권력이야?

그러나 업무는 무작정 인간적으로 잘 해준다고 되는 일이 아니었다. 업무는 되는 일과 안 되는 일을 분명하게 가려줘야 했다. 그래서 A선생은 조심은 하면서도 잘 해서 사무실을 무난하게 이끌어 나가려고 매우 노력하였다. 그리고 물론 당연히 A선생이 2녀에게도 친절하게 잘해주고 업무적으로도 가르쳐주고 도움을 줄려고 최대한 노력하였다. 인간적이 권력이야? 인간 적이 권력이야?

결국 은연중에 자연히 전혀 본의 아니게 스스로 게임키핑 Gatekeeping 역할을 맡게 되서 좋은 사무실을 만들고자 하였다. 그러니까 수당도 없고 직책도 없이 누구도 인정하지 않는 멘토가 되고 튜

터가 되고 수문장이 되고 골키파가 되었다. 그 와중에도 A선생이 롤모델은 절대 아닌 것 같았으니 이 역시 역할불일치하는 상당한 부조화였는데 A선생이 눈에 무슨 명태껍질이 덮씌였는지 그걸 모르고 다 잘되고 있다고만 생각했다. 그러니 그것이 결국은 A선생 혼자만의 생각이었고 멘티들은 이상하게 아무도 그렇게 생각하지 않고 있었다는 것이 마침내 청천백일하에 밝혀졌다. 게일키핑이 권력이야?

그리고 A선생과 2녀에게 T서무과장도 처음에는 친절하게 잘 해주어서 별로 문제가 없는 듯이 보였다. T서무과장도 콧대는 높지만 초임이고 업무가 꽝이어서 A선생에게는 우선 어쩔 수 없었는 것으로 보이고 특히 2녀는 모두 사장의 **빽**이 있다고 유별나게 소문난 것도 영향을 준 것으로 보였고 또 워낙 2녀가 이쁨과 개성을 앞세워 콧대를 세우니 어쩔 수는 없는 듯하였다. 물론 2녀도 T서무과장에게 친절하게 잘 하였다. 못 할 일이 있겠는가? 업무 꽝이 권력이야?

그런데 특히 그런 와중에도 A선생에게 고졸 F양이 얍잡사 보고 여전히 회사내에 이유도 모르는 소문을 내며 여직원을 규합하여 달려들었고 그러나 A선생은 영문을 몰랐지만 짬이 있고 상급자로서 알 수 없는 관용을 베풀며 전혀 말려들지 않았고 시종여일하였다. 이유를 진짜 몰라? 마음이 착한거야? 부드러운거야? 약한거야? 물에 물 탄거야? 참는거야? 허허실실 더 고단수야? 자기도 모르게 곤은거야? 은인자중하는거야? 미인계에 버얼써 뻑 넘어간거야? 넘어가고 싶은거야? 은근쓸쩍? 못 올라갈 나무 굳이 안 쳐다봐? 그게 아니고 눈이 더 높아? 빽 때문은 아니겠지? 미인계가 권력이야?

빽? 사람들이 자나깨나 하루종일 빽, 빽하지만, 사회에서 그게 상당히 중요도 하지만, 그러나 군**대**갔다온 대한의 용사는 따블**빽**이 있고, 게다가 세면**빽**도 있지 않은가? 군대도 GOP최전방에서 지뢰밭을 헤치며 빡씨게 빼이치며 갔다온 A선생이 믿는 **빽**이 있다면, 그 중의 2가지가, 따블**빽**과 세면**빽**이었다. 군대와 국방부와 막강한 청와**대**가 밀어주는 **빽** 아닌가? 이 2빽만 해도 어디야? 더욱이 군대에서 A선생은 GP요원으로 뽑혀서 철책선 안으로 들어가기 일보직전이었는데 학벌이 있다해서 펜대 돌리는 연대본부 인사과로 갔는데 그래도 그게 바로 GOP일선최전방부대였다. 명예로운 비탈에서 5만 촉광으로 빛나는 이등병부터 시작해서 빡빡 기고 빡씨게 빼이치고 갈굼도 엄청 당했지만 잘 하고 제대했는데 A선생의 전 인생에서 가장 뜻깊은 시간중의 하나라고 항상 자부하는 것이다. 따블**빽**과 세면**빽**, 2빽이 권력이야?

물론 군대는 이 이후의 일이지만 A선생은 항상 명품 중의 최고의 명품 따불**빽**과 세면**빽**의 투 **빽**을 잊은 적이 없다. 근데 청와대가 왜 이 **빽**을 밀어주지? 명문**대** 위에 여대, 여**대** 위에 군대, 군**대** 위에 청와대, 청와**대** 위에 들이대, 들이**대** 위에 민방위**대**인가? 들이대가 권력이야?

그런데 어느 날인가부터 영문을 모르게 사무실에 미묘한 변화가 생겼다. A선생이 아무 한 것도 없는데 A선생에게 동네 떼서리 다 몰고와서 시끄럽게 달려들고 병풍치기하던 고졸 F양이 갑자기 이상하게 조용해지고 은근히 친절하게 대하기 시작하는 것이었다. A선생의 높고 고아한 인품에 감화되어 개심하였나? 그럴 리는 결코 없고 어쨌든 여자의 변심은 무죄! 변심이 권력이야?

반면에 이번에는 이상하게 대졸 X양이 앙큼하게 콕콕 쏘며 누가 대졸자 아니라고 할까봐 이번에는 지능적으로 혼자 조용하게 남들이 눈치 안채게 살금살금 쪼아대고 달려들기 시작하는데 영문을 몰랐다. 떼서리와 독고다이! 여자의 엇갈린 변심! 이게 무슨 조화인가? 그런데 T서무과장은 알았을까? 몰랐을까? 알았을텐데도 모른 체하고 있는 것 '같기도' 했다. 트롤링(Trolling)이야? 톡톡 쪼아대는 여자의 지능형 갈굼이 권력이야?

트롤링(Trolling)은 상대방에게 콕콕 쏘고 달려들어 상대가 정신없이 화를 내고 욕하면 이때 곧바로 태세전환해서 오히려 약자인양 불쌍한 표정을 짓고 눈물을 찔찔 흘리는 것인데 그러면 이를 잘 모르는 다른 사람들은 큰 동정심을 갖고 오히려 그 상대방을 크게 비난하게 만드는 수법이다. 이건 팜므 파탈이 전형적으로 잘 쓰는 약자 코스프레, 눈물 코스프레, 불쌍 코스프레, 동정심유발 코스프레, 피해자 코스프레였다. 그러나 A선생은 잘 안 말려들고 평정심을 갖고 자기 페이스를 유지하였는데 실제로는 바빠서 관심을 가질 틈이 없었다. 그것도 있지만 워낙에 둔해서 그런 것 아니었을까? 코스프레가 권력이야?

그리고 이는 택도 없이 깐죽깐죽 상대를 화나게 해놓고 상대가 화를 내면 시침 뚝 떼고 '왜 별 일도 아니네 화를 내고 그렇습니까? 좋게좋게 말씀하시지요. 성질도 참 이상하시네요.' 라고 해서 여러 사람 앞에서 상대를 오히려 지능적으로 멕이는 방법이다. 사회에서는 이런 일이 비일비재한데 이런 꼼수에 안 말려드는게 젤 주요하지. 근데 그게 그렇지, 상황이 안 그럴 때가 오는 것이지.

아니, 왜 화를 내고 그러세요? 그렇게 화를 내면 나는 못 해줘요!

아니, 왜 화를 내게 만들고 그러세요? 화를 내게 만들어 놓고 화를 내지 말라면 안되죠! 참는게 권력이야? 화 내는게 권력이야?

그러나 그런 상태로 상당한 시간이 흘러갔는데 아무리 그렇게 위장을 하고 덮으려 해도 주머니 속의 송곳처럼 진실은 마침내 밝혀지게 되었다. 주머니 속의 송곳이 이 뜻이야? 囊中之錐(낭중지추)가 이 뜻이야?

하루는 급한 일이 있어 A선생이 이름이 적힌 서류 6장을 베낄 일이 있었다. 즉 사본1부를 더 만들어야 했다. 그때는 복사기가 전혀 없었으므로 일일이 손으로 베껴야 했다. 일 자체는 아무 어려울 것이 없었고 량도 아주 얼마 안되었으나 시간이 급했다. 그래서 A선생이 2장 맡고, 처음으로 고졸 F양이 2장, 대졸 X양이 2장을 베끼도록 배분을 하였다. 그렇게 일을 시키는 것은 A선생은 처음이었지만, 항용 사무실 일은 원래 그렇게 하니 아무 문제가 없는 일이었다. 그런데 시간이 다돼서 A선생이 넘겨달라니까 F양은 2장을 베껴서 주는데, X양은 쳐다보도 않고 서류를 그냥 휙 넘겨 주어서 바로 확인을 해보니 앞의 1장은 베껴서 주는데 뒤의 1장은 안 베끼고 갖고 있다가 앞장에 붙여서 그냥 준 것이었다. 이상한 짓거리였다. 이 무슨 이상한 존심인가? 니가 뭔데 내게 일 시키나? 꼽다, 이건가? 꼭 일을 시키고 안 시키고 보다 사무실 일이 바쁘면 품앗이해서 서로 도와가며 하는 것이지, 이 무슨 똥오줌 못가리는 공주병이 도졌나? 또 A선생이 상급자이니까, 당연 시키는 것이지, 월급이 물론 A선생이 주는 것은 아니지만 상급자의 지시에 따라 사무실 일하라고 그러라고 주는 것아냐? 완전 개기는 것이었다. 개김스가 권력이야?

걍 들고 가서 업무를 집행하면 자칫 잘못하면 업무가 이상하게 빵꾸날 수도 있는 일이었다. 이런 일까지 일일이 확인해야 하나 싶은 아주 사소한 일이지만 이렇게 하지 않으면 이상하게 이게 화근이 되어 업무빵꾸가 날려면 크게 나는 것이었다. 나비효과인데 이게 펜대 돌리는 행정사무의 주요특징중의 하나이다. 서류 쓱쓱 넘기면서도 남들은 왜 그러냐? 싶을 정도로 순간순간적으로 꼼꼼하게 살피지 않으면 나중에는 일이 이상하게 터지는데 한번 터지면 그 파장이 또한 만만찮았다. 펜은 칼보다 무섭다잖은가? 펜이 권력이야? 칼이 권력이야? 총구가 권력이야? 대포가 권력이야? 투표가 권력이야?

그래서 남들이 그렇게 선호한다는, 빵빵한 에어콘 밑에서 펜대나 돌린다는, 남이 보면 만개 편하고 조용하기 그지없이 보이는 화일칼라 사무직 사무실에서 늘상 고함소리가 터지고 젊잖은 입에서 육두문자가 나오고 결재판 서류더미가 휙휙 날라가는 이유가 거기에 있는 것이다. 물론 좋은 말 나오기 전에 잘하라는 점잖은 소리가 나오기도 하는 것이다. 육두문자가 권력이야? 욕이 권력이야?

따라서 모든 직업의 업무는 화일칼라를 포함해서 다 긴장 안하고 스트레스를 안 받을 수가 없는 것이다. TV나 드라마로나 보니 무슨 말인지 알듯말듯한 사람도 많을 것이다. 화일칼라가 권력이야?

후일이지만, 다른 금융권 사무실에 실제 있었던 일인데 한번은 50,000,000원으로 타자쳐야 할 것을 500,000,000원으로 쳤는데 이것이 최종 게일키핑이 안되고, 결국 이사회에서 회사업무와 관련이 있는 전문직 사외이사인 여성세무사가 발견하여 다소 날카롭게 지적하였는데, 5만원과 5십만원도 큰 차이이지만, 그게 아니고 5천만원과 5억원은 금융권에서는 어마어마한 차이다. 지적은 당연하다면 아주 당연한데, 사외이사인 여성세무사 앞에서 크게 체면이 손상한 금융권 사장이 노발대발하고 그 자리에서 담당부장을 평소와 달리 큰 소리로 질책을 했는데, 나름 자존심이 강하고 자나깨나 이사승진만을 바라보고 있는 최고참 담당부장은, 직속상관인 이사간부도 간부지만, 하급자인 부서원 앞에서 얼굴이 붉으락푸르락하고 씩씩거리며 그 자리에서 열을 못참은 일도 있었다. 아마 그날 저녁 그 부서직원들을 모두 집합시켜 한따까리 찐하게 하고 술깨나 폈을 것이다. 사장 앞에서 이런 단순실수가 한두번만 더 반복되면 6법전서 보다 더 상위에 있다는 7법전서의 괘씸죄에 걸리고 그렇게 되면 경쟁이 치열한 금융회사에서 그 부장은 승진은커녕 변방의 북소리나 듣게 되고 퇴직할 때까지도 본부부서로 돌아오기도 아주 힘들 것이다. 괘씸죄가 권력이야?

직원이 아무 생각없이 0하나 더 타자치는 단순실수가 한 고참부장의 인생을 이상하게 확 바꿀 수도 있는 것이다. 일이란 그런 것이다. 이거 바로 나비효과의 살아있는 사례가 아니냐? 더욱이 안될려고 하니 컴퓨터 전문프로그램으로 만든 표가 역시 숫자가 가로 세로 합이 안 맞아서 사내외이사들 앞에서 보고하다가 지적을 받은 것이다. 근데 컴퓨터 전문프로그램으로 만든 표가 왜 숫자가 안 맞지? 담당자로서는 정말 귀신이 곡할 노릇이었다.

그래서 A선생이 처음으로 열이 나서 "이게 뭐야!" 하고 소리를 쳤다. 그것은 상급자로서 일을 고의적으로 태만히 하며 상급자를 무시하는 하급자를 질책하는 정도고 그 정도는 다른 사무실에서는 어물전에서 꼴뚜기 보듯이 하루에도 몇 번씩 항용 있는 일이었다. 그러자 그 순간 뭐가 갑자기 눈이 번쩍하였다.

뭔가 싶어서 뒤를 보니 의자에 앉아서 가만있기만 하던 T서무과장이 어느 새 비겁하게 갑자기 뒤로 달려와서 아무 소리도 말도 없이 A선생에게 뒤에서 귀싸대기를 때리고 손찌검을 하고 선빵을 날려 폭력을 쓴 것이었다. 선빵이 권력이야?

 무방비의 A선생은 뒤에서 귀싸대기를 기습폭행을 당해서 코피까지 터지고 피탈까지 났지만 A선생은 순간적으로 엉겨붙지는 않고 침착하게 상황을 파악할려고 하였다. 그러니까 A선생에게 T서무과장이 어디서 배웠는지 비겁하고 더럽게 뒤에서 말없이 선방을 날리고 피탈을 낸 것인데 피할 틈도 없었고 평소와는 전혀 다른 T서무과장의 모습이 완전 오리무중이었기 때문이었다. 무슨 곤조가 이런 곤조가 다있나? 곤조통이야? 우째 이런 일이? 곤조통이 권력이야?

 그리고 나서 T서무과장은 분기탱천해서 얼굴이 벌개서 씩씩거리며 소리쳤다. "사무실에 니 밖에 없는 줄 알아?" 아니 도체 누가 없다고 했나? A선생은 지한테 입도 뻥긋 안 했는데, 단지 업무수행을 하고 있는데, 왜 지가 나서서 소리지르며 이런 분탕질을 치는지, 이게 도대체 무슨 소린지, 무슨 까닭인지 도저히 알 수가 없었다. 하늘 높은 줄 모르는 고시파 서무과장이 직원과 맞짱이라도 붙겠다는건가? 옴므 파탈이 권력이야?

 그러면 지금까지 A선생에게 시기질투를 하고 있었다는 것인데 이 역시 전혀 이해할 수 없었다. 그런 눈치는 전혀 보이지 않았기 때문이었고 그럴 일 자체가 없고 화기애애하게 서로 잘 지내고 있다고 생각하고 있었기 때문이었다. 근데 갑자기 이 무슨 살기애애야? A선생은 열은 크게 받았지만 코피를 닦고 사무실에서 문을 박차고 횡하니 나가지도 않고 그저 퇴근시까지 같이 사무실 한 방에서 자기 의자에 앉아서 묵묵히 그동안 사무실에서 있었던 일을 혼자 복기하고자 했다. 그동안 오월동주했나? 눈치가 권력이야?

 하도 경황이 없어 2여직원 앞에서 쪽 팔리는 것도 못 느꼈던 것 같았다. 2여직원은 이상하게 희희낙락하고 있었고, 이때 친한 것처럼 돌아섰다고 보았던 F양도 도로 마찬가지로 같이 희희낙락하고 있었기 때문에 그 역시 이상하였다. 그런데 막상 T서무과장은 처음에는 마침내 큰일을 해냈다는 듯이 아주 의기양양하였지만 서서히 현실을 눈치채리고 A선생의 눈치를 보는 것 같았다. 한마디로 A선생의 대응여하에 따라서는 그의 인생경력이 완존 쫑날 수도 있는 일이었다. 이 무슨 초짜야, 초짜가! 초짜가 권력이야?

폭행으로 민형사상 고소를 하면? 본부총무과에 가서 징계를 요구하면? 아니면 한 판 붙자고 치고박고 싸우고 회사가 시끌벅쩍하게 대놓고 엉기면? 아니면 그게 아니라도 인간성 개판이라고 소문내면? 등등 모든 경우의 수를 두고 공포와 불안은 끝도 없었을 것이다. 퇴근시간이 될수록 이제 서서히 현실로 돌아와 자신의 처지를 직시하기 시작하는 것 같았다. 물론 A선생도 피해자지만 데미지를 조금이라도 입을 수도 있으나 그보다는 T서무과장이 가해자로서 그가 잃을 것이 훨씬 더 많다는 것을 당연히 알게 되었다. 그러자 궁리 끝에 퇴근하면서 A선생에게 저녁에 식사를 같이 하자고 하였고 A선생은 침착하게 흔쾌히 그러자고 하였다. 영문을 몰라서 어쨌든 그의 얘기를 들어보자는 것이었다. 밥이 권력이야?

저녁에 시내에서 만나서 값싼 분식밥 비슷한 저녁 사주는 것을 먹는둥마는둥하면서 A선생은 얘기를 들었는데 T서무과장은 불쌍한 표정을 애써 숨기며 사과한다며 하는 말이 "A선생이 X양에게 큰 소리를 지를 때, 그 순간 X양이 너무 불쌍해 보여서 그랬다."는 것이었다. 불쌍? 그게 불쌍한 표정이야? 글구 누가 불쌍해? 사실 그건 큰소리도 아니었다. 그러면 동병상련인가? 불쌍이 권력이야?

결국 A선생은 1차 X양의 트롤링(Trolling)과 동정심유발코스프레

에 마침내 말려든 것인가? 근데 그게 아니고 T서무과장이 너무 약
발을 받아 너무 설쳐서 말려든 것이 부메랑 효과(Boomerang
effect)를 가져와 오히려 그들이 팀 킬하게 되는 위기에 처한 것인
가? 이상하게 X양에게 진짜 말려든 것은 오히려 T서무과장인가? 쫌
엔가이 하지. 외국의 어느 세계챔피언 복서가 말했다지 않았는가?
누구나 그럴 듯한 계획을 갖고 있지, 참혹하게 처발리기 전까지는.
트롤링이 권력이야?

그런데 A선생은 사무실의 문제를 마침내 직면하게 되었으니 잘
된 일이었다. A선생만 모르고 있었던 진실은 수면위로 극적으로 드
러났지만 여전히 A선생은 어리둥절하였다. 진실이 사실보다 더 이
상하였나? 진실이 더 낯설었나? 진실과의 조우가 반갑기는 했으나
매우 낯설었나? 낯설은 진실과의 해우! 그런데 그간 뭔가 조짐이 심
상찮았나? 진실이 권력이야?

그러나 나중 다시 생각해보니 늦었다고 할 때가 늦지 않은 법이고
뭔가 막연했었던 진실을 찾은 것이 다행이고 그 황당한 와중에도 부
지불식간에 2차 T과장의 트롤링에 안 말려들었는 것이 어쨌든 큰
다행이었다. 애를 한번 잘 낳았는데 의도도 하지 않고 계속 잘 낳았
나? 원래 애를 한번 잘 낳았다고 해서 두 번 잘 낳기가 어려운 법인
데, 그러면 이 날이 오히려 '의도하지 않은 행운의 날'인가? 뭐 그렇
게까지는 아니고 '의도한 행운의 날'이었어야지.

A선생은 기껏 머리 굴린 이상한 사과를 전혀 받지 않고 묵묵히 있
었다. 왜냐면 영문을 더 몰랐기 때문이었다. A선생은 끝까지 전혀
사과를 받지 않았는데 원인도 결과도 모르니 사태를 더 지켜봐야했
고 의문점이 갈수록 더 많았기 때문이었다.

X양은 의대생 남친이 있다고 은근히 자랑도 했는데 그러면 이 정도면 T서무과장과 편 묵은 정도가 아니라 버얼써 갈 때까지 갔다는 것인가? 어느 틈에 전혀 눈치 채지 못하게 사무실 밖에서 남모르게 만나서 갈 때까지 가고 간 벌써 그렇고 그런 사이가 됐단 말인가? 그러면 벌써 장래라도 약속한 사이라는 건가? 적과의 동침이야? 아무리 생각해도 콧대 높은 T서무과장이 그럴 리는 없을텐데, 그러나 안 그러면 이런 소리가 있을 수 있나? 내 여자는 내가 지킨다? 뭘 지켜? 지키기는! 이 무슨 3각관계에 7류 싸구려 통속소설같은 소리야? 화면에 비내리는 7류 영화관에서 상영하는 2편 동시상영 싸구려 흑백영화 찍나? 우산 쓰고 보나? 내 여자 지키기? 아이 오우 유, 경호원으로 알바 뛰나? 카케무사야? 슈렉이 될려고 하나? 백마 탄 왕자 행세하나? 흑기사야? 백기사야? 막장드라마 찍나? 막드야? 남친이 권력이야?

그렇게 생각하지 않으면 도저히 이해할 수 없는 일이었다. X양이 벌써 갈아탔나? 한국남자가 제일 용감할 때는 1. 술 먹었을 때, 2. 친구가 있을 때, 3. 여자 앞에서 라고 하는데 그러면 술 먹고 여자친구 앞에 있을 때, 가장 용감해 지나? 이게 무슨 가오 잡으려는 단순 체면 때문이야? 무슨 가오? 그 정도가 아니고 그 이상인데 아무리 계속 생각해 봐도 이해할 수 없는 일이었다. 여친이 권력이야?

그러니 그 무슨 T서무과장이 똥권위를 훼손해 크게 비위를 거슬렸다는 것인가? 그러면 A선생의 가오는? 우습다는 것인가? 그러나 누누이 말하자면 T과장이 업무를 알아야 권위가 저절로 생기지, 객기와 오기로 권위가 생기나? 객기가 권력이야?

도대체 정규 1남, 지 하고, 비정규 2녀, 모두 4명이 있는 콧구멍

만한 사무실에서 무슨 대빵놀이는 대빵놀이야? 아니, 군대 소대의 분대장도 그래도 정규직 분대원이 10명정도는 되잖아? 또 하나의 저들의 일그러진 T서무과장인가? 대빵이 권력이야?

그리고 그게 왜 A선생 탓이야? 지시불이행에 업무불성실에 A선생이 전혀 안하던 소리 겨우 한번 냈는데 그게 A선생 탓이야? 말 자체가 어불성설이었다. 무슨 가스라이팅하나? 그러면 X양이 잘 했다는 것이야? 이상한 두둔을 듣고 더 기이하게 생각하였다. 자기 평생 고시경력을 뜬금없는 여자 하나 때문에 이 따위로 개판친단 말인가? 이걸 어떻게 봐야하나? 정말 붙어먹기라도 했단 말인가? 아무 이유 없이 뭐 땜에 여자가 불쌍하게 보였는지는 몰라도 여자가 불쌍하게 보인다 치더라도 쌔고 쌘 그런 부질없는 여자 하나 때문에 콧대 높을 대로 높은 자기 인생경력을 다 망치려고 한단 말인가? 그년이 남자 잡아 먹는다는 요부라도 되냐? 요부가 권력이야?

더욱이 사무실 일을 무슨 사감과 감정을 갖고 한단 말인가? 무슨 아마츄어도 아니고, 유치원생처럼, 징징거리는 알라처럼, 일개 임시직 여사무보조원에 대한 개인감정으로 사무실 기강을 무너뜨리려 한단 말인가? 오늘만 일하고 말려고 하는가? 아무리 자기 마누라라고 해도 있을 수 없는 일이고 딸이라도 있을 수 없는 일이었다. 마누라자식이 권력이야?

오히려 '경위야 어쨌든,' '사실관계를 떠나서,' '이유여하를 막론하고,' '저의 부족함으로 생긴 일들에 대해' 자기 마누라나 딸을 질책하고 나중에 따로 달래는 것이 상례 아니냐? 이게 도대체 무슨 말이나 되는 소린가? 사랑에 눈이 멀었다는 것인가? 눈에 뵈는 게 없나? 벌써 그렇게 됐나? 무대뽀가 권력이야?

그러면 X양의 빽을 보고 그것 때문에 X양의 뒷배가 되기로 해서 시다바리가 되어 미친 척 했다는 것인가? 그럴 리도 없었다. 6년차 경력이 되는 A선생이 보면 빽처럼 부질없는 것도 없었다. 그 동안 보면 빽 믿고 아주 나대는 연놈들도 직장에서 매우 많았지만 천없는 비호세력이라도 권력 떨어지고 끈 떨어지고 빽 떨어지면 우수수 썩은 낙엽만도 못 하게 금방 다 정리가 되는 것이었다. 빽과 함께 사라지다! A선생은 빽도 아주 존중하지만 자연히 자기능력을 제일로 믿게 되었다. 그러나 현장에서는 빽이 중요하지. 비호세력이 권력이야?

상급자가 일을 못하고 고의적으로 태만히 하는 하급자를 질책하는 것은 어물전에서 꼴뚜기 보는 것만큼이나 다반사인데 오히려 서무과장이 갑자기 미쳐가지고 말도 없이 비겁하게 뒤에서 달려와 잘 못하는 하급자를 질책하는 상급자에게 폭력쓰고 피탈내고 씩씩거린다는 것이 말이 되는 소린가? 라스베가스에서도 이런 일은 결코 없을 것이다. 폭력쓰면 절대 안 되겠지만 써도 누가 누구에게 쓴단 말인가? 편을 들어도 A선생의 편을 들어야지 우째 여직원 편을 든단 말인가? 상식적으로 말이 안되는 쇼리였다. 상식이 권력이야?

이건 회사관리의 근간을 뒤흔드는 엉터리 짓이었다. 이건 초짜도 걍 초짜가 아닌 무지랭이였다. 헛똑똑이였다. 회사에서는 상급자와 하급자가 싸우면 이유불문하고 하급자를 내보내는 것이 회사관리의 불문율이었다. 하급자가 빽 있어 그렇게 못 한다면 일단 상급자를 편들어 두둔하고 같이 하급자를 꾸짖고 나중에 하급자를 따로 불러서 이해하라며 달래는 것이 일반적인 방식이었다.

정당하게 업무를 집행하는 상급자를 옹호 안 하고, 말리는 것도 아니고 오히려 성질내고 비겁하게 상급자를 뒤에서 말도 없이 손찌검을 하고 폭력을 휘두른다는 것이 이 무슨 정신이탈이야? 이 무슨 난데없는 집단멘붕이야? 폭력이 권력이야? 피탈이 권력이야?

더욱이 A선생이 법적으로 문제 삼으면 민형사상 책임을 져야할 뿐만 아니라 당장 회사 내에서 경력은 끝장나는 것이었다. 그러면 그만 나가서 다른 일을 찾는 것이 더 나을 것이다. 폭력이 권력이야?

더욱이 이 T서무과장은 행정학을 전공하였는데 법 보다 주먹이 가깝다는 말도 있지만 그것은 법이 먼 사람에게는 해당될 수도 있겠지만 법을 그리 잘 안다는 그 T서무과장이 할 일은 결코 아니었다. 우째 법을 잘 안다는 자가 야마가 돌아 주먹과 폭력으로 나간다는 것인가? 진짜 법 보다 주먹이 가깝나? 주먹이 권력이야?

뿐만 아니라 T서무과장은 평소 군사독재를 반대하며 민주화 지지자로서 상당히 비판적 지식인 척 행세를 했는데 알고 보니 군사독재 보다 본성적으로 터져나오는 그 폭력성과 잔혹성과 야비함이 더하면 더했지 전혀 덜하지도 않았다. 도대체 무슨 궁지에 몰렸다고 이런 폭력성이 나오나? 이게 있을 수 있는 일이야? 이게 무슨 열등감이야? 우질증이야? 그러니 아무리 생각해도 A선생이 이해하기는 어려웠다. 열등감이 권력이야?

속담에도 개구리 올챙이적 생각 안한다는 말도 있지만 학문적으로는 오만 증후군Hubris Syndrome이라고 하는데 권력을 잡으면 폭력성이 나와 난폭해진다는 것이다. 거꾸로는 통제의 환상Illusion of Control이라고 하는데 세상을 자기 뜻대로 통제를 하고 있다는 환상에 빠져있다가 권력을 잃고 세상이 자기 뜻대로 안되면 실의에 빠져 심지어는 극단적 선택도 하게 된다. 환상이 권력이야?

그리고 서무과장 쯤되면 실무는 실무자인 A선생에게 맡기고 자기는 할 일이 없을 때는 하루종일 사내정치에 골몰하는 것이 일반 관행이었다. 서무과장이 도장 하나 쥐고 하루종일 뻔히 놀고 앉아있는 것처럼 보여도 그것은 행정업무를 몰라도 너무 모르는 사람이나 할 생각이고 실제는 치열한 고공정치에 낮밤을 영일없이 보내는 것이 현장이었다. 고공정치가 권력이야? 현장이 권력이야?

더욱이 좋은 사업권확보, 즉 인허가사무나 예산이 많거나, 생색은 확실하게 내면서 위험부담이 전혀 없는 업권확보는 대가리 깨져도 확실히 잡고, 그리고 영양가없고 위험이 많고 업무량만 많은 일은 다른 과에 슬쩍, 그러나 기회를 봐서 무슨 수를 써서라도 확실하게 떠넘기기, 그래서 업무분장표가 있는 것이지, 그리고 무엇보다 자신도 승진, 영전하고 인기 얻는 것이 자나깨나 서무과장이 할 일이었고 맡은 업무도 업무지만 사내정치, 서무과장은 이게 머리 박터지는 과업이었고 그리고 과 내부의 직원승진, 보직, 인사이동, 영전, 고충처리, 과내 분위기 챙기기 등등, 이게 그가 해야 할 많은 일중에서도 주요한 사내정치과업이었고, 이것만 해도 끝이 없고, 이를 통해 능력을 인정받아야 하는 중차대한 고정과업이었다. 이는 관행이고 관습이라고 할 것도 없이 눈 뜨고 회사가면 모든 회사원이 당면하고 있는 중차대한 업무였다. 사내정치가 권력이야?

그리고 중간관리자는 위에서 내려오는 오다는 확실히 문제 안 생기게 해결해줘야하는 진짜 임무가 있었다. 이는 자신의 재량범위 내에서 위나 자기가 안 다치게 잘 처리해야 하는 것이다. 사무직도 알고보면 연구직이야. 사무직이 권력이야?

그런데 우째 이런 일이. 열심히 운동해서 인정을 받고 누구나 꿈에도 그리는 중앙부서로 하루 바삐 올라가서 출세해야지, 왜 직원하고 싸우겠다는 게야? 지방에서 늙어죽을 때까지 향반이라도 되겠다는 게야? 그건 애오라지 자식의 출세만 바라보고 자식의 효도를 받고 싶어하는 부모도 전혀 바라지 않는 일이었다. 향반이 권력이야? 직원하고 싸우는게 권력이야?

실무는 실무자에게 맡기는 것이 전혀 능력이 떨어지는 것이 아니고 쪽 팔리는 것이 아니고 당연한 것이다. 만기친람? 만기친람은 아주 필요하지만 조금 다른 문제였다. 그럴려면 커피타고 사무실청소, 화장실청소부터 해야지. 그러니 계원 잘한다고 계장 시켜놓았는데 계원일이나 시시콜콜 간섭하면 안되고, 계장 잘한다고 과장을 시켜놓았는데 과장할 일은 안 하고 계장할 일이나 간섭하고 있으면 안된다는 것이다. 국장, 사장도 마찬가지지. 이게 그 유명한 **피터의 원리**지. 그러니 주요한 것은 만기친람을 안 한다는 것이 전혀 아니고 열심히 해야하는데 어데까지나 위임을 통해서 그렇게 하는 것이다. 당연히 만기친람을 해야지, 안 하고 자유방임한다고? 그건 상황에 따라서는 그럴 수도 있지만 일반상황에서는 뭘 몰라도 한참 모르고 하는 소리지. 만기친람이 권력이야?

서무과장 쯤 되면 서류는 별로 보지 않고 이거 확실하죠? 이거 틀림없죠? 하고 실무직원이 올린 서류는 특별히 체크할 서류가 아니면 그렇게 보지도 않고 도장을 꾹꾹 찍어주는데 그렇다고 안 보는 것은 아니고 노련하게 게일키핑하는 것이다. 서류 한참 넘기다가 한번씩, 이거 문제있어! 이 건은 보류하시요! 다른 부서에도 확인하시오! 하면서 권위와 경험과 직관으로 딱딱 잡아내어 반려하는데 그러면 괜찮은 게 아니고 반드시 문제가 있는데 이를 족집게처럼 찾아내는게 과장의 할 일이었다. 물론 서류에 하자 없는 것이 어디 있겠나? 서류가 권력이야?

더군다나 2녀1남은 업무라고는 전혀 모르는 꽝이 아닌가? 알아야 면장을 하지. 그러면 더욱이 6년차의 A선생에게 실무는 맡기고 서로 도와가며 자기할 일 하면 되는 것이지 무슨 남직원과 시기질투해서 폭력행사를 한단 말인가? 그러면 그동안 허깨비들이 A선생과 친한 척하면서 오히려 길들이고 일 시켜먹고 왕따시켜서 우섭게 만들려고 가스라이팅하며 호시탐탐 노렸다고 볼 수 밖에는 없는데 고지식하다면 고지식하고 눈치도 없는 A선생이 그런 것을 전혀 몰랐다는 것인가? 아무리 일 외에는 관심없고 별로 말려들지 않았다 해도 너무 한 것 아니야? 실무가 권력이야?

그러고 보니 처음에는 A선생에게 F양이 전형적으로 외곽에서 떼서리 모아서 달려들더니 이제는 술수를 바꿨는지, 임무교대인지, X양이 누가 대졸 아니라고 할까봐, 이제는 내부에서 혼자 지능적으로 앙큼하게 살살 콕콕 쏘며 달려들었는데 이것은 이제 보니 조금 이해하게 될 듯도 하였다. 지능적이 권력이야?

복기를 해보니 먼저 A선생에게 F양이 달려드며 T서무과장과 편 묵고 뭔가를 도모하려고 한 것 같았는데 T서무과장이 아무리 그래도 그렇지 여상고졸출신 F양을 받아주는 척하면서도 일정 이상 전혀 받아주지 않자 퍼뜩 눈치 때리고 이제는 다시 A선생과 편 묵고 뭔가를 도모하고자 한 것 같았다.

그런데 여기에 그간 눈만 또록또록 굴리며 표정하나로 앙큼하게 끊임없이 뭔가를 시도하고 있던 X양이 어느 틈에 F양을 밀어내고 T서무과장과 편 묵고 뭔가 이미 상당한 진척이 이루진 것 같았다. 그래서 A선생에게 F양이 붙을려고 한 것도 진심은 아닌 것 같고 X양에

게 튕겨서 본성적으로 그런 모양인 것 같았다. 그러니 이미 X양은 은
근 자기 남친이 의대생이라고 과시하였는데 이게 A선생과 F양을 오
판하게 한 것 같았다. 페인트 모션 썼나? 페인트 모션이 권력이야?

그러저나 하루종일 뻔히 사무실에 별 말도 없이 정물처럼 앉아 반
반한 얼굴에 비해 큰 눈까리 몇 번 때굴때굴 굴리는 것 외에는 업무
나 타자는 꽝이고 별다른 교양도 지식도 없고 말은 거의 안 하지만
한번씩 할 때는 그렇게 품위있는 언사를 쓰지도 않았는데, 한번은
간부들 앞에서 웃으면서 "죽여주네!" 라는 말을 해서 A선생이 나중
에 남 모르게 가만이 주의를 준 적도 있었고, 아무 하는 것도 없이
가만 앉아있는 것으로만 보였던 앙큼이 X양이 어느 틈에 자기 나름
난다긴다하는 T서무과장을 그토록 격분해서 정신없이 뛰쳐나와 폭
력까지 쓰며 자기 경력과 인생을 다 걸게 했으니 대단하다면 대단하
였다. 전혀 씨잘데기없는 일에 왜 올인하게 하지. A선생은 X양을 다
시 보기까지 하였다. 난 년은 난 년이었다. 우째 이런이런 일이. 난
년이 권력이야?

A선생은 일 외에, 사무실에서 만나는 비즈니스인간관계외에 그들
의 허위, 위선, 가식에는 별 관심이 없었다. 그들의 머리박 터지게
굴리는 헛대가리에는 관심가질 시간도 여유도 없었다. 일은 개코도
모르면서 일은 안 배우고 목에 힘을 딱 주고 빽만 믿고 늘 남을 홀
까 먹으려고 달려들었다. 생으로 드실라카면 되나? 그게 되겠나? 허
위, 위선, 가식이 권력이야?

그런데 처음 A선생과 친한 척하던 X양이 요새들어 갑자기 A선생
의 학벌이 낮다는 것에 대해 노골적으로 비꼬기까지 했는데 A선생
은 그저 허허 웃고만 넘어 갔다. 깐족거리는 것이 열도 받지만 그저

귀여운 시샘정도로만 차분하게 생각했는데 그러나 이제 그것이 오산이라는 것이 완전히 밝혀졌다.

그러고 다시 생각해 보니 학벌도 낮으니 잘난 척하지 말고 저거들 밑에 기라는 쇼리였는 것 같았다. 그리고 전에 다르게 최근에 와서 자꾸 자기 일도 오히려 A선생에게 시켜 먹을려고 했는데 알고 보니 이제 벌써 안방마님 흉내내고 있었나? 그러나 업무가 그런 안방마님 흉내로서 되는 일은 결코 아니었다. 안방마님이 진짜 권력이야?

심지어는 A선생이 돈을 찾으러 건물 1층에 있는 구내은행을 가려는데 그 순간에 X양이 잠깐 하더니 서랍에 있는 자기 통장을 꺼내서 자기 돈도 찾아다 달라고 했다. A선생은 상당히 놀랬는데 상급자에게 함부로 개인사무를 시켜 먹을려고 하는 것도 도저히 이해할 수 없는데, 이거 거꾸로 된 것 아냐? 이 무슨 말도 안되는 순발력이야? 무슨 구세도 이런 구세가 있나? 그것도 그렇지만 처자가 자기 통장을 외간남자에게, 그것도 직장상급자에게, 아무 할 일 없이 앉아 있으면서 잠깐 1층구내은행 한번 안 갈려고, 함부로 깐다는게 말이 되나? 그러나 A선생은 좋게좋게 거절하였다. 숨길 것은 비상하게 숨기면서도 구세는 구세대로 부리는 X양의 이상한 행동은 연구대상이었다. 그러나 어쩌겠는가? 부리켜봐야 소용없고 A선생은 그런 연구를 할 시간도 의사도 없었다. thdwkd이 권력이야? 연구대상이 권력이야?

이처럼 X양도 그렇지만 F양의 눈치와 순발력도 인정할 만하였다. 하루는 사무실의 원장님께 어떤 남녀가 아주 행복한 표정으로 즐겁게 방문하였다. 그래서 A선생과 X양은 아마 결혼을 하고 신혼여행 갔다 와서 주례 서 준데 대한 인사차 온 것이 아니냐? 라고 보았는데 F양은 그게 아니고 결혼을 앞두고 주례를 부탁하려고 온 것으로 보았다. 나중 나갈 때 보니 F양의 말이 맞았다. 그래서 A선생이 왜 그렇게 생각했느냐? 고 물으니, 손에 아무 선물 같은 것을 들고 오지 않았기 때문이라고 했다. 나름 합리적인 관찰과 이유였다. A선생도 이유는 같은 이윤데 다만 부탁을 하려면 미리 뭘 들고 와야 하지 않겠느냐? 는 것이었고 신혼여행 갔다와서 선물은 따로 전달이 되었고 인사차 왔을 수도 있기 때문이었다. 더욱이 남녀간의 분위기가 너무 행복하고 친밀해 보였기 때문이었다. 그렇지, 신혼여행가기 전이니까, 그런가? 갔다 와서 더 행복한가? 이처럼 F양도 인간관계에 대해 그간 갈고 닦은 나름 내공이 있었다. 내공이 권력이야?

밤새 생각해도 알 길이 없고 다음 날 회사를 갔는데 역시 2녀는 희희낙락하며 좋기는 한데 A선생의 눈치를 할금할금 보고 있으면서, T서무과장의 승리에 성원을 보내고 그간의 설움을 삭히고 있는 듯 하였는데, 정작 T서무과장은 좋기는 하지만 역시 A선생의 눈치를 보면서도 이제 과내의 업무를 주도권을 가지고 진행하겠다는 이상한 의욕을 불태우고 있었다. 의욕인지, 과욕인지, 야욕인지. 그렇지, 서무과장답게 뭔가를 보여주어서 떨어진 명예를 회복해야지. 근데 떨어진 적도 없는데 뭘 회복해? 그러니까 떨어질 것이 없는데 뭘 회복하려고 해? 명예회복이 권력이야?

A선생은 이게 뭔지를 알기위해 계속 더 지켜 보기로 하였다. 그러면서 도대체 업무를 전혀 모르는 저 2녀1남이 뭘 어쩌겠다는 것인가? 알아야 면장을 하지 라고 궁금도 하였다. 면장이 권력이야?

아나나 다를까, 그런데 파국은 생각보다 훨씬 일찍 왔다. 하루이틀 되지도 않아서 X양이 공문기안을 해 품의서를 만들어 올렸는데 T과장이 자기가 봐도 이상한지, 아니면 허세부렸는지, 가만있는 A

선생에게 넉살도 좋게 목에 힘을 팍 주고 물었다. "이거 이렇게 보내도 되는거요?"

당연히 안되지, 될 턱이 있나? 그래서 A선생이 간단하지만 분명하고 명료하게 말했다.

"그거 보내면 안됩니다."

평소 같으면 서류를 받아서 이리저리 살펴는 척이라도 하면서 신중하게 답변했을텐데 간만에 A선생의 직설화법이 나왔다. 노룩패스였다. A선생은 내용은 모르지만 안봐도 책상 바로 앞에 앉아서 돌아가는 것을 다 아는데 뭐 볼 것도 없었다. 이 말이 A선생의 인생에 길이 남을 직설 어록이었다. 겉으로는 세상없이 온순하게 살 것처럼 보이고 평소 제법 눈치도 있어보이는 A선생이 그렇게 상황파악을 못하거나 안하고 이 시국에 이렇게 눈치라는 눈치는 모두 밥 말아먹었나? 제애발 눈치 좀 챙겨! 근데 노룩패스가 이건가?

그러자 T서무과장은 여자들 앞에서 자기 가오가 상했다고 생각하는지 이상하게도 갑자기 얼굴이 팍 붉어지며 조금 씩씩거리더니 "그냥 보내시오." 라고 호기있게 소리쳤다. 그러니까 X양이 공문기안을 뭘 알고 할 리는 없고 T서무과장이 시켜서 한 것같은데 면전에서 A선생에게 바로 까이니까 더 열받은 것 같았다. 그러니까 A선생이 볼 때는 이상하게 보였다는 것이다. A선생! 제애발 정신 좀 차려! 지금 그러구 있을때가 아냐! 상대들은 뭐 놀구 있나? 그들이 진심으로 반성하고 있다고? 왜 이래? A선생! 왜 그래 자꾸 희망적으로 살구 있어? 비관적으로 사는 것은 절대 안되지만 착각을 오지게 하고 있는 것은 A선생이라구! 희망이 착각을 낳지, 희망착각, 젤 문제야! A선생! 반성해야할 사람이 반성하는 것 봤어? 가오가 권력이야?

그러고는 며칠 못가 정기인사이동이 있었는데 A선생이 이상하게
도 정기인사에 대상도 안되었는데 전혀 본의도 아니고 전혀 모르게
인사이동을 당해서 본부에 있는 과로 가게 되었다. 이상한 일이었
다. 갈테면 잘못한 저거가 가지 왜 아무 잘못없이 잘 하고 있는 A선
생이 가야하나? 그러나 A선생도 회사원이 천년만년 자기 자리가 있
는 것도 아니고, 흰 발령장 종이 1장에 1생을 걸고 있는 회사원주제
인지라, 떨떠름하긴 하지만 가야했다. 갈테면 가라, 재미는 지금부
터다! 발령장이 권력이야?

A선생의 자리에는 아주 뜻밖에 본부 바로 그 자리에 있던 야심만
만한 Z씨가 치고 들어 왔다. 그러니까 A선생과 Z씨를 맞바꾸는 희
한한 인사가 일어난 것이었다. Z씨는 입사한 지도 얼마 안되는 신입
사원인데 수습이나 겨우 떨어졌을 정도의 상태에서 무대뽀로 치고
들어왔다. 이건 또 무슨 일인가? 그러니까 변방의 별 볼 일 없는 것
으로 보이는 한량한 자리에 있으나, 그러나 경력이 있는 A선생과 본
부의 핵심부서자리에 있지만, 경력도 전혀 일천한 Z씨가 트레일되
는 인사가 발령이 나서 서로 맞교환하는 이상한 인사가 났는데, 이
게 또 회사에서는 속이 환하게 들여다 보이는 말도 안 되는 인사만
행였다. 맞교환인사가 권력이야?

맞교환하는 인사를 당사자의 동의없이 비밀작전처럼 한다는 것은
아무리 별 일이 다 있는 인사라 하더라도 인사관행에서는 거의 하지
않는 방식인데 더욱이 이 경우는 인사를 빙자한 횡포였다. 6년차 직
원인 A선생을 대놓고 완전 합바지로 보는 막무가내인사였다. 글나
A선생은 큰 손해를 보고도 아무 표정이 없었다. 포카 페스인가? 아
니면 바보인가? 아무 생각 없나? 오히려 상황을 즐겁게 보는 듯도

하였다. 바보는 즐겁다? 어떤 상황이 와도 자기 일은 한다는 한국의 노자, 스피노자인가? 합바지가 권력이야? 포카 페스가 권력이야?

이런 발령은 하더라도 속 안 보일려고 몇자리 빙빙 돌려서 하는데 이건 뭐 그런 것도 없고 막무가내로 목에 힘 팍주고 그들이 전가의 보도처럼 대놓고 조자룡이 헌 칼 쓰듯이 인사권을 마구 휘두르는데 뭔가 그렇게 할 수 없는 속사정이 있는가 싶지만, 그 역시 알려고 할 것도 없이 바로 다 아는데 명명백백한 일이었다. 적반하장이 권력이야?

이런 속 보이는 인사를 한 이유인즉슨 Z씨가 고시공부를 하기 위해 한량한 A선생의 자리를 치고 들왔다는 이상한 명분이었다. 이게 Z씨와 그를 후원하는 이상하고 희한한 뒷배들이 꾸민 말도 안되는 정실인사였다. 야매도 뭐 티 안나게 하려는 노력이라도 우선은 보여야지, 이따위 티가 환하게 다나도록 대놓고 하는 야매인사도 있나? 야매인사가 권력이야?

그래도 회사를 위해 욜씨미 노력해 왔고 다소의 경력도 있고 연차도 있는 A선생을 아주 깔보고 무시하는 짓이고 아주 손해보이며 하는 짓거리였다. 완전 배째라 BJR 였다. 아니면 지 배쨌다 BJD 인가? 아니면, 이거 싫어요? 싫으면 배째드리지요, BJY 인가? 배째드려요? BJY? 당연히 안 되지 될 택이 있나? 배째드려요BJY? 가 권력이야?

인사는 늘 봐도 이해하기가 쉽지 않다. 한번은 사무처장이 중앙에서 새로 부임하여 왔다. 사무처장이 부임하면 이런저런 사유로, 그리고 관행상으로도 곧바로 첫인사를 하기 마련이다. 그래서 직원들도 당연히 인사가 있으므로 물밑으로 줄을 대고 치열한 신경전을 펼치고 있지만 겉으로는 전혀 눈치 안 채도록 표정관리하고 있었다.

그 정중동의 와중에도 그래도 모르는 사람은 전혀 몰랐는데, 그런데 갑자기 사무처장이 전체 직원을 휴게실에 소집해서 얼굴 벌거이 해가지고 분기탱천해서 소리쳤다. 아니, 직원들이 말이야, 집으로 찾아와서 인사 때문에 불안해서 일을 못 하겠다고 하는데 이게 말이 되는 소리야! 인사 없어! 일이나 열심히 해! 이렇게 고함치듯이 말하고는 직원을 곧바로 해산시켰다.

그 말을 듣고 A선생처럼 어리둥절해서, 아! 인사라는 게 논의되고 있었구만! 근데 이제 인사가 없겠구나! 라고 고지식하게 생각하는 직원도 있겠지만, 그러나 당장 그 자리에서 해산하면서 고참 직원은 이제 두고 보시오, 한 달 안에 인사가 있을 겁니다 라고 자신있게 예측하였다. 그런데 한 달이 뭐야! 불과 3일만에 인사를 했고 A선생을 포함한 당사자들은 희비가 엇갈렸다는 것이다. 이런 걸 단행이라고 하나? 위선이라고 하나? 사무처장은 왜 그런 예측불가능한 행동을 했을까? 마지막으로 손님 받나?

그러나 중앙에 있던 몸이 뚱뚱하고 앞배가 쑥 나온 사무처장이 뭘 알고 그런 것은 아니고 이래저래 뒷배들의 청탁을 받고 생색내고 잇속을 나누며 지 편하자고 하는 인사이다. 그러니 뒷배들도 앞에서는 간이라도 빼 줄 듯이 갖은 간사를 다떨며 잇속을 나누지만 그러나 길어도 1년반정도 있다가 가버리면 그만이니 사무처장을 앞배로 내세우고 그를 빌어 이런 짓을 자행하는 것이다. 군대는 배가 나오면 무조건 다 전역시키는데 사무직은 그럴 것까지는 없겠지만 뒷배도 좋지만 앞배도 잘 관리하는 것이 주요하고 이렇게 사무처장도 뻔히 다 아는 야매인사를 큰쇼리 뻥뻥치며 앞재비로 나서서 자행하는 것도 알고 보면 다 누이 좋고 매부 좋은 꿍꿍이가 있는 것이다. 그러니 알고 보면 다 예측가능한 인사이지만 다 모르는 척하며 항용 그랬듯이 위선 지대로 뜨는 인사이지. 그러니 사무처장이 그런걸 발판으로 발령받아 뜨기만 하면 이제 뒷배들은 환호작약하며 빰빠라빰빠라-빰빰빰빰 빰- 빰-빠라 빠-밤-빰빰-빰- 팡파레를 울리지. 예측불가능인사가 권력이야?

근데 오랜 세월이 지난 최근에 와서 지방자사에서 사무처장을 자체 충원한다는 것이다. 그러니까 자체내부 승진을 한다는 것인데 축하 현수막도 벌써 붙었지만 글쎄 어떨런지, 다 장단점이 있다는 그런 상투적인 쇼리말고 사무적으로 구체적인 장단점을 깊이 예측하여 잘 대응해야지.

그런데 A선생은 자기가 새 자리로 가는 것도 그렇지만 원래 있던 전 사무실의 업무가 상당 걱정이 되었다. 왜냐면 A선생의 원래 자리가 평소에 업무량이 한량한 것도 사실이라면 사실이지만 업무가 과부하되어 바쁠 때는 정신없이 바쁘고 또 무엇보다 생각보다 상당한 고난이도의 복잡한 업무능력과 경험이 요구되는 까다로운 자리였다. 본부의 각 과도 많은데 대부분 당연히 상호의존관계가 있고 사안들이 모두 사내의 오랜 업무고참들의 협업이 아주 필요한 자리였다. 한마디로 알아들어야지 버벅거리거나 새로 배워서 하겠다거나 업무가 한두번이라도 빠꾸가 되거나 빵구가 나면 전혀 곤란했다. 많은 사람들이 직접 이해관계가 걸려 있는 일었다.

A선생 이전에는 회사 내에서 다 베테랑이 맡아했던 자린데 그들이 일을 잘 알고 노련하게 잘해서 그렇지, 그렇지 않으면 한량하지도 않고 오히려 힘든 자리였다. 그러니 A선생이 그 사무실로 간 오히려 젊은 인력이었고 하는 일에 비해 직급이 1~2 직급이나 낮았

다. A선생이 말없이 욜씨미하고 있으니 그저 한량하고 아무나 할 수 있는 일인줄 아는 모양이었다. Z씨야 그렇다치더라도 그 희한한 뒷배들은 경력이 있어 충분히 알텐데 왜 이런 아싸리판을 벌렸을까? 아예 대놓고 하는 무대뽀이니 무대뽀도 보통 무대뽀가 아니었다. 아싸리판이 권력이야?

그렇게 A선생은 부질없는 걱정도 하였지만 그러나 2녀2남은 그 사이에 벌써 편 묵고 그저 히히덕거리며 좋아라 하고 있었다. 결국 사무실은 업무는 전혀 모르는 신참 2녀2남 4인이 한 사무실을 가득 채우고 있게 되었다. 다 그들이 바라던 바대로 되었다. 업무에 전혀 꽝인 2녀2남이 자릴 모두 차지하고 희희낙락하고 있을 생각을 하니 A선생은 자기가 근무하고 나름 열과 성을 다해 체계를 세워온 사무실 일이 은근 걱정이었다. 특히 T서무과장이 당연하다며 입이 헤벌락하며 좋아하고 표정관리도 안되고 있는 것이 보였다. T서무과장이 자기는 이미 알고 있었다는 소리는 결코 안하면서도 이미 알고 있다는 듯이 스탠스를 취하며 이 말도 안되는 인사를 과내의 간부들에게 대놓고 옹호하고 있는게 같은 사무실에서 근무하는 A선생에게 다 보이는데 이게 이해가 돼? 업무는 어떻게 하고? 새로 오는 자가 업무는 꽝인데 뭐가 그리도 좋다는 것인가? 쫓아내기, 찍어내기, 자리차지가 권력이야?

사무실업무가 빵꾸나는게 A선생에게는 뻔히 보이는 일인데 사무실업무는 1도 생각없고 그러거나마거나 좋아서 히히덕거리는게 아무리 초짜과장이라고 하더라도 이해가 돼? 걱정을 해도 대걱정을 해야할 일인데 사무실일은 다 날라가도 아무 걱정도 없고 쫓아내려는 사이비들의 감정만 남았나? 오히려 직접 계통선상에 없는 다른 간부들이 벌써부터 걱정을 하였다. "A선생, 그쪽에 가서도 자주 들르시오." 정작 걱정은 관련이 없고 말없이 있던 다른 간부가 다하였다. 글구 누가 누구를 쫓아내? 그러나 어쩌겠는가? 눈까리 하나 밖에 없는 연놈들이 똘똘 뭉쳐 눈 두개 있는 분을 쫓아내겠다는데 어쩌겠는가? A선생이 밤잠을 안 자고 걱정할 일은 결코 아니었다해도, 근데 그게 A선생이 걱정할 일인가? 그러면 그게 초짜과장이, 여직원이 걱정할 일인가? 그러면 그게 좋아서 표정관리가 안되는 새로 오는 업무가 꽝인 직원이 걱정할 일인가? 눈까리 하나가 권력이야?

A선생은 본부의 새로 가는 자리가 핵심자리라면 핵심자리이지만 바빠서 오래 하기는 어렵다는 생각이 벌써 들었다. 가서 업무를 파악해보니 일도 케바케로 거의 1:1 맞춤형업무여서 어렵고 복잡하였지만 그 보다 많은 회사내 주요인사들이 개인적으로 다 예민하게 걸려있는 업무여서 업무를 빵구내면 파장이 크고 또 이들을 VIP처럼 한명한명 라포를 형성하여 하나같이 개인적으로 친절하게 주요하게 대해 줘야하는 업무였다. 따라서 업무도 정통해야하지만 특히 자기 일처럼 발로 뛰는 순발력과 친절과 열성이 필요한 업무였고 무엇보다 행정사무적으로 대하면 안되는 일이고 더욱이 장기에 걸쳐서야 완결되는 일인데 끝까지 방심하면 안되는 업무였다. 더나아가서 입도 무거워야하는 일이었다. 그런데 다 케바케로 비정형적 업무라서 업무에 정통하기가 쉽지 않았다.

그 대신 잘하면 일단 개인적인 칭찬은 무척 듣는 업무였지만 조금이라도 못하면 개인손해가 컸기에 당장 회사가 시끄럽고 불만과 파장이 크고 두고두고 널리 인구에 회자되며 오래 가는 일이었다. 그러니까 위험이 높은 업무였지만 그렇다고 이익이 조금이라도 보장되는 업무도 아니었다. High Risk, High Return(HRHR)이 아니라 High Risk, No Return(HRNR)의 전형적인 업무였다. 무슨 일이지? HRHR이 권력이야? 무슨 일이지? HRNR이 권력이야?

그런데 A선생이 새 부서로 가자말자 총무과를 들을 일이 있었다. 그러자 계장도 아니고 A선생도 잘 아는 고참직원이 A선생에게 궁금한 듯이 에둘러 말하지도 않고 직설적으로 물었다. 직장에서 잘 안다는 것은 어디까지나 업무에 들어가기 전까지였다.

"A선생, 지난 번 저쪽 부서에 있을 때 본사로 보낸 질의공문 있죠? 그것 어떻게 된 거예요? A선생하고는 관계가 없나요?"

무슨 일인가? 하고 A선생이 생각해보니 결국 지난번 사무실의 일전의 그 공문이 기어이 사달이 난 것 같았다. 총무과 직원은 그 역시 회사내에서 상당한 경력이 있는 고참직원이 보통 보직되는데 그렇게 묻는 것을 보니 뭔가 생각 밖으로 일이 엄중한 것 같았다. A선생은 영문은 잘 몰랐지만 퍼뜩 사실대로 직설로 말했다. 우선 봐도 어물어물할 일이 아닌 것 같았다.

"그건 T과장이 묻길래 내가 보내면 안된다고 분명히 말했는데 T과장이 X양에게 보내라고 시켜서 보냈죠. 품의서 기안도 X양이 다하고 내하고는 아무 관계가 없어요."

그러자 총무과 선임직원은 역시 의아하게 생각하는 듯 하였다. 그래도 서무과의 선임직원이 보내지 말라고 했는데 T과장이 보냈다니 이건 또 무슨 일인가? 하고 의아한 것이었고 또 원래는 보통 같은 서무과의 선임직원이 중간 결재를 하는데 왜 안 했는지도 궁금한 것 같았다. 그러니 총무과직원은 A선생이 연관이 없다 하니 뭔가 숨기는 것이 없는가? 하고 긴가민가하면서도 물어보았으나 이미 파악하고 있는 사실관계와 전혀 다른 것이 없고 다 A선생 말대로이니 더 이상 말은 안하고 그제야 이유를 설명하였다. 품의서가 권력이야?

"지난번 그 공문이 중앙본사에서 문제가 돼서 반송되어 왔는데 사무처장이 몰라도 너무 모른다며 서무과장의 시말서를 징구하라고 했어요. X양은 서무과장이 다 시켜서 했다고 딱 잡아떼고 있어요."

"그렇죠, 그럴거예요."

A선생이 가만 들어보니 사실 보통일이 아니었다. 즉 앞서 그 공문은 중앙본사로 보내는 질의공문이었는데 특히 이런 질의공문의 경우는 사전에 신경써서 반드시 충분히 의논해서 본부 총무과를 경유하여 중앙본사로 보내는 것이 분명한 관례이고, 그것보다 통상 중앙본사로 거의 안 보내는 종류의 공문이었다. 그런데 일개 지방 서무과에서 바로 중앙본사로 보냈으니 뭔가 지방회사와 그 안의 일개 서무과간에 큰 이견이 있는 것처럼 보이고, 그것보다 저거끼리 다툼에 중앙본사를 끌어들인다고 보기 딱 좋았는데, 따라서 이런 종류의 공문 자체가 중앙본사에서 상당히 꺼리는 것이었다. 직거래가 권력이야?

그러니 큰 문제가 되기 때문에 중앙본사로 보내더라도 사전에 중앙본사, 지방회사, 서무과가 충분히 합의가 됐을 때만 보내는 그런 종류의 공문이었는데, 그런데 그것보다 사전의논할 것도 없이 중앙본사에서는 절대 보내지 말라는 그런 평소 암묵적으로 절대금기시되는 종류의 공문이었다. 사무직이 공문, 문서를 선호하지만 그럴수록 절대 금기시되는 공문이 있는데 바로 이런 종류의 공문이었다. 그러니 하부기관이 싸우면서 상급회사로 책임전가한다는 의심을 사게 만드는 역린을 건들인 일이었다. 책임전가가 권력이야?

그러니까 7법전서에나 나온다는 괘씸죄를 건들인 일이었다. 그러니 상급회사에서도 그토록 난리인 것이다. 그러니 다른 일반업무공문이라면 실수라고 웃고 넘길 수도 있는데 이건 사안 자체가 완전 달랐다. 그러니까 질의회시공문을 뜬금없이 상부본사로 보낸다? 이 자체가 결코 있을 수 없는 일이었다. 그리고 엄격한 중앙관료주의체제 하에서는 지방 일개 서무과가 중앙본사와 의문이 가는 일에 직거래를 하고자 시도한다는 것 자체가 전체체제질서를 문란하게 하는 일이어서, 전혀 있을 수 없는 일이고, 키우기 따라서는 지방본부를 무시하고, 중앙본사를 전혀 겁내지 않고, 전체체제를 우섭게 알고 도전하는 역대급 사건으로 비화될 수도 있었다. 7법전서가 권력이야?

물론 그런 의도는 전혀 아니니 그렇게 안되게 중앙에 그동안 갈고 닦은 인맥을 총동원하여 사정사정해서 빌어야 겨우 진화가 되는데, 그래서 인맥이라는게 이럴 때 아주 필요한 것이다. 다르게 말하면 인맥이 아주 필요하지만 잘하면 인맥도 그저 그렇고 똥 싸놓고 빌 일도, 부랄잡고 늘어질 일도 별로 없는데 그러나 회사생활에서 지만 잘한다고 되나? 운전할 때, 지만 잘 한다고 되나? 주위에서 사고치지 않고 다 잘 해줘야지. 그게 福長(복장)이라는 게지. 인맥이 권력이야?

그러면서 총무과 직원은 사건은 벌써 다 파악하고 있는데 다만 일의 전모를 확인하고 또 A선생이 혹시라도 관련이 되었는지 확인하고자 질문한 것이었다. 그러나 A선생은 전혀 관련이 없었다. 그런데 고참직원은 뜻밖에 X양이 자기는 모르고 T서무과장이 보내라고 해서 보냈다고 딱 잡아 뗀다는 것까지 다 파악하고 A선생에게 확인하고자 하였다. 사실 틀린 말이 아니었다. 공문기안 자체도 T서무과장이 A선생을 첨에는 전혀 모르게 따돌리고 X양에게 하라고 시켜서 한 것이지, X양이 뭘 안다고 하겠나? 근데 도당체 T서무과장은 뭘 안다고 그런 공문을 기안해서 중앙본부로 보내라고 지시를 한단 말인가? 왜 똥고집부리고 A선생의 직설을 안 받아들인단 말인가? 경청? 개나 줘버려!!! 그리고 무엇보다 X양은 빽이 그때까지도 확실하게 살아있었다. 빽은 살아있다! 줄이 권력이야?

그리고 지방본부의 사무처장이 중앙본사에 아주 쪽 팔려서 T서무과장이 몰라도 너무 모른다면서 시말서를 당장 징구하라고 지시하였다는 것이었다. 그럴 것이다. 일은 부하의 단순실수라면 단순실수지만 중앙본사에서 고위직인 사무처장의 일처리에 회의를 품으면 충분히 품을 수 있는 일이니 사무처장으로서는 자기가 살기 위해서라도 시말서라도 받아서 윗선에 자기는 전혀 몰랐다며 딱 잡아떼고 이를 진화시켜야 했다. 사무처장이 평소 목에 철근을 박은 듯이 목에 힘주고 있지만 그러나 권력이 권력을 아주 더 무서운 줄 아는 것이니 뭐라도 조그만 꼬투리라도 하나 잡히면 설설 맬 수밖에 없고 T서무과장을 감싸줄래야 감싸줄 수 없고 또 그럴 이유도 없었다.

사실 아무 것도 모르고 있다가 기습적으로 당했으니 발뺌도 전혀 아니고 누구나 알고 있는 이런 예민한 문제를 사무처장으로서는 중앙본사에서 내려온 통보를 보고 비로소 알았으니 아닌 밤중에 홍두깨라고 매우 황당했을 것이고, 행정사무에서는 결코 있을 수 없는 일인데 이 경우는 사무처장이 보통 때처럼 참고 말리고 없었던 일처럼 무마에 힘을 쓸 수도 없었고 이미 그럴 단계도 넘어 선 것 같았다. 기습이 권력이야?

그런데 A선생은 사실 속으로 놀랬다. 경쟁이 치열한 중간간부층에서 시말서 정도라도 한번 쓰면 당장 승진이 밀리고 지방에 근무하면서 한번 밀리면 당장 끝장이었다. 그 정도면 회사경력은 끝장인 것이나 마찬가지고 회사를 나와서 다른 일을 알아보는 것이 더 빠를 수도 있는 일이었다. 경력이 시작하기도 전에 알 수 없는 이상한 대형사고를 친 것이었다. 내용은 단순실수로 간단하다면 간단하였지만 일단 안 덮어주고 문제를 삼으면 큰 일이 되는 일인데 그런데 이건 무작정 덮어줄 수도 없는 일이었다. 살다보면 그런 일이 다반사이지 않는가? 그런데 이건 벌써 중앙본사에서 처벌하라고 지시가 내려 온 듯하니 아주 없었던 일처럼 빠져나가기는 더욱이나 어려웠다. 중앙본사가 최상위 권력이야?

A선생은 사실대로 자기 업무가 아니고 다만 묻길래 보내지 말라고 분명하게 얘기했는데 T서무과장이 X양에게 보내라고 지시를 해서 보내게 되었다고 분명하게 말하였다. 그러자 총무과 고참직원도 자기들이 파악한 것과 완전일치하니 더 묻지를 않았다. 그 당시 T서무과장과 X양, 더 나아가서 F양에게 괜히 끌려들어가 말 한마디 우물우물 잘못했으면 A선생도 쉽게 넘어 가지는 못했을 것이고 두고 두고 후회할 수도 있었는데 이번 일은 순간 정확한 판단을 한 것이고 그것보다도 평소대로 고지식하게 하여 그것으로 직장생활에서 크게 행운이 되어 가까스로 위기를 탈출하였으니 가슴을 쓸어내릴 일이었다. 그러면 그게 미리 액땜한 것이었나? 새옹지마야? 액땜이 권력이야?

아무튼 직장의 신에게 매우 감사한 일이었다. 물론 A선생도 일이 이렇게까지 커질 줄은 몰랐다. 단순실수는 중앙본사에서도 지방회사와 평소 쌓아온 끈끈한 정이 있으니 한번 웃고 넘어가면 되는 일일 수도 있는데, 이 건처럼 걍 넘어갈 수도 없고 한번 문제를 삼으면 걷잡을 수가 없는 것이다. T서무과장이 과연 지시대로 시말서를 썼는지 안 썼는지는 A선생은 관심도 없고 확인도 해보지도 않았다. 근데 시말서를 받았다고 상부로 보고한다고 사무처장이 아무 일 없다는 듯이 무사하게 넘어갈 수 있을까? 위로 올라갈수록 무한경쟁사회에서? 시말서징구가 권력이야?

그런데 뜻밖에 곧 회사의 사장이 바뀌는 큰 급변이 일어났다. 그런데 T서무과장도 시말서 받으라는 중앙본사에 까지 알려지는 전국적인 대형사고를 쳤는데도 사장이 바뀌자마자 이상하게 새 사장에게 픽엎되어 본부부서과장으로 영전하는 강한 운을 보이고 결국 그렇게도 원하는 자리로 바로 연결되어 마침내 여러 사람의 부러움 속에 전직을 하였고 직장을 나가서 다른 현직에 있으면서 해외유학을 가서 해외박사학위를 받고 돌아오는 보기 드문 운을 보였고 몰라도 너무 모르는 실무는 안해도 되는 좋은 자리에서 평생을 편안하게 근무하였다. 이 무슨 2율배반이야! A선생이 만난 또 한 명의 그들의 일그러진 T서무과장이었나? 보기 드문 운이 권력이야? 2율배반이 권력이야? 이상행동이 권력이야?

두 여직원은 사장이 바뀌자마자 나가게 되었는데 한 명은 결혼을 하였고 다른 앙큼이 한 명은 소리소문없이 사라져 버렸고 A선생은 인생사에서 아쉽지만 알고 싶지도 않았다. 그 무슨 빽과 찬스를 갖고와도 자기존재를 증명하지 못하면 그런 것 아니겠나? T서무과장과의 꿈같은 밀월관계는 잠깐만에 당연히 깨진 것 같았고 그렇게 과시하고 싶어했던 의대생과는 잘되었을까? 의대생과 사귀기는 사귀었을까? 참으로 이상한 일이었다. 여러 사람이 전국적으로 엮여 상당히 신세 조질 뻔 했지만 A선생은 영문을 모르는 상태에서도 정확하고 현명하고 침착한 판단으로 겨우 막아내었다. T서무과장은 2번이나 죽다 살아났는데 A선생에게 고마움을 느끼거나 느꼈을까? 알아도 죽을 때까지도 결코 그러지는 않을 것이고 뭐가 뭔지도 모르면서 자기가 당했는지도 아직도 모를 가능성이 있다. 그게 진정한 팜므 파탈이지. 팜므 파탈이 권력이야?

X양이 T서무과장이 어떤 지시로 시켰다해도 잠깐 사이에 그저 간단한, 그저 무심코, 그저 아무 생각없이, 그저 아무 것도 모르고 작성한 간단한 공문 한 장으로 중앙본사까지 끌어들여 전국적으로 떠들썩할 수 있는 대형사고를 치고 여러 사람 엮어 넣어 끝도 모를 궁지에 몰아 넣으려하였는데 이게 말이 돼? 아니, 글쎄 그것도 어느 정도가 있지, 이거 정말 너무 하지 않나? 부디 갈구지 마소 라는 소리가 저절로 나오지 않겠나? 갈굼이 권력이야?

그런데 이런 일이 왜 일어났는가? A선생이 게일키핑을 아예 못하도록 사전에 완전 묶어두었기 때문에 일어난 일이라는 것이다. A선생이 자기 딴에는 잘한다고 전체를 위해 개인을 이익도 없는 일에 나서게 해 열심히 게일키핑하다가 그저 속으로 그게 그렇게 더럽게 꼬운 T서무과장과 X양, 더나아가서 F양의 3인합심 싸대기를 더럽게 맞고 이래저래 바짝 몸을 숙이고 지켜보고 있는 기회에 그들이 슬며시 그러나 확실하고 신속하게 일을 저질렀는데 이참에 그들이 A선생까지 끌어들일려고 기도까지 하면서 만들어 낸 일이라는 것이다. 그들이 이에 A선생을 끌어들일려고 기도했는데 A선생은 고지식하지만 분명하게 빠져나왔다. 죽으면 저거나 죽지 왜 멀쩡한 사람을 끌어들이려 하나? 배은망덕도 유만부득 아닌가! 이거 뭐 물귀신이야! 좀비야? 이거 배신이야! 배신! 이거 뭐 누가 팜므 파탈이고 누가 옴므 파탈인지 구별하기도 어려웠다. 근데 이런 옴므 파탈도 있나? A선생은 가슴을 쓸어내리며 무엇보다 자신의 행운에 기뻐하였다. 배은망덕이 권력이야? 물귀신이 권력이야?

그 와중에서 A선생이 안된다고 전처럼 아예 못보내도록 완강하게 게임키핑했으면 어떻게 되었을 것 같애? 흔히 말하듯이, 막아야 한다고 조바심내며 이리저리 애쓰고 뛰었으면 어떻게 됐을까? 이렇게 했으면 어떻게 되었을 것같애? 이해돼? 이게 항상 핵심적인 고전적 문제지.

귀여운 아이가 우물로 들어갈려고 아장아장 걸어갈 때 못 들어가게 말려야 해? 당연히 말려야지! 그런가? 그런데 그 애가 돌변하여 니가 왜 말려? 죽는지 안 죽는지 들어가 봐야 알 것 아냐? 고 꼬장 부리면서 계속 들어갈려고 하면 그때 어른이 측은지심으로 애 귀싸 대기 때려서라도 정신차리게 해서 꺼집어 내야해? 그래서 알라가 분해서 앙앙 울고 있을 때 그 아 부모가 와서 영문도 모르고 우리 금 지옥엽한 알라를 왜 때렸냐며 불문곡직하고 그 어른을 귀싸대기 때리면서 두들겨 패자고 달려들면 어떻게 할래? 어떻게 수습할래?

아니면 죽으면 니 죽지 뭐 내 죽나? 라고 하며 어른이 수수방관하며 날 마이 비즈니스! Not My Business! 라고 하면서 보고만 있어야 해? 이거이거 아주 고전적인 문제야!

건데 이 경우 도대체 누가 싸대기 맞는다는 게야? 싸대기 더럽게 맞아가며 그래도 불쌍한 사람 살려야 해? 내 하나 희생해서라도 꺼집어 내서 살려야 해? 니 하나 희생한다고 살릴 수 있을 것 같애? 그러면 나중에라도 말이라도 고맙다는 소리를 들을 것 같애? 아니면 귀싸대기 맞고 영문도 모르고 밤새워 어벙벙해야 해? 어쨌든 A선생은 그 와중에도 안 된다고 분명히 말했으니까 거의 성인군자반열에 올라가야 할 것이 아닌가? 아닌가? 아니면 그저 무량없이 고지식하기만 한 직원인가? 당장 쫓겨 났잖아! 자자, 이건 고전 중의 고전문제니까 요 정도로 하고 나머지는 각자 사례연구로!

그러나 A선생이 아쉬워하는 것은 조금 다른데 있었다. 결국 2여직원만 사라져 버렸다는 것이다. 남자들이 여자 앞에서 오빠 믿지? 오빠 믿어! 오빠는 믿어야 해, 별 수도 없잖아! 라며 온갖 가오와 허세를 다 피우고 갖은 달콤한 말과 은근 협박까지 섞어서 후까시 입빠이 넣고 가스라이팅하며 책임 다 지겠다고 흿쇼리 헛따먹은 쇼리 희떠운 쇼리 뻥뻥치지만 결국 이상하게 잘못을 다 덮어 쓰고 사라지는 것은 2여직원뿐이라는 것이다. 그러면 더욱 책임져야할 남자는? 우째우째 빽달고 '비비고' 살아남아서 삐까뻔쩍 더 잘 돼서 나댄다는 것이다. 후로꾸도 이런 후로꾸가 있나? 물론 2여직원도 잘못이 없다고는 할 수 없고 여자의 가스라이팅도 대단하지만 그러나 비례의 원칙을 벗어나도 이유없이 너무 벗어나 있다는 것이다. 근데 그게 지 코가 석자인 A선생이 걱정할 일이야! 근데 오빠를 왜 믿어? 오빠가 권력이야?

결국 여성이 한쪽으로는 세상을 움직이는 부드러운 힘을 내세우며 어떻게 해보려고도 하지만 다른쪽에서는 그런 것은 개나 줘버려!!! 라며 전혀 안 믿고 전투적 여성상으로 1로 돌진하는 것이 다 이유가 있는 것이다. 양귀비냐? 아마조네스Amazones냐? 무기들이여 잘 있거라! 무쇠의 뽈로 혼자 가라! 그것이 문제로다. 문제? 몬 문제? 무기가 권력이야? 부드러운 힘이 권력이야?

여태후, 측천무후, 기황후, 정순왕후, 서태후, 명성황후는 어디 갔나? 이 6태후가 들었으면 같잖지도 않을 것이다. E6만 있나? 말희, 달기, 포사, 서시, 하희, 왕소군, 초선이, 양귀비 중국 8미녀는 어디 갔나? 그렇지, 그러면 B8도 이런 자리에서 빠질 수가 없지, E6B8에 걸리면 니거는 죽는 줄도 모르고 뼈도 못 추려! A선생, 니나 살아! 그렇지만 A선생은 말하는 것이다. 너희가 여자의 한을 아느냐? 니가 여자의 한을 알아? 안다고? 별 걸 다 아는군! 여자의 한이 권력이야?

한 사무실에서 4명의 직원이 순간적으로 사라져버렸고 다시 업무는 1도 모르는 직원들로 다 채워졌다. 근데 이게 희극이야? 비극이야? 그렇게 터진다는 중성자탄 터졌나? 글구 누구의 책임인가? T서무과장은 모든 문제유발자로서 어떤 책임을 졌나? 물론 X양이 첨부터 이상하게 개기지만 않았다면 당최 이런 일이 있지는 않았으나 그 역시 뒷배로서 T서무과장과 사장빽이 있었기 때문이었을 것이다. 뿐만 아니라 사무처장도 인사이동돼서 중앙으로 가자말자 대부분 결국은 곧바로 사라져버렸다. 동시에 빽으로 그들이 외부에서 데리고 온 직원들도 늘 사라져버렸다. 근데 왜 그런 지랄들을 늘 하는지. 중성자탄이 권력이야?

T서무과장의 꼬장과 잘못된 판단으로 사무실과 본부는 초토화되어버렸는데 누구의 책임인가? 당연히 T서무과장이 총체적으로 책임져야하지만 쉬쉬하면서 덮어졌고 여성만 초토화되었는데 반면에 T서무과장은 더 잘 되어갔으니 누가 누구에게 인과응보를 물을 것인가?

인과응보야 물론 있지만 누가 언제 어디서 어떻게 나타난다는 것인가? 맞아 죽는 연놈들도 어느 매에 맞아 죽는지도 모르고 오히려 서로 편 묵고 센 연놈에게 붙었다고 내용도 모르고 희희낙락하고 있으니 참으로 가관이었나? T서무과장과 X양, F양이 우연하게 세팅되었을 때 일이 엄청 증폭되어 가공할 만한 이런 일이 일어났고 여기에 Z씨도 유유상종으로 마침내 가담하였는데 저승사자도 그런 저승사자는 없지만 저들끼리는 늘 남 탓만 하고 있었으니 幻影(환영)사회에 A선생이 뭐라고 할 틈도 없었다. T서무과장과 X양이 쌍끌이하나? 이게 적과의 동침이냐? 완전 초토화되나? 저승사자가 권력이야? 센 연놈이 권력이야? 쌍끌이가 권력이야? 유유상종이 권력이야?

세상에서는 왕자병과 공주병이 있는데 이의 증상은 여러 가지가 있지만 그 주요한 한가지는 세상이 반드시 자기중심으로 돌아가야 한다는 것이다. 그러니까 세상이 자기중심으로 돌아가야 한다는 이상한 지배욕이 강한데 문제는 현실에서는 능력이 안 따라준다는 것이다. 업무를 모르면 모르는 대로 그것을 인정하고 알 때까지 남과 융화하며 실력을 향상하는 성숙한 사람으로 변화하여 향상1로해야 하는데 그게 안되고 유유상종이라 그런 인간들과 어느 틈에 편묵고 자꾸 남을 시기질투하고 해꼬지할려고 하는 것이다. 근데 그게 되겠나? 남은 뭐 놀고 있나? 공주병이 권력이야? 왕자병이 권력이야?

팜므 파탈Femme fatale과 옴므 파탈Homme fatale도 만만하지는 않다. 2파탈이 만나 세팅되면 어떻게 될 것 같애? 상상이 돼? 근데 A선생은 그 진귀한 광경을 희귀하게 목도했다는 것이다. 거 뭐 할게 있어? 팜므파탈과 옴므파탈이 세팅되는게 권력이야?

세상에는 사이코패스도 많은데 그러면 양복을 입은 독사와 그간 바로 옆 자리에 앉아 일했다면 어쩔 것인가? 그러나 어쩌랴? 한번 사이코패스는 영원한 사이코패스다. 사이코패스가 권력이야?

세상에는 말로만 듣던 팜므 파탈도 많다. 말로만 듣던 팜므 파탈이 아니라 모르고 당해서 그렇지 사회에서 아주 자주 있는 것도 사실 아닌가? 안 만나기만 그저 비는 수 밖에 없나? 팜므 파탈과 옴므 파탈 안 만나는 것이 권력이야? 그런 행운이 있겠나? 전생에 나라 구했어? 전생이 권력이야?

남은 열심히 노력해서 일취월장하려고 하는데 지들은 도태되고 그러다 사고를 치는 것이다. 그들은 결국 서로 책임전가하며 이전투구하며 빽과 운 좋은 연놈이 살아남는다고 보지만 그러나 그렇게는 안되고 최종적으로는 실력 키운 사람만이 살아남는 것이다. 그게 세상이치 아니겠나? 실력이 권력이야?

사람들은 무슨 빽이 있다고 그걸 믿고 함부로 나대지만 A선생이 볼 때는 빽도 매우 중요하지만 아무리 삐까뻔쩍한 빽권력 Background Power 라도 빽만큼 허망한 것도 없었다. 아무리 철썩같이 꽉 붙들고 있고 마냥 기대고 있는 철옹성 같은 빽도 너무 몰락이 심하였다. 어차피 빽을 믿고 일어난 세력이 더 큰 빽에 한방에 맥없이 무너지는 것은 시간문제도 아니었다. 철밥통도 없고 철옹성 빽도 애초에 없다. 사람들이 샤넬빽, 무슨 명품빽, 무슨 상상할 수도 없고 입이 떡 벌어지는 고가의 럭셔리 빽을 아주 신주 모시듯이 모시고 다니는데, 다 주요하고 A선생도 아주 갖고 싶어하지만, 그걸 들고 다니면 아주 있어 보이지만, 그러나 그 속에 뭘 담을 지도 주요하게 생각해야지. 내용Contents가 없는데 빽만 좋으면 뭘해! 명품빽이름을 많이 알면 좋지만 일단 여기까지. 근데 그 빽이 이 빽이야? 아니 이 빽이 그 빽이야? 빽? 아, 그 Bag? 빽이 권력이야?

그리고 이쁨도 마찬가지였다. 여성의 이쁨이 권력이라고 이쁨권력 Beauty Power 를 믿는 사람도 생각하는 만큼이나 매우 많고, A

선생도 이쁨을 늘 찬양하고 찬탄하지만, 성희롱 섹슈얼 해러스먼트 Sexual Harassment SH 가 되나? 그게 아니고 오히려 쇼파승진인가? 쇼파승진이 권력이야? 항상 이쁨주의! 이쁨주의보! 이쁨경보!

그리고 이쁨권력도 허망하기는 마찬가지였다. 이쁨권력이 생각하는만큼 강고한 권력이면 왜 예삐가 하루아침에 허무하게 무너지는 일이 그렇게 비일비재하다는 말인가? 남자의 나쁜 변심 때문만인가? 그것보다 결국 아무리 큰 이쁨권력도 불꺼지면 다 마찬가지이고 마지막에는 이불권력 Bedclothes Power 가 권력인 경우도 생각 밖으로 더 많다는 것이다. 돼지 얼굴 보고 잡아먹나? 이쁨주의! 이불이 권력이야? 이쁨주의! 이쁨주의보! 이쁨경보!

그러면 침대권력 Bed Power 인가? 그러면 이불공사가 붙잡아야 할 권력의 마지막 보루인가? 요분질이 인류를 통 털어서 가장 오래된 최고도의 기술인가? 요분질권력 Hip-Movement Power 가 人類最古最高最貴最一最後(인류최고최고최귀최1최후)의 진짜 권력 Real Power 이야? 여자도 화투도 쪼는 맛이지. 여자를 아는 것이 쉽지 않으니 화투 쪼듯이 어렵게 쪼아가면서 알아가야 한다 는 것이지. 쪼아, 쪼아! 돌리고 돌리고 돌리는 것도 주요하지만 쪼아야지, 이게 참으로 진짜 紅專鬪爭(홍전투쟁)인가? 요분질이 권력이야? 이쁨주의! 이쁨주의보! 이쁨경보!

미모의 여성과 전문직 여성의 머리 박터지는 권력투쟁이야? 이게 진짜 紅專鬪爭(홍전투쟁)이야? 뷰티와 커리어 우먼의 OK목장에서의 찐한 혈투! 여직원이 직장의 꽃이야? 여자의 적은 여자야? 여적여! 그러면 재색겸비하면 금상첨화야? 그렇지, 재원이 권력이야? 이쁨주의! 이쁨주의보! 이쁨경보!

그러니까 이쁨에서 능력으로 전환해야지, 이쁨만 믿고, Beauty Premium도 중요하지만 그것만 믿고, 오빠만 믿고 희희낙락하며 정신없이 저녁저녁 엉덩이 흔들어 봐! 하면서 호시절 구가하다가는 천없는 쇼파승진, 무릎팍승진, 엉덩이승진이라도, 곧바로 눈물 찔찔짜며 집으로 가는 거지. 이때 바지씨라도 하나 건져가면 만무 다행이지만 어, 어 하다가 시기를 놓치면 언냐가 되고 완전 오리알 되는 거지. 엉덩이가 권력이야? 이쁨주의! 이쁨주의보! 이쁨경보!

근데 그 紅專轉換(홍전전환)이 그렇게 어렵지. 다 꿈을 꾸더라도 어렵지, 사무직 일자체가 어려운게 아냐! 태세전환이 어렵지. 그런데 하면 여성이 잘하는데 사무실에서 일만 잘한다고 되는게 아니고 어쨌든 인간이란 사회생활이라는게 있어! 모 고런게 있지, 지금까진 남자의 전매특허처럼 돼 있지, 남자가 다 그렇지. 사무실의 성과가 주요한데 그러기 위해서는 인간관계사회망이 더 주요하고 아주 어렵지. 그러나 그것도 하면 여자도 잘 하지, 뭔지 몰라서 그렇지. 유리천장? 그것도 다 핑계야! 사회생활망이 권력이야? 이쁨주의! 이쁨주의보! 이쁨경보!

이제 여자도 권력을 잡게 되었으니 슬슬 남성도 뷰티에 신경 쓰고 돈 쓰고 시간 쓰고 정보수집하고 거울도 봐야하고 성형도 하고 키높이도 머리심기도 피부관리도 쌍수도 필요하고 무엇보다 얼짱이 나오는 시대가 되었다, 남자도 남의 일이 아니고 마찬가지이다. 지우히메와 욘사마! 얼짱이 권력이야? 이쁨주의! 이쁨주의보! 이쁨경보!

그리고 최후의 투쟁은 마지막으로는 여성이 자신의 이쁨과 투쟁하게 되지. 자신과의 이쁨투쟁이 권력이야? 이쁨주의! 이쁨주의보! 이쁨경보!

어쨌든! 그러면 도대체 이쁨주의! 이쁨주의보! 이쁨경보! 는 누구를 위한 것인가? 자자, 독자도 사례에 도취돼 넋놓고 있을게 아니고 야마를 잡아야지. 야마가 권력이야?

그런데 직장은, 세상은 아무리 생각해도 참 요지경이었다. 그런데 다시 말하지만 당시 걱정은 전에 있던 자리였다. 왜냐면 후임자로 치고 들어와 A선생과 자리를 맞바꾼 초짜 Z씨가 삐까뻔쩍 직장을 이리저리 설치고 나대고 다녔지만 업무에는 꽝이었기 때문이었다. 그래서 여기서는 어떻게 했는가? 하고 다시 살펴보니 업무를 많이 빵꾸를 낸 것 같았다. 서류정리도 제대로 하지 못하거나 안하고 잠깐 임시방편으로 그저 쌓아놓고 하루하루 미뤄두기만 했다. 그리고 보니 고시공부는 하기도 했겠지만 그것도 다 핑계고, 업무는 꽝이고 거의 모르겠고 업무를 계속 빵꾸를 내니 고시공부를 핑계로 이상한 말빨과 되지도 않는 허리운액션으로 희한한 뒷배들조차 속이고 A선생의 자리로 날라버린 것 같았다. 그러나 A선생의 원래 자리도 일의 분량 자체는 한량하지만 그 내용은 상당한 고난이도의 오랜 숙련과 다양한 전문성이 요구되는 자리였다. 신마이가 가서 분탕칠 자리는 결코 아니었다. A선생을 쫓아내고 기껏 끌어들인 Z씨가 빛좋은 개살구였나? 우째 하는 일 마다 이렇게 우중하나? 후안무치가 권력이야?

A선생에게 발령후 1주일도 안되어 Z씨가 점심을 같이 하자고 요청하여 가보니 직원들을 우르르 데리고 와서 업무를 가르쳐달라고 병풍치기를 하였다. 그러나 A선생은 첫마디에 가볍게 거절하였다. 업무가 하루아침에 배울 수 있는 그런 야매가 아니고, 법령, 내규에서부터 공문/품의서기안 지출결의서 경리/회계/장부정리 결재 등등

숙지해야할 내용도 엄청 많고 무엇보다 A선생도 바빴기 때문이다, A선생의 코가 석자고 해결해야할 과제가 태산 같은데 누가 누구를 한가하게 가르치겠는가? 그러나 남의 자리를 탈취하고 들어와 느닷없이 지 인맥을 총동원하여 병풍치기하면서 죽는 목소리로 그러면서도 허세는 잔뜩 부려가며 아주 가관인 표정으로 업무를 가르쳐달라니, 참으로 하나같이 후안무치하고 적반하장이고 낯짝 두껍고 복장 시키면 후흑한 그렇고 그런 희한한 인생들이었다. 따라온 인생들도 인생이 꾸지리하기는 마찬가지였다. 병풍치기가 권력이야?

그러나 그런 일에는 이골이 난 그 Z씨는 눈도 깜박 안 하고, 그게 그렇게 어렵다는 없는 티오를 만들어, 그 자리에 떡하니 남자하급자를 앉혀놓고는 자기는 장기출타로 어떻게든 병가로 가라서류를 꾸며 놓고는 고시공부한다며 날라버렸다. 그럴려면 있는 자리에서 병가내지 굳이 A선생을 쫓아내고 왔다가 병가를 내고 또 튀? 그것도 두 번이나? 따블 먹튀야? 일전문가가 아니고 먹튀전문가가 되었나? 게다가 통수전문가야? 그러니까 쉬운 자리라고 왔는데 와 보니 결코 그게 아니고 일을 모르니 다른 직원을 심어놓고는 어마 뜨거라 바로 찐 튀버렸다는 것이다. 법꾸라지야? 티오가 권력이야?

결과는? 고시에 되었다는 것이다. 다 잘 된 것이다. 결국 회사를 이용해서 자기 사리사욕을 채웠다는 것인데 그런 일이 자꾸 일어나면 회사가 어떻게 부지되겠는가? 만 그러나 다 잘된 것이다. 그러나 되자마자 결국 회사를 나갔으니 잠깐 사이에 트리플 먹튀를 달성했다는 것이다. 일은 등신이지만 밥장군인 가히 찐 먹튀전문가라고 할 만하다. 완전 회사만 놀아났나? 밑장빼고, 밑장빼고, 정신이 있는 사람은 현란한 밑장빼기, 밑장빼기, 밑장빼기 기술에 얼얼할 것이다.

<u>손은 눈보다 빠르고 먹튀는 손보다 빠르다?</u> 밑장빼기가 권력이야?

병가로 장기출타를 하다가 고시에 돼서 회사를 나갔으니 회사에
는 엄청 금전적 손해와 업무손해를 끼쳤지만, 자기 손해는 아니고,
다 자기 문제는 아니고, 다 합심단결해서 회사에서 좋은 인재 하나
키워 사회에 내보내서 희한한 뒷배들이 자기 소원들을 대리 성취하
는 선행을 했다는 것이다. 물론 지 돈 같으면 절대 직을 걸고 그런
감사에 걸리는 불법을 자행하면서까지 비밀로 쉬쉬하면서 개인 생
색내는 불법장학사업할 인간은 전혀 없을 것이다. 앞다마 3십 치는
연놈들이 뒷다마 6십 치려는 것은 그래도 봐 줄만한데 뒷다마를 6백
치려고 달려드니 그 허위와 위선, 가식, 허세가 어떻겠느냐? 는 것이
다. 차마 눈 뜨고는 못 봐 줄 꼴 아냐? 그런데 그딴걸 결재해주는 사
무처장과 사장은 또 어떤 사람인가? 그게 사무처장 전결로는 안될텐
데, 무슨 빽인가? 불법장학사업이 권력이야?

그런데 A선생에게는 결국 새 자리에서 1년여 열심히 하다가 업무
가 바빠 자신의 길을 갈 것인가? 회사에서 더 있을 것인가를 결정해
야할 인생 터닝 포인트 순간이 어느 듯 왔다. 결국 한창 일할 7년차
에 아쉬움을 뒤로 하고 상급직위의 승진이 안되고 경력정체(Career
Plateau)가 되니 더 이상 도로에 그치는 일을 할 수는 없고 이를 그
만 두고 그만 나왔다. 누구와도 의논할 수 없는 인생사의 1대결단을
내려야만 했다.

원래 인사에서는 나올 때 나오더라도 기다렸다가, 엄청 더러운 꼴
을 보더라도, 일단 승진하고 나오는 것이 월급재이계의 불문율이었
다. 또 승진만 시켜주면 나가겠다고 당고해서라도 승진하고 나오는
경우도 많았다. 또 갑이 쫓아낼 때 어떻게 꼬시더라도 절대로 사표를

쓰고 나오지 말고 해고를 당하더라도 당해서 나오라는 게 또한 을의 불문율이었다. 그러나 갑도 장사 하루이틀하는 것도 아니고 다 알고 이골이 나있고 눈꼽만한 반대급부를 제시하며 평소 치부책에 하나하나 체크해 둔 약점을 끈질기게 물고 늘어지면서 모가지 쥐고 흔드는데 그게 그리 쉽게 되겠나? 그러면 회사는 그 비리를 어떻게 그렇게 잘 아나? 그런데 그 치부책이라는 것도 다 자기들이 시킨 일이었다.

그러나 A선생은 그런저런 네고는 하지 않고 전혀 질척거리지 않고 깨끗하게 나왔다. 자의반타의반도 아니고 완전자의로 자발적 퇴직Voluntary Termination으로 스스로 퇴사하였지만 결국은 그들이 똘똘 뭉쳐 소리소문없이 쫓아낸 것이나 마찬가지였다. 그러면 미필적 타의로? 타발적 타의로?

그런데 일부에서는 A선생이 나가자 무슨 잘못을 저질러 쫓겨난 것이 아닌가? 하고 이리저리 전화하며 뒤 타기에 정신없이 골몰하는 인생도 있었다. 그렇게 할 일이 없어? 다들 말만 하면 정신없이 바쁘다더니 진짜 그렇게 정신이 없어? 그런 일한다고 정신없이 바쁘지? 뒤 타기가 권력이야?

그리고 A선생에게 뒷다마를 친 연놈들도 다 그들 스스로는 만족할 결과를 얻어갔다고 보는 것 같다. A선생은 일이 바빠 그후로 전혀 소식을 알지 못하였고 세월은 흘러갔다. 뒷다마가 권력이야?

A선생이 떠나자 회사에서는 그 자리에 적임자를 못 찾아 오래동안 매우 고생하였다는 것을 풍문으로 들었고 떠난 뒤에서야 비로소 A선생이 직장인의 명예라는 "일에는 귀신"이라는 명예의 호칭까지 듣고 있음을 알게 되었다. 그러나 A선생은 별 관심이 없었다. 있을

때 잘 해줘야지, 떠난 뒤에 뒤에서 그런 소리를 지거끼리 쑥덕거리면 뭐하냐? 는 것이었다. 업은 아이 3년 찾는다고 늘 엉뚱한 짓거리만 하고 있었다. 일에 귀신이 권력이야?

　지금부터라도 업무기술난이도에 맞게 보상 잘해줘 봐, 능력자가 누가 왜 안오겠어? A선생도 상위직급에 승진도 안되고 한참이나 경력정체되어 있다는 것을 지들도 속으로는 다 알고 있었지 않은가? 생각해 봐! 지가 승진하고 국물있는 좋은 자리로 가려면 경쟁자가 누군지, 뒷조사를 하는 것이 당연하고 뒤를 타서 장점은 장점대로 기스내고 약점은 약점대로 부풀려 과장해서 음해를 하는 것이 기본 나가레 중의 기본나가레 아니겠나? 기본나가레가 권력이야?

　그러니 A선생을 뒤에서 얼마나 쑥더쿵쑥더쿵 연구했는지, 알아도 상대가 A선생보다 A선생을 더 잘 알았는데, 그러나 A선생이 알아주었으면 하는 것은 결코 모르는 것은 아니고 절대 모르는 척 하였다. 그것 하나는 기술이었다. 그렇치, 굼뱅이도 기는 재주가 있다는 것 아니야? 기는 재주 굼뱅이가 권력이야?

　그리고 인사권자도 늘 그걸 이용하는 것이 문제였다. '그래 뭐 승진하고 싶다고? 당신 경쟁자가 누군지 알아? 열심히 해야지. 물론 그도 내가 볼 때는 문제는 있어! 그러니 당신도 안된다는 것은 아니고 더 열심히 해야지. 그를 오이꼬시할려면 어느 정도해서는 어렵지. 아무튼 열심히 해, 앞으로 내 말 잘 듣고, 알았어? 두고 보겠어! 나도 당신을 다 생각해주고 있어!' '감사합니다, 백골난망이고 늘 존경하고 있습니다, 그러면 당장 식사 한번 모시겠습니다.' '아니 뭐 꼭 그래야 되는 것은 아니지만, 그러면 더 좋지, 글구 당신 경쟁자말야! 걔는 왜 그리 인사성이 없어? 지가 뭐 SKY야? SKY도 그래 안

해! Ground도 그런 Ground가 없는데 지가 땅이면 알아서 기야지, 이건 그것도 아니고, 이건 모 땅속이야! 땅속! 땅속이면 그래도 괜찮지, 이건 완전 오리무중이고 완전 물 속이야, 물속! 수중! 어콰틱 Aquatic 하지!' '예예 그렇습니다, 걔는 뒤에 중뿔도 없는게 목에 힘만 준다고 소문이 다 나 있습니다. 우리는 걔와 놀아주지도 않고 벌써 따 시키고 있습니다, 걔는 완전 이상합니다, 가까이하지 마십시오! 제가 언제 술자리도 모시고 또 이 참에 아주 홍콩으로 확실히 보내 드리겠습니다.' '아니 뭐 꼭 그래야 되는 건 아니지만, 그럼 좋지, 내가 당신을 늘 지켜봐 왔어! 이번 인사에서 진짜 회사인재 하나를 확실히 키워야겠어! 내가 역시 사람하나는 잘 본단 말이야!' '맞습니다. 충성! 충성! 분골쇄신!' SKY가 권력이야? Ground가 권력이야? Underground가 권력이야? 어콰틱이 권력이야? 따가 권력이야?

또 그런 것이다. 늘 반복되는 일상이지. 그리고 영문도 모르고 노미네잍되는 직원은 늘 노미네잍만 되다가 끝난다는 것이다. 귀가 간질간질한 이유가 다 있는 것이야. 그런데 더 주요한 것은 쓸데없이 이리저리 영문도 모르는 노미네잍만 자꾸 되다가는 동네북되기가 십상이다. 자기도 모르게 적만 억수로 생긴다. 회사복도를 지나가는데 갑자기 다른 직원이 잡아 먹을 듯이 인상을 쓰며 확 달려드는 것이 자세한 연유는 모르지만 다 이유가 있는 일이지. 저거끼리 노미네잍하다가 저거끼리 가상의 적을 만들고 저거끼리 뭉치는 거지. 幻影(환영)사회지. 노미네잍이 권력이야? 적이 많으면 권력이야?

결국 그들도 있을 때 너무 해준 것이 없었다는 후회까지 하는 것 같았다. 후회? 겐세이나 하지말고 방해나 하지말지. 늘 해꼬지해놓고 이제 와서 후회는 무슨 후회야? 보통 회사에서 나간 직원을 두고 후회하는 일이 절대 없고 다시 거론하는 경우도 거의 없는데 그런데 그들도 일이 안되고 빵꾸만 자꾸 나는데도 뭐가 빵꾼지도 모르고 어떻게 막아야하는지도 모르고 적임자도 못 찾으니 겨우 그럴 것이다.

물론 후임자야 있지, 인사가 만사라는데, 그들이 항상 잘하는 대로 억지를 써서라도 발령만 내고, 갖다 놓으면 되고, 니 주제에 어딜 감히 여기를? 언감생심 감지덕지하고 알아서 해! 그러면 되는 것 같지만 그러나 뭘 알아야하지, 기회만 되면 좋은 머리를 굴려 별별 이유를 다 달아 늘상 도망갈 궁리만 하는 인력은 임시방편으로 몇 사람을 돌려막기해도 업무빵꾸만 더 나고 직장에 손해만 더 나는 것이다. 평소 뒤에서 그들이 속닥플레이로 쑥덕거리며 눈치나 할금할금 보면서 자기들끼리 다해먹고 있으면서 A선생에게 관심을 기울이는 사람은 아무도 없는 것처럼 보였지만 그들도 알기는 다 알고 있었다. 당연한 일이었다. 입으로 쇠도 녹이나? 남 까리비는게 권력이야?

물론 그것은 A선생도 성찰할 부분이 있었다. A선생도 현실직장에서 남들처럼 뛰어야되는데, 그리고 어느 사조직, 계파에 속해서 분골쇄신해야하는데, A선생도 하고 싶고 할려고 해도 그쪽으론 기술이 부족했는지, 상대들이 워낙 난다긴다 단수가 높았는지, 사조직도 경쟁이 심해 방해가 워낙 심했는지, 그게 이래저래 마음만큼 잘 안 되었는지, 결국은 잘 안되었다는 것이다. 왜 안되었을까?

낮에 사무실에서 열심히 일하는 것은 힘들고 별로 알아주지도 않고 저녁저녁 시내돌아다니며 떼서리지어서 편 묵고 거리에서 "우리가 남이가!" "우리가 다리가!" 라며 뭉치자고 목소리 높이 외치며 손을 치켜들며 술을 처먹고, 사교고스톱 잘하며 향응을 베푸는 밤일에 능통한 연놈이 장땡인 세상이 되어도 버얼써 되어있었다. 물론 그것도 주요하지. 떼서리가 권력이야?

그리고 건배사도 주요하고 어느 정도냐 하면 책도 나와 있다. 미리 술자리에 가기 전에 예습도 하고 리허설도 하고 주위에 자문도 구하고 시장조사도 하였다. 안 잊을려고 수첩에 빼곡이 적어가서 쓸쩍쓸쩍 화장실에 가서 남몰래 참고도 하였다. 그래서 소리 높이 외쳤다! 쉽고 재밌고 기억이 잘되는 건배사는 다음과 같다.

"개나발을 위하여!" 그러니까 개인과 나라의 발전을 위하여!

"조통을 위하여!" 조국의 통일을 위하여!

"빠삐용!" 빠지거나 삐치지 말고 용서하자! 인상 깊은 3건배사였다.

나중에는 "낄끼빠빠" 도 나왔다. 낄 데는 끼고 빠질 데는 빠진다.

참 이래저래 회사인이 할 일도 많았다. 그러나 그걸 잘해야 또 있어 보이는 유능한 직장인이 되니 연말회식자리에 나오기 전에 꼭 챙겨야 하는 필수품이 되어 화장실에 가서 거울보고 손을 들며 초성 가다듬고 연습하고 나오는 것이었다.

그때는 통행금지도 있는 엄중한 세월이었는데 회사의 제일 주요 부서장이고 고위직인 총무과장이 밤 늦게까지 술을 만땅 처먹고 거리에서 주정부리며 돌아다니다가 뻗어서 통금에 걸려 파출소에 끌려갔는데 순경의 연락을 받고 회사에서 숙직하던 직원이 새벽같이 가서 겨우 빼내어 왔는데 운전하며 같이 갔던 총무과 소속인 운전기사가 갔다와서는 이름도 다르고 사람도 다르고 총무과장이 전혀 아니더라는 엉뚱한 소리를 하며 쉬쉬 덮어주는 세월이었다. 그 역시 중앙본사에 알려지기만 하면 당장 사표감이었고 그게 아니더라도 경력 완전 쫑치는 일이었다. 물론 낮에 겉으로는 둘도 없이 근엄하고 회사업무군기를 꽉꽉 다잡는 부서의 권위적인 총무과장이었다. 왜 이렇게 되었을까? 다 이유가 있겠지.

그런데 A선생이 혼자 열심히 한다는 것을 버얼써 사람들은 다 알고 있는 것이었고 어떻게 그렇게 소문이 다 돌았는지 이제는 같이 편 묵자는 인간도 없었다. 결국 그때는 "일에는 귀신"이라는 자기 호칭을 알지도 못하고, 그런데도 A선생은 승진에서 자기도 모르게 몇차례 물먹고 후배들에게 자꾸만 오이꼬시 당하니 어쩔 수 없이 자기 길을 찾아 회사를 먼저 나가야했다. 오이꼬시가 권력이야?

그런데 A선생이 나가기 전에 계장과 과내 퇴직실무를 담당하는 한두사람에게 먼저 퇴직예고를 하였다. 그것은 직장에서 당연한 예의였다. 근데 퇴직예고가 법률용어인가?

그런데 뜻밖에 늘 머리를 맞대고 같이 일하던 계장이 퇴직예고를 듣자말자 더 이상 안 듣고 그 즉시 퇴직후 대안이 뭐냐고 물었다. 그래서 A선생이 가볍게 "대안은 없다." 고 했다. 그러자말자 계장은 즉각 의외의 제안을 했다. 그러면 그러지 말고 과장에게 연구직을 달라고 말해보라는 것이었다. A선생은 행정직인데 연구직은 직급이 더 높아서, 연구직이 현재 있는 행정직급보다 직제상으로는 2직급이나 더 높았고, 업무에 조금 더 자율성도 있어서 그것은 경력정체에 있는 A선생도 귀에 솔깃하였다. 당연히 월급도 더 오르는 일이었다. 원래 초짜 Z씨가 와서 곧바로 어마 뜨거라 하면서 도망가기 전에 연구직으로 이 자리에서 오래 근무했던 사람이 있었는데 영어도 소문나게 아주 잘하고 상당히 전문성을 갖고 있었고 업무에도 아주 밝고 열정도 있어서 업무체계를 다 잡아두었고 회사가 크게 덕을 보았는데 늦었지만 잘 돼서 나간 것이었다.

그러니까 Z씨가 초짜로 와서 그나마 그럭저럭 일을 꾸려나간 것은 그전의 전임자가 기틀을 완전 닦아 놓았기 때문에 그 위에 얹혀 있어서 가능한 일이었다. 그 기반위에서 Z씨가 일을 잘하는 척 가식을 부리다가 더 이상 안될다 싶으니 고시공부한다는 이유를 달아 어느 틈에 후다닥 날라 버린 것이다. 그러니까 그 전임자와 A선생 사이에서 Z씨는 이상한 말빨로 허세부리며 조금 근무하면서 얼렁뚱땅 일 잘한다는 소리만 들으면서 포장하고 있었는 것이다. 조금 더 있었으면 실체가 탄로났을 것이다.

그러니 원래 연구직 자리였으니 A선생이 연구직으로 전직을 한다고 해서 아무 문제가 없고 행정직으로서는 티오가 하나 더 나니 서로가 아주 윈윈이었다. 연구직티오는 항상 예비티오가 비축되어 있으니, 안 써서 그렇지, 쓰는 데에는 아무 문제될 것이 없다고 보았다. 실제 2자리나 예비로 비워 두고 있었다. 그리고 연구직티오는 고정되어 있는 것이 아니고 그 전에 있던 연구직처럼 나가는 사람이 있으면 자리에 따라 내부방침으로 회수할 수도 있으므로 티오는 크게 문제는 아니었다. 그러니까 지금까지 A선생이 전의 자리처럼 훨씬 낮은 직급과 낮은 월급으로 1년 정도 빡씨게 노력봉사를 한 것이었는데 이제라도 이는 A선생이 당연히 요구할 만 하였다. 기리까이를 요구할 만하니 하지 A선생이 무슨 편법을 써서라도 해달라고 뒤에서 군달을 모아 술 처먹으면서 고래고래 지랄떨면서 협박 비슷하게 뗑깡 부리고 불평불만을 늘어 놓거나, 유관인사를 2~3차 모시고 나가 사바사바하고 짜웅하고 야로부리고 안해준다고 깡을 부리고 다구 피울 사람은 전혀 아니고 업무에서 이성을 가진 매우 합리적인 사람이었다. 뗑깡이 권력이야? 야로가 권력이야? 짜웅이 권력이야?

그간 A선생도 연구직 그 생각을 안 한 바는 아니었지만 주위사람에게 민폐를 안 끼치고 말없이 나갈려고 했는데 계장이 사무실의 문제를 이미 캐취하고 있으면서도 말은 절대 안하고 있다가 갑자기 A선생이 나간다니 다급한지 첫마디에 자청해서 처음으로 먼저 아이디어를 얘기해주니 새삼 얘기할만 하다고 보았다.

A선생 자신도 자신이지만 이제 구체적으로 막상 나갈려고 보니 평소 어렴풋이나마 느끼고 있었던 사무실 문제가 가시적으로 차츰차츰 느끼기 시작되었는데 즉 사무실 자체가 대안이 보이지 않는다는 것을 A선생도 비로소 실체적으로 알게 되었고 남의 일로 생각할 것이 아니었는데 그 보다 계장은 옆에 있으면서 이미 다 잘 알고 있었다는 것이다.

그러니까 계장이 옆에서 사람 좋은 웃음만 짓고 있으면서 말을 안하고 할금할금 눈치만 보고 있었지만 그러나 계장도 계장인지라 풋내기는 전혀 아니고 업무특성을 다 파악하고 있다가 A선생이 나간다니 비로소 다급해졌는지 요청 안해도 자청해서 비로소 먼저 필요한 말을 즉각 해주었다 는 것인데, 이게 그간 전혀 못 보던 일인데, A선생도 긴가민가하고 있는 직장의 문제를 계장이 버얼써 전모를 다 파악하고 코치까지 해주었다는 것이다. 무슨 문제를? 그러니까 A선생이 대안이 없는 것이 아니라 평소 큰 소리 뻥뻥 치며 인사권자를 감싸고 돌면서 온갖 허세를 팍팍 부리던 그들이 대안이 없다는 것이 대번에 명명백백하게 밝혀졌다.

그런데도 A선생을 말도 안되는 가스라이팅하는 데에 그동안 똘똘뭉쳐 여념이 없었다는 것이다. 속으로는 쾌재를 불렀을지도 모른다! 누군가 독재자가 말했다지 않은가? 쓸모있는 바보들! 그러나 A선생은 신의성실에 따라 열심히 일하다가 고지식하게 자기 길을 갔고 손해도 있었으나 얻은 것도 많았다. A선생은 결단코 손해코스프레는 꿈에도 생각하지 않고 항상 득의담연하게 회심의 미소를 지었다. 그러므로 결코 그렇게 어떤 코스프레도 하지는 않고 그들을 보면 영문을 몰랐다. 저런저런 지 일이나 잘 좀 하지. 순 가스라이팅으로 날로 묵고 살려고 해! 고지식이 권력이야? 고 지식이 권력이야?

그래서 A선생은 처음으로 과장에게 가서 자기의 신상문제를 얘기했다. 연구직으로 전환하고 싶다고 했는데 A선생은 과장이 흔쾌히 그렇게 되도록 해보자며 긍정적 반응을 보이거나, 두고 생각해 보자며 전형적인 반응을 보일 것으로 생각했는데, 아주 생각밖으로 첫마디에 안된다며, 더 이상 얘기할 거리도 없이 가볍게 거절하였다. A선생의 신상상담은 전혀 귀담아 들어줄려는 눈치자체가 없었다. 우물쭈물 티오가 없다는 뭐 그런 전형적인 얘기도 한 것 같으나 지나가는 것처럼 건성으로 얘기하고 별달리 강조하지도 않았다. 아마 예비로 2자리가 있으니 그건 명분이 약하다는 것을 벌써 알고 머리를 굴린 것 같았다. 계장처럼 대안이 있느냐? 는 등의 개인적이고도 회사차원의 실무적이고 단순명료하고 순차적이고도 고차적인 얘기도 없었다. 그러니까 양날의 칼로 핵심을 찌르지도 못하였다.

A선생은 조금 어리둥절도 하였지만 더 이상 얘기 않고 즉시 알겠다고 하고 나와서 찐맛없이 원래 생각한 바대로 바로 즉시 그만 두었다. 괜히 계장 말만 듣고 과장에게 제안한 것을 조금 아쉽게 여기기도 했지만 결과는 아주 잘 한 것이다. 그러니까 할까 말까 할 때는 하라는 것이다. 지를까 말까 할 때는 질러라는 것이다. 그러면 결

과는? 무슨 결과? 그러면 안 하고 안 지른다고 무슨 결과가 있어? 물론 사소한 일에 목숨 걸어가지고 죽을 수도 있는 위험한 일과 해서는 안 되는 일은 절대 안해야 되지만 그러나 손해를 감수할 수 있는 여력이 있으면 지르는 것이 그래도 돈이 안되더라도 돈 보다 더 소중할 수도 있는 교훈은 남는다는 것이다.

그러다가 아주 뜻밖에 대박칠 수도 있다. 대박이 아니면 중박이라도 치겠지, 물론 쪽박이나 소박은 절대 안 되겠지. 당신 인생에 별로 행운이 없다고? 힘 빠진다고? 그게 아니지, 그걸 안 것만 해도 큰 행운이야! 물론 안다고 되는게 아니고 그 교훈을 알고 향후 대책을 잘 세워야 되는 것이지!

그런데 이런 경우 직장에서 계장이 즉각 과장에게 보고를 하고 조치를 상의하는 것이 상례인데 했는지 안 했는지 알고 싶지도 않았다. 전혀 안한 것 같기도 했지만 과장이 기다렸다는 듯이 즉시 가볍게 반응을 보였으니 했을 가능성이 당연히 더 많았다. 만약 안 했고 나중에 과장이 이를 알면 계장이 상당히 질책을 받을 수도 있는 일이었다. 과원의 신상변동이 모든 회사 과장들의 늘 예민한 문제가 아니던가? 더욱이 당장 소속직원진퇴문제가 걸려 있는데 보고를 안한단 말인가? 계장부터 당장 자기도 업무가 걸린 문젠데, 생각하기 어려운 일이었다. 그러나 또 일단 보고를 하면 자기 책임은 없다는 것이다.

그러므로 A선생이 찾아가기 전에 벌써 계장에게 과장의 의사가 전달되었고 여기서 얘기가 이미 다 끝난 듯하였다. A선생은 멋도 모르고 확인사살하러 간 꼴 밖에 안 되었지만 사실 상당히 의미있고 잘 한 것이다. 그리고 나와서 곧 계장에게 과장이 안된다고 하니 원래 생각대로 나가야 하겠다고 얘기를 하니 계장은 쓱 웃으며 아무 말도 없었다.

　A선생은 계장에게 말했다. "내가 없으면 사무처장이 인사하기 어려울거예요. 사무처장이 바뀌면 첫인사에서 내가 늘 인사이동하거든요." 계장은 아는지 모르는지 헤-하고 웃었다. 이게 무슨 말이냐? 하면 사무처장이 중앙에서 내려와 항상 보란 듯이 첫인사를 단행하는데 그러니까 회심의 한 칼 쓰고 '꿇어! 눈까름마!' 하는데 바로 그 첫인사에서 A선생이 항상 인사이동되는 것이다. 근데 사무처장이 처음 내려와서 동서남북도 모르는데 뭘 알고 인사이동을 보란 듯이 결심하고 단행하겠는가? 그러니 청탁을 받고 인사부서와 소속부서장의 의견을 구하고 애로사항을 경청하고 자기 나름의 복심 라인업을 짜는데 이때 아무 것도 안하고 가만만 있는 A선생이 항상 그 첫인사의 대상이 되어 날라가는 기이한 일이 항상 벌어졌다. 그러니까 인사청탁이 난무하는 청탁회사에서 A선생 이 분은 무슨 고상을 떠는지, 아무 생각이 없는지 청탁도 없고 그래서 빽도 없어 보이고 그러나 나름 유능하다는 소리를 들으니까 어디 보내도 불평불만없이 말 잘 듣고 지 일은 잘할 거니까 다른 자들의 청탁을 들어주고 생색내기 위해 A선생을 아무 부담없이 아무 일말의 고민도 없이 보내버리는 것같았다. 것 봐! 인사권이 땡이야! 승진도 안시켜주고 핵심보직에는 근처도 안 보내주고 늘 안심하고 돌려막기에는 준비된 최적의 A선생인가? 최강의 해결사야? 특공대 Task Force야? 쓸모있는 바보야? 제일만만해? 햇수로 7년동안 사무처장이 무려 5번 바뀌었는데 A선생이 첫인사에서 4번 인사이동하고 마지막 사무처장 때는 그들의 고소원대로 나온 것이다. 결국 A선생 1인에 대해 5사무처장

이 5첫인사를 단행한 것이다. 그러니까 A선생은 마지막 1번은 당연히 제외하고 재직 동안 있었던 모두 그 4번을 눈 뜨고 어느 날 아침 출근해서 보니까 들리는 소문으로 하루아침에 갑자기 단행 당한거지. A선생도 겨우 1년 정도 자기 자리에 있었고 동시에 사무처장들도 자기 자리에 겨우 1년 남짓 있었다. 도대체 인사규정과 관행이 어디에 무슨 이런게 있단 말인가? 왜 그들은 A선생을 성인군자, 또는 바보로 만들려고 광분하였던가? A선생이 이상주의자였던가?

이를 오래오래 관찰해 보니 결국 사무처장 자리는 없고 사람은 많으니 빨리빨리 승진시키고 빨리빨리 내보는 것이 아무도 알지는 못하는 사이에 알게모르게 몸에 철저히 배인 관행이었다. 철밥통이 철밥통이 아니고 그나름 애로공정이 분명히 있었다. 어느 정도 승진하여 누리고 나면, 더 이상의 상위직을 누구나 바라지만 그러나 능력 발휘를 못하면, 늘 후진을 위해 용퇴하는 것이 대단한 미덕이고 불문율의 관행이었다. 처장급에서는 당연히 정년 때까지 있는 것이 당연하고 그렇게 목에 힘주고 있지만 때가 되면 정년과 신분보장과 아무 상관없이 반드시 마주치게 되는 진실이었고 밑에서는 아무도 말리지 않았고 오히려 알게모르게 은근히 환영하였다.

근데 이 와중에 아무 관계도 없는 A선생이 늘상 본의도 아니고 이유도 없이 댓가도 없이 이 거대한 흐름에 왜 끼어든건가? 도체 누가 독립변수고 누가 종속변수인가? 인과관계야? 상관관계야? 사무처장이 인사이동이 되니 A선생이 인사이동 되는가? 아니면 역으로 A선생이 인사이동되니 사무처장이 인사이동 되는가? 다시 강조하면 A선생이 인사이동되기 위해 사무처장이 인사이동 되는가? 모르는 것이 자랑이 아니니 한두번도 아니고 우연이 겹치면 필연이라고 A선생을 인사이동시킬려고 위에서 저격수 사무처장을 고의적으로 보내는 것이 아닌가? 하는 매우 혜안마저 갖게 되는 것이다, 실사지. 근데 그게 사무처장이 받은 긴급 최우선 암묵적 오다야? 그게 아니면 왜 그렇게 첫인사에 벌써 설쳐? 도체 무슨 이유야? A선생은 사무처장이 인사를 하기 위한 최후의 보루인가? A선생이 지구라도 구할 아기장수야? 너무 알면 재미없지. 승진시키고 내보내는게 권력이야?

그런데 더 기이한 것은 A선생이 평소 칭겨서 갔는 히바루 없어 보이는 그 자리가 좀 있으면 뭐어 그렇게 좋은 자리라고 특급지까지는 아니지만 1급지가 되어 상위직급에 있는 자들이 기를 쓰고 한사코 기들어올려고 남의 짱배기를 밟고 온갖 술수를 다부리고 기들어온단 말인가? A선생이 자기도 모르게 7급지를 1급지로 키웠나? 그게 그렇게 좋은 자리였던가? 옆에서 보면 잘 보여? 남의 밭의 콩이 더 커 보여? 그게 그래 보일 수도 있나? 힘들여 하나하나 길 닦아 놓으니 항상 자리 잡을 새도 없이 똥차가 먼저 기들어와? 남의 자리의 떡이 이유도 없이 항상 커보여? A선생이 그 자리가 그렇게 좋은 자린줄 몰랐나? 알고 좀 방어를 하지 그랬어?

A선생은 정말 몰랐지. 다만 A선생이 그 자리에 있을 때 상투적으로 징징거리거나 이유없는 불평불만을 말하거나 사사건건 상습적으로 고정처리한다고 말하지 않고 늘 칠랑팔랑하고 재밌게 지내고자 하였는데 그게 그래서 남들이 볼 때는 뭔가 좋은 자리라고 착각을 하게 하였나? 아무리 없다고 해도 그래도 필시 무슨 국물 있다고 오해하게 하였나 하고 스스로 추측할 뿐이지. 근데 오면 오자마자 튄다고 난리였다, 일만 많고 생기는 것은 아무 것도 없어? 먹튀야?

그런데 마지막 자리는 자의반 타의반도 아니고 완전 자의로 비워

줬는데 이번에는 아무도 안 들어올려고 기를 쓴다는 것이다. 이건 또 무슨 몬도가네야? 그러나 이제 A선생이 없을 때 차후의 사무처장은 어떻게 인사를 할까? 글쎄, 근데 그게 A선생이 걱정할 일인가?

근데 뚱뚱하고 배나온 사무처장은 나름 줄을 잘 잡았는지 그렇게 쌓은 뒷배가 얼마나 빵빵했는지 곧 중앙으로 인사이동해 갔는데 가자마자 금방 고교 교장으로 전직을 해가버렸다. 배가 그리 나와 교장을 할 수 있나? 개인적으로 더 이상 상위직위로 올라가기는 어렵고 가도 그렇고 정년보장으로 보면 아주 잘 되었다고도 할 수 있지만 교사는 1일도 했는지 안했는지는 모르겠지만 당시 30년~40년 교사를 해도 교감도 한번 못하고 크나큰 아쉬움을 품고 피눈물을 흘리면서 평교사로 정년퇴직해야하는 인사정체가 극심한 초중고교계에 완전 꼬추가루를 팍 뿌렸다. 행정직의 이미지가 괜히 지 하나 땜에 좋아질 수 있겠나? A선생이 속한 행정직으로 봐도 나서서 말하는 사람은 없었지만 별로 환영하지 않았다. 처장이 나가면 TO가 비어서 내심 좋아할 만도 하지만 그것보다 중앙부서 행정직 처장직위를 가진 사람이 전직하여 교장으로 가는데 이유야 뭐를 달던 아무 개연성도 없고 내세우는 경력도 전혀 없기 때문이었다. 남의 밥이 더 크게 보인다고 권위주의 시절이라고 권력을 믿고 남의 밥그릇을 뺏는 일이 정당할까? 입장을 바꿔서 고교교장이 중앙부서 처장으로 온다는 것은 꿈에도 생각할 수 없는 일이었다. 그러나 그런 자들은 그런 것은 눈도 깜박 안했다.

그런 자들이 나중에 전교조가 생겨도 늘 엉뚱한 쇼리만 할 것이다. '것봐것봐, 내가 교장으로 가서 꽉마 밟아야돼, 내가 가서 꽉마 밟았을 때는 전혀 그런 문제가 없었어! 내가 가면 다 해결돼! 내가 처음 교장으로 갔을 때는 교사와 학생들이 모두 반대하는 것 같았어! 근데 내가 아주 잘 하자, 내가 나올 때는 교사와 학생들이 모두 눈물을 흘리면서 손을 붙들고 아쉬워 했어! 별거 아니야!' 그러겠지, 글쎄, 그렇겠지, 어련하겠수, 또 뭐 바쁜 교사들 다 모이라 해놓고 얼굴 벌거이 해서 인사 없다고 쇼리 꽥 치고 난 다음에 바로 그 담 날에 인사하겠지. 그리고 말하겠지. 아니 이들은 어떻게 눈치가 없어, 눈치가! 저쪽에 있으면 그래도 이카면 저카는게 있은데 얘네들은 왜 이래 조용해, 문제야, 문제! 내가 싹 다 바꿔 놓겠어! 에궁에 궁, 항상, 니가 문제야! 니가! 그건 그렇고 입에 침이나 바르고 얘기 하시지. 물론 전교조 문제는 전교조 문제대로 봐야지 그렇다고 전교조가 교조적으로 하면 안되지.

인사적체가 되고 사정이 너무 긴박하니까 나중 민주화시절이 되자 초중고 현장에서는 시골학교에 학생도 적고 학급도 적어 교감 1자리도 사실 필요 없는데 이를 무조건 2~3자리로 쪼개어 명목상의 자리를 만들어 이를 언발에 오줌누기식으로 해결하고자 했고 그런데 그럴수록 교장 자리는 더 해결이 안되니 나중에는 교장 10년을 하면 도로 교사로 내려가되 수석교사로 예우하여 이를 해결하고자 했지만 교장이 그래도 교장실에서 담장 안의 소 영주 대접받다가 이제 수석교사가 되어 교무실에서 다른 평교사와 같이 근무하며 후배 교장과 서로 눈치를 본다는게 그게 해결책이 되겠나? 뜻은 이해하고 공감하지만 전혀 해결책이 되지 않았다. 차라리 교장 10년하면 명예퇴직을 하게 하는게 나을 것도 같지만 그러나 그것도 해결책이 되겠는가? 일단 교장된 사람들이 명퇴할 생각자체가 1도 없었다. 차라리 정 안되면 수석교사가 되어도 정년까지 있는게 낫다는 사람도 대부분이었다. 인사적체가 이렇게 어려운 것이다. 그런데 그런 촉각을 곤두세우고 있는 엄중한 교육현장에 교사니 학주니 교감도 1일도 하지 않은 자가 더 이상 상위직을 올라가기는 아주 힘드니까 정년을 바라고 교장으로 바로 치고 들어간다는게 말이 되겠는가? 근데 더 잘 돼갔는데 말할게 뭐 있는가? 허허 이 몬도가네가 권력이야?

그런데 A선생은 아무 말이 없었다. 자기 인사에 대해 전혀 입도 벙긋 안 했다. 혹 속을 떠봐도 말이 없었다. NCND정책이야? 전략적 모호성이야? 속도 없는 사람이야? 일은 괜찮게 하는 것 같은데 아무 자기 권리주장 안하는 바보야? 쓸모있는 바보야? 꿰다 놓은 보리자루야? 성인군자현인이야? 생불이야? 독불이야? 근데 하루종일 별 말도 없고 친절하고 말을 하면 늘 좋은 말만 하다가 한번씩 상당히 직설로 하는데 그것도 신경 쓰이는데 가끔 뭔지는 모르지만 지 혼자 똑똑은 척 업무상 자기주장을 강력하게 세우고 그때는 남의 말 안들어, 근데 그게 다 맞는 말이야! 그것 꽤 신경 쓰이고 아주 고깝게 들려! 특히 남이 업무상 더듬거리고 실패하면 꼭 한소리하는데 바보처럼 일만 하던 그래서 빽도 없다고 얕잡아 보던 A선생이 그래 말하니 그거 비상이야, 완전 비상이야! 국솥의 국자처럼, 얼음 위의 숯불처럼, 이상한 나라의 앨리스처럼 따로 놀려구 하구 남에게 비비지도 않고 기지도 않고 자꾸 왜 그래? 생활 잘하고 있는데 왠지 불편해, 왜 그래? 권력욕이 없는게 권력이야?

A선생의 공직생활에서 가장 기이한 것은 어떤 일이 있어도 윗선이나 뒷배에게 쪼르르 달려가 이르지 않는다는 것이다. 물론 그런 윗선이나 뒷배를 아예 만들지도 않았다. 몬 일이야? 무슨 철칙이라도 갖고 있나? 남들이 보면 엄청난 큰 일인데도 정작 A선생은 어떤

일을 당해도 쓰다달다 전혀 말도 없이 쾌활무비하게 근무만 잘 하였다. 가끔 업무상 튀는 일이 있기야 있지만 그건 뭐 사실 튀는 것도 아니고 더욱이 개인적 이해관계는 전혀 없었고 사람은 너무 평범하여 일부러 그러기도 어려울텐데 참으로 불가해한 인물이었다. 독불이야? 생불이야? 그래서 넘들이 아주 얕잡아보고 더 달려드나? 맨주먹의 도덕군자가 권력이야?

과장은 왜 안 된다고 했을까? 연구직예비티오를 확보해 놓기 위해? 표면적으로는 그게 제일 핑계가 될 수 있다면 되겠지만 그건 아주 아닐 것이고, 그걸 확보한다는 것은 명분도 약하지만 쓸려고 예비티오가 있는데 쓸데 써야지, 왜 확보만 하고 있어? 그러면 원래 이 자리에 있던 티오는 어디로 갔어? 그런데 사무실의 다가올 문제를 감수하고서라도? 그것은 지한테는 별 거 아니고 이 참에 아주 A선생를 내보내겠다는 것인가? 이유는? 상하관계이지만 그러나 시간이 지나면 결국 같은 업계에서 오래 같이 근무할 A선생에게? 뿐만이 아니고 주위에도 두고두고 생색낼 수 있는 일일텐데? 안해주면 주위직원에게도 인색하다는 평을 대번에 들을텐데? 빽이 없다고 얕잡아보고 태무심이야? 무빽 무관심이야? 니 떡 내 몰라라 야? 얕잡아보는게 권력이야?

근데 그도저도 아니고 아예 문제가 뭔지를 모르나? 모른 척하나? 과장이? 누구보다 과내업무에 정통해야하는 과장이? 뭔가? 그러나 그게 아니고 어떤 더 유능한 인력을 데려오려하나? 물론 업무적으로 생각해야하지만 업무적으로 말을 안해주니 업무 밖의 사유로 추정하는 수 밖에 없지 않나? 누가 또 A선생을 뒤에 숨어서 비방했나? 누구 부탁 받은 사람이라도 있나? 오다가 있나? 그러나 그 모든 것은 과장의 판단에 따를 일이다. 오다가 권력이야?

보통 그만 둔다고 하면, 그 과정에서 이때라도 과장이 하거나 아니면 그 밑의 사람을 시켜서, A선생을 불러서 상투적으로라도 한번 말리는 시늉이라도 할텐데 이건 그것도 없었다. 무슨 부리킨 일이라도 있나? 이상한 일이었다. 그러면 A선생이 나가는 것을 쌍수를 들어 환영한다는 것인가? 그러면 그간 불감청이나 고소원이었단 이 말인가? 뭐지, 이건? 그 많다는 소식통도 없어?

그러나 이게 또 흥청망청 소문이 다 났다. 연구직을 달라고 요구했는데 과장이 안 줘서 나갔다고 곧바로 회사 안에서 차 떼고 포 떼고, 거두절미하고 일부 사실도 아닌 소문이 다 난 것이다. 이 역시 이해하기 어려운 일이었다. 아무리 그래도 그렇지, 내용이야 어쨌든 직무상 취득한 비밀 운운 할 것도 없이 과장과 단 둘이 얘기한, 더욱이 인사비밀이, 신상상담이, 그것도 성사가 되지도 않은 일이, 이렇게 즉시 양사방 소문 다 나서 쥐나개나 떠들어 대면 어쩐다는 것인가? 인사비밀이 권력이야?

그럴 것이다. 과장은 이렇게 말했을 수도 있다. 연구직을 달라고 해서 내가 안된다고 했어! 지가 연구직은 무슨 연구직이야! 말이 되는 소릴해야지. 지금 있는 직급만 해도 감지덕지 말이야! 그리고 그 자리가 연구직이 할 자리야? 행정직이 해도 충분히 할 수 있는 자리니 우리 행정직이 꽉 잡고있어야지. 그만 둬? 에이 그만 두라 해! 그만 두든지 말든지 그건 지 사정이고, 그만 둔다는 놈 치고 진짜 그만 두는 놈 못봤어! 그만 안 둔다는데 내 손모가지를 걸겠어! 그런 놈은 내가 더 잘 알아! 그런 인간 한두번 겪어 봤어? 간다, 간다 하면서 애 셋 놓는 거 처음 봐? 그리고 안 된다고 일단 튕겨놓으면 정 하고 싶으면 지가 알아서 또 누 불알이라도 잡고 죽는다고 물고 늘어지겠지. 목마른 연놈이 우물 파는 것 아냐! 뭐, 후임자를 구하기가 어렵다고? 몬 소리야? 우선 땜빵 때릴 애 하나 구해서 일단 갖다놔! 행정직이 까라면 까야지, 못 하는게 어딨어? 그렇게 알고, 그만 가봐, 그렇게 할 일이 없어? 다른데 가서 씰데없는 소리 절대 옮기지 말고, 인사비밀은 1급비밀이니까 끝까지 비밀 지키고, 특히 다른 무엇보다도 내가 한 말은 아주 다 중요한 회사의 특급비밀이니까 철썩같이 비밀 지키는 것은 말 안해도 다 잘알지?

A선생은 이렇게 1급비밀 Top Secret 탑 시크릿이 소문이 다 나서 업무보조하는 여직원들이 다 알도록 공공연하게 떠돌아 다닐 줄까지는 사전에 전혀 몰랐다. 인사정보야 늘 그들이 말해왔듯이 탑시크릿이 아닌가? 이게 아냐? 글구 이게 그들이 알아야할 유용성있는 정보야? 커피를 맛있게 타고 녹차를 맛있게 끓여서 격무를 수행하고 있는 A선생을 기쁘게 하고 칭찬을 들을 핵심정보를 나눠야지. 그러면 A선생이 아주 이뻐서 한번이라도 더 감탄하고 쳐다볼텐데.

그런데 A선생이 이제 집에서 하고 싶었던 자신의 일을 열심히 하고 있는데 얼마 안가서 과장이 들러라고 한다는 연락이 왔다. 그래서 A선생은 별 생각없이 시간내서 찾아갔다. 그런데 가서 말을 가만히 들어보니 연구직을 회사 내의 생각지도 않는 아주 다른 곳에 줄테니까 그쪽 부서장의 추천을 A선생이 갑자기 받아오라는 것이었다.

연구직! A선생은 속으로 쯧쯧 혀를 쳤다. 다 끝났는데 꼭 정신 시끄럽게 뒷북치는 인생들! 이미 종결된 사안을 왜 또 꺼집어내서 세상 시끄럽게 하나? 꼭 뒷북치고 있어! 무능한지 유능한지는 잘 모르겠지만 꼭 뒷북이 전공인 인생들! 조금이라도 생각을 하고 말을 해야지, 그게 아니고 다들 모여 생각을 많이 했을 것이다. 근데 쪽수 많이 모인다고 그 머리에서 뭐가 나오나? 그런데 그게 아니고 기상천외한 발상이 많이 나오지만 눈치를 보며 얼른 숨기겠지. 그러나 장고 끝에 악수 났는지, 그들이 결코 거절할 수 없는 제의를 했다고 진정 생각하는지 이해가 잘 안되었다. 말이 조금이라도 되는 소릴해야지. 어딜 가나 꼭 이런 인간들이 꼭 있다니까! 왜 이래, 장사 첨하나? 아마츄어같이!

A선생은 첫마디에 1고의 고려도 없이 아주 가볍게 거절하고 나왔다. 문제가 뭔지 아직도 전혀 이해를 못하고 있는 것이다. A선생이 그저 연구원 한번 못해서 개인적으로 아쉬워하고 있을 거라고 생각하는건가? 과장이 사무실의 문제, 회사의 문제가 뭔지 1도 모르는 건가? 모른 척 하는 거야? 일부러 이러나? 명분 쌓나? 우선 무엇보다 나왔는데 뭘 또 들어가? 열달 돼서 나왔는데 밀어넣는다고 도로 들어가? 일 잘 해주니 고마운 줄은 모르고 말한 거는 안된다고 딴청 부리고 꼭 말하지도 않은 뜬금없는 되지도 않을 엉뚱한 일을 만들어 와서 매를 버는 배은망덕한 인간들! 배은망덕이 권력이야?

A선생도 잘 몰랐는데 돌이켜보니 사무실의 제일 고난이도의 사무기술이 필요한 일은 A선생이 맡아서 그간 말없이 낮은 직급으로 노고를 다 했는데 직무상의 보상도 없고 모르는 건지, 모르는 척 하는 건지 최소한 감사의 뜻도 없고 이제 A선생이 나가고 당장 업무에 차질이 생기는 것이 지금이라도 눈에 보일텐데 전혀 그런 사무실의 문제는 생각도 안/못하고 있다. 그저 A선생의 개인적인 일로 치부하고 인간적으로 뭔가 시혜를 베풀면 A선생이 감읍하고 감지덕지하고 덥

썩 받을 줄로만 알고 있다. 업무파악은 꽝인가? 아니면 알고도 그러나? 한번 해보는 소린가? 그러면 뒷땜에 과장이 있단 말인가? 과장의 기술은 뭔가? 스킬이 있기는 있나? 과장이 사무실의 문제였나? 희한한 뒷배가 사무실의 문제였나? 도둑놈 뒷전에서 떡 갈라 먹는게 권력이야? 시혜가 권력이야?

그러니 보통 문제가 될 수 있는 주요사안은 일단 붙들어 두고 보류로 미루고 미룰 수 있을 때까지 진탕 미루는 것이 그게 평소 그들이 늘 하는 행태가 아니던가?

그러나 과장은 생각을 할 것이다. 아니 감히 내가 그토록 좋은 말을 해줬는데 조금도 생각도 안하고 앉은 자리에서 곧바로 거절하다니, 다 지를 생각해서 고심 끝에 말해줬는데, 아직 뱃대지가 부르구만! 고생 좀 더 하면 살려달라고 찾아오겠찌. 그러고는 또 여러 곳에 자랑도 하고 면피성 소문을 낼 것이다. 내가 연구직을 준다고 했는데도 지가 안 한다고 했어! 달라할 때는 언제고, 많이 생각해줘서 아주 고심고심해서 줄려고 했는데, 전혀 생각도 안하고 곧바로 거절하다니, 그 참 아무리 생각해봐도 아주 이상한 사람도 다 있어! 내가 이즉지 여러 사람 만나봤지만 보다보다 이런 사람은 또 첨 봤어! 글구 생각을 좀 해보구 말하겠다구 해야지, 과장인 내가 말하는데 단칼에 차단해! 콱마 짤라?

그렇다! 맨날천날 첨 보지. 평소에는 안 보고 다녔어? 인간도 여러 질이다! 바쁜 사람 오라가라 하고는 기껏 한다는 소리가 그 모양이다. 지금 야마가 뭔지 모르나? A선생이 지금 다시 돌아갈 수는 없는데 후임자를 구해놨으니 업무라도 잘 인계해주면 좋겠고, 그동안 수고했소, 일은 참 잘 했소, 늘 감사하게 생각했는데 나중에 좋은 인연으로 다시 봅시다, 그리고 이건 약소하지만 전별금인데 성의로 생각하고 받아주시고 저녁에 다 같이 식사라도 한번 하면 좋은데 요즘 A선생도 아다시피 사무실이 바빠서 그러니 이해를 해주시고, 담에 또 좋은 기회로 만납시다, 귀하가 나가서 하는 모든 일이 다 잘 되기를 바라겠소, 나가 볼 때는 그 정도 열성과 능력이면 당연히 다 잘 될거예요, 뭐 그런 정도 아니겠나? 그런데 어쩌겠는가? 그런 과장이 있는데 어쩌겠는가? 물론 그런 말이야 고맙지만, 늘 있다는 바쁜 일이 이때는 없어? A선생이 알고 보니 대안도 없는 자들이 허세는 끝까지 더 부렸다. 대안이 권력이야?

A선생이 직원으로 있을 때도 일과시간외에 오라가라는 것을 신중하게 생각해야 하겠지만 지금은 직원도 아니고 서로 바쁘니 피차 그만한 생각을 하고 신중하게 만나야한다는 것이다. 그저 일방적으로 시혜를 베푼다고 착각을 하고 마치 갑인 듯이 을에게 유세부리는 듯이 뜬금없이 오라가라 하는 것은 이제 그만 두는 것이 좋다는 것이며 큰 실례라는 것이다. 그동안 A선생이 냈는 경조사비며, 전별금이며 회식비는 다 어디로 갔나? 전별금이 권력이야?

그런데 회사에서 연구직발령의 실무를 맡고 있는 부서는 A선생이 근무한 바로 그 부서였다. 아무리 중이 지 머리 못 깎는다지만 그래도 그렇지, 지 일은 해결도 못하고 나왔으니, 더 애매하였다. 물론 중만 그런 것이 아니고 일반인도 다 지 머리 못 깍지, 누가 지 머리지가 깍나? 주게 쥔 연놈이 임자라는데 주게는 쥐어도 임자가 돼서 지 밥은 마음대로 못 퍼담나? 이상주의자가 권력이야?

과장 사무실을 나오자마자 그걸 또 다 아는 E여직원이 궁금한지 살짝 물었다. "연구직 하나요?" 뭘 이래 잘 알아? 그래서 A선생은 웃으면서 말했다. "E양이 타자 쳐서 연구직 발령 많이 낼 때 내 이름도 중간에 하나 슬쩍 끼워넣어서 발령 내 주면 되지." 그러면서 A선생도 웃고 E양도 웃었다.

근데 이건 장도를 축하한다는 상투적인 인사도 없고 떠난다고 회식도 없고 전별금 한 푼도 없었다. 생각해 보면 A선생이 그동안 내놓았던 경조사비와 소요시간과 노력만 해도 얼마였던가? 그것 다 소용없게 되었다. 그러니 그들이 부리키기는 엄청 부리킨 일이 있는 모양이었다. 무슨 일일까? 그런데 뭘 이렇게 본심을 감추며 무슨 앙심을 그리 품고 똘똘 뭉쳐 생까나? 불감청이나 고소원이었나? 고소원이나 불감청이었나? 그리고마나 그날 그렇게 사무실을 나오고는 그들을 평생 다시는 보지 못하였다. 그것도 이상한 일이었다.

이처럼 A선생 앞에서는 그들이 겉으로는 태연한 척하지만 사무실 모두의 초미의 관심사가 되어있었던 것 같았는데 그것은 후임자를 쉽게 못 구하고 있다는 것이었다. A선생이 나가면서 수일 내 인사과에 가서 잔무를 정리하고자 하였다. 그런데 인사계장이 고개를 외로 꼬고 쳐다볼려고도 안했다. 그러니 A선생도 분위기를 보고 조용히 인사담당직원과 업무대화를 하며 안쳐다 보고 있었는데 갑자기 인사계장이 얼굴을 쳐들고 A선생에게 확 달려드는 것이었다.

"왜 인사를 안 해요?"

"고개를 외로 꼬고 안쳐다 보니 인사를 안했죠."

"지난 번 내가 교육있다고 했을 때 왜 안간다고 했어요? 아주 기분 나빴어요!"

그때는 몰랐지만 나중에 보니 교육있다는 정보를 쓸쩍 흘러준 것이 인사계장의 나름 큰 선심이었는데 그러나 딱히 보내준다는 것도 아니고 그저 길에서 지나가면서 만났을 때, 쓸쩍 흘리는 정도로 얘기를 한 것이니 큰 관심을 안가졌고 또 교육보내는 것이 그게 인사계장이 쉽게 그렇게 결정할 수 있는 일도 아니라는 것을 역시 나중에 알게 되었는데, 그러니까 직무교육이 있으니까 알아서 잘 해보라는 정도로 특급인사정보를 흘린 것이었고 자기가 펜대를 쥐고 있으니 힘써줄 수 있다는 그런 생색반 과시반의 도움이 되는 얘기를 해준다고 해준 것이었고 그게 자기로서는 큰 맘 먹고 해준다고 해준 것이라는 것을 나중에서야 비로소 알게 되었다. 직무교육이 특급인사정보야? 인사정보가 권력이야?

그런데 A선생은 그런 자세한 내막은 모르고 그때 이미 나가기로 마음먹고 있었으니 교육간다는게 어떤 의미인지, 귀에 들어오지도 않았고 그래서 그저 뭔 버스 지나가고 손 드네 라는 정도로 흘러듣고 간단하게 한마디로 안 가겠다고 한 것이었다. 그러니까 인사계장은 자기따나 잔뜩 선심을 썼는데 A선생은 뒷북치고 있네 라는 듯이 가볍게 대꾸한 것이 공감과 소통의 부재현상을 여실히 불러 일으킨 것 같았다. 그럼 그렇게 중요하면 따로 불러서 정색을 하고 자세히 설명하든가? 그들이 평소 잘 하잖는가? "A선생, 이건 내가 특별히 당신 한테만 말해주는데 절대 다른 사람에게는 내가 말했다고 하면 안돼! 당신 교육 가야해! 교육 안가면 죽어!" 그러니까 평소처럼 하지, 무슨 처9촌 묘 벌채하듯이 길에서 지나가면서 쓸쩍 흘리고는 지금와서 왜 그래? 다 끝났는데 가리늦게 진짜 뒷북 치나? 그러니까 아무리 중요한 정보라도 당사자에게 유용성Usefulness가 없는 정보는 쓰레기 정보, 정크정보Junk Imformation, 헛정보, 소음에 불과하였다. 새마을교육정보가 권력이야? 교육정보가 권력이야?

그게 인사계장의 심사를 건들인 것 같았다. 인사계장이 애매하게 흘린 그것도 다 이유는 있었다.

"그거야 그때 내가 이미 나갈려고 마음먹고 있었으니 안갈려고 한 것 아니겠어요?"

그러자 말문이 막힌 인사계장이 기어이 악담까지 퍼부었다.

"얼마나 잘 되는지 두고 보겠어요!"

아무리 그래도 그렇지 왜 이렇게 악담까지 하는지 그 이유를 그때 는 A선생은 도무지 몰랐다. A선생도 말했다.

"악담하지 마시오! 두고 보자는 사람치고 무서운 사람 없다는데 얼마나 무서운지 나도 두고 보겠어요!"

참 희대의 명언이었다. 근데 A선생이 자의로 나간다는데 아무 관계없어 보이는 인사계장이 왜 무단히 열을 내서 쌍심지 치켜뜨고 나서는 것일까? 왜 A선생의 사무실도 아니고 일견 아무 관계도 없어 보이는 인사과에서 이상한 격렬한 언쟁 비스무리한 일이 벌어진 것일까? 인사과의 다른 직원들은 영문을 몰라했다. 물론 A선생도 몰랐다. 그러나 A선생이 알고 보니 똥인지 된장인지 구분도 못 하는 짜배기들이 저거끼리 밀어주고 끌어주며 편묵고 대안도 없이 허세를 끝까지 더 부렸다. 참으로 가당치도 않는 자들이었다. 희대의 명언이 권력이야? 악담이 권력이야?

결국 들리는 풍문은 적임자를 못 구해서 오래 고생을 하고 있다는 것이었다. 그런데 그게 이미 벌써 인사계장의 발등에 떨어진 불이 된 것같았다. '하루바삐 사람을 구해주시오! 한시가 급하오!' '아니 있는 사람 나가도록 해놓고 없는 사람 어디서 구한단 말이요?' 인사계장도 답답한 노릇이었다.

글구 그 자리가 본부행정직으로서도 상당히 요직인데 서로 할려고 달려들텐데 왜 적임자를 못 구한단말인가? 그리고 발령 내면 다 하게 돼 있는게 행정직 아닌가? 그런데 그게 또 아닌 모양이었다. 나오고서야 비로소 A선생도 어렴풋이 알게 되었다. 자기가 무심하게 그저 열심히만 하고 있었지만 박차고 나온 그 자리가 어떤 자리인지를. 아쉬운 일이었다. 있을 때 더 열심히 할 것을.

조금이라도 이득이 있으면 똥파리 달려들 듯이 새카맣게 달려들고 조금만 손해난다 싶으면 말도 안되는 별별 다른 이유를 다 달고, 평안감사도 제 하기 싫으면 그만이라며 나지며 도망가는 것이 또 인생 아니든가? 빤스런이 또한 그들 인생의 일부든 전부든 그들 인생 아니든가? 빤스런이 권력이야?

어떤 인생은 회사의 위기에 중책을 맡기니 갑자기 아프다고 병원에 입원해서 모면하는 하는 인생도 보았다. 그러나 그러다가 결국은 회사가 안정된 후 좋은 자리 다 하다가 쫓겨나갔지만 그렇게 머리를 쓰고도 쫓겨나가? 병원이 뭐 소도야?

공무를 잘 하라고 위임한 인사권을 자기들의 사무와 사리사욕과 야욕을 채우고 무슨 가신과 사단과 사조직과 패거리와 뒷배와 앞배와 자기 자리와 뒷돈 챙기려고 조자룡이 헌 칼 쓰듯이 쓰려는 자는 없겠지, 암, 없을 것이다. 사조직이 권력이야?

그러면 평소 승진과 업평, 교육, 좋은 자리는 저거가 다하고 이런 자리는 요직이라며 생색은 낼대로 다 내면서 저거는 왜 또 이런저런 이유를 달면서 못/안한다고 나진다는 것인가? 그런데 그 자리가 애로공정이고 폭탄이라는 것을 어떻게 다들 그렇게 잘 알고 있단 말인가? A선생은 직장이, 세상이 갈수록 참으로 요지경이라고 생각했다.

A선생이 그 자리에 발령 당해서 갔을 때 미안하다는 연놈은 아무도 없고 오히려 니같은 급수 안 되는 사람을 좋은 본부핵심요직에 발령 내 줬으니 뭐가 문제냐? 오히려 감사하게 생각하라는 투를 적반하장으로 노골적으로 내비치는 Z씨의 희한한 뒷배의 핵심인물으로 알려진, 그러나 이제 A선생의 새로운 직상급자도 있었는데 그것 참 생각만 해도 요지경이었다. Z씨는 아주 일을 잘 했는데 걔를 키우기 위해 눈물을 머금고 어쩔 수 없이 걔를 니가 있던 하찮은 자리로 잠시 보내고 우선 급해서 돌려막기 위해 니를 이 좋은 자리에 델꼬 왔지만 여기는 결코 니가 올 자리가 아닌데, 니가 운 좋게 왔구만, 그래 고맙게 생각하고 분골쇄신해야지, 그건 그렇고 니가 업무나 잘 할 수 있겠어? 잘 해봐! 생각 잘 해! 라며 할금할금 눈치까지 까며 의구심까지 표하는 것 같았다. 참, 저거 멋대로 사람 야매발령 내놓고 니가 일이나 잘 하겠냐? 지금은 세월이 좋아 니 같은 것도 이런 요직에 근무하게 됐는데, 괜찮은 후임자를 찾을 때까지 잠깐 있다 가고, 그러나 그저 하해와 같은 우리 은덕에 감사하고 니 일은 니가 알아서 잘 하고, 우리도 뭐 하자는 짓인지 모르겠지만, 해줄건 없고 아무튼 니가 감지덕지하고 말썽 피우지 말고 우리 말 잘 듣고 열심히 하고 우리 하는 일에 씨아개나 잘해! 알아서 해! 라며 적반하장식으로 말도 안되게 달려드는데 뭐 하자는 뻘짓인지는 지들은 다 알겠지만, 정상적인 사람은 외려 알기도 어려웠다. 그런데 A선생은 그렇기나 말기나 그런 시도 때도 없이 주는 히네에 전혀 히야시되지 않고 그저 자기 일이나 열심히 하고 있었다. 히네가 권력이야?

앞에서는 "짜란다! 짜란다!" 하며 박수치고 뒤에서는 "짜른다! 짜른다!" 며 박수치는 이중플레이를 이해하겠나? "짤랐다! 짤랐다!" 니

벤또내까무라상이 말한다. "도끼로이마까라, 깐데또까!" "갓데구루
마동태 누가 돌렸나? 집에 와서 생각하니 내가 돌렸네." "야! 봤찌,
봤찌이, 다 내 공이야!" 놀구 있네, 누가 누굴 짤라? 근데 A선생 니
는 안 놀고 뭐하고? 이중플레이가 권력이야?

음흉하고 음습하고 희한한 뒷배가 더 골 때리나? 뒷배를 형성해서
설치는 앞배가 더 골 때리나? 둘 다 골 때리시나? 시어머님도 그렇
지만 옆에서 꼬라보며 말리고 있는 척하고 있는 시누이님이 더 골치
아프시냐? 이런 것 까지 생각하면 골 더 복잡해지지.

무능한 자들의 주요 특징은 떼서리 짓는데는 아주 본능적이라는
것이다. 무슨 일이 있으면 꼭 무능한 자들을 우르르 모아 와서 병풍
치기하고 우악을 주고 다중으로 협박을 하고 왕따시키려고 달려든
다는 것이다. 그러나 그런 허세에 누가 속겠는가? 그러기 위해서는
지는 안 나서고 자기 말 잘 듣는 앞잡이를 하나 심어두고 뒤에서는
온갖 술수를 다 부리려 한다는 것이다. 그런데 그게 잘 될까? 그리
고 그 밑에 기들어가는 자도 늘 쪼르르 뛰어가서 뒷배에게 밀고하고
마찬가지로 밀고 받고, 오다 받고 온다는 것이다. 지 생각대로 살지
않고 쪼르르인생이 되어 그런 꼭두각시로 살고 싶어? 평생 야매인생
으로 살다가 야매인생으로 인생 쫑치고 싶어? 그리고 시장을 왜곡하
는데 필설로 다 형용하기도 어렵다. 이제 무능하고 간사하고 뻔찌
좋은 자의 전성시대가 오려고 하나? 엄청난 일을 한다는 듯이 뽀대
있다고 나대지만 결국은 다 허당이었다. 그런데 그들이 번들번들거
리고 유세하고 다닐 때, 그때, 바로 그때, A선생 니는 뭐했냐?

그런데 도둑질만큼이나 도둑놈 뒷전에서 떡갈라먹는게 더 어려운
법인데 고시되고 난 뒤에 그들이 어떤 논공행상을 할지도 궁금하다

면 궁금하지만 A선생은 관심을 갖지도 않았고 관심을 가질 만큼 한 가하지도 않았다. 다만 뭐 지들이라고 별 수 있겠나? 싶었다. 잘 된 연놈이 더 이상 앞잡비나 따까리를 할려고 하겠나? 따까리도 아무나 하나? 따까리도 실력이야! 따까리권력이 진짜권력이야? 문고리권력이 진짜권력이야? 따까리가 권력이야?

A선생은 전임자로부터 서류 뭉텅이를 받자 말자 책상 서랍을 열고 캐비닛을 열고 그 자리에서 바로 일을 시작했다는 것이다. 그런데 그렇게 꼬라지가 있는 그들이 뭘 못한다는 것인가? A선생은 일이 어렵고 난공정이 있기는 하지만 다른 난다긴다 하는 자들이 당연히 치고 들어와 서로 그렇게 하겠다고 줄을 설 줄 알았는데 이제 보니 그게 또 전혀 아닌 모양이었다. 그렇게 평소 난다긴다 하며 큰 쇼리 뻥뻥 치며 좋은 것은 다 자기, 자기 편 차지라며 몸을 던지며 음으로 양으로 달려들던 인생들이 정작 자리 비워줬는데 모두 나지다니 당최 이해할 수 없었다. 참 요지경이었다. A선생은 누구엔가에 업무를 인계했는데 그것도 임시적이었고 별 흥미도 없이 땜빵하는 듯이 떨떠름해 하는 직원이었는데 누군지 생각도 안 나는 직원이었다.

결국 또 들리는 풍문은 A선생이 "일에는 귀신"이었다는 것이다. 귀신? 직장인으로서 최고의 명예인 그런 말을 들어도 A선생은 별로 좋아하지도 않았다. 직장에서 맡은 일마다 마다하지 않고, 못하겠다고 말끝마다 징징거리지 않고, 스스로 찾아서 한 일도 많은데 특히 외국대사관과의 외사 학술업무도 스스로 발굴하여 수행했는데 이 모두 하나없이 다 성공을 시켰다는 것을 A선생은 당연하다는 듯이 일절 생색 내지는 않고 있으나, 은근 말없이 내심 자부는 하고 있지만, 그리고 말이야 고맙지만, 그러나 떠난 마당에 그게 다 무슨 소용인가? 있을 때 잘 해줘야지 꼭 떠난 뒤에 그런 소릴하면 뭘 한단 말인가? 립 서비스에 이골이 났나? 글쎄, 알 수는 없지, 그들의 태세전환이 있으니까. 모르는 것도 아니고, 알고 보니 다 잘 알고 있으면서 말이야! 생색 내지 않고 욜씨미 일을 한 것이 오히려 이용만 당한 꼴이 되었나? 그런데 나중 보니 그걸 A선생 보다 그들이 더 잘 알고 있었다. 그럴 것이다. 밤낮없이 그런 것만 생각하고 있었으니. 일에 귀신이 권력이야?

직장의 문제가 어느 정도냐 하면 타자치는 비정규직여직원은 A선생의 번역을 못 알아봐서 지가 적당히 고쳐서 보낸다고 허세를 부리기도 하였다. 그때도 A선생은 그저 웃기만 하였다. 물론 번역이야 그렇지, 전문번역사도 잘 안되는 번역을 업무상 급하게 하는데 그게 그리 쉽겠나? 여직원의 투정 반, 농담 반으로 관대하게 받아들였다는 것이다. 그러면 이때 농담삼아 지가 하지 하는 생각도 해볼 수는 있으나, 그러나 당연히 그거는 농담이니 할 것도 아니었다.

그래서 전임자들은 영어를 어떻게 했느냐? 고 살펴보니 영어를 잘 하기도 했겠지만 역시나 얼렁뚱땅 번역이 아니고 반역을 한 것 같았다. 이에 비해 A선생의 번역은 역시나 성격 나오는데 사전에 따라 한 단어한단어를 직역하듯이 하였다. A선생의 지론은 공문서를 그들처럼 의역 번역하듯이 하면 곤란하다는 것이다. 한번은 'Polytechnic University'이라는 단어가 나왔는데 사전에도 없어서 '복합기술대학교'라고 직번역했는데 사실 맞는 말이기도 한데 A선생도 실제 그 뜻은 짐작할 수 밖에 없었고 그걸 읽는 사람도 당연히 몰랐다. 당시에는 그 대학이 우리나라에 없었으나 지금은 이름이 생겼다. 나중에 생각나서 굳이 찾아보니 'Polytechnic' 자체가 과거 영국의 과학기술전문학교로서 지금 일반대학교와 꼭 같았다. 전문통역사도 이런 사례가 많을 것이다. A선생의 번역이 A선생의 성격만큼이나 일반인이 이해하기는 어려웠을 것이다. 꼭 그대로가 아닐런지. 성격이 번역에 반영되고 번역이 성격을 반영하지. 성격이 권력이야? 영어 잘 하는 따까리가 진짜 권력이야? 미어가 진짜 권력이야?

그리고 또 A선생이 있을 때 해 준게 아무 것도 없다고 자기들끼리 반성 아닌 반성의 소리가 나오기도 하는 모양이었다. 그렇다, 누구는 근무 잘 하는 사람을 인사권이라는 미명으로 쫓아냈는데 누구는 가라서류 꾸며서 일도 안하고 월급 50%를 받고 회사밖에 나가서 고시공부하게 해줬으니 그들은 자기들이 보기에도 뭔가 매우 이상한 모양이었다. 떠난 뒤에 보니까 없는 자리가 더 커 보인다는 것인가? 도와주지는 못할 망정 겐세이나 놓지말지. 그러나 그런 그들의 뒷북자성이 지금 와서 무슨 소용이 있단 말인가? 실제 자성이기나 하겠는가? 괜히 하는 소리지. 지금 들어가도 또 똑같은 일이 벌어질 것인데. '인사관리의 그레셤법칙'인데 악화가 양화를 구축해도 어느 정도 문제지, 어째 이런 일이 있겠나만 있는데 어쩌겠는가? 양화가 권력이야? 악화가 권력이야?

그러면 A선생의 문제는 무엇이었나? A선생의 성찰로는 낮일은 비교적 잘 한다는 것이었다. 그런데 밤일은 이래저래 등한시하였다는 것이다. 무슨 말이냐? 하면 사무실의 일은 어디 가도 마찬가지였겠지만 낮에 사무실에서 일 잘하는 것은 별 소용이 없고 밤에 편 묵고 떼서리 지어서 술 먹고 돌아다니다가 기분 내키도록 선동해서 매춘도 같이 해서 코를 꿰어 넣는 그런 끈끈하지도 않는 썩어빠진 씹동지들이 더 필요한 인생들이 분명 있다는 것이다. 그러다가도 썩은 고기 한 점 두고 저거끼리 머리 박터지게 싸우다가 어느 날 화해한다고 또 술 처먹는 자리를 만들어 우리가 다리가! 뭉치자! 라고 소릴 높이 지르는데 화해한다는 그 자리에서 또 수 틀린다고 서로 죽일 듯이 싸운다는 것이다. 왜 싸우는 지를 저거들도 모르고 그저 찍짜 붙어 싸우는게 일인 모양이었다. 그러다가 또 날이 새면 술이 깨기도 전에, 그러니까 昨醉未醒(작취미성)에, 또 둘도 없이 친한 척하며 또 싸울거리가 없나, 어디 찍짜 붙어 오늘 하루 보람되게 보낼꺼리가 없냐? 하고 눈까리 이리저리 굴리는데에 여념이 없다는 것이다.

처음에는 A선생도 그런 회식자리에 열심히 참석하였으나 갈수록 흥미를 잃어갔고 그런 A선생에 대해 그들도 마찬가지였다. 일을 숭상하는 A선생에게는 별로 도움이 안 되는 술자리였다. 물론 헛정보라도 있다면 있고 듣고보면 상당히 도움도 되지만 좀더 심한 자리에 가면 끝에 가서는 늘상 하는 얘기가 이넘 죽이고 저년 죽이고 저거 패거리가 다 잡아야한다는 것이었다. 다 죽이면 일은 누가 해? 내가 해? 내만 해? 그러니 어쩌겠는가? 밤일이 권력이야?

일 잘할 궁리는 별로 없고 전부 술수부릴 궁리만 하는데 A선생이 흥미낼 이유가 있겠나? 그 패거리가 그럴 듯하면 A선생도 당연히 따리를 붙어도 붙겠지만 그렇지 못하니 어쩔 수 없다는 것이다. 따리가 권력이야?

이런 자들의 특징은 살랑살랑 비위 맞추다가 끝에 가서는 매춘을 같이 하자고 은근슬쩍 꼬시는데 이를 안 좋아하면 갑자기 돌변하여 죽자살자 집요하게 달려든다는 것이다. 그런 좋은 매춘을 저거나 하지 왜 남에게 하라고 꼭 죽을 듯이, 죽일 듯이 강권을 하며 달려드는지 알 수가 없으나 썩은 자들이 매춘을 코를 꿰는 마지막 단계로 보고, 큰 약점을 잡았다고 보는 모양이었다. 매춘 한번 한다고 코가 꿰여져? 그러니까 매춘으로 같이 썩자는 것도 아니고 큰 약점 잡자는 것이었다. 그러니 직장인이 직장생활에서 아다리 잘못되면 크게 고생하는 것이다. 그게 저거 마음대로 이리저리 끌고 다닐 수 있는 약점이라고 생각하니 참 썩기는 썩은 모양이다. 매춘이 권력이야?

그러니 일은 언제하나? 필시 일이 빵꾸나는데 그러면 저거끼리 빵꾸나와시한다고 쉬쉬하며 첫마디에 책임전가부터하면서 난리를 치는데 난리도 그런 난리가 없다는 것이다. 그것도 있고 그보다 그 술값, 매춘값, 화대도 보통은 아니니 회사돈을 꿍쳐야 하고, 째비거나 횡령, 삥땅쳐야 하는데 그게 탄로나면 결국 또 돈을 싸들고 가서 막아야 한다고 난리 치는데 그러면 배보다 배꼽이 더 크게 치지만, 빽도 안쓰고 오직 자기 힘으로 싼값에 막았다 고 희희낙락하며 하나 막고 나면 잘 했다며 또 술을 먹는 그런 짓을 반복하는 것이다. 지 아니면 아무도 못 막는데 지는 잘나서 돈을 전혀 안 쓰고 수를 잘 써서 용꼬를 찔러 막을 수 있었다며 걱정 말라며 큰 소리치고 또 술 처먹는 그런 짓을 반복하는 것이다. 돈은? 어차피 회사돈이니까. 빵꾸나와시한다고 한게 더 큰 빵꾸를 불러 일으킨다? 무슨 사건이 터지면 이런저런 유관기관에서 청구서가 한 가방 날라오는데 그것을 담당계장에게 보내면 계장이 술집마담을 불러서 다 지불하는 것이 아니고 금액을 합의해서 할인해서 지급하고 예산으로 당연히 다 안되니 어디선가 상납받아서 해결하는 것이다. 아예 첨부터 청구서를 업자에게 넘기기도 하지. 그걸 A선생도 어렴풋이 알았는데 그런 일을 하겠는가? 그러니 결국은 A선생은 자신의 길을 갈 수 밖에 없는 것이다. 젊을 때의 그 길이 A선생의 삶을 어떻게 변화시켰나? 용꼬가 권력이야?

　물론 A선생도 풍류 좋아하고 술 좋아하고 돈 좋아하고 사람 좋아하고 다른 사람이 좋아하는 것은 다 좋아하지만 업무 빵꾸내는 일은 질색이었다. 결국 서로 가는 길이 달랐다. 다를 수 없는 길이 달라도 너무 달랐다.

　A선생은 자기가 맡은 일이나 위에서 시키지도 않은 어려운 일을 상당 수 자발적으로 벌려 일은 다 성공시키고 주위사람에게도 친절하고 손해를 결코 안 끼치고 이득을 주지만 은근히 까다로운 사람이라는 평판을 받게 되었고 동시에 했는 일에 비해서 이득이 없고 따라서 주위에 사람이 안 따랐다. 그러나 A선생은 별로 개의치 않았다. 즉 인간관계지향적이고 매우 친절하고 남을 항상 배려하지만 이상하게 업무에서는 전혀 뜻밖에 얄자리 없이 항상 생산지향적인데 그건 결코 예외없었는데 이상한 일이었다. 사람은 그저 순둘방하게 이용할 수 있을 것 같은데 이상하게 무엇보다 이유여하를 막론하고 고하·동급자를 따지지 않고 어슬프게 일을 태만히 하며 변명만 늘어 놓고 자기 맡은 일을 성공시키지 못하는 자는 A선생이 반드시 좋게 보지 않고 표정관리를 안/못하고 굳이 표시를 내었다. 순둥이가 권력이야?

　나중에 생각해 보니 A선생은 이게 젤 문제였는데 이게 꼰대들에게는 완전 비상이었다. 또 이는 A선생이 해결해야할 과제였고 늘 노력했지만 그러나 과업과 상황이 그런데 쉽게 해결되지는 않고 열 번 잘해줘도 한 번 비상은 해결되기가 어려웠다. 업무성공이 권력이야?

　자기가 맡은 일은 말이 필요없고 무슨 일이 있어도 성공시켜라! A선생을 모두 깡다구라고는 전혀 없는 순둥이로만 보고 있는데 어디서 그런 고지식한 진심직심이 나온단 말인가? 그걸 또 말로는 전혀 안하고 오직 몸으로 보여주나? 불가사의한 일인가? 그게 아니고 그

펜대의 힘은 어디서 오나? 그 원천기술은 어디서 오나? 원천기술이
권력이야?

A선생은 일반적으로는 B형에 가깝다고도 볼 수도 있지만 업무 자
체에서는 A형이었다. 보기 드문 형이었다. 이상적인 C형이 되고자
하는 것 같으나 현실에서는 있기가 드물었다. 따라서 업무에서는 선
동후배가 무슨 의도이든 자기 습성을 못 버리고 업무에 도움이 안되
는 더듬한 소리를 하면 맞바로 잘라버렸다. 이게 생산중심형에서 나
타는 전형적인 A형인데 이것이 상당히 허영에 가득차고 콧대가 높
은 인간들을 불쾌하고 티껍게 한 것 같았다. 계급이 깡패야? 직급이
권력이야?

한번은 회사에 연례적인 큰 업무가 있었다. 전 인원에 대한 수당
을 계산할 일이 있었는데 그게 사람이 많고 금액도 많지만 업무가
량이 많은 것도 아니고 어려운 것도 아니고 단순사무인데도 A선생
의 바로 옆 남자직원이 업무를 맡아 1주일이 되도록 업무를 끝내지
못하고 헤매고 있었다. 1인당 금액은 크게 많지는 않았지만 그래도
연말연시에 돈을 기다리는 사람은 많고 벌써 불평불만이 여기저기
서 나오고 있고 사무실내에서도 쑥덕였지만 상하 누구도 말을 못하
고 있었다. 문제는 그 직원이 그런 큰 수당계산을 수판을 놓아가며
꼼꼼하게 계산할 사무묵기가 아니었다는 데에 있다. 조금 사무를 아
는 직원이 집중해서 하면 2일이면 충분한 일이었다. 그러나 업무는
분장되어 있으니 지가 해야만 했다. 그런데도 일을 끝내지 못하고
민폐를 있는대로 끼치고 있었다. 민폐가 권력이야?

마침내 보다 못한 A선생이 대놓고 한마디했다.

"그거 돈 몇 푼된다고 1주일째 쭈물락거리고 있나요?"

A선생 같으면 야근 1일정도하면 2일이면 가능하게 보였다. 명단과 금액은 예하부서에서 다 올라와있고 정리해서 수합만 하고 합산만하면 되는 일이었다. 빨리 맞추고 지도 돈 타고 싶지 않겠는가? 그러나 그게 안되니 어쩌겠는가? 그 경력에 수당명세서 가로세로 합도 못 맞추나? 아! 흰 습자지에 빨간 인주 도장 찍고 수당 받던 수당명세서! 그리고 월급명세서..... 급여명세서, 지출원인행위, 지출결의서! 지출증빙서류, 회계장부, 1호봉투, 대봉투, 견출지, 먹지(양면, 단면), 호치키스, 30cm 대자, 풀, 흑표지, 먹끈, 천공기, 급여명세서가 권력이야?

그러자 그 말을 듣는 순간 그 남자직원은 의자에서 풀썩 튀올랐다가 앉았고 얼굴이 씨뻘게지고 온몸을 부르르 떨었지만 말을 못했다. 평소 다른 일 같으면 성격상 일어나서 대거리를 해도 세게 할 직원이었지만 사무실 여러 사람 보는 앞에서 업무밑천이 다 드러났으니 꼼짝을 못했다. 그러나 그런 사람이 그걸로 끝내겠는가? 그 직원도 가오 빼면 시체이니 또 뒤에서 군달을 모아 틈만 나면 욕하겠지. 그러나 어떻게 할 수는 없고 어쩌겠는가? 그런데 이런 직원이 발은 항상 문어발인지라 나중에 경력직으로 굴지의 큰 사립대학의 계장으로 갔다. 신도 부러워한다는 직장인데 계장이면 아주 직급을 잘 받아갔고 상당히 괜찮지, 글구 업무 보다는 알게모르게 업무 외적인 경력이 꽤 많은 직원인데 회사는 그런 직원도 필요하지. 신도 부러워하는 직장이 권력이야?

그렇다고 A선생이 그런 일이 자주 있겠는가? 그 정도는 잘 없는 일이지만 꼭 그런 말 들을 만한 자가 나오면 말해주었고 또 일 잘하면 칭찬도 잘 했다.

여기서 더 나아가면 재승덕박이라고 하는데 A선생은 그렇게 말할수도 없었다. 자기가 맡은 업무를 성공시키는데만 열중한 것은 사실이었지만 평소에는 나서지도 않고 겸손하고 친절하였기 때문이었다. 즉 손해를 보고서라도 남을 나서서 도와주는 것도 열성이었지만 남에게 손해를 끼치고자하거나 민폐를 끼치는 일은 절대 하고자하지 않았다. 그런데 무슨 문제야? 글쎄. 그러니 다른 사람들이 A선생을 쉽게 생각하였지만 쉽게 친하지는 못하였다. 그러니까 곯려 먹으려는 것도 대부분 다 실패하였다.

어떤 고참직원이 모범직원으로 선발되어 다음날 사장이 표창장을 시상하는데 그 전날 술을 억수로 처먹고 그 다음날 출근을 못해 시상하는 시간에 못와서 사장을 집무실에서 기약없이 기다리게 하다가 결국 시상식을 빵꾸내서 추천한 상사들이 송구해서 몸둘 바를 몰라 쥐구멍을 찾게 한 일도 있었다. 열 받은 상사들이 무슨 일인가? 하고 사무실로 돌아와 기다리고 있으니 오후 늦게 느지막히 얼굴이 술에 쩔어서 벌겋게 해서 나타나서는 지도 민망하니까 사무실로 들어 와서는 상사에게 보고도 안하고 바로 캐비넬으로 가서 괜히 문을 열었다닫았다, 서류를 꺼집어 냈다넣다하는 시늉만 반복하였다. 그래도 상사들이 안좋다는 표정만을 보이는 듯 마는 듯하다가 아무 일 없었다는 듯이 소리 한번 내지 않고 걍 지나갔는데 왜 그렇지? 그 권위주의 시절에. 그들이 그렇게 좋아하는 시말서징구하겠다는 엄포도 없었다. 상사들이 갑자기 모범상사가 되었나? 그렇지, 모범상사가 있어야 모범직원이 있지. 표창장이 권력이야?

모범직원이 되어 표창장을 받으면 업평에 가산점도 받고 오매불망 기다리던 승진에 완전 가까워지니 그 장미빛미래에 너무 취해서 그런 것이다. 그 표창장을 받기까지 또 얼마나 많은 밤을 술을 먹고 멕이고, 어깨를 겯고 술집골목골목을 돌아다녔던가? 봉투봉투 열렸네. 오고가는 현금속에 싹 트는 표창장? 오고가는 표창장속에 싹 트는 승진? 오가는 현금속에 싹 트는 승진? 이럴 때는 꼭 현금박치기 아니던가? 눈먼 돈 꼬불쳐 두고 짱박아 뒀던 집안 현금이 다 거들나는 순간이 아니던가? 처자식 생각하면 눈물나고 어금니 꽉 깨무는 순간이지만 어쩌겠는가? 생각이나 나겠는가? 또 후사를 도모해야지. 오리발이 권력이야? 오까네가 권력이야?

어떤 가장은 저녁저녁 밤에 술에 취해 늦게 들어오면서, 내가 좋아서 이러는 줄 알아? 다 니거 멕여 살리기 위해서 이런 것 아냐? 라면서 자신의 충정을 몰라 줘도 한참 몰라준다며 개탄도 하지만, 그러나 어쩌겠는가? 무슨 직장이 낮보다 밤근무가 더 많아? 오바페이를, 야간근무수당을 깨알같이 챙겨야 하지 않겠는가? 그러나 그건 또 전혀 아니고, 당시는 입밖에도 꺼집어 낼 수 없는 정도가 아니고, 그 당시 직장인의 매뉴얼에 아예 없는 단어이다. 그러면 어떻게 아느냐? 고? 그때도 외국계회사가 있었는데 거기서 흘러나온 꿈같은 소리였다.

어떤 갓 결혼한 신부는 자기 신랑이 너무 저녁저녁 집에 일찍 들어온다고 신랑에게 오히려 걱정했다. 그래서 신랑이 알았어! 그 대신에 집에 다른 신발 끌어들이지 마! 라고 했다는 것 아냐! 전설같지? 그러나 다 실화야! 실화!

이거 실홥니까? 실화지! 당연 실화에서 나온 사례지! 실화에서 나오지 않은 것이 어떻게 사례Case가 되겠나? 그건 소설Nobel이지, 소설도 결국 허구적 실화 아니겠나? 실화가 연극보다 더 연극적이라는 것이지. 그러니 실화에서 나온 사례가 소설보다 더 드라마틱Dramatic 극적이라는 것 아니겠나? 따라서 사례가 실화보다 더더욱 극적이지.

젊은 남자가 여자가 바람 피울까 봐, 결혼 못하겠다는 것 아냐! 이것도 실화지, 실화! 그러면 지는 그걸 어떻게 알아? 아는 자는 말 못하고 모르는 자는 말한다! 얌전한 고양이 부뚜막에 먼저 올라 간다는 말이 있는데 그게 아니지, 얌전해야 부뚜막이든 어디든 쓸쩍 올라가지, 시끄럽게 울면 부뚜막 근처라도 가겠어? 얌전해야 고양이가 부뚜막에 먼저 올라간다. 근데 얌전한데 왜 올라가? 부뚜막이 권력이야?

그러나 A선생은 그런 전날 전혀 술을 먹지도 않겠지만 설사 술을 먹는다치더라도 표창장 받는 영광의 시간에 못 맞춰 못 온다는 것은 상상하기조차 어려운 일이었다. 근데 모 표창장을 받고 말하세요.

직장인은 그 전날 뭐를 하던 그 다음날 회사에 9시에 딱 도착하면 되는 것이다. 그러면 누구도 말을 안하는 것이다. 그러나 와서 외출 달고 잠깐 사우나 가는 것은 다 용인이 되는 것이다. 물론 그런 일이 있어도 A선생은 대놓고 싫어하는 기색을 보이지는 않고 이해는 항상 해주었으나 그걸 그들이 눈치는 도가집 개같이 잘 알아채렸다. 일의 성공과 잘하든 못하든 욜씨미 하는 것만을 최고숭상하는 A선생이 그에게 기댈려고 하거나 그래도 일 잘한다고 이용해 묵을려는 자들에게는 항상 비상중의 비상인 것 같았다. A선생이 그들보고 갖고 있는 지론은 그래서 그게 인생이 되겠나? 하는 것이었다. A선생이 그런데 쉽게 말려들겠나? 어리석은 자가 권력이야?

"천하는 태평한데 어리석은 자들이 근심을 자초한다!"

물론 A선생도 완전무결하게 무결점으로 업무를 진행했다기 보다는 항상 Zero Defect Movement 를 위해 최대한 노력하였다. 물론 ZD도 완전무결점은 아니고 Zero에 아주아주 거의 가깝게 간다는 뜻이다. 그때 공문 마지막에 늘상 하는 말이 있지. "시행에 유루없도록 만전을 기하시기 바랍니다." ZD가 권력이야?

일을 잘한다는 것은 여러 가지 지표가 있지만 우선 가시적으로 볼 수 있는 바로메타의 하나는 마감이었다. "지체없이" 보고공문의 마감날까지 서류를 작성하여 상급부서로 납기를 지켜 납품하느냐? 못하느냐? 가 유능한 사무직원의 핵심관건 중의 하나이다. 납기를 못지켜 상급부서의 추상같은 독촉전화가 자꾸 오면 사무실에서도 분위기 안 좋지만, 하도 그러면 상급부서에서 그 때문에 감사를 내려보내기도 한다. 납기준수가 권력이야?

그런데 보고공문의 납기도 애매한 것이다. 상급부서에서 공문을 보낼 때 통상 10~15일의 말미를 주는데 그러면 위에서는 충분한 시간을 줬다고 할 수 있지만, 그렇게 보면 그렇지만, 그러나 그때는 타자치고 등사로 공문을 인쇄하고 전국적으로 우편으로 공문을 수발하기 때문에 지방본부에 도착하는데 공문생산, 우편접수, 분류, 수발, 배부로 벌써 최소한 3~4일 깨먹고, 지방본부에 도착하면 일단 다시 결재를 올려 지침을 받고 다시 이첩공문을 생산해서 또 공문을 발송하는데 여기에도 2~3일이 걸리지만 이때 지방본부에서도 수합, 작성, 결재, 발송에 시간이 걸리므로 또 최소한 3~4일 전을 마감날짜로 당겨잡는데, 그러면 중앙상급관서에서는 10~15일의 여유를 줬다하나 지방본사의 한 단계를 거치면 예하부서에서 서류를 작성하는데에 이제 남은 시간은 겨우 2~3일 밖에 안 남는데, 이때 또 예하부서에서 다시 예하예하부서에 이첩하여 보고서를 올려라고 하면서 최소한 3~4일의 처리시간의 여유라도 가지고자 하면 정작 예하예하부서에서는 -3~-2일의 시간여유 밖에 안 남는다는 이론과 계산인 것이다. 다단계가 권력이야?

그러니 그때는 당일 공문을 보내면서 당일까지 보고공문을 보내라고 하는 일도 비일비재하고 도중에 공문을 분실하는 일도 허다하여 어려움을 겪는 것이다. 따라서 그때는 사무직원이 전화통 잡고 당장 보고서류 보내라, 보냈다 하는 옥신각신이 거의 사흘토록 벌어지고, 사무실에 있으면서도 손사례를 치면서 숨을 죽이고 없다 하라고 전화받는 여사환에게 시키는 일이 비일비재하고, 그러면 여사환이 못하겠다고 티각태각하는데 그러면 벌써 위에서는 눈치까고 있으면서 왜 없다고 하느냐? 며 괜히 여사환에게 욕 터불하는 일도 많았다. 여사환이 권력이야?

매일 한번씩 여보조원인 사환을 보내 문서수발실에 가서 문서를 찾아오게 하는데, 더 바쁠 때는 문서수발실에 가서 지키고 기다리고 있다가 들어오는 즉시 들고 뛰게 하는 일도 허다하였다. 이게 보통 일은 아니고 보고서류가 한 부서만 안 들어와도 전국적으로 전체업무는 수행을 못하니, 전화기 붙들고 다 들어왔는데 니 부서만 안 들어왔다고 싱갱이 하는게 당시에 늘상 하는 흔한 진풍경이었다. 물론 다 안들어 왔을 때도 그런 적이 많았다. 그러나 예하부서에서도 보고가 한두 건이 아니니 리드타임을 통밥 딱 잡고 알아서 케바케로 기간을 맞추는 것이다. 그런데 이게 전국적으로 체계적으로 일사분란하게 움직여야 하니 보통일은 아니다. 이게 사회적 동시관리지. 사무직원이 아무 하는 일없이 에어컨 빵빵하게 돌려 놓고 시원한 공

기 아래 맨날 펜대만 돌리며 논다고 생각하는 사람이 많은 것 같은
데 실제는 실상을 전혀 모르고 하는 소리다.

물론 어느 사회나 사각지대 맹점 Blind Point 가 있어서 노는 자는
늘 놀았다. 그러나 걍 되는 것은 아니고 피붙이거나 하다 못해 논두
렁 빽이라도 무슨 무시 못할 빽이 있거나 선천적 뺀질이라서 눈치가
엄청 빨라서 이런저런 여러 가지 윗급 비위를 비상하게 잘 맞추거나
뭐라도 받쳐줘야 되는 일이었다. 그러니 아무나 그래 되는 것은 물론
아니고 결정적인 순간에 핵심적인 일을 뭐든 한두건은 해줘야 되고
특히 상하 정보에 능해야 했다. 정교한 시스템 속에서 그런 사람도
자기 몫은 뭐라도 해줘야 하는 것이다. 시스템이 권력이야?

이걸 이해하기 어려우면 군대에서 실제 있는 일을 가지고 예를 들
면, 군대에서는 모범병사를 표창한다고 치자. 그러면 보통 전방사단
에서는 10시에 사단장이 참모를 대동하고 전 사단본부의 장교와 병
을 집합시켜 표창장을 수여하는데 그럴려면 연대에서는 9시까지 집
결시켜 연대장 신고를 시키고 해당간부가 상당히 신경을 써서 점검
하는 것이다. 병이 표창장 받으러 아무 생각없이 갔다가 사단장이나
참모에게 평소 아무 생각없이 신고 다니던 워카에 뭐 하나라도 지적
사항이 나오면 어떻게 되겠나? 군번표, 군화줄 하나 매는 것도 육규
에 다 나와 있다. 군대행정이 아주 정교한 시스템이지. 그러면 뭐 갔
다 오기도 전에 곡소리부터 나겠지. 그러면 대대에서는 8시까지, 중
대에서는 7시까지, 전방소초에서는 6시까지 신고하고 출발해야 하
는데 그럴려면 해당 병과 혹은 인솔자가 최소한 5시부터 기상하여
준비시켜야하는 것이고 그럴려면 그 전 날부터 일계장 피복, 두발,
손톱길이, 군화 등등, 복장부터 간부 또는 선임병이 확인하고 챙겨

야하는 것이다. 필요하면 A급피복과 장비를 빌려줬다가 다시 회수하기도 하는 것이다. 근데 그러니까 이걸 전 사단 해당간부가 병과 그 인솔자가 돌아올 때까지 신경써서 다 매달려야 하는 것이다. 그런데도 차질이 안 생기고 잘 집행되면 얼마나 부대관리가 잘 된 일이겠는가? 근데 그게 그리 쉽겠나? 신고가 권력이야?

군대행정도 마찬가지다. 오죽하면 더운 야전에서 땀 뻘뻘 흘리며 하루종일 뺑뺑이 치는 군인에게서도 군대는 일빵빵 100 소총수가 알고 보면 가장 속편하다는 소리가 왜 나오겠는가? 군대에서는 있는 빽 없는 빽을 권력부서로 다 동원하여 병을 펜대 돌리는 자리로 자대를 배치만해주면 소원이 없겠다는 청탁도 당시 자주 있는 듯 같았으나 글쎄 그럴까?

펜대 돌려 본 경험이 있는 인력이 오면 서로가 금상첨화인데, 있다면 서로가 오라고 하겠지만, 그때는 가뭄에 콩나듯이 있기도 있었지만, 지금은 그런 병력이 거의 없고 아무 경험없는 병력이 갑자기 사무직을 하면, 그게 그리 쉽겠나? 은행근무하다가 온 상당 경력있는 인력도 사무보다가 빵꾸 터져서 쪼인트 안 까일려고 도망다니고 숨기 바쁜데.

군대행정병도 중대가 있고 대대가 있고 연대가 있고 사단이 있고 군단이 있고 육본이 있으니 보통 일이 아닌 것이다. 육본 위에는 또 없는가? 그러니 유능한 부사관단, 장교참모들이 사수, 조수를 꽉 잡고 업무빵꾸 안나게 노심초사하는데 그들이라고 달리 방법은 없고 갈참이나 왕고가 밤에 집합시켜 줄빠따 치게하거나 사무실에서는 쪼인트를 가끔 미싱하우스 하는데, 이것도 대단하지만, 행정병은 이렇게 한다고 되는 것도 아닌데 사실 이것외는 할 수 있는 일도 여의치 않았다.

물론 곡소리야 훨 적게 나겠지만 사무실에서 골머리 아픈 것이 연병장에서 몸으로 때우는 것보다 더 힘든다면 힘든 것이다. 그래서 군대에서는 미리 조수를 심사숙고하여 뽑아 사수가 1년정도 얼차려 시켜 가며, 빨따 쳐가며 도제 교육을 시키는데 그래도 그게 쉽겠나? 업무빵꾸 내고 간부에게 쪼인트 까이는 것을 피해 탄창고 뒤로 숨고, 야전군대에서 정 숨을 데 없으면 창고뒤 덤불 속에 짱박혀서 하루종일 찾게 하는 일도 허다 하지만, 무슨 본부든 본부행정병만 보면 걍 파라다이스에서 근무하는 것처럼 생각들 하는 야전장교와 병도 많다는 것이다. 그렇지만 그게 그리 쉽겠나? 그것도 능력도 능력이지만 적성이 맞아야 하는 것이다. 군대행정병이 권력이야?

재미있는 것은 이런 중대행정병을 보고 중대장이 가끔 니가는 병의 입장에서 생각하지말고 중대장의 입장에서 생각하고 업무를 집행하라고 지침을 내리는데 말은 지극히 맞는 말이지만 행정병 이등병이 병 입장에서 지 앞가림하기도 바쁜데 무슨 수로 육군대위 고참 중대장의 입장에서 생각하나? 물론 그게 쉽겠나만 병도 항상 그런 정신은 가져야지. 중대장 육군대위가 뭐 맞는 말만 하지 않겠나?

군대에서 야전소대장을 잘 한다고 야전 중위를 선배들이 추천해서 적극 연본(연대본부) 군수장교로 발령냈는데 그런데 초급장교들이 그렇게 다 하고 싶어하는 그 좋은 자리가 그게 적성이 안 맞아 군수병과 어울려 축구차는 것을 좋아하다가 근무기한도 전혀 안 채우고 오자마자 곧바로 야전 GP초소 소대장으로 도로간 참군인의 표상같은 군대체질 장교도 있었다.

군수장교가 하는 일은 군수병과 운짱을 데리고 M60 수송보급트

럭타고 선탑자 자리에 앉아 하루종일 예하부대를 다니면서 군수품을 공급하는 일을 하며 대접받는데, 애로공정은 다만 숫자가 **빽빽한** 장부를 일과 끝에 꼼꼼히 챙겨야 하는데 그것도 군수병이 있으니, 오히려 경력있는 병이 지 영창가지 않으려면 열심히 하지 않겠나? 그러니 그것만 끝나면 퇴근해서 영외에서 민간인과 같이 지내며 사제물품도 누리니 군대팔자 피는 자리 아니겠는가? 이거야말로 군신도 숨길려는 꿀보직 아니겠나? 꿀보직이 권력이야?

보이는 것이라고는 비탈진 산하고 나무와 풀하고 벌건 황토흙하고 흐르는 시내물 뿐이고 쳐다봐야 하늘하고 구름밖에 없고 가끔 비행기와 새하얀 긴 비행운이 있고, 움직이는 거라고는 출몰하는 멧돼지나 노루나 새 밖에 없는 명예로운 비탈 야전에서 병들 데리고 하루종일 돌격 앞으로! 원위치! 위치로! 원위치! 하며 산으로 들로 강으로 먼지 폴폴 덮어써가며 하루종일 정신없이 뺑뺑이 돌며 각개전투훈련하고 지뢰밭 옆에서 적군의 확성기 소리 쾅쾅 들으며 빡빡기는 야전장교들이 보면 천하의 꿀보직도 이런 꿀보직이 없었다. 열까지 엄청 받는 초급장교도 있겠지. 그런데도 그런 자리를 댓바람에 박차고 나갔으니 군인으로서 완전 존경은 하지만 보는 사람이 오히려 조금 아쉽지 않나? 군대에서 모두가 입을 모아 낙이 있다는 그런 자리가 낙이 없다고 뒤도 안 돌아보고 박차버리고 가는 장교도 있나? 보기 드문 참 야전군인의 표상이었다.

이런 전방에서 6개월만 근무하면 여군이 업무차 올라와도 저게 뭐지? 하며 이상하게 쳐다본다는 것 아니겠나? 군인이 여자를 보면 이상한 캣콜링만 한다고 생각하는 사람도 많겠지만 그게 아니고 GP나 GOP에서 6개월만 안봐도 나중에는 여자가 올라와도 저게 뭐지

하고 이상하게 쳐다본다는 것이다.

한번은 어떤 군수병이 사수가 물려준 장부와 창고의 현품이 엄청 안 맞아 걱정이 대걱정이었는데 군수장교에게 보고를 했더니 군수장교가 야, 임마 그걸 니가 왜 걱정해! 라며 꾸사리를 크게 주었다. 그렇다! 병이야 주는 대로 먹고, 시키는 대로 하고, 때리는 대로 맞으면 되는 것이니, 지 잘못한 게 없으면 병도 만고 걱정할 일이 없는 것이다. 장부야 뭐, 또 후임병 조수가 있지 않은가?

군대 가보면 "때리지도 말고 맞지도 말고 맞을 짓을 하지도 말자." 라고 지휘관이 크게 써붙여 놓은 것을 보는데 참으로 군대는 군대라는 생각도 하는 것이다. 군대는 각계각층에서 8도사나이가 다 모여서 힘든 훈련 뛰고, 훈련보다 더 힘든다는 내무생활을 하니 그런 측면도 있다고 본다. 병들은 겨울에 1달씩이나 어디가 눈이고 어디가 구덩인지도 모르는 눈구디 천지에 동계훈련을 나가는데 눈 속에 완전군장하고 산으로 들로 뒹구는 고된 훈련을 하지만 그게 상대적으로 더 편하다는 것이다. 왜냐면 내무생활을 안하기 때문이다.

오죽하면 동부전선에서 유명한 "인제 가면 언제 오나 원통해서 못 살겠다."는 말이 나오겠으며 "소양강에 피가 흐른다."는 말이 나오겠는가? 지금은 전혀 그렇지 않겠지. 자대 유동병력이 가끔 1~2명 연본 내무반에 와서 1박 취침하고 가는 경우도 있는데 그들이 연본 내무반 분위기를 겉으로 보면 입이 떡 벌어질 정도로 전선에서 파라다이스도 이런 파라다이스가 없다 고 할 것이다. 근데 물론 자대보다는 훨 좋지만 그 파라다이스도 하루하루 살기애애한 파라다이스였다.

팔자 길들이기 나름이고 사무직도 적성 길들이기 나름이지만 사무직도 엄연히 기술직인데 기술이 아예 없는데 길들이면서 업무배우고 당장 그게 그리 쉽겠나? 물론 하면 된다 라는 군대지만 잘 하는 일을 하다 왔는데 다른 걸 처음부터 다시 배워서 하고 싶겠나? 그렇게 민간이든 공공이든 모든 사무가 전국적으로 정교한 동시관리시스템의 일부로 기계처럼 움직여야하는 것이다. 공장 보다 더 했으면 더 했지 덜하지도 않은 것이다. 사무직도 한사람이 빵꾸내면 회사전체가 다 올스톱이 된다! 이해하겠어? 쇳대를 갖고와 문을 열어야하는 키맨이, 키우먼이, 여직원이 제시간에 안오면 간부들이 사무실 문을 못 열고 춥게 오돌오돌 떨며 복도에서 대기해야 하는 상황을 이해하겠어? 뭐, 벌써 알고 있다고? 사무직도 기술직이야. **사무도 기술이다.** 기술이 권력이야?

지금은 메일, 스맡폰, 아래아한글 등 높은 IT기술로, 전자결재로 좋아졌다고 하지만 그게 결코 아니고 이제는 오히려 24시간 밤잠도 없이 토욜, 일욜, 공휴일도 없이 까만 날, 파란 날, 빨간 날 없이 컴퓨터와 스맡폰 등 온갖 전자기기에 죽자고 매달려 있어야 하고 스킬도 계속 더더 엎그렌해야하니 더 힘들고 워라밸은 외려 계속 더 낮아만 가고 있다. 스킬이 권력이야?

그럴수록 워라밸은 더 강조되는 것이니, 그러니 워라밸이 강조되는 사회가 좋은 것인가? 더 안 좋은 것인가? 하는 고전적인 질문이 항상 따라 다니는 것이다. 생각해 봐, 주5일을 줬다고하는데 실제 주5일이 되는지, 말로만 주5일이고, 제도만 빛좋은 개살구로 그렇고, 도로 더 빡씬 주7일이 되는건 아닌지. 그러니 갈수록 사무직, 관리직 자리는 줄어들고 노동강도는 더 세어지고 경쟁은 치열하니 연봉은 그래도 조금 올라간다하나 이제 화잍칼라도 보통 힘든게 아니다.

전에는 업무시간이 있고 퇴근시간이라는게 있어서, 물론 야근이

야 늘상 있지만, 업무시간이 끝나고 펜대 딱 놓고 의자에 걸쳐둔 우
와기 걸치면서 딱 일어서면 업무가 종료되고 칼퇴하고 대개 과단위
로 나가서 한잔 꺽는게 사무직의 가장 큰 장점 중의 하나이고 큰 매
력이었지만 이제는 그것도 벌써 옛날 말이 되었다. 보통 화잇칼라,
블루칼라라고 말하지만, 그게 아니고 이쪽에서는 가다마이, 네꾸다
이부대가 사무직의 상징이었다. 바리깡으로 뒷목덜미 싹 깍고 하이
칼라에, 2대8 가르마에 머리기름 착 바르고 빗으로 싹싹 빗어붙이고
면도칼로 파르라니 면도하고 마이 입고 흰 에리 와이셔츠에 신사복
의 꽃이라는 네꾸다이 쪼옥 매고 기지주봉에 네직끼 딱 잡고, 항상
신발 반짝반짝하게 닦고 폼 잡았는데, 이때 팔짱을 딱 끼고 사무실
중앙에 서서 목에 깁스하고 사무실을 권위잡고 휘둘러보는 그 폼생
폼사가 최고의 권력이었다. 네꾸다이부대가 권력이야?

보통 또 조끼를 안에 받쳐 입는데 그 조끼 윗주머니에 양 엄지손
가락을 끼고 뒤에 부하를 거느리고 앞장 서서 걸어나가는 것도 엄청
난 권위였다. 그러나 그것도 이제는 보기 드물고 이제는 회색 훌티
에 청바지 입고 흰운동화 신고 사무실이나 연단에서 폼 잡기도 하는
것이다. 아마 젊고 창의적이고 실무적이고 실용적인 것을 강조하고
자 하는 것이겠지만 사무실에서 무슨 운동회하나? 하지도 않는 운동
한다고 흰운동화 신냐? 진료는 의사에게, 약은 약사에게, 운동화는
운동장에서! 붓이 칼보다 무섭다. 펜대의 세계, 펜대가 권력이야? 군
화가 권력이야? 등산화가 권력이야? 흰운동화가 권력이야?

이제 이러다가 사무직도 AI로 대체하자는 말이 나올 수 있지만 그
건 아직 아니고 요원한 일이고 전문성은 더 높아져 가니 AI로 대체
는 매우 어렵다. 사실 AI, 알파고도 의문점이 많은데 여기서는 줄이

기로 한다. AI가 권력이야?

사무직의 전문성의 최고 제1보는 선분할, 면분할 해서 표만들기 인데 지금은 아래아한글에서 클릭하고 드럭하고, 복사해서 아주 쉽게 만드니 그 장점과 노하우는 다 사라져 엄청 아쉽지만, 그 보다 더 고차적인 표와 그림을 컴퓨터로 거의 매일 그려야 하고 퐈포를 만들어 돌려야 하니 날이 갈수록 더욱 어려워만 가는 것이다. 그리고 프로그램도 돌아서면 매번 버전이 엎그렌되니 꼼퓨따 따라잡기도 직장인이 보통 어려운 과제가 아니다. 컴퓨러가 그러니 한번 배우면 평생 사용하는 타자기가 훨 더 그리울 수도 있지만 그러나 그것은 아니고 전진을 해야지 후진을 할 수는 없는 것이다. 컴퓨터따라잡기가 이제 사무직의 시어마시가 되는가? 그러니 과거에는 경험많은 노장이, 방고참이 목에 힘주었지만, 이제는 IT기기라도 한번돌리려면 어제오늘 들어온 신참 눈치 볼 수 밖에는 없는 것이다. 그러나 그 신참도 돌아서면 벌써 구참이 되어 희퇴, 명퇴에 시달리니사무직 내용년수가 갈수록 짧아지고 기술습득도 줄어져서 화잎칼라의 전성시대가 저무는 소리가 나이야가라 폭포수 떨어지는 소리만큼 나는 것이다. 그러니 그 좋다는 정보화산업사회에서 직장인이 갈수록 어려워져도 왜 더 어려워지는지 그 자체를 모르고 있으니 보고있는 A선생이 더 답답하다는 것이다. 컴퓨러가 권력이야?

사무직이 사무외에 잘 해야하는 일은 미쓰꾸리인데 이는 물품이나 다량의 서류를 포장하는 일인데 주로 보로바꾸에 포장하여 발송하거나 보관하는 것이었다. 물론 자주 있는 일은 아니지만 사무직이잘하면 좋은 몸쓰는 일 중의 하나였다.

따라서 A선생은 보고기일을 지키는 데에도 꾸준히 많은 노력을 하여 완전에 가깝게 성공하여 사무행정에 큰 도움을 주었다. 그러나 이는 잘 해도 그만, 못해도 그만인 일이었다. 사무가 권력이야?

업무의 성공과 실패, 성실과 가식, 정직과 거짓, 선의와 위선, 근면과 태만, 열성과 해태, 신의와 배신 등등은 그들의 승진, 업적평가, 인사이동, 직장근무, 사회생활 등등과는 별로 상관이 없었다. 이역시 근본적으로는 사무직, 전문직의 특징에서 나오는 것이다. 업평? 업평이 모야? 그런 것도 있었나? 업적? 평가? 뭐 누가 누굴 평가해? 업적이 있어야 평가를 하지. 업평점수가 높아서 승진한다고? 그런 것도 있나? 업평점수가 높아서 승진하느냐? 승진하니까 업평점수가 높아지는가? 다 고차방정식이고 고공정치였다. 순환논리는 항상 아름다워! 고차방정식이 권력이야?

대표적으로 교육점수가 있다. 새마을교육점수가 5점, 직무교육점수가 5점, 합해서 10점이라 하자. 그러면 이 2교육을 갔다 오면 10점을 받고 안 갔다 오면 0점이 되는 것이다, 말하자면 절대평가인데다 이건 당연히 전부 아니면 전무, 올 오얼 나씽All or Nothing인 것이다. 이건 당연한 것 아닌가? 그런데 문제는 직무유능도 점수가 10점이라고 하자. 그런데 이 직무유능도는 아무리 상대평가를 해도 최고점이 10점이면 최저점은 6점을 주게 되는데, 점수차이가 거의 안나는 것이고 그 보다 실제 상대평가를 해도 그 변별력은 거의 없다. 아니 그렇게 일만 잘하라고 강조해온 직무성공도가 변별력이 거의 없다고? 그러니 어떻게 보면 고의적으로 그렇게 만든 것 아닌가? 하고 생각될 때도 있다. 교육이 권력이야?

업평이 모야? 있기는 있나? 있기는 있는 정도가 아니고 모두 쉬쉬하며 목을 매달고 있는데 다만 승진하고는 별 관계가 없는 것이 문제지. 그러니까 승진여부는 오직 교육점수 10점으로 결정되는데 누구를 교육 보내는가? 하는 것은 오직 사장의 결정에 따르는 것이고 인사과의 펜대 돌리기에 따라 달린 것이다. 펜대의 힘! 펜대 돌리는 대로 세상이 돌아가나? 펜대를 멈추면 세상이 멈추는 것이야? 펜대를 멈추면 세상이 멈춘다! 펜대 잡으면 권력 잡는 것이야? 펜대를 잡으면 권력을 잡는다! 그런거야? 교육이 권력이야? 펜대가 권력이야?

이 새마을교육, 직무교육정보는 극비 인사정보가 돼서 누가 갔는지, 누가 갔다 왔는지도 인사과에 빨대를 꽂아두고 누가 알세라 귓속말로 쉬쉬하며 중점관리하지 않으면 그저 사무실에 앉아 일만 열심히 하는 사람은 거의 알 길이 없다. 이 교육정보, 인사정보를 미리 알고 선정되기 위해서는 평소 열심히 때에 맞춰 요소요소에 비비는 수 밖에 없는 것이다. 이제 다시 강조하면 2교육을 갔다오면 무조건 승진이고 안 갔다 오면 무조건 탈락이다. 이게 업평점수에 크게 있지만 업평하고 무슨 상관이 있는가? 업평이 권력이야?

그런데 그렇게 업평해도 또 3배수, 5배수가 있으니 다 오야 마음인 것이다. 물론 3배수, 5배수라하도 이유없이 1등을 낙오시키고 5등을 승진시킬 수 없고 또 5배수 밖의 대상자를 승진시킬 수는 없으니 5배수 안의 대상자를 승진시키는데 그러면 업평은 저절로 1등이 되게 돼있는 것이다. 업평의 교묘함이지. 그러나 어쨌든 3배수면 3배수, 5배수면 5배수 안에는 꼭 들어가 있어야 하고 또 승진하려면 아예 1등이 돼있어야지. 그것이 인사과의 기술이지, 기술 없는데가 잘 있겠는가? 인사가 권력이야?

또 당시 공직에는 중간간부로 올라가려면 시험을 치는데 2배수로 후보로 올라가 시험을 쳤다. 그러면 직장 내에서는 미리 교통정리를 해서 승진시킬 1명은, 대개 둘 중 더 고참인데, 답안을 작성하게하고 다른 1명은 반드시 백지를 내게 하였다. 물론 후배는 더 다음해 다시 응시하게 해서 승진시켜주는 것이다. 그런데 한 해는 백지를 내야할 후배가 답지를 **빽빽하게** 써서 점수가 아주 더 앞서게 되어 어쩔 수 없이 승진을 시켜줄 수 밖에 없었다. 그러고는 그 승진자를 아주 한직에 유배를 보내버렸다. 그러나 그 승진자는 눈도 깜박 안하고 있다가 1년뒤 본부로 다시 복귀하였다. 이처럼 세상일이란 워낙에 그렇다. 남을 위해 일한다는 게 뭐람하고 다른 상대는 생각하지 않겠는가? 그럼 이미 2번 시험쳐버린 그 고참상대는 가만 있겠는가?

그들이 목에 훗까시 입바이 넣고 노가리만 까면 업평, 업평하며 업평을 저들의 전가의 보도처럼 휘두르는데 그 칼에 언제 지거도 목 베일 때가 있겠지만 업무성공도에 따라 업평이 결정되고 업평에 따라 승진이 결정되는 것이 아니고 교육이 승진을 결정한다. 이걸 막상 알면 썰렁하겠지. 안 그렇겠나? 그렇게 업평, 업평하고 업평에 목 매달다가 그걸 알면 어떨떨 하겠지만 사실이 그런 것이다.

근데 그게 다가 아니지, 평소 쌓아둔 끈끈한 인간관계가 승진을 결정한다? 아니지, 그게 그러니까 사바사바지. 이게 신뢰도와 타당도와 수용성이 있겠는가? 있는 것 같기도 하고 없는 것 같기도 하지? 왜 직장인이 업무 보다 술자리, 고스톱, 매춘, 줄을 잡기 위해 이상한 불특정한 다수의 인간관계에 극히 신경 쓰는지, 이제 알겠지. 인간관계가 바로 능력이야? 사바사바가 권력이야?

밤에 사무실에 앉아 여름에는 무더운 선풍기 틀어놓고 모기에 물리며 땀 뻘뻘 흘리고 겨울에는 내복입고 두터운 오리털 파카 입고 석유난로 피워놓고 추위에 벌벌 떨며 열심히 하는 직원을 그 시간에 벱카들고 나가 편법을 써가며 우호적으루다가 여자끼고 거하게 술먹고 노래부르고 있는 직원이 왜 비웃는 지, 이제 알겠어? 알겠지? 그러나 비웃으면서도 그들이 이유도 모르는 불안에 떨겠지, 뒷목이 선뜩선뜩하겠지. 그러니 그들도 저녁저녁 그것도 힘들어. 우선 먹기는 곶감이 달다고 그렇게 저녁저녁 달리며 출세했다고 환호작약하는 그들도 결국 실력을 기르지 못하면 물갈이되고 그러면 술상무, 술전무가 더 고달퍼! 그러면 고수돕상무, 골프상무는 뭐 남는 것 있나? 상무가 권력이야?

　업평이 공정하게 착착착 쌓이면 이론적으로는, 이상적으로는 승진발표할 것도 없고 발표에 목 매달 이유도 전혀 없는 것이고 애태울 것도 없고 정보캐치할려고 비빌 필요도 없고, 클릭 한번 딱 하면 최소의 비용으로 저절로 순위가 나오고 승진이 결정되고 발표되는데, 이것이 A선생이 평소 주장하는 현대인사관리이다. 모가 알고 싶어? **업무평가시재**가 컴상에서 순위가 딱 뜨면 승진상황을 전부 다 알고 다 해결되는데 뭐가 문제야? 학교수행평가처럼 업무성과가 있으면 그 순간에 딱딱 입력하여 누가 그 시점에서 업평시재가 젤 높은지 누가 승진 1순위인지, 다 알게 하면 예측가능한 현대인사관리가 되고 비용도 절감되고 시간도 아끼고 더 동기부여되는 것 아냐?
　인사발표에 목매단다는 것은 그만큼 업평을 봐도 그것으로는 인사를 전혀 예측할 수 없다는 것이다. 그러나 존재하는 것은 다 이유가 있는 것이다. 그럴려면 깜깜이 업평은 왜 해? 그게 아니지, 봐도 모르게 복잡하게 그렇게 하는 것은 다 이유가 있지. 존재하는 것은 다 이유가 있다잖아. 인사가 발표되면 물 먹은 자가 회사에 안 나오고 몇며칠 집에서 시위하는 인간도 있는데 왜 그렇겠는가? 그러면 위에서 사람을 보내어 부디 나와서 후사를 기약하자고 달래기도 하는 것이다.

그러니 승진을 자이께무뽀시로 할 수도 없고 사다리탈 수도 없고 선풍기 돌릴 수도 없고, 연필 굴릴 수도 없고, 연필 세웠다가 넘어지는 쪽으로 할 수도 없고 침 튀는 쪽으로 할 수도 없고 부채도사야? 부채가 왜 하필 그쪽으로 넘어져? 업평점수로 후보자를 3배수 올리고, 5배수 올리고 공정하게 한다는데 다 같은 소리다. 사장이 승진을 시키고 싶으면 미리 교육을 보내면 되고, 승진을 하고 싶으면 미리미리 알아서 기어서라도 교육을 찾아 가면 되는 것이다. 안 되는 게 모 있어? 알아서 기는기 권력이야?

교육 보내는 고거는 평소 장의 재량인 것이다. 모가 문제야? 업평대로 안 한게 뭐 있어? 그렇다! 아무리 장의 권력이 세고 배수다 뭐 다해도 업평 1위를 두고 3위, 5위를 승진 시킬 수는 없으니 승진할 사람은 미리미리 업평이 다 1등이 되어 있는 것이다. 그게 다 장의 비젼이고 인사과의 전문성이고 수완이고 펜대 돌리기 나름아닌가? 그게 언필칭 펜대의 권력이라고 목에 힘주는 것 아니겠나? 인생이 다 짜야 치는 고수도뿌가 아니겠나? 그런데 뭐 업평? 그러니 그런 야매승진이 판치는 회사가 미래가 있겠나? 인사발표 보기 전에 아싸리 빨리 소관보는게 서로가 다 좋지 않나? 어차피 안 될게 뻔한데 봐라보긴 뭘 봐라봐?

그래도 있기는 있는데, 혹 운 좋게 실력있는 직원이 승진하면 그 직원이 이럭저럭 회사를 다 이끌어 가는 것이다. 이거 『피터의 원리』 (1969)와 비슷한거다! 다 지는 어디까지나 실력이 있어서 올라갔지. 그러나 전문성과 야매성이 판치는 전야투쟁사회에서 어떻게 될지.

야매도 실력이야! 야매가 능력이야? 전문성이 권력이야?

그래도 안되면 사장의 승진지침이라는게 있는데 이 역시 코에 걸면 코걸이고 귀에 걸면 귀걸이였다. 직장에서는 시말서라는게 있는데 이는 사실 징계도 전혀 아니고 업평밑에 자유기술란에 설사 들어가도 참고나 했지, 점수도 없는 것이고 평소에는 전혀 쳐다보지도 않는 것이었다. 그런데 어느 때는 사장이 시말서 받은 직원을 반드시 찾아내서 승진에서 전원 배제시켜! 말한마디만 하면 생각도 안하고 있다가 승진에 목매다는 여러 사람 곡소리나는 것이다. 그러나 그건 인사권자의 재량이니 찍소리를 못하는 것이다. 오야 마음이 권력이야? 인사권이 권력이야?

평소에 하급직원의 시말서나 승진에는 별로 관심도 없고 인사과에서 올리는 안에 그저 도장 찍기도 바빠했던 사장이 갑자기 왜 부레끼 걸고 그랬을까? 징계도 아니고 직원시말서징구라는게 있다는 것을 평소 생각이라도 하고 있었을까? 갑자기 그때 그걸 떠올릴 이유와 필요가 뭐 있었을까? 뭐, 다 이유가 있겠지. 근데 시말서도 시말서 내용을 보면 제각각 나름이지, 일을 해야 시말서라도 쓰지 일도 안하고 있는 자가 시말서 쓸 일이 있겠나? 물론 숙직하면서 술먹고 근무해태하다가 걸린 시말서도 있지. 그렇다고 일 잘한다고 표창장 주나? 말이야 늘상 준다고 하지. 눈치껏 해! 눈치가 권력이야?

그 당시에는, 지금도 조금 그 잔재가 남았지만, 임기를 마치고 영전을 해가거나 무사히 정년퇴임을 할 때 퇴임사에서 꼭 빠지지 않고 자랑삼아 늘상 하는 소리가 "大過(대과)없이 마쳤다."는 것이다. 대과가 없다? 그러면 大功(대공)도 없다는 소린데 왜 이런 일이 생겼을까? 그러니까 과가 없는 것이 큰 공적이고 공이 없는 것은 공적과 아무

상관이 없다는 것이다. 대공이 권력이야? 대과없는게 권력이야?

이게 보신주의, 기회주의의 상징과 같은 소리다. 안전빵으로 가야지. 실수만 안 하면 칭찬받고 정년퇴임까지 스므스하게 가는데 왜 설쳐? 약 무웃나? 짱구냐? 공을 세운답시고 나대지 말고 시키는 일이나 군말없이 착실히 잘 해라. 착실, 성실, 차카게 살자, 그렇지, 모난 돌이 정 맞는다. 뭘 알고나 설쳐라! 가만 있으면 2등이나 하지. 자리보전만 해도 그게 어디야? 꼰또만 안 하면 돼! 괜히 잘난 척하고 나서서 이또하려고 무데뽀로 잇뽕(一本), 이찌빵(一番) 날리다가 적만 무수히 만들지 말고 仁者無敵(인자무적)이니 잘 해라! 그렇지, 근데 인자무적이 이 뜻인가? 눈치 잘 보고 비위 잘 맞추고 업적은 없는 것이 인자무적인가? 無能無敵(무능무적)인가? 무능의 능력이야? **무업적의 업적**인가? 무위자연이야? 무위가 무업적이야? 무업적이 권력이야? 무능이 권력이야?

먼저 사람이 되야지, 사람이! 그런데 사람보고 사람이 되라니 그러면 원래대로 짐승이 되라는 말인가? 사람이 됐어! 사람이! **사람이 사람되는 것이 인생의 가장 큰 업적**인가? 그렇지, 그것만 해도 대단하지, 人面獸心(인면수심)이 되면 결코 안되지, 그러면 獸面人心(수면인심)이 되면 되나? 그것도 아니지. 獸面獸心(수면수심)은 절대 안된다고 하겠지, 그렇지, 근데 도대체 누가 누구 보고 사람이 되라고 하는 것인가? 인면수심이 권력이야?

그러니까 일 잘 한다고 승진이나 특진하는 것은 전혀 없고 또 승급하거나 특별뽀나스도 전혀 없고 열 번 잘 하다가 한번 실수하면 다 덮어쓰야 하는데 왜 나서서 씰데없이 공을 세우려고 하겠나? 월급재이가 무슨 大人(대인)이야? 철밥통이 왜 철밥통이야? 철밥통으로 살도록 그런 구조를 만들어 놓고 어느날 갑자기 철밥통으로 사는 것을 엄중 비판하면서 그렇게 살지 말라며 개달려들 듯이 달려들면 안되지, 예의가 아니지, 예의가! 근데 그런 정도가 아니지. 철밥통이 권력이야?

그때는 선임자를 진급시킨다고 다른 하급직원의 업적을 몽창 다 몰아주는 몰아주기도 허다 했는데 그건 다른 옆 사무실에서도 마찬가지니 뭐 할 말이 있겠나? 지 사무실에서 같이 일하던 선배가 승진해야 다음에 지 차례를 기약할 수 있지 않겠는가? 그게 아니라도 당장이라도 대가로 뭐 떨어지는 떡고물이나 콩고물이 있어도 있지 않겠나? 술이라도 한잔 있어도 있지 않겠나? 무엇보다도 그 선배도 그렇게 지 선배를 밀어주며 지금 그 자리까지 커왔는데 어쩌겠나?

그리고 승진년수가 되면 사무실에서 아예 무리한 업무를 기획해서 실적부풀리기도 성행했는데 승진이 끝나면 허수에 반드시 후유증이 생겼다. 당고가 권력이야?

은행권에서는 당시 예금유치가 너나없이 지점장의 승진의 최핵심관건이었는데 그러면 명문대출신은 주위의 재력있는 선동후배를 찾아가 발군의 예금유치실적을 월등하게 올려 조시좋게 반드시 승진을 한다는 것이다. 안 그럴 사람 누가 있나? 다 좋은데 문젠 승진이 끝나면 그 화려하게 쌓은 예금실적이 썰물처럼 다 빠져나가 버린다는 것이다. 그러면 승진한 지점장은? 벌써 승진해서 좋은 자리로 영전해서 날라 버리고 없는 것이다. 날라 가는 것도 어감에 따라 뜻이 천양지차인데 직장인은 항상 거기에 목을 매지. 그건 그렇고 그러면 두고 간 지점은? Not my Business인가? 강가 드넓은 모래밭의 오리알 신세인가?

그러면 맨 입에 되는 것은 아니고 뭐 은행업무상에서도 항용 그렇듯이 동문사람 나라사람 아니겠나? 높은 자리에 올라갈수록 편의를 더 잘 봐줄 수 있는 재량과 권력과 금력이 엄청 더 많아지지 않겠나? 누이 좋고 매부 좋고, 윈윈 아니겠나? 그러나 어쩌겠는가? 인생이 다 짜야 치는 고스톱이 아니겠나? 뭐 아니라고? 아니면 걍 치고! 정신승리 입빠이하고. 정신승리 입빠이 하는게 권력이야?

자, 그러면 어떻게 할 것인가? 뭘 어떻게 해? 그저 앞만 보고 뛰는 게 아니고 앞도 안보고 뛰야지. 어딜 뛰어? 그건 알 것 없고 남이 뛰면 무조건 같이 뛰야지! 야야! 이쪽이야! 이쪽! 아니야! 저쪽이야 저쪽! 뛰어! 뛰어! 일단 내 말 듣고 뛰고 봐! 잔말 말고 뛰어! 그게 아니고 뛰지 말고 걸어! 왜요? 왜요는 무슨 왜요? 왜 요가 왜요지!

그래서 이 인사정보가 인사과의 가장 큰 권력이 되는데 이것만은 아니고 인사과의 권력은 생각보다 훨 또 많은 것이다. 화잎칼라의 최선두를 달리는 인사과는 가보면 언제나 마이 쪽 빼입고 진짜 눈부신 화잎칼라로 흰 와이셔츠를 딱 입고 넥타이 쪽 매고 목에 힘 딱 주고 조용하게 앉아 자기업무를 하는지 안하는 지, 알 수는 없고 평소에는 늘상 빙긋이 웃는 것 같은 표정으로 뭔가에 골똘하게 골몰하며 컴퓨터를 지켜보고 있는데 꼭 별세계에 있는 직원 같기도 하지만 다 이유가 있는 것이다. 흰 와이샤츄가 권력이야?

표창장도 다 같은 얘기다. 표창장을 받으면 가산점을 주는데, 가산점을 5점 준다 치자. 그러면 2교육 갔다 오고 표창장 받으면 가산점이 15점이고 승진은 땅짚고 헤엄치기로 따놓은 당상인데 뭘 그리 업평업평하는가? 그런데 알고 보면 이게 업무하고 무슨 관계가 있는가? 뭐 2교육 갔다 온 사람이 일을 잘 한다고? 일 잘 하는 사람이 1표창장 받는다고? 이거 왜 이래? 초짜 같이! 지금까지 뭐 들었어? 새마을교육이 업무하고 뭔 상관이야? 업무교육? 누가 누굴 교육해? 업무와 교육이 무슨 상관이 있어? 업무능력이 교육 갔다와서 조금이라도 올라가? 능력이 있어야 교육을 가는거지 교육 갔다 와서 능력이 생긴다면 이미 늦지. 그러면 업무와 교육이 상관있다고 정신교육하나?

업평하고 뭔 상관이야! 귀가 코에 붙었는가? 업무성공? 업무실적? 업무능력? 말라 비틀어진 무말랭이같은 소리하지말고, 그런 말라 비틀어진 무쪼가리 같은건 개나 줘 버려! 2교육, 1표창장이 능력이야!

따라서 일 하는 연놈 따로 있고 승진하는 연놈 따로 있는 것이니 그게 다 세상 아니겠는가? Such is the World! 그런게 세상이야! 좋은게 좋은거야! 니도 그러고 살았잖아? 왜 니 불리하니 모른 척하고 방방 뜨고 그래? 내로남불이 아니고 내불남유라서 그렇지? 내유남불이면 그런 말 나오겠어? NRNB가 권력이야?

그런데 그것도 아니고 그래도 하다하다 안 되면 다 하는 수가 있는 것이다. 그러니까 정량평가, 정성평가도 있고 업평도 예하부서에서 점수를 올리는 것이 있는데 이건 주요하지만 업평이 주제가 아니므로 여기서는 줄이기로 하자.

업평의 신뢰도와 타당도는 어디에 있나? 물론 지금은 밝은 세상이 되어 인사편람으로 홈피에 인사정보가 다 공개되어 그렇지는 않겠지.

누구도 모르고, 되고 나서는 당사자도 내가 왜 됐는지 모르겠다며 내숭 더 떠는 야매승진은 더 이상 없겠지. 용꼬로 찔러놓고는 나는 아무 한 것도 없고 상대방은 내 보다 몇 배나 더 열심히 운동했는데 나는 이상하게 되고 상대는 당연히 안됐다고 항용 말하는데, 이게 인사관리의 클리셰지, 그러면 지는 도덕군자고 상대는 얼빵하고 헛발질하고 헛꿍수 놓고 게다가 더욱이 안 된 연놈은 비도덕적이 되는 게야? 승진하면 지는 도덕적이고 안된 연놈은 비도덕적이야? 다 같이 놀아놓고 왜 이래! 늘 된 연놈은 자기는 아무 것도 한 것이 없다고 내숭은 더 떨지, 내숭도 실력이야? 클리셰가 권력이야?

그러면 누구나 선호할 수 있는 인사과에 근무하는 것이 가장 좋은가? 인사과 말단직원이라도 떴다 하면, 뭐지? 뭐지? 하며 대갈빡 빡씨게 굴리며 서로 눈까리 살살 돌리며 눈치 보는게 현실직장인 아니겠는가? 뭐, 전혀 눈치 안 본다고? 그러니까 니가 늘 그 모양, 그 꼴 아니야! 집사람 속 엄청 썩혔지!

나름 소식통이 있는 자는 재빨리 전화기를 잡고 요새 회사에 뭐 있어? 인사과가 왜 떴어? 하고 모퉁이에 숨어서 목소리 입빠이 낮춰가며 정보수집에 열을 올리지 않겠는가? 그러면 인사과로 가? 글쎄 고거는 생각하기에 따라 다르고 인사과는 인사과 나름대로 또 남이 모르는 말 못할 고충이 뭔가는 엄청 있을 것이다.

그래서 군대가면 연병장 위에 용장이 있고 용장 위에 지장이 있고 지장 위에 복장이 있지 않은가? 암 복장이 최고지. 운장이 최고수지. 운이 권력이야?

어떤 회사든 그렇듯이 과장 자리는 제법 많으나 사무처장 자리는 매우 한정되어 있었다. 평생 근무해도 사무처장 한번 하기가 하늘의 별따기였다. 한 지방의 직장에서 전국적으로 선두주자 최고참과장 2사람이 암암리에 치열한 승진경쟁이 붙어있었다. 어느 정도냐? 하면 전국의 과장 고참 순으로 승진가능자 명단을 다 빼내서 갖고 다니며 운동하였다. 그걸 어떻게 빼내지? 그게 다 능력아니겠나? 그 정도 노력도 안하고 승진이 되겠어?

그런데 다 그렇듯이 한 명의 유능한 선두주자가 요직에 있어서 한 걸음 훨 앞서 있었다. 그런데 인사를 앞두고 선두주자가 관할하고 있는 창고에 불이 붙어서 그만 평생을 경력을 갈고 닦으며 학수고대 하던 승진에서 탈락하고 가능성이 없어보였던 경쟁자인 다른 사람이 승진하게 되었다. 이게 운인가? 자기 나와바리에 있는 창고에 불 난 것이 꼭 그 고참과장만의 탓인가? 불이 날 때 나더라도 승진하고 났다면? 그 사람은 천추에 한을 남겼겠지만 그러나 직장에서 어쩔 수는 없는 것이다. 여차하면 책임지라고 책임자가 있는게 아니겠나? 그러나 책임은 물론 잘 안지고 실제는 무책임자! 이지만 그러나 승진철만 아니면 위기를 넘기고 어떻게 해보겠는데 때가 때인지라 그게 쉽지 않았다는 것이다. 불은 방환데 범인은 전혀 못 잡았다.

어떤 직장에서는 2사람의 승진대상자가 있었는데 한 명은 열심히 일을 하여 승진을 앞두고 승진이 거의 확실시 되고 있었다. 다른 한 명은 농띠에 가까와서 조금 아프다고 덜컹 병가를 내고 입원해버렸다. 회사에선 뺀질이라고 뒤에서 벌써 쑥덕공론하지 않겠나? 그러나 어쩌랴? 승진을 앞둔 시점에서 더 열심히 일한 사람은 그만 과로사하여 버렸다. 입원한 옆 동료 일도 다 했다는 것이다. 일설에는 아픈 것도 참고 일을 했다는 것이다. 왜? 과로사할 때 하더라도 조금 더 있다 승진을 하고 했으면? 하고 아깝게 생각하는 지인들도 있지 않겠나? 왜 없겠나?

그러자 병원에서 잘 쉬고 있던 태평한가한 사람이 복귀하였는데 아무리 찾아보아도 다른 승진대상자가 없어서 실제 승진하리라고는 누구도, 본인도, 꿈에도 별로 생각하지 않고 있었던 농짝이 "뭔일 있었어?" 라며 돌아와 아무 것도 안하고 있는데도 승진하였다. 물론 자기야 열심히 했다고 눈물까지 흘리며 강변하겠지. 이게 운이야?

아니면 동양최고의 덕목이라는 무위자연이야?

경영학적으로는 A형과 B형의 전형적인 사례지. A형이 일을 잘하고 승진도 잘한다고 생각하지만 세월이 지나보면 최고경영자에는 태평무사한 B형이 더 많이 승진하는 수가 있지. A형은 중간에 과로사하기가 쉽지. 건강이 능력이야? 농띠도 능력이야? 농짝이 권력이야?

암암, 최고의 능력이지. 그러나 빡빡 기는 연병장도 만만치는 않지. 그러면 이 긴 사례연구의 마지막 강조점은 운인가? 그건 결코 아니지 운도 능력의 일부라는 것이지. 결론은 아직 내리지 않았다.

군대에서 병들이 볼 때는 지들의 상관들이 이해가 안될 때도 많겠지만 그러나 상관은 다 대단한 상관이다. 후일의 일이지만 A선생이 군대 연본에 근무할 때 전방 GOP에도 봄이 왔다. 근데 누군지도 모르게 후방에서 묘목을 한 트럭 싣고 와서는 연본 정문입구에 부라놓고 걍 가버렸다. 근데 A선생이 보기에도 거의 보름이나 넘게 연본 정문입구에 새끼줄에 묶여서 중인환시리에 그대로 쌓여 있었지만 아무도 조치를 취하지 않고 걍 있었다. A선생도 매일 지나가면서 궁금하게 생각은 하였으나 소관업무도 아닌데 어떻게 할 일도 없었다.

그러던 어느날 연대장이 전방으로 시찰 나가다가 짚차를 딱 세우고 "저게 뭐야?" 하고 지적을 하면서 참모를 불렀다. 부랴부랴 참모들을 하나, 둘, 셋 총동원하고 사단에 연락을 취하고 나서야 비로소 경위를 파악하고 다른 곳으로 치우고 4월5일 식목일 심도록 지시를 하였다. A선생이 볼 때는 역시 장이 끝내준다는 것이었다. 연본에서 그 수많은 장병이 다 지 잘났다고 뽐내며 정문을 드나들지만 묘목을 보고 실제 액션을 취한 사람은 연대장 1사람뿐이었다. 연대 전체에서 연대장 1사람의 보는 안목이 대단하였고 또 실제 할 수 있는 힘과 권력과 파워가 대단하였다.

A선생이 군대에서 만난 연대장은 연대장으로서 다 존경할 만한 분이었다. 다 장성으로 진급하였는데 특히 그 연대장은 이등병 출신으로서 나중 장성으로 진급하였는데 다 될 만하니 된 것이다. 이게 운도 있고 시운도 있어야지만 운만으로 되는 일은 아니지.

근데 흥미있는 것은 간혹 한번씩 사모님들이 전방에 오는데 포스가 다 대단하였다. 연대장 보다 연대장 사모님이 더 연대장 포스같았는데 연대장이 왜 연대장이 되었는지를 여실히 보여주었다. 그래서 부창부수라는 말이 나오는 것 같았다. 근데 어느 부가 어느 부인가? 그것은 대대장 사모님들도 마찬가지였다. 결국 남자가 사회에 나와서 온갖 잘난 척을 해도 잘난 이유는 알고보면 딴 데 있었다. 사모님이 권력이상이야? 사모님이 진짜 권력이야?

그러므로 어느 조직이나 장이 끝내주는 것이다. 장이 우월한 조직은 살아남고 그렇지 않은 조직은 바로 도태된다. 사장이 유능한 회사는 왜 잘 되는지도 모르고 잘 되는데 사장이 무능한 회사는 왜 잘 못되는 지도 모르고 못 되는 것이다.

그러니 A선생이 연구직으로 노리까이 못한 것도 다 이유가 있는 일 아니겠는가? 저녁저녁 술과 돈과 매춘이 왜 있겠으며 고급요정과 룸쌀롱, 텐프로, 우리나라 미인이 다 모여 있다는 강남 지하 룸쌀롱, A선생도 뽀나스 받아서 구경을 가도 가고 싶지만 그건 그 정도로 하고, 대포집, 왕대포집, 선술집, 북창동술집, 풀쌀롱, 2차3차, 가라OK, 가라OK? 오라OK라야지 가라OK는 또 뭐야? 술 파는 노래방, 술 안 파는 노래방, 보도, 도우미, 러브호텔, 무인모텔, 오피스텔, 영어학원이 왜 그렇게 비싼 지가에 즐비하게 있겠는가? 야마씨가 거기서 다 나오지, 야마씨가 권력이야?

외국어라면 그때는 일본어도 상당하지. "오까상, 미소시루 나이데 스까?" 일본어를 이 정도만 해도 대단하지 않았겠는가? 시다, 씨아 게, 요이땅, 만땅, 엥꼬, 와꾸, 가다, 니꾸사꾸, 하이야 타꾸씨, 마이 가리, 혼네, 다테마에 모두가 당시의 현장용어지. 왜년도 알아주지.

그때는 어지간한 직장인은 "도꾸이 손님 오셨다, 안방으로 모셔 라." 도꾸이 손님으로 요정이나 술집, 방석집에 새끼손가락으로 나 타내는 까이 하나 없는 사람도 드물었다. 점백 고수도뿌, 사교고스 톱, 나이롱뻥, 민화토, 6백, 월남뽕, 두장무이, 싹쓰리, 게라, 하우스, 삥 등등이 이름도 요상한게 수도 없이 왜 나왔겠는가? 폭탄주가, 봉 투봉투 열렸네, 케잌상자, 사과상자, 배상자, 골프백, 007가방, 차떼 기, 상품권, 양주, 와인, 왜식, 화식, 일식, 사케, 사시미, 스시, 쓰끼 다시, 쓰끼야끼, 야끼모, 야끼도리, 야끼만두, 미깡, 간주메, 다꽝, 와사비, 와리바시, 긴자꾸, 유까타, 게다, 죠바, 깽판, 앙꼬, 다마, 빠 가, 빠가사리, 바가야로, 앗싸리, 가오마담, 다방레지, 아사라비아, 아사야로, 도꾸, 쓰메끼리, 요지, 시다바리, 쇼당, 이노꼬리, 고도리, 찌라시, 짬뽕, 우동, 오뎅, 덴뿌라, 세꼬시, 가라수, 후라쉬, 쥬부, 꼽 뿌, 뽀켓또, 기리, 기리(의리), 겟또, 도꽝, 기꼬망, 소유, 사무라이, 가미가제, 단체기합, 독고다이, 요-씨, 쥬봉, 꼰대, 센삐, 신빼이, 씬 마이, 진검승부, 사까다찌, 아시바, 시마이, 까라, 찐빠, 구미, 구찌, 에-또-, 마-, 좆도 맞대 구다사이, 다찌, 찌라시, 노가다, 아다마, 사 꾸라, 게이샤, 정력제, 해장술, 해장국, 해장음료수가 왜 나왔겠는 가? 사과상자에 사과만 들어있어도 대단한데 사과만 들어있으면 별 것도 아닌 세상에 사는 사람들이 있다.

술상무, 고스톱상무, 골프전무, 쇼부, 단도리, 밴드, 가라OK, 뽕
짝, 또로또가 왜 나왔겠는가? EDPS, Y담, 쌍송이 왜 나왔겠는가?
나올 만하니 나오고 있을 만하니 있지 않겠는가? 기마이도 있지.

왜 사람은 평소 인사성이 아주 밝아야한다, 인사를 잘 해야 한다고
강조했지? 배꼽인사정도가 아니라 90도로 인사하는 사람이 왜 나왔
겠는가? 그 인사가 이 인사야? 인사가 아니라 인사치레를 잘 해야지.
왜 평소에 잘 해야한다고 강조해 왔겠는가? 젊은 상사가 담배를 쓱
꺼내들면 늙은 부하가 황송한 표정을 짓고 재빨리 남보다 먼저 따까
리처럼 불을 척 붙여줘야 하지 않겠는가? 그게 빨리빨리 안 되면 한
따까리 찐하게 하지 않겠나? 그것도 남보다 먼저 한다는게 쉽겠나?
연습과 반복적 훈련만이 살 길이지. 식당에서 나가면 얼른 신발을 정
리해서 대령해줘야 하지 않겠는가? 그런 것 한번 안 하고 월급재이를
잘만 하고 있다고? 그래 잘해라! 계속 잘 해봐! 더러운 꼴 보기전
에 그 꼴 나기전에 거래처와 어떤 거래를 잘 해야 하겠는가?

사장이 일을 잘하는 것이 최고고 우리 회사는 다른 것은 아무 것
도 안 봐, 오로지 일만 잘하면 승진은 따놓은 당상이라고 그렇게 강
조하며 입에 침도 안바르고 뻥치는 이유가 어디 있겠는가? 그러니까
애드벌룬을 크게 띄워놓고 밑에서 딴 장사하나? 뻥재이들은 절대 그
게 아니라고 아주 표정을 갈수록 엄숙하게 꾸미고 '이번만은 절대
뻥이 아니다.' 라고 강변하지만 사원들은 전부 뻥사장인줄을 다 알
고 있다는 것이다. 왜 속아! 속는 니거가 바보지! 또 속았네, 또 속았
네! 소가 넘어갔네. 뻥이야? 뻥이 권력이야?

그 사람들도 다 그렇게 해왔고 앞으로도 그렇게 살아야 하고 무엇
보다 어떻게 올라온 높은 자리란 말인가? 높은 자리에 매양 있는 것

도 아니고 이제 있을 때 본전 확 땡겨야 하지 않겠는가? 3억퇴직프로젝트가 왜 있겠는가? 동서고금 이래 코 밑에 진상이 최고 아니겠는가? 떡고물사회야 물론 인류이래 있는 일이지만 인생이 떡고물이 되어서는 안되겠지? 떡 고물이 권력이야? 콩 고물이 권력이야?

근데 일 등신이 밥 장군이라고 무능한 인간이 먹는 것은 더 비상하게 밝힌다는 것이다. 맛집, 고기집, 고급레스토랑, 양식집, 호텔식당, 가든, 고기집, 판 돌리는 중국집, 회관이 왜 줄줄이 있겠는가? 줄을 잡고 인맥구축하고 그럴려면 그들도 돈을 써야 하는데, 결국 돈을 상납, 삥땅, 횡령, 째벼야 쓰지 않겠는가? 그러니 직장인이 밤낮으로 영일이 있겠는가? 말을 안 해줘도 감을 잡고 다 알아서 기야 될 것 아냐! 그러니 겉으로는 젊잖게 있는 척해도 착각들 말아야 하는 것이다. 밑도 끝도 없이 윗급에서 뜬금없이 뭘 몰라, 사람이 말이야, 다 좋은데 말이야! 인간성이 말이야, 내가 다 좋아 하는데 사람이 좀 그래! 라는 소리가 나오면 인맥사회, 인간성사회에서 이미 볼 장 다보고 끝장난 것 아니겠는가? 인간성이 권력이야?

대학교까지 별도로 공부 안 하고 전혀 안가르쳐도 전 직장인이 이미 다 숙지하고 있는 7법전서 괘씸죄 아니겠는가? 설마 빽 없는 것이 7법전서 괘씸죄에 안들어간다고 생각하지는 않겠지? 빽없는 것이 괘씸죄야? 설마 멋도 모르고 하룻강아지 범 무서운 줄 모르고 줄 서지 않고 칠랑팔랑 근무 잘 하는 것이 7법전서 괘씸죄에 안들어간다고는 꿈에도 생각하고 있지는 않겠지? 그럴까?

오야봉 밑에 꼬봉이 나래비로 줄 서서 일사불란하게 계파를 위해 뛰야 하지 않겠는가? 그것도 밤낮없이 잘 뛰어야 하고, 그뿐만 아니라 밑에서 알 수도 없는 IT기기를 장착하고 큰 이어폰을 끼고 알 수도 없이 저거끼리 히히덕거리며 웃으며 무섭게 치오르는 후배를 꽉 틀어막아야 자리보전이라도 겨우 하지 않겠는가? 후배들이 똥차가 앞길 막는다고 아우성치지만 니거는 안 그러나? 며 우악을 주는 것이 또 주요한 과제 아니겠나? 난봉꾼이 아다라시를 더 찾는다고 쓸데없이 더 헤맨다는 것 아니겠나? 그 정도면 중독이지. 그들은 왜 야마가 돌았겠는가? 그들은 왜 부리켰겠는가? A선생은 뭘 몰랐고 그들은 뭘 몰랐는가? 그러나 그렇다고 A선생은 눈치가 없는 것 같으므로 가방모찌가 되는 일은 별로 없을 것이다. 물론 한 자리준다면 봐가며 할 수도 있을 것이다. 그러나 무엇보다 제대로 된 상사라면 하급자에게 가방모찌를 시키지도 않을 것이다. 가방모찌는 아무나 하나? 가방모찌가 권력이야?

그런데 나온 매우 한참 뒤에 가만히 생각해보니 A선생이 나가는 직후에는 정기인사가 예정되어 있었다. 그런데 그 와중에도 누구도 정기인사를 보고 나가도 나가는게 어떤가? 하고 빈말이라도 하는 사람도 없었다. 승진도 대상자이지만 업무가 조금이라도 한량한 자리로 우선 옮겨서 후사를 도모하는게 어떤가? 하는 권유도 없었는데 그 역시 이상한 일이었다. 니 잘 되는 일에 내가 맨입에 왜 말해줘, 이건가? 물론 그 말을 듣고 A선생이 남아서 죽치고 있을 리도 없겠지만 듣고 설사 있다해도 다 가능성은 없을 것이다.

그런데 가만히 새로이 생각해 보면 이 새 자리에 와서도 정기인사가 최소한 1~2번 지나가 버렸다는 것이다. 그러면 승진기회도 그만큼 지나갔으나 사무실의 누구도 A선생에게 그런 말을 해주는 사람도 없고 A선생도 알고 싶어 하지도 않았다. 도대체 A선생은 뭘 생각하고 책상에 머릴 하루종일 틀어박고 일만 하고 있다는 것인가? 뭘 믿고? 개 돌삐 빠나? 달밤에 체조하나? 일은 내가 다 할테니 승진은 니거가 다 하라는 무슨 성인대인군자야? 에이- 그럴리가!

그렇다면 그들이 그토록 부리켜서 A선생을 내보는데 암묵적으로 똘똘 뭉쳐 침묵의 카르텔을 형성하였다 는 것인데 무엇이 하급직원 하나를 두고 그들을 그토록 부리키게 했나? 부리키긴 부리켰나? 왜 그들이 그렇게 야마가 돌았나? 근데 그걸 모르겠나? 지 일 지가 알 아야지 누가 아나? 물론 중이 지 머리 못 깍지 깍겠나? 일반인은 그 럼 다들 지 머리 지가 깍나? 왜 잘하고 있는 중을 보고 공연히 그런 소리야! 다들 그렇게 얼굴을 소중히 여기고 하루에도 1200번도 더 거울을 보지만, 지 낯짝 지가 직접 보는 사람이 누가 있겠나? 친A선 생라인은 없는가? 있기는 있겠지. 침묵하는 다수인가? 부끄부끄 샤 이야? 침묵은 금이라는데 뭐 어때? A선생, 니 같으면 코치하겠나? 물론 A선생도 도와달라면 열 일을 제치고 도와줬지만 결과는 다 그 렇고 그랬다. 글구 다 지 코가 석잔데 누가 누굴 도와줘?

그러니 가슴에 무슨 병이 있다고 x-레이까지 찍어서 밀어넣고 무 슨 와이료를 얼마나 멕였는지, 어떤 쇼부를 쳤는지, 얼마나 쳤는지, 하여간 술을 멕였는지 뭘 멕였는지, 하급자를 끌어다 놓고 가라서류 꾸며 병가나 내고 장기출타하며 월급50%를 받으며 자기 고시공부나 하는 그런 이상한 나이롱빠이롱이 횡행하는 인정사회는 A선생에게 는 이해되지 않는 별나라세계였다. 간다바리가 부어도 한참 분 인생 들이었다. 니거 서장 어디 사노? 내가 어제 밤에 니거 서장 만나서 으이 술도 묵고 밥도 묵고 사우나도 가고 으이 할거 다 했어! 으이 수갑 안푸나! 으이! 니 이거 안 푸면 니거 서장은 내하고는 마 씨마이

데쓰다! 으이! 긍께 싸우나는 왜 같이 가? 으이! 서장이 권력이야?

Z씨는 법학전공인데 이상하게 법을 아는 자가 더했다. 법은 어기지 말라고 있는데 이상하게 법을 이용해서 법을 더 어긴다는 것이다. 가라서류가 권력이야?

그럼 A선생은 그런 적이 단 한번도 없었나? 으이, 기억이 안난다고? 남 모르게 할 것 다하고 그래도 안돼서 나간 것 아냐? 으이?

물론 승진시험공부한다고 대상자가 그 시점에서 장단기출타를 하는 것은 회사에서 개인사정을 봐줘서 묵인해주는 것인데 이는 인정사회가 아니더라도 항용 있는 인지상정이다. 어차피 승진하면 회사 내에서 근무하기 때문에 교육개발, 인재양성 차원에서 내부인력이 공부하고 승진하는 것이야 장려까지는 아니라도 지금까지 관행적으로 그래왔고 충분히 유도리를 발휘하여 가능한 일이었다. 요즘은 자기개발을 위해서 희귀는 하지만 1년씩 자유유급휴가도 내주는 회사도 있지 않나? 그런데 고시되면 먹튀할 것이 뻔한데 그걸 봐준다는 것이 말이 돼? 회사가 뭐 장학재단이야? 지 돈이야?

요즘은 로 스쿨이 있고 회사에서 노조와 단체협약으로 회사에서 월급을 부담하여 개인이 로 스쿨로 진학하여 변호사자격을 따게 해주기도 하는 것이다. 그런데 어떤 공기업에서도 이미 그런 사례가 있었고 겉으로는 별 문제가 없어보였다. 그런데 어떤 사외이사가 이사회에서 문득 물었다. "그러면 이 인력이 변호사자격증을 따고 회사로 돌아왔을 때, 임용할 수 있는 변호사티오가 있나요? 연봉은 변호사연봉으로 얼마를 책정할 수 있는지요? 즉 인력활용계획이 있습니까?"라고 물었다. 그러자 그 순간 이사회장이 얼음이 되어버리고 아무도 입을 떼는 사람이 없었다. 그러면 변호사자격을 따고 회사로 돌아와 근무할 자리나 티오나 연봉이 없다면 그 자격증이 무슨 의미가 있으며 왜 회사돈으로 따게 했냐? 는 것이다. 다른 필요한 일없어?

물론 회사가 변호사가 필요하여 인력계획에 의거 교육파견을 보내고 의무기한을 두어 기리까이하여 근무하게 하는 것은 완전 다른 문제이다. 요즘은 큰 공기업에서도 사내변호사가 필요하여 채용하는 사례도 많은데 이 경우에 사내에서 인력을 양성하여 충당하는 것은 필요에 따라 할 수도 있으나 변호사자격증을 따고나면 사직하고 나갈 것이 처음부터 훤히 예정된 인력을 굳이 회사돈으로 양성한다는 것은 이해할 수 없는 일이다.

노조의 요구에 의해 단체협약에 따라 했다지만 관점에 따라서는 감사에 걸릴 수도 있는 일이다. 단체협약이 만능이 아냐! 단체협약으로 공식 먹튀를 양성하나? 물론 양성해 놓으면 좋은게 좋다고 회사와 사회가 어떤 덕이라도 덕은 포괄적으로는 보겠지만 무량없고 계획없는 막연한 인정사회는 영리회사에서 곤란하지 않겠는가?

A선생의 문제는 별로 놀랄 것도 없고 사회에서는 희귀하지만 다 있는 일이다. 사무실에서 일하는 여직원이 보통 여상을 나왔는데 임시직이고 어리다지만 A선생은 늘 존중하는데 그들이 사무실의 문제를 아주 더 잘 아는 것이다. A선생이 직장에서 누구보다 열심히 했지만 길이 잘 안풀리고 있던 초창기 때 야간여상을 나오고 A선생 보다 나이도 어린 여직원이 잠깐 같이 근무한 후 사무실에서 단 둘이 있을 때 분위기를 잘 보아가며 싱긋 웃으면서 "물이 맑으면 고기가 없어요." 라고 아름다운 목소리로 부드럽지만 정면으로 정중히 자청해서 충고를 해주어 매우 놀랍고 고맙게 생각했다. 아마 꼭 해주고

싶었던 맞춤형 권고같았다.

자신과 아무 이해관계없이 아주 현숙한 부인이 해주는 것 같은 이런 권유는 그후로도 일절 들어보지 못한 아주 부드러우면서 초강력한 조언이었다. "물이 맑으면 고기가 없다." 이 말은 물론 다 아는 것처럼 보이지만 물으면 딱히 아는 사람은 없고 또 알더라도 이렇게 상황적합적으로 A선생에게 딱 와닿게 격언을 사용하는 사람은 본적이 없었다. 이 어린 여직원이 이 말을 어디서 들었을까? 그 짧은 시간에 어떻게 A선생의 장단점을 정확하게 파악하고 한마디로 요약해서 적절한 격언을 적절한 시간에 이렇게 적절한 감성으로 수용성 있게 전달할 수 있었을까?

물론 다른 사람도 다 잘 알고 있다고 하겠지만 말은 절대 안해주니 아는지 모르는지 알 수는 없고 할금할금 눈치나 보면서 그저 그걸 또 이용해서 A선생을 이용하고자 하는 것뿐이었다. 이 격언이 A선생을 평생 따라 다니는 숙명같은 금언이었지만 A선생으로서도 어쩔 수는 없었다. "고기가 사는 흐린 물도 필요하지만 그 고기나 물이 다 무슨 소용이 되느냐?" 라는 것이었다. 왜 소용이 안되나? 물 흐리는 물고기가 권력이야?

"물이 맑으면 머리를 감고 물이 흐리면 발을 씻으면 되지." 라는 말도 있으나 말이야 그럴 듯하지만 세상이 온통 다 흐리다는데 초점 흐리는 엉뚱한 쇼리하고 있다! 그러면 세상 물이 다 흐리면 흐린 물에 머리 감나? 다 그러고 살면 산다고? 글구 발이라고 흐린 물에 발 씻는 사람이 누가 있나? 그게 말이 되나?

최초기 시절에 잠시 같이, 그저 극히 잠시 지내보고 "독불장군은 없다." 이런 말을 A선생이 들으라는 듯이 자청해서 흘리면서 조언처럼 해준 남자상사 계장이 딱 1명 있었는데, 역시 남자다운 말이었고 나름 치밀히 분석을 한다고 했지만, 독불장군? A선생은 "내가 무슨 독불장군이나 되나?" 라고 생각도 했는데, A선생의 사회생활내용 자체는 독불장군과 조금 방불하게 보이는 측면도 있기는 있었을 것이다.

그러나 결코 A선생은 독불장군은 아니고 될 생각도 없었고 그렇게 처세하는 것도 아니었다. 지들끼리 술자리에서 설왕설래하며 지들 마음대로 분석해서 몰아가기는 그만! 그런데 그게 그것만이 아니고 A선생이 볼 때 이 남자상사 계장의 인상분석은 귀담을만한데 역시 남성특유의 분석으로서 인간관계를 권력관계로만 파악하고자 한다는 것이다. 그러나 권력도 매우 주요하지만 권력 외에도 인간은 주요한 가치가 많아!

그리고 이 권력관계를 한꺼풀 벗기면 인간관계를 무조건 돈문제로 파악한다는 것이다. 그렇지, 뭐니 뭐니 성인군자같은 좋은 소리 다해도 결국 머니이지. 암, 그렇고 말고, 하모 하모. 그런데 A선생은 아직 돈문제는 아닌 것 같고, 남과 안 어울리고 독야청청하게 살려고 한다는 것이니 독불이라는 것이다. 그럴까?

그러나 A선생이 보기에는 A선생을 독불장군이라고 몰아가는 그 자들이 오히려 독불이라는 것을 곧 알게 되었다. 서로 간이라도 빼줄 듯이 친한 동업자로서 앞에서는 사교성있게 "센세이, 센세이" 라고 서로 부르며 예우하고 웃으며 헤-헤- 하고 인사를 나누고 좋은 쇼리는 다 하지만, 딱 돌아서면 다 다 욕이고 지가 최고고 아무도 지 보다 나은 자가 없는 것이고 돌아서면 회사가 이만큼이라도 돌아가는 것이 다 지가 잘한 덕분이라는 것이다.

남의 공적도 자기가 했다고 입에 침도 안바르고 거짓말하고 남이 잘 한 것은 어떡하든 터무니없는 소리로 기스낼려고 하는데 음해도 그런 음해가 없었다. 이것도 아무나 하는 것이 아니고 구찌반찌가 좋아야 하는데 미리 말해 두지만 구변도 없는 사람이 어슬프게 따라 할 것은 결코 아니다.

글고 눈꼽만큼이라도 손해본다 싶으면 죽는다고 난리고 더 크게 만까이 시켜주지 않으면 손가락도 하나 까닥 안 했다. 훨 더 받을 때까지 버티다가 콩고물이라도 떨어지면 그제서야 입이 헤벌쭉 벌어지면서도 말은 항상 지가 손해는 엄청 보지만 자기니까 이 정도로 참는 줄로 알고 감사하라고 하였다.

독불장군일수록 다 지는 독불장군이라고 말은 절대 안하고, 절대 안 그런 척하고, 남이 다 독불이라고 쏙닥쏙닥 쏙닥플레이하면서, 지는 세상 좋은 사람인 것처럼 위장하고 있지만 그들의 이마빡에는 이미 "나는 독불장군이니 절대 건들지 말라." 라는 협박을 덕지덕지 써붙이고 다니고 여기저기 질질 흘리며 혹세무민하고 활개치고 있었다. 겉으로는 다 더할 것이 없이 좋은 척하는 사람들이었지만 그러나 얼굴이 명함 아니겠나? 그들이 A선생에게 독불장군이 되지 말라고 경고하는 것은 결국 그런 것은 꿈에도 꾸지말고 저거 밑에 기들어와서 시다바리로 빡빡 기라는 소리였다. 그걸 마침내 A선생도 서서히 깨달았다. 왜 날 독불장군으로 몰고 가려고 하나? 쏙닥플레이가 권력이야?

그것은 A선생의 야코를 죽이려고 초기에 그들이 날리는 경고였다. 마빡 조심해! 나대지마! 국물도 없어! 뼈도 못 추려! 화이바 굴리지마! 나래비로 줄 서! 줄 잘 섰어? 줄 세우고 줄 잡고 줄 타고 인생이 다 줄타기 아니야? 줄타기가 권력이야?

썩은 새끼줄은 절대 잡지 말고 고래심줄을 잡아야지. 그리고 이게 아니다 싶으면, 여차하면 갈아타야지, 갈아타기, 왜 그러고 있어? 배신? 지거는 안 그랬나? 난봉꾼이 결혼할 때는 아다라시를 더 찾는다고 아다숭배처럼 더 눈이 벌개서 설치지만 그게 그렇게 아니고 '승질'내지 말고 화장실에 가서 거울을 보고 니 낯짝을 봐! 낯짝보는게 아니고 좆잡고 반성해야지. 아다가 권력이야?

그러나 A선생은 그것도 모르고 충고는 감사하지만 A선생은 독불장군은 아니라고만 생각하고 자신의 길을 계속 즐겁게 갔다. 독불이 권력이야?

그런데 A선생은 회사를 나온 것이다. 칭기는 줄도 모르고 이리저리 칭기기도 했겠지만 자기 코가 석자인지라 그저 바빠서 그런 데는 별 관심도 없고 별다른 소회도 없었다. 앞으로 할 일이 더 중중무진이었기 때문이었다. 사람들은 누구나 들어가고 싶어하고 부러워하는 확실하게 안정된 회사를 어떻게 그렇게 쉽게 대안도 없이 하루아침에 나올 수 있냐? 며 A선생 앞에서 대놓고 놀라움을 금치 못하는 사람도 있었다. 좀더 숙이고 비벼서 강 남아있다가 기어이 승진도 하고 그리고 계속 비비고 있으면서 확실하게 자리를 만들어서 나와도 나와야하는 것 아니냐? 는 것이었다. A선생은 그러나 남이 그렇게 비벼대서 회사를 마음대로 헤집고 기강을 무시하며 이용하는 정실사회를 전혀 비난도 하지 않았다. 정실이 권력이야?

그러면 대안이 있으면 당연히 나가도 되나? 그러면 대개 직장은 지 스스로 더 좋은 대로 찾아간 사람을 뒷통수에 대고, 키워줬더니 배은망덕하게 더 좋은 대로 갔다며 없는 사람 엄청 욕하며 평소 쫙 깔아놓은 망원에게 밀고를 받아 치부해 놓은 비리수첩을 뒤적이는데 그건 왜 그래? 그러면 당연히 좋은 대로 가야지, 안 좋은 대로 가야 하나? 그래야 기어이 직성이 풀리나? 아무 잘못도 없고 아무 해준 것도 없고 근무 잘 해주고 손해도 안끼치고 지 알아서 나갔는데 왜 그래? 그렇게 곱게 나가서, 그렇게 없다고 방방 뛰는 티오 하나 만들어주면 좋은게 아냐? 다 부러워서 하는 소리지?

근데 비리를 정보수집할 것도 없고 평소 지들이 다 시킨 것이지. 평소 지들이 비리를 다 시켜 놓고 그 비리를 핑계삼아 직원을 내쫓는다? 그게 아니고 이제 토사구팽할 때가 온 것이지, 양털깎기를 해야 호봉 높고 머리 굵은 묵은 디 직원을 내보내고 호봉 낮고 말 잘 듣고 순수하고 때 안 탄 깨끗한 직원을 받지. 백지이론 아냐? 그러면 노털 직원도 걍 있나? 다 보험들기 위해 서류를 복사해 놓지.

A선생은 손해를 엄청 보며 나가면서도 전혀 회사나 다른 사람을 전혀 비난하지 않았다. 그러나 과장에게는 의아한 의문은 가졌지만 의아함을 구체적으로 나타내지는 않았다. 평소 잘 한다는 듯이 대해 주더니만 신상문제를 의논했는데 어떻게 그렇게 가볍게 거절할 수 있느냐? 무슨 일이지? 하고 의문을 품는 정도였다. 자기 일처럼 앞장 서지는 못하더라도 생각해보자는 정도는 충분히 할 수 있는데 속으로는 그 정도도 아닌 모양이었다.

그러나 무엇보다 인간적인 문제도 문제지만 자기 과의 업무도 제대로 파악을 하지 못하면서 승진예정 고참과장 자리에 앉아 있는 것 같아서 이상하였다. 지금까지 뭘 믿고 같이 근무한게야? 과장씩이나 하며 앉아있고 더 상위직을 승진대기하고 곧바로 바라보고 있는 사람이 모르는 것이야? 모르는 척하는 것이야? 꼭 문외한처럼 왜 그러는게야? 꼭 소 새끼대이 쥐고 사무실에 놀러온 사람처럼 왜 그러는게야? 물론 승진하고 뜨면 그만이니까 사무실일이야 별 관심없다면 없지만 그래도 그 정도면 통밥이라는게 있는데 번지수를 영 몇 번이나 어긋났다. 그 정도면 부리켜도 엄청 부리켰다는건데 도체 뭘 부리켰다는게야? 친한 척 하면서 누구처럼 야마씨만 치지말고 억울하면 말을 해! 말을! 참 알 수 없는게 인생이라는 정도로 의문을 가졌다.

그러니 그렇게 새가 빠지도록 고생하며 일해주고 회사를 나가면서 또 나가서도 신선같이 유유자적한 그런 사람이 도대체 없었다. 그러나 A선생은 신선의 경지는 아주 흠모하나 아직 자기가 될 계제는 아니라고 생각했다. 신선이 권력이야?

회사에서는 그런 A선생을 경이롭게 보면서 종내는 존경을 넘어 A선생 앞에서 "A선생은 시간표를 가지고 딱딱 자기 시간에 맞춰서 일을 해나가!" 라고 하며 경탄하기까지 하였다. 그러니 A선생이 자신의 인생시간표를 가지고 계획대로 착착 진행한다는 찬탄인데 그런 말을 듣고 좋기는 하지만 그런 데에 관심가질 틈도 없었다. 다 기왕지사이고 연연해 할 것도 없고 이왕 나와서 할 일이 태산 같았기 때문이었다.

그런데 이는 Z씨같이 초짜가 일은 깽판치면서 야로부터 부려 하급자까지 심어놓고 병가내고 장기출타하면서 월급은 50%를 타먹으면서 사리사욕을 채우는 일반통속적인 인간과 당장 비교되는지 더 경탄심이 일어나는 것 같았다. 그러나 A선생은 그런 경탄이 아주 의미있고 도움도 크게 되고 심리적으로도 매우 좋은 소리지만 다 지난간 일이라고 생각하였다.

그런데 도대체 이 회사직원이 모두가 다 지 잘났다고 있는 빽, 없는 빽 다 업고 지난당으로 난리인데, Z씨 같은 그런 초짜에게 그렇게 쉽게 놀아나다니 이게 말이나 되는 소리야?

입사 초기에 A선생에게 어떤 직원은 이 회사직원의 80%는 다 빽이 있다고 친절하게 오리엔테이션해 주었다. 아무 것도 없이 보이는데 칠랑팔랑 근무 열심히 잘하고 있는 A선생이 기이하게 보여서 자기 딴에는 자청해서 성의껏 갈켜주었던 것 같다. 그러나 A선생은 그런 말도 귀담아 듣지도 안했다.

근데 그렇게 빽으로 목에 힘주는 직원이 일을 열심히 하면 좋은데 결코 그렇게 되지 않았다. 어떤 직원은 하루종일 사무실에서 탱자탱자하고 놀고 저녁에는 직원들과 술집에서 술먹고 매춘하는데 특장점이 있었다. 그런데도 사무실의 누구도 그 직원에게 논다고 말하는 사람은 없고 오히려 은근히 비위를 맞출려고 하였다. 이 무슨 언터쳐블인가? 그런데도 직원은 오히려 "팔자 질 들이기에 달려 있어요!" 하며 호기를 부렸다. A선생은 이건 또 무슨 조화인가? 하고 기이하게 생각했는데 나중에 보니 중앙에 무시할 수 없는 상당히 큰 실무 빽이 있었다. 그러니 노는 것은 노는 것인데 사무실에 급한 일이 있으면 그 사람이 은근히 나서 해결해주기를 바라는 것이었다. 또 정보가 새나갈까봐 그런 것이지. 그러니 보험용빽이었다. 그래도 소용이 있으니 다행이었다. 존재하는 것은 다 이유가 있다.

그런데 차츰 지나면서 보니 직원 뿐만이 아니고 과의 사환아가씨 하나도 모두 다 연줄로 들어와 있었다. 빽없고 연줄 없는 사람은 오직 A선생 한명 뿐인 것 같았다. 그러나 A선생도 연줄이 꼭 없다기보다 꼭히 줄을 대고 싶지 않다는 것 아니냐? 연줄이 권력이야?

그러니 거미줄처럼 가로세로로 촘촘하게 얽혀있는 이런 연줄사회에서 잘 부탁한다는 전화가 노다지로 바리바리 쏟아져도 그럴텐데 A선생은 7년차를 근무하면서 한 번도 외부에서 A선생을 잘 봐주라는 라는 청탁전화가 단 1통도 걸려오게 하지 않았고 내부에서도 비호해주는 비호세력이 전혀 없었고 만들지도 않았다. 그렇다고 믿는 구석이 없는 것도 아니고 빽이 없는 것도 아닌 것 같았다. 뭐 믿는 게 있으니 저렇게 태평이지, 도대체 어떤 빽이야? 갑자기 짜짠하고 상상할 수 없는 엄청난 빽과 함께 나타나 사람들을 엄청 놀라게 하는 것 아냐? 그런데 왜? 이상주의자야? 사회의 정의를 사람들이 말하는대로 곧이곧대로 믿는 고지식한이야? 외통수야? 독불장군이야?

정말 천연기념물 보다 더 순수한 순수 그 자체였다. 일부러 이러기도 어려웠는데 그렇다고 A선생이 전화 1통도 못 오도록 막고 있는 것도 아니며 독불이 되고자 하는 것도 아니고 그렇다고 불화를 일으키는 것도 아니었다. 그럼 뭔가? 그게 불화 아닌 불편이었겠지만 딱히 뭔지는 그들도 모르거나 모른 척하였다. A선생은 단지 지극히 평범한 사무원이었다. 그러면 청탁을 부탁할 만한 주변 인물이 없는 것이냐? 아니면 주변머리가 없는 것이냐? 눈치가 없는 것이냐? 순진무구한 것인가? 글쎄 그것도 애매하였다. 그렇게 보면 출신 자체가 베일에 쌓인 인물이었고 그걸 모르니 가늠하기 어렵고 쉽게 상대하기도 어려웠다. 그래서 어떤 상사는 집안이 어딘냐? 고 직접 묻기도 하였지만 A선생의 대답은 이상하게 역시 오리무중이었다.

반면에 A선생도 다른 사무직원에 대해 개인정보나 빽그라운드에 대해서 알고자 하는 것은 이상하리만큼 전혀 없었다. 대개 호구조사에서 젤 먼저 알고픈 나이나 집안, 고향도 전혀 관심없고 알지도 않았다. 남에게 친절하고 남의 일도 도와주고 해결해 주려고 발벗고 나서지만 친하고자 하는 개인적인 노력은 업무상 외는 말이라도 전혀 없었다. 개인적으로 친해서 일과 후 만나서 울분과 애환을 나누다가 그러다가 정보수집해서 기회만 되면 서로 이용해먹고 배신 오지게 때리려는 동료도 없었다. 자기 일은 정확히 하고자 정신집중하고 남들도 그렇게 해주기를 바라지만 강요하지도 않았다. 드뎌 사무계에 새 전설이 나타난 것이냐? 정보 나까마가 권력이야?

이 무슨 아메리카식 사무주의인가? 그러나 미국도 엽관주의가 다 있지 않나? 전혀 속을 알 수 없는 사람이 나타난 것이냐? 지구에는 없는 우주 신인류가 나타난 것이냐? 요새 자주 온다는 안드로메다에서 왔냐? 4차원도 휠 뛰어넘어 측량할 수도 없는 고차원에서 왔냐? 자자, 그게 아니고 그저 난 세상모르고 살았노라처럼 세상모르고 사는 것이냐? 왜 독고다이로 뛰지? 왜 이 세상사람 아닌 것처럼 살지? 아무리 살펴보고 겪어봐도 왜 진짜 무빽이야? 무빽? 무빽이 진짜 빽이야? 무빽이 진짜 빽이다. 믿어도 돼? 무빽의 빽! 무빽이 능력이야? 진짜 무빽이 권력이야?

근데 저러다가 말겠지. 저런 사람 어디 한두번 겪어 봐? 두고봐! 곧 본색이 나올거야! 무슨 본색? 영웅본색? 영웅질색? 어쨌든 누가 정상인가?

반면에 Z씨의 활약은 대단하였다. 어떻게 보면 A선생와는 대조적인 무늬만 초짜 인물로서 입사후 얼마 안 가 대번에 상사와 주위사람을 구워삶아 회사를 좌지우지하였다. 그러니 야마리 까진 놈들이 설치고 판치고 돌아다니는 그 회사도 이상하지만 그 초짜도 대단한 인물은 인물 아냐? 더욱이 야로를 부릴대로 부려서 고시도 떡하니 됐으니 말이야! 난 놈은 난 놈이었다. A선생은 대놓고 자기 짱배기를 밟고 손해를 엄청 끼치고 넘어가 대단한 성공을 거둔 Z씨에 대해서도 1언반구의 언급도 없었다. 오히려 주위에서 궁금하여 은근쓸쩍 떠보는 것 '같기도' 했지만 A선생은 그저 못들은 척 낱마이비즈 니스였다. 무늬만 초짜가 권력이야?

그 이전에도 "당신은 밸도 없는 사람이야?" 는 말은 벌써 들었지 만 그때도 한 마디 덕담만 하면서 그들과 함께 늘 웃기만 했다. 속 도 없어 보였겠지만 그보다 그들의 밸은 가만 있어도 저절로 다 나 오게 돼있는데 굳이 알려고 동분서주할 필요가 있나? A선생이 자기 일이나 열심히 하고 가만 있으면 그들이 온갖 말도 안되는 꼬라지를 다 시전하였다. 그런데 왜 굳이 보려고 애써 나설 필요가 있나? 다 만 그들이 진심으로 잘할려고 열심히 노력하면 도와주지 않겠나? 그 런데 안되는 일에 왜 나서겠나? 엄청 도와주고도 만만은 사람 표태 봤다고 야마씨 오지게 치고 결국 도로에 그치니까, 도와준게 아까워 서 그렇지. 그러나 A선생은 도와준 것은 남는다고 속으로 생각하고 주위에 내색조차 안했다. 밸이 없는게 권력이야?

결국 A선생이 떠나면 없는 자리가 커보인다고 그들도 이상하게 생 각하는 것 같았다. 그러나 A선생은 다 지나간 일이고 낱마이비즈로 보 았다. 새 자리에서도 항상 할 일이 태산이었고 A선생의 코가 석자였기 때문에 지나간 일은 지나간 일이어서 뒤돌아볼 여유조차도 없었다.

A선생이 볼 때는 오히려 그들, 과장이나 희한한 뒷배도 있지만, 그러니까 대표적으로 F양이나 X양, Z씨, T씨 등등이 더 이해할 수 없는 인생들이었다. 그러면 그런 난년난놈 4N이 한 사무실에서 만 나 일하면 어떤 일이 일어날까?

법은 법을 아는 자가 더한데, 이들 중에는 법을 완전 물로 보는 자들도 많은데, 아마 이들은 **法(법)**이 물 **水(수)**와 갈 **去(거)로 되어 있으니 법을 물로 보고 가는 것 같았다.** 고시에 합격한 사람과 합격하지 않은 사람이나 다 훌륭한 인격을 갖추고 있겠지만, T씨, Z씨는 무엇이 다르고 무엇이 안 다른지 스스로 증명해야할 것이다. 그들이 좋아하는 異同(이동)을 설명하라. 법전문가와 법꾸라지가 권력이야?

그러나 T씨, Z씨가 자기 뜻대로 다 젤 잘 돼서 나갔고 그후로도 떵떵거리며 계속 젤 잘 나가고 있는 듯하니 무슨 할 말이 있겠는가? 회사에서 Z씨같은 하리마오도 없었다. 잠깐사이에 회사를 꽉 잡았다. 유구무언이야? 그러니 그런 사람들이 또 줄을 이어 끝없이 나오는 것 아니겠나? 이건 부조리극으로도 설명하기 어려운 인생과 사회의 일대사 난제이니 누가 누굴 보고 이래 살아라, 저래 살아라 고 감히 말할 수 있겠는가? **무엇이 잘 사는 것인가? 누가 잘 사는 것인가?** 근데 그러면 그들이 그토록 잘 나갈 때 A선생, 니는 뭘 했어? 그들은 고시되면 다 용서가 되나? 잘 사는 것이 권력이야?

직속 과장은 그후 그렇게 불철주야 오매불망 기다리던 승진발령을 받아 고위직부서를 전출 다니다가 얼마 안되어 금방 다시 회사로 영전발령을 받아 사무처장으로 돌아왔는데 어떻게 보면 상당히 의기양양한 금의환향이었다.

그런데 그 와중에 어떻게 A선생이 궁금했던지, 주위에 어떻게 지내는지 만나보고 싶은 것처럼 말을 흘렸고 그 말을 전하는 직속부하는 그래도 옛 상사가 잘 돼서 귀임했으니 한번 찾아 가보는게 좋겠다고 상당히 진지하게 적극 권유도 했지만 그러나 A선생은 그런 소릴 듣고도 웃기만 하고 아무 말을 안하고 있었는데, 잠깐 생각 끝에 가지 않았고, 들은 소리도 곧 잊어버렸다. 이왕 회사를 나왔고 이걸 서로 다 알고 어떻게 지내는지 소식 다 아는데 축하하는 마음이야 항상 있지만 굳이 가 볼 것까지는 없다는 것이었고 별 의미없는 일에 시간소모하고 싶지 않았고 그리고 당연하게 그런 말도 더 이상 없었고 그후 평생 다시는 못 만났다.

A선생은 생각했다. 이 사람들이 왜 이렇게 질척거리지? 누구는 희한한 뒷배를 잘 구워삶아 근무도 안하고 50% 월급을 받으면서 티오도 없는 하급자 인력까지 집어넣어 고시에 합격했는데 과장 등은 A선생에게 아무 것도 해준 것도 없고, 그 정도가 아니고, A선생은 잘하고 있는 자리에서도 쫓겨나듯이 나갔으니, 니가 뭔가 인생을 원점에서, 제로베이스에서 다시 생각해보라는 것인가? 자기한테 잘만 보였으면 니도 벌써 고시보다 더한 것도 합격했을 것이라는 것인가? 뭐, 그러나 그건 아니겠지. 그것도 아니면 그들이 A선생이 모르는 무슨 문제가 있나? 질척거려도 A선생이 질척거려야 하지 않나? 이건 또 무슨 요지경이야? 엔가이 좀 하지, A선생이 잘 해주니까 아주 뽕을 뽑을려고 하나? 만만은 사람 표태봤나? 왜 자꾸 간 보고 한 꿍수 보려고 하나? 간 보는게 권력이야?

그러니까 최우선적으로 먼저 생각할 수 있는 것은 그도저도 아무 것도 아니고 그저 자기가 영전해 왔으니 별 생각없이 자랑삼아 보고 싶었을 것이라는 것이다. 그렇지, 자랑해야지, 그리고 축하해주러 가도가야 하는 일이지만 A선생은 자기 아니라도 축하해줄 사람이 많으니 굳이 자기까지 번거롭게 갈 필요는 없다고 생각한 것이다.

그렇지 않으면 A선생의 신선같고 맑고 깨끗하고 고아한 인품에 감동 묵고 온 김에 한번만이라도 만나보고 가고 싶다는 것이겠지만 그건 그런 사람이 죽었다 깨어나도 아닐 것이겠고, 또 이런 천연기념물처럼 때묻지 않은 순수한 어리숙한 자가 어떻게 살아나 있는지 궁금해서 보고 싶었을 수도 있겠지만 단언컨대 그것도 아닐 것이고 보통 상투적으로 생각할 수 있는 것은 아마 지를 오야붕으로 모시고 꼬봉으로 밑에 들어와 충성을 맹세하고 수족이 되어 평생 시다바리로 빡빡 기면 한자리 주는 것도 생각해 보겠다는 것 같은데, 싫으면 말고! 니 아니라도 술이나 돈이나 빽이나 2차까지 달고 와서 비비는 연놈은 줄을 쫘악 서 있어! 일 좀 한다고 택도 없이 튕기고 까부는 것 같은데 까불지마! 글구 그게 뭐 일이라고 하는거야? 니 정도 되는 인간은 쌔고 쌨어! 철이 없어! 철이! 완전 철부지야! 철드는게 좋을 것이야! 그렇게 나를 인간무시하면 국물도 없어! 벤또 싸들고 뛰야지. OK바리? 그런가? 고래심줄을 잡아야지, 썩은 새끼줄을 잡으면 절대 안되지. 고래심줄이 권력이야? 썩은 새끼줄이 권력이야?

　그러면 **철드는 것이 과연 좋은 것인가?** 국물 있다는데 진짜 국물 있습니까? 국물이 아니고 내 말만 잘 들으면 왕거이 있지. 그렇지, 왕거이가 있어야지, 국물 갖고 되겠어? 건데기가 있어야지! 그러니 A선생을 이용해 묵고 때가 되면 가차없이 버리겠다는 것인가? 그런데 A선생이 그 깊은 뜻을 몰라 봐 줬다는 것인가? 그들의 이상한 나와바리에 A선생이 침입자처럼 보이는가? OK바리? 시다바리? 오히려 A선생이 그들을 나와바리의 침입자로 보는건가? 나와바리가 권력이야?

　그런데 오히려 A선생이 주류처럼 그들을 가르치려한다고 보았는가? A선생은 결코 그런 생각도 없었고 굳이 자기가 옳다는 생각도 하지 않았고 그저 배울 일과 할 일이 태산 같았는데 다만 넘들이 다 하고 있는 것을 안하고 있는 한두가지가 항상 문제였는 것 같았는데 A선생은 아무 생각도 없었다. 주류가 권력이야? 안주류가 권력이야?

　마지막으로는 서로가 한두가지만 지켜주면 되는데 A선생이 아무 생각없이 당연하다고 생각하는 그게 젤 어려웠다. A선생이 너무 교과서적으로 살았나? 너무 교과서보이 Text Boy, 교과서걸 Text Girl이었나? 알파 걸, 베타 보이야? 베타 걸, 알파 보이야? A선생은 고런 생각도 전혀 없었다. 교과서가 권력이야?

그러면 A선생이 남의 생명에 아무 생각없이 살았나? 아무 생각없이 가만 있는 것만으로도 돌 던지는 것처럼 보이는 토끼야? 존재 자체가 위협이야? 그럼 저거는 뭐 개구리야? 그러나 그들은 오랜 시간의 노하우를 갖고 담박에 생명의 위협을 느끼고 미리미리 떼서리를 모아 언제든지 구실을 찾아 다중으로 겁박을 하며 틈만나면 내치려고 은연중에 저들끼리 수신호를 나누며 공방전을 펼치고 있었다. 그러나 A선생은 아무리 그런 히네를 줘도 전혀 히야시되지 않았는데 둔한 거야? 아니면 모른 척하는거야? 누가 누구를 위협하나? 잘난 척하지마! 니같은 연놈 어디 한두번 보나? 소수파도 아니고 독고다이가 어디서 까불고 있어! 독고다이로 만들어! 독고다이로 몰고가! 독고다이로 몰아서 칭가! 까불지마! 무능력이 능력이야! 알간? 무능력의 능력! 무능력이 진짜 능력인가? 독고다이가 권력이야?

그러나 A선생은 말은 고맙지만 한자리 주면 그때 봐서 하겠다는 것인가? 됐고!!! 안 묵고 안 하겠다는 것인가? 됐고!!! 묵고도 안 하는 사람보다야 백번 낫지 않겠는가? A선생은 회사에서 월급 받고 회사를 위해 일하지 지를 위해 일할 생각은 꿈에도 없다는 것이고, 더나아가서 회사가 잘못되면 바로 잡으려 노력해보다가 안되면 아싸리하게 소관 보고 표표히 떠나가는 것이 지식인이라고 생각하는 것이 아니겠나? 절이 싫으면 중이 나가야지 절보고 떠나가라면 되겠는가? A선생은 있을 때까지 있고 나갈 때가 되면 나가는거지, 누구

724 · 경영학자와 함께 열매 맺고 꽃이 피네

부랄 붙잡고 늘어지고, 똥 싸놓고 빌고, 누구를 비난할 생각은 1도 없으니 그런 눈치볼 필요는 없는 것이다. 한자리가 권력이야?

또 간다, 간다 면서 애 셋 놓는다 라는 그런 사람도 아니다. 그러나 선후좌우와 시시비비는 가릴 때가 되면 언제든 가려야지. 무조건 덮어야 할 일도 있지만 이제는 말할 수 있다며 증언해야 할 일도 많은 것이다. 다 케바케지 하나만 가지고 외통수로 가는 것은 아니다.

그러나 그런 것도 있지만 그것보다 A선생은 자기 일에 바빠 집중해야 하는데 그런 우선순위도 그다지 없는 일에 나가고 싶지 않았다는 것이다. 썩은 고기 한모타리를 신주단지 모시듯이 모시면서 A선생을 나무위에 오려놓고 이래 흔들었다가 저래 흔들었다가 두서없이 사람을 겁박하며 꼬시려고 하지만 A선생은 자기 일에 바빠 아무 생각이 없었다. 그러면 인간관계는? 그거야 인간이 인간이면 자연히 인간관계가 생기겠지. 그거야 인간이 인간이 아니면 자연히 인간관계가 안 생기겠지. A선생도 그때는 잘은 몰랐지만 은연중에 그럴 것 같았다. 그러니까 얼마후 사무처장도 더 상위직급으로 올라가지 못하고 그러면 대부분 그렇듯이 곧바로 사라져버렸다. 활개치며 교장으로 간 사람도 어떻게 됐는지 소식이 없다. 다 잘 돼갔는데 말이야. 도덕이 권력이야?

후일의 일이지만 사회에서 이런 일은 비일비재하다. 어떤 은행회장이 은행을 수성운영하면서 아주 초창기에 어떤 보잘 것 없는 행원을 키워서 면천시키고 사장까지 시켜주었다. 물론 지 돈은 아니고 돈은 이미 전회장이 엄청 끌어놨으니까 큰 힘 안들이고 끌어와서 한 것이다. 물론 은행이나 사람을 그렇게 키운 은공은 이루 말할 수 없이 크지. 그런데 은행이 30여년에 걸쳐 굴지의 대형은행으로 커졌을 때 세월이 바뀌고 외부의 공격이 들어와 은행회장이 구속될 위기에까지 처했다. 물론 다 은행을 키우기 위해 한 일들이다. 그런가? 그렇지! 당연하지! 어쨌든 은행이 컸잖아! 결과를 봐! 그러자 그 은행회장은 자기가 그동안 키워온 사장에게 모든 혐의를 다 덮어씌우고 자기는 요리조리 교묘하게 빠져나가고자 하였다. 이번에는 니가 좀 들어가 있어! 바지사장이 할 일이 이거아냐? 이거말고 뭐 할 일이 있어? 이것만 해도 그게 어디야? 언감생심 감지덕지지, 지금까지 니 깜냥에 해준게 어디야! 나올 때까지, 그리고 나와서도 내가 다 알아서 잘 해줄게! 눈 딱 감고 한번만 학교가서 공부하고 있다가 조용해지면 나와! 나오기만 하면 천년만년 우리끼리 다해먹자구! 천년만년? 그게 되겠나? 천년만년이 아니라 당장 면회라도 한번 오겠나? 한번두번 해보나? 이거 왜 이래? 다 알면서 누굴 봉으로 아나?

 부하 사장은 다 덮어 쓰고 이른바 은공를 갚기 위해 들어갈 것인가? 그러나 그 사장은 의외로, 의외로? 공조를 거부하고 오히려 이참에 회장의 비리를 까밝히고 회장을 달아넣고자 했다. 물론 강 하는 것은 아니고 모두 권력을 끼고 하는 일이었을 것으로 회사생활하는 사람은 모두 추측하고 있었다. 처음부터 철옹성으로 강고하기 짝이 없는 침묵의 카르텔의 최정상에 있는 은행비리가 왜 까밝혀졌지? 그런 정도의 고급정보를 아는 사람이 또 누가 있겠나? 때 아닌 사꾸라가 왜 만발하였나? 집안귀신이 더 무섭다는 그런 것 아니겠나? 사꾸라가 권력이야?

 그러나 그럴 것이다. 이 시점만 지나면 30여년 회장 밑에서 온갖 허드렛일 다하면서 꿈에서도 그려왔던 회장이 드뎌 될 수도 있는데 쉽게 포기하겠는가? 이 또한 지나가리라. This, too, shall pass away. 결과는? 이 또한 지나갔지. This, too, passed away. 서로가 서로를 달아넣자고 눈이 벌겋게 설쳤지만 그러다가 다 달려가고 엉뚱한 자가 남아 승리하였다. 공생인냐? 공멸인냐? 그것이 문제로다! 그러면 최후의 승자, 그 뱅크맨도 가만 있다가 어부지리를 얻었나? 에이- 그럴 리가? 머리 검은 짐승이 권력이야?

　회장도 사장도 다 공멸하고 은행계에서 공개적으로는 다 사라져 갔다. 이게 30여년 같은 회사에서 상하관계로 혹은 동업자로 아침저녁으로 그렇게 친하게 또는 친한 척하며 동행하자며 굳게 도원결의 맺은 인간관계가 맞는가? 맞겠지. 이 또한 지나갔는가? 지나갔지. 왜 지나갔지? 회장이 사장을 30여년동안 왜 키워줬찌? 잘 대접해주고 언제든지 들어가라면 감사합니다! 하고 아무 부담없이 들어가라고 키워준거 아냐? 바지가 원래 그런 것 아냐? 근데 은혜를 모르고 들어가지도 않고 오히려 이 틈을 이용하여 미천한 자기를 평생 키워준 하늘같은 주인을 물고 있어! 바지가 주인을 물어? 이 천하에 배은망덕한 연놈같으니라구! 밤잠을 못자고 이불킥을 했을 것이다. 반드시 손 좀 봐줘야지. 글쎄 밤나무 아래에서 누가 누구를 배신하였나? 장터에서 갓데 구루마동태 누가 돌렸나? **"갓데 구루마동태 누가 돌렸나? 집에 와서 생각하니 내가 돌렸네!"** 바지가 권력이야?

　그런데 햇수로 7년차를 근무한 회사니까 떠나면서 A선생도 인사를 할 사람이 많았는데 특히 명록 저 밑에는 T서무과장이 있었다. A선생이 1년여 전 불의의 인사이동을 크게 당했을 때 모두 다들 Z씨와 그 배후의 희한한 뒷배들이 술수를 꾸몄다고만 생각했고, Z씨도 매우 그렇게 믿고 있는 척하지만, 그러나 A선생은 그게 다는 아니고 필시 이는 T서무과장이 Z씨와 짜고 이미 술수를 부렸다고 생각했다. 실체적인 증거는 가시적으로는 없지만 심증적으로는 A선생을 본부 부서로 보내는 인사이동은 결국 T서무과장이 뒷다마 치지 않으면 있을 수 없는 일이었다. 그렇지 않으면 아무리 T서무과장이 히바루가 없는 초짜 서무과장이라 하더라도, T서무과장은 이걸 전혀 인정 안 하겠지만, 그런 말도 안되는 인사이동은 A선생이 전혀 모르게, 최소한 T서무과장이 사전동의는 해야하는 일이지만, 그러나 동의 훨씬 이전에 이미 T서무과장이 Z씨와 짜고 사전 물밑작업이 있어야 하는 일이었다. 또 야로 부렸나? 배신인가? 술수인가? 일이나 하지, 바쁜 일없어? 배울 일 없어? 일은 꽝인데 야로는 항상 선두주자로 치고 나가나? 굼벵이도 구르는 재주가 있다더니 그게 이거냐? 좋은 머리라고 일은 안배우고 암수부터 먼저 배우나? 야로과장인가? 야로인생이야? 야매인생이야? 까마귀 디비 나나? 야매인생이 권력이야?

그리고 직장의 밑바닥에서부터 잔뼈가 굵은 7년차 직원인 A선생이 자기도 모르는 인사를 크게 당했는데 그게 주위가 전부 쉬쉬하며 짬짜미 안 하고는 그런 일이 있기가 오히려 어려웠다. 오랜 체계가 있고 아침저녁으로 얼굴 보는, 그리고 계속 어쩌면 평생 앞으로도 봐야할 안면사회인 회사에서는 있을래야 있을 수 없는 일이었다. 시도 때도 없는 짬짜미가 권력이야?

그래서 A선생이 둘러보러 가니 A선생을 보고 T서무과장이 역시 입을 헬레레 벌리고 좋아라 하고 있었다. 그렇게 좋아? 죽어도 좋아? 1년여전도 직원이 불의의 인사이동을 당해서 다른 부서로 날라 갔는데 겉으로 입을 헬레레 벌리고 좋아서 어쩔 줄 모르고 있었는데 이게 말이 돼? 지금도 마찬가지였다. 직원이 사표내고 나간다는데 그렇게 좋아서 입을 헬레레 벌리고 좋아서 어쩔 줄 모른다는게 말이 돼? 자기가 야멸차게 야마씨쳤는데 그대로 되어간다는 것인가? 뒤에서 뒷다마 치고 또 뒤에서 숨어서 당고하고 바쁘다, 바뻐! 야매사회에서 야매인생도 바쁘다, 바뻐! 당고가 권력이야?

그런데 A선생이 사실 1년여전 인사가 있었을 때 업무가 너무 바빠서 지금쯤 나갈 것이라고 생각했다는 말을 하니 T서무과장의 표정이 갑자기 엄청 어두워졌다. 이러니 머리 검은 짐승은 거두는 것이 아니라는 속담이 널리 회자되고 있는 것 아니겠나? 그것 참, 배은망덕도 유만부득이었다. 생각이 권력이야? 생각 없는게 권력이야?

우호적인 대화를 끝내고 나오면서 A선생은 T서무과장을 문득 돌아보면서 자신도 생각지도 않고 있던 말을 무심코 했다.

"요새 집에서 『회고록』을 쓰고 있죠."

왜 그런 말을 했을까만 그 말을 하면서 A선생이 즐겁게 웃자 T서무과장도 무엇이 우스운지 한참을 따라 웃었다. 그러고 A선생은 발걸음도 가볍게 활기차게 나왔다.

그런데 이상한 것은 대안도 없이 완전 자의로 떠난다는 A선생의 발걸음이 평소보다 더 나는 듯이 가볍고, 더 표정이 밝고 희망에 가득 차서 나갔고, 떠나보내는 그들의 얼굴표정이 더 알 수 없이 어둡고 무거웠다. 아무리 생각해도 직장은, 세상은 참으로 알 수 없는 요지경이었다. 삐까뻔쩍하게 활개짓하며 다니는 그들이 오히려 대안이 없고 발걸음이 무겁나? 그 직장에서 뼈를 묻을 생각하니 벌써 앞이 캄캄하나? 에이- 그럴 리가 있나? 밝은 표정이 권력이야?

그러나 그들은 생각할 것이다. 그때 눈 딱 감고 내질렀어야 하는

건데. 그러나 허세 잔뜩 부리는 그들이 스스로 더 잘 알 듯이 그 좋은 직장 아니면 어디 갈데가 있나, 언감생심 감지덕지. 다 A선생이 될 수는 없지. A선생은 더 비할데 없이 멋있게 아주 잘 나왔다. 그런데 그러고 사무실을 나오고는 T과장과 그들을 평생 다시는 보지 못하였다. 무슨 일인가? 결국 전체적인 국면을 보면 그들의 끝없는 트리플 헛발질에 A선생은 무슨 일인지도 모르면서 걍 즐겁게 있다가 나온 것이다. 권력이 권력이야?

A선생은 젊고 한창 꿈 많고 이상에 불탔던 때, 청운의 뜻을 품고 세상에 첫발을 디뎌 살아가는 그 주요한 때, 수많은 시간에 걸쳐 밤잠을 설쳐가며 직장생활한 것을 잊을 수 없고 또 그곳에서 만났던 모든 사람들 속에서 수많은 희노애락의 다양한 경험과 교훈을 얻은데 대해 평생을 항상 뜻깊게 생각하고 있다. 그리고 돌이켜보면 이리저리 칭겨서 짧은 시간에 핵심 4개부서를 철륜하는 진기한 경험도 했지만 인간도처유청산이라고 많은 살아있는 도움이 되었고 항상 쾌활무비하게 지냈다. 물론 항상 자신을 성찰하는 좋은 기회로 삼고 향상 1로를 가고 일취월장을 했었지. 했는가? 일취월장도 성찰도 하고 다 했지! 생산이냐? 인간이냐? A선생은 둘다 소중하게 했지만 성찰을 해보니 생산에 우선순위를 좀더 둔 것이다. 결과는? 결과는 더 기다려 봐야지, 역사의 교훈은 기다려야지. 그러나 교훈을 얻기는 확실하게 얻었지. 그리고 다 평생 인간자산이 되고 인생자본이 되었다. 무엇보다 A선생이 아직도 보고 싶은 그리운 얼굴도 매우 많다.

많은 세월이 흘렀고 A선생은 젊은 시절 무심코 말했던 『회고록』을 이제 쓰게 되었다.

사례토의

1. 등장인물의 특성을 파악하고 그들은 왜 그런 행동을 했는가?
   - A선생은? F양은? X양은? T서무과장은? Z씨는?
   희한한 뒷배는? 과장은?
2. 70년대 후반 80년대 초의 시대분위기는 회사생활에 어떤 영향을 미쳤나?
   - 70년대 말의 유신 말기는? 80년대 초의 5공시대는? -
3. 70년대 후반 80년대 초의 회사생활과 2020년대의 회사생활은 무엇이 같고 무엇이 다른가? 同異(동이)를 설명하라! 교훈은 무엇인가? 향후과제는?
4. 등장인물 각자는 다 만족할 만한 인생을 보냈나?
   - 등장인물의 현실자아와 이상적 자아는 일치하나? 일치 안 할 때는 어떻게 하였나?
   - 이 글을 읽는 독자는 현실자아와 이상적 자아가 일치하나? 안 할때는 어떻게 하고 어떻게 해야하나? 幻影(환영)사회라는 것을 이해하나?
   - 인생의 성공은 연병장인가? 용장인가? 지장인가? 복장인가? 노력인가? 운인가? 실력인가? 상황인가? 아니면 다인가?
5. 사무직, 士(사)계층, 서기Clerk, 서기장General Secretary, 서기국Secretariat, 총비서, 간사, 간사장, 총무, 사무처장, 사무국장, 사무총장의 기원과 역사, 근대의 발생, 현재, 미래향방은? 사무직, 화잎칼라는 사양직업인가? 아니면 변용은 하지만 계속 더 발전하나?
6. 이 사례에서 당시 현장분위기를 알고 또 보존을 위해 다수의 당시

현장용어를 적극적으로 채택했는데 참으로 도움이 되었나? 당시의 또 다른 용어를 알아보자.

7. 이 사례에서 가장 핵심문제는 무엇인가? 왜 이런 일이 발생하였는가? 사무실의 직무와 인간의 미스 매치, 무엇이 문제인가? 이를 줄이려면 어떤 대책을 수립해야하나? 직원개인은? 간부는? 회사의 인사정책은? 인간의 문제인가? 회사의 문제인가? 이 회사가 속해 있는 환경은 어떻게 분류할 수 있나?

8. 직장에서 생산중심형인 A형이 있고 인간중심형인 B형이 있는데 B형이 무능의 능력에 가깝다. B형과 비슷한 것이 스콧 애덤스의 『딜벌의 원칙 Dilbert's principle』(1955)이다 그리고 AB형을 겸한 C형도 있으나 이상적이고 현실에서는 있기가 어렵다. 이 사례에서 등장인물을 분석하라. 귀하는 어느 형인가.

9. 직장에서 팜므 파탈과 옴므 파탈, 사이코 패스가 만나면 어떤 현상이 생기나? 이를 어떻게 방지하나? 당신이 팜므 파탈과 옴므 파탈, 사이코 패스가 안 되려면 어떻게 하나? 복장 시커멓고 얼굴 두꺼운 자를 어떻게 피하나? 당신도 모르는 사이에 당신 위나 옆, 아래에 팜므 파탈과 옴므 파탈, 사이코 패스가 인사발령 받아와서 세팅되면 어떻게 하겠나? 배은망덕과 적반하장도 유만부득인 인생을 직장에서 한 사무실에서 아침저녁으로 만나면 어쩌겠는가? 있는걸 어쩌겠는가? 이상행동을 만나면 어떻게 대처하나? 왜 겉으로는 서로 아무 연관도 없어 보이는 그들이 성과를 내며 잘 하고 있는 A선생을 고맙게 생각하고 보은을 하려고는 않고 완전 꼽게 보고 기를 쓰고 아무 이유도 없이 뒤에 숨어서 눈까리 휘번득거리며 그토록 쫓아낼려고 그토록 똘똘 뭉쳐 달려들었을까? A선생이 열심히 일하고 겸손했는데 왜 회사와 그들은 A선생

의 업무성공을 결코 한번도 표창하거나 정당한 보상을 하지 않고 오히려 내쫓을려고 개달려들 듯이 달려들었나? 왜 엉뚱하고 양심없고 무능한 자들이 더 잘 됐나? 그것이 회사와 그들의 장래에 미치는 영향은? A선생은 그래도 여전히 쾌활무비하게 지금까지 생활 잘하고 있는가? 생각해 보자. A선생은 왜 이러고 있었나? 주위에서 이런 사례가 또 있나?

A선생은 T서무과장의 이상한 폭력행위를 문제 삼지 않고 전혀 내색도 하지 않고 왜 완전 덮어주었나?

Z씨도 왜 덮어주었나?

10. 이 사례를 읽고 직장생활과 그 속의 인간관계를 성찰하는 데에 도움이 되었다고 보나? 투자한 시간과 비용 대비 만족하나? 그러니까 가성비가 있나? 이 사례연구가 이론과 실천을 반영하도록 잘 작성되었나? 그러면 무엇을 더 바라나? 바라는 것이 합리적인 것인가? 감성적인 것인가?

이 책에서 이강식 교수가 제창한 리얼 휴머니즘Real Humanism을 이해하나? 도움이 되었나?

그러니까 이 사례를 평가하라.

- 마지막으로 이『회고록(Ⅰ) 사례연구』를 현금으로 구입하기를 주위사람에게 추천하겠냐? 아니면 현금으로 구입해서, 개카, 법카 포함, 주위사람에게 선물하겠냐? -

내18강-젊은A선생과사무실의7년20210915수13:18이강식

==

이강식 경영학자, 교수·명예교수(전), 경영학박사, 시인
李康植 經營學者, 教授·名譽教授(前), 經營學博士, 詩人

■ 학력

경북대학교 대학원 경영학과 졸업 경영학박사
경북대학교 대학원 경영학과 졸업 경영학석사
영남대학교 상경대학 경영학과 졸업 경영학사

■ 주요경력

경주대학교 경영학과 교수·명예교수(전).
경주대학교 경영학과 및 관광관경영학과 학과장(전).
경주대학교 교육방송국 방송주간(전).
단군학회 창립발기인(1997. 12. 12.), 부회장(전).
대한사랑 창립회원(2013. 5. 24.), 학술위원(현).
세계환단학회 창립발기인(2014. 6. 27.), 부회장(현).
대한경영학회 부회장(현), 한국인사관리학회, 한국경영사학회,
고조선단군학회 외 부회장 역임. 한국경영학회 외 영구회원.
한국자산관리공사(캠코) 선임사외이사 및 경영자문위원,
우리금융저축은행 선임사외이사 및 감사위원장 역임.
경영컨설턴트(중소벤처기업부).
도서출판 환국 대표, 출판인.
대한시문학협회 신인문학상 수상, 시인 등단(2021. 6. 26.).
대한민국 녹조근정훈장 4급 수훈(2018. 2. 28.).

경영학자와 함께 열매 맺고 꽃이 피네 값 30,000원. ⓒ 2022 이강식
ISBN 978-89-953431-4-2 93320

저　자: 이강식

발행인: 李康植

초판 1쇄 인쇄: 2022년 5월 5일

초판 1쇄 발행: 2022년 5월 8일

발행처: 도서출판 환국[桓國] * 서비스표등록 제 0105172 호

주　소: 경주시 성동동 장미동산타워아파트 101동 109호 (우 38138)

전　화: 010-2968-1258, e-mail: kslee63633@hanmail.net

출판등록: 제32호(1998년 3월 6일)

인쇄처: 한기획인쇄